Krabbe Otto Carsten

Aus dem kirchlichen und wissenschaftlichen Leben Rostocks

Zur Geschichte Wallensteins und des dreissigjährigen Krieges

Krabbe Otto Carsten

Aus dem kirchlichen und wissenschaftlichen Leben Rostocks
Zur Geschichte Wallensteins und des dreissigjährigen Krieges

ISBN/EAN: 9783337127633

Hergestellt in Europa, USA, Kanada, Australien, Japan

Cover: Foto ©Andreas Hilbeck / pixelio.de

Weitere Bücher finden Sie auf **www.hansebooks.com**

Aus

dem kirchlichen und wissenschaftlichen Leben

Rostocks.

Zur Geschichte

Wallensteins und des dreißigjährigen Krieges.

Von

Dr. Otto Krabbe,

Consistorialrath, ordentlichem Professor der Theologie und Universitätsprediger
zu Rostock.

Berlin.
Verlag von Gustav Schlawitz.
1863.

Seiner Königlichen Hoheit

dem

Allerdurchlauchtigsten Großherzog und Herrn

Herrn

Friedrich Franz,

Großherzog von Mecklenburg, Fürsten zu Wenden, Schwerin und
Ratzeburg, auch Grafen zu Schwerin, der Lande Rostock
und Stargard Herrn x. x.

in tiefster Ehrfurcht gewidmet

.

von

Vorwort.

Der dreißigjährige Krieg, der aus dem tiefsten Zwiespalt des Reiches deutscher Nation in kirchlicher und politischer Beziehung erwuchs, stellt uns den Kampf der gewaltigsten Gegensätze vor Augen, welche vergeblich nach Ausgleichung und Heilung rangen. War in erster Hinsicht der Kampf, welcher um die Gleichberechtigung der Confession geführt ward, zugleich auf evangelischer Seite ein Kampf um die Existenz, so stand in letzter Beziehung nichts Geringeres als die völlige Loslösung des alten schon vielfach gelockerten Reichsverbandes zur Frage. In allen Phasen und Wechselfällen dieses unheilvollen Krieges griffen beide Factoren, der kirchliche und der politische, bedingend ein, und trugen nicht wenig dazu bei, sich gegenseitig zu schärfen, und die zwischen den verschiedenen kirchlichen und politischen Parteien bestehende Kluft auf das äußerste zu erweitern. Die Gegenwart hat sich auf dem literarischen Gebiete mannigfach mit der Geschichte dieses Krieges wohl eben so sehr aus dem Gefühle heraus beschäftigt, daß wir über kurz oder lang vor einer ähnlichen Periode der Entscheidung stehen werden als aus der Erkenntniß, daß alle unsere kirchlichen und staatlichen Grundlagen noch zum Theil dieselben sind, welche aus jener Katastrophe hervorgingen.

Jedoch gilt diese lebhafte Betheiligung der historischen Wissenschaft am dreißigjährigen Kriege überwiegend nur in politischer Beziehung. In kirchlicher muß gesagt werden, daß überhaupt die Zustände der lutherischen Kirche des siebzehnten Jahrhunderts, wie die stereotyp gewordenen Urtheile über den Scholasticismus ihrer Theologie und über die Exclusivität ihrer kirchlichen Richtung beweisen, im Einzelnen verhältnißmäßig sehr unbekannt sind, und eine gerechte Würdigung vermissen lassen. Nur die neueren Arbeiten Tholucks machen davon eine erfreuliche Ausnahme.

Immer aber ist es noch ein unverkennbares Bedürfniß, die wirklichen Verhältnisse und Zustände der Theologie und der Kirche jener Zeit specieller zu erforschen und eingehender darzustellen, um ihnen gerecht werden zu können. Insbesondere liegt es nahe, in jener Periode die schwere Kampfeszeit ins Auge zu fassen, wo der HErr die lutherische Kirche durch eine harte Kreuzesschule hindurchgehen ließ, aber sie auch durch das Zeugniß der reinen Lehre, als sie ihrem Untergange nahe zu sein schien, wieder mit frischem Glaubensleben durchbrang. Zugleich zeigen sich auf wissenschaftlichem Gebiete die Anfänge einer neuen geschichtlichen Entwickelung, die theils mit der mächtigen Bewegung auf dem Gebiet der Philosophie und der Naturwissenschaften, theils mit der Reaction des nationalen Bewußtseins gegen das Fremdländische zusammenhängen.

Mecklenburg insonderheit ist in die traurige Katastrophe des dreißigjährigen Krieges durch die Wallensteinsche Episode auf das tiefste verflochten, und hängt durch dieselbe mit den politischen Combinationen, welche den Gang des Krieges im Ganzen und Großen bestimmten, enge zusammen. Die Belehnung Wallensteins mit Mecklenburg führt in die concrete Frage ein, in wie weit schon die alten gesetzlichen Normen des Reichsverbandes ihre Geltung verloren hatten. Zugleich erhält die

Frage nach der kirchlichen Stellung Wallensteins durch die Art seines Regiments in einem lutherischen Lande eine sehr bestimmte Antwort. Rostock aber bildet in kirchlicher und wissenschaftlicher Beziehung den eigentlichen lebendigen Mittelpunkt, von welchem aus für die Landeskirche Mecklenburgs die heilenden Kräfte in dieser schweren Zeit ausgingen.

Die vorliegende Monographie hat sich die Aufgabe gestellt, in dem angedeuteten Sinne in das Verständniß dieses Zeitabschnittes einzuführen. Sollte dieses geschehen, so mußte das kirchliche und wissenschaftliche Leben Rostocks im Zusammenhange sowohl mit den allgemeinen politischen und kirchlichen Verhältnissen als auch insbesondere im Zusammenhange mit der Vergewaltigung, welche das Land durch die Wallensteinische Occupation erfuhr und mit der deutschen, beziehungsweise antischwedischen Politik, welche die Herzoge nach ihrer Restitution mit Recht verfolgten, dargestellt werden. Je weniger aber die mannigfachen, zum Theil trefflichen Arbeiten über Wallenstein, welche die neuere Zeit gebracht hat, sich eingehend mit seinem Verhältniß zu Mecklenburg beschäftigen, oder nähere Aufschlüsse über diese Zeit enthalten, desto mehr darf ich hoffen, nach dieser Seite hin auch für die allgemeine Geschichte einen oder den anderen Beitrag gegeben zu haben. Historische Treue ist überall bis in das Kleinste angestrebt.

Vor Allem aber war es mir darum zu thun, die Bedeutung Rostocks in kirchlicher und theologischer Beziehung für jene Zeit aufzuweisen. Es hat in seinen Theologen mit großer Entschiedenheit, Selbstentäußerung und Freudigkeit für die Erhaltung und Bewahrung der reinen aus Gottes Wort geschöpften Lehre gekämpft. Sie sind es gewesen, welche aus der Kraft des Glaubens mit seltener Hingebung und unermüdlicher Treue die Erneuerung des kirchlichen Lebens der Landeskirche herbeigeführt haben. Der Lehrstand, der von ihnen ausgegangen, hat seine

schwere Aufgabe mitten in der Noth der Zeit unter harten An=
fechtungen inmitten des Verfalls der Kirche glaubensmuthig
und siegesgewiß gelöst. Die damals so bedrängte und zerrüttete
lutherische Landeskirche bestehet noch. Ihr Bekenntniß war der
feste Grund, auf dem sie ihre Glaubens= und Lehrgemeinschaft
sich erhielt, und damit auch die Heilsgüter, durch welche die
Seelen gesammelt und bewahret werden zum ewigen Leben.
Das Lebensbild dieser Zeit lehret uns aber auch für die Gegen=
wart, wie nur dadurch der rechte Bau, die rechte Wiedererneue=
rung der Kirche sich vollziehen kann, wenn sie an ihrem Glauben
und Bekenntniß festhält, wenn alle ihre Arbeit in der rechten
Treue und im willigen Gehorsam sich vollzieht, und alle ihre
Kämpfe Heil und Frieden zum letzten Ziele haben. Aus der
herben Leidenszeit, durch welche die Kirche hindurchzugehen
hatte, und aus der glaubensfreudigen Auferstehungszeit, die ihr
folgte, wird uns der köstliche Trost versiegelt, daß unser Glaube
der Sieg ist, der die Welt überwindet.

Rostock, den 22. September 1863.

Otto Krabbe.

Inhalts-Verzeichniß.

---

der Rostocker Facultät zu demselben. Allgemeine Characteristik ihrer
Orthodoxie und ihrer praktischen Richtung. Das hundertjährige Jubelfest Slüters. Paul Tarnovs Rectoratsrede. Praktisch kirchliche Bestrebungen in Rostock. Heimsuchung durch Pest und Wassersnoth . . . 63 — 85.

Sechster Abschnitt.

Defensionsmaßregeln des niedersächsischen Kreises. Vereinbarung
der Herzoge Adolf Friedrich und Hans Albrecht mit König Christian
von Dänemark als erwähltem Kreisobersten. Tillys Sieg bei Lutter
am Barenberge und dessen Folgen. Adolf Friedrichs fortgesetzte Beziehungen zu Dänemark. Anknüpfung mit Schweden. Wallensteins
Eindringen in Mecklenburg und Besetzung des Landes. Zustände
Rostocks. Kaiserliche Verpfändung Mecklenburgs an Wallenstein. Verhalten der Stände und schließliche Huldigung. Vertreibung der Herzoge.
Wallensteins Regiment in Mecklenburg . . . . 85 — 107.

Siebenter Abschnitt.

Plane Wallensteins. Sein Verhalten zu Rostock. Besetzung der
Stadt nach vorausgegangener Capitulation. Wallensteins kirchliche Stellung, insbesondere in Bezug auf das exercitium religionis. Verwendung der Hülfsquellen des Landes. Wallensteins Verhältniß zur Universität . . . . 107—125.

Achter Abschnitt.

Das Restitutionsedict und der Lübecker Friede mit Dänemark.
Wallensteins Verhältniß zu beiden Maßnahmen. Belehnung Wallensteins
als erblichen Landesfürsten mit Mecklenburg. Erbhuldigung der Stände.
Verhandlungen Wallensteins mit dem Rostocker geistlichen Ministerium
über die Fürbitte für den Landesherrn. Das hundertjährige Jubelfest
der Augsburgischen Confession in Rostock . . . . 125—146.

Neunter Abschnitt.

Wallensteins Entlassung. Gustav Adolfs Invasion in Deutschland.
Wallensteins Verhalten zu derselben. Gustav Adolfs Besetzung und
Verwaltung Mecklenburgs. Rostocks Einschließung durch die Schweden.
Ermordung des kaiserlichen Obristen von Hatzfeld durch den Licentiaten
Jacob Barmeyer. Gutachten der theologischen Facultät und des Ro-
stocker Ministeriums . . . . 147—165.

Zehnter Abschnitt.

Wiedereroberung des Landes. Restitution der Herzoge Adolf Friedrich und Hans Albrecht. Uebergabe Rostocks und Wismars. Reaction
der Herzoge gegen das friedländische Regiment. Rostocks Aussöhnung
mit der Landesherrschaft . . . . 165—175.

Erster Abschnitt.

Die allgemeinen politischen und kirchlichen Zustände Deutschlands. Ursprünge des
Religionskrieges. Innere Zerrissenheit des Reiches. Die Stellung Frankreichs
und Schwedens. Die Landeshoheit in ihrem Einflusse auf die kirchlichen Verhältnisse. Die confessionellen Gegensätze und die durch sie herbeigeführten
Kämpfe. Die Stellung der Universitäten zu den Aufgaben der Kirche.

Die erste Hälfte des siebenzehnten Jahrhunderts führt uns eine
tief greifende Erschütterung aller kirchlichen, politischen und socialen
Verhältnisse, die daraus hervorgehende innere Zerrissenheit Deutschlands und schließlich die Neugestaltung aller kirchlichen und politischen Rechtsverhältnisse vor Augen, auf deren Grunde die kirchliche
und staatliche Entwickelung Deutschlands bis in die Gegenwart hinein
gestanden hat. Aber die frühere Machtstellung Deutschlands war
verloren gegangen, und die alten Grundlagen des deutschen Reiches
waren durch solche ersetzt worden, welche wenig mit dem noch übrig
gebliebenen Organismus desselben stimmten, und jede innere kräftige
Entwickelung lähmen mußten. Der breißigjährige Krieg hat zwar
unleugbar seine Wurzel und seinen eigentlichen Ausgangspunkt in
der Glaubensspaltung des sechszehnten Jahrhunderts, da der Passauer
Vertrag und der Augsburger Religionsfriede, überdies von der katholischen Kirche als solcher nie anerkannt, nur scheinbar und vorübergehend den tiefen Riß zu verdecken und durch interimistische Zugeständnisse nur ungenügend auszugleichen im Stande waren, welcher
an sich unausgleichbar und unausheilbar durch das ganze Reich deutscher Nation hindurchging. Aber es läßt sich andererseits auch in
keiner Weise verkennen, daß der breißigjährige Krieg nicht ein bloßer
Religionskrieg gewesen ist, sondern daß er, selbst abgesehen von der

1

Wechselwirkung kirchlicher und politischer Factoren, zugleich und wesentlich als ein um politischer Interessen willen entbrannter Krieg angesehen werden muß, in dessen verschiedenen Phasen nicht selten auch die politischen Interessen, von denen er bedingt war, uns über= wiegend entgegentreten. In diesem Sinne umfaßt derselbe eine Reihe von einzelnen Kriegen, die eine durchaus verschiedene Ten= denz hatten, je nachdem die kriegführenden Mächte sich änderten und mit ihnen auch die Zwecke, von denen sie bestimmt wurden[1]. Dabei macht sich die Einmischung des Auslandes vom Anfang des durch die böhmischen Ultraquisten angefachten Krieges durch alle seine Wechselfälle hindurch bemerkbar. Der tiefe Gegensatz zwischen der katholischen Kirche und den Bekennern der Augsburgischen Confession, denen die Zugeständnisse des Religionsfriedens wider Willen durch die Macht der Umstände gemacht waren, mußte unzweifelhaft eben so gewiß zu einem entscheidenden Conflicte zwischen Beiden führen, als auf die Länge hin die in den öffentlichen Zuständen Deutsch= lands vorhandenen politischen Gegensätze, welche durch die Glaubens= trennung vielfach geschärft waren, und die fast zur völligen Unbe= schränktheit der Fürsten herangewachsene Landeshoheit in Collision mit den rechtlich noch bestehenden Prärogativen des Reichsober= hauptes gerathen mußten. Auf beiden Gebieten, dem kirchlichen und dem politischen, bringt der dreißigjährige Krieg die Entscheidung.

Daß dieser Krieg von Böhmen aus seinen Anfang nahm, wo die Freiheiten, welche Kaiser Rudolf II. im Majestätsbriefe vom 9. Ju= lius 1609 in Betreff des Religionsexercitiums den Böhmen gewährt hatte[2], schon unter dem Kaiser Matthias und Ferdinand I. vielfach verkümmert und beschränkt waren, ist verhältnißmäßig ein Zufälli= ges. Doch läßt die böhmische Bewegung schon von Anfang an die starke Beimischung politischer Motive, sowohl in der Auflehnung der böhmischen Aristokratie gegen das Haus Habsburg, als auch in der allgemeinen Bekämpfung des germanischen Elementes von Sei= ten des böhmischen, erkennen, worin zum Theil der Schwerpunkt des böhmischen Aufstandes lag. Daß Bethlen Gabor diesen aus=

---

[1] A. v. Daniels, Handbuch der deutschen Reichs= und Staatenrechtsgeschichte. Bd. II. Th. 2. S. 511 ff.

[2] F. Chr. Khevenhüller (zu Aichelberg, Graf zu Frankenburg) Annales Ferdinandei. VII. p. 184. Lünig, VI, 2. p. 122.

beutete, um für sich die ungarische Krone zu gewinnen, ist gewiß[1]). Der Zusammenstoß, der hier erfolgte, hätte eben sowohl an anderen Orten und hinsichtlich anderer Punkte eintreten können, da beide Parteien sich geschlossen gegenüber standen, und lange schon auf eine Veranlassung harrten, ihre Kräfte mit einander zu messen und eine Entscheidung herbeizuführen. Längst war die Reichseinheit durch die Glaubenstrennung zerrissen, und mit der Entstehung privativer Bündnisse zum gegenseitigen Schutze war lange vorher schon die Auflösung des Reiches factisch vorbereitet und eingeleitet, ehe sie sich später auch rechtlich vollzog. Wie allgemein und tief das gegenseitige Mißtrauen war, das bei jeder Gelegenheit in eine feindliche Stellung zu einander überging, hatte schon im Jahre 1582 die Angelegenheit des Gregorianischen Kalenders, welcher vom Papst durch seinen Legaten Madruz dem Kaiser und Reich zur Annahme vorgelegt, und bei den Bedenken mancher Stände vom Kaiser Rudolf II. zunächst für seine Erbländer eingeführt war, zur Genüge gezeigt. Die Stellung der römischen Curie war aber eine solche, daß sie die vom Kaiser und den weltlichen Fürsten in Religionssachen gemachten Concessionen nur als Thatsachen transitorischer Art anerkannte, und kaum ihre Absicht verhehlte, die abgefallenen Länder und Volksstämme zur katholischen Kirche zurückzuführen. Wille und Tendenz waren dazu offenbar vorhanden, und es war außer aller Frage, daß diejenigen, welche durch Gewalt der Waffen etwa besiegt werden würden, reformirt werden und in Sachen der Religion sich nach dem Gefallen des Siegers zu richten haben sollten[2]).

Dieser Standpunkt der römischen Curie darf aber nicht ohne Weiteres als Standpunkt des Kaisers und der katholischen Fürsten betrachtet werden. Es waren bei diesen ohne Zweifel politische Mo-

---

[1]) K. A. Müller, Fünf Bücher vom böhmischen Kriege in den Jahren 1618 bis 1621, nach handschriftlichen Quellen des königl. sächs. Haupt-Staatsarchivs herausgegeben; Th. I. S. 296 ff. Tilly ou la guerre de trente ans de 1618 à 1632 par le comte de Villermont. Paris 1860. Tome I. p. 123 s.

[2]) Politischer Discurs Von Jetzigen Kriege in Teutschland, in acht Capittel kürtzlich verfasset. Darinn man augenscheinlich sehen kann, ob dieser Krieg ein Regions- oder Religionskrieg sey? Verfertiget von einem alten redlichen Teutschen, deme die uhralte Freyheit des Teutschen Vater Lands nicht weniger, als die Religion selbsten hoch angelegen ist. Fovet Bellum Romana Idola. Felix, quem faciunt aliena pericula cautum. Gedruckt Im Jahr 1627. 4.

tive, welche entscheidend mitwirkten. Gleich bei dem böhmischen
Kriege läßt sich nicht verkennen, daß es sich in demselben wesentlich
auch um die Wahrung und Vertheidigung der kaiserlichen Rechte
und Ehren handelte. Die Union und die Liga trugen nicht nur
den kirchlichen, sondern auch den politischen Gegensatz in sich, welcher
in seinen Consequenzen zur Zersetzung und Auflösung des Reiches
führen mußte. Selbst die energische und erfolgreiche Action der
Liga wird nicht ohne Weiteres allein oder auch nur überwiegend
auf religiöse Motive zurückzuführen sein[1]. Hat dieselbe auch unbe-
streitbar nicht wenig dazu mitgewirkt, manche zum Protestantismus
übergetretene Länder zur katholischen Kirche zurückzuführen, so verfolgte doch die Liga nicht minder bis auf einen gewissen Grad unverkennbar die Aufgabe, die Machtstellung des Kaisers, welche den
protestantischen Fürsten gegenüber durch die Glaubensspaltung doppelt
gesunken war, zu stützen und aufrecht zu halten. Die lutherischen
Fürsten selbst, und unter ihnen insbesondere Kurfürst Johann Georg
von Sachsen, sahen in der böhmischen Bewegung einen Aufstand,
der die Religion zwar vorschützte, im Grunde aber gegen die rechtmäßige Herrschaft des Hauses Habsburg gerichtet war. Hatten die
österreichischen Stände schon am 13. August 1569 freie Religions-
übung erlangt in Grundlage der von Chyträus ausgearbeiteten lutherischen Kirchenordnung, welche am 30. Mai 1570 die kaiserliche
Bestätigung erhielt[2], so würde es bei den Freiheiten, welche die
utraquistischen Stände Böhmens bereits besaßen, schwerlich zum
Kriege gekommen sein, wenn nicht der kirchliche und der politische
Gegensatz sich gegenseitig geschärft hätten.

Daß aber das Reich nicht bloß kirchlich gespalten, sondern auch
politisch zersetzt war, so daß eine völlige Zerklüftung in Aussicht
stand, zeigen die verschiedenen Phasen, welche der Krieg in Deutschland durchlief, die meistens eben so sehr durch politische Motive
und Zwischenfälle als durch kirchliche Factoren herbeigeführt wurden.
Es war die völlige Unbotmäßigkeit der Fürsten dem Reichsober-

---

[1] (Andr. Sebast. von Stumpf) Diplomatische Geschichte der teutschen Liga
im siebenzehnten Jahrhundert. Mit Urkunden. S. 162 f.

[2] Lisch, Beiträge zu der Geschichte der evangelischen Kirchen-Reformation in
Oesterreich durch die Herzoge von Mecklenburg und die Universität Rostock, namentlich durch Dr. David Chyträus, Jahrbücher XXIV, S. 79.

haupte gegenüber, die sich in denselben auf das Klarste heraus=
stellte. Die mächtige Einwirkung Frankreichs auf den Gang des
Krieges wird allein aus politischen Factoren abgeleitet werden
können, die sich alle in dem Kampf gegen das Haus Habsburg
concentriren und es ermöglichen, daß das katholische Frankreich als
Schirmvogt der Protestanten auftritt. Es war die Zeit, wo fran=
zösische Sprache und Sitte bei den deutschen Höfen zuerst Eingang
fand, und ihre Herrschaft immer weiter ausdehnte. Dabei wußte
Richelieu das Streben deutscher Fürsten nach Unabhängigkeit klüg=
lich für seine Zwecke zu benutzen, und nur allzu leichtgläubig trauten
dieselben den glänzenden Vorspiegelungen desselben. An die Stelle
der verheißenen politischen Selbstständigkeit und Freiheit trat die
völlige Loslösung und Zerreißung des alten Reichsverbandes. Theil=
weise gewöhnte man sich, in Frankreich den Befreier in demselben
Augenblicke zu sehen, in welchem Deutschland ein Spielball fran=
zösischer Interessen geworden war. Richelieu's Memoiren lassen
uns nicht selten einen tieferen Einblick thun in den Zusammenhang
der französischen Intriguen, welche die Zerrissenheit des Reiches
herbeiführten[1]). Und selbst das Auftreten und das entscheidende
Eingreifen Schwedens in den Verlauf des Krieges, wie sehr auch
die neuere Geschichtschreibung mehrfach dasselbe zu idealisiren ge=
sucht hat, wird entsprechend nur aus den politischen Planen, welche
Gustav Adolf von Anfang seiner Regierung an hegte, erklärt wer=
den können, ohne daß darum die beziehungsweise stattfindende Mit=
wirkung kirchlicher Beweggründe geleugnet werden soll. Gewiß ist
wenigstens, daß Gustav Adolf schon seit seinem im Jahre 1611
erfolgten Regierungsantritte die Blicke auf Deutschland richtete, und
nur durch den dänischen, russischen und polnischen Krieg, in welche

---

[1]) Es ist nur die Folge einer principiell durch und durch verkehrten Auf=
fassung, wenn Sugenheim Richelieu's Politik in zwei Phasen theilt und von der
ersten aussagt, daß sie „eine überaus ersprießliche und rettende, die Emancipation
Deutschlands von der Hegemonie Habsburgs mächtig fördernde" gewesen sei. Nicht
minder äußerlich und unrichtig ist seine Auffassung der zweiten Phase, daß erst
Gustav Adolfs Triumphe den Neid des Cardinal=Ministers und die schnelle Er=
oberung bedeutender deutscher Länderstriche durch den Schwedenkönig in Richelieu
die Lust geweckt hätten, auch für Frankreich Beute zu machen. Vgl. S. Sugen=
heim, Frankreichs Einfluß auf und Beziehungen zu Deutschland seit der Reforma=
tion bis zur ersten französischen Staatsumwälzung. Bd. II. S. 37 f.

Schweden verwickelt war, sich gehemmt sah. Auch seine mehrere Jahre vor der deutschen Invasion fortgesetzten Bestrebungen, in Deutschland Verbindungen anzuknüpfen und insbesondere die See= städte zu gewinnen, sprechen dafür. Umgekehrt achtete er es für höchst bedenklich, wenn der Kaiser festen Fuß an der Ostsee fassen sollte, und bot Alles auf, dies um jeden Preis zu verhindern[1]). Neben Rostock und Wismar erschien ihm der Besitz von Stralsund vorzugsweise wichtig und unerläßlich. Es spricht dafür auch der Umstand, daß diese Plane von Schweden selbst weit über Gustav Adolfs Tod hinaus verfolgt und festgehalten worden sind.

Fassen wir aber die Stellung ins Auge, welche sowohl die Fürsten als auch die mächtigen Reichsstädte der Krone Schweden und der Krone Frankreich gegenüber einnahmen, so zeigt sich uns nicht bloß eine durch die Glaubensspaltung herbeigeführte oder ver= stärkte Trennung der deutschen Fürstenhäuser und Reichsstände, son= dern auch eine fast gänzliche Lösung des Bandes, welches bisher die Fürsten und Reichsstädte Deutschlands noch mit dem Kaiser verbunden hatte. In diesem Sinne kann der dreißigjährige Krieg zu Zeiten wenigstens, wo das Glück der Waffen sich für den Kaiser ausgesprochen hatte, als ein Versuch von Seiten desselben ange= sehen werden, die völlig geschwächte Machtstellung des Kaiserthums neu zu befestigen. Dies Bestreben begreift sich um so mehr, als die Bündnisse evangelischer Fürsten mit den fremden Mächten den ganzen Bestand der Reichsverfassung bedrohten. Kaiser Ferdinand II. wollte ihre Aufrechthaltung, hatte auch unleugbar das Beste des Reiches vor Augen, griff aber auch seinerseits nicht selten in die Rechte der evangelischen Fürsten ein. Daß dieser Gesichtspunkt nicht mit Unrecht hier aufgestellt wird, werden schon diejenigen politi= schen Ereignisse des dreißigjährigen Krieges zur Genüge zeigen, welche in den Kreis unserer Darstellung fallen. Die Maßnahmen des Kaisers und das Verhalten der einzelnen Fürsten werden nicht sowohl durch die Norm der noch immer bestehenden staatsrechtlichen Verhältnisse zwischen dem Reichsoberhaupt und den Ständen des Reichs bedingt, als daß sie vielmehr von der Macht der Thatsachen, dem jedesmaligen Verlaufe des Kriegsglückes oder anderweitiger

---

[1]) Geijer, Geschichte Schwedens. Bd. III. S. 143 ff.

politischer Zwischenfälle bedingt werden. Ueberall giebt sich eben so
sehr der politische Zerfall der Reichsverfassung als die Unheilbarkeit
der Glaubensspaltung kund.

Es verdient aber hier besonders hervorgehoben zu werden, daß
seit der Reformation die Stellung der protestantischen Fürsten sowohl dem Reichsoberhaupte gegenüber in mancher Beziehung, als
auch ganz insbesondere ihren Unterthanen gegenüber dadurch in bedeutsamer Weise verändert worden war, daß denselben, nachdem die
Bischöfe auf die Reformation nicht eingegangen waren, die Ausübung des jus episcopale durch die Macht der geschichtlichen Verhältnisse zugefallen war, und zwar nicht durch irgend welche Uebertragung und Verleihung, sondern allein kraft der ihnen zustehenden
Landeshoheit, mit welcher sich zwar nicht an sich, aber geschichtlich
und unterscheidbar die Kirchengewalt verknüpft hatte[1]). Uebten dieselben nun auch ursprünglich das jus episcopale als einen Dienst
aus, den sie der Kirche schuldeten, und wurden von ihnen das geistliche und das weltliche Regiment gesondert und auseinander gehalten, so läßt sich doch keinesweges übersehen, daß die Landesherren
durch die Ausübung der wegen tragenden landesfürstlichen Amts
ihnen zuständigen Kirchengewalt einen bedeutenden Zuwachs an Macht
erhielten, insofern der Inhalt des jus episcopale, das von ihnen in
ihren Territorien geübt wurde, auch auf die staatlichen Verhältnisse
einen bedingenden Einfluß äußern mußten. Noch dauerten indessen
die Bestrebungen ständischer Corporationen und einzelner Stadt-
magistrate, welche keine reichsunmittelbare Stellung, noch Gewalt
besaßen, fort, das jus episcopale sich zuzueignen, so daß in dieser
Periode die Landesherren um so mehr darauf bedacht waren, die
Ausübung des oberbischöflichen Rechtes sich zu bewahren, als sie
wohl erkannten, wie bedenklich es sei, wenn sie genöthigt werden
sollten, dieses Recht, das ihnen in ihrer Eigenschaft als Landesherren zugefallen war, mit jenen ihnen untergebenen Factoren zu
theilen, wodurch nur zu leicht eine Zertrennung der Landeskirchen,

---

[1]) Diese Kirchengewalt erwuchs innerhalb der Reichsverfassung durch die negative Bestimmung des Augsburger Religionsfriedens § 20, daß die geistliche Jurisdiction wider der Augsburgischen Confessions-Religion rc. nicht exercirt, gebraucht
oder geübt werden, sondern bis zu endlicher christlicher Vergleichung der Religion
die geistliche Jurisdiction ruhen, eingestellt und suspendirt sein und bleiben solle.

die sich gebildet hatten, sich hätte vollziehen können. Ueberdies er=
kannten die Reichsgesetze seit dem Religionsfrieden die Kirchenge=
walt der protestantischen Fürsten mehr und mehr an. Daß aber
dann auch eine verhältnißmäßige Schwächung ihrer politischen
Machtverhältnisse sich bei der Wechselwirkung der kirchlichen und
politischen Verhältnisse daraus ergeben werde, konnte ihnen nicht
entgehen. Noch weniger waren sie geneigt, in der Weise der re=
formirten Landeskirchen der Gemeinde einen Antheil an der Kirchen=
leitung zuzugestehen, und hielten, kirchlich und politisch conservativ,
wie das Lutherthum seinem ganzen Wesen und seiner geschichtlichen
Entwickelung nach ist, an dem erworbenen Besitzstand der oberbischöf=
lichen Rechte in ihrem ganzen Umfange fest, in denen für sie die
Pflicht begründet lag, für das Seelenheil ihrer Unterthanen Sorge
zu tragen.

Bringen wir überdies in Anschlag, daß den Landesherren das
jus reformandi in ihren Territorien zustand, und daß sie bei ihrer
damaligen inneren Stellung zum Bekenntniß der Kirche, welcher sie
angehörten, gerade hierauf großes Gewicht legten, so begreift sich,
wie sie bemüht waren, das jus episcopale sich zu erhalten, und die
kirchlichen Institutionen mit den staatlichen Verhältnissen ihres Ter=
ritoriums enge zu verknüpfen. Bei dem tiefen Gegensatze aber,
welcher zwischen der lutherischen und calvinischen Confession Statt
hatte, konnte, je nachdem ein lutherisch oder calvinisch gesinnter
Landesherr von dem ganzen Umfange seiner oberbischöflichen Rechte
Gebrauch machte, der ganze kirchliche Zustand eines Territoriums
reformirt oder wenigstens fortgesetzt in Frage gestellt werden. Je=
doch hatte der Passauer Vertrag nur den Anhängern der alten Re=
ligion und denen der Augsburgischen Confession die Religionsfrei=
heit zugesichert, und selbst nach dem Wortlaut des Religionsfriedens
waren die Reformirten nicht in denselben eingeschlossen. Mochten
nun auch factisch dieselben der Wohlthaten des Religionsfriedens
theilhaftig geworden sein, so war doch die Duldung der Secten,
welcher keine der im Reiche recipirten Religionsparteien das Wort
redete, selbstverständlich ausgeschlossen. Die Landesherren luther=
ischen Bekenntnisses haben indessen bei allen staatlichen Institutionen,
welche in dieser Periode in ihren Territorien entweder ins Leben
traten oder weiter ausgebildet wurden, mit großer Energie darauf

gesehen, daß sie mit dem Worte Gottes und dem Bekenntniß der Kirche im Einklange waren, um die ihnen durch den Besitz der Kirchengewalt überkommenen Pflichten auch möglichst auf staatlichem Gebiete zur Ausübung zu bringen. Jeder Einfluß häretischer Auffassungen, mochten diese nun von einzelnen Irrlehrern oder von Secten ausgehen, wurde fern gehalten. Mochte auch im Einzelnen hier fehlgegriffen sein, so wird doch nicht verkannt werden können, daß auf diesem Wege eine lebendige Einheit der kirchlichen und politischen Entwicklung angestrebt, beziehungsweise verwirklicht worden ist, und daß die enge Verbindung der Kirche und des Staates mit einander sich dadurch von unberechenbarem Segen erwies, daß der kirchliche Glaube zu einer das öffentliche Leben durchbringenden und seine Institutionen beherrschenden Macht wurde.

Mit der Concordienformel, als dem letzten ihrer Bekenntnisse, war zwar die lutherische Kirche in sich selbst zu einem Abschlusse gekommen, und hatte gegen die von Außen eindringenden calvinischen Lehren nicht minder reagirt, als es ihr gelungen war, den melanchthonschen Typus, insoweit er sich von der rein lutherischen Lehre entfernt hatte, auszuschließen, aber es läßt sich nicht entfernt sagen, daß damit die Kämpfe zwischen der lutherischen und reformirten Confession aufgehört oder auch nur in ihrer Schärfe nachgelassen hätten. Der aggressive Charakter der reformirten Confession dauert auch nach der Unterdrückung des Kryptocalvinismus in Sachsen fort, und verliert keineswegs an Intensität. Ueberall, wo die calvinische Confession auftritt, macht sie auch mit größerem oder geringerem Erfolge den Versuch, die lutherische Kirche wenn nicht völlig zu verdrängen, doch jedenfalls möglichst zu beschränken und umzugestalten. In dieser Beziehung war es nicht von geringer Bedeutung, daß die reformirte Confession wiederholt fürstliche Glieder für sich gewann. Herzog Johann Casimir, Pfalzgraf Johann von Zweibrücken und Markgraf Ernst Friedrich von Baden waren zur reformirten Kirche übergetreten. Daß die Besorgnisse der Lutheraner in dieser Hinsicht nicht ungegründet waren, zeigt der noch vor dem Ausbruche des dreißigjährigen Krieges am 25. December 1613 erfolgte Uebertritt des Kurfürsten Johann Sigismund von Brandenburg zum Calvinismus. Auch der Uebertritt des Prinzen Wolfgang Wilhelm von Pfalzneuburg zur katholischen Kirche, der am

23. Mai 1614 erfolgte, übte nicht nur auf den Successionsstreit über Jülich und Berg, sondern auch auf die allgemeine Stellung der Confessionen zu einander einen bedingenden Einfluß[1]). Die Art und Weise aber, wie der Pfalzgraf Friedrich die ihm von den böhmischen Ständen dargebotene Krone, trotz der Abmahnung des kurfürstlichen Collegiums angenommen, und wie er nach seiner in Böhmen erfolgten Krönung während der kurzen Zeit seines Königthums sowohl allen revolutionairen Elementen und allen gegen die Sicherheit Deutschlands gerichteten Planen, als auch dem bilderstürmenden Eifer seiner calvinischen Theologen Vorschub geleistet hatte[2]), mußte die lutherisch gesinnten Fürsten und Stände mit Argwohn und gerechter Besorgniß erfüllen.

Wenn wir nun die confessionellen Gegensätze durch diese ganze Periode hindurch gehen sehen, und wenn der Kampf gegen die Calvinisten, in Bezug auf Lehre und Ordnung der Kirche, ununterbrochen von Seiten der Lutheraner geführt wird, so darf nicht übersehen werden, daß es sich in demselben in der That nicht um untergeordnete Punkte handelte. Jene angeblich pragmatische Geschichtsauffassung, welche diese Kämpfe vorzugsweise gern aus der Streitsucht und Rechthaberei lutherischer Theologen erklärt, ruht auf einer gänzlichen Verkennung der factischen Zustände jener Zeit und der realen Interessen der Kirche, für welche damals eingetreten werden mußte und eingetreten wurde. Denn im Ganzen und Großen stand nichts Geringeres zur Frage als dies, ob die lutherische Kirche als solche mit ihrer bestimmten Lehrauffassung und Lehrtradition und mit der dieser gemäßen kirchlichen Ordnung fortbestehen solle oder nicht, oder ob sie in diesem ihren Bestande, fortgesetzt von dem Anbringen des Calvinismus bedroht, sich aufgeben und über kurz oder lang durch die Vernichtung ihrer doctrinairen

---

[1]) Pütter, Historische Entwicklung der heutigen Staatsverfassung des teutschen Reichs. Th. II. S. 32 f.

[2]) Wie sehr man von katholischer Seite geneigt war, die böhmische Bewegung, so weit sie die Religion mit anging, auf die aggressiven Tendenzen des Calvinismus zurückzuführen, zeigt ein Lied „Calvinischer Vortanz, welcher in Ober-Oesterreich geschmiedet, zu Prag in Böhaim angefangen und wider die Papisten allenthalben gehalten worden ist" in: Julius Opel und Adolf Cohn, Der dreißigjährige Krieg. Eine Sammlung von historischen Gedichten und Prosa-Darstellungen. Halle 1862. S. 140 ff.

und rituellen Eigenthümlichkeit aufhören sollte, das zu sein, was
sie durch Gottes Gnade als Bewahrerin der reinen, aus Gottes
Wort geschöpften Lehre und als Trägerin und Vermittlerin berech=
tigter historischer Continuität bisher gewesen war. Faßt man diesen
Gesichtspunkt ins Auge, so wird man auch alle kirchlichen Kämpfe
in dieser Periode anders zu würdigen wissen, und sie nicht unter
psychologische Motive stellen, die — mögen sie immerhin bei Ein=
zelnen stattgefunden haben — doch völlig untergeordneter und ver=
schwindender Art sind und nimmer ausreichen, den Charakter der
Zeit und ihrer Kämpfe zu erklären und in das richtige Licht zu
stellen. Ohne die ernste, kräftige, den Bekenntnißstand wehrende
Reaction, welche sich in diesen Decennien der Aggression des Cal=
vinismus gegenüber überall in der lutherischen Kirche zeigt, würde
die Selbstauflösung ihres Bestandes die nothwendige Folge ge=
wesen sein.

Diese Periode kann freilich durchaus nicht mit den Bekennt=
nißzeiten der Reformation zusammengestellt werden, schon deßhalb
nicht, weil ihr eine ganz andere Aufgabe als dieser zugefallen war.
Es galt nicht bloß, die überlieferten, die Heilswahrheit betreffenden
Lehrschätze zu bewahren, sondern sie auch mitten in der tiefen Noth
einer Zeit, deren schwere Kämpfe und Leiden verhältnißmäßig
immer noch wenig bekannt sind, für die Gemeinden fruchtbar zu
machen, um sie gegen die verheerenden Einwirkungen des Krieges
zu sichern, sie geistlich zu stärken und zu kräftigen. Es lag aber
nicht einmal so, daß bei der Lösung dieser Aufgabe die überliefer=
ten kirchlichen Ordnungen einen festen Anhalt und stetige Förderung
gewährten. Diese wurden durch die Drangsale des Krieges vielfach
alterirt und in Frage gestellt, und die unaufhörlich auf einander
folgenden harten Leidenszeiten, in denen die kirchliche Sitte und
ihre bedingende Macht mehr und mehr dahinschwand, ließen es gar
nicht einmal zu, daß jene kirchlichen Ordnungen überall aufrecht
erhalten wurden. Das innere Leben der Kirche hing daher wesent=
lich und überwiegend von dem Ernste und der Entschiedenheit ab,
mit welcher der Lehrstand über die Aufrechthaltung der lutherischen
Lehre und der Wiederherstellung der kirchlichen Sitte und des kirch=
lichen Lebens, wo dasselbe gefährdet oder gar völlig zerstört war,
wachte. Der Lehrstand mußte sich auch als einen solchen, der sein

Mandat von dem Herrn Christo habe, sah sich daher auch als
Diener der Kirche an und nicht als Beamten des Fürsten, wenn
gleich dieser das Kirchenregiment übte¹). So willig den Landes=
herren, deren landesfürstliche Kirchengewalt die Bekenntnisse der
lutherischen Kirche nicht gedenken, die cura ecclesiae zugestanden
ward, so betrachtete sich jedoch der Lehrstand durchaus als selbst=
ständiges Glied der Kirche, dem die Bewahrung der reinen Lehre
oblag. An diese Aufgabe schloß sich, wie die Zeitverhältnisse lagen,
mit Nothwendigkeit die Polemik gegen die reformirte Confession
und die Bekämpfung einzelner damals hervortretender sectirerischer
Bestrebungen. Die unermüdliche Treue und seltene Hingebung
aber, womit der kirchliche Lehrstand, unbeirrt von den schweren Zeit=
läufen, an den ihm anvertrauten Gemeinden seelsorgerlich arbeitete,
und ohne äußere Hülfe und Stütze dem sittlichen und kirchlichen
Verfall des Volkslebens sich entgegen stemmte, und dasselbe aus der
Kraft des Glaubens zu erneuern suchte, ist musterhaft zu nennen.
Fehlt es der Zeit an kirchlichen Charakteren, die berufen sind, auf
ganze Ländergebiete nachhaltig einzuwirken und ihnen ihre Eigen=
thümlichkeit aufzuprägen, so ist doch die lutherische Kirche kaum je
in irgend einer Periode so reich gewesen an bekenntnißtreuen, zu
jeder Selbstentäußerung und Aufopferung bereiten Seelsorgern, als
in dieser.

Die Universitäten nehmen in dieser Periode noch durchaus ihre
eigenthümliche und hervorragende Stellung ein. Die eigentlich ge=
lehrte Bildung wird fast ausschließlich auf ihnen gewonnen, und
diese beschränkt sich auch, wenigstens vorzugsweise auf die akademi=
schen Kreise, welche ganz insbesondere als die Vertreter der Litera=
tur angesehen wurden. Unter den Facultäten ragt unbedingt die
theologische hervor, die in dieser Zeit, in welcher die Kirche noch
eine Macht war, in besonderem Sinne als Repräsentant des kirch=
lichen Lehrstandes angesehen wurde. Sie bewahrte noch immer
den klerikalen Charakter, der ihr im Mittelalter ursprünglich bei=
wohnte²), obwohl er mannigfach modificirt ist, und von anderen

¹) Vgl. über die Stellung des Lehrstandes in der lutherischen Kirche auch
Stahl, Die Kirchenverfassung nach Lehre und Recht der Protestanten. Zweite
Ausgabe (1862) S. 292 ff.
²) v. Savigny, Geschichte des römischen Rechts im Mittelalter. Bd. III. S. 232.

Grundanschauungen getragen wird. Daß die theologische Wissen=
schaft ein sehr bestimmtes, selbst ein theilweise bedingendes Ver=
hältniß zur Kirche habe, wird allgemein vorausgesetzt. Bei den con=
fessionellen Kämpfen waren die theologischen Facultäten in erster
Linie betheiligt, und legten als gelehrte Corporationen, die zugleich
mit kirchlicher Auctorität bekleidet waren, ein nicht geringes Ge=
wicht in die Wagschale. Da die lutherische Kirche der Ueberzeu=
gung war, daß sie im Unterschiede von der reformirten Kirche den
Heilsweg klarer zeige und gewisser verbürge, und zugleich in ihren
Bekenntnißschriften wie in ihrem Lehrschatze überhaupt eine ent=
sprechendere Erkenntniß der Heilswahrheiten zu besitzen glaubte, so
mußten auch die theologischen Facultäten an dem Kampfe gegen
die reformirte Kirche zur Erhaltung und Bewahrung der von ihr
bekannten Heilslehren an ihrem Theile sich entschieden betheiligen.
Je allgemeiner damals die Ueberzeugung obwaltete, daß die ent=
gegenstehende Confession eben sowohl von dem Grunde des Glau=
bens abgegangen sei, als sie insbesondere Falsches und Fremdartiges
auf dem noch bewahrten Grunde aufgebaut habe, desto nothwen=
diger war es, daß der dogmatische Streit ausgefochten und bis in
das Einzelne hinein erledigt und zu Ende geführt wurde. Nicht
Lust am Streite und Rechthaberei war es, sondern meist ein auf=
richtiger, gewissenhafter Eifer um das, was als nothwendig zur
Seligkeit, als Inbegriff des Heiles erkannt war. Dieselbe Rich=
tung und Tendenz zeigt sich aber auch in den ernsten Kämpfen, welche
mit einzelnen, von der gesunden Lehre abweichenden Häretikern,
sowie mit einzelnen sectirerischen Richtungen und deren Trägern ge=
führt wurden. Es ward dadurch auf die Erhaltung des Bandes
mit der Kirche in der Einigkeit des Geistes hingewirkt, und zugleich
ward durch die wissenschaftliche Bestreitung der Häresie eine tiefere
und allseitigere Erkenntniß der Heilswahrheit gewonnen.

Stand nun die theologische Wissenschaft als solche, welche der
herrschenden Kirche diente, in hohem Ansehen, so konnte es nicht
ausbleiben, daß der Einfluß der Theologen ein weit reichender war,
und nicht bloß das Gebiet der Kirche und des kirchlichen Lebens
umfaßte, sondern sich auf die verschiedensten Verhältnisse erstreckte,
und sich auf Fragen des öffentlichen wie privaten Lebens bezog.
Alle Kirchenordnungen und Gottesdienstordnungen des sechszehnten

Jahrhunderts waren auf Rath und Bedenken rechtgläubiger Theo=
logen, und da dieselben, um rechtsbeständig zu sein, mit der Augs=
burgischen Confession übereinstimmen mußten, selbst unter ausdrück=
licher Approbation derselben aufgerichtet worden. Indem somit der
Lehrstand als Organ der Kirche eine hervorragende Stellung ein=
nimmt, übt er eine tief eingreifende Einwirkung, wenn auch mehr
indirect, auf das Gebiet der Verwaltung und Gerichtsbarkeit aus.
Auch standen die Theologen meistens zu den Fürsten in näherer
Beziehung, und es bildete sich nicht selten ein gegenseitiges Ver=
hältniß um so leichter aus, als die Fürsten in ihrem oberbischöf=
lichen Amte zur Ausübung der Kirchengewalt des Beirathes des
kirchlichen Lehrstandes bedurften, als dessen vorzügliche Glieder die
theologischen Facultäten unbestritten angesehen wurden. Aus ihrer
Mitte gingen meistens die theologischen Räthe der Landesherren,
die sich derselben neben ihren rechtskundigen Räthen bedienten, her=
vor. Aus ihnen wurden die Consistorien gebildet, um sowohl die
hauptsächlichsten Functionen des Kirchenregiments, als auch der kirch=
lichen Gerichtsbarkeit zu üben[1]). Bei dem tiefen Interesse aber,
welches die Fürsten in jener Zeit an dem Gange der kirchlichen
Entwicklung nahmen, war es natürlich, daß dieselben, auch abge=
sehen von den zu Zeiten mitwirkenden politischen Impulsen, deren
wir bereits gedacht haben, nicht selten ein näheres Interesse an
den wichtigeren Lehrstreitigkeiten gewannen. Da ihnen mitunter
selbst theologische Kenntnisse zu Gebote standen, haben sie eine ent=
sprechende Einsicht in die über die Lehre obschwebenden Contro=
versen, und erklären sich aus eigener Ueberzeugung für oder gegen
bestimmte Lehrpunkte.

Die schon im sechszehnten Jahrhundert aufgekommene Sitte,
sich bei den theologischen Facultäten Raths zu erholen und sich Re=
sponsa ertheilen zu lassen[2]), bildete sich in dieser Zeit so allgemein
aus, daß bei allen irgend bedeutsamen Fragen Gutachten von ihnen

---

[1]) Seckendorf, Historia Lutheranismi. Lib. III. p. 455.
[2]) Eine ältere reichhaltige Sammlung derselben ist: Georgii Dedeken Thesaurus Consiliorum et Decisionum. Hamb. 1623. 3 voll. Fol. (Jen. 1671.
Fol.). Consilia Wittebergensia 1664. A. Tholuck, Der Geist der lutherischen
Theologen Wittenbergs im Verlaufe des siebenzehnten Jahrhunderts, S. 2. Das
akademische Leben des siebenzehnten Jahrhunderts. Abth. I. S. 77 ff.

erfordert wurden. Im nördlichen Deutschland ertheilten auch die
geistlichen Ministerien Lübecks, Hamburgs, Rostocks und Stralsunds
Responsa, welche so wie diejenigen der theologischen Facultäten in
verdientem Ansehen standen. Dennoch aber trugen diese Gutachten
nicht selten schon damals, weil die eigene Einseitigkeit des theolo=
gischen Standpunktes und die Schärfe der theologischen Gegensätze
der Nüchternheit, Besonnenheit und Gewissenhaftigkeit des Urtheils
Eintrag thaten, den Charakter von Parteischriften an sich. Insbe=
sondere wurden Fragen, welche das ganze Gebiet der Lehre und der
kirchlichen Praxis betrafen, vor die theologischen Facultäten gebracht.
Vorzugsweise häufig kamen in der letzten Beziehung Fragen zur
Sprache, welche das Verhältniß des Kirchenregiments zur Obrigkeit,
die Ehesachen, die Sacramentsverwaltung und die Ausübung der
Kirchenzucht angingen. Auch das Dispensationsrecht der Fürsten
ward, sobald eine Dispensation fraglich und ihre Gewährung sach=
lich zweifelhaft war, Gegenstand abzugebender Erachten und Be=
denken. Konnten gleich diese Responsa keine entscheidende Aucto=
rität für sich in Anspruch nehmen, und noch weniger eine Sache
zum völligen Austrage bringen, so wurde doch diesen Responsis je
nach dem Ansehen, welches die Facultät genoß, ein großes Gewicht
beigelegt. Factisch entschieden sie daher häufig die stattgehabten
Controversen. In diesen Responsis, die oft von mehreren auf ver=
schiedenen Standpunkten stehenden Facultäten eingeholt wurden,
spiegeln sich nicht nur die herrschenden Lehrgegensätze ab, sondern
auch die gegensätzliche Stellung der verschiedenen Facultäten zu ein=
ander, so daß unter Umständen über ein und dieselbe Angelegenheit
aggressive und verurtheilende wie apologetische und billigende Re=
sponsa ertheilt wurden. Da damals theologische Zeitschriften als
Organe bestimmter theologischer Richtungen und kirchlicher Gegen=
sätze noch nicht bestanden, fanden diese in den Responsis ihren Aus=
druck. Indem aber die Facultäten auch die Vorkommnisse der ein=
zelnen Landeskirchen, ihre Interna und Externa, in den Umkreis
ihrer rathsamen Bedenken zogen, so bildeten diese eine nicht zu
unterschätzende Macht, wenn es galt, auf die öffentliche Stimmung
einer Landeskirche einzuwirken, eine Lehrfrage zur Entscheidung zu
bringen, das Vorgehen einer kirchlichen Behörde zu fördern oder zu
hindern, eine kirchliche Praxis zu unterstützen oder zu beseitigen.

Die wissenschaftliche Thätigkeit der theologischen Facultäten, wie sie sich im Ganzen und Großen in der von ihnen ausgegangenen Literatur darstellt, ist vorzugsweise auf Symbolik und Polemik gerichtet, wenngleich daneben exegetische Arbeiten in der analytisch dogmatischen Methode der Zeit fortgehen. Das dogmatisch polemische Interesse überwog durchaus, und es traten dagegen die übrigen wissenschaftlichen Bestrebungen auf dem Gebiete der Theologie weit zurück. Wie in den Vorlesungen, so waltet auch in den theologischen Schriften der Gebrauch der lateinischen Sprache noch unbedingt vor. Das Studium der griechischen Sprache war meistens noch in die Grenzen der neutestamentlichen Gräcität gebannt[1]), und die humanistische Richtung vermochte kaum in ihren wissenschaftlichen Sprachforschungen sich davon unabhängig und unbeeinflußt zu erhalten, wenigstens beginnen erst jetzt die principiellen Erörterungen über Sprache und Schreibart des Neuen Testaments[2]). Noch hat sich die Sitte der Disputationen auf den Universitäten fortgeerbt, und nach dem Geschmacke der damaligen Gegenwart modificirt erhalten. Man erstaunt, welche Masse von Dissertationen zu diesem Zwecke geschrieben worden sind. Ohne Zweifel ist hierauf ein bedeutender Theil wissenschaftlicher Kraftanstrengung verwandt worden und zum Theil ohne entsprechenden Erfolg. Neben großer Gelehrsamkeit und schätzbarem theoretischen Wissen findet sich in den zahllosen Dissertationen, welche oft schon durch die Form ungenießbar werden, Spreu in Menge. Dabei war der alte gelehrte Corporationsgeist auf den Universitäten noch heimisch, und zeigte sich nicht selten in dem starren Festhalten an den überlieferten akademischen Formen. Es hat auch dies unverkennbar dazu beigetragen, daß die Einwirkung auf die akademische Jugend we-

---

[1]) Seb. Pfochenii Diatribe de linguae graecae Novi Testamenti puritate. Amst. 1629. Grosse, Trias propositionum theologicarum, stylum N. T. Graecum a barbaris criminationibus vindicantium et sententiam Criticorum, qui Hellenismum propugnant, nibil illius rectitudini derogare ostendentium. Jenae 1642. Jo. Musaeus, Vindiciae pro disquisitione de stylo Novi Testamenti adversus Grossium. Jenae 1642.

[2]) Jac. Rhenferdius, Dissertationum philologico-theologicarum de stylo N. T. syntagma. Leovardiae 1702. 4.

niger tief ging und durch die weniger geeignete Methode, in welcher
der Unterricht auftrat, gehemmt oder doch beschränkt wurde. Doch
würde man sehr irren, wenn man die damalige akademische Wirk=
samkeit als eine unfruchtbare bezeichnen wollte. Ungeachtet mancher
Auswüchse des akademischen Lebens, deren wir später gedenken wer=
den, zeigte sich in der akademischen Jugend für theologische Stu=
dien Empfänglichkeit und Ausdauer in hohem Grade. Schriftkennt=
niß insonderheit und dogmatisches Wissen ward in seltenem Umfange
von Vielen erworben. Erwägt man überdies, welchen nachtheiligen
Einfluß die schweren Drangsale der Kriegsjahre auf die Studien
übten, die nicht selten auf längere Zeit völlig unterbrochen werden,
ja wie durch dieselben Bildung und Wissenschaft überhaupt unter=
graben wurden, so wird man anerkennen müssen, daß die Univer=
sitäten jedenfalls einen intensiv sehr bedeutenden Einfluß ausgeübt
haben, da aus ihnen ein solcher kirchlicher Lehrstand, wie diese und
die folgenden Jahrzehende ihn uns in seiner Thätigkeit und Wirk=
samkeit zeigen, hervorgehen konnte.

Es darf aber auch nicht einmal gesagt werden, daß nur theo=
logische Interessen diese Zeit bewegten, und auf die akademische Ju=
gend einwirkten. Ueberall begannen die naturwissenschaftlichen und
philosophischen Studien eine höhere Bedeutung zu gewinnen. Die
mathematischen und naturwissenschaftlichen Studien verschwistern sich
mit der Philosophie, und ihre Wechselwirkung erweist sich als höchst
bedeutsam. Die Philosophie ist bestrebt, zum Studium der Natur=
wissenschaften überzuleiten, und die Naturwissenschaften fangen all=
mählich an, der philosophischen Begriffsvermittelung Material dar=
zubieten, um die Philosophie zu ergänzen. Es fällt sogar die Ent=
stehung der neueren Philosophie in diese Periode. Cartesius reprä=
sentirt am meisten den Charakter der wissenschaftlichen Richtung
der Zeit. Er hat den größten Einfluß geübt, und hat die Ergebnisse
der Naturwissenschaften, wie sie damals lagen, am meisten auf die
Philosophie angewandt. Zwar wird sich nicht sagen lassen, daß die
Cartesianische Philosophie einen eigentlichen Eingang auf den luthe=
rischen Universitäten Deutschlands gefunden hätte; selbst durch die
Vermittelung der reformirten Universitäten und Landeskirchen, wo
von Anfang an dieselbe größeren Einfluß ausgeübt hatte, möchte

2

kaum eine nähere Beziehung hergeſtellt ſein[1]). Ueberhaupt macht
ſich erſt in dem letzten Decennium des dreißigjährigen Krieges ein
ſchwacher, allmählig beginnender Einfluß bemerkbar. Die Haupt=
ſache aber iſt ohne Zweifel, daß ſchon ſeit Baco von Verulam
ſich das wiſſenſchaftliche Intereſſe ſowohl der Philoſophie, als
auch der Phyſik und den übrigen Naturwiſſenſchaften zugewandt
hatte. Der Einfluß dieſer beginnenden Richtung macht ſich un=
verkennbar bemerkbar durch den Eifer, mit welchem dieſe Dis=
ciplinen mehr und mehr angebaut werden, was ſelbſt auf die
Methode der theologiſchen Erörterung hie und da zurück gewirkt
hat. Jedenfalls aber wird ſich ſagen laſſen, daß die Univerſitäten
mitten unter den ſchwierigſten Verhältniſſen, beengt und bedroht
von Gefahren, die ihre Wirkſamkeit, zum Theil auch ihre Exiſtenz,
in Frage ſtellten, Alles aufboten und erfolgreich dazu mitwirkten,
die alten Grundlagen der lutheriſchen Kirche in Lehre und Leben
zu erhalten.

Zweiter Abſchnitt.

**Die politiſchen und kirchlichen Zuſtände Mecklenburgs vor dem dreißigjährigen
Kriege. Stellung der Herzoge Johann Albrecht und Ulrich. Die kirchlichen
Inſtitutionen Ulrichs. Der Regierungsantritt der Herzoge Adolf Friedrich und
Hans Albrecht; ihr confeſſioneller Diſſenſus.**

Haben wir uns die allgemeinen politiſchen und kirchlichen Zu=
ſtände Deutſchlands vergegenwärtigt, ſo wenden wir uns zu einer
kurzen Betrachtung der kirchlichen Zuſtände Mecklenburgs, wie ſie ſich
in der dem dreißigjährigen Kriege voraufgehenden Periode ausge=
bildet hatten, und beim Ausbruche deſſelben beſtanden. Im Weſen der
Reformation lag es, daß die Grundgedanken, von denen ſie beherrſcht
und getragen wurde, mit innerer Nothwendigkeit auch neue Orga=
niſationen im Leben der Kirche erheiſchten, welche indeſſen, mannig=

---

[1]) A. Tholuck, Das akademiſche Leben des 17. Jahrhunderts, mit beſonderer
Beziehung auf die proteſtantiſch=theologiſchen Facultäten Deutſchlands, Abth. II,
S. 7 ff., S. 217 ff. Gaß, Geſchichte der proteſtantiſchen Dogmatik, Bd. I. S. 454 ff.

fach vorbereitet, erst allmählich sich verwirklichen konnten[1]). Das
Bedürfniß derselben ward von den Landesherren, welchen, als den
Hütern beider Tafeln, nach Abrogirung der bischöflichen Gewalt die
Ausübung des Kirchenregiments zugefallen war, wohl gefühlt, aber
indem sie sich der großen Verantwortlichkeit dieses ihres Amtes an
der Kirche lebhaft bewußt waren, gelang es ihnen bei den großen
Schwierigkeiten, die in den thatsächlichen Verhältnissen lagen, erst
langsam, die auf dem kirchlichen Gebiete für zweckmäßig und nothwendig erachteten Neubildungen herbeizuführen. Da das Kirchenregiment von den Landesherren kraft der Landeshoheit geübt ward,
mußten da, wo dieselbe wie in Mecklenburg der gemeinsamen Regierung zweier Landesherren zustand, häufig noch größere Hindernisse sich der Durchführung kirchenregimentlicher Acte entgegenstellen.
Neben der Differenz der theologischen und kirchlichen Ansichten der
Landesherren selbst, wirkte auch der oft verschiedene Standpunkt ihrer
Räthe und Superintendenten mitunter hemmend ein. Die Herzoge
Johann Albrecht (1547—1576) und Ulrich (1555—1603) hatten
nichts desto weniger eine Reihe kirchlicher Maßnahmen eingeleitet, und
eine Kirchenordnung im Jahre 1552 aufgerichtet und publicirt, wie
es mit christlicher Lehre, Reichung der Sacramente, Ordination der
Diener des Evangelii und ordentlichen Ceremonien in ihrer Lande
Kirchen und Schulen gehalten werden solle[2]). Bedeutsam ist diese
Kirchenordnung durch den Antheil Melanthons an derselben, von
welchem das hier zuerst erscheinende Examen ordinandorum her-
rührt. Hatten sie bei allen ihren Maßnahmen als oberste Schirm-
herren der Kirche, denen schon bisher die advocatia ecclesiae zugestanden, vor Augen, daß die reine Predigt des göttlichen Wortes
und überhaupt die heilsame Verwaltung des Predigtamtes zur Erleuchtung, Bekehrung und Seligkeit der Menschen geschehe[3]), so

---

[1]) Rudloff, Mecklenburgische Geschichte, III, 1. S. 131. Schröder, Evangelisches
Mecklenburg, Bd. I. S. 135. Vgl. auch: Ueber die evangelische Kirchen-Visitation
vom Jahre 1535, welche die erste im Lande war. Lisch, Jahrbücher VIII. S. 36 ff.

[2]) A. L. Richter, Die Kirchenordnungen des 16. Jahrhunderts, Bd. II. S. 116.
Krabbe, die Universität Rostock im 15. und 16. Jahrhundert, S. 494 ff. Lisch,
Jahrbücher XVIII. S. 180 ff.

[3]) Johann Albrecht hatte schon beim Antritt seiner Regierung im April 1552
angeordnet, daß eine Kirchen-Visitation durch den D. Aurifabrum, Ern. Rüßling,

2*

begegnet uns bei ihnen auch in den staatlichen Neugestaltungen das Bestreben, Gott zu Ehren überall das Wort Gottes grundleglich zu machen, und als Norm und Grundfeste eines guten Regiments auch in den staatlichen Einrichtungen zur Anerkennung und zur Geltung zu bringen. Die lebendige Einheit der Kirche und des Staats wird auf allen Gebieten angestrebt, setzt sich aber hie und da um in eine Identificirung beider, weil man ihre wesentliche Verschiedenheit sowohl in ihrem Ursprunge als in ihrer Aufgabe und in ihrem schließlichen Ziele verkannte[1]). Dennoch aber theilt die Kirche dem Staate in dieser Periode ihre geistlichen Kräfte mit, und fördert dadurch in bedeutsamer Weise den Gang seiner Ent= wickelung.

Was Johann Albrecht und Ulrich, die beide sich ihrer Stel= lung als praecipua membra ecclesiae lebendig bewußt waren, ge= meinsam begonnen hatten, war in einer langen und gesegneten Regierung dem Herzog Ulrich vergönnt, in bedeutsamer Weise hin= auszuführen[2]), da die wichtigsten kirchlichen Organisationen und In= stitutionen, auf deren Grunde die spätere Entwickelung der mecklen= burgischen Landeskirche steht, von ihm ins Leben gerufen wurden. Ulrichs kirchliche Stellung hat sich in diesen ausgeprägt. Bei dem lebendigen theologischen Interesse, von welchem er erfüllt war, hatte er an den Kämpfen zwischen der melanthonianischen und streng lutherischen Richtung großen Antheil genommen, und vertrat auf dem vom Churfürsten August von Sachsen im Jahre 1561 nach Naumburg berufenen Fürstentag mit großer Entschiedenheit das lu=

Ern. Omecken und Mgr. Simon Leupoldt vorgenommen werde; Lisch, Jahrbücher für mecklenburgische Geschichte und Alterthumskunde, VIII. S. 52 ff. Es geschah dies unmittelbar während seiner Betheiligung an dem siegreichen Feldzuge des Churfürsten Moritz in Tyrol, IX. S. 51.

[1]) Doch soll damit keineswegs in Abrede genommen werden, daß principiell an der Scheidung der beiden Gewalten, wie die lutherische Kirche dieselbe Conf. Aug. Art. 28 ausgesprochen hatte, festgehalten wurde, nur factisch wird die Son= derung nicht immer eingehalten und die Kirchengewalt nicht ausschließlich mittelst des Wortes geübt.

[2]) Lisch, Jahrbücher XVIII. S. 187 ff. Des Professors Dr. David Chyträus zu Rostock Bericht von der Kirchenordnung an den Herzog Ulrich von Mecklenburg 1599, wo indessen nur über den Anfang und die erste Berodung der mecklenbur= gischen Kirchenordnung anno 1551, Mense Novembri, gehandelt ist.

therische Bekenntniß. Ulrich war es, welcher, als das corpus doctrinae Saxonicum, in welchem die schmalkaldischen Artikel absichtlich
fortgelassen wurden, von den Anhängern und Vertheidigern der
melanthonianischen Richtung befürwortet, eingeführt werden sollte,
sich dagegen, gestützt auf die Bedenken und den Beirath des ihn
begleitenden·David Chyträus, auf das entschiedenste erklärte, wohl
erkennend, daß die Auslassung der schmalkaldischen Artikel gegen die
specifisch lutherische Bestimmung derselben im Artikel vom Sacrament des Altars, daß Brod und Wein im Abendmahl der wahrhaftige Leib und Blut Christi sei, und nicht allein gereicht und
empfangen werde von frommen, sondern auch von bösen Christen,
gerichtet sei, welche man aus dem Bekenntniß auszuschließen beabsichtigte. Nicht minder entschieden bekämpfte er die Erwähnung der
Ansgabe der Augsburgischen Confession vom Jahre 1540, da dieselbe den Sacramentirern einen wesentlichen Vorschub leisten mußte,
und wenngleich er auch hiermit nicht durchdrang, so legte er doch
über die streitigen Punkte ein sehr bestimmtes Zeugniß ab, und
bahnte durch seinen Rath, auf die allererste Augsburgische Confession
zurückzugehen, für die spätere Zeit den richtigen Gesichtspunkt zur
Verständigung über die streitigen Lehrfragen an. Ulrich sprach sich
aber auch in diesem Sinne für das von dem Churfürsten August
von Sachsen angeregte Concordienwerk aus, das er mit lebhafter
Theilnahme begleitete. Die Betheiligung von David Chyträus an
der Abfassung des Torgischen Buches und an dessen Ueberarbeitung
auf dem Convent zu Kloster Bergen im Mai 1577 ist bekannt[1]).
Sofort nach dem Zustandekommen und der Publication der Con=
cordienformel führte Ulrich, der in dem Gelingen des Werkes eine
neue Bürgschaft für die Erhaltung der reinen Lehre sah, dieselbe
als Lehrnorm für die lutherische Landeskirche Mecklenburgs ein[2]).
Die schon in der Kirchenordnung von 1552 in Aussicht gestellte
Errichtung eines Kirchengerichts erfüllte sich durch die Aufrichtung
des Consistoriums, welches durch die von den Herzogen Johann
Albrecht und Ulrich erlassene Consistorialordnung vom 31. Januar
1570 ins Leben trat, und von Chyträus mit seiner Rede de judi-

---

[1]) F. Schützii de vita Davidis Chytraei commentariorum lib. II. p. 512.
App. p. 76.

[2]) Chytraei Epp. 498 sq.

ciis ecclesiasticis am 27. März 1571 eröffnet wurde[1]). Hatte die Consistorialordnung den Zweck, die geistliche Jurisdiction festzustellen und zu regeln, um dadurch ein Regiment der Kirche aufzurichten, so erhielt dieselbe durch die Constitution der Superintendenten[2]) vom 31. Januar 1571 insofern nach einer anderen Seite hin eine bedeutsame Ergänzung, als diese recht eigentlich der kirchlichen Administration zu Gute kam, und darauf hinzuwirken bestimmt war, daß die zu Recht bestehende Kirchenordnung in allen Punkten befolgt und kräftig gehandhabt werde. Auch die durch Herzog Ulrich wieder ins Leben gerufenen und beförderten Kirchenvisitationen erwiesen sich für die Pflege und Hebung des kirchlichen Lebens in hohem Grade erfolgreich.

Als drei Decennien später Herzog Ulrich die noch in Gemeinschaft mit seinem Bruder Johann Albrecht publicirte Kirchenordnung einer Revision unterzog, hatte er bereits die Freude gehabt, den Segen der kirchlichen Ordnungen, die er geschaffen, in der reichen Frucht geistlichen Lebens, welche sie gezeitigt hatten, zu erkennen. Als oberster Schirmherr der Kirche wußte er sich verpflichtet, zur Pflanzung und Ausbreitung der reinen Lehre mitzuwirken. Diese Fürsorge war es, die ihn im Hinblick auf die seitdem stattgehabten Religionsstreitigkeiten bestimmten, die wichtigsten Artikel des Glaubens aufs Neue durchsehen und prüfen zu lassen, um die wahrhaftige reine Lehre von den in den verflossenen funfzig Jahren streitig ·gewordenen Artikeln schlecht und recht nach Gottes Wort zu erhalten, und auf die Nachkommen fortzupflanzen. Auch wurden mehrere in dem verflossenen Zeitraum aufgerichtete kirchliche Institutionen und

---

[1]) Der Durchleuchtigen Hochgebornen Fürsten und Herren, Herrn Johans Albrechts und Herren Ulrichs gebrüderen, Herzogen zu Meckelnburgk, Fürsten zu Wenden, Grafen zu Schwerin, der Lande Rostock und Stargart Herren, Kirchengerichts oder Consistorijordnung. In Ihrer F. G. Universitet zu Rostock angerichtet. Im Jar nach Christi unsers Herrn geburt MDLXX. Rostock durch Jacobum Lucium. 4. Vgl. Krabbe, Die Universität Rostock im 15. und 16. Jahrhundert, S. 649 ff., S. 663 ff. Lisch, Jahrbücher XVI, 27. 55.

[2]) Constitution der Herzogen zu Meckelburgk, etc. Wie es hinführo mit den Superintendenten, auch Kirchen personen vnd gütern vnd etlicher dabey besundener mengel halben in J. F. G. Landen gehalten werden soll. Gedruckt zu Rostock durch Jacobum Lucium. Anno 1571. 4. Richter, Die evangelischen Kirchenordnungen des 16. Jahrhunderts, II, S. 327 ff. S. 834 ff.

Ordnungen bei der Revision der Kirchenordnung berücksichtigt und in dieselbe eingefügt. Als nun Ulrich die also revidirte Kirchenord= nung mit der heiligen göttlichen Schrift, als dem Brunn und Quell und dem einigen Grund und Richtschnur des Glaubens, mit der den lutherischen Kirchen gemeinen Augsburgischen Confession und der vorigen Kirchenordnung in Uebereinstimmung gefunden hatte, publicirte er dieselbe am 5. März 1603, kurz vor seinem am 14. März 1603 erfolgenden Heimgang, Gott dem Allmächtigen zu Ehren, mit großer Glaubensfreudigkeit und mit der innern Gewiß= heit, daß durch dieses sein und seiner Landeskirche christlich Bekennt= niß viele zu ihrem Heile und Wohlfahrt unterrichtet, getröstet und gestärket werden würden. Damit war aber auch für die Folgezeit der lutherische Charakter der Landeskirche bestimmt und festgestellt, und zugleich eine sichere Grundlage für jede pastorale und kirchliche Thätigkeit geschaffen worden. Wie Herzog Ulrich persönlich an den theologischen Kämpfen der Zeit lebendigen Antheil nahm, weil es sich in ihnen auch nach seiner Ueberzeugung um der Seelen Selig= keit handelte, so zeigt seine katechetische Behandlung der „HEupt= stücke Christlicher Lehre nach ordnung des Catechismi"[1]), in welcher tief geistlichen Weise er durch diese Schrift, welche auf seinen Be= fehl schon im Jahre 1594 gedruckt und ausgegangen war, den ka= techetischen Bedürfnissen der Gemeinden seines Landes zu genügen bestrebt war. Durchdrungen von der Ueberzeugung, daß die Fürsten der elenden Kirchen treue Pfleger und Säugammen sein sollten, hatte er nicht nur täglich in der Schrift geforscht, sondern hatte auch sein Enchiridion gestellet, um an seinem Theile die Ausbrei= tung und Fortpflanzung der ungefälschten Lehre zu befördern, indem es ihm darum zu thun gewesen war, Alles nach der Richtschnur des Catechismi in gute und deutliche Ordnung zu setzen, und bei einem jeglichen Stücke der christlichen Kinderlehre Anleitung zu geben. Es zeigt sich aber nicht bloß hier die warme Theilnahme Ulrichs an den inneren Zuständen der Kirche, sondern es begegnet uns überall, wo er sein oberbischöfliches Recht übt, die zarteste Ge=

---

[1]) Kurtze wiederholung etlicher fürnemer HEuptstücke Christlicher Lehre, nach ordnung des Catechismi, Durch eine hohe fürstliche Person zusammengetragen. Mit einer Vorrede Andreae Celichii, Meckelnburgischen Superintendenten. Leipzig. Anno MDXCIIII. Cum Privilegio. 4.

wissenhaftigkeit und unermüdlichste Pflichttreue, so daß er eben so
sehr die Rechte der Kirche und aller ihrer Glieder ehrt und schont,
als er durch kräftige Handhabung seines Oberaufsichtsrechtes ihr zu
dienen bemüht ist. Und in der That läßt sich behaupten, daß Herzog Ulrich, der eben so belesen und eifrig als bekenntnißtreu und
entschieden gewesen ist, durch alle diese seine Bestrebungen das kirchliche und geistliche Leben seiner Landeskirche gehoben und gekräftigt
und selbst auf lange Zeit hinaus gesichert und bewahrt hat[1]).

Nach dem am 14. Mai 1603 erfolgten Heimgange Herzog
Ulrichs traten sehr bald in dem öffentlichen Leben Deutschlands
Ereignisse ein, welche nur zu geeignet waren, auf die politischen
und kirchlichen Verhältnisse aller deutschen Territorien eine bedenkliche Rückwirkung auszuüben. Hatten bisher überall in Deutschland
die kirchlichen Interessen im Vordergrunde gestanden, und hatte die
Spannung der Confessionen und ihre feindliche Stellung zu einander dieses eher befördert als verringert, so konnte es nicht ausbleiben, daß, als der dreißigjährige Krieg sich vorzubereiten begann,
die drohende Katastrophe schon längere Zeit vorher empfunden wurde,
ehe sie noch in die Wirklichkeit eingetreten war.

Herzog Karl, Administrator des Stifts Ratzeburg, war seinem
Bruder Ulrich im Herzogthum Güstrow und in der vormundschaftlichen Regierung gefolgt, da die einzige Tochter Ulrichs, die Königin Sophie von Dänemark, mit ihren Erbansprüchen durch eine
Aversionalsumme abgefunden war. Aber obwohl Herzog Karl erst
am 22. Julius 1610 starb, traten seine beiden Neffen, die Söhne
Herzogs Johann VII., die Urenkel Albrechts des Schönen, die Herzoge Adolf Friedrich und Hans Albrecht, über welche er die Vormundschaft geführt hatte, nach erfolgter Mündigkeitserklärung von
Seiten des Kaisers, schon im Jahre 1608 unter sehr verwickelten
Verhältnissen die Regierung an[2]), da der Stand der landesherrlichen

---

[1]) Krabbe, Herzog Ulrich von Mecklenburg-Güstrow; Rede, am Geburtstag
S. K. H. des Großherzogs Friedrich Franz, am 28. Febr. 1852, gehalten. S. 11 ff.
[2]) Adolf Friedrich, geb. 1588, gest. 1658. Hans Albrecht, geb. 1590, gest. 1636.
Rudloff, Neuere Geschichte von Mecklenburg, II. S. 78 ff. David Franck, Altes
und Neues Mecklenburg, Lib. XII. p. 84 ff. K. Ch. F. von Lützow, Versuch einer
pragmatischen Geschichte von Mecklenburg, III. S. 143 ff. Ernst Boll, Geschichte
Mecklenburgs mit besonderer Berücksichtigung der Culturgeschichte, II. S. 8 ff.

Finanzen ein eben so gedrückter als die Stellung der Landesherren zu den Landständen eine schwierige war. Das Primogeniturrecht, das Johann Albrecht in seinem Testamente für seine Söhne als Norm hingestellt hatte, kam nicht zur Anwendung, weil die Unmöglichkeit einer entsprechenden Abfindung des jüngeren Bruders von dem älteren Bruder eingesehen ward, so daß Beide sich unter Vorbehaltung des Primogeniturrechts über die gemeinsame Regierung des Landes einigten. Da aber die Primogeniturordnung noch nicht in Mecklenburg rechtsverbindlich geworden war, und Adolf Friedrich die völlige Theilung des Landes eifrig betrieb, so kam dieselbe zu Stande, indem das Land in zwei gleiche Hälften getheilt und die übrigen Besitzungen, die landesherrlichen Güter und die für öffentliche Zwecke aufgehäuften Vorräthe, gleichmäßig vertheilt wurden. Dagegen verblieben das Hof= und Landgericht, die Landesuniversität, das Consistorium, die Archive und die Ausübung einer Reihe von Hoheitsrechten und Regalien ihnen gemeinsam. Bei dem von den Herzogen vorgenommenen Gottesgericht der Verloosung fiel der Schwerinsche Antheil auf den Herzog Adolf Friedrich[1]), der Güstrowsche auf den Herzog Hans Albrecht[2]). Der Regierungsantritt der Herzoge fällt in eine Zeit, wo die Verhältnisse des europäischen Staatensystems mehr und mehr seit dem Augsburger Religionsfrieden einen wesentlichen Umschwung erfahren hatten. Die größeren Staaten, deren Machtverhältnisse auf den Gang der Begebenheiten einzuwirken vermochten, bildeten ihre politische Individualität in prägnanter Weise aus. Die Confession erschien in dem öffentlichen Leben dieser Staaten bereits als ein verhältnißmäßig Untergeordnetes, und wurde nicht selten bloß als ein wichtiger Factor betrachtet, der bei politischen Combinationen und verzweigten Unternehmungen geschickt zum Zwecke der Vergrößerung benutzt werden konnte. Das Papstthum, das mit dem weltlichen Fürstenthum in dieser Zeit dieselben Tendenzen verfolgt, tritt daher auch in ver=

---

[1]) Charakteristisch sind die von K. von Lützow aus Adolf Friedrichs eigenhändig geführten Tagebüchern gegebenen Auszüge, bei Lisch, Jahrb. XII. 59—122. Vgl. auch Wiener Gesandtschaftsberichte über die Persönlichkeit und die Gesinnungen der Herzoge Adolf Friedrich I. und Johann Albrecht II., Lisch, Jahrb. XX. S. 124 ff.

[2]) Lisch XII. 66, wo des Vertrages mit seinem Bruder Adolf Friedrich gedacht ist und Lisch XVI. 199 ff., wo seine calvinistische Bilderstürmerei geschildert ist.

wandte Pläne und Combinationen ein. Anders geſtaltet ſich jedoch die Stellung der kleineren Staaten, welche nicht mehr ſelbſtthätig in die Entwickelung einzugreifen vermögen, und oft nur als Objecte der von Seiten der größeren Staaten verſuchten politiſchen Combinationen erſcheinen, in denen wohl gar ihre beſonderen Intereſſen unbedenklich aufgeopfert wurden, wenn es galt, die mannigfachen unter ihnen vorhandenen Differenzen zur Ausgleichung zu bringen. Bei den kleineren Staaten iſt das confeſſionelle Moment noch von überwiegender Bedeutung, ſowohl an ſich als auch weil ihr Verhältniß zu den größeren Staaten meiſtens dadurch bedingt erſcheint. Es darf auch nicht überſehen werden, daß damals bei den Proteſtanten noch das Bewußtſein lebendig war, in ihrer Confeſſion den Weg zur Seligkeit zu beſitzen, und daß die Landesherren es als eine heilige Pflicht anſahen, ihren Unterthanen keine andere Religion zu geſtatten, vielmehr gerade als ihre Vertreter, denen die Wahrung ihrer heiligſten Intereſſen oblag, es ihnen zu ſchulden glaubten, ſie bei ihrer Confeſſion mit allen zuſtändigen Mitteln zu erhalten. Nach der Confeſſion, welche die herrſchende in einem Lande war, richtete ſich aber auch eine Reihe von Organiſationen und Inſtitutionen, welche nicht nur auf das kirchliche, inſonderheit gottesdienſtliche Leben, ſondern überhaupt auf Geſetz, Sitte und Ordnung des Landes mächtig einwirkten. In dieſem Sinne trug Mecklenburg durchweg den Charakter eines ſtreng lutheriſchen Landes.

Auch in Mecklenburg tritt in dieſer Periode der Kampf der Ariſtokratie mit der wachſenden landesherrlichen Macht ſo bedeutſam dadurch hervor, daß es jener gelang, ſehr wichtige Prärogativen ſich zu erwerben und der Landesverfaſſung ein überwiegend ariſtokratiſches Gepräge zu verleihen. Dazu kamen die ununterbrochen fortgehenden Zerwürfniſſe der Herzoge mit den Ständen, welche ſich weigerten, die immer mehr ſich ſteigernden Bedürfniſſe des Landes und ſeiner Verwaltung durch Hülfsſteuern zu den landesherrlichen Caſſen zu decken, zugleich aber ſich den Uebergriffen der Landesherren in die privativen ſtändiſchen Gerechtſame auf das äußerſte widerſetzten.

Hatten die complicirten Erbverhältniſſe und die bei der Landestheilung hervortretenden Fragen des öffentlichen Rechts und die mit dieſen zuſammenhängenden vermögensrechtlichen Anſprüche ſowie die

aus älterer Zeit herstammenden, auf dem herzoglichen Hause ruhenden Schuldverhältnisse schon Differenzen mannigfacher Art zwischen
den Herzogen hervorgerufen, so wurden diese durch den Gegensatz
ihrer confessionellen Ueberzeugungen in dem Maße gesteigert, daß
alle Verhältnisse ihrer gemeinsamen Regierung davon ergriffen wurden, und mehr oder weniger darunter litten. Denn der Zwiespalt
der fürstlichen Brüder, der überall sich geltend machte, und in ihrer
gegenseitigen Eigenthümlichkeit stets neue Nahrung fand, trat nirgends schroffer hervor als auf dem kirchlichen Gebiete, da Adolf
Friedrich ebenso sehr aus Ueberzeugung der lutherischen Kirche zugethan war als Hans Albrecht, welcher derselben schon frühe entfremdet war, sich immer entschiedener an die reformirte Kirche im
bewußten Gegensatz gegen die lutherische Kirche angeschlossen hatte.
Die Beziehungen und Verbindungen, welche Hans Albrecht auf
seinen Reisen mit reformirten Theologen und Confessionsverwandten
angeknüpft hatte, hatten schon vorher[1]), ehe er förmlich zur reformirten Confession übertrat, den Argwohn der Stände auf sich gezogen und ihre Besorgnisse rege gemacht. Als er aber im Jahre
1617 sich förmlich zur reformirten Confession wandte, nachdem er
sich mit des Landgrafen von Hessen ältester Tochter Elisabeth wieder vermählt hatte, ward der Bruch zwischen ihm und Adolf Friedrich
ein vollständiger.

War den Reichsfürsten durch die Bestimmungen des Augsburger
Religionsfriedens das Recht zugestanden worden, innerhalb ihrer
Territorien ihr Bekenntniß zur Geltung zu bringen, und hatte der
Grundsatz: cujus regio ejus religio gerade in dieser Zeit immer
größere Berechtigung erhalten, da er von lutherischen wie später
auch von katholischen Landesherren zum Nutzen und Frommen ihrer

---

[1]) Am 30. Mai 1616 war dem Herzog Hans Albrecht von seiner ersten Gemahlin Margarethe Elisabeth ein Sohn geboren, welcher am 28. Julius 1616 die
heilige Taufe empfing. Bei der Vollziehung derselben wurde zwar die Abrenun-
tiation beibehalten, der Exorcismus aber ausgelassen, was eine entschiedene Protestation von Seiten des Gesandten des Herzogs Philipps II. von Pommern gegen
diese Neuerung zur Folge hatte. Bereits bei dieser Taufe fungirte Georg Ursinus
aus Schlesien als Hofprediger. Kubloff, M. G. III, 2. S. 132. 137. Bessers Beiträge zur Geschichte der Vorderstadt Güstrow, III. S. 381 ff. Lisch, Des pommerschen Geheimenraths Mathias von Carnitz Gesandtschaftsbericht über die Taufe des
Güstrowschen Prinzen Carl Heinrich, Jahrbücher VI. S. 144 ff., S. 159 f.

Confession zur weitesten Anwendung gebracht war, so stand zu be=
sorgen, daß, obschon der Augsburgische Religionsfriede nur zwischen
den katholischen Reichsfürsten und denjenigen, welche der Augsbur=
gischen Confession anhingen, geschlossen war, auch von Seiten eines
calvinisch gesinnten Landesherrn jener Grundsatz werde zur Anwen=
dung gebracht werden. Zwar konnten die lutherisch gesinnten Stände
Mecklenburgs derartigen landesherrlichen Absichten Hans Albrechts
in ihrer völlig unabhängigen Stellung bedeutende Hindernisse ent=
gegensetzen, und überhaupt solchen Bestrebungen entgegenwirken, da
der Landesherr an ihre Mitwirkung gebunden, und späterhin durch
die Reversalen vom Jahre 1621 noch besonders verpflichtet war,
aber dennoch ließ sich nicht verkennen, daß bei dem bedeutenden
Aufschwunge, den die reformirte Confession auch als politische Partei
in dieser Periode nahm und bei den Verbindungen, in welche die=
selbe mit den Reformirten Frankreichs und Hollands getreten war,
ein reformirter Landesherr auf die Länge Mittel und Wege genug
haben und finden werde, das lutherische Bekenntniß des Landes zu
beschränken, oder selbst allmählich das Land kraft jenes in dem Satze:
cujus regio ejus religio enthaltenen Princips in den Calvinismus
hinein zu reformiren. Dazu kam, daß fast überall das jus episco=
pale und das jus politicum der Landesherren vermischt wurde, und
daß durchweg eine gänzliche Unklarheit über die völlige Verschieben=
heit beider Rechte sich fand. Um so weniger konnte es dem Herzog
Adolf Friedrich und den lutherischen Ständen des Landes, denen
die aus dem Calvinismus Herzogs Hans Albrecht drohende Gefahr
nicht entging, verargt werden, wenn sie Angesichts der aggressiven
Bestrebungen der Reformirten Alles aufboten, jener Gefahr zu be=
gegnen und allen Eventualitäten vorzubeugen, welche bei der Rüh=
rigkeit der calvinischen Partei und bei ihrem unermüdlichen und
energischen Bestreben, die calvinische Lehre in die einzelnen luthe=
rischen Territorien einzuführen, befürchtet werden mußten. Es wohnte
aber auch von Anfang an der lutherischen Kirche ein lebendiges Be=
wußtsein inne von der, ungeachtet ihrer wesentlichen Verschiedenheit,
gottgewollten Einheit des Staats und der Kirche, und um diese zu
erhalten, bot sie Alles auf, das Eindringen anderer Confessionen
oder gar sectirerischer Elemente zu verhindern. An diesem Kampfe
hatte selbstverständlich der kirchliche Lehrstand Mecklenburgs einen

hervorragenden Antheil, und hier war es wiederum die theologische
Facultät Rostocks, welche sich ebenso kräftig an demselben durch Ab=
wehr des Calvinismus betheiligte, als sie eine streng wissenschaftliche
Richtung mit lebendiger Frömmigkeit vereinigte. Neben der Jenaer
Facultät nahm die Rostocker eine bedeutsame Stellung ein. Durch
ihre ganze Thätigkeit hindurch geht nicht minder die Bestreitung der
calvinischen Irrlehre vom biblisch theologischen und kirchlich luthe=
rischen Standpunkte als die Bekämpfung des Katholicismus in Lehre
und Cultus, den sie als papistischen Götzendienst auffaßte.

Mecklenburg hatte wie irgend ein deutsches Land unter den
Drangsalen des dreißigjährigen Krieges zu leiden. Durch die Kata=
strophe, welche die Wallensteinische Vergewaltigung für das Land
herbeiführte, ward es zugleich hineingeflochten in die großen poli=
tischen Combinationen und Wechselfälle, welche den Gang und Ver=
lauf des dreißigjährigen Krieges, welcher von dem wechselnden Er=
folge der Waffen bedingt war, in charakteristischer Weise auszeichnen.
Die harte Leidensperiode, welche das Land sammt seinen Fürsten
zu dulden und durchzukämpfen hatte, ward ihm zugleich eine Zeit
innerer Läuterung und nachhaltiger Kräftigung. Die theologische
Facultät seiner Landesuniversität war unterdessen rastlos bestrebt,
die Früchte der lutherischen Reformation zu bewahren, aber sie hatte
zugleich ein Verständniß von der tiefen Noth der Zeit. Ihr ist sie
wie mit den Waffen des Evangeliums, so auch mit dem köstlichen
Troste desselben entgegengetreten, so daß die Heilkräfte und Bildungs=
kräfte, welche von ihr ausgegangen sind, dem Lande sowohl mitten
in seiner schweren Leidenzeit als auch später nach der ersten Ueber=
windung dieser Drangsalsperiode zu Gute gekommen sind. Der
sittliche und kirchliche Verfall aber, der von diesen schweren Kriegs=
jahren überall unzertrennlich war, mußte gar bald einer neuen ge=
sunden Restauration des kirchlichen Lebens weichen, welche eine neue
Periode wissenschaftlicher und kirchlicher Entwickelung in sich trug.

Dritter Abschnitt.

Die Zeit, welche unmittelbar den Anfängen des dreißigjährigen Krieges voraufgeht, war eine tief erregte. Längst hatten sich die confessionellen Gegensätze zu einer nicht mehr auszugleichenden Schroffheit gespannt, wurden nichtsdestoweniger gerade damals noch geschärft durch die Wahrnehmung, daß auch in der Beurtheilung der obschwebenden politischen Fragen nicht bloß der Katholicismus eine Sonderstellung hatte, sondern daß auch in der Beurtheilung und Würdigung derselben Lutherthum und Calvinismus eine verschiedene meist gegensätzliche Stellung einnahmen. Insbesondere greift hier auch ein die Politik der fremden Höfe, welche mit der Verheißung politischer Selbstständigkeit und Freiheit die Loslösung und Zerreißung des alten Reichsverbandes anstrebte. Während aber das Lutherthum auch auf diesem Gebiete seinen positiven, überwiegend conservativen Character bewährte, und die alte Ehrfurcht vor dem Reichsoberhaupte und dem Reichsverbande zu bewahren suchte, verhielt sich der Calvinismus auch hier verneinend, und war geneigt, sich über die gegebenen geschichtlichen Grundlagen hinwegzusetzen, und die in ihnen liegenden Schranken nicht zu achten. Der tiefe Zwiespalt, der kirchlich und politisch Deutschland durchzog, und sich durch die unverkennbar hervortretenden Restaurationstendenzen des Katholicismus von Tage zu Tage steigerte, gab sich in einer kirchlich und politisch gereizten Stimmung kund, welche dem Ausbruche des böhmischen Krieges, in dem alle diese Fäden zusammenliefen und zum ersten Male sich als tiefgreifende und wirksame Factoren auswiesen, voranging.

Unmittelbar an der Schwelle dieses Zeitraums tritt uns die erste Jubelfeier der lutherischen Kirche im Jahre 1617 entgegen[1]),

---

[1]) Triumphus Secularis. Oratio qua ob divinitus per ministerium D. Martini Lutheri liberatam acerbissima Pontificia servitute, Romanisque

wo bei der allgemeinen Trübung und Verwickelung der kirchlichen
und politischen Verhältnisse das Eintreten schwerer Conflicte über
kurz oder lang erwartet werden mußte. Da war es Kurfürst Johann
Georg I. von Sachsen, der in Verbindung mit dem Herzog Christian
zu Celle und dem Herzog Franz zu Sachsen-Lauenburg die Feier
des Jubelfestes in Anregung brachte, und auch den Herzog Adolf
Friedrich zur Theilnahme an demselben aufforderte. Da dieser aus
persönlicher Ueberzeugung dem lutherischen Bekenntniß anhing, und
die Erhaltung und Pflege des lutherischen Bekenntnisses sich vor=
gesetzt hatte, ging er auch mit dem lebendigen Eifer, der ihm eigen
war, auf diesen Gedanken ein. Aber bereits hatte sich sein Bruder
Herzog Hans Albrecht II., welcher schon seit dem Antritt seiner
Regierung mehrfach in einzelnen Verordnungen und Erlassen, na=
mentlich im Jahre 1613 durch das Verbot des allzustarken Elenchus
gegen die Calvinisten, den Calvinismus geschützt und begünstigt
hatte, völlig dem reformirten Bekenntniß zugewandt, in dessen speci=
fischen Lehren er Heil und Leben für sich fand. Dieser lehnte un=
geachtet des dringenden Antrages Adolf Friedrichs die beabsichtigte
Feier auf das entschiedenste ab. Für das ganze Land konnte daher
die erste Jubelfeier der lutherischen Kirche nicht angesetzt werden,
da der Summepiscopat zu denjenigen Regierungsrechten gehörte,
welche beiden Fürsten gemeinsam zustanden. In Rostock aber hing
man auf das lebendigste am lutherischen Bekenntnisse, war durch=
drungen von den Segnungen der Reformation, und empfand um
so lebhafter, welchen Schatz man an dem unversehrten landeskirch=
lichen Bekenntniß besitze, als gerade um diese Zeit die katholische
Reaction, besonders in den östreichischen Erblanden, sehr entschieden
hervortrat, und schon der böhmische Krieg sich vorzubereiten begann.

Idolomaniis ecclesiam a. d. V. Novembris Anno 1617 in illustri Academiae
Rostochiensis panegyri in communi gaudio Populi Christiani et huic gra-
tulatus est et Deo Opt. Max. gratias egit Joannes Simonius, P. P. Rostochii 1618. 4. E. J. de Westphalen, Monumenta inedita rerum Germanicarum, praecipue Cimbricarum et Megapolensium. Vol. III. p. 848. David
Franck, Altes und Neues Mecklenburg. Lib. XII. Cap. 19. S. 187 f. G. B. H. Nie-
send, Hilaria Evangelica Rostochiensia etc. Rostock und Wismar 1756. 4.
S. 8 f. J. B. Krey, Beiträge zur Mecklenburgischen Kirchen- und Gelehrtengeschichte.
Bd. I. St. 2. S. 107. Rudloff III, 2. S. 135.

Das Publicationspatent[1]) vom 26. October 1617, welches nach statt=
gehabter Vereinbarung Eines Ehrbaren Rathes mit dem Ehrwür=
digen Predigtamt die Feier des Jubelfestes auf den 31. October
ansetzte, gedenkt des schuldigen Dankes gegen die unaussprechliche
Gnade und Barmherzigkeit des treuen Gottes, welcher das Licht
des heiligen Evangelii in Deutschland wieder anzuzünden angefangen,
dasselbe auch bald hernach in dieser Stadt wieder habe aufgehen
lassen, und wider des Teufels und seiner Werkzeuge Wüthen und
Toben, wider alle Rotten und Secten rein und unverfälscht bei
uns erhalten habe[2]).

Universität und geistliches Ministerium begingen die Jubelfeier
dieser ihrer Bedeutung gemäß, zu welcher der damalige Rector Jo=
hannes Sleker durch ein Festprogramm, das auf Huß, Gerson,
Petrus de Alliaco und Wessel hinwies, und der Anfänge der re=
formatorischen Bewegung in Rostock durch Nicolaus Ruß gedachte,
einlud[3]), und an welcher sich jene Theologen betheiligten, welche auf

---

[1]) Acta, betreffend die Feier des hundertjährigen Jubiläums der Kirchen=
reformation in Mecklenburg und Rostock. 1617. (Rostocker Rathsarchiv.)

[2]) Auch der D. Lucas Bacmeister, Superintendent zu Güstrow, früher fürst=
licher Professor der Theologie, Superintendent des Rostockschen Kreises und Con=
sistorialrath, welcher mit großer Entschiedenheit die calvinischen Lehren bekämpfte,
hielt damals zwei Jubelpredigten in Güstrow, Vormittags im Dom und Nach=
mittags in der Pfarrkirche, welche er indessen erst vier Jahre später, indem er sie
Herzog Adolf Friedrich unter dem 6. Januar 1621 zueignete, unter folgendem
Titel herausgab: Zwo Evangelische Predigten, von der überschwenglichen Gnad
Gottes, nach deren er in unsern lieben Vaterland teutscher Nation vor hundert
Jahren das Licht des heiligen Evangelii durch den Dienst Herrn D. Martini Lutheri,
Seligen, wiederumb hat lassen herfürbrechen: zu Dank, Preiß und Ehren des
Namens Gottes des Allerhöchsten, und zu rühmlichem Gedechtniß seiner heiligen
Wohlthaten, gehalten zu Güstrow am 20. Sonntag nach Trinitatis Anno 1617
durch D. Lucam Bacmeistern, Superintendenten daselbst: und itzo auf gutherziger
Leute Begehren in den Druck gegeben. Rostock, gedruckt durch Jochim Fueß, Anno
MDCXXI in IV. 7 B.

[3]) Invitatio ad Jubilaeum Reformationis Evangelicae solemni Festi=
vitate celebrandum orationemque Pauli Tarnovii audiendam. Rost. 1617. 4.
M. Jo. Sleker, Phys. et Metaph. Prof., war im Jahre 1608 von E. E. Rath
zu dieser Professur berufen, nachdem er 1607 den 22. October Decano Jo. Si=
monio als Magister in die philosophische Facultät recipirt war. Später ging er
nach Stralsund, wo er 14. December 1618 Archidiaconus und 1621 Pastor zu
St. Nicolai ward, und daselbst 1629 starb. Unter seinen vielen Disputationen

längere Zeit hinaus einen bedingenden Einfluß auf das Leben der lutherischen Landeskirche Mecklenburgs ausübten. Paul Tarnov, damals Senior der Facultät, redete über die vor einem Jahrhundert begonnene gnadenreiche Heimsuchung durch den Dienst Martin Luthers[1]. Johann Tarnov stellte in seiner Festrede eine Vergleichung an zwischen den drei Reformatoren Elias dem Thesbiter, Johannes dem Täufer und Martin Luther[2], und Johannes Affelmann handelte in einigen öffentlichen Lectionen, in denen er das

---

verdient insbesondere die Decas quaest. miscell. de magia 1617 Beachtung, in welcher er sich gegen die damals stattfindenden Hexenprocesse und gegen die übliche Probe des kalten Wassers (Hexenbad) sehr energisch ausspricht: Dolenda est nimia illa praecipitantia nonnullorum judicum in medio hoc Christianismo, qua promiscue quasvis haud raro mulierculas absque praevia eaque sufficiente legitima causae cognitione earumque rerum, quae ad illam spectant, exploratione accuratiori ad ignem rapiunt. Sed et execranda est illa probatio earundem, ab iisdem quae fieri consuevit, de qua praesens proponit quaestio, ut alias probationes secretas et ridiculas mittamus. Instituitur haec in aliquibus Germaniae locis ita: Alligatur pedi sinistro dextra manus et sinistra manus dextro pedi, sicque; homo injicitur in aquam frigidam, si supernatat, habetur reus, si mergitur, innocens pronunciatur. Vgl. Etwas von gelehrten Rostockschen Sachen, J. 1737 S. 416, J. 1740 S. 118. 244, J. 1742 S. 577—586. Uebrigens hat Slecker den Inbegriff seiner philosophischen Ansichten entwickelt in der Abhandlung: Ad Barthol. Keckermanni physiologiam de duratione ac tempore, speciebus motus, qualitate, mundo ac simplicibus corporibus, in genere ac specie. Exercitationes in academia Rostochiensi, propositae a M. Johanne Slekero, Phys. P. P. Rostochii 1618.

[1] P. Tarnovius, De visitatione gratiosa per Martini Lutheri ministerium ante seculum caepta. Rost. 1618.

[2] J. Tarnovius, Tres Eliae, hoc est comparatio trium ecclesiae Dei reformatorum, Eliae Thesbitae, Johannis Baptistae, Martini Lutheri, zelo pari, successu haud dispari divinitus mundo reducentium obscuratam doctrinae puritatem, collapsam vitae integritatem in solennitate jubilaei Lutherani instituta. Rost. 1618. 4. Vgl. außerdem: Tuba Jubilaei Lutherani, hoc est, Explicatio dicti insignis Habacuc c. 2, v. 4: Justus fide sua vivet: in qua nostra de justificatione hominis coram Deo gratuita θέσις orthodoxa confirmatur, ᾿Αντίθεσις Pontificiorum et heterodoxa in hoc articulo doctrina partim refutatur, partim indicatur, dictumque hoc a pravis Jesuitarum, Bellarmini, Costeri, Ribetae expositionibus vindicatur, quam auxiliante Deo Trinuno ad ipsius nominis divini propagandam gloriam et reformationis Lutheranae conservandam memoriam — — — publice examinandam proponit Johannes Tarnovius. Rostochii 1618. 4.

Weib, das im Epha saß, Sach. 5, V. 5 ff., auf das Papstthum
bezog, über Princip, Mittel und noch zukünftiges Ziel der Reformation Luthers[1]). Und wie in diesen Festreden ein einmüthiges
Zeugniß für die Wahrheit und Herrlichkeit des lutherischen Bekenntnisses abgelegt ward, so hob auch das geistliche Ministerium[2]) in
seinen Predigten vor der Gemeinde die Gnade Gottes hervor, welche
das helle Licht seines seligmachenden Evangeliums und den rechten
Gebrauch seiner heiligen Sacramente sowohl allem Andrängen des
Papstthums und des Calvinismus, als auch allen Rotten und Secten
gegenüber der Gemeinde erhalten hatte[3]).

Bei allem Eifer für das lutherische Bekenntniß hatte jene
Jubelfeier jedoch Anstoß bei Herzog Adolf Friedrich erregt, da sie
zwar in seinen Wünschen gelegen, aber nicht von ihm oberbischöflich
angeordnet worden war. Kaum war daher dieselbe gehalten worden,
als Herzog Adolf Friedrich unter dem 5. Januar 1618 an das
Ministerium einen Befehl erließ, darüber fördersamst zu berichten,
ob es das celebrirte Jubelfest für sich selbst oder auf Anordnung
des Raths daselbst angestellt habe[4]). Nach Wegfall der bischöflichen
Jurisdiction war nämlich die Ausübung des jus episcopale zwischen
der Landesherrschaft und dem Rathe Rostocks controvers geworden,
gleichwie auch in andern Territorien ähnliche Versuche der Stadt-
magistrate hervorgetreten waren, das oberbischöfliche Recht sich zuzueignen. Adolf Friedrich glaubte daher sorgfältig über seine Gerechtsame wachen zu müssen. In dem Antwortschreiben des Ministeriums[5]), vom 17. Januar 1618, wird eingehend ausgeführt, daß
das jüngst gehaltene Dank- und Jubelfest nicht auf Geheiß und

---

[1]) Programma in praelectiones publicas de Jubilaeo evangelico.

[2]) Damals bestand das geistliche Ministerium Rostocks aus dreizehn Gliedern,
da an St. Marien und St. Jacobi je drei Prediger, Pastor, Archidiaconus und
Diaconus, an St. Nicolai und St. Petri je zwei Prediger standen, außerdem aber
ein Prediger an der heil. Geist-Kirche, an St. Georg und an St. Catharinen.

[3]) Zach. Grapius, Evangelisches Rostock, S. 367. Weitere Nachrichten von
gelehrten Rostockschen Sachen, J. 1743 St. 3, S. 161 ff.

[4]) Fürstlicher Befehl an das Ministerium, zu berichten, ob das celebrirte
Jubelfest das Ministerium für sich selbst oder auf Anordnung des Raths angestellt
habe, d. d. 5. Januar 1618. Arch. Minist., Vol. XII. p. 111. 112.

[5]) Des Ministerii Antwortschreiben, d. d. 17. Januar 1618. Ibid. Vol. XII.
p. 113—116.

Anordnung des Rathes stattgehabt habe, sondern daß es nach wieder=
holter Unterredung und Beliebung und in Uebereinstimmung mit
anderen christlichen, der reinen lauteren unverfälschten Augsburgischen
Confession zugethanen, und in Glaubensartikeln gleichstimmenden
Kirchen und Gemeinen für christlich und billig erachtet sei, dasselbe
andächtig und hochfeierlich zu begehen. Herzog Adolf Friedrich, der
nur sein oberbischöfliches Recht gewahrt wissen wollte, mußte durch
diese Erklärung um so mehr befriedigt werden, als das Ministerium
darauf hinwies, daß der Rath nur nach beiderseits gefälliger Be=
liebung der Bürgerschaft aufgegeben habe, in ihrer Arbeit und Hand=
thierung den ganzen Tag einzuhalten und dem Gottesdienst beizu=
wohnen, daß aber im Uebrigen das Ministerium die Jubelfeier
veranlaßt und angesetzt habe, Gott zu schuldiger Dankbarkeit, daß
er nach dem Reichthum seiner Gnade Rostock aus der Blindheit
des Papstthums und aus schwerer erlittenen Dienstbarkeit und Mar=
ter der armen Seelen und Gewissen gerettet und zur christlichen
Freiheit wiederum gebracht habe.

Fragen wir aber, wie die allgemeinen Zustände des Obersächsi=
schen und des Niedersächsischen Kreises unmittelbar vor dem Aus=
bruche des dreißigjährigen Krieges sich gestaltet hatten, so bieten
uns dieselben im Ganzen nur ein betrübendes Bild dar, da der
Landfriede vielfach gebrochen ward, und Mord, Raub und Verge=
waltigung jeder Art gang und gäbe waren. Kaum war es möglich,
selbst den Räubern und Wegelagerern gegenüber Leben und Eigen=
thum ungefährdet zu erhalten, so daß die Herzoge Adolf Friedrich
und Hans Albrecht mit dem Markgrafen Johann Sigismund zu
Brandenburg und den Herzogen Philipp und Philipp Julius zu
Stettin=Pommern zur gegenseitigen Hülfeleistung und zum summa=
rischen Proceß und unnachsichtlicher Bestrafung der Uebelthäter,
sie mochten von Adel sein oder nicht, eine Vereinbarung aufrichte=
ten, die uns einen tiefen Einblick thun läßt in die Rechtsunsicher=
heit, die damals fast aller Orten vorherrschte[1]).

---

[1]) Abdruck der Vergleichung, deren sich die Durchleuchtigsten, Durchleuchtigen,
Hochgebornen Fürsten vnd Herren, Herr Johann Sigismund, Marggraff zu
Brandenburg, deß heiligen Römischen Reichs Ertz Cämmerer vnd Churfürst, in
Preußen, zu Jülich, Cleve, Berge, Stettin, Pommern, der Cassuben, Wenden,
auch in Schlesien, zu Crossen und Jägerndorf Hertzog, Burggraff zu Nürnberg,

Als der böhmische Krieg ausbrach, ließ sich unschwer erkennen, daß derselbe leicht größere Dimensionen gewinnen werde, und daß schwere Verwickelungen und unmittelbare Gefahren entstehen könn= ten, wenn Unterthanen, da überall im deutschen Reiche bei den be= sorglichen Zeitläufen Werbungen angestellt wurden, ohne Vorwissen ihrer Obrigkeit in fremde Kriegsdienste treten würden. Die Herzoge Adolf Friedrich und Hans Albrecht untersagten daher allen und jeden ihnen angehörigen Verwandten und Unterthanen, weß Stan= des und Wesens sie sein mochten, weder zu Roß noch zu Fuß sich in fremde und auswärtige Bestallung zu begeben, verboten jede heimliche und öffentliche Werbung, und wiesen ihre Lehnsleute darauf hin, auf ihr Erfordern sich jederzeit wohl gerüstet zu halten, um das geliebte Vaterland vor unrechter Gewalt äußersten Ver= mögens zu schützen[1]). Im Uebrigen lehnten sie jedes Ansinnen der protestantischen Union ab, und bewilligten nur dem niedersächsischen Kreise die Hülfe eines einfachen Römermonats zur Vorbereitung von Vertheidigungsmaßregeln, wie solche die Kreisstände beschlossen hatten.

Gerade damals, im Jahre 1619, fiel das zweihundertjährige Jubelfest der Universität ein[2]), welches ungeachtet dieser trüben

---

Fürst zu Rügen, Graff zu der Marck vnd Ravensberg, Herr zu Ravenstein: Herr Adolff Friedrich vnd Herr Hans Albrecht, Beyde Hertzogen zu Meckeln= burg, Fürsten zu Wenden, Graffen zu Schwerin, der Lande Rostock vnd Stargardt Herren, Gebrüdern: Herr Philip vnd Herr Philip Julius, Beyde Hertzogen zu Stettin, Pommern, der Cassuben, Wenden, Fürsten zu Rügen, Graffen zu Gützkow, vnd Herren der Lawenburg vnd Bülow, Gevettern: den Exempeln Ihrer Chur: vnd FFFF GGGGG hochlöblichen in Gott ruhenden Voreltern, hierunter folgende zur handhabung vnd ernewrung deß Landfriedens, auch den Straßen in Ihrer Chur: Fürsten: Hertzogthumern vnd Landen, vmb so viel baß von Placke= reyen vnd Raubereyen sicher vnd rein zu behalten, miteinander in newlichkeit ver= einbahrt. Auff sonderbahren geheiß vnd befehlig 33333 Chur: vnd FFFF GGGGG durch den offenen druck publiciret. Im Jahr Christi 1617. Rostock, druckts Jochim Fueß, Bestalter Universitet Buchdrucker. — Die Vereinbarung war unter dem 22. December 1616 abgeschlossen.

[1]) Fürstliches Mandat, daß sich Niemand in fremde Kriegsdienste begeben solle, d. d. 12. Novembris A. 1619. Arch. Min. Vol. XII. p. 125.

[2]) Im Jahre 1519 hatte das Jubiläum wegen der in Rostock herrschenden Pest nicht begangen werden können. Quo (sc. anno 1518) horribili peste dissi= pata cum plerique vel ad Lutherum, qui tunc indulgentias reprehendere

Zeitverhältnisse, da das Kriegsungewitter erst in weiter Ferne heranzog, vom 12. November, als dem Stiftungstage an, volle acht Tage
gefeiert wurde[1]). Herzog Adolf Friedrich und Herzog Hans Albrecht,
welche zur Begehung der Jubelfeier gerne ihre Zustimmung ertheilt
und zu den Kosten derselben gemeinschaftlich beigetragen hatten[2]),
nahmen eben so wie der Rath Rostocks durch ihre Deputirten Theil
an dem seltenen Feste[3]).

Es war Johannes Quistorp der Aeltere, der den schon genannten Theologen als Facultätsglied sich auf das würdigste anschließt, welcher zur Eröffnung der Feier die Jubelpredigt über

coeperat, vel ad Conradum Wimpinam, qui propositiones Lutheranis con-
trarias Tecelii nomine ediderat, audiendum in Academias tum recens con-
stitutas, Wittebergensem (1502) et Francfordianam (1505) se conferrent:
minor hic frequentia et decennio post pene solitudo esse coepit. So Andreas Wesling im Leichenprogramm auf Arn. Burenius, d. d. 17. August 1566,
vgl. Etwas, J. 1737 S. 645 und Krabbe, die Universität Rostock im 15. und
16. Jahrhundert, S. 317. Im folgenden Jahrhundert 1719 fiel die Feier aus
wegen der unter Karl Leopold herrschenden Zerwürfnisse, da sie durch Herzogliches
Rescript, datum Goldbeck d. d. 15. Juni 1519, „bei turbulentem statu publico
bis auf friedliche Zeiten differiret ward".

[1]) Jubilaeum Academiae Rostochiensis Festum Hebdomade Sabbataria,
centenarium ejusdem tertium, incoante, Auctoritate et liberalitate Praecelsissimorum et Amplissimorum Dominorum Patronorum praesentibus eorundem Legatis magnificis, Cum summa festivitate Mense Novembri anni
1619 celebratum. Rostochi Typis Joachimi Pedani Acad. Typ. Anno
MDCXX. 4. 2 Alph. Nur eine neue Ausgabe mit verändertem und glänzendem
Titel, sonst dieser Schrift völlig gleich, ist: Corona Varno-Balthico-Rosea hoc
est: fasciculus illustrium dissertationum in Academia Rostochiensi, anni
ejus centenarii tertii qui erat Christi 1619 initio Mense Novembri habitarum. Typis M. Saxonis, Redemptum Johann Hallerbord. Bibl. Rost. suspen-
sam circumfert. Anno MDCXXV. (Bibliothek der Ritter- und Landschaft.)

[2]) Etwas, J. 1737 S. 28 ff. Weitere Nachrichten von gelehrten Rostocker
Sachen, J. 1743 St. 3, S. 163.

[3]) Ad hoc festum Jubilaeum Praecelsissimorum et Illustrissimorum
Principum, Ducum Megapolitanorum, Legati fuerunt Strenui, Nobilissimi,
Magnifici et Consultissimi Viri Dn. Nicolaus a Below, Consiliarius aulicus,
Dn. Gebhardus Moltken, Provincialis Consiliarius, Dn. Ernestus Cotman,
ICtus, Cancellarius, et Acad. Rost. Antecessor: Amplissimi et Prudentissimi
Senatus Rostochiensis Legati fuerunt Viri Spectatissimi et Praestantissimi,
Dn. Marcus Tancken Consul, Dn. Joachimus Schütte et Dn. Joannes Lut-
termann, Senatores.

Luc. 7, V. 1—5 hält, und aus dem Texte darzuthun sucht: „Was Obrigkeit und einen jeglichen soll bewegen, daß er dazu helfe, daß Schulen aufgerichtet, und die so aufgerichtet seien, unterhalten werden." [1]) Indem Quistorp einen Blick zurückwirft auf die Gründung der Universität durch die Herzoge Johann und Albert von Mecklenburg und durch einen Ehrbaren Rath der Stadt Rostock, bezeugt er ihnen, daß sie in die Fußstapfen des Capernaitischen Hauptmanns getreten seien und eine hohe Schule bei uns fundirt und nunmehr zweihundert Jahre erhalten hätten, und gedenkt dann rühmend des Umstandes, daß bei uns stetig über 200 Studenten, welches in keiner Universität in ganz Europa geschehe, für die Institution der Kinder bei den Einwohnern der Stadt ihren ganz freien Tisch und reiche Unterhaltung haben. Im Gegensatze zu denen, welche die Hochschule unterschätzen, hebt er ihre Verdienste um die Erhaltung der reinen Lehre in der Kirche, um die zweckmäßige Führung des weltlichen Regiments, um die Vertheidigung der zuständigen Privilegien und Rechte, um die Entscheidung der streitigen Sachen und um Berathung und Hülfe in Leibes Krankheiten und Schwachheiten hervor, und erinnert daran, wie gerade die Universität Rostock eine herrliche Werkstätte gewesen, darin viel tausend gelehrter Leute in den zweihundert Jahren ihres Bestandes zubereitet sind, die nicht allein in dieser Stadt und Land, sondern in den benachbarten Königreichen, Dänemark und Schweden, in Ländern und Fürstenthümern, Mark, Holstein, Pommern, Westphalen und andern, Kirchen und Schulen, Königreiche, Fürstenthümer und Städte regiert haben. Und nachdem Quistorp vor Allem Gott Dank gesagt für die extensive und intensive Wirksamkeit der Universität, bemerkt er: Sollte Gott der Herr, welches er doch wolle in Gnaden verhüten, dieses edle Kleinod von uns nehmen, so würde man erst erfahren, was für Gutes wir am selben gehabt hätten. Böse, böse spricht man, wenn man es hat, aber wenn es weg ist, so rühmet man es denn, spricht der weise Mann. Et tum demum nostra intelligimus bona, cum quae in manu habuimus, ea amisimus. Auch weiset

---

[1]) Eine Predigt. Von Johanne Quistorpio, Th. D. Professore und Predigern zu Rostock, in St. Marien Kirchen gehalten, den 12. Novembris Anno 1619, an welchem Tag die Universität daselbst vor 200 Jahren fundirt. Ibid. p. 23—38. Vgl. auch Krey, Beiträge I. S. 117—124.

er noch hin auf die treuen Lehrer und Seelenhirten, welche aus
der Universität je und allewege hervorgegangen, und mit reiner
Lehre der Seelen Seligkeit befördern. In den Jubelreden, in denen
sich die Zeitverhältnisse abspiegeln, wird die Geschichte der Universität vielfach berücksichtigt und erläutert[1]). Es wird ihrer Verdienste
um das Bekenntniß der reinen Lehre gedacht[2]), aber es wird auch
der Gegensatz gegen die römische Kirche betont, in welcher letzteren
Beziehung es charakteristisch ist, daß Affelmann den römischen Papst
als den Antichristen in der Kirche Gottes darstellt[3]), und daß Eilhard Lubinus ausführt, daß der Friede im römischen Reiche nicht
wiederhergestellt werden könne, wenn nicht die Jesuiten aus demselben vertrieben seien[4]). Die Frequenz der Universität wurde damals unverkennbar durch den Ruf der lutherischen Orthodoxie, dessen

---

[1]) So in der Oratio in Jubilaeum Academiae Rostochiensis Azariae
Sturtzii Juris D. et Historiarum Professoris, habita 13. Novembr. Ibid.
p. 93 sqq. und in der Oratio D. Pauli Tarnovii, habita 14. Novembr. Ibid.
p. 167 sqq., p. 177 sqq., p. 182 sqq.

[2]) Programma, quo Academiae cives — — — invitantur Decano Johanne Tarnovio S. S. Theol. Doctore et Profess. Ibid. p. 276 — — non
immorabor diutius illis decantandis, qui vel in Concordiae Christianae
formula adornanda laboravere, vel in longinquis regionibus, Stiria et
Austria, reformationi utilem Deo et hominibus operam navarunt: illud
saltem, ut vel hinc ad gratias Deo habendas excitemur, reticeri non debet, quod divina benedicente gratia ex hoc pietatis (tale enim propter
unum aut alterum malum esse non desinit) gymnasio multi praeclare res
sacras edocti viri prodierint, qui non in hoc ducatu tantum et urbe, sed
ferme per totam Germaniam dispersi doctrinam de Deo veram sunt professi, Deoque gratum fecerunt praeconium.

[3]) Syllogismus in celebratione Jubilaei Academici 17. Nov. ad disputandum publice propositus, praeside Joanne Affelmann, S. S. Theol. D. et
Professore. Ibid. p. 415. 415: Cuicunque convenit definitio Magni illius
in Ecclesia Dei Antichristi, is verissime est Magnus in Ecclesia Dei
Antichristus.

Romanae bestiae, seu, Romano Pontifici, post tempora Gregorii
Magni, convenit ista definitio.

Ergo Romana bestia, seu, Romanus Pontifex, post tempora Gregorij Magni,
est magnus ille in Ecclesia Dei Antichristus.

[4]) In Cerberum Pap-Hispano-Jesuitam, toti mundo formidabilem Car-
men in Festo Jubilaei Universitatis tertij in Academia Rostochiensi publice recitatum ab Eilhardo Lubino. Ibid. p. 420 sqq.

sich die theologische Facultät erfreute, gehoben, so daß die Zahl der
im Jahre 1620 Immatriculirten auf 349 stieg[1]).

Fassen wir aber die jetzt eintretenden politischen Verhältnisse
ins Auge, so hatte die Schlacht am weißen Berge bei Prag, den
8. November 1620, zur Folge, daß Churfürst Friedrich von der
Pfalz, der sein Königthum von der Revolution zu Lehen genommen
hatte, und dadurch zum Spielball derselben geworden war, die böhmische Krone verlor, und daß die aus Böhmen und der Pfalz vertriebenen und flüchtig gewordenen reformirten Geistlichen sich überall
hinwandten, um Aufnahme zu finden. Schon früher hatte der Herzog Hans Albrecht durch die Anstellung des reformirten Theologen
Georg Ursinus als Hofprediger, den Widerspruch der lutherischen
Geistlichkeit hervorgerufen, und als in Folge dessen die Landstände
Besorgnisse zu hegen anfingen, auch Herzog Adolf Friedrich darin
eine Alterirung des ihnen gemeinsam zustehenden oberbischöflichen
Rechtes fand, sah sich derselbe genöthigt, einen Revers dahin aus-
zustellen, die Stände bei der Augsburgischen Confession und Religion verbleiben lassen zu wollen, auch bis zum nächsten Landtage
auf dem Lande und in den Städten kein Anderes fürnehmen oder
verhängen zu wollen[2]). Da aber nichtsdestoweniger der Herzog
Hans Albrecht die Absicht zu haben schien, den Dom zu Güstrow
von dem Wortlaute dieses Reverses auszunehmen, verwahrte sich
Adolf Friedrich in einer Protestation[3]) ausdrücklich gegen eine solche
Auslegung. Als nun aber nach dem Ausgange des böhmischen Krieges reformirte Geistliche zu dem Herzog Hans Albrecht nach Güstrow
geflüchtet waren, wünschte dieser, der seit seiner Vermählung mit
Elisabeth, der Tochter des Landgrafen Moritz von Hessen (25. März
1618), noch entschiedener für die Reformirten Partei genommen
und ihnen bereits die Schloßkirche überwiesen hatte, ihnen auch den

---

[1]) Etwas, J. 1740 S. 717.

[2]) Herzog Hans Albrecht zu Mecklenburg ausgegebener Revers, die Religion
belangend, sub dato Schwaan, den 23. May 1617. Mscr. der Bibl. der Ritter-
und Landschaft. M. 1133.33.

[3]) Herrn Adolf Friedrichen Herzogen zu Mecklenburg eingewandte Protestation auf vorgesetzten Revers, Dobran den 26. May 1617. Ebendas. M. 1133.34.
Vgl. dazu noch: Instrumentirte Verwahrung wegen des Doms zu Güstrow, item
der Stadt Güstrow, die Religion belangend, d. d. 27. May 1617. Ebendas. M. 1133.36.

Dom zu Güstrow einzuräumen, insbesondere aber den früheren Heidelberger Professor und Hofprediger des Churfürsten Friedrich von der Pfalz, Abraham Scultetus, als Pastor an demselben an= zustellen[1]).

Dies verursachte nicht geringe Aufregung im Lande, und ins= besondere war es Rostock, wo die theologische Facultät und das geistliche Ministerium, an welches von ständischer Seite unter dem 29. November 1620 die Frage gerichtet worden war, ob man, wenn der Herzog Hans Albrecht im Dom zu Güstrow den reformirten Gottesdienst einführe, dem mit gutem Gewissen Folge geben könne[2]), sich entschieden gegen dieses Einbringen des Calvinismus aussprachen. Man hatte auch Kunde davon, daß Abraham Scultetus, nachdem die Krönung Friedrichs V. von der Pfalz in Böhmen erfolgt war, sich durch unzeitigen Eifer für die calvinische Lehre hatte verleiten lassen, die Prager Domkirche gewaltsam zum reformirten Gottes= dienst einzurichten, bei welcher Gelegenheit er sich eines bilderstür= mischen Verfahrens schuldig gemacht hatte[3]). Die Stände, dadurch in ihren Besorgnissen bestärkt, erbaten sich auch von der Witten= berger theologischen Facultät über die Güstrowsche Dom=Angelegen= heit ein Gutachten, welches sich gegen die Absichten des Herzogs Hans Albrecht, der nur den Calvinismus einzuführen bemüht sei, auf das Bestimmteste erklärte, und den Ständen die Befugniß zu= sprach, dem Herzoge in dieser Sache entgegen zu treten, und über

---

[1]) De Behr, Rerum Meclenburgicarum Libri octo, VI. Cap. 3 p. 1002 sqq. Franck, Altes und Neues Meclenburg, XII. S. 205 f., 237 f. Abraham Scul= tetus verweilte nur kurze Zeit in Güstrow, und begab sich nach dem Fehlschlagen seiner Hoffnung, das Pastorat am dortigen Dom zu erlangen, nach Emden, wo er als Pastor im Jahre 1624 starb.

[2]) Arch. Min. Vol. XVII. p. 329 ff., wo sich die Verhandlungen finden, ob Herzog Johann Albrechten das exercitium der calvinischen Religion in der Thumb= Kirche zu Güstrow zu vergönnen sei, so wie die Erörterung einzelner jenes exer= citium betreffenden dogmatischen und liturgischen Fragen.

[3]) Kurtzer, aber Schriftmäßiger Bericht von den Götzen Bildern: An die Christliche Gemein zu Prag; als auß Kön. May. gnädigstem befelch die Schloßkirch von allem Götzenwerk gesäubert worden. Gethan Sonntags den 12/22. Decembris des 1619. Jahrs, durch Abrahamum Scultetum. Gedruckt zu Prag. Im Jahr MDCXX. 4.

die Aufrechthaltung der lutherischen Confession zu wachen[1]). Ob=
wohl nun Anfangs Herzog Hans Albrecht die Stände alles Ernstes
zurückwies, erinnerten doch diese wiederholt an die von ihm aus=
gestellten Reverse, und erlangten, da Herzog Adolf Friedrich ihnen
zustimmte, und dieselben Forderungen stellte, nach stattgehabter Ver=
einbarung unter den Fürsten, daß Beide im Affecuration=Revers
vom 23. Februar 1621 im ersten Artikel, den Punctum religionis
betreffend, sich den Ständen gegenüber anheischig machten, sie bei
der unveränderten im Jahre 1530 übergebenen Augsburgischen Con=
fession und in der bisher in ihren Fürstenthümern und Landen
allenthalben gelehrten und geprebigten lutherischen Religion, und
in der publicirten Kirchenordnung verfaßten Lehre, Glauben und
Bekenntniß und deren Exercitio, in allen und jeden Kirchen und
Schulen unserer Fürstenthümer, Lande, Städte, Aemter und Dörfer,
auch in specie im Thumb zu Güstrow — — — ohne einige Ver=
änderung in doctrinalibus und ceremonialibus geruhiglich verbleiben
lassen zu wollen. Im zweiten Artikel aber verpflichteten sie sich,
in allen und jeden Kirchen und Schulen (ohne allein unseres Her=
zogs Hans Albrecht Schloßkirchen nachgesetzter Maaßen ausgenom=
men), auch in der Universität zu Rostock, keine andere, als obbe=
rührter Augsburgischer Confession und lutherischer Religion verwandte
und zugethane Prebiger, Professores, Lehrer und Schulbiener zu
instituiren, anzunehmen oder zu gebulden. Damit war denn auch
für immer der lutherische Charakter der Landeskirche und der Landes=

---

[1]) De Behr, Rerum Mecleburgicarum (ed. Jo. Erh. Kappius), Lib. VI
Cap. III. p. 1002 sq.: Cum, inquiunt Theologi Wittebergenses, solus dux
Johannes Albertus, prohibente fratre et invitis Ordinibus provincialibus,
Ecclesiam nequeat occupare Cathedralem et illi negare possint Duci Johanni Alberto facultatem Ecclesiam hanc occupandi, Suaque Celsitudo in
posterum uti queat templo palatino, prout antea fecit et assertum corruat,
quod Ecclesiam, in qua sua publice exerceat sacra, habere debeat; sed eo
saltem praetextu utatur, ut suam promoveat et augeat religionem, et hic
quaestio sit, quid, salva conscientia indulgere queant Ordines provinciales;
Nos ei liberum exercitium suae reformatae religionis in templo Cathedrali
permittendum negamus, sed ex causis oraculo divino subnixis, illud plane
impediendum et ab Augustanae Confessione addicto Duce et ordinibus
prohibendum remur.

Univerſität anerkannt und geſichert[1]). Bald darauf erfolgte unter
dem 16. Januar 1622 die Einſetzung des großen und des kleinen
oder ſogenannten Engeren Ausſchuſſes der Ritterſchaft und der Städte
der Herzogthümer und Lande Mecklenburg, Wenden, Schwerin,
Roſtock und Stargard und zwar ſo, daß von jetzt an der Engere
Ausſchuß der Stände als ein Ritter= und Landſchaft ungetheilt re=
präſentirendes permanentes Collegium beſteht, das in Roſtock ſeinen
Sitz erhielt[2]). Hatte nun im Allgemeinen der Engere Ausſchuß die
Aufgabe, darüber zu wachen, daß den ritter= und landſchaftlichen
Gerechtſamen nicht präjudicirt werde, ſo muß hier noch daran er=
innert werden, daß dieſe Aufgabe gerade damals, nachdem die Stände
in den Reverſalen Garantieen, den Punctum religionis betreffend,
erlangt hatten, in den Kämpfen gegen das Andringen des Calvi=
nismus weſentlich auch eine kirchliche Seite hatte. Daß ſo große
Beſorgniſſe laut geworden waren, ſcheint durch Berichte über das
frühere Verhalten des Hofpredigers Scultetus veranlaßt zu ſein[3]).

Allgemein war damals das Gefühl einer herannahenden, in
politiſcher wie in kirchlicher Beziehung ſchweren Zeit. Zwar war
Mecklenburg noch nicht entfernt berührt von den Drangſalen und
Schreckniſſen des begonnenen Religionskrieges, aber ſchon hatte der
niederſächſiſche Kreistag zu Braunſchweig, auf welchem die Herzoge

---

[1]) Aſſecurations=Revers sub dato Güſtrow, den 23. Februar Anno 1621.
Art. III. Und ſoll fürs Dritte, das Conſiſtorium, welches neben dem Jure Epis-
copali, nach wie vor, gemein bleibt, die Inſpection haben, daß in allen und jeden
obbemeldeten Kirchen und Schulen und Univerſität zu Roſtock, keine andere, denn
die angedeutete Kayſer Carl dem Fünften zu Augspurg übergebene unveränderte
Confeſſion und Lutheriſche Religion gelehret und geprediget, weniger einige andere,
denn dero zugethane und warhaftig verwandte Kirchen= und Schul=Diener, angenommen, eingeſetzt und gedulbet werden.

[2]) Erblandesvergleich § 178. Mantzel, Neue Mecklenburgiſche Staatskanzlei,
Th. I. S. 149. C. F. Hagemeiſter, Verſuch einer Einleitung in das Mecklenburgiſche
Staatsrecht, §§ 54—57, S. 77 ff.

[3]) Friderici Balduini D. Gründlicher Gegenbericht auf Abrahami Sculteti
vermeinten Schrifftmeſſigen Bericht von Götzenbildern, welchen Er an die Chriſtliche Gemein zu Prag in einer Predigt den 12/22. Decembr. des 1619. Jahrs
gethan. Genommen aus den alten Schrifften der Theologiſchen Facultet zu Wittenberg wider die Anhalter u. ſ. w. Sampt einem Bedenken von den Bildern Herrn
D. Lutheri ſeligſter gedechtnüß wider Andream Carlſtadt ſchon vor 95 Jahren
geſtellet. Gedruckt zu Wittenberg Anno 1620.

Adolf Friedrich und Hans Albrecht persönlich erschienen waren, am 7. October 1620 beschlossen, nöthigenfalls den Kreis mit gewaffneter Hand zu vertheidigen und Alles aufzubieten, um den Religions- und Landfrieden aufrecht zu halten. Der bald erfolgende Ausgang des böhmischen Krieges und der Angriff des Kaisers Ferdinand und der katholischen Liga auf die Erblande des Churfürsten Friedrich von der Pfalz steigerte die Besorgnisse der evangelischen Fürsten aufs Höchste. Beide Herzoge mochten, obschon sie sich sorgfältig jeder positiven Betheiligung an dem Kriege enthielten, und Adolf Friedrich selbst den Durchzug englischer Hülfstruppen durch seine Lande nicht gestattet hatte[1]), ein Vorgefühl haben von dem schweren Leide, welches der Fortgang des Krieges ihnen noch bringen sollte. In der Erkenntniß aber, daß die gemeinsamen Sünden diese furchtbare Heimsuchung des ganzen deutschen Vaterlandes herbeigeführt, ordneten beide Herzoge wöchentliche Bettage an, und wurden diese in Rostock seit dem October 1621 auf Befehl derselben alle Mittwoch gehalten[2]). Das geistliche Ministerium erhielt durch seine Predigten das Bewußtsein der schweren Zeit und der dem lutherischen Bekenntniß drohenden Gefahren in den Gemeinden lebendig, drang aber mit großem Ernste auf Buße und Umkehr, auf Ablegung aller Hoffart, aller Ueppigkeit und alles sündigen Treibens, und forderte überhaupt die rechte Bereitung auf die drückenden und gefahrvollen Zeitverhältnisse, denen man entgegensah.

---

[1]) R. v. Lützow, Beitrag zur Charakteristik des Herzogs Adolf Friedrich von Mecklenburg-Schwerin, wie auch zur Schilderung der Sitten des 17. Jahrhunderts, entlehnt aus des obgedachten Herzogs eigenhändig geführten Tagebüchern, Jahrbücher des Vereins für mecklenburgische Geschichte und Alterthumskunde, XII. (1847), S. 71 f. „Moßheim, des vermeinten Böhmischen Königs Kämmerer und Capitän über die Leibguardi, jetzt Kriegscommissarius der 2000 englischen Soldaten, die hierdurch ziehen sollen, darauf er den Paß begehrt, welchen ich ihm gleichwohl so viel möglich abgeschlagen u. s. w." Vgl. auch Ranke, Englische Geschichte, vornehmlich im 16. und 17. Jahrhundert, Bd. II (Berlin 1860), Cap. 2: Pfälzische Verwickelungen, S. 36.

[2]) Mandat wegen der in Rostock zu haltenden Bet-Tage; Datum Schwerin, den 27. Novembris 1621; Arch. Min. Vol. XIII. p. 137 sq.; wiederholt den 14. Februar 1625. Ibid. p. 147.

Vierter Abschnitt.

Die theologische Facultät Rostocks in dieser Periode. Paul Tarnov. Johann Tarnov. Johannes Affelmann. Johannes Quistorp. Ihre theologische und confessionelle Stellung, ihr Wirken und ihre theologischen Kämpfe. Der Philosoph, Mathematiker und Physiker Joachim Jungius und dessen großartige Bedeutung. Allgemeine Universitätszustände.

Versuchen wir nun zunächst uns in dem Kreise zu orientiren, welcher damals als der Träger des wissenschaftlichen und kirchlichen Lebens Rostocks angesehen werden kann. Die theologische Facultät, welche in ihrer auf das Bekenntniß sich stützenden einheitlichen Richtung und Haltung vor Allen hervortritt, steht zu mehreren Mitgliedern der juristischen und zu einzelnen Gliedern der philosophischen Facultät in naher Beziehung, und ist mit ihnen durch gemeinsame kirchliche Ueberzeugungen verbunden. In allen ihren Gliedern ist sie bestrebt, die lutherische Lehre rein und lauter zu bewahren; sie bekämpft nicht nur die dem lutherischen Bekenntniß entgegenstehenden Lehrrichtungen, insbesondere den die Landeskirche mit Zersetzung bedrohenden Calvinismus, sondern ist auch im Einzelnen bemüht, in positiver Weise die lutherische Lehre als den vollen und entsprechenden Ausdruck des lebendigen Glaubens an das geoffenbarte Wort darzulegen. Dabei ist sie fern von jeder Engherzigkeit und jeder todten Rechtgläubigkeit, und bringt zugleich mit dem Bekenntniß der reinen Lehre auf lebendiges persönliches Christenthum. Der Charakter der Facultät ist ungeachtet der verschiedenen Individualität und hervortretenden Eigenthümlichkeit ihrer Glieder klar und bestimmt ausgeprägt, denn obwohl sie in den eigentlich wissenschaftlichen Fragen eine freiere Bewegung gestattete, sofern damit nicht eine Abirrung vom Bekenntniß sich verknüpfte, und selbst in der Behandlung des wissenschaftlichen Stoffes der verschiedenen Disciplinen nicht selten die Fesseln der überlieferten Methode abstreifte, so betrachtete sie doch mit großer Entschiedenheit die Lehrsubstanz des lutherischen Bekenntnisses als ein Kleinod, das sie zu bewahren, und unverfälscht und unversehrt den Nachkommen zu überliefern hatte.

Der Senior der theologischen Facultät, Paul Tarnov[1]), der Nachfolger des Chyträus und in seinem Sinne und Geiste fort= wirkend, ist lebendig erfüllt von den Aufgaben der Kirche, deren Lösung er an seinem Theile bewußtvoll und entschieden anstrebt, unbeirrt von den sich ihnen entgegenstellenden Schwierigkeiten. Nach= dem derselbe anfangs seine Kräfte auf die Erklärung der Genesis und des Briefes an den Titus verwandt hatte, geht er zur Erläuterung der loci theologici über, und zeigen seine Schriften über die Ehe[2])

---

[1]) Paul Tarnov, geboren den 29. Juni 1562 zu Grevismühlen (Mecklenburg), studirte in Rostock, wo er im Frühling des Jahres 1579 durch Barthol. Cling, J. U. D., welcher den Rector David Chyträus vertrat, inscribirt ward: Paulus Tarnovius, Grevesmol., Etwas, J. 1740 S. 300. Zuerst wirkte er als Rector zu Parchim seit 1589, bis er im Jahre 1593 als Nachfolger des wegen seines Calvinismus entlassenen und nach Bremen abgegangenen Nathan Chyträus (Krabbe, die Universität Rostock im 15. und 16. Jahrhundert, S. 727 ff.) Rector der Stadt= schule zu Rostock wurde, welches Amt er 11 Jahre bekleidete. Etwas, J. 1738 S. 524. 536. J. 1742 S. 185. Nachdem er 1597 in die philosophische Facultät aufgenommen war, ward er nach dem Tode von David Chyträus (Krabbe a. a. O., S. 677 f.) dessen Nachfolger im Jahre 1604 als ordentlicher Professor der Theo= logie, Etwas, J. 1737 S. 188, und am 13. Junius 1605 unter dem Decanat des D. Valentin Schacht Doctor der Theologie, Etwas, J. 1738 S. 788, wobei er sechszehn Thesen über die Buße vertheidigte, Etwas, J. 1738 S. 818. Er starb den 6. März 1633. Vgl. Programma, quo Prorector Academiae Rostoch. Joannes Huswedelius, Philosoph. Pract. Professor ad exequias admodum Rev. Cariss. et Excell. Viro Dn. Paulo Tarnovio SS. Theol. Doctori et Prof. a Vidua, Filia et Genero parandas — — — invitat Rostochi A. 1633. (Bibl. der Ritter= und Landschaft.) Vgl. ferner Etwas, J. 1741 S. 177 ff. Ueber die Schriften Tarnovs: Etwas, J. 1741 S. 209 ff., S. 243 ff. Lawäy, Hand= buch für Bücherfreunde II. S. 456. Krey, Andenken an hiesige Gelehrte, St. VI. S. 38 ff. Krey, Beiträge zur mecklenburgischen Kirchen = und Gelehrtengeschichte, Bd. I. S. 164. A. Tholuck, Der Geist der lutherischen Theologen Wittenbergs im Verlaufe des 17. Jahrhunderts, S. 155 ff. Tholuck, Das akademische Leben des 17. Jahrhunderts, zweite Abtheilung, S. 102 ff. Tholuck, Lebenszeugen der lutherischen Kirche aus allen Ständen vor und während der Zeit des dreißigjähri= gen Krieges, S. 165 ff.

[2]) De conjugio Libri III, in quibus non modo omnes controversiae, quae exstant de hoc argumento apud Bellarminum, cum in partibus libri de Clericis et de Monachis, tum in toto, quem conscripsit de Sacramento matrimonii, examinantur, nostra argumenta defenduntur, adversariorum refelluntur: sed etiam pleraeque omnes aliae quaestiones practicae, varii casus iique difficillimi, qui de sponsalibus, repudiis, nuptiis et divortiis

und das Amt[1]), in denen alle damals hervorgetretenen Controvers=
punkte exegetisch und dogmatisch in den jener Zeit eigenen logischen
und dialectischen Formen eingehend erörtert werden, wie sehr er
sich des wissenschaftlichen Stoffes bemächtigt und ihn allseitig durch=
drungen hatte. Ueberall wehrt er in den auf die Ehe und das
Amt sich beziehenden Lehrfragen den katholischen Irrthum ab, zeigt
klar und bestimmt den lutherischen Gegensatz auf, und weiß aus
demselben für die einschlagenden praktischen Fragen die wichtigsten
Folgerungen zu ziehen. Sein Commentar zum Evangelium Jo=
hannis giebt eine auf sorgfältiger Analysis des Textes ruhende Aus=
legung, welche eben so sehr die verschiedenen Erklärungen der Inter=
preten als auch die einschlagenden biblisch theologischen und dogma=
tischen Fragen berücksichtigt. Auch wird die Geschichte des Lebens
und des Todes des Evangelisten Johannis erörtert, und sind die auf
das Evangelium desselben sich beziehenden Probleme einer sachlichen,
für jene Zeit umsichtigen Darlegung und Beurtheilung unterzogen[2]).
Neben einzelnen Disputationen über wichtige dogmatische Lehrpunkte,

---

in Consistoriis offerri et agitari solent, dilucide explicantur et enodantur etc.
Rostoch. 1613. 8. Die drei Bücher handeln de sponsalibus, de conjugio, de
divortio et de judice causarum matrimonialium.

[1]) De Sacrosancto Ministerio, Libri Tres: in quibus de Ministerii
Evangelici in ecclesiis Lutheranis veritate et efficacia, deque ministrorum
verbi divini in iisdem vocatione, vocatorum examine, examinatorum ordi-
natione, ordinatorum officii administratione, administrantium constantia,
constantium praemiis temporalibus et aeternis agitur: et praeter Theore-
ticas Quaestiones complures, pleraeque omnes practicae, quae de singulis
enumeratis in usu sunt frequentiori, breviter ex verbo Dei explicantur,
et quae in contrarium afferri solent, argumenta refelluntur. Rostoch.
A. 1624. 8.

[2]) In S. Johannis Evangelium Commentarius: quo verba et phrases
ex Graeca, hellenistica hebraea et cognatis orientalibus linguis explicantur,
cohaerentia textus et sententiarum in narrationibus evangelistae, et con-
cionibus Domini nostri Jesu Christi, analysi Logica ostenditur, eademque
opera in expositiones veterum et recentium, maxime Jo. Maldonati, inquiritur, deque controversiis gravissimis contra Pontificios, Photinianos novos,
aliosque et de quaestionibus nonnullis curiosis, quae ab interpretibus mo-
tae sunt, judicium exponitur. Inserta est Arabicae paraphrasis a Cl. V.
M. Thoma Erpenio editae latina translatio una cum collatione diversitatis
lectionum in Romano codice Arabico et interpretationis ejusdem inter-
linearis, eodem auctore. Rostoch. A. 1629. 4.

schrieb er über die Trinität, in welcher Schrift er das gegen Bel-
larmin und Wiek gerichtete Buch Socins, über die Gottheit des
Sohnes Gottes und des heiligen Geistes, widerlegte, und die scharfsinnigen Argumentationen Socins nicht minder geschickt und klar zu
bestreiten wußte, als er die häretischen und zum Theil blasphe-
mischen Folgerungen desselben mit heiligem Ernste zurückwies.
Tarnov folgt der von Socin versuchten Widerlegung bis in das
Einzelne hinein, und erörtert insbesondere auch die Persönlichkeit des
heiligen Geistes[1]. Zugleich bringt er in allen seinen wissenschaftlichen Arbeiten mit eben so großer Entschiedenheit auf rechte Erkenntniß der Sünde und auf lebendige Aneignung der Gnade
Gottes in Christo Jesu durch den Glauben an dessen Verdienst,
als er überall jeder bloßen Aeußerlichkeit des kirchlichen Lebens ent-
gegentritt und den Wahn bekämpft, als könne diese den rechtferti-
genden Glauben ersetzen.

Die tiefen Schäden, welche das kirchliche Leben jener Zeit in
sich trug, entgehen seinem Scharfblicke nicht, er sieht sie klar, und
erkennt sie unverhohlen an, ist aber auch überzeugt, daß dieselben
allein durch die reine aus Gottes Wort fließende Lehre geheilt und
auf dem Wege innerer Vermittelung gehoben werden könnten.
Darum aber betont er auch den Gegensatz gegen die römische Kirche
in den eigentlich soteriologischen Lehrstücken auf das stärkste, indem
er die falsche Auffassung und Bestimmung der Momente der Heilsordnung aus der Verderbung der hamartologischen Lehrstücke, insbesondere der Lehre von der Erbsünde und der katholischen Begriffs-
erklärung der Todsünde und der läßlichen Sünde herleitet, und
jener die Lehre der lutherischen Kirche in klarer und bestimmter
Fassung gegenüberstellt. In allen seinen Arbeiten aber löst er sich
möglichst ab von der älteren Methode einer formalistischen Behandlung des Stoffes, lenkt auf die heilige Schrift unter Festhalten des
Consensus mit der lutherischen Kirche zurück, und will eine frucht-

---

[1] De sacrosancta Trinitate liber unus: oppositus Fausti Socini refu-
tationi absque auctoris nomine, Racoviae, ante annos triginta, primum
Polonice, deinde latine editae, et huic scripto insertae: qua refellere conatus est quae de divinitate Filii et Spiritus sancti, Robertus Bellarminus,
T. I controversiae 2. generalis, libro primo, et Jacobus Wiekus, Jesuita,
peculiari libello scripserunt. Rostoch. 1625.

barere Methode in der theologischen Wissenschaft angebahnt wissen
durch ihre strengere Beziehung zum praktischen Leben und den dasselbe bewegenden geistlichen Interessen.

Mit ihm nahe verbunden wirkte sein Neffe Johann Tarnov[1]),
welcher eben so sehr als gelehrter Exeget in seinem Commentar zu
den kleinen Propheten[2]) sich auszeichnete, als er in seiner Schrift-
erklärung bestrebt ist, das Wort der heiligen Schrift geistlich auszulegen, und es in seiner vollen Bedeutung und in der Fülle seines
Tiefsinnes aufzuzeigen. Bei der Freiheit, in welcher er sich in

[1]) Derselbe war am 19. April 1586 zu Grevismühlen geboren, kam im Jahre
1599 nach Lübeck auf die Schule, ging darauf im Jahre 1603 zu seinem Oheim
Johann Bremer nach Hamburg, und bezog im Jahre 1604 (Etwas, J. 1740
S. 615) die hiesige Universität, wo er unter der Leitung seines Oheims sich den
theologischen Studien widmete. Im Jahre 1613 besuchte er Straßburg, wo er das
Magisterium erhielt, und Basel, wo er sich der Unterweisung von Johannes Buxtorf in den orientalischen Sprachen und im Rabbinischen erfreute. Vom Herzog
Adolf Friedrich an die Stelle des Dr. Lukas Bacmeister jun. zum Professor der
Theologie berufen (Etwas, J. 1737 S. 211), ward er am 7. Junius 1614 eingeführt. Er starb nach einer reich gesegneten Wirksamkeit am 22. Januar 1629.
Seitens der Universität schrieb der Rector Thomas Lindemann das Leichen-Pro-
gramm d. d. 25. Januar 1629; die theologische Facultät aber spricht sich in dem
von ihr veröffentlichten Programm über jene aus: — — publice omnes Prophetas minores, psalmos Davidicos complures, Threnos Jeremiae, Josuam
interpretatus est: — — Illustriora item scripturae dicta bene multa, quorum pars in Exercitationum Theologicarum tertium praelo excusarum libris legitur, Theologiae studiosis explicavit. Ne autem cuipiam deesse
opera sua videretur, saepiuscule praecepta Grammaticae Hebraeae, quam
ille linguam cum reliquis orientalibus non vulgariter callebat, explicavit,
usumque in textibus biblicis resolvendis monstravit. Nec illis, qui ad po-
pulum conciones habituri sunt, studiosis suam denegavit operam, quibus
concionum formulas praescripsit etc. Etwas, J. 1741 S. 623 ff., S. 655 ff.,
S. 687 ff., S. 816 ff. Krey, Andenken, II. S. 50 ff. und Tholuck a. a. O.

[2]) Der Commentar ist successive seit 1617 erschienen, und endigt mit der
Auslegung des Propheten Hoseas im Jahre 1626, während der Commentar zum
Joel in zweiter Auflage schon im Jahre 1625 erschien, und später noch als Anhang
die Abhandlung: de certitudine gratiae erga nos divinae contra Bellarminum
erhielt. Die einzelnen Commentare erschienen zusammen schon in der Rostocker
Ausgabe vom Jahre 1632 und der Leipziger vom Jahre 1688; die am meisten
verbreitete ist: Johannis Tarnovii, S. S. Theol. D. et Prof. P. in Acad. Rostochiensi, in Prophetas Minores Commentarius, in quo textus analysi perspi-
cua illustratur, ex fonte hebraeo explicatur, locis Scripturae parallelis confirmatur etc. cum praef. Jo. Benedicti Carpzovii. Lips. 1706. 4.

4

Bezug auf wiſſenſchaftliche Fragen bewegte, verlor er nie das Ziel, dem die theologiſche Wiſſenſchaft dienen ſoll, die Heilsverkündigung, aus den Augen, und obwohl er verhältnißmäßig auf untergeordnete Controverſen kein Gewicht legte, und in dieſer Beziehung geneigt war, eine freiere Bewegung zu geſtatten, hielt er doch nicht minder entſchieden am Bekenntniß der Kirche feſt, welches den Heilsweg klar und deutlich zeige, und forderte in allen Hauptſtücken, welche das Heilswerk und die Heilsaneignung angehen, und Leben und Seligkeit betreffen, die volle Uebereinſtimmung mit dem Lehrbegriff der lutheriſchen Kirche.

In ſeinen exegetiſchen Arbeiten nimmt er durch die ganze Art ſeiner Spracherklärung, welche nur einen sensus literalis und primarius anerkennt, eine bedeutſame Stellung ein, da er bemüht iſt, Sinn und Bedeutung der Worte aus dem Genius der Sprache zu erklären, in den Geiſt derſelben einzubringen und durch ſorgfältige und eingehende Erwägung des ganzen Contextes zu erläutern[1]). Höchſt bedeutungsvoll ſind in dieſer Beziehung auch ſeine exercitationes biblicae, in denen ſich eine neue Methode der Schriftaus= legung, im Unterſchiede von der älteren der Lehrtradition unbedingt folgenden, anbahnt[2]). Außer der ausgezeichneten Sprachgelehrſam= keit, welche ſich hier darlegt, und namentlich auf dem Gebiete des Alten Teſtaments eine exactere Forſchung und Erklärung auch im Einzelnen anbahnt, wird die Geſchichte der Auslegung berückſichtigt. Einzelne Erklärungen der Reformatoren und der an dieſe ſich an=

---

[1]) In dieſer Beziehung äußert ſich der reformirte Theologe Sixtinus Amama, Profeſſor der hebräiſchen Sprache zu Franecker († 1629), in einer im Jahre 1626 gehaltenen Rede de barbarie auf eine Tarnov wie ihn ſelbſt ehrende Weiſe: — — felix ille sacrarum literarum interpres, Academiae ejusdem sol oriens et ocellus, cujus viri pretium Academia Rostochiensis et Ecclesiae Evan- gelicae ignorare videntur. Hoc elogium praeclaris ejus laboribus debetur, licet in nos, quos Calvinianos passim appellat, ex omni occasione occurrat.

[2]) Exercitationes biblicae: in quibus verus et genuinus sensus loco- rum scripturae difficilium (quorum catalogus infra adjectus repetitur) ex verbo Dei, textuque authentico diligentius inquiritur ac defenditur: et contra vulgo receptae eorum versiones, allegationes et explicationes mo- deste examinantur ac refutantur. Rostoch. 1619. Ed. II 1621, in welcher einzelne Ausführungen, welche controvers waren und Anſtoß erregt hatten, weg- gelaſſen ſind.

schließenden kirchlichen Dogmatiker werden einer besonnenen und
rücksichtsvollen Kritik unterworfen, aber mehrfach aus dem Grund-
text berichtigt. Diese damals nicht geringes Aufsehen verursachende
Interpretationsmethode machte insofern auf biblisch theologischem
Gebiete ein neues Princip geltend, als dieselbe die gangbare exegetische Tradition verließ, und den genuinen aus den Quellen ermit-
telten Schriftsinn ihr entgegenstellte, aber nichtsdestoweniger hielt
sie unbedingt an den Glaubensartikeln fest, und nahm nur in Bezug auf die Lehrmeinungen einzelner Theologen die Freiheit der
Prüfung und Beurtheilung in Anspruch[1]), so daß die Punkte, welche
ihm controvers erschienen, keinesweges sich auf die Fundamente des
Glaubens bezogen, oder gar diese in Frage zu stellen suchten[2]).
Ueberhaupt war es nur das Ungewöhnliche und Neue in seiner
Interpretationsmethode, welches hie und da Widerspruch erregte, da
er im Uebrigen am Bekenntniß der lutherischen Kirche festhielt, und
im lebendigen Glauben sich mit der Heilsordnung derselben in völ-
liger Uebereinstimmung wußte[3]). Es kam ihm selbst nicht in den
Sinn, die Nothwendigkeit und Bedeutsamkeit der confessionellen
Exegese in Abrede nehmen zu wollen, aber er glaubte den relativen
Unterschied zwischen der biblischen Wahrheit in ihrer Unmittelbarkeit
und der bestimmten Ausprägung derselben in den symbolisch fixirten
Dogmen festhalten, und überhaupt den unmittelbaren Inhalt der

---

[1]) Gerhard, welcher die wissenschaftlichen Leistungen Tarnovs durchaus anerkennt, äußert in dieser Beziehung in einem Briefe d. d. 16. April 1619: Spiritus
prophetarum prophetis sunt subjecti, nec de articulis fidei hic agitur, sed
de quorundam dictorum interpretationibus, in quibus Ecclesiae doctoribus
libertatem quandam inquirendi relictam, nec servitutis jugum imponendum
esse, nemo cordatus dubitabit. Video etiam R. V. Exc. de his rebus satis
modeste inquirere, ut, quamvis majorum nostrorum pie in Christo defuncto-
rum interpretationes Κατ' ὄνομα quandoque refellat, tamen cum praefatione honoris debiti, ac necessaria praemonitione id semper facit, quo nomine eximius ille R. V. Exc. labor non potest non mihi esse gratissimus.

[2]) Dies bezeugt auch Paul Tarnov, der seinen Neffen gegen die Anklagen der
Jenaer Facultät vertheidigt, in einem Schreiben d. d. 28. April 1622: Epp. ad
Meisnerum Vol. I. S. 615; Grape, Evangelisches Rostock, S. 451 f. und Tholuck,
Der Geist der lutherischen Theologen Wittenbergs, S. 155 ff.

[3]) Vgl. auch die Ausführungen Fechts über die innere Stellung Tarnovs
in der Vorrede zu: Joh. Tarnovii in Threnos Jeremiae Commentarius (ed. 1
Rostoch. 1627), ed. 3 cum praefatione Johannis Fechtii. Hamburgi 1707.

4*

biblischen Lehre gegen dogmatisirende Auslegung derselben geltend
machen zu müssen, um die Interpretation der Schrift vor der Ein-
seitigkeit einer ausschließlich dogmatischen Auslegung zu bewahren.
Hie und da wird auch das Princip der Schriftanalogie gegen den
Kanon der Lehrtradition herangezogen; und treten uns bei ihm die
Ansätze zur Bildung einer biblischen Theologie, in ihrem relativen
Gegensatze zur Dogmatik, entgegen.

Noch schärfer, und zwar mehr in polemischer Haltung und
Durchführung, vertritt Johannes Affelmann[1]) das lutherische Bekenntniß in seiner Lehrbestimmtheit und Lehrgenauigkeit. Seine
klaren und scharfsinnigen dogmatischen Ausführungen verfolgen bis
in die feinsten Schattirungen hinein den römischen und calvinischen
Irrthum. Gelehrt und in der Kunst dialectischer Behandlung der
Streitfragen wohl erfahren, verstand er es, die verschiedenen Con-
troverspunkte mit großer Gewandtheit und Präcision auseinander
zu legen, und die Lehrsätze, die er bekämpft, in ihrem Gegensatze
zum lutherischen Bekenntniß nachzuweisen. Seine rastlose Thätigkeit
auf dem Gebiete der Polemik unterzog in zahlreichen Disputationen,
Exercitationen und speciellen Streitschriften den ganzen Cyclus der

---

[1]) Zu Soest in Westphalen am 25. November 1588 geboren, bezog er schon
im Jahre 1603 die Universität Marburg, wo er durch Balthasar Mentzer und Johannes Winckelmann in seinen theologischen Studien sich wesentlich gefördert sah.
Nachdem er noch, da Marburg sich zum Calvinismus gewandt, im Jahre 1605
Gießen besucht hatte, ging er nach Rostock, wo er im Frühling 1607 unter dem
Rectorat von Barthol. Cling inscribirt ward: Jo. Affelmann, Susatensis. Schon
im Jahre 1609 ward er von E. E. Rath an des D. Luc. Bacmeister sen. (Krabbe
a. a. O., 637 f.) Stelle zum ordentlichen Professor der Theologie berufen, Etwas,
J. 1737 S. 221, worauf er als Prof. designatus am 16. August 1610 unter dem
Präsidium von Eilhard Lubinus pro gradu de peccato in genere et specie
disputirte. Den unablässigen Anstrengungen, denen er sich in seinem Amte unterzog, war seine schwache Gesundheit nicht gewachsen, und erlag er denselben schon
am 28. Februar 1624 im 36. Jahre. Vgl. Rollii Disp. de meritis Westphalo-
rum in Academia Rostochiens., Sect. I. p. 5 sqq. und die Leichen-Programme
des Rectors Joh. Huswedel, Graec. Liter. Prof., und der theologischen Facultät
d. d. 3. März, Etwas, J. 1738 S. 51 ff., S. 94 ff. Etwas, J. 1740 S. 785 f.,
S. 823 f. Vita D. Johannis Affelmanni in: Ejusdem Syntagma exercitationum academicarum — — publici juris facta studio et opera Georgii
Moebii. Lips. 1674. Grape, Evangelisches Rostock, S. 443 ff. Krey, Andenken,
St. 5, S. 43 ff.

zwiſchen ben Lutheranern, Katholiken und Calviniſten ſtreitigen Lehr=
fragen einer eingehenden Erörterung. Beſonders waren es die cal=
viniſchen Lehren vom Abendmahl, von der Prädeſtination und von
der Perſon und dem Werke Chriſti, welche er, ſeitdem er in einem
Alter von 21 Jahren den theologiſchen Lehrſtuhl erlangt hatte, un=
ermüdlich beſtritt, und ihnen in dem letzteren Lehrſtück die Lehre
von der communicatio naturarum, der unio hypostatica und von
der omnipraesentia Christi entgegenſtellte. Doch hat er auch das
katholiſche Dogma in der Faſſung Bellarmins bekämpft, und die
jeſuitiſche Lehre von der Anrufung der Heiligen wiederholt zurück=
gewieſen.

Vorzugsweiſe aber finden wir ihn von Anfang an in den
Kampf verflochten, welcher ſich in Mecklenburg gegen den einbrin=
genden Calvinismus erhoben hatte. Es erregte nicht geringes Auf=
ſehen, ja allgemeine Beſtürzung, als Herzog Hans Albrecht nach
ſeiner bereits erwähnten Vermählung mit der Tochter des Land=
grafen zu Heſſen den Altar in der Schloßkirche zu Güſtrow nieder=
reißen, und an deſſen Stelle „auff Calviniſchen ſchlag einen
hölzern Tiſch“ ſetzen ließ[1]), ungeachtet daß die damals in Güſtrow
anweſende Wittwe des Herzogs Ulrich, der den Altar errichtet und
mit einer kunſtreichen Tafel hatte verzieren laſſen, dies ſchmerzlich
empfand. Aehnliches geſchah auch in Dargun, wo man auch die
Bilder aus der Kirche entfernt hatte unter dem Geſpötte etlicher
heſſiſcher Mägde und des Hofnarren Lips, der mit aus Heſſen ge=
kommen war[2]). Dieſe Vorgänge riefen große Erbitterung hervor,
welche ſich insbeſondere gegen den calviniſchen Hofprediger des
Herzogs, Johannes Rhuelius, richtete. Als nun derſelbe eine
„Chriſtliche Predigt von dem Heiligen Hochwürdigen Nachtmahl des
HErrn Chriſti“ in der Schloßkirche zu Güſtrow gehalten und dieſe

---

[1]) Beitrag zur Charakteriſtik des Herzogs Adolf Friedrich aus deſſen Tage=
büchern von R. v. Lützow in: Liſch, Jahrbücher XII. S. 67. „Den 5. Juni 1618
habe den Maler Daniel Block nach Güſtrow geſandt, den Altar da abzuholen,
welchen mein Bruder aus der Schloßcapelle hat nehmen (und anſtatt deſſen einen
Calviniſchen Tiſch dahin geſetzt) und nach Doberan zu führen.“

[2]) Ueber des Herzogs Johann Albrecht II. von Güſtrow calviniſtiſche Bilder=
ſtürmerei und die Altäre in den Kloſterkirchen zu Dargun und Doberan und der
Schloßkirche zu Güſtrow, von G. C. F. Liſch, Jahrbücher XVI. S. 201 f.

mit des Herzogs Hans Albrecht Beliebung durch den Druck publi-
cirt hatte, trat Affelmann in einer scharfen Schrift gegen dieselbe
auf[1]), in welcher er außer dem Hofprediger Rhuelius selbst den
Herzog Hans Albrecht, überhaupt aber die reformirte Kirche, ihre
Doctrinen und ihre Lehrer rücksichtslos angriff. Dies hatte zur
Folge, daß Herzog Hans Albrecht unter dem 20. October 1618 an
Rector und Concilium ein Affelmanns Schrift heftig tadelndes
Rescript[2]) erließ, in welchem dieselbe als ein virulentissimum
scriptum bezeichnet und ihm vorgeworfen wird, daß er seine von
Gott vorgesetzte hohe Obrigkeit und Landesfürsten und die Unseren
durstiglich und frevelmüthig anzugreifen sich nicht gescheut, auch
ausländische fremde Kirchen und Schuldiener, ja ganze Kirchen und
Gemeinden, welchen er zum Richter noch zur Zeit nicht vorgesetzt,
für calvinisch, schwärmerisch und sectterisch ausgeschrieen habe. Da
aber Herzog Adolf Friedrich den Uebertritt seines Bruders Hans
Albrecht zum Calvinismus auf das Tiefste beklagte, und das lutherisch gesinnte Land durch das drohende Eindringen der calvinistischen

---

[1]) Vindicatio textus apostolici ex 1. Cor. XI, v. 23. 24. Sive Examen
concionis Rhuelianae, das ist, gründliche, bescheidentliche und treuherzige Schul-
führung und Abfertigung der Calvinischen Sophisterei, Dünsten, Grillen und
Natterstichen, damit der unbeständige Apostata, Johannes Rhuelius Ortrando-
Misnicus, itzo Fürstlicher Mechelburgischer Hofprediger zu Güstrow seine unnütze,
verworrene und unlängst durch öffentlichen Druck ausgesprengte Predigt, Plauder-
ment und Klapperwerck von dem hochwürdigen Abendmahl des HErrn durchspickt,
durchsticht und durchsticht hat. Rostock 1618. 4.

[2]) Duc. Joh. Alb. de Johan. Rhuelii scripto A. 1618 contra D. Affelmann (Akad. Archiv, Actenfascikel aus den Jahren 1600 sqq. bis 1660). Nachdem der Herzog Hans Albrecht Bericht erfordert, ob jene Schrift Affelmanns, wie
es die Statuten der Universität erforderten, der Censur und Approbation der Facultät vorgelegen, wird dem Rector und Concilium aufgegeben, denselben vor sich
zu bescheiden, und ihm ernstlich anzusagen, daß es in keine Wege zu gedulden und
zu leiden sei, daß solches Schreiben durch den Druck bivulgiret werde, damit ferner
nicht fortzufahren, dasselbige gänzlich zu hinterhalten und an des Tages Licht nicht
kommen zu lassen. Zum Fall er aber — heißt es am Schlusse — diesem Unserm
an sich christlichen und daneben erstem mandato gehorsamlich nicht nachkommen,
besonders demselben freventlich und halsstarrig sich widersetzen würde, daß es alsdann Uns an Mitteln und Wegen, ihn mit wolverdienter Strafe, Anderen zum
Exempel in gebührendem Ernste anzusehen, nicht ermangeln solle. Das Rescript
hatte zur Folge, daß, obwohl auf dem Titel der Schrift Affelmanns: „erster Theil"
gesetzt war, der zweite Theil nicht erschien.

Richtung, welcher die Aggreſſion gegen die lutheriſche Kirche und der Trieb nach ihrer Zerſetzung oder mindeſtens nach ihrer Umge=ſtaltung einwohnte, fortwährend beunruhigt wurde, ſetzte auch Affel=mann die Bekämpfung derſelben fort, was ſeine zahlreichen Ab=handlungen, insbeſondere über den Glauben der getauften Kinder, über das heilige Abendmahl und über die Himmelfahrt Chriſti und ſein Sitzen zur Rechten Gottes erweiſen[1]). Zugleich ſchließt er ſich in der Beſtreitung der Philippiſtiſchen Richtung an Chemnitz, Fla=cius, Selneccer, Wigand, Heßhuſius und Schlüſſelburg an, und weiß mit großem Scharfſinn die disparaten, dem lutheriſchen Bekenntniß entgegenſtehenden Elemente aufzuzeigen. Doch ſehen wir ihn anderſ=ſeits für Johann Arnd das Wort nehmen und ihn vertheidigen, als derſelbe von Lucas Oſiander wegen ſeiner Bücher vom wahren Chriſtenthum angegriffen worden war[2]). In der That verbindet ſich auch bei Affelmann mit ſeiner ſcharfen Polemik gegen häretiſche Richtungen eine lebendig gläubige Auffaſſung der Heilswahrheit, auf deren innere Erfahrung und Aneignung durch den Glauben er drang. Er war daher auch nicht ohne geiſtliche Beredtſamkeit, die ihm auch die Anerkennung des Herzogs Adolf Friedrich erwarb.

Der theologiſchen Facultät wie dem geiſtlichen Miniſterium Roſtocks, dem letzteren als Archidiaconus, ſpäter als Paſtor und Superintendent angehörend, wirkte Johannes Quiſtorp[3]), der Stamm-

---

[1]) D. Johannis Affelmanni b. m. in Acad. Rost. quondam Theol. Profess. publ. celeberrimi et acutissimi Syntagma Exercitationum Academicarum in duas partes distributum, quarum prior potissimum Polemica scripta continet, posterior vero Exegetica etc. studio et opera Georgii Moebii. Lipsiae 1674 in IV. Disputatio XXIIX de fide infantium, p. 820 sqq., p. 886 sqq.; de Philippismo fugiendo, p. 1053 sqq.

[2]) Ep. d. d. 14. Dec. 1623: optimum Arndium ab Osiandro judioo ex-ceptum fuisse pessime, pacificum schismatice, veracem mendacissime, hu-milem superbe, et ut verbo dicam, pium impie.

[3]) Johann Quiſtorp der Aeltere, am 18. Auguſt 1584 zu Roſtock geboren, erhielt auf dem vaterſtädtiſchen Gymnaſium, deſſen Rector damals Nathan Chy-träus war (Krabbe, die Univerſität Roſtock, S. 729 f.), ſeine Vorbildung, an welcher auch Paul Tarnov weſentlichen Antheil hatte. Nach dreijährigem Aufenthalte zu Berlin ging er nach Frankfurt an der Oder, kehrte aber nach einem Jahre, als ſein Vater plötzlich ſtarb, 1604 nach Roſtock zurück, wo er, unter dem Rectorat von Joh. Sibrand immatriculirt, ſieben Jahre hindurch theologiſchen Studien ob-lag, auch durch Vorleſungen und Leitung von Diſputationen ſich bei den Studiren-

vater des gelehrten Geschlechtes der Quistorpe, das fast in allen
Facultäten sich ausgezeichnet hat[1]), als Docent wie als Prediger
mit großem Erfolge. Eifrig bestrebt, das akademische Leben in sitt=
licher und wissenschaftlicher Beziehung überhaupt zu heben und für
das Gedeihen der vaterländischen Universität zu wirken, wandte er
den verschiedenen Verhältnissen derselben, wo und wie er nur konnte,
eine stete Theilnahme und Fürsorge zu. Bei aller Freundlichkeit
und allem Wohlwollen, die ihm eigen gewesen sein sollen, war er
doch entschieden und rücksichtslos in allen Dingen, welche Pflicht
und Amt betrafen. Unter den Wechselfällen und Drangsalen, von
denen die Universität während des Krieges durch die Besetzung der
Stadt von kaiserlichen Truppen betroffen wurde, zeigte er Umsicht,
Muth und Charakterstärke. Fern von persönlicher Zanksucht und
Streitlust, vertrat er in den verschiedenen Lehrstreitigkeiten, die an
ihn in seiner kirchlichen Stellung herantraten, auf das Bestimmteste
seine in Gottes Wort und dem Bekenntniß der Kirche gegründete
Ueberzeugung. Indessen neigte er sich, wo das überhaupt möglich
und räthlich war, zur Ausgleichung bestehender Gegensätze und
Differenzen, wenn nur der Wahrheit nichts vergeben ward. Mit

ben beliebt machte. Am 2. Mai 1614 zur Professur der Theologie von E. E. Rath
berufen, besuchte er noch vor Antritt seines Amtes die Universitäten Leipzig, Wittenberg, Jena, Marburg, Gießen, Altdorf, Heidelberg, Cöln, Straßburg und Basel;
schon am 30. April 1616 ward er auch zum Archidiaconus an der St. Marienkirche gewählt. Die theologische Doctorwürde erlangte er am 3. October 1616
unter dem Decanat von Eilhard Lubinus. Am 25. October 1645 ward er Pastor
zu St. Marien und noch in demselben Jahre, am 15. December, Superintendent.
Arch. Min. Vol. IV. p. 299. 628 f. Er starb am 2. Mai 1648. Vgl. Programma,
quo Rector Universitatis Rostochiensis Henricus Rahne, J. D. et Prof. ad
exequias quas viro admodum Reverendo, Excellentissimo, Clarissimoque
Dn. Johanni Quistorpio S. S. Theol. D. Facultatis Seniori et Ecclesiarum
Rostoch. Superattendenti ac Antistiti Spectatissimo — — hodie paratas
cupiunt — — — invitat. Rost. 1648. Etwas, J. 1737 S. 219, S. 628 f.,
632 f. J. 1741 S. 399 ff., S. 497 ff., S. 527 ff., S. 566 ff., S. 599 ff.,
S. 603 ff. J. 1742 S. 334, S. 508 ff. Lawätz, Handbuch für Bücherfreunde,
II. S. 257. Krey, Andenken, St. 2, S. 44 ff. Anhang, S. 55. Krey, Beiträge,
S. 117 ff. A. Tholuck, Lebenszeugen der lutherischen Kirche, S. 197 ff.

[1]) De Meritis Quistorpiorum in ecclesiam et rem literariam ad Magnificum Joann. Nicolaum Quistorpium, Theologum Rostochiensem Gravissi-
mum, qua purpuram rectoralem, quinta vice demissam, gratulatur, Dissertatio Epistolica M. Mich. Lilienthalii, Prussi. Rostochii 1710. 4.

großem Eifer widmete er sich den Vorlesungen, und trat zu den
Studirenden in mannigfach persönliche Beziehungen. Unter seinen
wissenschaftlichen Arbeiten verdient der Commentar zu den Briefen
des Apostels Paulus, welcher successive erschien[1]), hervorgehoben zu
werden, der in der älteren analytischen Methode geschrieben ist, den
Text sorgfältig und scharf sondernd auseinanderlegt, den genuinen
Sinn desselben durch genaue Wort= und Saderklärung ermittelt
und feststellt, und durch Heranziehung von Parallelstellen erläutert.
Eine Reihe kleinerer Abhandlungen bewegt sich auf dem Gebiete
der Polemik und Symbolik, nimmt an den damaligen Erörterungen
über die Lehre von der heiligen Schrift, über die Abendmahlslehre,
die Rechtfertigungslehre und Prädestinationslehre Theil, und erläutert einige andere zu jener Zeit obschwebende Controversen[2]).

In seinem geistlichen Amte war er unablässig bemüht, das
Wort recht zu theilen, und fruchtbar zu machen für die innere geistliche Entwickelung der Gemeinde. Das bewegte öffentliche Leben
jener Zeit, welches durch die mannigfache Kriegsnoth und Heim-
suchungen jeder Art schwere Prüfungen den Gemeinden brachte, benutzte er in seinen Predigten, ihnen die Heilswahrheiten nahe zu
bringen, und sie in dem Glauben an den rechten Helfer und Herrn
zu erhalten und zu stärken. Dabei war sein Haus stets allen Noth-
leidenden und Bedrängten offen, welchen er mit Rath und That
zur Hand ging, und denen er auf irgend eine Weise zu helfen
wußte, mochten sie nun von dem öffentlichen Unglück oder von persönlicher Drangsal sich niedergedrückt fühlen. Wie er das kirchliche
Leben auf jegliche Weise durch Benutzung der von dem Herrn dargebotenen und geordneten Mittel zu heben suchte, so trug er zu
gleicher Zeit Sorge, daß die Schulen mehr und mehr ihrem Zwecke

[1]) Zuerst erschien: In Divinam Sancti Apostoli Pauli ad Ephesios
scriptam Epistolam Commentarius Analyticus. Rostochii 1636; ferner: in
Epistolam Pauli ad Philippenses, 1636; in utramque Pauli ad Thessalonicenses Epistolam, 1637; in utramque Pauli ad Timotheum Epistolam, 1637;
in Divinam ad Hebraeos Epistolam Commentarius Analyticus, 1638; in
Pauli ad Galatas Epistolam, 1640; in Pauli ad Titum Epistolam, 1643;
in Pauli ad Philemonem Epistolam, 1644, womit die Commentare zu den
kleineren Briefen Pauli schließen. Vgl. die Gesammtausgabe, welche nach seinem
Tode erschien: Commentarius in omnes Epistolas Paulinas. Rostoch. 1652. 4.
[2]) De meritis Quistorpiorum in ecclesiam et rem literariam, p. 16 sqq.

entſprechen, und durch rechte Unterweiſung in Gottes Wort die junge Taufgemeinde zu einer wahren Abendmahlsgemeinde bereiten, und dadurch das Gemeindeleben weſentlich ſtützen möchten. Als Paſtor lag ihm die Seelſorge an den einzelnen Gemeindegliedern am Herzen, die er vorzugsweiſe durch die Art der Verkündigung des göttlichen Wortes, welche mit ſeiner Perſönlichkeit enge ver-wachſen war, übte, doch trat er auch nicht ſelten ihnen perſönlich nahe, und verſtand es, auf die Hebung und Kräftigung ihres geiſt-lichen Lebens einzuwirken. Als Superintendent entwickelt er in der allerdings nur kurzen Zeit, die ihm in dieſer Wirkſamkeit vergönnt war, ſowohl in Bezug auf die ſtädtiſchen Gemeinden als auch hin-ſichtlich der allgemeinen kirchlichen Verhältniſſe, eine eben ſo ein-ſichtsvolle als energiſche Thätigkeit, mit welcher er auf Maßnahmen hinweiſt und ihre Durchführung einleitet, welche geeignet waren, eine allmähliche Erneuerung des kirchlichen Lebens in den durch die Kriegsereigniſſe verwilderten Gemeinden des Landes herbeizuführen.

Mit Quiſtorp nahe befreundet, wirkte damals Joachim Jun-gius[1]) als Profeſſor der Mathematik und Naturwiſſenſchaften in

---

[1]) Joachim Jungius, geboren am 22. October 1587 zu Lübeck, Sohn des Präceptors Nicolaus Jungius am Catharineum, das Joachim nach dem frühen Tode ſeines Vaters beſuchte, wo der damalige Subrector M. Joachim Drenckhanius einen anregenden und beſtimmenden Einfluß auf ihn ausübte. In Roſtock ſtudirte er ſeit Frühling des Jahres 1606 unter Johannes Slekerus Philoſophie, wandte ſich dann zum Studium der Mathematik, und ging nach Gießen, wo er ſich die Magiſterwürde den 22. December 1608 erwarb, worauf er, da er bei dieſer Ge-legenheit ausgezeichnete Befähigung und umfaſſende Gelehrſamkeit dargethan hatte, ſchon am 5. November 1609 die Profeſſur der Mathematik an des verſtorbenen Nicolaus Herrmanns Stelle erhielt. Im Jahre 1614 legte Jungius, um ſich ſeinen beſonderen Studien völlig unbehindert und unbeſchränkt widmen zu können, die-ſelbe nieder, lebte eine Zeit lang in Augsburg und Lübeck, und wandte ſich dann im Auguſt 1616 nach Roſtock zurück, wo er ſich zwei Jahre hindurch dem Studium der Arzneiwiſſenſchaften widmete, insbeſondere um ihren damals ſchon ihm klar gewordenen Zuſammenhang mit den Naturwiſſenſchaften und der Philoſophie näher zu durchforſchen. Nachdem er darauf eine Reiſe nach Italien unternommen und zu Padua, dem damaligen Mittelpunkt der naturwiſſenſchaftlichen und mediciniſchen Studien, den 22. December 1618 den mediciniſchen Doctorgrad erlangt hatte, wird er unter dem Decanat des M. Joh. Simonius im Sommerſemeſter 1621 in die philoſophiſche Facultät aufgenommen (Album der philoſophiſchen Facultät D. Joachi-mum Jungium, Giessenae in Magiſtrum promotum), und erhält an Stelle des M. Georg Daſenius die Profeſſur mathematum inferiorum, welche er am 6. Fe-

Rostock, welcher, gleich bedeutend als Philosoph wie als Natur-
forscher, einem Baco von Verulam, Galilei und Keppler an die
Seite tritt, und neue Bahnen in der Philosophie, der Mathematik
und in den Naturwissenschaften einschlug, dadurch daß er insbesondere
die Physik als die Basis betrachtete, von welcher aus die Umgestaltung der Philosophie sich vollziehen könne und werde. Seitdem
Goethe auf das Leben und die Verdienste dieses Mannes hingewiesen
und sie in seinen nachgelassenen Schriften selbst dargestellt hat[1]),

---

bruar 1624 mit der Rede: de mathematicarum disciplinarum praestantia antrat. Nach dem bald darauf erfolgenden Ausbruch der Pest in Rostock ging er
eine Zeitlang nach Lübeck, folgte aber schon im Jahre 1625 einem Rufe nach Helmstädt als ordentlicher Professor der Medicin, wo seines Bleibens indessen nicht lange
war, da die Universität, als der Krieg sich in den niedersächsischen Kreis zog, sich
auflöste. Vgl. C. L. Th. Henke, Georg Calixtus und seine Zeit, S. 381 f. (Auflösung der Universität Helmstädt) und S. 436. Von C. E. Rath der Stadt Rostock
als Professor der Mathematik zurückberufen, kehrte er schon Michaelis 1626 zurück,
folgte aber, 41 Jahre alt, einem Rufe nach Hamburg als Rector des Johanneums
und als Professor der Logik und Physik am akademischen Gymnasium (am 19. Februar 1629 erwählt), legte am 16. Jul. 1640 das Rectorat des Johanneums
nieder, behielt aber seine Professur der Philosophie, und starb daselbst am 23. September 1657. Vgl. Joannis Assveri Ampsingii Programma in introductio-
nem viri clarissimi, doctissimi, experientissimi, D. Joachimi Jungii, Inferiorum Mathematum in academia Rostochiensi Professoris. Rostochii 1626.
Molleri Isagog ad historiam Cherson. Cimbricae, P. IV. p. 610. 615. Jo.
Alb. Fabricius, Memoriae Hamburg., Vol. II. p. 1073 sqq. von Seelen,
Athenae Lubecenses, Vol. III. p. 431 sqq., Vol. IV. p. 203. 226 sqq. Hen-
ningi Witten, Memoriae philosophorum, Vol. I. p. 275 sqq. Etwas, J. 1737
S. 470 f. J. 1740 S. 305. Krey, Andenken, St. 8, S. 63 f. Joachim Jungius
und sein Zeitalter. Von G. E. Guhrauer. Stuttgart und Tübingen 1850. Guhrauer
gebührt das Verdienst, eine Würdigung des großen Mannes durch seine treffliche Arbeit
angebahnt, und weitere Kreise auf die Bedeutsamkeit desselben hingewiesen zu haben.
Dazu kommt in neuester Zeit folgende Schrift: Des Dr. Joachim Jungius aus
Lübeck Briefwechsel mit seinen Schülern und Freunden. Ein Beitrag zur Kenntniß
des großen Jungius und der wissenschaftlichen wie socialen Zustände zur Zeit des
dreißigjährigen Krieges, aus den Manuscripten der Hamburger Stadtbibliothek zusammengestellt von Dr. med. Robert C. B. Avé-Lallemant, Lübeck 1863, deren
Verfasser sich der schwierigen Aufgabe der Herausgabe des Briefwechsels mit eben
so großer Begeisterung und Hingebung als mit Einsicht in die Bedeutung des Mannes unterzogen hat.

[1]) Leben und Verdienste des Doctor Joachim Jungius, Rectors zu Hamburg.
Von Goethe. Aus Goethes nachgelassenen Schriften, bei Guhrauer, S. 181 ff.,

hat sich das allgemeine Urtheil über die epochemachende Bedeutung desselben mehr und mehr festgestellt, da derselbe gerade in einer Zeit, welche für die Entwickelung der Naturwissenschaften von hoher Bedeutung war, in völliger Selbstständigkeit sich entwickelte, und durch die Fülle des Wissens und durch die Menge exacter Beobachtungen, die er gesammelt hatte, in den Stand gesetzt war, die neuen Gedankenreihen, die er innerhalb der Philosophie aufstellte, an dem reichen Stoffe der Naturwissenschaften, den er in einer für jene Zeit seltenen Weise beherrschte, zu prüfen, und denselben für neue wissenschaftliche Constructionen flüssig zu machen[1]). Es verbindet sich in ihm der Reichthum physikalischen und mathematischen Wissens mit systematischer Begabung, welche die principiellen Gesichtspunkte nicht nur zu gewinnen, sondern auch zu entwickeln und in ihrem Zusammenhange und in ihren Consequenzen aufzuzeigen weiß. So begreift sich, daß Jungius auf Leibniß, bei aller Verschiedenheit ihrer philosophischen Ausgangspunkte, einen bedeutsamen, auch im Einzelnen zu erkennenden Einfluß ausgeübt hat. Dem falschen Aristotelismus seiner Zeit gegenüber hat er eben so sehr die durch Beobachtung, Erfahrung und Demonstration sich neu begründende Naturwissenschaft vertreten, als er andererseits das Verhältniß der Philosophie, namentlich der Logik und Metaphysik, zu derselben richtig zu bestimmen und zu beschränken, dabei aber die Einwirkung der Erfahrungswissenschaften auf dieselbe darzulegen bemüht ist.

Diese seine mit der Tiefe und Lebendigkeit seines religiösen Bewußtseins eng zusammenhängende Philosophie hatte ihn vor den Irrwegen atheistischer Philosophen bewahrt. Jungius war nicht bloß mit den Theologen, insbesondere mit Johannes Duistorp befreundet, sondern er theilte auch in vielen Beziehungen ihre Ueberzeugungen. Vor Allem stand ihm die Offenbarung höher als jede menschliche

---

S. 189 ff., S. 193—209. Vgl. auch Lappenberg, Zeitschrift des Vereins für Hamburgische Geschichte, Bd. III. S. 583.

  [1]) Die beiden höchst beachtenswerthen bei seinen Lebzeiten erschienenen Schriften sind: Geometria empirica, welche bei seinem zweiten Aufenthalte in Rostock im Jahre 1627 erschien, und seine zu Hamburg im Jahre 1638 herausgekommenen Logica Hamburgensis, deren zweite Ausgabe Johann Vagetius 1681 besorgte. Erst nach seinem Tode erschienen im Jahre 1662 seine Doxoscopiae Physicae minores, deren Herausgabe Martinus Fogelius besorgte; 2. Ausgabe 1679.

Erkenntniß; ihr Inhalt ging ihm über jeden Reflexions- oder Er-
fahrungsursprung weit hinaus. Er war ein gläubiger Chrift, deffen
Sinnen und Trachten nach Chrifto ftand. Auch las er eifrig die
heilige Schrift, und war davon durchdrungen, daß nur in dem Namen Chrifti Heil fei. In theologifcher Beziehung theilte er die
Richtung Johann Valentin Andreaes, mit dem er perfönlich bekannt
geworden, und deffen entfchiedenes, auf Regeneration des kirchlichen
Lebens gerichtetes Streben er zu würdigen mußte. Trat doch Andreae in feinen gedankenreichen aenigmatifchen Schriften den Verkehrtheiten des kirchlichen Lebens entgegen, gleichwie Jungius eine
Reftauration feiner Wiffenfchaft auf einer neuen durch Erfahrung
und Beobachtung gewonnenen Bafis anftrebte. Auch mit dem Ju-
riften D. Albert Hein, fowie mit den beiden Tarnovs ftand Andreae in Verbindung, fo daß die gefchilderten Männer durch gleiche
Gefinnung mit einander verbunden waren[1]. Daraus erklärt fich,
wie Jungius in diefer erften Periode feiner Wirkfamkeit den Gedanken faffen konnte[2], durch die Stiftung der societas ereneutica
oder zetetica, welche philofophifche und naturhiftorifche Forfchungen
fich zur Aufgabe fetzte, die Idee einer Akademie in Deutfchland
zuerft zu verwirklichen, infofern all ihr Forfchen auf die Entdeckung
neuer Wahrheiten gerichtet fein follte. Mit jener in der Art einer
Akademie beabfichtigten Vereinigung verbanden fich indeffen noch
exoterifche, ihrem eigentlichen Zwecke fern liegende theologifche und
kirchliche Tendenzen, welche auf die Bekämpfung des Katholicismus,

---

[1] Guhrauer, Joachim Jungius und fein Zeitalter, S. 66 f., S. 134 f.,
S. 235 ff.

[2] Den Anftoß dazu mögen die Schriften Andreaes: Invitatio ad fraterni-
tatem Christi 1607, insbefondere aber Christianae societatis idea und Christiani amoris dextra porrecta 1620, mitgegeben haben, obwohl jedenfalls Jungius den Gedanken eigenthümlich ausgebildet und auf den Begriff der Wiffenfchaft
und der mit diefem gegebenen felbftftändigen Forfchung bezogen hat. In charakte-
riftifcher Weife findet fich in beiden Männern die kritifche und reinigende Thätigkeit
mit der bauenden und geftaltenden verbunden. Vgl. auch Hoßbach, Joh. Valentin
Andreae und fein Zeitalter, S. 144. 273. J. V. Andreae Vita ab ipso conscripta. Ed. F. H. Rheinwald. Berolini 1849. p. 79 sqq. Avé-Lallemant
a. a. O., S. 30, ift geneigt, die angebliche Rofenkreuzerei im Jungiusfchen Kreife
allein auf die fpielende Deutung Roftock's als der Academia Rosarum zurückzuführen, was jedoch wohl nicht ausreichen dürfte.

inſonderheit auf die Zurückweiſung der Jeſuiten gerichtet waren,
was ſich durch den entſchiedenen confeſſionellen Gegenſatz, den der
dreißigjährige Krieg mit ſich brachte, genugſam erklärt. Im Winter=
ſemeſter 1628 legte Jungius ſeine Profeſſur und das Decanat der
philoſophiſchen Facultät nieder[1]) und ging nach Hamburg, wo er
ſein Rectorat am 19. März 1629 antrat.

Noch aber hielt ſich der Krieg fern von dem niederſächſiſchen
Kreiſe, ſo daß ſich die akademiſchen und kirchlichen Verhältniſſe in
gewohnter Weiſe entwickeln konnten. Als damals Quiſtorp am
25. October 1621 das Rectorat antrat, hielt er ſeine berühmte
Rede gegen den Pennalismus[2]), gegen jene Unſitte, die ſich ſeit
dem Anfange des Jahrhunderts auf den deutſchen Univerſitäten,
vor Allem in Jena und in Roſtock, eingebürgert hatte, nach welcher
die älteren Studenten die ſogenannten Pennäle oder Füchſe weiblich
ſchoren, ſie zu den verſchiedenſten Dienſten mißbrauchten, ja nicht
ſelten mißhandelten[3]). Dieſe Unſitte war ſo tief eingewurzelt in
den Gemüthern der Jugend, und war ſo allgemein herrſchend ge=
worden, daß dieſelbe trotz ihrer ſchweren Nachtheile in ſittlicher und
wiſſenſchaftlicher Hinſicht mit aller Anſtrengung nicht ausgerottet
werden konnte. Es hing der Pennalismus mit den National=Colle=
giis, auch wohl National=Societäten genannt, die ſich auf den Uni=
verſitäten ſeit langer Zeit gebildet hatten, enge zuſammen. Dieſe

---

[1]) Album der philoſophiſchen Facultät: A. 1628 semestris hiberni Decanatus ad Joach. Jungium, Med. D. et Mathem. Prof. Ord. devolutus, qui
— — — eum recepit 9. Nov., cum pridie Hamburgo rediisset, sed — —
20. Decemb. Cl. Viro Dn. M. Georgio Dasenio, phil. practicae Professori ex
consilio Dnn. Collegarum, Decani munus, quo ipse ob resignatam professionem perfungi non poterat, gerendum commendavit. Vice Decanatum in se
recepit M. Georg. Dasenius.

[2]) Joh. Quistorpii Oratio, in qua Schoristae Academiarum pestes de-
lineantur, publice ab ipso Rostochii in Auditorio majore recitata, quando
Academiae rectoratum secundo assumpsit 25. die Octobris Anno 1621.
Rostochii typis Joachimi Pedani. 4. Auszüge derſelben finden ſich Etwas,
J. 1742 S. 291 ff.

[3]) Vgl. die ausführliche Schilderung des Pennalismus bis in ſeine Einzel=
heiten hinein, bei A. Tholuck, Das akademiſche Leben des 17. Jahrhunderts mit
beſonderer Beziehung auf die proteſtantiſch=theologiſchen Facultäten Deutſchlands.
I. Abth. Die akademiſchen Zuſtände, S. 281 ff., S. 292 f. Abth. II. Die akade=
miſche Geſchichte, S. 108.

vereinigten in sich unter eigenen Senioren, Fiscalen und Directoren
und unter selbst gemachten Gesetzen und National=Conventen ihre
Landsleute und Nationalbrüder, welche der Nation in allen Stücken
anhangen, ihre Gesetze unterschreiben, sich denselben unter allen
Umständen unterwerfen und sie vertreten mußten. Nahmen auch
diese National=Collegia den Schein an, als handele es sich um
Schließung, Erhaltung und Befestigung guter Freundschaft, so liefen
sie doch im Grunde auf den Pennalismus, auf die Schoristerei
und übermäßiges Trinken hinaus, und wurden ein Verderb für
die Jugend. Es ging dieses so weit, daß die Schoristen in und
außer den National=Collegiis den jungen Studenten im ersten Jahre
ihre Gelder, Bücher und Kleider bald unter dem Schein des Rechts,
bald mit offenbarer Gewalt abpreßten, ja sie nicht selten an Leib
und Seele sittlich zu Grunde richteten. Alle Maßnahmen gegen
denselben hatten bisher nichts gefruchtet, ja hatten das Uebel nur
ärger gemacht. Da griff Quistorp es an der Wurzel an durch sein
ernstes christliches Zeugniß wider dasselbe, und hat das unbestreit=
bare Verdienst, den Kampf gegen den Pennalismus, welcher sich
durch die folgenden Jahre hindurchzieht, eingeleitet, und so den end=
lichen Sieg über dieses die Universität untergrabende Unwesen
herbeigeführt zu haben, nachdem eine allgemeine sittliche und kirch=
liche Reaction gegen denselben hervorgerufen war.

Fünfter Abschnitt.

Die Lehrstreitigkeiten des Dr. Johannes Albertus Gryphius und des Dr. Johannes
Ahverus. Der Rahtmannische Streit und die Stellung der Rostocker Facultät
zu demselben. Allgemeine Charakteristik ihrer Orthodoxie und ihrer praktischen
Richtung. Das hundertjährige Jubelfest Slüters. Paul Tarnovs Rectorats=
rede. Praktisch kirchliche Bestrebungen in Rostock. Heimsuchung durch Pest und
Wassersnoth.

Quistorps Thätigkeit griff aber auch mehrfach in die Lehr=
streitigkeiten ein, welche damals Rostock bewegten. Wo Glaube und
Bekenntniß vorhanden ist, da wird auch naturgemäß der entgegen=

stehende Irrthum zurückgewiesen werden. Das geistliche Ministerium
Rostocks, durchdrungen davon, im lutherischen Bekenntniß den un=
veräußerlichen Schatz der Wahrheit zu besitzen, wachte mit großem
Ernste darüber, den Consensus in der Lehre zu erhalten. Es theilte
die lebendige Ueberzeugung, daß die Lehrbestimmtheit und die Auf=
rechthaltung derselben wesentlich beitrage, die Kirche zu bauen, und
daß es darum auch unerläßlich sei, daß die Zustimmung zur kirch=
lichen Lehre gefordert werde. Es war im Jahre 1619, als· der
Dr. Johannes Albertus Gryphius[1]) dem geistlichen Ministerium seine
und seines Enkels, Jacob Merula, Confession in Betreff der Abend=
mahlslehre übergab, da die Zulassung des Letzteren zum Abend=
mahl, wegen calvinischer Auffassung desselben, Anstand gefunden
hatte[2]). Hauptsächlich war es die manducatio oralis, an welcher
er Anstoß nahm, da er darüber nicht entschieden wissen wollte, wie
Leib und Blut Christi empfangen werde. Er lehnte die Antwort
auf diese Frage: „ore meo corporali" ab, weil er dies nicht in
den Worten des Herrn finde. Es kam zu eingehenden Verhand=
lungen mit dem Ministerium, vor dem er auch persönlich erschien.
Da er aber wiederholt, wie schon in seiner Confession erklärte,
überzeugt zu sein, a nobis verum corpus Domini accipi in coena,
gelang es auch Quistorp durch eben so freundliche als umsichtige
Belehrung, auf ihn einzuwirken, und ihn zur vollen Anerkennung
der lutherischen Lehrfassung hinzuleiten.

---

[1]) Johann Albert Gryphius, J. U. D., war Senator und Syndicus, und
ward im Jahre 1616 zum Professor juris designirt, aber nicht introbncirt. Er
starb 1627. Etwas, J. 1737 S. 265, S. 569 f.

[2]) Confessio D. Gryphii et Jacobi Merulae de manducatione orali in
coena A. 1619 d. 24. Jan. Reverende Domine Superintendens, Nepos meus
Jacobus Merula a me didicit, nihil aliud de coena Domini sentire quam
corpus Domini, quod in cruce pependit et sanguinem, qui pro peccatis
nostris effusus est, in coena Domini vere distribui, propinari atque accipi
ad animae consolationem et cibum et memoriam mortis Christi pro nobis.
Quomodo vero illud accipiatur, nolui ego, ut anxie inquireret, aut eo nomine disputaret. Et ita ego adhuc hodie sentio. Nec arbitror, aliquem
ab usu coenae recte excludi posse, qui ita sentiat etc. Arch. Min. Vol. VIII.
p. 709. Ibid. Responsum Superintendentis M. Joach. Westphali (stand an
St. Jacobi von 1592—1624), p. 711 sq. Grape, Evangelisches Rostock,
S. 448 f.

Dagegen erregte der Dr. Johannnes Aßverus[1]), Professor der Medicin an der Hochschule, zu verschiedenen Malen über den Artikel vom Abendmahl heftige Lehrstreitigkeiten, da er, der calvinischen Lehrfassung zugethan, das Specifische der lutherischen Abendmahlslehre bestritt. In seiner, dem Rostocker Superintendenten M. Joachim Westphal übergebenen Confession[2]) verwirft er zwar mit großer Entschiedenheit die Prädestinationslehre, erklärt sich aber nicht über die manducatio oralis und über die manducatio impiorum, welche zur Frage stand, sondern bleibt bei den Einsetzungsworten des heiligen Mahles stehen, welche zu ändern oder denen etwas hinzuzufügen oder zu nehmen Niemandem gestattet sei[3]).

---

[1]) Johannes Aßverus (Ahasverus) pflegte sich insgemein Ampsingius zu unterzeichnen; auch findet sich die Bezeichnung Transysulanus. Er wurde im Jahre 1558 in Belgien geboren, studirte Theologie und ward Prediger zu Harlem. Aus dieser Periode stammen die drei theologischen Disputationen gegen die Anabaptisten: I. de incarnatione filii Dei II. de paedobaptismo III. de disciplina ecclesiastica, welche sein Sohn Samuel Ampsingius (Lugduni Batavorum 1619. 8.) auf dringendes Begehren des Dr. Franz Gomarus herausgegeben hat. Später gab er das geistliche Amt auf, widmete sich dem Studium der Medicin, promovirte, und wurde ausübender Arzt beim Fürsten Moritz in Ostfriesland, dann in Schweden, von wo er nach Wismar als poliater kam. Im Jahre 1604 ward er zur Professur der Medicin und zum Stadtphysikat berufen, und am 5. März 1605 von dem damaligen Rector, D. Joh. Sibrand, introducirt; Etwas, J. 1737 S. 338. J. 1740 S. 616, nachdem er, um sein Glaubensbekenntniß befragt, erklärt hatte: se non velle molestare hanc ecclesiam, sed uti sacramentis, quemadmodum alii faciunt. Weitere Nachrichten von gelehrten Rostockschen Sachen, J. 1743 S. 249. Als praktischer Arzt wirkte er segensreich, und stand in solchem Ansehen, daß er Archiater des Herzogs Karl und des Herzogs Ulrich, Administrators des Bisthums von Schwerin, war. Anfangs des Jahres 1633 wurde er von E. E. Rath dimittirt. Er starb im 84. Jahre am 19. April 1642. Vgl. den Auszug des Leichenprogramms des damaligen Rectors, D. Joh. Quistorp, d. d. 23. April 1642 in: Etwas, J. 1737 S. 497 ff. J. E. de Westphalen, Monumenta inedita rerum Germ., praecipue Cimbr. et Megapol. III. p. 1449—51. Grape, Evangelisches Rostock, S. 449 f. Krey, Andenken, VII. S. 44 f.

[2]) Vgl. Confessio fidei D. Joannis Assveri d. d. 4. Aprilis et d. d. 28. Aprilis 1621, Arch. Min. Vol. VIII. p. 717 sqq.

[3]) Confessio prior sub Num. 12: Si quis dicat, Verba institutionis obscura esse, ideoque opus habere explicatione aliqua: respondeo dictum hoc injuriosum videri in dispositionem Christi testamentariam. Deinde in ipsum etiam Lutherum, qui ubique ipsum horum verborum τὸ ῥητὸν

Jedoch spricht er sich schließlich dahin aus, daß, wenn dennoch eine Erklärung dieser Worte, welche klarer seien als die Mittagssonne, urgirt werde, er sich zu der Erklärung der Augustana im 10. Artikel bekenne. Der eigentliche Streitpunkt war aber damit nicht erledigt, die dogmatischen Differenzen mit Aßverus dauerten fort, und traten auch an anderen Punkten hervor, welche geeignet waren, die Gemüther aufzuregen[1]). Die Abendmahlsstreitigkeit wiederholte sich

acerrime inculcat: ut sit intoleranda temeritas a verbis Institutionis evangelicis et apostolicis vel latum unguem discedere.

[1]) Da Aßverus früher reformirter Prediger zu Harlem gewesen, so erklärt sich seine Neigung, reformirte Auffassungen in den dogmatischen Controversen, in welche er sich einließ, zu vertreten. Im Jahre 1626 schrieb er: Programma in obitum Petri Deichmanni Filioli, Viri clarissimi et consultissimi, Dn. Eberhardi Deichmanni J. U. D. ac Dicasterii Megapolensis Advocati solertissimi. Rostoch. 1626. 4., in welchem er sagt: Apostolus 1. Cor. 7 jubet, ne fidelis infidelem deserat, hoc argumento seu medio termino, quod liberi, qui ex tali conjugio generantur, vigore foederis a Deo initi cum fidelibus singulis, Sancti sint: quippe in ipso utero materno non vasa diaboli, sed templa Spiritus sancti: Quos qui profano vocabulo Heiden Kinder appellare neque erubescunt, neque exhorrescunt, ipsi sane viderint. Gegen den Schluß heißt es: Consolentur se aeterno Dei foedere Ero Deus tuus et seminis tui post te. Consolentur se dicto Paulino: nunc autem Sancti sunt. Consolentur se lavacro regenerationis, in quo vere praesenti sanguini Christi lotum sciunt filiolum a labe originali etc. Diese Aeußerung wurde Veranlassung zu einem Schriftenwechsel zwischen ihm und dem Privatgelehrten Jacobus Durselb, Osnabruga-Westphalus, über die Seligkeit der ungetauften Christenkinder, welcher einen heftigen und gehässigen Charakter, insbesondere von Seiten Durselbs annahm. Etwas, J. 1742 S. 368 f., S. 370. Aber auch inmitten der Universität mißbilligte man die von Aßverus geäußerten häretischen Lehrmeinungen, über welche es zwischen ihm und dem Concilium zu Verhandlungen kam. In einem von dem letzteren erforderten Gutachten der theologischen Facultät zu Greifswald, d. d. 9. Julius 1627, heißt es, daß die Heterodoxie manifest und offenbar sei für jeden, der dieselbe sehen und lesen werde, weßhalb sie auch ihre Widerlegung dieses Mal für unnöthig geachtet. Das Concil sprach sich nun entschieden gegen ihn und seine Häresieen aus, ohne in specielle Erörterung derselben einzutreten, sah sich aber, da Aßverus wiederholt ausführliche Vertheidigungsschriften einreichte, veranlaßt, die Acten der Jenaer theologischen Facultät zu überschicken, welche in ihrem Gutachten, d. d. 11. März 1628, erklärte, daß wohl kein reiner lutherischer Lehrer zu finden sein werde, der nicht D. Assveri Assertiones dem Worte Gottes, der Analogia fidei, der Augsburgischen Confession und Formulae Concordiae zuwider achten werde, daß aber, damit alle excusationes in Zukunft benommen sein möchten, die scopa vesaniae kurz und ordentlich re-

noch im Jahre 1639 über die Frage: sitne manducatio sacramentalis attribuenda etiam Impiis? welche Ahverus entschieden verneinte, indem die Gottlosen weder Glauben noch die Gerechtigkeit des Glaubens besäßen. Die Schlußfolgerung, welche er der lutherischen Auffassung entgegenstellen zu können vermeinte, lautete: Quicunque carent fide, quam fideles de promissione Evangelii propria in coena confirmant et obsignant, illi non manducant sacramentaliter. Atqui impii carent fide, quam fideles de promissione Evangelii propria in coena confirmant et obsignant. 1. Tim. 2, v. 19. Hebr. 11, 6[1]). Er geht dabei so weit, zu behaupten, daß jene manducatio vielmehr eine laniena Capernaitica und zwar eine impia und horribilis sei, welche von Christo selbst verworfen werde. Joh. 6, V. 52 und 63. Da es hierüber zwischen ihm und dem geistlichen Ministerium zu eingehenden Verhandlungen kam, waren es hauptsächlich die Bemühungen Quistorps, durch welche die Differenzen ausgeglichen und der Lehrstreit beseitigt wurde. Das Ministerium hatte 19 Artikel aufgestellt, welche die sämmtlichen von Ahverus in Frage gestellten Lehrpunkte umfaßten, in denen der 16. Artikel den Genuß des wahrhaftigen Leibes und Blutes Christi, der Gläubigen zum Leben, der Ungläubigen zum Gerichte, aussprach[2]). In dem am 30. März 1640 mit ihm abgehaltenen Colloquium gab er dem Superintendenten Fibler auf fast alle Artikel zustimmende und überhaupt so weit ausreichende Antworten und Erklärungen, daß die Lehrdifferenzen als erledigt und die Aussöhnung desselben mit der Kirche als vollzogen angesehen ward[3]), da

---

futirt werde. Später erfolgte von Seiten E. E. Raths der Stadt Rostock die Entlassung des D. Ahverus aus seinem Dienste (Acta betreffend D. Assveri Ampsingii Dimissionem a professione ab Ampl. Senatu datam A. 1633), woran sich weitläufige Verhandlungen zwischen dem Concil und Ahverus knüpften, welcher unter Anderem forderte, daß das Concil jus Academiae in seiner Person defendiren solle. Vgl. Akademisches Archiv, Acta Personalia (1626) D. Jo. Assveri contra Theologos Rostoch. in puncto haereseos.

[1]) Arch. Min. Vol. VIII. p. 725 sq.

[2]) Ibid. p. 737, Art. 16. Credisne in coena sacra mediante pane et vino edi et bibi ipsum corpus substantiale, ipsumque sanguinem Christi pro nobis traditum et effusum tam a fidelibus et dignis quam ab indignis: ab illis ad vitam: ab his ad judicium.

[3]) Arch. Min. Vol. VIII. p. 730 sq. Vol. X. p. 457 sqq.

---

er ausdrücklich aussprach, daß er von Herzen bedauere, durch seine Schriften in der Kirche Aergerniß angerichtet zu haben, auch nicht geglaubt habe, daß irgend jemand an seinen Lehrmeinungen und Schriften Aergerniß nehmen werde.

Insbesondere verdient hier näher die Stellung in Betracht gezogen zu werden, welche die theologische Facultät in dem Lehrstreite einnahm, welcher zwischen den Pastoren D. Johannes Corvinus (Rabe aus Güstrow[1]) und dem M. Hermann Rathmann[2]) in Danzig ausgebrochen war. Es war diesem Lehrstreite schon ein Angriff des D. Corvinus auf Johann Arnds Bücher vom wahren Christenthum vorausgegangen, welcher die Gemüther erregt hatte, da die Beschuldigung erhoben war, daß in denselben Fundamental-Irrthümer enthalten seien. Im Gegensatze zur calvinischen Auffassung, welche dem Wirken des göttlichen Wortes ein parastatisches Wirken des heiligen Geistes an die Seite stellte, so daß die Wirksamkeit des göttlichen Wortes von derjenigen des heiligen Geistes getrennt ward, hatte die lutherische Kirche, um die gerade hier anknüpfenden Irrthümer und Häresieen der Enthusiasten und Mystiker fern zu halten, die Immanenz des heiligen Geistes im Worte behauptet, und hatte somit an der unauflöslichen Verknüpfung der Wirksamkeit des hei-

---

[1]) Corvinus war dort am 14. August 1583 geboren, war eine Zeitlang Prediger zu Stralsund, dann seit 1617 Pastor an der Marienkirche zu Danzig. Moller, Cimbria literata, Vol. III. p. 560 sq.

[2]) Hermann Rathmann, geboren zu Lübeck 1575, bekleidete seit 1612 das Diaconat an der St. Johanniskirche, seit 1617 an der St. Marienkirche zu Danzig, an welcher D. Johannes Corvinus als Pastor stand, später, im Jahre 1626, ward er vom Rath der Stadt Danzig als Pastor an die St. Catharinenkirche versetzt, und stirbt als solcher am 30. Junius des Jahres 1628. Die ihm von seinem Collegen, dem Diaconus Michael Blanck, über 1. Cor. 4, 9 ff. gehaltene „Christliche Leich-Predigt" (Danzig 1628), geht auch auf den Rathmann'schen Streit näher ein. Ueber den durch ihn hervorgerufenen Streit vgl. Molleri, Cimbria literata, Vol. III. p. 563 sq. Arnold, Kirchen- und Ketzerhistorie, Part. III. cap. 12, § 2, p. 115 ff. J. G. Walch, Historische und theologische Einleitung in die Religionsstreitigkeiten der evangelisch-lutherischen Kirche, IV. und V. Theil, S. 580 ff., S. 605. Krey, Andenken, VI. S. 40 f. Engelhardt, Der Rathmann'sche Streit, in Niedners Zeitschrift für historische Theologie, J. 1854, Heft 1, S. 43 ff. A. Tholuck, Lebenszeugen der lutherischen Kirche, S. 169 f. Tholuck, der Geist der lutherischen Theologen Wittenbergs, S. 108 ff.

ligen Geistes mit dem Worte festgehalten. Die dem Worte an sich
einwohnende vis supernaturalis war es, welche der Wirkung des
heiligen Geistes außerhalb des Wortes entgegengesetzt wurde. In
der Schrift Rathmanns: „Jesu Christi, des Königs aller Könige
und Herren aller Herren Gnadenreich," welche er im Jahre 1621
herausgab und die durch Beschreibung jenes geistlichen Königreiches
mitten in der eingetretenen schweren Kriegsnoth die Gläubigen
trösten sollte, fand sich die Anschauung, daß dem göttlichen Worte
die Kraft der Erleuchtung und Bekehrung mangele, sofern nicht
der heilige Geist hinzu trete, wodurch das Wort zum Organon des
heiligen Geistes werde, und seine Kraft zu den von ihm ausgehenden Gnadenwirkungen empfange. Die göttliche Wirksamkeit des
Wortes wurde von dem Worte selbst getrennt und als eine rein
parastatische betrachtet, so daß erst der heilige Geist sich mit dem
Worte bei seinem rechtmäßigen Gebrauche im Innern des Menschen
verknüpfen sollte. Damit aber war der heilige Geist losgelöst vom
Worte und die bekehrende Kraft desselben, als ihm objectiv ein-
wohnend, geleugnet. Als nun Corvinus diese Sätze für häretisch
erklärte und öffentlich dagegen eiferte, auch sich zu Maßlosigkeiten
und fleischlicher Polemik hinreißen ließ, verantwortete sich auch Rathmann in heftiger Weise. Da alle Stände in Danzig von diesem
Lehrstreite bewegt wurden, und für und wider Rathmann Partei
ergriffen, wandte sich der Rath der Stadt an die theologischen
Facultäten von Königsberg, Jena, Wittenberg, Helmstädt und
Rostock, und erforderte über die Lehrfrage Gutachten von ihnen.
Während nun die Gutachten der vier erstgenannten Facultäten
sich gegen die Lehrauffassung Rathmanns aussprachen, bald in mil-
der und ruhiger Weise wie das Wittenberger, bald in heftiger und
scharfer Weise wie das Königsberger, bald ausführlich und eingehend
wie das Jenenser, bald kurz und aphoristisch wie das Helmstädter,
zögerte die Rostocker Facultät, das ihrige abzugeben. Manche un-
klare und der Mißdeutung unterliegende Aeußerungen Rathmanns
hatten die Königsberger und Jenaer Facultät bestimmt, dessen Lehrauffassung auf das bestimmteste zurückzuweisen, auch die Wittenberger Facultät sprach sich dagegen aus, war indessen im Vergleich
zu Corvinus für Rathmann eingenommen. Die Rostocker Facultät,
von welcher schon unter dem 8. September 1623 ein Gutachten er-

fordert war, gab dasselbe erst unter dem 25. September 1626 ab[1]), zugestehend, daß sie billiger Weise viel eher hätte antworten sollen, sich aber der Hoffnung hingegeben habe, die Sache gütlich beigelegt zu sehen. Die Facultät bekennt nun zwar, daß Manches, ehe man von dem Auctor desselben rechten Verstand eingenommen, hart genug dünken könne, sowie daß großes Unheil daraus entstehen könne, erklärt aber dann, daß M. Rathmanns Schriften der Meinung und Erklärung nach mit Gottes Wort übereinstimmen, daß nämlich die heilige Schrift oder das geschriebene Wort Gottes außer dem rechten Gebrauch nicht könne erleuchten, viel weniger für sich ohne Kraft des heiligen Geistes bekehren, und daß der heilige Geist das Herz fassen und das Wort hineinbringen müsse, welches er dazu als ein Instrument und Werkzeug gebrauche, als seinen Hammer, Jer. 23, als sein geistliches Schwert, Hebr. 4, und wo Gott der heilige Geist nicht selbst Lehrer sei, könne Keiner in geistlichen Sachen zu lernen fortkommen. Außerdem führt das Gutachten aus, daß es nicht falsch sei, daß der Herr Jesus in seinen Heiligen geistlich wiedergeboren werde und lebe. Sie nimmt zwar Rathmann wider Corvinus in Schutz, als ob er nicht recht von der Rechtfertigung des

---

[1]) Secundus Liber Facultatis Rostochiensis, in quo varia scripta, judicia, responsa etc. continentur ab Anno Christi 1592 usque ad annum 1648, p. 282 sqq. De Justificatione, de Schwenckfeldianismo, de allegoriis Scripturae sensibus etc. in causa D. Corvini contra M. Rathmanni libros ad Senatum Dantiscanum d. d. 25. Sept. 1626, p. 286. De eadem causa ad quosdam Dantiscanos Pastores d. d. 25. Sept. 1626. Vgl. auch die von einigen Anhängern Rathmanns herausgegebene Schrift: Censuren und Bedenkens-Copie der Theologischen Facultat zu Rostock, die Bücher des seeligen Herrn Arndts und M. Hermann Rathmanns anregend, wobei zwölf greuliche Irrthümer, so von den Königsbergischen zweyen Censuren D. Johann Behmen und Coelest. Mislenta ausgestreuet, entdecket worden, nebst Wiederhohlung der Wittenbergischen Censur Herrn Caspar Movio ertheilet. 1627. Movius hatte in seiner „Kurzen Erinnerung" die zwischen ihm und Mislenta streitige Frage so gefaßt: „ob das Wort Gottes außer seinem rechten Gebrauch, das ist, außer dem Gehör und Betrachtung des Menschen, auch eine sonderbare innerliche Kraft Gottes bei sich habe, als, wie es da auf dem Tisch liege, oder von den Zaubern zur Zauberei oder von den Ketzern zur Behauptung ihrer Irrthümer gemißbrauchet werde." J. G. Walch, Historische und theologische Einleitung in die Religionsstreitigkeiten, IV. und V. Theil, S. 604 f. Vgl. De efficacia verbi divini ante et extra usum humanum etc. ad D. Jo. Behmium, Theol. professorem Regiomonti in: Liber secundus Facultatis Rostochiensis etc., p. 298 sqq. De eadem controversia ad eundem, p. 301 sq.

Sünders vor Gott lehre, da er mit der ganzen Schrift lehre, daß ein Menſch vor Gott aus Gnaden ſelig werde, wenn er gleich eben ſo wie Johann Arnd in ſeinen vier Büchern vom Chriſtenthum die Nachfolge Chriſti treibe. In Bezug aber auf die wider Rathmann erhobene Anſchuldigung Corvins, daß er mit ſeinen Allegorieen die heilige Schrift deformire, hält die Facultät an der Klarheit und Genugſamkeit der Schrift feſt, namentlich daran, daß ihr Verſtand wahrhaft nur einer ſei, und bemerkt, daß ſie das Wort „fürgebil= det" alſo nehme, wie der Apoſtel lehrt, daß, was Chriſtum be= trifft, im Alten Teſtament Schatten und Bild, im Neuen der Leib ſelbſt ſei. Hinſichtlich der Aeußerungen Rathmanns über den geiſt= lichen Verſtand der Schrift erklärt ſie, daß ſie nicht glaube, daß Gottes Wort mehr als einen Verſtand an einem Orte habe, und daß deswegen, ſofern des D. Corvini Worte nur ſoweit gehen, ſie von ihr für wahr und recht gehalten würden. Schließlich jedoch räth die Facultät, dem D. Corvinus und ſeinen Anhängern auf= zuerlegen, das heftige Predigen, Schreiben und Verdammen der in Gottes Wort gegründeten Lehre zu unterlaſſen, dagegen aber auch dem M. Rathmann zu unterſagen, „daß er hinfür nicht allein mit der reinen lutheriſchen Kirche glaube, ſondern auch allezeit zu reden ſich befleißige."

Die Facultät nimmt ſomit in der Beurtheilung des Rathmann= ſchen Streites eine vermittelnde Stellung ein, rügt auch namentlich das perſönliche Verhalten des Corvinus und die ganze leidenſchaft= liche Haltung ſeiner Polemik, aber wenn ſie gleich in Bezug auf die Rechtfertigungslehre Rathmann poſitiv in Schutz nimmt, ſo iſt ſie doch nicht Willens, ſeine Lehre von der Schrift allſeitig zu ver= treten. Zwar neigt ſie ſich zu der Annahme, daß anfangs der in Rede ſtehende Gegenſatz nur ein Wortſtreit geweſen ſei, und daß Rathmann nicht von der in Gottes Wort gegründeten Lehre von der Schrift abgewichen, aber ſie verſchließt ſich doch nicht gegen die Erkenntniß, daß in der Lehrauffaſſung Rathmanns einzelne Ausführungen gerechten Anſtoß ſo lange hätten geben können und müſſen, bis er ſie richtig gedeutet, daß aber auch überhaupt ſeine Lehre von der Schrift nicht immer den adäquaten Ausdruck der lutheriſchen Lehrfaſſung inne halte. Doch kann nicht geleugnet werden, daß die Facultät in ihrem Gutachten das Verhältniß des

göttlichen Wortes und des heiligen Geistes zu einander in Bezug
auf die Gnadenwirkung weniger scharf ins Auge faßt, wodurch in=
sonderheit die Immanenz des heiligen Geistes im Worte nicht klar
und bestimmt genug hervortritt. Erwägt man überdies die ver=
schiedenen, von Rathmann gebrauchten Gleichnisse, insbesondere das
Gleichniß, daß, wie die Art nicht haue, wenn nicht der Holzhauer
ihr Kraft und Nachdruck gebe, so auch die Schrift nicht bekehre,
wenn nicht der heilige Geist das Gnadenlicht und seine Kraft zur
Schrift bringe, so wird dadurch das göttliche Wort dem mensch=
lichen gleich gesetzt, insofern ihm an sich nicht die vis supernaturalis
einwohnt, durch welche das göttliche Wort gerade Gnadenmittel ist,
und sich als solches auf den verschiedenen Stufen der Heilsordnung
in der Erleuchtung und Bekehrung erweist. Daß im Uebrigen das
Rostocker Gutachten die Zusammenstellung Rathmanns mit Schwenk=
feld ablehnt und entschieden zurückweist, ist nicht unberechtigt, da,
wie es ausführt, Schwenkfeld und seine Consorten dem Worte
Gottes in seinem rechten Gebrauche alle Kraft zu erleuchten be=
nehmen.

In ähnlich vermittelnder Weise spricht sich die Facultät in
dem Schreiben an einige Danziger Pastoren aus, verfolgt jedoch
vorwiegend die Tendenz, zu beschwichtigen und den Streit beizulegen.
Denn nachdem der verschiedenen Urtheile über diesen Handel gedacht,
auch erwähnt ist, daß Rathmann nicht in rebus, sondern in locu-
tionibus sich versehe, wird ausgeführt, daß der Streit dadurch nicht
aufgehoben sei, sondern des Unwesens und Zankens immer mehr
und mehr geworden, und die Gemüther der Laien, die sich nicht
leichtlich in solche subtile und für sie nicht dienliche Fragen, davon
sie doch oftmals aus angebornem Fürwitz gern „reden, schicken kön=
nen, auch von den Propheten, dem Herrn Christo, allen Aposteln
und eifrigen, der Zuhörer Seligkeit zu befördern, lutherischen Leh=
rern gern verschont geworden, nicht wenig irre gemacht, und von
dem Lauf der Gottseligkeit abgebracht wurden, da sie wider die
Natur davon viel sagten und disputirten, das sie sollten practiciren
und gebrauchen, weil ja der ein unnützer Schmid, der nur vom
Hammer saget, und nicht damit das Eisen kann zurecht schlagen,
und der ein unnützer Zimmermann, der von dem Beile was disse=
riret, und nicht damit das Holz behauet.“ Ueberall bekundet sich

hier eben so sehr die Friedensliebe der Rostocker Facultät, als sie
andererseits für das Bekenntniß der lutherischen Kirche, da, wo ihr
wirklich eine Abweichung vorzuliegen scheint, eintritt. Dieses zeigt
sich auch in ihrem Verhalten zu M. Joachim Movius, der für
Rathmanns Auffassung sich ausgesprochen, aber mit derselben noch
andere Irrthümer eigenthümlicher Art öffentlich verbunden hatte.
Es gelang der Facultät, ihn von seinem Irrthum zu überzeugen[1])
und ihn zum Widerruf zu bewegen, so daß er sowohl diejenigen
Behauptungen zurücknahm, welche sich auf seine Lehre von der
Schrift bezogen[2]), als auch diejenigen widerrief, welche er über die
Stellung des Volkes Israels, insbesondere über die künftige Zurück=
führung desselben nach dem heiligen Lande, aufgestellt hatte[3]).

Ueberall bewahrt die Facultät den ihr von Chyträus über=
kommenen lutherischen Lehrtypus. So ernst sie es nimmt mit dem
Bekenntniß, wo die Wahrheit zur Frage steht, und so wenig sie
der reinen Lehre Luthers dann irgend etwas zu vergeben geneigt
ist, vielmehr stets den consensus doctrinae festgehalten wissen will,

---

[1]) M. Joachimi Movii cum collegio Theologico Academiae Rostochiensis reconciliati testificatio, ejusque cum Ecclesia Dei omnibusque et singulis ejus membris, per gratiam Dei pie quaesita reconciliatio. Publice
proposita Rostochii m. Jun. A. 1627. Arch. Min. Vol. VIII. p. 713 sq.

[2]) Ibid. ut — — errores — — revocem, quales vel maxime hi sequen-
tes: 1. Scripturam variis modis esse explicandam, manente uno sensu li-
terali. 2. Praeter sensum hunc omnia ad nostra tempora esse referenda
(idque fieri posse) si excutiantur emphases vocabulorum. 3. Libros Bibli-
cos N. T. juxta tribus certas Israelitarum esse dispositos. Et quae hinc
deducebam.

[3]) 1. Tot hic vivere Rostochii Israelitas, quot in nulla urbe alia.
2. Omnibus professoribus Theologis et verbi ministris viventibus et vi-
dentibus futuram illam reductionem. 3. Nomina reducendorum haberi in
bibliis etc. 4. Eadem quae sunt in scriptura legi posse secundum certam
dispositionem in natura, quam tamen fassus sum, me nondum plane scire.
5. Precibus impetrari posse, ut ex dictis scripturae de futuris certa prae-
dicantur. Corrigo. Neque enim donum prophetandi et futura praedicendi
postulare jussi sumus, sed si quae reperiuntur in scripturis praedicta de
futuris, eorum explicatio a spiritu sancto, qui futura praedicit, Joh. 16, 13.
Apoc. 19, 10 efflagitanda. 6. Dicti etiam Esa. 11, 1 applicationem alienam
ob vocabula יֶרֶג et חֹטֶר aliter aestimata, propter collationem versiculi
2, et 10 a Paulo (Rom. 15, 12) adhibiti abjicio, et vere de Christo locum
intelligendum erecto.

so abgeneigt ist sie allen unfruchtbaren Lehrstreitigkeiten, sofern sie
auf Wortgezänk unb Wortklauberei hinauslaufen. Nicht minber ist
sie bestrebt, solche Theologumena fern zu halten ober, wo sie her=
vortreten, zu bestreiten unb zu beseitigen, welche zu müssigen Spe=
culationen ober theosophischen Lucubrationen Veranlassung geben,
unb verwirrenb auf bas Leben ber Gemeinben einwirken könnten[1].

---

[1] Daß bie theologische Facultät in ben bamals hervortretenben Behauptungen
über bie Zurückführung ber Juben bebenkliche Elemente erkannte, unb ihre Beschrän=
kung ober ihre Zurücknahme zu erwirken wußte, erweist bie auf biese Weise her=
beigeführte Confessio M. Danielis Michaelis: De Judaeorum Reductione, de
qua nunquam publice, quod Ego quidem sciam, verbum feci, privatim
cum paucis interdum contuli; jussusque a Reverendo Concilio, satis perspi-
cue, quod hactenus senserim, professus sum: rem jam amplius in timore
Domini perpendi: et quia

1. Recepta est communiter de Israelitarum conversione sententia: atque
   adeo
2. Res non fidei, sed talis in controversiam venit, quae si propugnetur,
   1. Ad aedificationem ecclesiae non faciat, sed contra
   2. Turbet plurimos.
   3. Praebeat ansam suspicandi, quasi subsit vel aliquid gravius; vel
      minimum insignis pertinacia et altercandi studium.
   4. Abducat animos novitatis avidos a studiis gravioribus. Denique
   5. Requirat argumentorum confirmantium ejusmodi vim, cui ab or-
      thodoxis sacrae scripturae doctoribus contradici non possit; dicto-
      rum scripturae eam explicationem, quae vel omnino diversam non
      admittat; vel doctissimorum Interpretum consensum agnoscat.

His et gravissimis Dnn. Praeceptorum meorum summa observantia colen-
dorum rationibus aliis adductus, satis esse video, hanc rem mittere: quod
et libentissime facio, et in posterum nemini super ea molestiam exhibebo,
neque publice, neque privatim; sed iis, quae ad aedificationem faciunt,
intentus, alto illam involvam silentio. Verbo dicam plane: Reditum Israelitarum ad Ecclesiam (qui non est loci, sed doctrinae) una cum aliis
amplector: Eumdem in terram Canaan, quamdiu sine offensione aliorum
fieri posse visum est, privatim adstruxi, tanquam rem indifferentem (ut
loquuntur): Nunc, ubi pios in Ecclesia hac in parte offendi ac turbari
video, et rationes alias, merito adquiesco; amplius quoque istam sententiam non propugno, sed et receptam dictorum Scripturae, quae ad istam
confirmandam facere visa sunt, modeste, libenter et ex animo retineo.

Eodem modo de Apoc. 21 et 22 capp. judico: in quibus quandam,
quae ad praesentem vitam (quantum quidem Ego perspicio) pertinere non
possunt, deprehendo. In ceteris, quae dubia sunt, libenter audio et ad-

Die Aufgabe aller wahren Theologie, zur entsprechenden Erkenntniß der Heilswahrheit hinzuleiten und dadurch den Heilsweg klar und deutlich zu zeigen, verlor die Facultät nie aus den Augen. Ihre wissenschaftliche Richtung ist daher auch stets von geistlichen Facto= ren getragen, welche wiederum mit den praktischen Bestrebungen jener Zeit auf kirchlichem Gebiete enge verknüpft sind. Die Schäden, an denen die Kirche leidet, werden nicht verkannt, aber solche Er= kenntniß dient nur dazu, mit desto heiligerem Ernste und desto größerer Treue auf die Erneuerung des kirchlichen Lebens durch das Zeugniß der reinen Lehre aus der Kraft des lebendigen Glaubens hinzuwirken. Die Liebe zur lutherischen Kirche durchdringt sich in den Gliedern der Facultät mit einer wahrhaft geistlichen Gesinnung, welche stets das Eine, das noth thut, ins Auge faßt, und in ihnen unter den mannigfachen Gegensätzen, Kämpfen und Anfechtungen jener Zeit, welche nicht selten auch ihr persönliches Leben hart er= faßten und trübten, Freudigkeit, Muth und Glaubenszuversicht er= hielt. So stellt die Rostocker Facultät die Orthodoxie der lutheri= schen Kirche auch in ihrer praktischen Richtung dar, welche, weit entfernt, einem erstarrenden Dogmatismus sich hinzugeben, den Auf= gaben des Lebens mit Einsicht und Liebe zugewandt war.

Bei dem lebendigen Bewußtsein dessen, was man der Refor= mation Luthers verdankte, begreift es sich, daß Joachim Kützcker, nach seinem Stiefvater insgemein Slüter genannt[1]), der erste Zeuge

---

mitto virorum recte sentientium judicium et informationem. Arch. Min. Vol. VIII. p. 715.

[1]) Nicol. Gryse, Historia van der Lere, Lewende und Dode M. Joach. Slüters, des ersten Evang. Predigers tho Rostock, nevenst einer Chroniken, darinnen korttlick vormeldet, wo wunderlick Gott syn Hilliges Wort Anno 1523 aldhyr geapenbaret und beth in dyt 1593. jhar erholden hefft. Rostock 1593. 4. Lindeberg, Chro= nicon Rostoch., lib. IV. c. 1, p. 113 sqq. Bacmeister, historia ecclesiae Rostochiensis s. narratio de initio et progressu Lutheranismi in urbe Rostochio in: de Westphalen, Monum. ined., Vol. I. p. 1554. Grape, Das Evangelische Rostock, S. 36 ff. Rostocker Nachrichten vom Jahre 1743, S. 175. David Franck, Altes und Neues Mecklenburg, Lib. XII. S. 312. Krey, Die Kirchen= verbesserung in Rostock, Beiträge II. S. 257 ff. Arndt, M. Joachim Schlüter, erster evangelischer Prediger zu Rostock. Lübeck 1832. Servius, M. Joachim Schlü= ter oder die Reformation in Rostock. Rostock 1840. Lisch, die Pfarre zu St. Petri in Rostock; Jahrbücher III. S. 84 ff. Desselben Beiträge zur Geschichte der Re= formation in Rostock und des Domcapitels daselbst, Jahrbücher XVI. S. 9 ff.

der evangelischen Wahrheit in Rostock wie überhaupt in Mecklenburg, noch in frischem Andenken stand, und daß das geistliche Ministerium Rostocks sich gedrungen fühlte, das hundertjährige Jubelfest seiner Wirksamkeit im Jahre 1623 zu begehen. Hatte auch
Slüter bereits seit dem Jahre 1521 an der Schule zu St. Petri
gewirkt, so begann doch erst im Jahre 1523 seine evangelische Lehrthätigkeit, nachdem er von dem Herzog Heinrich, wahrscheinlich auf
Veranlassung des evangelisch gesinnten Pegels, in diesem Jahre
zum Capellan an der St. Petrikirche ernannt worden war, da damals den Landesherren noch das jus patronatus in Rostock zustand.
Slüter erfuhr zwar in dieser ersten Periode seiner Wirksamkeit sowohl von Seiten des Raths, als auch eines Theiles der Bürgerschaft, welcher der katholischen Kirche zugethan war, so heftigen
Widerstand, daß er sich genöthigt sah, auf längere Zeit Rostock zu
verlassen. Aber wenn es ihm auch erst seit seiner wahrscheinlich im
Jahre 1525 erfolgten Rückkehr nach Rostock gelang, mit der Predigt des Evangeliums durchzubringen und der evangelischen Lehre
trotz aller Anfeindung der Gegner, welche ihn und seine Anhänger
unter dem Namen der Martinianer bekämpften, Eingang und Anerkennung zu verschaffen, so ist doch der eigentliche folgenreiche Anfang seiner Thätigkeit in das Jahr 1523 zu setzen[1]), wo seine evangelische Predigt zuerst Viele angeregt und zum Glauben geführt
hatte. Ungeachtet aller Bemühungen war es aber im Jahre 1623
nicht mehr zu ermitteln, an welchem Tage Slüter die erste evangelische Predigt in Rostock gehalten hatte. Nach längeren Verhandlungen kam man daher überein, am zehnten Sonntag nach Trinitatis in diesem Jahre das Dankfest zu begehen[2]), welches auch an

---

Krabbe, Die Universität Rostock im 15. und 16. Jahrhundert, S. 366 ff., S. 371 f.
Wiechmann-Kadow, Der Zwist der evangelischen Prediger zu Rostock im Jahre
1531 und Johann Bugenhagens Gutachten darüber in: Lisch, Jahrbücher XXIV.
(1859), S. 140 ff.

[1]) זכר צדיק לברכה Memoria Rostochiensium Proto-Evangelistae, qui
fuit M. Joachimus Kutzerus, Doemitiensis. Rost. 1703, p. 34, wo die In-
schrift beider Grabsteine abgedruckt ist, in welcher das Jahr 1523 als die Zeit
bezeichnet wird, wo Slüter die Predigt des Evangeliums begonnen hat.

[2]) Grape, Das Evangelische Rostock, S. 372 f., S. 525. Arch. Min. Vol. X.
p. 253.

diesem Tage unter großer Theilnahme aller Gemeinden Rostocks
festlich begangen wurde.

Die tiefsten theologischen Gegensätze, von denen die Zeit bewegt wurde, brachte aber Paul Tarnow zur Sprache, als er am
23. April 1624 das Rectorat mit einer lateinischen Rede antrat,
in welcher er „von dem neuen Evangelium, der Ursache aller Nöthe,
welche die ganze christliche Welt überfluthen und versenken," handelt[1]). Schon das Motto aus Jes. 3: „Mein Volk, deine Tröster
verführen dich und zerstören den Weg, den du gehen sollst," weist
auf die zum Theil polemische Tendenz der Rede hin, in welcher
er die Heilswahrheit des Evangeliums von der Gnade Gottes in
Christo Jesu gegen eine falsche Verkehrung und Veräußerlichung
derselben zu verwahren bestrebt ist[2]). Das neue und falsche Evangelium ist ihm jene damals hie und da hervortretende und sich
geltend machende Richtung, welche Freiheit von Schuld und Strafe
und ewige Seligkeit allen denen verhieß, welche äußerlich Gott dienten, und wohl mit dem Munde das wahre Christenthum bekannten,
im Herzen jedoch ihm fern standen und es verleugneten. Es ist
der Gegensatz des todten und lebendigen Glaubens, welchen Tarnow bekämpft, indem er ein bloßes nichtiges Fürwahrhalten, aus
welchem keine wahrhafte Buße hervorgeht, sondern nur eine äußer-
liche und verstellte, nicht für Glauben geachtet wissen will, somit

---

[1]) Pauli Tarnovii, D. et S. S. theologiae professoris, de novo evangelio,
quod sit causa omnium calamitatum, universum christianorum orbem in-
undantium et submergentium Dissertatio: habita in academia Rostochiensi
CIƆIƆCXXIV. IX. Kal. Mail. Rostochi excudebat Joachimus Pedanus. Diese
im Jahre 1697 in zweiter Ausgabe wieder neu erschienene Rede findet sich auch
bei J. G. Pfeiffer, in variorum auctorum miscellaneis theologicis, p. 909 sqq.

[2]) Evangelium novum et falsum est persuasio inanis de Christo, seu
opinio de gratia et misericordia Dei, non ex verbo Dei nota, sed ex ar-
cano consilio principis tenebrarum, per ejus administrum serpentem, in
fraudem felicitatis primorum hominum, obscurius prolata, et post in per-
niciem posterorum dilucidius exposita et propagata, credulitateque sin-
gulorum carnali securitate laborantium conservata, in qua ipse promittit
immunitatem culparum et poenarum, salutemque aeternam omnibus ex-
ternum Dei cultum praestantibus, et verum Christianismum ore profiten-
tibus, corde abnegantibus, et inani ista persuasione bona solis vere
constanterque fidelibus promissa etiam ad se, poenitentiam internam non
agentes, sed externam et simulatam ostendentes, pertinere statuentibus.

auch diesem die Zueignung jener Güter abspricht, welche allein den wahrhaft und beständig Gläubigen verheißen worden. Seine Be=streitung richtet sich gegen diejenigen, welche den Leuten einreden möchten, daß es statt des lebendigen Glaubens an Christum genug sei, sich der Gnade Gottes durch Kirchengehen und Sacrament zu versichern[1]). Es war ein ebenso entschiedenes Zeugniß wider eine todte Rechtgläubigkeit, welche in dem alten Leben verharrt, und da=bei sich einer leeren Einbildung von der Gnade und der Barm=herzigkeit Gottes hingiebt, als es ein geistliches Zeugniß war für die Rechtfertigung des sündigen Menschen allein durch den Glauben an Christum. Ihm ist es, ohne die Lehreinheit und Lehrreinheit gering zu schätzen, um ein lebendiges, praktisches Christenthum zu thun, welches auf einem lebendigen Aneignen der Heilswahrheit durch den Glauben beruht. Er unterschätzt auch nicht die Ordnun=gen und Mittel des kirchlichen Lebens, aber sie sollen dahin führen, daß der Mensch aus der Kraft des Glaubens wiedergeboren und am inwendigen Menschen erneuert werde. Tarnov theilt in dieser Beziehung ganz die Richtung Arnds und fordert, daß im Gegen=satze zu einer todten Gläubigkeit und Werkheiligkeit der durch das Wort gewirkte Glaube an Christum sich in einem durch ihn und in ihm erneuerten Leben, das von den Kräften des Glaubens ge=tragen werde, erweise.

Aber während in so kräftiger Weise auf die Bethätigung des

[1]) Die Rede scheint jedoch mehrfach mißverstanden, und sowohl zur Be=kämpfung der kirchlichen Richtung, als auch zur Entschuldigung und Rechtfertigung grundverkehrter Doctrinen mißbraucht zu sein. In diesem Sinne äußert sich Löscher, Disp. contra convitium pseudorthodoxiae § 20: Nostrorum tempo=rum turbones provocant ad orationem illam saepissime et exemplo isto abusi, non veriti sunt dicterium de Pseudevangelio, Evangelio exsangui, imo blasphemiam Dippelio frequentatam de suillo Evangelio (Sau=Evan=gelio) comminisci. Vgl. auch Arnold, Kirchen= und Ketzerhistorie, Part. II. Lib. XVII, p. 467. 493. Die unter dem Titel: „Eines frommen Schwedischen Theologi Rede von dem neuen Evangelio wider die Orthodoxisten", verfolgt ähn=liche Zwecke. Unschuldige Nachrichten, J. 1706 p. 663. J. 1707 p. 603. Etwas, J. 1741 S. 220 f. J. G. Walch, Historische und theologische Einleitung in die Religionsstreitigkeiten der evangelisch=lutherischen Kirche, IV. und V. Theil, S. 1065 f. Krey, Beiträge zur mecklenburgischen Kirchen= und Gelehrtengeschichte, Bd. I. S. 164 f. Tholuck, Das akademische Leben des 17. Jahrhunderts, II. S. 102. Lebenszeugen der lutherischen Kirche, S. 171.

Glaubens gedrungen ward, sehen wir zugleich nach verschiedenen
Seiten praktische Bestrebungen in Rostock hervortreten, welche als
Früchte einer aus dem Glauben hervorgegangenen barmherzigen
Liebe angesehen werden können. Bürgermeister und Rath als Obrig=
keit fühlen sich um ihres Amtes und Gewissens willen verpflichtet,
eben so sehr Sorge zu tragen, daß „keine wahre Armen noth= und
trostlos gelassen werden“, als der Unordnung der Bettelei entgegen
zu treten. Darum wird von ihnen eine „heilsame und practicirliche
Weysen und Armen Ordnung“¹) aufgerichtet, um die wahren Armen
nothbürftig zu versorgen, insonderheit aber die Waisen und andere
arme Kinder, „so von ihren Eltern nicht alimentirt werden können,“
in ihrer blühenden Jugend in Gottesfürchten aufzuerziehen und zu
christlichen Tugenden und Arbeit anzuleiten. Zu diesem Zwecke war
das St. Catharinenkloster gewählt, und waren die nöthigen Mittel
aus den alten Intraden desselben, aus Legaten und Vermächtnissen
so weit zusammengebracht, daß damit ein guter Anfang gemacht
werden konnte. Um aber alle Bürger, alle „gottseligen und haab=
seligen Christen“ an diesem christlichen Werke zu betheiligen, wur=
den durch verordnete Personen von ihnen milde Gaben eingesam=
melt²), wobei sich der Rath auf die reichen Verheißungen des Wortes
Gottes bezieht, insonderheit auf die bewegliche prophetische Ermah=
nung Jesaias 58: „Brich dem Hungrigen dein Brodt, und die im
Elende seyn, führe ins Hauß. So du einen Nacket siehest, so kleide
ihn, und entzeuch dich nicht von deinem Fleische; wirst du den

---

¹) Rostockſche Waiſen- und Armen-Ordnung. Actum Roſtock den 27. Martii
Anno 1624. 4. (Bibl. der Ritter- und Landſchaft.) Es iſt charakteriſtiſch, daß
dieſelbe zwiſchen Bürgermeiſter und Rath und den „ehrliebenden Hundertmännern“
vereinbart worden iſt und zwar, wie es ausdrücklich heißt, „mit Beliebung obge=
melter Hundertmänner anſtatt der Gemeine“. Die Vertretung der kirchlichen Ge=
meinde fiel ſomit mit der Vertretung der politiſchen Gemeinde zuſammen.

²) Es heißt daſelbſt: Was nun ein jeder aus chriſtlicher gottſeliger Devotion
frei und gutwillig zu Vortſtellung obberürten löblichen, langgewünſchten hochnöthi=
gen Gott und Menſchen wolgefälligen Werckes entweder Wöchentlich, Mo=
natlich oder Järlich ad vitam oder Erblich widerruff: oder unwiderruflich,
nach eines jeden freien Willen und Gefallen (Jedoch berogeſtalt, daß daraus ein
Chriſtlicher wahrer Eyfer zu ſpüren) zu conferiren geneiget: Solches wird er in
die, zu dero Behuf gefertigte Bücher unbeſchwert verzeichnen, und zu Unterhaltung
rechter wahrer Armen nuß und genießlich angewandt u. ſ. w.

Hungerigen laſſen finden dein Herze, und die elende Seele ſättigen, ſo wird dein Licht im Finſterniſſe aufgehen, und dein Dunkel wird ſeyn wie der Mittag, und der Herr wird dich immerdar führen, und deine Seele ſättigen in der Dürre, und deine Gebeine ſtärken, und wirſt ſeyn wie ein gewäſſerter Garten, und wie eine Waſſer- quelle, dero es nimmer an Waſſer mangelt." Zugleich aber weiſet der Rath darauf hin, daß das Alles „zu den vor Augen ſchweben- den gefährlichen Läuften deſto tiefer zu Herzen zu nehmen ſei, als der gnädige Gott Roſtock mit der faſt das ganze Römiſche Reich druckenden und über Roſtock nur gezuckter und gezeigeter Kriegs- ruthen, wodurch an vielen Orten die Reichen den Armen gleich ge- machet und Alles ruinirt worden, ganz väterlich bis anhero ver- ſchonet, damit dieſelbe ferner abgewandt und dem Allerhöchſten in die Arme gefallen werde, ſobald ſolch Mittel der Almoſen mit rechtem bußfertigen Herzen geſchehe¹)."

Noch ehe jedoch die Kriegsbrangſale Roſtock erreichten, welches ſchon ſeit längerer Zeit unter der herrſchenden Theuerung litt, wurde es von einer Peſtilenz²) heimgeſucht, welche vom Junius bis zum December 1624 dauerte, und die, wenn auch einzelne Theile der Stadt von der Seuche verſchont blieben, doch viele dahinraffte³), dem Handel und dem Gewerbe nicht wenig Abbruch that, und über- haupt ſchwer auf der Stadt laſtete. Als die Seuche allmählich herannahte, und die Beſorgniß entſtand, daß die semina contagii

---

¹) Faſt um dieſelbe Zeit (1626) ordnet in Nürnberg der Rath zwei wöchent- liche Armenfrühpredigten an und jährlich zwei Mal Abendmahl für die Armen, gleich nach der Predigt ſollen ſie Almoſen erhalten. A. Tholuck, das kirchliche Leben des 17. Jahrhunderts. Abth. I. S. 101, und die Beſtimmungen der oldenburgiſchen Armenordnung von 1656, ebendaſ. S. 106.

²) Liſch, Jahrbücher XVII. S. 191.

³) Verzeichniß Aller Todten, ſo in allen vier Kirchſpielen in Roſtock begraben, beydes ſo an der Peſt und nicht an der Peſt geſtorben, vom erſten Junio an des itztlaufenden 1624. Jahrs, da man vermerket, daß die Peſt zu graſſiren in etwas angefangen. Worbey auch zu merken, daß zu S. Marien mitgehöre S. Johannis und S. Georgen, zu S. Jacob der H. Geiſt, das Nunnen Kloſter und S. Gertrud; zu S. Peter, S. Cathrinen, S. Lazarus, Arm- und das Peſthauß. Zu Menniglicher Nachrichtung. Auf eines Ehrbarn und Hochweiſen Raths geheiß und Conſens ge- druckt von Auguſtino Ferbern. Im Jahr Chriſti MDCXXIV. 4. Es ergiebt ſich aus dieſer ſehr ſorgfältigen ſtatiſtiſchen Ueberſicht, daß während dieſes Zeitraums 722 Menſchen an der Peſt und 305 nicht an der Peſt geſtorben ſind.

fich einfchleichen möchten, ertheilte der Rath aus tragendem Amt und väterlicher und chriftlicher Fürforge, um dem einbrechenden Un= heil, fo viel durch dienliche und von Gott verordnete Mittel mög= lich, zu fteuern, zu wehren und abzuwenden, den beiden Profefforen der Medicin, Johannes Bacmeifter und Johannes Aßverus, den Auftrag, in Bezug auf die Peft eine folche Ordnung zu verfaffen, mittelft welcher fowohl dem Eindringen der Seuche vorgebaut, als auch ihrem Umfichgreifen gewehrt werde¹). Und gleichwie der Rath in allen feinen Mandaten und Anordnungen, welche er mit großer Umficht und Einficht trifft, den äußeren Mitteln wider die Seuche die geiftlichen voranftellt, auch in der Peftilenz ein Strafgericht Gottes fieht, dem auch nur die göttliche Barmherzigkeit ein Ziel fetzen könne und werde, wenn man in rechtfchaffner Buße und lebendigem Glauben fich vor ihm beuge, fo ermahnen auch diefe beiden Profefforen der Medicin in dem Eingange zu der von ihnen verfaßten Peftordnung treulich, daß, wenn einer von diefer gefähr= lichen Seuche befallen werde, er fich zunächft zu einem chriftlichen und andächtigen Gebete zu Gott dem Allmächtigen „als zu dem einigen und rechten Helfenmeifter" wende. Im erften Capitel aber „Von der Präfervation und erftlich wie die Luft zu reinigen und zu endern" bemerken fie ausdrücklich, daß die befte und vortrefflichfte Präfervation ein andächtiges und emfiges Gebet zu Gott dem All= mächtigen fei; wie aber daffelbe von Herzen anzuftellen, neben wahrer Reu und Buße, höre man täglich aus den Predigten des Wortes Gottes; wer daffelbe verachte, möge fich felbft beklagen, und fein eigen Unglück nicht unbillig tragen²).

---

¹) Bedenken, wie man fich in itzigen Sterbensleufften, da die fchädliche Seuche der Peftilentz fich etzlicher maffen bei uns fehen left, fowohl in praecautione als curatione zu verhalten. Auff Günftiges Begehren eines Ehrbaren, Hoch und Wohlweifen Raths der löblichen Stadt Roftock verfaffet und in Druck verfertiget durch Joannem Backmefterum und Joannem Assverum, Beyde Medicinae Doctores und Professores in der Univerfität dafelbft, und a tota Facultate Medica approbiret.

²) Das „Bedenken" behandelt fehr eingehend Präfervation, Cur und Symp= tome der Krankheit, und ift durchweg von geiftlicher Gefinnung getragen, wie denn auch am Schluffe der dreieinige Gott angefleht wird, die Stadt mit feinen Fittigen zu bedecken. Vgl. auch eine frühere Schrift von Aßverus: Gegenbericht von der Peftilentz: Auff eines Lübeckfchen Deftillatoris ohnlängft außgangenen Tractat,

6

Vor Allem aber bewährte sich das geistliche Ministerium recht in jener schweren Zeit sowohl durch unermübliches Dienen an den Kranken- und Sterbebetten, als auch durch den Ernst seines Heils- zeugnisses. In den sechszehn Predigten, in welchen von Quistorp die Lehre von der Pestilenz erklärt wird[1]), erinnert er zunächst daran, wie Gott auf uns Deutsche mit seinem Kriegsschwert zugeschlagen, und uns an diesem Ort mit schwerer theurer Zeit als einem scharfen Schwerte heimgesucht, und nun auch zu Rostock den Engel des Ver- derbens gesandt habe, der mit dem Schwerte der Pestilenz schlage. Indem darauf hingewiesen wird, daß Gott wegen unseres gottlosen und sündhaftigen Lebens und Wesens dem Würgengel Befehl ge- than habe, führt Quistorp aus, daß er sich vorgenommen, in etlichen Predigten von diesem Würgeschwert Gottes, der Pestilenz, zu han- deln, damit ein jeglicher wissen möchte, wie er dasselbe ansehen, und was er von derselben halten solle, was Gott für Ursache habe, uns damit heimzusuchen, wie wir uns zu dieser Zeit verhalten, und wie wir's angreifen sollen, daß dieser Zorn Gottes gestillt, und die Pestilenz gelindert und abgewendet werde[2]). Obwohl nun Quistorp

---

welchen er intituliret: Kurtzer doch gründlicher und heilsamer Bericht, wie man für der giftigen Seuche der Pestilenz etc. Authore Joanne Assvero Ampsingo Transisulano, Med. D. Reip. Rostochiensium Physico ordinario, et Medici- nae in eorundem Academia Professore publico. Prov. 26, Vers. 4. 5. Ge- druckt zu Rostock durch Stephan Müllmann Anno MDCV. Nachdem der Verfasser in dieser Schrift von der Pest, ihrem Geschlechte, göttlichen und natürlichen Ur- sachen, ihren Zeichen und Prognostico in lateinischer Sprache geredet, handelt er in einem daran sich schließenden deutschen Tractat: Von wahrer Präservation und Cura der Pest, so wie in einem Appendix von der Ordnung, welche in der cura der Pest einzuhalten sei.

[1]) Quatuor Novissima oder fünff und funfftzig Predigten, darinnen die män- niglich hochnötig zu wissende

Lehre {
Vom Tode und Absterben
Von dem künftigen allgemeinen Gericht
Von der Hellen und Hellen Pein
Von dem Ewigen Leben und Himmels Freude
}

verhandelt wird. Neben angehengten sechszehn Predigten von der Pestilenz. Alle in Rostock gehalten. Von Johanne Quistorpio, S. S. Theol. Doctore, Professore, auch Prediger. Rostock 1629. 4. p. 469—618. Vgl. auch Krey, Beiträge zur mecklenburgischen Kirchen- und Gelehrtengeschichte, S. 271.

[2]) Vor allen diesen Predigten ward der Text 4. Mose 14, V. 11. 12 verlesen: Und der Herr sprach zu Mose, wie lange lästert mich das Volk, und wie lange

manche geschichtliche Data beibringt über die verschiedenen Arten
der Pest, die im Alterthum geherrscht und in neuerer Zeit, wie der
Spanische Pip Europa durchzogen, und über Norwegen und Schweden zu uns herangeschlichen sei, so will er doch allein Gott dem
Herrn zuhören, wie dieser in seinem Worte von der Seuche redet.
Es ist ein aus demselben geschöpftes lebendiges Zeugniß, welches
zugleich in eine Menge concreter Verhältnisse, sachliche und örtliche,
welche durch die Seuche entstehen, eingeht, und sie vom geistlichen
Standpunkte aus erörtert. Auch wird im Einzelnen gezeigt, wie
die Sünde die Strafruthe der Pestilenz herbeiziehe, wenn man
freventlich Gottes Wort und seine Diener, die uns solches ankündigen, verachtet, sich empöret und aufwiegelt wider seine Obrigkeit,
und wenn Vermessenheit, Stolz und Hoffart regieret. Mit heiligem
Ernste werden die Gemeinden hingewiesen auf die Versäumung des
Gottesdienstes, auf den Mißbrauch der heiligen Sacramente, auf
den Unglauben und die beharrliche Unbußfertigkeit, als auf die Ursachen der göttlichen Strafgerichte. Es wird aber auch, um dem
Aberglauben entgegenzutreten, vor verbotenen Mitteln gewarnt, und
kommen die Mittel, dazu die Medici rathen, zur Sprache, indem
in der Furcht Gottes erwogen wird, was von dem Rath der Medi-
corum zu halten sei, und wie weit ein Christ desselben gebrauchen
könne. Zugleich wird die Pflicht aufopfernder Liebe während dieser
Pestilenz eingeschärft, und warnend an das verurtheilende Wort des
Herrn erinnert: Ich bin krank gewesen und ihr habt mich nicht besucht, nachdem geltend gemacht ist, daß ebenso wie Prediger und
Seelsorger, Obrigkeiten und alle die im Regimente sitzen nicht fliehen
dürfen, so auch alle zu bleiben gehalten sind, welche, sei es durch
natürliche Liebe oder durch Dienst und Pflicht, mit einander verbunden sind. Ueberall aber bezeuget Quistorp als die rechten geistlichen Mittel wider die Pestilenz, daß wir unsere Sünde erkennen
und bekennen, sie herzlich bereuen, und derselben Vergebung um
Christi willen suchen.

Kaum aber war die Seuche gewichen, als eine andere Heimsuchung eintrat[1]), indem am 10. Februar 1625 durch eine unge-

---

wollen sie nicht an mich glauben durch allerlei Zeichen, die ich unter ihnen gethan
habe: So will ich sie mit Pestilenz schlagen und vertilgen.

[1]) Beschreibung der zu Rostock auf die Ao. 1624 grassirende Seuche, d. 10. Fe-

wöhnliche Wasserfluth[1]) plötzlich die Ostsee mit solcher Gewalt in
die Niederwarnow hineingetrieben ward, daß das ganze Ufer bis
an die Strandthore der Stadt unter Wasser gesetzt wurde. Durch
den furchtbaren Orkan, welcher die folgende Nacht anhielt, stieg die
Fluth immer höher, so daß in Warnemünde, dem Hafenort Rostocks,
gegen 74 Häuser stark beschädigt, manche auch völlig umgestürzt
wurden, und daß das Wasser in der dortigen Kirche über anderthalb
Ellen hoch stand, in Rostock aber der Hafen beschädigt, die Brücken
weggerissen und die Schiffe im Hafen gegen die Stadtmauer und
gegen die Häuser getrieben wurden, so daß das Unwetter große
Verheerungen anrichtete, und der Stadt bedeutenden Schaden zu=
fügte[2]). Quistorp gedachte in ernster, mahnender Weise dieser neuen
göttlichen Heimsuchung in seinem am 27. Februar 1625 ausgegebenen
Fastnachtsprogramme, und das geistliche Ministerium nahm von der=
selben Veranlassung, ernste Buß= und Warnungs=Predigten zu
halten, von denen diejenige des Mag. Johannes Stein, Predigers
zu S. Nicolai, auf uns gekommen ist[3]). Während nun Rostock in

---

bruar Ao. 1625 erfolgten unerhörten und erschrecklich großen Wasserfluth. Aus
des Sel. Hrn. Senatoris und Archivarii der Stadt Rostock Daniel Braunen im
Archivo beigelegten eigenhändigen Relation sowohl, als des Hrn. M. Steins, Pre=
digers zu S. Nicolai, der Zeit gedruckten Straf=Predigt, mit Fleiß zusammen=
getragen von S. S. Etwas, J. 1740 S. 97 ff. Grape, Evangelisches Rostock,
S. 544 ff.

[1]) Lisch, Jahrbücher XVII. S. 202.

[2]) Noch jetzt bezeichnet eine auf Anordnung E. E. Raths eingemauerte steinerne
Tafel in der Mauer des Mönchen-Chores rechter Hand der Nachwelt den Wasser=
stand dieser außerordentlichen Fluth. Etwas, J. 1740 S. 107.

[3]) Denck=Zettel, der Stadt Rostock aufgehenkt, eine Buß= und Warnungs=
Predigt aus dem 9. und 10. Capitel der 1. Epistel S. Pauli an die Corinther,
gehalten am Sonntag Septuagesimae, wie des Donnerstages vorher daselbst ein
sehr greuliches Gewässer großen Schaden gethan; zu einem immerwährenden Me=
morial in Druck gegeben, von M. Joh. Stein, Rostoch., Prediger zu S. Nicolai.
Rostock 1625. 4. 2. Ausgabe 1658. 4. — Der Mag. Stein wurde im Jahre
1616 Diaconus zu S. Nicolai, im Jahre 1636 an M. Goldsteins Stelle Pastor
und nach dem Abgange des D. Mauritius Director E. Ehrwürdigen Ministerii; er
stirbt als Senior Min. und Pastor Nicol. emeritus am 16. November 1663.
Etwas, J. 1737 S. 666. J. 1741 S. 72 ff., wo sich auch ein Auszug aus der
Schrift: M. Jo. Steinii, Rostochiensis, Spicilegium poeticum, hoc est farrago
selectissimorum quorundam poematum, in Acad. Varniaca — — editorum,
nunc vero messe quasi facta collectorum etc. findet.

so ernster Weise auf die kommende schwere Zeit vorbereitet wurde, hatten sich die politischen Verhältnisse immer bedenklicher gestaltet, der niedersächsische Kreis sah sich bedroht, und berieth abermals im Mai 1625 auf einem Kreistage zu Braunschweig Maßregeln der Abwehr und der Vertheidigung. Aber schon hatte der Krieg eine weite, nicht mehr zu hemmende Ausdehnung gefunden, und näherte sich den mecklenburgischen Landen, welche von den Drangsalen desselben auf das Härteste heimgesucht werden sollten.

Sechster Abschnitt.

Defensionsmaßregeln des niedersächsischen Kreises. Vereinbarung der Herzoge Adolf Friedrich und Hans Albrecht mit König Christian von Dänemark, als erwähltem Kreisobersten. Tillys Sieg bei Lutter am Barenberge und dessen Folgen. Adolf Friedrichs fortgesetzte Beziehungen zu Dänemark. Anknüpfung mit Schweden. Wallensteins Eindringen in Mecklenburg und Besetzung des Landes. Zustände Rostocks. Kaiserliche Verpfändung Mecklenburgs an Wallenstein. Verhalten der Stände und schließliche Huldigung. Vertreibung der Herzoge. Wallensteins Regiment in Mecklenburg.

Die Herzoge Adolf Friedrich und Hans Albrecht hatten sich zwar von der evangelischen Union fern gehalten, glaubten aber als Glieder des niedersächsischen Kreises sich an jenen Maßnahmen betheiligen zu müssen, welche dieser bei dem drohenden Angriffe des Kaisers zur Aufrechthaltung seiner politischen und kirchlichen Selbstständigkeit ergriffen hatte. Bis jetzt hatten sie sorgfältig es vermieden, sich in irgend welches Bündniß wider den Kaiser einzulassen. Denn selbst als Graf Ernst von Mansfeld und Herzog Christian der Jüngere von Braunschweig, nach Beendigung des böhmischen Krieges, den Kampf wider den Kaiser, von französischen und englischen Subsidien unterstützt, aufnahmen[1]), hatten die niedersächsischen

---

[1]) Die argen Verwüstungen, welche Herzog Christian von Braunschweig überall in den benachbarten Ländern, namentlich im Paderbornschen (Stopphoff, Herzog Christian von Braunschweig und Johann Graf von Anhalt. Die Verwüstung der Stifter Paderborn und Münster (1621—1623). Münster 1852. F. von Hurter, Geschichte Kaiser Ferdinands II. Band IX. S. 87 ff.) angerichtet hatte, während Mansfeld von Ostfriesland her den niedersächsischen Kreis bedrohte, riefen noth-

Kreisstände unter Zustimmung des Kaisers im Jahre 1623 jenes Defensionsbündniß geschlossen, welches die „Austreibung des Mansfelders und Braunschweigers aus dem N. Sachs. Krayß" zur Folge hatte. Denn Mansfeld und der Braunschweiger schützten nur die Erhaltung der protestantischen Religion vor, um ihre Beutelust und Raubgier zu verdecken, in Wahrheit kämpften sie gegen Kaiser und Reich, und bedrohten jede bestehende Ordnung, so daß im Interesse der Selbsterhaltung gegen sie gehandelt werden mußte. Die großen Anstrengungen, welche beide Herzoge zu diesem Zwecke gemacht hatten, konnten sie, wenngleich die Besorgniß, daß jene Fürsten auch ihre Lande besetzen und verheeren würden, mitgewirkt haben mochte, nicht mit Unrecht als einen Beweis ihrer dem Kaiser zugewandten treuen Gesinnung später anführen[1]). Als aber der Kaiser über die großen in dem niedersächsischen wie auch obersächsischen Kreise angestellten Rüstungen bedenklich wurde[2]), und ernstliche Pönal-Mandate wider alle „Neue Werbungen" bei Strafe der Acht und Ober-Acht gegen diejenigen, welche sie vornehmen oder gestatten würden, erließ, weil solches angenomene Volk, wenn es schon anfangs von Andern geworben, nachmals „Unsern und des Reiches Feinden haufenweise zugewiesen und überlassen worden, alsdann um so viel mehr unverantwortlicher, als der dolus und Betrug um so hand=

---

wendig Defensivmaßregeln hervor, welche desto bringender wurden, als Beide zeitweilig in den Kreis selbst eindrangen, und Mord und Brand überall ihren Weg bezeichneten.

[1]) Fürstlich Mecklenburgische **Apologia**. Das ist: Hochnothwendige Verantwortung und wohlgegründete Deduction der Ursachen, warumb die Fürsten Adolf Friederich und Hans Albrecht, Gebrüder, Herzöge zu Mecklenburg, dero Herzog- und Fürstenthümer und Lande nicht haben priviret und entsetzt werden können noch sollen. Mit Beilagen. 1630. 4.

[2]) Das erste **Mandatum avocatorium et inhibitorium** Kaiser Ferdinands ist schon erlassen Wien d. d. 18. Octobris Anno 1623, und wurde unter dem 4. Februar 1624 von den Herzogen zu eines Jeden Wissenschaft und Nachricht publicirt. Es macht insbesondere gegen die Kriegswerbungen geltend, daß allein die unter dem Commando des Obristen General-Lieutenants Grafen von Tilly liegende Armada den zu offenen Feinden erklärten Aechtern und Rebellen Widerstand und Verfolgung entgegenzusetzen habe, sonsten aber zu keines getreu gehorsamen Standes, weniger zu eines ganzen unschuldigen Kreises Offension, Beleidigung, Schaden und Nachtheil anzusehen sei.

greiflicher¹)," publicirten Adolf Friedrich und Hans Albrecht sofort
die kaiserlichen Mandate, in denen ausdrücklich bemerkt war, daß
„solche Werbungen gegen Uns und andere gehorsame Reichsstände
nicht angesehen, vorgenommen würden und im Schwange gingen."
Als indessen die Besorgniß entstand, daß aus Schweden, England
und Schottland Kriegsvölker erwartet wurden, erließ der Kaiser
Ferdinand ein scharfes, hierauf Bezug nehmendes Mandat, den nicht
dem heiligen römischen Reiche verwandten Kriegsobristen und Befehlshabern bei Verlust Leibes und Lebens, denen aber, welche ihm
und dem heiligen römischen Reiche entweder unmittelbar oder mittelbar zugethan, bei Verlust aller und jeder von Uns und dem heiligen Reich habenden Lehen, Privilegien, Freiheiten, Recht und Gerechtigkeiten befehlend, sich aller Kriegswerbung und Verfassungen,
auch was denselben anhängig, zu begeben und zu entschlagen²).
Die Herzoge gaben den kaiserlichen Mandaten sofort Folge, da ihre
„bei des niedersächsischen Kreises Defensionsverfassung gehabte gerechte Intention" nicht auf irgend welche Aggression gegen den
Kaiser oder auf Betheiligung an den pfälzischen Verwickelungen
gerichtet gewesen war.

Diese ganze Sachlage aber mußte sich ändern, und in Bezug
auf die Herzoge einen andern Charakter gewinnen, als nach dem
Abtreten des Herzogs Christian von Braunschweig-Lüneburg als
Kreisoberster, die Stände des niedersächsischen Kreises den König
Christian IV. von Dänemark als Herzog von Holstein in dessen
Stelle wählten³), und alle Vertheidigungsmaßregeln in dessen Hand
legten, der nicht sowohl den Schutz des Kreises sich vorsetzte, als
weitergehende Absichten im Interesse seines vertriebenen Schwagers,
des Churfürsten Friedrich von der Pfalz, verfolgte, dessen Herstel-

---

¹) Kaiserliches Patent wider die Werber. Gegeben Wien, den 16. Aprilis 1625,
dessen Transumpt und Abdruck von beiden Herzogen (Datum auff Unserm Hauß
Schwerin) den 29. Maii 1625 publicirt ist.

²) Kaiserliches Mandat. Gegeben Wien, den 20. Julius 1626. Dessen zu Ur-
kund ist solch Transumpt und Abdruck von beiden Herzogen publicirt, Güstrow,
den 2. September 1626. Endlich mahnte Herzog Hans Albrecht von verbotener
Kriegswerbung wider Ihre Kays. Majestät in einem eigenen Mandate ab, das von
ihm noch Güstrow, den 29. October 1627 gegeben ist.

³) (Andr. Sebast. von Stumpf), Diplomatische Geschichte der teutschen Liga im
17. Jahrhundert, S. 215.

lung in seinem Lande und in der churfürstlichen Würde er forderte[1]). Das war überhaupt das tiefe Wehe Deutschlands in dieser
Zeit, daß die einzelnen Fürsten nicht selten das wahre Interesse
der Nation aus den Augen verloren, die selbstischen Vortheile ihrer
Fürstenhäuser verfolgten, und dadurch dem Einflusse des Auslandes
dienstbar wurden. Mochte nun immerhin in der souverainen Stellung des Königs von Dänemark eine Berechtigung liegen, für sich
selbst weitergehende Plane zu verfolgen, zu welchen die Eifersucht
auf Schweden, das schon jetzt stark an Betheiligung am deutschen
Kriege dachte, mitgewirkt haben mag, so mußten doch die Maßregeln, welche er zu ihrer Verwirklichung ergriff, die Glieder des
niedersächsischen Kreises schwer bei dem Kaiser compromittiren.
Daß von Anfang an Christian IV. seine Absichten auf die nord-
deutschen Bisthümer gerichtet hatte, dürfte kaum in Abrede genommen werden können. Als derselbe aber den Versuch machte, den
Krieg als im Interesse der Religion und ihrer Freiheit unternommen darzustellen, wurde dies vom Churfürsten Johann Georg von
Sachsen auf das Entschiedenste zurückgewiesen, der es offen aussprach, daß der Pfalzgraf Friedrich durch eigene Schuld um seine
Länder gekommen sei. Um so bedenklicher war es, daß Adolf
Friedrich und Hans Albrecht den 20. März 1625 sich nach Lauenburg zum Könige von Dänemark begaben, und mit demselben über
das Defensionswerk des Kreises verhandelten, auch den vom Könige darüber ausgestellten Revers unterschrieben[2]), ein Verfahren,
welches den Herzogen später desto mehr zur Last gelegt wurde, als
in jenem Receß die Klausel einverleibt war, daß solcher, bis er
auf einem allgemeinen Reichstag confirmirt, geheim gehalten werden
solle, woraus, wie der Kaiser bemerkt, genugsam abzunehmen, wie
getreu uns diese beiden Herzoge gewesen[3]).

---

[1]) S. Waitz, Schleswig-Holsteins Geschichte, Bd. II. S. 505.

[2]) Beitrag zur Charakteristik des Herzogs Adolf Friedrich aus dessen Tagebüchern u. s. w., Lisch, Jahrbücher XII. S. 82 f. sub d. 20. März 1625.

[3]) Kayserliches Manifestum. Oder Wohlgegründte Deduction, der Ursachen,
Warumben beede Gebrüdern, Hertzog Adolph Friederich vnd Hanß Albrecht von
Meckelburg, Ihrer Fürstenthumben vnd Landen privirt vnd entsetzt worden.
MDCXXX. Gedruckt zu Wien in Oesterreich bei Gregor Gelbhaar, Röm. Kay. Mt.
Hoff- vnd ainer Löbl. N. O. Landtschafft Buchdrucker.

Dennoch glaubten dieselben offenbar nicht, daß sie in der mit dem König von Dänemark geschlossenen Vereinbarung etwas wider den Kaiser selbst sich hatten zu Schulden kommen lassen, obgleich schon auf dem Tage zu Lauenburg Bedenken laut geworden waren gegen die Uebertragung des Amtes eines Kreisobersten an den König Christian, und auch der Kreistag zu Braunschweig, wo sich seine Wahl entschied, geschwankt hatte. Die Herzoge sahen darin kein Bündniß mit einer fremden undeutschen Macht, da der König Christian als Herzog von Holstein selbst Glied des niedersächsischen Kreises war. Alles, was sie in dieser Beziehung gethan, betrachteten sie als zur Defension des Kreises gehörig, und wollten im Uebrigen sich neutral verhalten, während der Kaiser alle und jede wider Tilly gerichtete Werbung und Kriegshandlung als wider sich gerichtet ansah. Die Herzoge ließen sich von dieser vorgefaßten Meinung, als beeinträchtige ihre Verbindung mit dem Könige Christian ihre neutrale Stellung, welche sie einhalten wollten, nicht, auch durch die Vorstellungen des kaiserlichen Rathes, Heinrich von Husanus, welcher früher mecklenburgischer Rath und Gesandter gewesen war, und zu den Herzogen in persönlichem Verhältniß gestanden hatte, nicht abbringen[1]) und beharrten, da sie sich feindlicher Absichten gegen den Kaiser nicht bewußt waren, in ihrer einmal eingenommenen Stellung. König Christian hatte es verstanden, sie in sein Interesse zu ziehen, da insbesondere Adolf Friedrich die Besorgniß hegte, als könne das lutherische Bekenntniß bedroht werden. Denn es ging die Rede, daß der Kaiser den Passauer Vertrag abrogiren, und die katholische Religion gewaltsam einführen wolle. Es darf aber auch nicht übersehen werden, daß die Herzoge mit Recht es nicht für rathsam hielten, die Waffen völlig niederzulegen und schutzlos und vertheidigungslos zu sein, bis die Evange-

---

[1]) Beitrag zur Charakteristik des Herzogs Adolf Friedrich, Ibid. s. d. den 13. September haben mein Bruder und ich Heinrich Husanus durch die Räthe es stark verweisen lassen, daß er uns in seinem Schreiben Schuld gegeben, daß wir von Kays. Majestät abgetreten und mit dem Könige von Dänemark in Verbündniß uns eingelassen, was doch nicht geschehen, sondern wer es redet, der lüget. — Die Landschaft ist weder mit Güte noch mit Worten zu einer Kreishülfe zu bewegen. Vgl. dagegen über Christians Wahl zum Kreisobersten und über sein sofortiges Auftreten wider den Kaiser: Londorp, Acta publica, III. 809 sqq.; III. 914.

lifchen auf einem allgemeinen Reichstag vom Kaiser und den sämmt=
lichen katholischen Churfürsten und Ständen über den Religions=
frieden und Profanfrieden eine genugsame Versicherung erlangt
hätten. Vom Standpunkt der Herzoge aus begreift sich dies eben
so sehr, als es vom Kaiser ihnen verargt und zu einem Prätert
der über sie verhängten Landesberaubung gemacht wurde[1]), zumal
da König Christian von Dänemark selbst mit Bethlen Gabor von
Siebenbürgen, welcher den Kaiser unaufhörlich befehdete, in Ver=
bindung getreten war, und es troz seiner lutherischen Gesinnung,
die er sonst entschieden geltend machte, nicht verschmähte, auch die
Türken aufzureizen, und als Bundesgenossen wider den Kaiser zu
gebrauchen[2]).

Als die Verhältnisse sich für die Glieder des Kreises immer
drohender gestalteten, und die kaiserlichen Heere unter Wallenstein
und Tilly heranzogen, hatten die Landräthe die Herzoge ersucht, an
kaiserliche Majestät und den Fürsten von Friedland eine Legation
zu senden. Aber die Herzoge konnten sich ohne Mitrathen und
Vorwissen des Königs von Dänemark, als des Kreisobersten, nicht
dazu verstehen, und beschränkten sich darauf, unter Festhalten an
dem einmal gemachten Kreisschlusse, das Verlangen an denselben
zu stellen, daß er dem Grafen von Mansfeld befehlen möge, sich
aus dem Kreise zu begeben[3]). Da aber Mansfeld von Wallenstein
am 25. April 1626 bei Deffau geschlagen, und König Christian von
Dänemark am 27. August 1626 bei Lutter am Barenberge völlig
besiegt ward, hatte dies zur Folge, daß die kaiserlichen Truppen
sich Mecklenburg näherten. Die rasch wachsende Macht Wallensteins
schien nicht nur die Kaiserkrone im Hause Habsburg sicher zu stellen,
sondern auch die Aussichten auf die Restitution der verlornen Bis=
thümer zu eröffnen. Schon richteten sich von kaiserlicher Seite die
Blicke auf die Küsten der Ostsee, nachdem Wallenstein den Feinden
des Kaisers das wichtige Schlesien entrissen hatte, und die Dänen
vor ihm nach der brandenburgischen Mark und von da weiter hatten
zurückweichen müssen. Hatte bisher kein rechtes Zusammenwirken
Wallensteins mit Tilly stattgefunden, da dessen Glaubenstreue und

[1]) Kayserliches Manifestum. Bgl. den dritten Punkt.
[2]) G. Waitz, Schleswig-Holsteins Geschichte, Bd. II. S. 511.
[3]) Tagebücher Adolf Friedrichs d. d. 13. December 1625, Lisch, Jahrb. XII. 84.

unbedingte politische Loyalität Wallenstein zuwider war, so ließ sich
dieser doch durch die bestimmten Weisungen Kaiser Ferdinands bestimmen, seine Abneigung gegen Tilly bei Seite zu setzen, und mit
ihm zusammen zu handeln. Die Dänen hatten sich indessen nach
Mecklenburg zurückgezogen und waren bemüht, sich dort festzusetzen,
ohne daß die Herzoge sich diesem entgegensetzten, wenngleich sie dem
Kaiser wiederholt Versicherungen ihrer Treue und ihres Gehorsams
gaben. Auch mit Tilly traten sie in Beziehung, um die Besetzung
ihres Landes zu verhindern, so daß dieser, da er die Dänen in
Mecklenburg nicht festen Fuß fassen lassen durfte, das Ansinnen an
sie stellte, jene selbst aus ihrem Lande zu treiben. Mochten nun
aber auch die Herzoge mit ihrer Behauptung im Rechte sein, daß
solches ihnen factisch unmöglich sei, so läßt sich doch nicht leugnen,
daß Herzog Adolf Friedrich fortgesetzt mit dem Könige in Beziehung stand, und die Dänen auch jetzt noch unterstützte, ja mit ihnen
die weitere Vertheidigung des Landes beredete[1]). Die Stände dagegen, welche überhaupt den desfallsigen Maßregeln widerstrebten,
und durch Verweigerung der Beihülfe die Kriegsrüstungen hemmten,
und jeden etwa erfolgreichen Widerstand von vornherein unmöglich
machten, wünschten im Hinblick auf die drohenden Kriegssteuern und
auf die mit der Besetzung des Landes verbundenen Drangsale die
völlige Unterwerfung unter die kaiserliche Auctorität. Es war den
Herzogen bei dem nahen verwandtschaftlichen Verhältniß, in welchem
sie zu dem Könige standen, schwer, sich völlig von ihm loszusagen,
oder gar feindlich gegen ihn zu verfahren, insbesondere aber sah
Adolf Friedrich bei seiner entschiedenen lutherischen Ueberzeugung
in den Dänen Glaubensgenossen, von denen er bei den zu besor-

---

[1]) Ebendas. S. 87: „den 1. Mai habe ich an Schlammersdorf (den Commandirenden der dänischen Truppen im Lande) fünf Centner Lunten gesandt; den 5.
und 6. habe ich alles was zur Fortsetzung der Defendirung dieses Landes von
nöthen gewesen mit Schlammersdorf abgeredet. Den 21. ein Schreiben vom Könige von Schweden bekommen, betr. das gemeine Wesen. Den 22. aus Dömitz
6 ganze Tonnen Pulver an den König von Dänemark gesandt, der Bleckede belagert; den 25. abermals 6 Tonnen Pulver, 3 Centner Salpeter und 1 Fäßlein
Schwefel an den König gesandt. Den 6. Juni bin ich zu Boizenburg bei dem Kön.
von Dänemark gewesen; er kommt bei mir in mein Losament, hat sich großes erboten, ordre zu ertheilen, daß der Soldateska möge Bezahlung und Fourage aus
Dännemark geschafft werden.“

genden Gewaltthätigkeiten und Bedrückungen der kaiserlichen Heere,
die er als Feinde seines Glaubens zu betrachten gewohnt war,
immer noch Schutz und Hülfe erwartete. Schon jetzt finden wir
die Herzoge, insbesondere Adolf Friedrich, in Briefwechsel mit dem
Könige Gustav Adolf, der bei dem Gange der Dinge in Deutschland nicht abgeneigt war, auf die Wünsche Adolf Friedrichs einzugehen, der vor Allem die Sicherstellung der lutherischen Confession
gegen die Uebergriffe der katholischen Partei zu erreichen beabsichtigte. Gustav Adolf dagegen hatte von Anfang an, ehrgeizig und
unruhig wie er war, seinen Blick auf die politische Lage Deutschlands gerichtet, nur daß er bei dem mit König Sigismund von
Polen noch fortdauernden Kriege Bedenken hatte, schwedische Truppen nach Deutschland zu senden, um sie nicht in ihrer Vereinzelung
nicht vorherzusehenden Wechselfällen Preis zu geben.

Es war im Julius 1627, als der Oberst Hans Georg von
Arnim mit friedländischem Kriegsvolk in den Stargardischen Kreis
eindrang, und bald darauf, am 9. und 10. August, rückten die kaiserlichen Truppen von zwei verschiedenen Seiten in das westliche
Mecklenburg ein. Während Wallenstein über Perleberg vorrückte,
drang Tilly von Lauenburg gegen Mecklenburg vor, und erließ unter
dem 14. August ein Monitorial, in welchem er die mecklenburgische
Ritterschaft und Landschaft auffordert, dem königlich dänischen unbilligen und unzeitigen Ausschreiben und Avocation der Unterthanen
kein Gehör noch Folge zu geben, die Städte und Festungen den
Königischen keineswegs, sondern vielmehr dem von Gott vorgesetzten
höchsten christlichen Oberhaupt, dem Kaiser, zu öffnen, der kaiserlichen Majestät Mandatis Avocatoriis und andern heilsamen Verordnungen allergehorsamst zu folgen, und das ganze Land vom gänzlichen Verderben zu erretten[1]). Wallenstein indessen, der schon am
30. August 1627 sein Quartier in Parchim hatte, kam Tilly in der
Besetzung des Landes zuvor, und gelang es Wallenstein, sich der
Festung Dömitz durch den unter ihm commandirenden Grafen Heinrich von Schlick, dem der Commandant Overberg sie schon am

---

[1]) Copia. Von J. Excel. Herrn Generals vnd Graffen von Tilli etc. An
die Erb. Mecklenburgische Ritterschafft vnd Landstände. In simili An die Erb.
Holsteinische Ritterschafft vnd Landstände abgangen etc. 1627. 4. (Datum Lawen-
burgk den 14. Augusti 1627.)

31. August übergab, zu bemächtigen. Jetzt freilich erkannte Adolf
Friedrich die Nothwendigkeit, dem Kaiser thatsächliche Beweise der
Devotion zu geben, und wurde sowohl Wismar, das sich anfangs
hatte vertheidigen wollen, als auch die Insel Poel, wohin sich der
dänische General Schlammersdorf zurückgezogen hatte, theils auf
ausdrücklichen Befehl, theils auf Vermittelung Adolf Friedrichs,
welcher auch für Wismar „die capita des Accords" hatte aufsetzen
lassen, den Kaiserlichen übergeben¹).

Der glückliche Verlauf des Feldzuges, der die dänischen Länder bis
weit hinauf in Jütland in Wallensteins Gewalt brachte, ließ ihn eine
Zeitlang die Absetzung Christians und die Erwählung Ferdinands zum
dänischen Könige betreiben. Es war die Zeit, wo Wallenstein persönlich
dem Kaiser am nächsten stand, die Dankbarkeit und Hingebung desselben aber nur benutzte, die Plane, mit denen er sich persönlich trug,
zu verwirklichen, und den Kaiser selbst in schwere Verwickelungen zu
stürzen. Hatte anfangs Wallenstein sich in befriedigender Weise gegen
die Herzoge ausgesprochen, und selbst die Schonung der beiden herzoglichen Residenzen Schwerin und Güstrow verheißen, so änderte sich
doch bald sein Verhalten gegen dieselben, namentlich gegen Adolf
Friedrich, den er im Verdacht heimlicher Anschläge hatte, und vor
dessen energischem Charakter er Besorgnisse hegte²). Es scheint auch,
daß Wallenstein die Verbindungen, welche Adolf Friedrich mit Dänemark und Schweden zum Theil noch unterhielt, in Erfahrung
gebracht hatte, und mit Argwohn dieselben ansah, weil er eine Betheiligung Gustav Adolfs an dem in Deutschland ausgebrochenen

¹) Fürstlich Mecklenburgische Apologia, p. 728, Num. CCXLI. Rescript Adolf
Friedrichs an den Obristen von Arnimb, Geben auf unserm Hause Pöhle den
21. November 1627, und Num. CCXLII. Accord Adolf Friedrichs mit dem
Obristen Daniel von Hebron und dem Obrist-Leutenant Johann Friedrich von
Kötteritz, Geschehen und gegeben auf der Bestung Pöhle, den 21. November 1627.
²) Tagebücher Adolf Friedrichs a. a. O., S. 90: den 20. Oct. 1627 habe ein
Schreiben von Herz. zu Friedland bekommen (ist weder kalt noch warm), Heinr.
Husanus als kaiserlicher Commissarius in Schwerin angelangt. Den 1. Nov. bin
ich von Schwerin nach Kraal geritten, in Meinung den H. von Friedland da zu
treffen; es ist mir aber Bartold Dietr. Plessen begegnet, welchen ich zu ihm geschickt gehabt, der berichtet, daß er nicht rathen könne, daß ich zu ihm zöge, denn
er ganz erzürnt auf mich wäre, hat auch meiner Gemalin auf ihr Schreiben nicht
geantwortet, also bin ich nach Schwerin zurückgekehrt.

Kampfe fürchtete, und in Herzog Adolf denjenigen sah, welcher sie herbeizuführen suchte. Daher richtet noch unter dem 19. December der kaiserliche Abgesandte, Graf Georg Ludwig zu Schwarzenberg, nachdem er dem Herzog Adolf Friedrich „gute Vertröstung gethan, daß kaiserliche Majestät mit ihm werde gnädig content sein," das Begehren an denselben, er möge an den König von Schweden schreiben, daß er möge neutral bleiben, und sich in des Königs von Dänemark Händel nicht mischen[1]). Wallenstein aber, der um die Sicherheit des Landes besorgt zu werden anfing, ließ alle irgend feste und haltbare Plätze in Mecklenburg besetzen, denn er komme, wie er an Arnim schreibt, hinter seltsame Praktiken, daß er fleißige Aufsicht auf Alles geben müsse[2]). Nirgends jedoch beweist Wallenstein in seinem Briefwechsel diese Anschuldigung, nur vorübergehend gedenkt er der Absicht der Herzoge, die aber nicht constatirt ist, nach Schweden zu gehen, und man erkennt aus anderen Aeußerungen Wallensteins zur Genüge, daß ihm nichts würde erwünschter gewesen sein als gerade dieses. Doch legte er schon im December 1627 kaiserliche Truppen nach Schwerin und Güstrow, so daß mit alleiniger Ausnahme Rostocks das ganze Land sich in seiner Gewalt befand.

Wenden wir uns nach Darlegung der allgemeinen politischen Verhältnisse und der sie veranlassenden Ursachen zu Rostock zurück, so wird zunächst zu zeigen sein, welchen Einfluß diese Lage des Landes ausübte. Schon seit dem Jahre 1625 hatte das Land angefangen, durch das fremde Kriegsvolk zu leiden, welches in den benachbarten Fürstenthümern und Landen geworben, die Landesgrenzen zu überschreiten gewußt, und hie und da Raub, Brandschatzung und Vergewaltigung aller Art begangen hatte. Die Landstraßen wurden durch umherstreichende Soldaten und herrenloses Gesindel unsicher gemacht, und obwohl die Herzoge gegen dieses Unwesen scharfe Mandate erließen, nahm dasselbe in dem Maße zu, daß dieselben sich genöthigt sahen, den Bauerschaften und Gemeinden zu gebieten, nöthigenfalls Gewalt gegen solche Banden

---

[1]) Ebendas. S. 91 f.

[2]) Schreiben an Arnim vom 2. October 1627 bei: F. Förster, Albrechts von Wallenstein ꝛc. ungedruckte, eigenhändige vertrauliche Briefe und amtliche Schreiben aus den Jahren 1627 bis 1634. Th. I. Nr. 40, S. 111.

anzuwenden, die Glocken zu läuten, und aus den umliegenden Dör-
fern sich zu stärken, die Uebelthäter gefangen zu nehmen und, nach
Beschaffenheit des Excesses, mit Verweisung des Landes oder sonst
am Leib, auch wohl am Leben zu strafen[1]). Zugleich waren sie bemüht, die wahren Armen, die zur Arbeit untüchtig geworden oder
sonst hülflos waren, durch ihre Amptleute, Küchenmeistern, Korn-
schreibern und Voigte zu unterstützen[2]). Auch wurden die vom
Adel und die Städte angewiesen, unter Mitwirkung der Pastoren
und Schulzen sich der Armen und Kranken anzunehmen. Als nun
aber die Heereshaufen Tillys und Wallensteins den niedersächsischen
Kreis angriffen, und mit Mord, Raub, Brand und Plünderung
heimsuchten, wiederholten die Herzoge nicht nur ihre Mandate wegen
des angeordneten wöchentlichen Bettages, sondern verordneten auch,
daß, zur Erweckung rechtschaffener Buße und zur Abwendung der
wohlverdienten Strafe, tägliche Betstunden gehalten werden sollten,
in welchem Erlasse der ganze schwere Ernst der Zeit sich ausspricht[3]).
In dieser Zeit hielt Quistorp seine zweiundvierzig Kriegspredigten
über den Propheten Nahum, in welchen Jehovahs Verhalten gegen
seine Feinde, die Belagerung und Eroberung Ninives, die Zerstörung der Löwenhöhle und das schließliche traurige Loos der um
ihrer Sünden willen dahingegebenen Stadt auf alle Verhältnisse
der damaligen Zeit bezogen und im Einzelnen angewandt wird, so
daß neben manchen äußeren Daten, welche in Bezug auf die Geschichte jener Zeit sich finden und geschickt verwandt sind, ein geistlicher Tiefblick in der Behandlung des prophetischen Wortes und

---

[1]) Mandat der Herzoge Adolf Friedrich und Hans Albrecht, Datum Schwerin,
den 12. Maii Anno 1625.

[2]) Es ist charakteristisch, daß die Ortsarmenpflege, „daß ein jedes Dorf oder
Kirchspiel seine eigenen Armen ernähre," unter Aufsicht der Pfarrherren und Schult-
heißen angeordnet wird. Zugleich soll bei Hochzeiten, Kindtaufen und Begräbnissen
für die Armen collectirt werden, und sind die Herzoge „in Gnaden erbietig, die
aufkommenden Geldpönen in jedem Amt oder District mit einfließen zu lassen."

[3]) Mandat d. d. 10. Octobris Anno 1625: Und befehlen — — daß sie nebst
ihren Kindern und Gesinde, ein jeder in seiner Pfarr oder Kirchspiel Kirche, wie
denn auch die Jungfrauen in den Klöstern in den Klösterkirchen täglich, wann sonst
keine Fest und Feiertage einfallen, Nachmittags um halb 4 bis 4 zu Winters- und
um 4 Uhr bis halb 5 zu Sommerzeit zusammenkommen, ein gemeines Gebet auf
ein halb Stünblein halten, dasselbe mit geistreichen Bußgesängen anfangen u. s. w.

eine ernſte, praktiſch fruchtbare und anbringende Verwendung des=
ſelben ſich zeigt, welche erkennen läßt, wie ſehr das Predigtamt in
jener Zeit bemüht war, die ſchweren Kriegsnöthe den Gemeinden
durch Belebung und Stärkung ihres Glaubenslebens zum geiſtlichen
Segen werden zu laſſen[1]). Aus dem ganzen Lande ſtrömten da=
mals, als die kaiſerlichen Tuppen, welche an einzelnen Orten der=
maßen grauſam gehauſt hatten, daß es der Erbfeind chriſtlichen
Namens, der Türke, ſelbſt nicht ärger hätte machen können, vor=
brangen und Mecklenburg beſetzten, Viele nach Roſtock, insbeſondere
auch der Adel[2]), der ſeine Güter verließ, um in Roſtock, der ein=
zigen Stadt, welche noch einen ſichern Zufluchtsort verſprach, Schutz
zu ſuchen. Stadt und Univerſität gaben ſich der Hoffnung hin, daß
es gelingen werde, die drohende Occupation abzuwenden, und rich=
teten Rector und Concilium ſchon unter dem 3. November 1627
an den Obriſten Johann Georg von Arnim ein Schreiben, in
welchem ſie, geſtützt auf ſeine Liebe zu den Wiſſenſchaften, ihn an=
gingen, die Beſetzung Roſtocks zu vermeiden[3]).

　　Aber während ſich Herzog Adolf Friedrich der Hoffnung hin=
gab, den Unwillen des Kaiſers über das, was von ſeiner Seite
zur Defenſion des niederſächſiſchen Kreiſes geſchehen war, von ſich
abzuwenden, hatte Wallenſtein bereits ſeine Abſichten auf die Er=

---

[1]) Kriegspredigten oder Erklerung des Propheten Nahum, darin uns das
itzige betrübte Kriegsweſen alſo vor die Augen geſtellet wird, als wenn der Prophet
auf gegenwertige Zeit eigentlich geſehen hette. Anno 1626 und 1627 in den
Wochen-Predigten gehalten in Roſtock von Johanne Quiſtorpio, S. Th. D., Pro-
feſſore und Prediger. Bey vnd in Verlag Auguſtin Ferbers MDCXXVIII. 4.

[2]) Vgl. auch die Leichenprogramme der drei Fräulein von Petersdorff, Lin-
ſtowen und Warnſtedt, 1627 d. 13. November. ad exequias tribus nobilibus
virginibus a matre et avia matrona nobili paratas; und der Frau und Tochter Curts von der Lühe zu Coltzow, 1627 d. 4. Decembr. ad exequias Nobi-
lissimae Conjugi et Filiae paratas.

[3]) — — ne civitas haec musaeque nostrae, quibus illa hospitium prae-
bet, et quae secessum tranquillitatemque poscunt, turbentur. Stagiras in
gratiam Praeceptoris restituit, Jerosolymis propter occursum et inter-
cessionem pepercit, Pindari aedes, quas Musae inhabitarant, diripi vetuit,
ejusque familiam conservari mandavit Alexander Magnus. Non minora a
Te, Dux generose! cui et Academia et urbs haec aliquamdiu hospitium
praebuit, nobis promittimus. Vgl. Weitere Nachrichten von gelehrten Roſtock=
ſchen Sachen, J. 1743 S. 85 f.

werbung Mecklenburgs gerichtet. Als Kaiser Ferdinand II. im Herbst
1627 sich in Prag befand, wo die Krönung der Kaiserin als Kö=
nigin und des ältesten Sohnes als König von Böhmen vollzogen
ward, verlieh Wallenstein durch seine Gegenwart diesem Acte, bei
welchem er die äußerste Pracht entwickelt haben soll, großen Glanz.
Seine Erfolge hatten ihm das unbedingte Vertrauen des Kaisers
erworben, und wie er selbst dem Kaiser mit der Aussicht auf die
Krone Dänemarks schmeichelte, obwohl derselbe auf dieses Wallen=
steinsche Project nie eingegangen zu sein scheint, so brachte er hier
schon seine eigene Belehnung mit Mecklenburg zur Sprache[1]). Dies
sollte ihm zum Ersatz für die bedeutenden, im Dienste des Kaisers
aufgewendeten Summen und zur Belohnung seiner für den Kaiser
errungene Siege, durch welche seine Feinde niedergeworfen und die
Macht des Kaisers zu einer Höhe wie kaum je zuvor wieder er=
hoben war, dienen. Er glaubte sich von den feindlichen Absichten
der Herzoge bei den Kriegsunternehmungen des niedersächsischen
Kreises, von ihrer zweideutigen Stellung zum Kaiser und von ihrer
fortgesetzten Verbindung mit Dänemark und Schweden, von wo er
Gefahr besorgte, überzeugt zu haben, und vermochte daher um so
eher durch ungünstige Berichte über die Herzoge, in denen er sie
des beharrlichen Ungehorsams gegen den Kaiser anklagte, diesen zu
einem Gewaltschritte gegen die Herzoge zu drängen, als durch
Uebertragung der mecklenburgischen Lande an ihn der Kaiser hoffen
konnte, Deutschland gegen die weitere Einmischung König Christians
von Dänemark und gegen den schon damals gefürchteten Angriff
Gustav Adolfs von Schweden sicher zu stellen. Schon am 19. Ja=
nuar 1628 wurden dem Herzog von Friedland und seinen Erben
die Herzogthümer Mecklenburg sammt allen ihren Pertinenzien, Ein=
künften, Ehren, Nutzungen und Rechten als ein Unterpfand bis zur
Befriedigung seiner Forderungen an den Kaiser für gemachte Kriegs=
auslagen jure retentionis imperiali vom Kaiser überwiesen. Dieser
gewaltsamen Beraubung ihrer Länder war weder eine Achtserklä=
rung der Herzoge, noch sonst ein rechtliches Verfahren wider die=

---

[1]) Wallenstein. Beiträge zur näheren Kenntniß seines Charakters, seiner Plane,
seines Verhältnisses zu Bayern. Zur Feier des Ludwigstages in der öffentlichen
Sitzung der königlichen Akademie der Wissenschaften zu München am 25. August
1845 gelesen von Karl Maria Freiherrn von Aretin, S. 20 f.

7

selben voraufgegangen, nur wurden dieselben in dem kaiserlichen Patente vom 1. Februar 1628, welches den Ständen befahl, Wallenstein zu huldigen als Conspiranten mit dem Feinde, als Reichsabtrünnige und offene Befehder der kaiserlichen Erblande und Türkenhelfer bezeichnet. Diese Anschuldigungen werden dahin später specialisirt[1]), daß die Herzoge beide kaiserliche Armaden und also den Kaiser selbst, weil es notorisch gewesen, daß sie auf kaiserlichen Befehl in den Kreis gerückt, um die gefährliche Kriegshandlung desselben zu zerstören, und die Ungehorsamen zurecht zu bringen, für ihre und des Kreises öffentliche Feinde ausgerufen und alle diejenigen, so sich von Augspurgischer Confession zu Unserm Dienst dabei befunden, bei Verlust Leibes, Ehre und Gutes abgemahnt, auch wider dieselbigen in allen ihren Kirchen durch ihr ganzes Land Betstunden hätten halten lassen. Es wird ihnen Schuld gegeben, daß sie während des ganzen Sommers 1626 dem Feinde mit Kraut, Loth und Proviant, auch mit Schiffen zur Erbauung einer Schiffbrücke über die Elbe zu Hülfe gekommen seien, Wehren und Munition auf ihrer Festung Dömitz in Verwahrung genommen und ihm daraus, so oft als er es begehret, verabfolgen, auch im Julio desselben Jahres zu Lüneburg deliberiren lassen, wie der Krieg noch ferner zu continuiren sei. Auch die Ueberlassung ihres geworbenen Volkes an den König von Dänemark, von dem ein Theil in der Schlacht bei Lutter gefangen, wird ihnen zum Vorwurf gemacht und ausgeführt, daß sie nicht zu bewegen gewesen wären, von kaiserlichem Volke in die noch unbesetzten Plätze, insonderheit in die Festung Dömitz aufzunehmen, während sie ihrem Hauptmann Gerhard Oberbergern Befehl ertheilt, solchen Platz dem Könige von Dänemark auf den äußersten Nothfall zu seiner retirada zu öffnen, sowie daß die Herzoge trotz der Abmahnung ihrer Stände, die kaiserlichen Warnungsschreiben nicht in den Wind zu schlagen, mit ihren feindlichen Machinationen fortgefahren, es mit dem Feind gehalten, auch es geschehen lassen, daß der Feind noch die Stadt Bützow und die Insel Poel eingenommen, gleichwie auch die Festung

---

[1]) Kaiserliches Manifestum. Oder Wohlgegründte Deduction, der Ursachen, Warumben beede Gebrüdern, Hertzog Adolph Friederich vnd Hanß Albrecht von Meckelburg, Ihrer Fürstenthumben vnd Landen privirt vnd entsetzt worden. MDCXXX.

Dömitz nicht auf Befehl des Herzogs Adolf Friedrich übergeben sei. Waren nun auch einzelne dieser Punkte, durch welche der Kaiser sich durch die Herzoge beschwert fühlte, nicht unbegründet, so hatten sie doch kaum eine andere Stellung eingenommen als die übrigen Fürsten des niedersächsischen Kreises, und hielten sich die Herzoge bei aller schuldigen Achtung gegen den Kaiser schon durch die Kreisverfassung zur Abwehr berechtigt.

Desto unerhörter war das Verfahren des Kaisers, welcher mit völliger Nichtachtung der Reichsgesetze und der Wahlcapitulation ohne Zuziehung des Churfürsten=Collegiums aus kaiserlicher Machtvollkommenheit die Herzoge ihrer angestammten Länder beraubte, und sie ohne Urtheil und Recht einem Emporkömmling überwies. Wallenstein war es, der seinerseits durch Praktiken dieses Ziel seines Ehrgeizes erreicht hatte, während er beim Kaiser solche Anschuldigungen gegen die Herzoge erhoben, um seine Absichten durchzusetzen. Es hatte sich Wallenstein bei dieser Gelegenheit dahin geäußert, man bedürfe keiner Churfürsten und Fürsten mehr in Deutschland, man müsse ihnen das Gasthütlein abziehen; wie in Frankreich und Spanien, so solle auch über Deutschland ein einziger Herr sein[1]. Ueberhaupt geht schon um diese Zeit die Rede, daß Wallenstein damit umgehe, die Reichsverfassung Deutschlands zu ändern, und an deren Stelle die absolute Monarchie zu setzen. Mochte der Kaiser auch die Meinung hegen, daß er aus dem Rechte des Krieges die mecklenburgischen Herzogthümer als Pfand für aufgewandte Kriegskosten an Wallenstein überweisen könne, „bis Seiner Liebe angeregte Kriegsunkosten erstattet und bezahlet worden," so überschritt der Kaiser doch seine Machtbefugniß, als derselbe dem Johann Aldringer Freiherrn und Obristen und dem kaiserlichen Rath Reinhard von Walmerode, welche völlig im Interesse Wallensteins standen, die Commission[2] ertheilte, die Unterthanen der Eides=

---

[1] F. v. Harter, Zur Geschichte Wallensteins, S. 170 f.

[2] Copia. Der Röm. Kayl. Auch zu Hungarn und Böheimb Königl. Majest. etc. Wie auch J. F. G. Herrn Albrechten, Herzogen zu Friedland, etc. Commissionen und darauff beschehenen Propositionen, Auch was darauff weiter wegen deß Herzogthums Mecheinburg erfolget und vorgangen ist: Zu Güstrow, im Monat Martio deß 1628. Jahres. Durch Geborne, Hochedle Herren, Herrn Johann Altringer, Freyherrn, und Reinhard von Walmenrode, der Römisch. Kaiserl. auch

pflichten, mit denen sie bisher den Herzogen verhaftet und verbun=
den gewesen waren, lebig zu erklären. Auf Citation der kaiserlichen
Commissarien waren die Stände, welche bei Verlust ihrer Lehen
und Leute nach Güstrow auf den 23. März geladen waren, zwar
erschienen, da auch die Landesherren ihrem Erscheinen sich zustimmig
erklärt hatten, aber sofort richteten sie an die kaiserlichen Com=
missarien unter dem 27. März ein Schreiben[1]), in welchem sie, völlig
absehend von den mit der Landesherrschaft gehabten früheren Dif=
ferenzen, welche die Liebe zu dem angestammten Fürstenhause nicht
zu schwächen vermocht hatten, ihren Schmerz aussprachen, daß sie
der Eide und Pflichten, womit sie ihren gnädigen Landesfürsten
und Herren verbunden, lebig gezählt, und mit anderen neuen Eiden
und Pflichten hinwieder belegt werden sollten. Sie bezeugen, „daß
unter den hochlöblichen fürstlichen Mecklenburgischen Regentenbaum
sie und ihre Vorfahren von unbenklicher Zeit mit erblichen Eiden
und Pflichten eingewurzelt, ja daß ihre Vorfahren unter diesem
fürstlichen Regentenbaum, da dieselben weiland in verderblicher und
dürrer Finsterniß des abgöttischen verdammlichen Heidenthums ver=
irret, fast bei tausend Jahren schon einen Anblick christlichen Glau=
bens aus sonderbarer Gnade des Allerhöchsten seliglich empfunden,
und in Erkenntniß des wahren lebendigen Gottes zu grünen und
herrlich zu blühen angefangen.“ Ueberhaupt geht ein Zug tiefer
christlicher Ehrerbietung wie gegen den Kaiser, so auch gegen ihre
regierenden Landesherren durch die ganze Vorstellung; sie vertrauen,
daß der kaiserliche Gnadenbrunnen sich öffnen und ihre gnädigen
Fürsten und Herren, „welche sich mit dem Herzog von Friedland
wegen der aufgewandten Speesen und Unkosten nach ihrem durch

---

zu Hungarn vnd Böheim Königl. Majest. Respective Kriegs= vnd Hoff Cammer
Räthe, bestalten Obristen, Obristen Muster: Zahl: vnd Quartirungs Commissar.
Cum Mandato et Privilegio. Gedruckt im Jahr 1628. — Die Commission des
Kaisers ist unter dem 1. Februar, die Special-Commission Wallensteins unter dem
9. Februar 1628 dem Obristen Heinrich von St. Julian wie auch Justo Lübern
und Heinrichen Niemann ertheilt, sich in Wallensteins Namen zu präsentiren und
huldigen zu lassen.

[1]) An dero Röm. Kayserl. auch zu Hungarn vnd Böheimb Königl. Mayest.
Hochansehliche Herren Commissarien, die Wolgeborne vnd Hoch Edle Herren, deß
Fürsten: vnd Hertzogthumbs Mechelnburg Erbare Ritter: vnd Landstände, wegen
Suspension der angekündigten Execution, Unterthäniges Schreiben.

die beschwerliche Kriegseinquartierung erschöpften Embter und ganzen
Fürstenthumbs Vermögen, vermittelst Kaiserlichen gnädigen mode-
ration zu freundlicher Vergleichung in aller Liebe und Freundschaft
accommodiren würden," durch Intercession vornehmer des heiligen
Römischen Reichs Chur= und Fürsten um Aussöhnung äußersten
Fleißes sich bemühen würden, und knüpfen daran die Bitte, bis zur
kaiserlichen Majestät ferneren Verordnung oder nur zum wenigsten
auf drei Monat die kaiserliche Erecution zu suspendiren.   Zugleich
richteten sie an Wallenstein die Bitte, die erbetene Suspension befördern zu helfen[1]).

Aber alle diese Gesuche wurden zurückgewiesen, da die kaiserlichen Commissarien erklärten, daß sie nicht im Stande seien, einen
Aufschub zu gewähren.   Eine gleiche Antwort wurde auf die Bitte
ertheilt, dem Kaiser selbst huldigen zu dürfen, da sie ihr Com-
missorium nicht überschreiten dürften.   Es erfolgte aber auch die
Erklärung der Commissarien Wallensteins dahin, daß es bei dieser
Assecurations=Huldigung und Immission der kaiserlichen Majestät
„allergnädigster Wille, endliche Meinung und ganz ernster Befehl
sei, ohne einige Einrede, Behelff oder Enthalt die Huldigung zu
erstatten zur Conservation ihrer übrigen Wohlfahrt, auch weiter
Ruin, Desolation und Unheil von ihnen selbst abzuwenden, und alle
Sachen zu einer gedeihlichen Erleichterung zu befördern[2])."   Indem
die Commissarien darauf hinweisen, daß es besser sei, „der kaiserlichen Resolution und fast hart und ernstlich verclausulirtem Befehl
Gehorsam zu bezeigen, als durch andere Mittel sich lassen herzu-
bringen," sprachen sie nur ein Urtheil über die ihnen wohlbekannte
Sachlage aus, da Wallenstein bei fortgesetzter Weigerung der Stände,
die ihm, wie er selbst offen an Arnim äußerte, deswegen nicht un-
erwünscht gewesen wäre, entschlossen gewesen scheint, ihre Privilegien
abzuschaffen, ihre Güter einzuziehen und ihre Personen gefänglich

---

[1]) An J. F. G. Herrn Albrechten, Herzogen zu Friedland und Sagan, etc.
Wolverordnete hochansehliche Herren Commissarien, dero Erbare Ritter: und Landständen, Respective unterthäniches und dienstgeflissenes Schreiben, wegen gnädiger
vnd geneigter Beförderung obangeregter Suspension.

[2]) Ibid. Herren Albrechten, Herzogen zu Friedland und Sagan etc. F. G.
Wolverordneten Herren Commissarien Propositio.

einziehen zu laſſen[1]), um jedenfalls Herr des Landes zu werden,
da er beabſichtigte, ſchon im Sommer deſſelben Jahres im Lande
zu reſidiren. Es ſtand daher auch nicht bei den Commiſſarien, den
Huldigungseid zu erlaſſen, und erſcheint, wenn man Wallenſteins
Charakter erwägt, die Aeußerung Walmerode's nicht unglaublich,
ſie dürften ſolches bei Verluſt ihres Lebens nicht wagen[2]). Auch
gab Wallenſtein wiederholt an Arnim den Befehl, Sorge zu tragen, daß die Herzoge aus dem Lande wichen, und daß weder ſie
noch ihre Gemahlinnen, was er auf keinerlei Weiſe billigen könne,
ſich auf ihren Leibgedingen aufhielten. Da auch durch die Vermittelung Arnims kein weiterer Aufſchub zu erlangen war, ſtellten
die Stände den 29. März 1628 die Bedingung, daß ſie bei ihrer
Augspurgiſchen Confeſſion, allen hergebrachten Privilegien, Statuten,
Immunitäten, alten Gebräuchen, Gerichten, Rechten und Gerechtigkeiten gelaſſen und ihnen freiſtehen möge, ſich ihrer Fürſten anzunehmen, um ihre Ausſöhnung beim Kaiſer zu bitten, und das Geld
für die friedländiſche Forderung anzubieten, aber die Commiſſarien
lehnten dies ab, weil von einer Confirmation der Privilegien nichts
in ihrem Commiſſorium enthalten ſei, und wieſen darauf hin, daß
Mecklenburg dem Herzog von Friedland mit demſelben Rechtszu-
ſtande überwieſen werde, wie es von ihren vorigen Landesherren
beſeſſen worden. Da erfolgte, aber erſt nachdem der Hofgerichts-
aſſeſſor Hinrich Schuckmann Namens der Stände erklärt hatte, ſie
hätten von dem Obriſten von Arnim vernommen, daß ihre Herzoge

---

[1]) Förſter, Albrechts von Wallenſtein Briefe und amtliche Schreiben, Th. I.
Nr. 179, an den Obriſten von Arnim, S. 332 f.: „Aus des herrn ſchreiben vernehme ich, das etwan dificulteten bei der huldigung in dem landt zu Meckelburg
könnte abgeben, nun ſehete ich ſolches von grundt meines herzens gern, denn dardurch verliehreten ſie alle ihre privilegia, wolle derowegen der herr, ſobaldt etwas
ſolches geſchehn, viel volcks ins landt rücken laſſen, dem Sant Julien befehlen,
allen denen, ſo ſich exponiren werden, ihr gütter einzuziehen, wie auch nach be-
ſchaffenheit der ſach, auf ihre perſonen greifen vndt ſie gefenglich in verhaft nehmen.
Die herzog auf alle weis das ſie in continenti aus dem landt geſchaft werden
zu Roſtock vndt Wismar ohne einziger Zeittverliehrung die Citadellen angefangen
und erbauet, darauf ich mich denn genzlich verlaſſen thue, das der herr ſolches als-
balden in effect wirdt bringen, ehe denn ich ins landt kommen werde.“ Prag, den
1. April 1628. Vgl. auch S. 327 f., S. 335.
[2]) Franck, Altes und Neues Mecklenburg. Lib. XIII. S. 50.

sie des Gehorsams erlassen hätten, unter ausdrücklicher Reservation ihrer Religion, Privilegien und Gerechtigkeiten, die Huldigung[1]), welche am Sonnabend, den 8. April 1628 in der Weise vollzogen ward, daß die Stände von ihren Eiden und Pflichten gegen die Herzoge los und ledig gesprochen wurden, worauf, nachdem der Herzog von Friedland F. G. und in deren Abwesenheit dessen Commissarius und Statthalter in die Fürstenthümer und Lande einge= setzt waren, das Homagium vor den kaiserlichen Commissarien und dem Freiherrn von St. Julian „auf vorhergegangene Handangelob= niß an Eides statt, wirklichen, vnd mit aufgehobenen zweyen Fin= gern geleistet wurde"[2]).

Die Herzoge wichen der Gewalt der Umstände. Adolf Frie= drich verließ am 13. Mai, Hans Albrecht am 17. Mai 1628 das Land, und begaben sich vorläufig nach Magdeburg, dann nach Tor= gau und Hartzkerode, indem sie wiederholt Schritte thaten, um vom Kaiser die Aufhebung der über sie verhängten widerrechtlichen Maß= nahmen zu erlangen. Die Trauer des Landes war eine allgemeine, und insbesondere war auch Rostock, Stadt und Universität, durch die Vertreibung ihrer angestammten Landesherren auf das schmerz= lichste bewegt[3]). Beide wußten, was sie an Herzog Adolf Friedrich besessen, und mit welchem heiligen Ernste er stets für das luthe= rische Bekenntniß eingetreten war, das sie nach der Occupation des Landes durch Wallenstein für gefährdet halten mußten. Erst nach= dem die Herzoge, gedrängt von dem Obristen Heinrich von St. Ju= lian, welcher auf bestimmten Befehl Wallensteins handelte, das Land geräumt hatten, glaubte Wallenstein sich in das ihnen ge= raubte Land, an dessen Besitz er weit aussehende Plane knüpfte, begeben zu können. Er traf am 27. Julius 1628 zu Güstrow ein, wohin er sich von der noch nicht aufgehobenen Belagerung

---

[1]) Huldigungs Notul, So durch die Herren Commissarien von den Meckel= burgischen Ritter= vnd Landständen zu Güstrow den 3. April, stylo novo, dieses 1628. Jahrs auffgenommen.

[2]) Landtags Schluß vnd Abschied, gegeben zu Güstrow den 8. April, styl. nov.

[3]) Der Rector Petrus Wasmundt, J. U. D., bemerkt in der alten Matrikel: Caesaris Ferdinandi II. inclementiore jussu illustrissimi nostri Dn. Adol= phus Fridericus et Dn. Joannes Albertus, celebratis hujus anni Paschatos Solemnibus, ex avitis suis Provinciis tristissimo exemplo emigrarunt, sui= que ingens desiderium cunctis subditis reliquerunt.

Stralsunds, das ihm zur Verwirklichung der anzustrebenden Herrschaft auf der Ostsee von hoher Bedeutung war, begeben hatte,
und nahm seine Residenz im herzoglichen Schlosse, das ihm bei der
Prachtliebe, die ihm eigen war, und bei dem großen Gefolge, das
er mit sich führte, nicht genügte. Der Ausbau des Schlosses ward
von ihm sofort befohlen, und ist es für die ganze religiöse Richtung Wallensteins, die sich bei ihm in allen Stücken der Politik
unterordnete, charakteristisch, daß dieser mit den Steinen der durch
Hans Albrecht erbauten reformirten Hofkirche beschafft wurde, deren
Abbruch Wallenstein angeordnet hatte. Unverkennbar lag ihm daran, auch hierdurch die Stände des Landes, die eifrig lutherisch gesinnt waren, und mit Besorgniß die Einräumung der Schloßkirche
zum reformirten Gottesdienst stets betrachtet hatten, für sich zu gewinnen, so weit er überhaupt noch auf dieselben Rücksicht nehmen
zu müssen glaubte. Schon am 28. Julius 1628 verlangte der
Dr. Johann Cothmann, der von Herzog Hans Albrecht an ihn ab-
gesandt war, um seine Intercession beim Kaiser gegen Zahlung der
auf Mecklenburg gelegten Pfandsumme zu erbitten, und ihn anfangs im Lager vor der Stadt Stralsund hatte aufsuchen wollen,
dann aber sich von Rostock aus nach Güstrow begeben hatte, Audienz
bei Wallenstein, nachdem er sein unter dem 10. Julius 1628 zu
Magdeburg ausgestelltes Kreditiv dem Obristlieutenant und Statthalter Viegersi übergeben hatte. Wie wenig aber Wallenstein
daran dachte, auf die Wünsche der Herzoge einzugehen, beweiset die
ungnädige und harte Resolution, die er ihm mit den Worten gab:
Hört ihrs! Ich will euch mit kurzen beantworten, Ihre Kayserliche
Majestät haben mich anhero geschickt wider dero Rebellen, und dieselben zu verfolgen, und nicht Intercessiones zu ertheilen, und
kommt ihr mir mit einer solchen Ambassade wieder, so will ich euch
den Kopf lassen vor die Füße legen! Als aber Cothmann mit wenigen entgegnete, daß sich der Herzog einer so harten Antwort nicht
vermuthen wäre, wurde er von Wallenstein mit den Worten entlassen: Hört ihrs. Ihr habt damit euren Bescheid[1].

Mit großer Rücksichtslosigkeit und Härte wandte er sich aber

----

[1] Fürstliche Mecklenburgische Apologia etc., Beilagen, CCLVIII. p. 753 sqq.,
wo sich der Bericht Cothmanns an den Herzog Hans Albrecht über diese Audienz
bei Wallenstein findet, Datum Magdeburg, den 2. Augusti, Anno 1628.

auch gegen die Stände, sobald sie sich schwierig zeigten, die Contributionen, die er zum Unterhalt seiner Truppen gebrauchte, zu bewilligen[1]), und stellte scharfe Maßregeln in Aussicht[2]). Nur Rostock wurde von Anfang an von Wallenstein verhältnißmäßig geschont, theils weil Arnim dringend dazu gerathen hatte, um die volkreiche und wehrhafte Stadt nicht zum Widerstande zu treiben, theils weil er wohl erkannte, wie wichtig ihm der Besitz der mit vielen Mitteln zum Schiffsbau ausgerüsteten See= stadt sei, um seinen Plan, eine Seemacht zu gründen, zu ver= wirklichen. Ihm war der Gedanke unerträglich, daß Dänemark und Schweden die deutschen Meere beherrschten, und er sann schon jetzt darauf, wie er ihnen das angemaßte Recht über die deutschen Meere, insbesondere über die Ostsee, werde entreißen können. Schon am 9. Januar 1628 war jedoch von der Stadt Rostock Dr. Lindemann[3]) sowohl an den Kaiser, als auch an den Herzog von Friedland und

---

[1]) Vgl. die beiden Schreiben Wallensteins an seinen Obrist=Lieutenant und Statthalter Albrecht Biegerßty aus dem Feldlager bei Wolgaß, d. d. 2. und 3. Sep= tember 1628, in welchem letzteren er unter Festhalten an dem von ihm befohlenen neuen modus contribuendi darauf besteht, daß die Contribution auf Monate und nicht auf eine gewisse quota, wie die Stände gewünscht, gerichtet werde, und die Stände warnen läßt, ihm keine Ursache zu etwas Anderm zu geben. Franck, Altes und Neues Mecklenburg, Lib. XIII. S. 68 f.

[2]) In dem ersten Schreiben heißt es: „Ich vernehme, was die Stände für Impertinenzen und Prolongacien begehrt haben. Nun sage ich, sie sollen mich nicht auf solche Weise tractiren, wie sie die vorigen Herzoge tractiret haben, denn ich werde es gewiß nicht leiden, und zum ersten zu der Landräthe und Vornehmsten Gütern, auch den Personen greifen. — — Die von Rostock sollen mir ohne das die 8000 Thaler erlegen. — — Werden sie die Disposition wegen des Geldes nicht machen, sie werden sehen, was ihnen daraus wird entstehen, darum scherzen sie nur nicht mit mir.“

[3]) Thomas Lindemann, den 28. September 1575 zu Herford in Westphalen geboren, studirte zu Rostock, Straßburg und Padua die Rechte, und ward im Jahre 1605 J. U. D. und räthlicher Prof. Juris Ord. Seine ausgezeichneten Rechts= kenntnisse wurden die Veranlassung, daß er häufig von fürstlichen Personen, auch von dem Herzog Adolf Friedrich wie von dem Rath der Stadt Rostock, deren Syndicus er war, zu Aufträgen verwandt wurde. Er starb am 14. März 1632, gerade als er das Rectorat bekleidete. Westphalen, Monumenta inedita, Vol. III. S. 1880. Etwas, J. 1737 S. 282. 828. J. 1740 S. 174. 360 ff. Geschichte der Juristen=Facultet, in der Universität zu Rostock (1745), S. 82 ff., wo sich seine Schriften verzeichnet finden. Krey, Andenken, V. S. 11 f.

ben Vice-Kanzler Peter Heinrich von Strahlendorf[1]) gesandt worden, welcher den schweren Druck, der durch den Krieg auf dem Lande ruhte, und die Lasten, Beschwerden und Hemmnisse, welche daraus für den Handel Rostocks erwachsen waren, und ihn beinahe zu Grunde gerichtet hatten, vorstellen sollte[2]). Mit gleicher Beschwerde beauftragten ihn die Stände, als er von Güstrow nach Oestreich abreiste[3]). Hatte schon dem letzten Contributions-Edicte, welches die Herzoge Adolf Friedrich und Hans Albrecht den 9. Julius 1627 publicirt hatten, von den hart durch die Kriegsunruhen bedrückten Einwohnern nicht genügt werden können, obwohl die Steuern nach dem alten modus collectandi erhoben wurden, so mußten die von Wallenstein auferlegten Contributionen zu fast unerschwinglichen Lasten werden, die das Land mit aller Anstrengung kaum aufbringen konnte. Dieser sah sich daher genöthigt, durch ein zu Güstrow schon den 13. Mai 1628 erlassenes Mandat, die Zah-

---

[1]) Friedrich von Hurter, Zur Geschichte Wallensteins (Schaffhausen 1855), S. 102 f., bezeugt den großen Einfluß, den dieser geborne Mecklenburger am kaiserlichen Hofe hatte, den er aber möglichst zu Gunsten seines Heimathlandes verwandte. Durch Erlaß Kaiser Ferdinands vom 3. Julius 1625 war der Reichsvicekanzler Peter Heinrich von Strahlendorf, sein Vater Leopold, dessen Bruder und Vetter in den alten Herrenstand des Königreichs Böhmen und anderer kaiserlicher Erbländer aufgenommen worden.

[2]) Auch die Universität hatte sich unter dem 3. Januar 1628 sowohl an den Kaiser Ferdinand als auch an den Herzog von Friedland mit bittenden Bittschreiben gewandt, um die Besetzung Rostocks abzuwenden: Nihil affectuosius desiderant, nihil impensius precantur, quam ut a militum in civitatem receptione immunes in tranquillitatem reponi et quieta pace gaudere possint. Weitere Nachrichten von gelehrten Rostockschen Sachen, J. 1743 S. 93 ff. Die Verfasser des Etwas, J. 1740 S. 517 ff., S. 527, haben indessen die Vermuthung aufgestellt, daß die von dem Professor Petrus Lauremberg verfaßten Schreiben bloße Entwürfe geblieben seien, was jedoch aus ihrer rhetorischen Haltung, die der Zeit eigen war, nicht mit Sicherheit möchte geschlossen werden können.

[3]) De Behr, Rerum Mecleburgicarum Lib. VI. p. 1131: „S. P. Q. Rostochiensis Doctorem Lindemannum Viennam mittere decreverat, qui nimium deprecaretur hospitationis onus. Huic die IX. Januarii Gustrovio in Austriam proficiscenti, Ordines literas dederunt ad Ferdinandum II, quibus se fidem Sacrae Caesareae Majestati debitam, sancte semper servaturos esse, professi, militem alendi necessitatem ob extremam inopiam deprecati sunt etc."

lung der Contributions-Edicte sub poena dupli an den General-
Land-Commissarius Gerhard Oberbergen zu befehlen, um den Unterhalt der im Lande lagernden Soldatesca bestreiten zu können.

Siebenter Abschnitt.

Plane Wallensteins. Sein Verhalten zu Rostock. Besetzung der Stadt nach vor-
aufgegangener Capitulation. Wallensteins kirchliche Stellung, insbesondere in
Bezug auf das exercitium religionis. Verwendung der Hülfsquellen des
Landes. Wallensteins Verhältniß zur Universität.

Rostock empfand insbesondere die Wendung, welche der Krieg
genommen hatte, deshalb so schwer, weil der König von Dänemark,
seitdem die kaiserlichen Truppen in Mecklenburg eingerückt waren,
mit seiner Flotte den Hafen gesperrt und den Handel völlig gehemmt hatte. Dadurch sah sich die Stadt veranlaßt, in zwei Schreiben vom 29. März und vom 3. April 1628 den König Gustav
Adolf von Schweden um seine Vermittelung anzugehen, daß die
Sperrung des Hafens aufgehoben werde. Der König ertheilte eine
gnädige Antwort[1]), wies auf die von Alters her bestehende Verbindung Schwedens mit Rostock hin, beklagte die gedrückte Lage,
für welche, wenn man seinen Rathschlägen Gehör gegeben, schon
lange Sorge getragen wäre, und stellte seine Vermittelung in Aussicht, an deren Erfolg er nicht zweifelte. Höchst bedeutsam jedoch
ist es, daß er dabei auf das Gerücht hinwies, daß vom Rostocker
Hafen aus die Sicherheit des baltischen Meeres bedroht werden
könne, woran sich die Erklärung schließt, daß, wenn es in ihrer
Macht stehe, gegen solche Gefahr sicher zu stellen, sie nicht nur
von dem Könige von Dänemark befreit, sondern auch durch ihr ge-
meinsames Ansehen geschützt werden sollten[2]). Die Absicht Wallen-

---

[1]) Gustavi Adolphi Regis Sueciae ad Rostochienses Literae, Datum e
classe nostra ad Landsorth die 5. Maji 1628; Etwas, J. 1740 S. 526 ff.
[2]) Ibid. — — cum et publica fama ferat, id iis in locis agitari, ut e
portu vestro quoque aliquot naves in hujus maris (Balthici) et publicae
securitatis praejudicium educantur. Idcirco a vobis gratiose requirendum
duximus, utrum in potestate vestra situm sit, ut ab ejusmodi nos, caete-

steins, den Dänen und Schweden die Herrschaft über die Ostsee zu
entreißen, trat immer deutlicher hervor, und mußte diese Mächte be=
stimmen, auf ihrer Hut zu sein. Vom deutschen Standpunkte aus
war dieselbe ohne Zweifel berechtigt. Bereits am 21. April 1628
hatte Kaiser Ferdinand durch ein von Prag aus erlassenes kaiser=
liches Patent, in welchem die Ursachen entwickelt waren, aus denen er
sich bewogen finde, hinfüro eine armada auf dem Meer anzurichten
und unterhalten zu lassen, Wallenstein zum „General des Oceanischen
und Baltischen Meeres und darauf habenden Armada" bestellt[1]),
und die bedeutende Machtvollkommenheit, welche ihm in dieser Eigen=
schaft nicht nur für die Gegenwart, wo die einzelnen Bestimmungen
des Patentes kaum eine Bedeutung haben konnten, sondern auch für
die Zukunft beigelegt wurde, deutete auf weiter gehende Plane und
Absichten, welche schon auf dem Convente der wendischen Städte
zu Lübeck im Februar 1628 in den Bestrebungen des Grafen Georg
von Schwarzenberg, diese zur Ausrüstung einer Flotte zu bewegen,
hervorgetreten waren[2]). Gleichwie Gustav Adolf blickte auch König
Christian auf diese mit Argwohn und Besorgniß hin[3]).

---

rosque, quorum interest, periculo assecuretis? Quodsi id praestiteritis,
nos quoque indubitato id efficiemus, non modo, ut plane liberi a Serenissimo Rege Daniae asseramini, sed etiamsi ab ullo praestitae hujus securitatis causa conveniremini, ut et nostra et Regis Daniae, caeterorum-
que omnium, quorum interest, auctoritate vos tueremur.

[1]) Förster, Wallensteins Briefe, Th. II. S. 10 ff.; von Lützow, Versuch einer
pragmatischen Geschichte von Mecklenburg, Th. III. S. 219 f.

[2]) Khevenhiller X. 1516 ff. Geschichte Kaiser Ferdinands II. Durch Friedrich
von Hurter. Dritter Band (1862), S. 21—25. F. W. Barthold, Geschichte der
deutschen Seemacht, in: F. von Raumer, Historisches Taschenbuch. Dritte Folge.
Zweiter Jahrgang (1850), S. 130.

[3]) Der Königl. Majest. zu Dennemark Resolution auff J. F. G. des Hertzogen
zu Pommern Schreiben. — — — Uns ist solch procedere, so von C. L. unsers
Wissens nie improbiret, umb so viel weniger zu imputiren, weil uns des von
Wallenstein unerhörter Tittul eines Generale über das Oceanische und Baltische
Meer über alle Maße befrembt und verdächtig fürkommen, und uns darumb ver=
pflichtet erachtet, die eingebildete possession vel quasi solchen hochtrabenden Tittuls,
so viel der Allmechtige Glück dazu verleihen wird, omni meliori modo zu averti=
ren. Datum uff unserm Orlogs Schiffe bei der Ruden, den 30. Julii A. 1628.
Vgl. Gründlicher, warhaffter vnd kurtzer Bericht von der Hanse Stadt Stralsundt,
der Heubtstadt in Pommern, wie Anno 1627 u. s. w. Stralsundt 1631. Bei=
lage P. S. 58.

Es begreift sich daher völlig, daß Wallenstein auf die Seestädte Wismar und Rostock, durch welche er mit den Hansestädten in Verbindung treten, und auch dem Handel wie der Seemacht der Holländer Abbruch thun wollte, großes Gewicht legte, und insbesondere den Rathschlägen Arnims so weit nachgab, daß er vorläufig Rostock unbesetzt ließ, um die Befürchtungen Schwedens nicht noch mehr zu wecken[1]), und sich darauf beschränkte, der Stadt Contributionen aufzulegen. Nichts desto weniger erschien ihm Rostock als derjenige Punkt, von welchem aus er dem bisherigen Uebergewicht Dänemarks zur See entgegenwirken, vielleicht selbst später gegen die aufstrebende Macht der Generalstaaten etwas mit Erfolg unternehmen könne. Hatte doch schon der kaiserliche Gesandte zu Lübeck darauf hingewiesen, daß nichts einer so ansehnlichen, volkreichen, streitbaren und mächtigen Nation, als die deutsche sei, verkleinerlicher, schimpflicher und spöttischer sein könne, als daß sie sich von anderen, mit ihr nicht zu vergleichenden Völkern auf ihren eigenen Meeren und Flüssen Recht und Gesetze vorschreiben lassen und denselben gehorchen müsse? Was sei der Zoll im Sunde anders als ein schädlicher und schändlicher Tribut über ganz Germanien, so daß sich wohl Leute hätten verlauten lassen, „es sei dies ein rechter Zaun, wodurch man die deutschen Seestädte zum Zoll bringe." In diesem Sinne hatte der Kaiser Ferdinand auf die Erbauung einer deutschen Flotte gedrungen, welche der dänischen und schwedischen Herrschaft auf dem baltischen Meere ein Ende machen sollte. Aber der Kaiser hatte mit dieser nationalen Idee keinen Anklang gefunden, eben weil sie von ihm, dem Kaiser, kam. Doch verhandelte Wallenstein in seinen Briefen an Arnim wiederholt die Frage, wie er vermeine Rostock im Zaum zu halten, nicht allein itzunder, sondern auch ins künftige, da derselbe gar wohl wisse, daß die große Stadt ohne Citadelle gar nichts werth sei[2]). Um dem vielfältigen Drängen Wallensteins, daß Verschanzungen an der Seeseite angelegt werden möchten, da er feindliche Unternehmungen von Schweden und Dänemark befürchtete, nachzugeben,

---

[1]) So erwähnt Wallenstein, daß der schwedische Reichskanzler ihm geschrieben, aber lateinisch, „ich vermeine beßwegen, daß er mir den tit. Gen. des Oceanischen und Baltischen Meers nicht sollte geben, schreibt S. C. M. Duci Exercituum Generalissimo." Förster a. a. O., II. S. 397.

[2]) Förster II. S. 139.

war von den Obristen von St. Julian eine Schanze bei Warne-
münde, dem Hafenorte Rostocks, aufgeworfen worden, mit der am
Ausfluß der Warnow später noch ein Blockhaus verbunden war,
zu dessen Bau auch die Rostocker, welche überdies das nöthige Holz
hatten liefern müssen, mit herangezogen wurden. Da auch der
Hafen durch versenkte Schiffe gesperrt wurde, und der König von
Dänemark, seitdem Wallenstein Mecklenburg besetzt hatte, die Schiffe
Rostocks zurückbehielt, welchen Verlust die Stadt auf drei Tonnen
Goldes schätzte[1]), so führte dieselbe wiederholt laute Klagen, da der
Handel völlig barniederlag, und die getroffenen Maßregeln ihren
Wohlstand auf die Länge zu zerstören drohten. Die gegebenen Zu-
sagen, daß Schifffahrt und Handel nicht gesperrt und gehindert wer-
den sollten, wurden beschränkt, oder bei nothwendigen Vertheidigungs-
maßregeln ganz außer Acht gelassen und bei Seite gesetzt. Als die
Stadt sich zu befestigen gedachte[2]) und damit umging, zu ihrem
Schutze Befestigungswerke aufzuführen, ertheilte Wallenstein Befehl,
dieses auf jegliche Weise zu verhindern, und drang darauf, daß ein
Anfang mit der Erbauung einer Citadelle gemacht werde.

Ungeachtet, daß Wallenstein schon in seinem eigenen Interesse das
Land, das er bereits als das seinige glaubte ansehen zu können, vor
Bedrückungen zu schützen und überhaupt zu schonen suchte, sah er
sich doch gezwungen, um die Verpflegung der Truppen zu ermöglichen, dem Lande bedeutende Lasten aufzuerlegen, und auch Rostock
ward gleich anfangs zur Unterhaltung eines Regimentes zu Fuß
und tausend Pferde herangezogen. Die bedeutende Contribution
konnte indessen nur für eine kurze Zeit Rostock von der Besetzung
durch kaiserliche Truppen befreien, und selbst diese vereinbarte Con-

---

[1]) Franck, Altes und Neues Mecklenburg, Lib. XIII. S. 45. 58. 66.

[2]) An Arnim d. d. 2. und 13. December 1627 bei Förster, II. S. 161. 163 und
von Brandeis aus d. d. 20. December 1627, ebendas. S. 169: „bitt der herr nehme
sich fleißig an, den Port von Rostock zu schließen, wie auch an beyden orten Cita-
bellen anfangen zu bauen, denn in wenig tagen wirdt ein mutacion mit demsel-
bigen landt vor die handt genommen werden." d. d. 21. December, ebendas. S. 127:
„Ich vernimb, das die von Rostock haben fortificiren wollen, nun muß man ihnen
solches keinesweges nicht gestaten, sondern sehen, das in puncto solche fortification
rasiert wird, hergegen aber muß der herr sehen, den hafen fortificiren und sich
desselbigen wol versichern, wie auch ein Citadella daselbsten, sobalt der hafen
versichert ist, anlegen."

tribution ward willkürlich erhöht, da Rostock schon Ende des Jahres
1627 als außerordentliche Steuer 50,000 Thaler bezahlen mußte,
damit Wallenstein im Stande sei, seinem Prager Banquier de Wite
die Summe von 30,000 Thalern für gelieferte Munition und andere Requisiten zu bezahlen, da er für seinen Credit fürchtete, wenn
er nicht denselben wenigstens zum Theil baldigst befriedige[1]). Als
Wallensteins Besorgnisse zunahmen, daß nicht nur Dänemark, sondern auch Schweden sich der Herzoge, nachdem sie aus dem Lande
hatten weichen müssen, thatkräftig annehmen würden, und die Beziehungen, in welche Rostock zu Gustav Adolf getreten war, fürchten
ließen, daß die Stadt gemeinsame Sache mit demselben machen
könne, auch seine den Rostockern gegebene Antwort, deren wir gedachten, der Befürchtung Raum gaben, daß von schwedischer Seite
die Absicht vorhanden sei, sich der wichtigen Stadt zu bemächtigen,
so stand auch bei Wallenstein der Beschluß fest, eine kaiserliche Besatzung in die Stadt zu legen[2]), um jeden Handstreich gegen die-

---

[1]) An Arnim d. d. 22. December 1627 bei Förster, II. S. 178: „Dieweil
die von Rostock M/50 Reichsthaler über der unterhaltung des Regiments bewilligt,
als bitt ich, der herr wolle einem kaufmann, der richtig ist, und sich nicht zu besorgen, das er fallirt, M/30 Reichsthaler von bemelbten M/50 abführen, auf das
er dieselbigen bei sich helt, bis das solche der hans de Wite durch jemandsen von
ihm abfordert, denn der hans de Wite hatt über M/200 fl. itzt an Municionen
vnbt andern requisiten erhandeln müssen u. s. w."

[2]) Vgl. die Erzählung Duistorps an Jungius in Betreff der Ueberrumpelung
Rostocks durch die Kaiserlichen, ep. ad Jung. II. Vol. Stück XLV bei Avé-Lallemant a. a. D., S. 95 ff.: „Es ist den 16. Octobris über alles verhoffen hinter
die Rostocker aussenwerk umb, an der ober warnow ein gros hauffen volk zwischen
dem Ziegel und stadt thor geführet. Der Statt Soldaten, die die schildwacht an
selbigen ort gehabt, sind da nur 12 gewesen, die haben alsbald, wie ihnen der
große hause über den hals gekommen, sich davon gemacht. Darauff ist alsbald der
S. Jürgen nebenst den angrenzenden garten und heusern occupiert. Umb neun
Uhr des Morgens sind die bürger alle zu walle gewesen. Es sind alsbald aus dem
rath und bürgerschaft hinausgeschicket zu vernemen, worhin das gemeinet were.
Da haben sie den h. General selbst neben unterschieblichen fürstlichen Personen und
den vornehmsten Obristen gefunden. Da ist diese erklerung erfolget. Er were da
nicht wie ein feind, sonder wie ein freund, er were der statt fürst, und stunde ihm
zu, dieselbe zu verteidigen. So were schon Stralsund vom Reich gebracht, es were
nicht zu verantworten, wan auch diese Statt davon kommen solle, Welches leichtlich geschehen möchte, weil die Herzen wegen des Commercii an den benachbarten
Königen hingen, er auch schreiben von einem Rostocker bürger an den König von

selbe unmöglich zu machen, und überhaupt sich ihrer völlig zu ver=
sichern, da man ihre jetzige Anhänglichkeit an die angestammten
Landesherren kannte.

Die Stimmung in der Stadt war eine äußerst gedrückte, und
je näher die gefürchtete Besetzung der Stadt herankam, desto größer
ward die Besorgniß, daß sie, die eifrig lutherisch gesinnt war, in
der freien Ausübung des lutherischen Bekenntnisses beschränkt werden
könnte. Diese erwies sich indessen als völlig unbegründet, da Wallen=
stein tieferes religiöses Interesse nicht hatte, und sich überhaupt in
seinen Maßnahmen allein von den Rücksichten bestimmen ließ, welche
ihm Umstände und Verhältnisse bei der Durchführung seiner poli=
tischen Entwürfe auferlegten. Als er nun eine Garnison von tau=
send Mann in die Stadt legte, nahm er auch keinen Anstand, in
der am 17. October 1628 mit derselben abgeschlossenen Capitulation
und Assecuration[1]) ihr die Zusage der völligen Religionsfreiheit, der
Erhaltung ihrer Gerechtsame und Privilegien und der Ausübung
des bisher ihr zustehenden Stadtregiments in geistlichen und welt=
lichen Sachen zu geben[2]). Wallenstein war bemüht, das Mißtrauen

---

Schweden hätte und vorgezeiget, darin begeret, das er der statt Rostock 800 man
zur defension senden wolte. Wollte derwegen zur statt Defension ihnen 1200 Sol=
baten zuordnen. Die Handlung hat sich den gantzen auch folgenden Tag continuiret
u. s. w. — Es ist aber nach vielen gepflogenen Handlungen also ausgeschlagen.
Der general hat mit hohen eiden betewert, das er allein der statt defension
suchte, wolte nicht inquartieren, sonder zur Defension der statt hinein kommen lasen
zum höchsten 1000 man und nimmer darüber, die wolte er vollenkommentlich be=
solden. Die besolbung solte von den land contributionibus aus dem land lasten
genommen werden. Er begerete nicht anders, als das ein Rath und Bürgerschaft
sie in den wüsten und ledigen heusern einlegte u. s. w.

[1]) Abdruck der zwischen dem Durchleuchtigen, Hochgebornen Fürsten vnd Herrn,
Herrn Albrecht, Hertzogen zu Friedland vnd Sagan, der Röm. Kayserl. auch zu
Hungarn vnd Böheimb Königl. Mayest. bestalten General Feld=Hauptmanns, wie
auch deß Oceanischen vnd Balthischen Meers Generale, vnd der Stadt Rostock,
Wegen eingenommener Kayserlichen Guarnison, getroffenen Capitulation und Asse=
curation. MDCXXVIII.

[2]) Erstlich haben J. F. Gn. Sich gnädig vnd bei fürstlichen Glauben vnd
Würden erkläret, versprochen vnd zugesaget, daß Sie durch gemelte Garnison Jhrer
Stadt Rostock an bero biß anhero ruhiglich besessenen vnd gebrauchten Stadt Re=
giment, in Geist= vnd Weltlichen Sachen, auch Universitet, Kirchen und Schulen
nichts praejudiciren, darin keine Veränderungen machen, sondern alles vnd jedes
in vorigem Stande verbleiben, auch viel gedachte Stadt, bey ihren habenden, wol

der Bürger durch möglichst viele und große Concessionen zu beseiti=
tigen, um die für jene Zeit stark bevölkerte und mit allen Kriegs=
mitteln wohl versehene Stadt für sich zu gewinnen, und nöthigenfalls
in seinem Interesse ihre Vertheidigungsmittel zu verwenden. Die
Stadt ward nicht entwaffnet, da alle der Stadt gehörige Munition,
Artillerie, Pulver, Loth, Wehr und Waffen dem Rath und der
Bürgerschaft frei und sicher überlassen wurden. Es ward ihr die
Zusicherung ertheilt, daß die Garnison über die Zahl von tausend
Mann nicht verstärkt werden solle, und daß für ihren Unterhalt und
ihre Besoldung Wallenstein Sorge tragen werde[1]). Ueberhaupt zeigte
sich in allen einzelnen Bestimmungen dieser Capitulation die Ab=
sicht, die von Alters her der Stadt zustehende selbstständige Stel=
lung und die durch Verträge festgestellte verschiedene Gerichtsbarkeit
der Stadt und der Akademie anzuerkennen, den Bürgern und Ein=
wohnern durch Verheißung der strengsten Disciplin unter der Sol=
datesca Schutz und Schirm zuzusagen, und ihr Vertrauen durch
völlige Sicherstellung ihrer privativen Rechte und ihrer städtischen
Unabhängigkeit sich zu erwerben[2]).

Seitdem Mecklenburg an Wallenstein pfandweise überwiesen

---

hergebrachten, von der Röm. Kays. Mayest. confirmirten Freyheiten, Privilegien vnd
Gerechtigkeiten, Insonderheit bei dem exercitio Jurisdictionis omnimodae, auch
Religion vnd Prophan Frieden, Fürstlich manuteniren vnd schützen, vnd sicher
verbleiben lassen wollen.

[1]) Fürs Ander, haben I. F. Gn. die Anzahl gemelter Garnison zu Eintausend
Mann zu Fuß dero gestalt, daß dieselbe ganz keine Weiber, (außgenommen so ver=
trawet) vnd Jungen bei sich haben oder folgends einbringen, solche Summa auch
nicht gesterket werden solle, moderiret, vnd sich darbey Gnädig erkläret, daß Sie
dieselbe vnd dero Commendirende Officirer mit Sold, Proviant vnd aller zu=
gehörigen Notturft, ohne einige eines Erbarn Raths vnd gemeiner Stadt Rostock,
oder dero Bürger vnd Einwohner Beschwerung, Schatzung oder Zulage unterhalten
wollen.

[2]) Die aus zwölf Artikeln bestehende Capitulation sagt unter Anderem noch
zu, daß, sobald die Kriegsgefahr vorüber, die Garnison aufgehoben werden solle,
daß der Stadt, Land, Hospital und Bürger Güter mit aller Einquartierung und
Schatzung verschont, auch „der Nachstandt der I. F. G. versprochenen Contribution
aus Gnaden remittirt und erlassen werden solle.” Die mit der gewöhnlichen Unter=
schrift Wallensteins: A. H. z. F. vollzogene Capitulation ist datirt: „Actum in
Sanct. Georg für Rostock, den 27/17. Octobr. Anno Sechszehnhundert acht vnd
zwantzig.

war, sah er das Land als das seinige an, da er nicht zweifelte, daß ihm auch der erbliche Besitz desselben vom Kaiser werde zugesprochen werden. Da ihm aber alle Hoheitsrechte übertragen waren, bediente er sich derselben in ausgedehntem Maße, und wußte durch die Umsicht und Energie seines Handelns auf alle Zweige der Verwaltung anregend und belebend und, wenn man die kurze Zeit seiner Herrschaft in Mecklenburg erwägt, selbst nicht ohne Erfolg einzuwirken. Er errichtete einen Geheimen Rath unter Vorsitz von Gebhard Moltke, in den er auch den Landrath Gregorius Bevernest neben Volrath von der Lühe auf Varenhaupt zog[1]), um die Einheit der Landesadministration zu fördern, und wo möglich überall nützliche Veränderungen und Verbesserungen, für die er selbst ein scharfes Auge hatte, anzubahnen. Da es sich hier nur um diejenige Seite seiner Thätigkeit handelt, welche auf die kirchlichen und wissenschaftlichen Institutionen des Landes einen Einfluß zu üben geeignet war, so liegt die Frage nahe, welche kirchliche Stellung er überhaupt für seine Person einnahm. Unleugbar stand Wallenstein mit der specifischen katholischen Partei am kaiserlichen Hofe, die in dem kaiserlichen Beichtvater Lämmermann[2]) ihren Mittelpunkt fand, in naher Beziehung, und hatte durch die enge Verbindung mit ihr, welche bisher sorgfältig von ihm unterhalten worden war, seine Zwecke bei dem Kaiser meistens zu erreichen gewußt. Es war ihm, der längst mit dem Glauben der katholischen Kirche zerfallen war, und der Tilly gerade beßwegen, weil er fest am katholischen Glauben hing, gering geschätzt hatte, gelungen, dem Pater Lämmermann seine katholische Gesinnung zu verbürgen, und einigermaßen die Zusammenstimmung derselben mit seinen offenkundigen Handlungen ins Licht zu setzen. Dieser scheint der Verschlagenheit und der Verstellungskunst Wallensteins nicht gewachsen gewesen zu sein; wenigstens hatte er sich von der vermeintlichen Frömmigkeit und Treue Wallensteins gegen den Kaiser überzeugen lassen, und wußte auch diesem, der stets an denen, welchen er einmal sein Vertrauen geschenkt hatte, so lange als möglich festhielt, dieselbe Meinung von Wallenstein einzuflößen. Gewiß ist, daß Kaiser Ferdinand, bei seiner

---

[1]) Lisch, Jahrbücher XVII. S. 197.

[2]) Khevenhiller XI. 1125. K. M. Freiherr von Aretin, Wallenstein, S. 27.

innern Stellung zum Katholicismus, auch in seinen politischen Maß=
nahmen von kirchlichen Gesichtspunkten geleitet war, und daß Wallen=
stein Ursache hatte zu wünschen, daß der Kaiser glaube, auch er
verfolge die Wiederherstellung des Katholicismus, und suche die Kräf=
tigung der von .der römischen Kirche zur Unterdrückung des Pro=
testantismus ausgegangenen Institutionen zu befördern[1]). Thatsäch=
lich ist es, daß Wallenstein den Orden der Jesuiten, auf den der
Kaiser als auf ein bedeutsames und geeignetes Werkzeug zur Ka=
tholisirung der protestantisch gewordenen Länder großes Gewicht
legte, bisher vielfach unterstützt, und durch Begründung von Semi=
narien und Dotation derselben seine Bestrebungen wesentlich geför=
dert hatte. Der katholischen Reaction in Böhmen hatte er keine
Hindernisse entgegengesetzt, sondern hatte ihr auf seinen Gütern allen
Vorschub geleistet. Es lag ihm selbst daran, die Häupter der ka=
tholischen Partei nach dieser Seite hin zu befriedigen, in sein In=
teresse zu ziehen, und in demselben zu erhalten.

Daher erklärt es sich zur Genüge, daß sowohl die lutherisch
gesinnten Stände Mecklenburgs, als auch hauptsächlich Rostock um
die Aufrechthaltung des lutherischen Bekenntnisses in Sorge waren,
und daß die den Ständen im Allgemeinen und der Stadt Rostock
insbesondere ertheilten desfallsigen Zusicherungen diese Befürchtungen
ganz zu beseitigen nicht ausreichten. Denn Wallenstein hatte ähn=
liche früher in Bezug auf das Herzogthum Sagan ertheilt, und
anfangs diese gehalten, da er in Sachen der Religion nicht refor=
mirt und den überkommenen Religionsstand gelassen, später aber
nichtsdestoweniger befohlen hatte, die Leute wieder katholisch zu
machen, weil er es für an der Zeit hielt und glaubte, auf die be=
kannte Gesinnung des Kaisers und auf die allgemeine politische

---

[1]) Fragt es sich noch, ob Wallenstein aus politischen Gründen ganz mit dem
Restitutionsedict einverstanden gewesen sein mag, so ist doch gewiß, daß er schon
im Jahre 1628, also ein Jahr vor dem Erlaß desselben, nachdem er kaum mit
Mecklenburg belehnt war, die Comthureien Mirow und Nemerow in Besitz nahm,
indem er diese, welche nach dem Vertrag von Passau säcularisirt waren, im Sinne
jenes späteren Restitutionsedictes zurückforderte. Lisch, Jahrbücher IX. S. 62.
Wallenstein hatte zwar anfangs die Comthureien geschützt, jedoch nur, um sie für
sich selbst zu nehmen. Ebendas. IX. S. 108.

Sachlage damals Rücksicht nehmen zu müssen[1]). Auch der Umstand, daß er bei seinen Werbungen nicht auf das Bekenntniß Gewicht legte, und Soldaten verschiedener Bekenntnisse unter seinen Fahnen zählte, und selbst mit nicht katholischen Befehlshabern, die unter ihm dienten, in nahem Verhältniß stand, und ihnen nicht selten die Vollziehung der wichtigsten Aufträge übertrug, war nicht geeignet, diese Besorgnisse zu entfernen. Wiederholt hatte Wallenstein, als darüber Klagen, insbesondere von den katholischen Ständen erhoben und selbst bis an den Kaiser gebracht waren, erklärt, daß die Verwendung lutherischer Officiere nur geschehe, um dem Argwohn entgegenzutreten, als wolle der Kaiser den Protestantismus in Deutschland völlig unterdrücken. Denn wenngleich dieses Verhalten immerhin eine bedenkliche Indifferenz zeigte, und jedenfalls mit einer entschieden katholischen Gesinnung im Widerspruche stand, so lagen doch noch andere Thatsachen genugsam vor, welche die Begünstigungen bezeugten, die er den Planen und Maßnahmen der specifisch katholischen Partei am kaiserlichen Hofe gewährt hatte. Zwar überwogen bei ihm stets die politischen Rücksichten, und wenn diese zu nehmen waren, trat ihm jeder andere Gesichtspunkt zurück, aber umgekehrt konnten politische Erwägungen auch möglicherweise Wallenstein veranlassen, die in Bezug auf das exercitium religionis gegebenen Zusagen dem katholischen Interesse zu opfern. Trat die lutherische Kirche mit ihren Ansprüchen und Rechten dem entgegen, was er auf staatlichem Gebiete anstrebte und zu erreichen beabsichtigte, so ließ sich bei seiner Neigung zu gewaltsamen Schritten, wo er irgend Widerstand fand, voraussehen, daß er auch nöthigenfalls das lutherische Bekenntniß beschränken, oder wohl gar beseitigen werde. Es war bekannt, daß Wallenstein noch fortwährend zu dem Pater Veit Pachta im Verhältniß stand, von dem er in dem abligen Convictorium der Jesuiten zu Olmütz, als er dorthin von seinem Oheim, Johann Kawka von Ricam, gebracht worden war, den Unterricht in der katholischen Confession erhalten hatte. Es lag nicht außer der Möglichkeit, daß der eifrige Jesuit auf seinen früheren Zögling noch einen bestimmenden Einfluß üben konnte, da der mächtig gewordene

---

[1]) Fr. Förster, Wallenstein als Feldherr und Landesfürst, S. 356, in dem Briefe aus Havelberg d. d. 27. August 1627: „und dieweil itzunder Zeit ist, so hebt wiederum an, die Leut katholisch zu machen."

Fürst ihn hoch hielt, und ihm die Liebe bewahrte, die er als Jüng=
ling ihm zugewandt hatte. Das Factum, daß er während seines
kurzen Regimentes in Mecklenburg wiederholt Söhne mecklenburgi=
scher Abliger nach Gitschin zu senden beabsichtigte, um sie dort, wo
ein Jesuiter Collegium blühte, ihre Studien machen zu lassen[1]),
zeigt wenigstens, daß Wallenstein keineswegs die alten Beziehungen
abgebrochen hatte, daß er sie vorkommenden Falles zu benutzen
wußte, und daß er selbst trotz aller gemachten Zusagen schwerlich
würde Bedenken gehabt haben, die Katholisirung Mecklenburgs her=
beiführen zu helfen, wenn er geglaubt, daß sie seinen Planen würde
förderlich sein, oder er sie aus Staatsrücksichten würde für noth=
wendig erachtet haben.

Indessen läßt sich nicht sagen, daß diese Absicht während der
Zeit, daß Mecklenburg sich unter seiner Botmäßigkeit befand, er=
kennbar hervorgetreten wäre. Seine eigenen persönlichen Ueberzeu=
gungen standen dem Katholicismus fern, so sehr er sich auch zu
Zeiten dem Kaiser und seinem eigenen Schwager, dem Erzbischof
von Prag, Ernst von Harrach, gegenüber den Anschein innerer Be=
theiligung an dem Wohl und Wehe der katholischen Kirche zu geben
versuchte[2]). Seine bekannte Vorliebe für Astrologie hatte ihn schon
während seiner Studienzeit in Padua mit Andreas Argoli in nahe
Verbindung gebracht, welcher damals auf diesem Gebiete als eine
Auctorität galt, im Uebrigen aber einer ungläubigen, der Kirche
abgewandten, ja frivolen Richtung zugethan war. Längst hatte sich
in Italien die humanistische Richtung mit einer pantheistischen Phi=
losophie verschwistert, welcher sich auch die damals aufblühenden
Naturwissenschaften angeschlossen hatten, unter denen Physik, Astro=
nomie und Astrologie vorzugsweise gepflegt wurden. Vieles deutet
darauf hin, daß Wallenstein Argoli's Einflüssen nicht bloß in astro=
logischer Beziehung zugänglich gewesen sei. Das tiefe Interesse, das
Wallenstein an der Astrologie nahm, ruhte darauf, daß die Welt
ihm ein in sich bedingtes Ganze war, das nicht in vereinzelte Sei=
ten auseinanderfällt, daß somit der Sternenhimmel seine siderischen

---

[1]) K. Th. F. von Lützow, Versuch einer pragmatischen Geschichte von Mecklenburg, Th. III. S. 236.

[2]) Friedrich von Hurter, Zur Geschichte Wallensteins, Cap. XX: Wallenstein
in kirchlicher und religiöser Beziehung, S. 344 ff., S. 350 ff.

Einflüsse nicht bloß auf die tellurische, sondern auch auf die geschichtliche Entwickelung der Welt erstreckt. Darum ward Wallenstein in seinen Entschlüssen von astrologischen Voraussetzungen bedingt, und häufig entschied die Nativität des Einzelnen über sein Verhältniß zu ihm. Im Grunde war ihm, der in den Sternen die Entscheidung der Dinge zu lesen glaubte, und nur auf die von der Astrologie bezeichneten kritischen Tage Rücksicht nahm, die katholische Kirche verhaßt, weil sie eine Auctorität für sich in Anspruch nahm, die er ihr innerlich weder zugestehen konnte noch wollte, wenn er gleich nach Außen hin ihr nicht offen entgegentrat. Seinem Scharfblicke aber war es nicht entgangen, wie wichtig es für ihn sei, sich in seinen Planen an die katholische Partei, auf deren Unterstützung er hoffen mußte, anschließen zu können. Erklären sich nun aus seinen politischen Motiven alle Handlungen, bei welchen wir ihn früher das Interesse der katholischen Kirche fördern sehen, so sind es nicht minder nur Rücksichten der Staatsklugheit, welche sein Verhalten der lutherischen Landeskirche Mecklenburgs gegenüber bestimmten. Diese waren um so bringender von seinem Standpunkte aus geboten, als seine Herrschaft im Lande eine noch völlig unbefestigte war, und er sich nicht verhehlen konnte, welchen Wechselfällen er sich, zumal bei den von Außen drohenden Gefahren, aussetzte, wenn er nicht das kirchliche Bekenntniß des Landes achtete, und die Ausübung desselben in jeder Weise ungefährdet ließ.

Bereits im Jahre 1624 war die Superintendentur der Stadt Rostock durch den Tod des M. Joachim Westphal, Pastors zu St. Jacobi, erledigt, welcher sie seit dem Jahre 1616 verwaltet hatte. Während der eingetretenen Vacanz, welche sich unter dem Drucke der politischen Verhältnisse verlängerte, hatte M. Johannes Goldstein[1]) die Ministerial-Angelegenheiten Rostocks wiederholt dirigirt. Als derselbe am 22. Januar 1628 zum Superintendenten

---

[1]) Johannes Goldstein, nach der Sitte der Zeit auch wohl Chrysolithus genannt, aus Ruthen in Westphalen gebürtig, ward in Rostock unter Pegels Decanat Magister, Etwas, J. 1739 S. 794. Conrector zu Wismar, ward er den 25. Februar 1595 Pastor zu St. Nicolai; er starb den 25. Februar 1635. Etwas, J. 1737 S. 664 f. J. 1740 S. 288. Franck, Altes und Neues Mecklenburg, Lib. XIII. S. 65. Krey, Beiträge zur mecklenburgischen Kirchen- und Gelehrtengeschichte, Bd. I. S. 263, Bd. II. S. 18. Krey, Andenken, IV. S. 10.

erwählt worden war, wurde er von Wallenſtein ohne Anſtand confirmirt[1]), und vermied derſelbe auch offenbar abſichtlich Alles, was
irgend die Beſorgniß wecken oder vermehren konnte, als denke er
daran, das zugeſagte freie exercitium religionis zu beſchränken, oder
auch nur die nöthige Rückſicht auf das lutheriſche Bekenntniß des
Landes nicht nehmen zu wollen.   Denn ſo ſehr er auch zur ſchranken-
loſen Machtübung geneigt war, und jeder anderen Art von Oppoſi-
tion mit gewaltthätigen Schritten entgegentrat, ſo hütete er ſich
wohl, auf ein Gebiet überzugreifen, das allein aus politiſchen
Rückſichten für ihn in Betracht kam, das aber, wie er nicht verkannte, von der Art war, das es geſchont und ſelbſt gepflegt
ſein wollte, wenn er nicht ſeine kaum begründete und noch den
Wechſelfällen ausgeſetzte, geſchweige denn befeſtigte Herrſchaft aufs
Spiel ſetzen wollte[2]).   In gleicher Weiſe erwies ſich Wallenſtein
rückſichtsvoll gegen die Univerſität, obgleich es ihm nicht unbekannt
war, daß dieſelbe der angeſtammten Landesherrſchaft durchaus ergeben war, ja auch daß ſie, nachdem die Landesherren durch die
Gewalt genöthigt worden waren, aus ihren Erblanden zu weichen,
mit denſelben, wenigſtens durch einzelne ihrer hervorragenden Glie-

---

[1]) Vgl. Protokollum deſſen, was bei Election, Confirmation und Introduction
des neuerwählten Superintenbenten Ehrn M. Johannis Golbſteins vorgelauffen,
Anno 1628 im Februario und Junio (Roſtocker Rathsarchiv). Unter dem 5. May
1628 hatten Bürgermeiſter und Rath bei Wallenſtein um gnädige Confirmation
deſſelben gebeten, da es „dem lieben Gott gefallen, daß E. F. G. uns zum Landes-
fürſten von der Kaiſ. Majeſtät vorgeſetzt worden ſei.“ Das Original der Confirmation iſt datirt Güſtrow, den 27. May 1628, und lautet im Eingange: Von Gottes
Gnaden Albrecht, Herzog zu Friedland und Sagan, der Röm. Kaiſ. Majeſtät General etc., iſt unterzeichnet: Joh. Oberbergl und iſt gerichtet an „Bürgermeiſter
und Rath und ganzes Miniſterium unſerer Stabt Roſtock.“ Es wird geſagt, daß
ſie erfolge, weil die Wahl vermöge des Mecklenburgiſchen Erbvertrags de Anno
1573 geſchehen ſei. Sobann heißt es — — haben darauf Unſeren Superintenbenten zu Güſtrow, Herrn Dr. Lucae Backmeiſtern, gnädig anbefohlen, daß er ſich
je eher je beſſer zu Euch verfüge, die gewöhnliche Predigt thue und folgends den
neuen Superintenbenten inſtituire, und Im die Inspection und Aufſicht über die
anderen Prediger und Kirchendiener, wie Herkommen, vertrauen und anbefehlen ſolle.

[2]) Charakteriſtiſch iſt der Schluß der Confirmation: „Wir wollen Euch aber
hierunter gnädig erinnert und ermahnt haben, daß Ihr hinfüro den aufgerichteten
Erbvertrag Euch gemäß verhaltet, und aller Neuerung künftig entmüſſiget, daß nicht
nöthig ſei, ein ernſtes Einſehen zu thun, welches wir Euch gnädiger Wolmeinung
nicht verhalten wollen.“

ber, fortwährend in Verbindung stand. Doch glaubte er darauf
kein großes Gewicht legen zu müssen, so lange dieses nur eine Bethätigung persönlicher Theilnahme an dem herben Geschick der früheren Landesherren war, und nicht in Versuche zu ihrer etwaigen
Restitution oder irgend welche factische Betheiligung an derselben
umschlug. Er fühlte wohl, wie wenig er Wurzel hatte in dem
Lande, das er zum festen Mittelpunkt seiner weiteren Entwürfe zu
machen gedachte und war, soweit nur nicht seiner Herrschsucht Hindernisse entgegengestellt wurden, darauf bedacht, jetzt dem Lande,
das er als das seinige betrachtete, Erleichterung zu verschaffen, und
sich wo möglich Vertrauen in demselben zu erwerben. Es versteht
sich, daß er dabei die Hülfsquellen des Landes sofort für seine
Kriegszwecke benutzte¹). Doch blieb er hierbei keinesweges stehen,
sondern ging mit staatsmännischer Einsicht und Umsicht daran, die
Regierung des Landes neu zu organisiren, um einen umgestaltenden
Einfluß auf alle Verhältnisse desselben ausüben zu können. Zu
diesem Zwecke errichtete er seinen Geheimen Rath, in welchem Gebhard Moltke präsidirte. Es gelang ihm selbst, den Landrath Gregor
von Beverneft und Volrath von der Lühe auf Varenhaupt, wie schon
erwähnt, zum Eintritt in denselben zu bewegen. Hatten nun diese dabei auch vornämlich das Wohl des Landes vor Augen gehabt, so gelang
es doch dadurch Wallenstein, sofort eine des Landes kundige Regierung
zu haben. Um aber auch in dieser Beziehung die Sympathieen des
Landes zu gewinnen, machte er es sich zum Princip, fast nur Mecklenburger zu seinen Beamten zu verwenden. Da er aber sofort in
der innern Verwaltung des Landes bedeutende Veränderungen und

---

¹) Vgl. über die Benutzung der herzoglichen Salpetersiedereien, der Pulvermühlen und insbesondere der Eisengießerei durch Wallenstein, um Kriegsmaterial
herzustellen, insbesondere um Kugeln in großen Massen zu produciren: Lisch, Jahrbücher VII. S. 65 f. Wallenstein war auf die Hebung der Eisenwerke eifrig bedacht, indem er noch im Jahre 1630 als Zuschuß für das Eisenwerk zu Neustadt
tausend Thaler auf den Kammer-Etat setzte. Ueberhaupt läßt sich nicht verkennen,
daß Wallenstein allen Einrichtungen in Mecklenburg, die dem Heereswesen zu Gute
kamen, seine besondere Aufmerksamkeit zuwandte. Besonders hatte Wallenstein von
jeher das Geschützwesen unter seine Obacht genommen, und so war es ihm, wie
er in Prag und Pilsen Stückgießereien und Pulvermühlen hatte, auch hier darum
zu thun, solche herzustellen, um Geschütze jedes Kalibers wo möglich zu haben, und
Pulvervorräthe anzuhäufen.

Verbeſſerungen einleitete, und auch zur Aufhülfe des Landes Bauten
und Meliorationen der verſchiedenſten Art unternahm, wobei privat=
rechtliche Verhältniſſe nicht minder als öffentliche Rechtsverhältniſſe
vielfach zur Frage ſtanden, fühlte er das Bedürfniß, ſich auf dieſem
Gebiete zu orientiren. Auch mochte er wünſchen, daß ungeachtet
des gewaltſamen Eingreifens, das er ſich vielfach erlaubte, es den
Anſchein gewinne, als ob er den Rechtszuſtand des Landes zu achten
gedenke. In dieſem Sinne ſcheint er wiederholt von der juriſtiſchen
Facultät Roſtocks Gutachten über einzelne Rechtsfragen und Rechts=
gewohnheiten erfordert zu haben, doch war dieſelbe in dieſen Jahren
nicht vollſtändig, da mehrere ihrer Glieder damals in Lübeck lebten,
welche jedoch mit ihren Collegen in Roſtock mehrfach conferirten[1]).
Die in Lübeck ſich aufhaltenden Profeſſoren der Jurisprudenz be=
riethen die Herzoge, insbeſondere Adolf Friedrich, welcher in den
letzten Jahren ſeines Exils faſt beſtändig ſeinen Wohnſitz in Lübeck
hatte, bei allen Schritten, welche dieſe zur Wahrung ihrer Rechte
bei dem Kaiſer wie bei den Churfürſten thaten.

Daß Wallenſtein der Univerſität Schutz und Förderung zu
Theil werden laſſen wollte, zeigt, daß er ſie möglichſt gegen die
Kriegslaſten ſicher ſtellen wollte[2]), und die darauf wiederholt gerich=
teten Bitten der Akademie bei mehreren Gelegenheiten möglichſt
berückſichtigte. Es ſcheint auch, daß Wallenſtein die Abſicht gehabt
hat, Kepler, mit welchem er durch ſeine aſtronomiſchen Studien
bekannt geworden, und ſchon ſeit dem Jahre 1620 zu Sagan mit
ihm in Beziehung getreten war, nach Roſtock für den Lehrſtuhl der
Mathematik zu berufen. Die desfallſigen Verhandlungen aber führ=
ten zu keinem Reſultate, weil Kepler Bedenken trug, darauf ein=
zugehen, falls nicht vorher der Kaiſer die Genehmigung werde er=
theilt haben. Auch hatte Kepler noch einen nicht unbedeutenden

[1]) Weitere Nachrichten von gelehrten Roſtockſchen Sachen, J. 1743 S. 87 f.
Hauptſächlich hielt ſich Thomas Lindemann zu Lübeck auf, da er nicht nur Syn=
bicus der Stadt, ſondern auch fürſtlicher Rath war, in welcher Eigenſchaft er häufig
um ſein Erachten in den damals ſo ſchwierigen ſtaatsrechtlichen Controverſen be=
fragt worden zu ſein ſcheint. Etwas, J. 1737 S. 282. J. 1740 S. 360. Ge=
ſchichte der Juriſten-Facultet in der Univerſitet zu Roſtock, S. 82 f.

[2]) Im October 1630 ertheilte der kaiſerliche Obriſt von Hatzfeld der Akademie
einen Schutzbrief, und einen gleichen verlieh ihr am 24. März 1631 der kaiſerliche
Obriſt und Kämmerer Graf Berthold von Waldſtein.

Rückstand zu fordern, gegen dessen Verlust, den er befürchtete, er vor Allem sicher gestellt zu werden wünschte[1]). So erklärt es sich, daß bei den Schwierigkeiten, die entgegenstanden, und bei dem Drange der Begebenheiten, durch welche Wallenstein unausgesetzt in Anspruch genommen ward, die Berufung wohl beabsichtigt sein mag, jedenfalls aber nicht eigentlich zu Stande gekommen ist, zumal da Wallenstein auf Kepler, der bei seiner streng wissenschaftlichen Richtung der Vorliebe Wallensteins für Astrologie abgeneigt war, kein großes Gewicht legte, und den astrologischen Theorieen eines Argoli und Seni, deren Lehren über die kritischen Tage für ihn wichtige praktische Consequenzen hatten, Glauben schenkte. Dennoch theilte auch Kepler die allgemeine damals herrschende Ansicht, daß aus dem Stand der Gestirne nicht nur für Gewitter, Fruchtbarkeit und Qualität der Luft etwas folge, sondern auch für die menschlichen Händel. Andererseits aber verließ Kepler ungern das Gebiet der exacten astronomischen Wissenschaften, und war weit entfernt, den astrologischen Behauptungen unbedingt zuzustimmen, da er sich zu den Heilswahrheiten des Christenthums auf das entschiedenste bekannte. Nach dieser Seite hin hat jedoch Kepler niemals den geringsten Einfluß auf Wallenstein ausgeübt. Der bald darauf eintretende Umschwung aller Verhältnisse, die bedrohte Stellung Wallensteins und endlich der schon am 5. November 1630 zu Regensburg erfolgende Tod Keplers ließen jene Intention für immer scheitern.

Die Kriegslasten ruhten schwer auf der Universität, besonders seitdem Wallenstein die Stadt besetzt hielt[2]). In noch höherem

---

[1]) „Um die kaiserliche Hofkammer von einer lästigen Schuld zu befreien, und Keplern zu seinen Forderungen zu verhelfen, wurde dessen Besoldung und der Rückstand von 12000 Fl. auf die Einkünfte des Herzogthums Mecklenburg decretirt, und Kepler selbst in Kauf gegeben." Keplers Leben von Breitschwert, S. 165. G. E. Guhrauer, Joachim Jungius und sein Zeitalter, S. 87 f. Doch hat sich weder hierüber, noch über die Berufung Keplers nach Rostock, über welche wohl nur Vorverhandlungen brieflich gepflogen sein mögen, etwas bisher im akademischen Archiv und im Rathsarchiv auffinden lassen.

[2]) Quistorp schreibt unter dem 29. August 1629 an Jungius: Nostri crebris illis et continuis exactionibus depauperantur, quae nisi remittant, nihil etiam illis, qui in lautiore fortuna olim positi fuerunt, reliquum facient. Stipendia nemini solvuntur; residuum tuum impetrare non potui, exhaustum est aerarium.

Maße würde sie manche Unbill und Kränkung zu tragen gehabt haben, wenn nicht ein Glied derselben, D. Jacob Fabricius[1]), als ausgezeichneter Arzt Gelegenheit gehabt hätte[2]), den friebländischen Befehlshabern nützliche Dienste zu leisten, und dadurch ihr Wohlwollen der Universität im Ganzen zuzuwenden, wodurch dieselbe mit mancher Bedrückung verschont blieb[3]). Dennoch sahen sich Rector und Concilium noch unter dem 26. November 1630 bei der

[1]) Jacob Fabricius, am 28. August 1576 zu Rostock geboren, besuchte das dortige Gymnasium unter Nathan Chyträus, und warb im Frühling 1595 unter dem Rector D. Jo. Albinus immatriculirt. Im Jahre 1602 promovirte er zu Jena als Dr. Med., und warb im Jahre 1612 an Wilhelm Lauremberg8 Stelle (Krabbe, die Universität Rostock im 15. und 16. Jahrhundert, S. 711 f.) herzoglicher Professor der Medicin und Mathematik. Zugleich war er Leibarzt des Herzogs Hans Albrecht, nach dessen im Jahre 1636 erfolgten Tode er im Jahre 1637 einem Rufe nach Copenhagen als königlicher Leibmedicus folgte, wo er am 14. August 1652 starb. Vgl. Triumph-Lied der Streiter Jesu Christi aus 2. Cor. 2, 14 bei Christlicher Leichbegängniß und Ehren Gedächtniß des weyland — — Jacobi Fabricii, Med. Doctoris etc. Durch Johannem Corfinium etc. Rostock 1652. 4. Panegyricus memoriae et honori viri summi D. J. Fabricii dicatus et dictus publice in Alma ad Varnum ab A. Tschernigio, Prof. Poet. Rostoch. 1653. 4. Bacmeister bei Westphalen, Monumenta, III. p. 1451. Etwas, J. 1738 S. 238 ff., S. 267 ff. und J. 1741 S. 334 ff., wo seine Schriften sich verzeichnet finden; J. 1740 S. 392, J. 1741 S. 853 f., S. 871 ff. Krey, Andenken, Stück VI. S. 35 ff.

[2]) Im Jahre 1629 brach wieder in Rostock die Pest aus, obwohl im schwächeren Maße. Nach einer Aeußerung Quistorps an Jungius unter dem 22. August 1629 waren bis dato nicht mehr als 300 baran gestorben. Vgl. Verzeichnuß aller Todten, so in allen vier Kirchspielen in Rostock begraben, beydes so an der Pest vnd nicht an der Pest gestorben, vom 1. Junio an des jetzt laufenden 1629 Jahres, da man vermerket, daß die Pest zu grassiren in etwas angefangen. Auff eines Ehrbarn Hochweisen Raths Geheiß vnd Consens. MDCXXIX. Das kaiserliche savellische Regiment verpflanzte die Krankheit von Rostock auch nach anderen Orten Mecklenburgs, namentlich nach Plau. Vgl. über die Pesten, welche während des Krieges zu verschiedenen Zeiten in Mecklenburg ausbrachen: Lisch, Jahrbücher XVII. S. 191 f.

[3]) In der alten Matrikel der Universität heißt es: In hisce publicis malis optimatum bellicorum insperata erga academicum ordinem benevolentia, quam collega noster D. Jac. Fabricius apud illos sua sedulitate in arte medica primitus obtinuit, et deinceps nobis conciliavit ac diligentissime fovit, ab horridis militum injuriis mediocriter tuti viximus, et mirabiliter servati sumus, idque solius Dei providentia, cui merito cum posteritatis posteritate gratias debito corde perpetuo persolvimus.

Ueberhandnahme der Einquartierung und anderer Kriegsauflagen genöthigt, an Wallenstein, der sich damals schon nicht mehr in Mecklenburg befand, eine dringende Supplication um Erleichterung und Befreiung von jenen Lasten zu richten, und in der That bewilligte derselbe von Gitschin aus, wo er auf seinen Gütern weilte, das Gesuch derselben, und befahl in einem Rescripte, Geben Gitschin, den 2. Januar 1631, dem in Rostock commandirenden Obristen von Haßfeld, die Professoren und andere Glieder der Universität mit Einquartierungen und anderen Kriegsbeschwerungen gänzlich zu verschonen[1]), so daß Wallenstein während der ganzen Zeit, daß er Mecklenburg besetzt hielt, der Universität sich geneigt bewies, wohl mehr, um den Ruhm eines Beförderers der Wissenschaften, nach welchem er unverkennbar strebte, sich zu bewahren, als daß es ihm um die Erhaltung und Pflege der lutherischen Universität, deren confessionelle Richtung er persönlich als Engherzigkeit gering schätzte, und über die er sich bei seinem nur von politischen Motiven noch regierten Indifferentismus weit hinaus wußte, zu thun gewesen wäre[2]). Diese Vorliebe für die Wissenschaften und die Begünstigung gelehrter Bestrebungen, um als ihr Mäcen zu gelten, zeigt sich selbst noch in dem letzten Jahre seines Lebens, als ihm bereits Mecklenburg verloren gegangen war. Denn er suchte damals beim Kaiser die Bewilligung nach, in seiner Residenz Gitschin eine Universität begründen zu dürfen. Als ihm diese zu Theil ward, that er bereits die vorbereitenden Schritte zu einer Zeit, wo der unheilvolle Plan seines Abfalles vom Kaiser ihn ganz beschäftigte und alle seine Thätigkeit in Anspruch nahm. Selbst die Besetzung der Lehrstühle beschäftigte ihn schon, und soll er nach den Aussagen seines Kanzlers Elz beabsichtigt haben, den Niederländer Hugo Grotius und den Dichter Opitz an die neu zu begründende Universität zu berufen[3]). Der Plan wurde durch seinen Untergang

---

[1]) Weitere Nachrichten von gelehrten Rostock'schen Sachen, J. 1743 S. 84 f.

[2]) Katholische wie protestantische Schriftsteller jener Zeit kommen darin überein, daß Wallenstein überhaupt den geistlichen Dingen abgeneigt war, und auf Confession und Kirche nur insoweit Rücksicht nahm, als die ratio status ihn dazu nöthigte.

[3]) F. von Hurter, Wallensteins vier letzte Lebensjahre, Wien 1862, S. 324.

vereitelt. Aber es begreift sich um so mehr, wie er, als er im Besitze Mecklenburgs war, der Universität seine Theilnahme zuwandte.

Achter Abschnitt.

Das Restitutionsedict und der Lübecker Friede mit Dänemark. Wallensteins Verhältniß zu beiden Maßnahmen. Belehnung Wallensteins als erblichen Landesfürsten mit Mecklenburg. Erbhuldigung der Stände. Verhandlungen Wallensteins mit dem Rostocker geistlichen Ministerium über die Fürbitte für den Landesherrn. Das hundertjährige Jubelfest der Augsburgischen Confession in Rostock.

Rasch hintereinander traten jetzt zwei wichtige Ereignisse von allgemeiner kirchlicher und politischer Bedeutung ein, welche auf die besonderen Verhältnisse Mecklenburgs bedingend zurückwirkten und Wallensteins Absichten, die er lange gehegt hatte, begünstigten und zum Abschluß brachten. Am 6. März 1629 wurde vom Kaiser Ferdinand das Restitutionsedict erlassen, welches die Rückgabe der von den protestantischen Ständen seit dem Passauer Vergleiche eingezogenen geistlichen Stifter und Güter an die katholische Kirche anordnete. Dies geschah auf Grund des im Augsburger Religionsfrieden (21. September 1555) gemachten geistlichen Vorbehalts (reservatum ecclesiasticum), nach welchem, wo ein Erzbischof, Bischof, Prälat oder ein anderer geistlichen Standes, von der alten Religion abtreten würde, derselbe sein Erzbisthum, Bisthum, Prälatur und andere Beneficia, jedoch seinen Ehren ohnnachtheilig, verlassen solle. Gleichwie der Augsburger Religionsfriede nicht den Unterthanen, sondern nur den Fürsten und Obrigkeiten die Religionsfreiheit verbürgt hatte, so ging der Zweck des geistlichen Vorbehalts vornämlich dahin, den Besitzstand der katholischen Kirche als solcher den protestantischen Reichsständen gegenüber sicher zu stellen. Der Kaiser war als Glied der katholischen Kirche, vermöge seiner Stellung, der natürliche Schirmvogt derselben, und es begreift sich, daß er, nachdem das Glück der Waffen ihn nicht nur der drohenden Gefahr entrissen, sondern auch das kaiserliche Ansehen mächtig gehoben hatte, von seinem Standpunkt aus daran denken konnte, den Rechtsbestand der alten Kirche möglichst herzustellen, und dadurch zugleich den politischen Einfluß der katholischen Reichsstände, der bedenklich gesunken war, wiederum zu heben. Wo thatsächlich der geistliche Vorbehalt verletzt worden und im Widerspruche mit demselben, Protestanten im Besitze geistlicher Stifter und ihres Einkommens geblieben waren, solle die Restitution erfolgen. Auch wurde durch das Edict die Declaration des Kaisers Ferdinand, nach welcher die Anhänger der Augsburgischen Confession in geistlichen Staaten nicht von ihrer Religion, Glauben, Kirchengebräuchen und Ceremonien hinfüro gedrungen, sondern dabei bis zu endlicher Vergleichung der Religion unvergewaltigt gelassen werden sollten, für ungültig erklärt[1]).

Sämmtliche Bestimmungen des Restitutionsedictes waren der Art, daß sie den Kaiser in die schwersten Verwickelungen führen mußten. Konnte der Kaiser sich bei demselben zwar formell auf den Augsburger Religionsfrieden stützen, so litt doch in der That der geistliche Vorbehalt auf Bisthümer und Stifter keine Anwendung mehr, deren Bevölkerung längst protestantisch geworden war. Die katholische Partei aber, welche gesiegt hatte, wollte jetzt ihrerseits das Princip des cujus regio ejus religio zur Geltung bringen. Der Argwohn, daß der Kaiser es auf eine förmliche Unterdrückung der Protestanten, und schließlich auf eine völlige Beseitigung ihres Bekenntnisses abgesehen habe, erhielt dadurch neue Nahrung. Selbst im Rathe des Kaisers hatten sich bedeutende Stimmen dagegen erhoben. Wenn aber die specifisch katholische Partei am kaiserlichen Hofe, von dem Einfluß hervorragender Glieder des Jesuitenordens bedingt, die Stimmung des Kaisers zu benutzen und die Publication des Edicts durchzusetzen wußte, und es nicht unwahrscheinlich ist, daß auch Wallenstein dabei mitwirkte und seinen Einfluß in Gemeinschaft mit jener zur Erreichung dieser Maßnahmen verwandte, so hatte doch Wallenstein, dessen antikirchliche Stellung wir kennen gelernt haben, bei dieser Mitwirkung offenbar ganz an-

---

[1]) Londorp, Der Röm. Kais. Majestät und des heiligen Röm. Reiches Acta publica, III. p. 1047. Khevenhiller, Annales Ferd. IX. 438. Onno Klopp, Das Restitutionsedict im nordwestlichen Deutschland, in den: Forschungen zur deutschen Geschichte. Herausgegeben von der historischen Commission bei der Königl. Bayerischen Akademie der Wissenschaften, Bd. I (Göttingen 1860), Heft 1, S. 75 ff., S. 94 ff. Vgl. auch die Gegenbemerkungen von Havemann, die sich jedoch überwiegend nur auf die Characteristik Tillys beziehen, ebendas. Heft 2, S. 400 ff.

bere Gründe, und nicht minder war das Ziel, das er verfolgte, ein
anderes. Es wird daher auch nicht aus Wallensteins politischer
Stellung der Liga gegenüber geschlossen werden dürfen, daß er
gegen die Restitution gewesen sei. Ihm war es, indem er diese
Plane des Kaisers gut hieß, und dessen Wünschen das Wort redete,
wesentlich nur darum zu thun, die Unentbehrlichkeit für den Kaiser,
die er sich durch den Gang der Verhältnisse errungen hatte, noch
zu steigern[1]), und sich den Kaiser zur Erreichung seiner Zwecke, die
auf die volle Erwerbung Mecklenburgs gerichtet waren, in erhöhtem
Maße zu verpflichten.

Je schwieriger die Verhältnisse durch den Erlaß des Restitutionsedictes, für welches sich auch Tilly, und zwar im Unterschiede von den politischen Motiven Wallensteins, aus kirchlichem
Interesse erklärt zu haben scheint, wurden, je lauter die dadurch
hervorgerufenen Besorgnisse sich äußerten, und je bedenklicher die
politischen Verwickelungen in Folge desselben werden mußten, da
sich die ganze lutherische Partei, Churfürst Johann Georg von
Sachsen an der Spitze, durch dieses Edict verletzt und bedroht sehen
mußte, desto gewisser konnte Wallenstein sein, daß der Kaiser, wenn
er nicht von der durch Tilly geführten Bundesarmee abhängig werden wolle, fortwährend seiner bedürfen werde, und daß es im wohl-
verstandenen Interesse des Kaisers liegen werde, Mecklenburg, das
Wallenstein als Pfandbesitz erhalten hatte, ihm als bleibende Erwerbung zu überweisen, um den fortwährenden Ansprüchen zu genügen, welche Wallenstein aus den bedeutenden Aufwendungen, die
er in seiner Eigenschaft als kaiserlicher Feldhauptmann für den Kaiser gemacht hatte, und aus seinen Waffenerfolgen, die das Ansehen
des Kaisers im Reiche zu einer ungewohnten Höhe erhoben hatten,
ableitete. Hatte der Kaiser das Restitutionsedict aus seiner katho-

---

[1]) Nicht mit Unrecht läßt sich annehmen, daß Wallenstein die eintretenden
Verwickelungen und die drohenden Gefahren, die sich aus denselben entwickeln
mußten, wohl übersah, ja daß er schon damals nicht nur mit Besorgniß auf Schweden blickte, dessen Bestrebungen zur Restitution der Herzoge ihm wohl bekannt
waren, sondern daß er bereits den Einfall der Schweden in Pommern oder gar
in Mecklenburg befürchtete. Desto mehr mußte ihm daran liegen, den Kaiser für
seine Absichten zu gewinnen. Diese Gefahren mußten sich steigern, als am 16. September 1629 der Friede zwischen Schweden und Polen zum Abschluß gekommen war.

lischen Ueberzeugung heraus zur buchstäblichen Verwirklichung des
Augsburger Religionsfriedens erlassen, und verband sich damit bei
ihm unverkennbar der Wunsch, mehrere dieser zu restituirenden Stifter und geistlichen Herrschaften seinem Sohne zuzuwenden, so mochte
Wallenstein darin einen thatsächlichen Vorschub für seine eigenen
Wünsche sehen, und sich gleichermaßen für berechtigt und durch das
Waffenglück legitimirt ansehen, daß Mecklenburg auf ihn übertragen
werde. Immerhin mochte aber auch Wallenstein mit Grund annehmen, daß der Kaiser in die erbliche Erwerbung Mecklenburgs
um so leichter einwilligen werde, als derselbe darin eine Sicherstellung der Grenzen des Reiches nach dieser Seite hin durch die
Besitznahme der nördlichen Küstengebiete von Seiten Wallensteins
sehen mußte, eine Auffassung, die wir schon in dem ihm ertheilten
Titel eines Generals des oceanischen und baltischen Meeres ange-
deutet fanden. Im Uebrigen aber muß es als zweifellos angesehen
werden, daß das Restitutionsedict auf das empfindlichste alle Interessen der großen lutherischen Partei verletzte, und daß als nothwendige Folge desselben der Krieg mehr und mehr den Character
eines Religionskrieges annehmen mußte, den er an und für sich
bis dahin nicht gehabt hatte. Das Restitutionsedict mußte die confessionellen Gegensätze wecken und schärfen und der Versuch seiner
Durchführung, welcher unter den damals allerdings unverkennbar
günstigen Umständen mit Energie gemacht wurde, rief unter den
Protestanten eine allgemeine Spannung und Erbitterung der Gemüther hervor.

Noch deutlicher aber läßt sich in einem anderen politischen Ereignisse, welches die dauernde Besitzergreifung Mecklenburgs durch
Wallenstein vorzubereiten und zu befestigen bestimmt war, der weit-
reichende Einfluß Wallensteins, der alle Wechselfälle erwog und in
seine Berechnung zog, erkennen. Es ist dies der Friede mit dem
Könige Christian von Dänemark, welcher zu Lübeck am 12/22. Mai
1629, nachdem die Verhandlungen längere Zeit nicht zum Ziele
geführt hatten, erfolgte. Da Herzog Adolf Friedrich dem Könige
Christian mannigfachen Vorschub geleistet, und unter bedrohlichen
und höchst schwierigen Verhältnissen an Dänemark festgehalten hatte,
so mußten die Herzoge, welche überdies in nahen verwandtschaftlichen
Beziehungen zu dem dänischen Königshause standen, erwarten, daß

von dänischer Seite der Friede nicht abgeschlossen werde, ohne daß
für sie günstige Stipulationen in das Friedens = Instrument aufge=
nommen worden. Diese Erwartung aber täuschte sie völlig¹). So
günstige Bedingungen auch der König Christian, dem seine deutschen
Herzogthümer, die von den kaiserlichen Truppen besetzt waren, ohne
zu zahlende Entschädigung der Kriegskosten zurückgegeben wurden,
in diesem Friedensschlusse erhielt²), so befremdend mußte es sein,
daß die Herzoge gänzlich davon ausgeschlossen waren, viel weniger,
daß auch nur ein Geringes für sie erreicht, oder Stipulationen zu
ihren Gunsten festgesetzt wären³). Im Interesse Wallensteins lag
es, den Frieden mit Dänemark zu schließen, ehe Schweden auf dem
Kampfplatze erschien, und durch die Gewalt der Waffen seinen For=
derungen, unter denen auch die Restitution der Herzoge in erster
Linie stand, Nachdruck verlieh. Daher war auch Wallenstein geneigt,
dem Könige Christian keine drückende Bedingungen aufzuerlegen,
die von der Liga geforderte Erstattung der Kriegskosten und Schä=
den zu erlassen, und die ihm als Herzoge von Holstein zustehenden
Rechte anzuerkennen, falls nur derselbe jede Intercession für die
Herzoge fallen lasse.

In der That erreichte Wallenstein diese seine Absicht. König
Christian, der die Herzoge in diese kritische Lage gebracht und in
seinen Fall mit hineingezogen hatte, überließ sie wenigstens that=
sächlich ihrem Schicksal, und zog es vor, auf die von dem Sieger

¹) In den Tagebüchern des Herzogs Adolf Friedrich a. a. O. heißt es: den
7. Juni ein Schreiben von Jacob Bergmann, daß der Friede zu Lübeck geschlossen,
meiner und meines Brubers wird darin nicht gedacht.

²) Copia der Friedens Puncten, So verschienen den 22. Newes Cal., Altes
aber den 12. May 1629 Allhie zu Lübeck zwischen Ihr Röm. Keys. Majestät vnd
Königl. Wr. vnd Majestät zu Dennemarck, Norwegen, etc. durch die Herren Com=
missarien, biß auff Kayserliche, sowol auff Königliche Ratification abgehandelt vnd
beschlossen worden. Lübeck bei Valentin Schmalhertz. Im Jahr Christi 1629.

³) Tilly ou la guerre de trente ans de 1618 à 1632 par le comte de
Villermont. Tome premier, p. 465: Cet incident, dont Gustave Adolphe
chercha plus tard à tirer parti, pour colorer sa déclaration de guerre, eut
pour effet immédiat de rendre Wallenstein plus souple vis-à-vis du Dane-
mark. Une autre circonstance y contribua plus encore. Ce fut l'abandon
tacite par Christian des droits de l'Electeur Palatin et des ducs de Meck-
lembourg, droits dont ce prince s'était constitué le défenseur, et au nom
des quels il avait, d'après ses manifestes, commencé la guerre.

9

ihm gebotenen günstigen Bedingungen, welcher die Restitution aller von den kaiserlichen Truppen occupirten Provinzen, Fürstenthümer und Lande ohne Entgelt in Aussicht stellte, einzugehen, und sich dadurch allen drohenden Wechselfällen zu entziehen. Wallenstein hatte mit großer Klugheit den König Christian zu gewinnen gewußt, und hatte, da er demselben bei dem Kaiser das Wort redete, diesen im Voraus für jene Concessionen gewonnen, indem er darauf hinwies, wie bedenklich ein Bündniß Dänemarks mit Schweden für den Kaiser sein werde. Da aber Wallenstein dem Könige Christian wiederholt seine Dienste antrug, um seine etwaigen Wünsche in Bezug auf seine deutschen Besitzungen bei dem Kaiser zu vermitteln, so gelang es seiner klugen und umsichtigen Politik, den König sich geneigt zu erhalten, und auch den Kaiser zur Einwilligung in die von ihm gestellten Bedingungen zu vermögen. Vergeblich hatte Gustav Adolf an den Lübecker Verhandlungen Theil zu nehmen, und für die Herzoge durch Vermittelungsvorschläge zu intercediren gesucht. Wallenstein vereitelte alle diese Versuche, und erreichte durch den Abschluß des Lübecker Friedens, daß er nun die erbliche Uebertragung Mecklenburgs, das er bisher doch nur als Pfandinhaber besessen hatte, auf sich einleiten und als gesichert betrachten konnte, wenn der den Herzogen so nahe verbundene König Christian von Dänemark, der obendrein durch sein Verhältniß zum niedersächsischen Kreise doppelt verpflichtet war, für sie, so weit er konnte, zu interveniren, im Voraus jeden Widerspruch aufgegeben, und sich durch den eingegangenen Friedensschluß, in welchem Wallenstein als Herzog von Mecklenburg anerkannt wurde, gebunden hatte[1]). Ueberdies hatte der letztere auch

---

[1]) Im vierten Artikel des Friedensschlusses wurden von Seiten des Kaisers die Kronen Hispanien und Polen, die Sereniss. Infanta zu Brüssel mit dem gesammten hochlöblichen Hause Oestreich, dann Chur Baiern sammt allen andern assistirenden und gehorsamen Churfürsten und Ständen des heiligen Römischen Reichs und von Seiten Dännemarks die Kronen Frankreich, Groß Britannien und Schweden, so wie die Staaten der vereinigten Niederlanden mit einbegriffen. Im Uebrigen hieß es: Und obwohl zum fünften an sexten Ihre Königliche Würden vnd Majestät zu Dännemark, Norwegen etc. bei diesen Tractaten ganz instendig vnd bewegliche Erinnerung beschehen vnd hart vnd eyffrig urgiret worden, dieser Vergleichung außbrücklich zu inseriren, daß Fürsten vnd Stände über ordentlich Recht nicht beschweret werden mögen, Weil jedoch dargegen bestendig eingeführt, das die Röm. Kays. Mayestät ohne das vnd für sich niemand wider Recht vnd Billigkeit

noch den Vortheil für Wallenstein, daß durch ihn das Stift Schwe=
rin mit der Residenz Bützow ihm zufiel, da König Christian im
Frieden zugesagt hatte, auch der „Erz= vnd Stiffter" für sich vnd
seine Söhne, unter was Prätext vnd Schein ein solches auch sein
vnd geschehen möchte, ferner nicht sich anzumaßen. Aus Allem erhellt,
daß Wallenstein sich eben so sehr dem König Christian genähert,
als dem Könige Gustav Adolf für immer entfremdet hatte, so daß
die mehrfach gegen Wallenstein erhobene Anschuldigung, als habe
Wallenstein in geheimen Unterhandlungen mit dem schwedischen
Könige gestanden, jedes thatsächlichen Anhaltes entbehrt.

Dieser Friede mit Dänemark steigerte die Besorgnisse der pro=
testantischen Stände, daß es in der Absicht des Kaisers liege, die
Augsburger Religionsverwandten von ihren Bundesgenossen zu tren=
nen, und dadurch freie Hand zu erhalten, die Plane, von denen
man fürchtete, daß sie auf die Umgestaltung der Reichsverhältnisse
mochten gerichtet sein, desto leichter ins Werk zu richten. Wallen=
stein faßte damals den Gedanken, allmählig noch andere Fürsten=
häuser ihrer angestammten Länder zu berauben, und durch Verlei=
hung derselben an Tilly und Pappenheim auch diese in ein gemein=
sames Interesse mit ihm hineinzuziehen. Der Plan war, das
Fürstenthum Calenberg für Tilly, Wolfenbüttel für Pappenheim zu
erlangen. Gelang es, den Herzog Friedrich Ulrich, welcher der Fe=
lonie beschuldigt ward, zu verderben, so ging wiederum ein fürst=
licher Stand des Reichs seiner Besitzungen verlustig. Pappenheim
freilich widerstand dieser Versuchung nicht, und näherte sich damals
Wallenstein, aber Tilly blieb diesen Bestrebungen und Umtrieben
fern, welche auch durch die kräftige Intercession Maximilians von
Baiern, der in Wien offen das eingeschlagene Verfahren rügte, und
die geheimen dabei mitwirkenden Motive aufdeckte, scheiterten.
Wallenstein dagegen sah sich am Ziele seiner Bestrebungen, nachdem
es ihm gelungen war, die entgegenstehenden Schwierigkeiten hin=
wegzuräumen, und den Frieden möglichst rasch zu Stande zu brin=
gen. Die Schritte, welche die Churfürsten in Wien gethan hatten,
um die Erbbelehnung Wallensteins mit Mecklenburg abzuwenden,

---

zu graviren gemeynet, So wollen Jhr Königliche Würden vnd Mayeftet dabei
allerdings acquiesciren etc.

hatte dieser durch seine Bevollmächtigte, Baron von St. Julian und
Jodoc Tilemann, erfolglos zu machen gewußt. Ungeachtet daß im
Rathe des Kaisers Stimmen laut wurden, welche auf das ernsteste
von einem Verfahren abriethen, welches durch seine Willkür völlig
geeignet war, auch die katholischen Stände im Interesse der reichs=
fürstlichen Selbstständigkeit wider den Kaiser aufzuregen, erließ der
Kaiser am 9. Junius 1629 ein Manifest[1]), in welchem die Beleh=
nung Wallensteins mit dem Herzogthum Mecklenburg kund gethan,
und seinen Einwohnern auferlegt wurde, ihn als erblichen Landes=
fürsten und Lehnherrn zu erkennen, ihm allen schuldigen Gehorsam
zu leisten, und ihm anstatt der bisherigen hiermit erlassenen Pfand=
huldigung die Erb= und Landeshuldigung zu prästiren[2]). Nachdem
der Lehnbrief über Mecklenburg gegen einen unter dem 28. Junius
von Wallenstein zu Güstrow ausgefertigten Revers ausgefertigt war,
dessen Taxe zehentausend Goldgulden betrug[3]), wurden am 16. Ju=
nius die Bevollmächtigten des Herzogs in Gegenwart des obersten
Kanzlers, Fürsten von Lobkowitz, mit dem Herzogthum Mecklenburg
und den zugehörigen Ländern erblich belehnt. Geschärft wurde die=
ses nur durch wiederholte Anklagen gerechtfertigte Verfahren dadurch,
daß die Herzoge bei fernerer Widersetzlichkeit mit der Reichsacht
bedroht wurden, und daß Jedermanns etwaige Auflehnung gegen
diese Verfügungen mit einer Strafe von tausend Mark löthigen
Geldes geahndet werden solle[4]).

Schon in dem vom 24. Junius 1629 aus Güstrow datirten
und von Hans Hinrich von der Lühe contrasignirten Contributions=
Edicte legte sich Wallenstein den Titel eines Herzogs zu Mecklen=
burg bei, mußte aber bald erkennen, daß diese erbliche Besitznahme
des Landes aufs Neue und in verstärktem Maße den Widerspruch
hervorrief. Selbst die katholischen Churfürsten, unter ihnen vor
Allen der Churfürst Maximilian von Baiern, welcher von Anfang

---

[1]) Khevenhiller, Annal. Ferd. II., p. 71. Das kaiserliche Manifestum fin=
det sich abgedruckt in: Fürstliche Mecklenburgische Apologia, und ist ihm in der=
selben der ganze „Vierte Hauptpunct" gewidmet, wo den Ausführungen des Ma=
nifestum gegenüber parallel die Antwort gestellt ist, S. 253 ff.

[2]) Ebendas. S. 352.

[3]) F. von Hurter, Zur Geschichte Wallensteins, S. 186.

[4]) Franck, Altes und Neues Mecklenburg, Lib. XIII. S. 78 ff.

an Wallenstein eben so sehr zum Schutze der bedrohten Rechte der deutschen Fürsten als zur Vertheidigung der katholischen Interessen entgegen getreten war, legten Verwahrung dagegen beim Kaiser ein, und auch der König Christian IV. von Dänemark sah sich jetzt, nachdem die schweren Folgen, die der Lübecker Friede für die Herzoge von Mecklenburg gehabt hatte, offen vorlagen, veranlaßt, in einer unter dem 25. September 1629 an den Kaiser Ferdinand II. gerichteten Vorstellung dieselben wegen ihrer Beschützung des niedersächsischen Kreises kräftig zu vertheidigen, und für ihre Rechte einzutreten. Auch verweigerte er beharrlich die Anerkennung des neuen von Wallenstein angenommenen Titels. Wallensteins Besorgnisse, daß die Herzoge wiederum sich in Besitz ihrer Lande setzen könnten, hatten ihn sogar dem völlig unbegründeten Gerüchte Glauben schenken lassen, daß der Herzog Hans Albrecht als Bauer verkleidet in seinen Landen herumvagire, und allerhand practicirt habe, und hatten ihn zu der unverantwortlichen Verordnung verleitet, auf denselben allenthalben zu passen. Mit der Beschwerde über ein solches unwürdiges Verfahren richtete Hans Albrecht, da sein Bruder zu der verwittweten Königin von Dänemark, ihrer Muhme, verreist war, unter kurzer Darlegung, wie von ihrer Seite den kaiserlichen Befehlen entsprochen sei, die bringende Vorstellung unter dem 20. October 1629 von Lübeck aus an den Kaiser, ihn zu hören, und ihm eigenhändige gnädigste Resolution zu ertheilen[1]). Jedoch ohne Erfolg. Umsonst versuchten Adolf Friedrich und Hans Albrecht sowohl in einem Schreiben vom 17. December 1629 als auch in einem Schreiben vom 2. Januar 1630 an den Kaiser, eine andere Entschließung desselben und insbesondere die Zurücknahme des die Erbhuldigung an Wallenstein betreffenden Commissoriums, das der Kaiser an den Reichshofrath Reinhard von Walmerode und an den Reichshofrath Johann von Oberkamp ertheilt hatte, zu bewirken. Selbst die Bitte um Aufschub der Huldigung, welche die Herzoge

---

[1]) Copey Aller Unterthänigsten Schreibens Herrens Hans Albrechten, Herzogen zu Mecklenburgl, An die Römische Kayserliche Majestat Umb Allergnädigste Audientz, Seine Unschuld allerunterthänigst Jhr Kay. May. vorzustellen, vnd seiner Widersacher ungründliche Beschuldigungen, welcher wegen Er seiner Uhralten Erb Lande vnd Fürstenthumb entsetzet, zu hintertreiben; auch ehste Allergnädigste Restituirung deroselben. Gedruckt im Jahr 1630. 4.

in einem Schreiben vom 14. Januar den Commissarien aussprachen, wurde nicht gewährt, obwohl die Bitte nur darauf gerichtet war, Ritter= und Landschaft nicht mit neuen Eiden wider die den Herzogen geleistete Erbhuldigungspflicht zu belegen, bis die fernere kaiserliche Resolution auf die beim Kaiser gestellten Anträge auf Remedur und Restitution eingegangen sei[1]).

Als auch die Bemühungen der Stände, den gewünschten Aufschub zu erlangen, völlig fruchtlos geblieben waren, dagegen aber dem friedländischen Kanzler von Elz von den kaiserlichen Commissarien das Land übergeben war, drang sowohl dieser als der Statthalter Wengersky darauf, daß die Huldigung nicht länger hinausgeschoben werde. Wiederholt wurden Besorgnisse laut, ob das Land auch bei seiner Religion gelassen werde, und der Landmarschall Claus Hahn äußerte die denkwürdigen Worte: Ich habe zwar meine Güter, aber die sind mir nicht so lieb als meine Religion und meiner Seelen Seligkeit. Als darauf ihnen die beruhigendsten Zusicherungen ertheilt wurden, und die Stände sich ausbedungen hatten, daß ihnen der Religions= und Profanfriede gehalten werde, leisteten sie, bei gesperrten Thoren und von Soldaten umgeben und bedroht, am 22. Januar 1630 zu Güstrow dem Herzoge von Friedland als ihrem erblichen Landesfürsten und Lehnherrn den Huldigungseid. Diese Belehnung rief überall in Deutschland die höchsten Besorgnisse hervor, und die sämmtlichen Churfürsten traten wiederholt, ungeachtet der confessionellen Differenz, für das Recht der Herzoge bei dem Kaiser ein.

Die Rostocker Abgeordneten, der Bürgermeister Joachim Schütte, der Syndicus Thomas Lindemann und der Rathsverwandte D. Nicolaus Scharffenberg, waren bei Beziehung des Landtages nur dazu instruirt, Alles ad referendum anzuhören. Als aber dieselben in die Erbhuldigung nicht consentiren wollten, wurden sie von dem Statthalter Wengersky mit ernster Verwarnung entlassen, sich nicht von der Ritter= und Landschaft zu trennen, und dadurch ihre gute Stadt und Einwohner in das äußerste Verderben zu stürzen. So erfolgte etliche Tage hernach auch von Seiten der Abgeordneten

[1]) Beylagen, zu der Fürstlich Mecklenburgischen Apologie gehörig, Num. L, S. 184, und das an Ritter= und Landschaft zu gleichem Zwecke gerichtete Schreiben, ebendas. S. 186 f.

Rostocks die Prästation des Huldigungseides. Die Stadt glaubte, da die Fürsten hatten weichen müssen, wenigstens so lange der Gewalt nachgeben zu müssen, bis der Zorn Gottes, den sie in dieser Heimsuchung erkannte, in etwas vorbei und gesänftigt sei[1]). Mit der vollzogenen Erbhuldigung, welche von dem Kaiser dem Lande auferlegt und angeordnet war, hatte auch die Stadt Rostock Wallenstein förmlich als Landesherrn anerkannt. Den Herzogen blieb jetzt nur übrig, zur Rettung ihrer Unschuld und zur Steuer der Wahrheit eine mit Belegen reichlich ausgestattete Vertheidigungsschrift[2]) ausgehen zu lassen, welche an den Kaiser und sämmtliche Churfürsten gerichtet war. Diese von dem Kanzler Johann Cothmann verfaßte Apologie sandte Herzog Adolf Friedrich durch seinen Secretair, Simon Gabriel zur Nedden, am 12. Junius 1630 nach Regensburg, wo sie von demselben dem dort versammelten Convent der Churfürsten übergeben wurde[3]).

Dieser so plötzliche und jähe Wechsel der Landesherrschaft wurde im ganzen Lande, und so auch in Rostock, auf das schmerzlichste empfunden. Manche Bedenken waren auch hier gegen die Erbhuldigung rege geworden, aber man war den Drohungen Wallensteins gegenüber, welche zu verwirklichen in seiner Macht standen,

------

[1]) Eigenthümlich und höchst bedenklich ist dagegen die Aeußerung, welche sich in derselben von Rath und Hundertmännern später den Herzogen über diese Vorgänge abgegebenen Erklärung findet: „Und wird ein jeglicher ehrlicher Biedermann, so ratione officii nothwendig bei dem traurigen Actu seyn müssen und geschworen, wohl mit gutem Wissen von sich sagen und rühmen können, lingua juravi, mentem injuratam gero." Acta commissionis, Anno 1632 ergangen etc. (Rathsarchiv).

[2]) Es ist die bereits mehrfach citirte Fürstliche Mecklenburgische Apologia, welche mit den Worten schließt: Id Faxit Jehova Deus Pax Et Justitia Nostra Qui Solus Corda Regum In Sua Habet Manu Et Quo Vult Inclinat Cui Soli Sapienti, Soli Justo, Soli Misericordi sit Aeterna Laus Et Gloria. Uhrkundlich mit J.J. F.F. G.G. Fürstlichen Insiegeln und Handzeichen befestiget. Signat. Lübeck, den 26. Maij, Anno 1630.

[3]) Daß Cothmann der Verfasser der Apologie gewesen ist, erweiset sich aus den eigenen Erklärungen, aus einer Schenkung und einem Gnadenbriefe Adolf Friedrichs an Cothmann, worin als Grund dieser Gnadenerweisungen die zur Zufriedenheit beider Herzoge gründlich und wohl abgefaßte und ausgeführte Apologie genannt wird. Lisch, Die Fürstliche Mecklenb. Apologia vom Jahre 1630. Jahrbücher IX. S. 241 ff. und XII. S. 98 f.

der Meinung geweſen, daß man aus zwei Uebeln das kleinere wäh=
len, und die Huldigung vollziehen müſſe. Die offenbare Gefahr,
welcher die Stadt bei längerer Weigerung ausgeſetzt wurde, hatte
jeden Gedanken an weiteren Widerſtand beſeitigt. Dazu kam, daß
die Herzoge früher ſelbſt erklärt hatten, daß ſie zu Erzeigung ihrer
Devotion gewilligt ſeien, alle ihre Städte und feſten Oerter und
das ganze Land zu ihrer kaiſerlichen Majeſtät Dienſt einzuräumen.
Der Kaiſer aber war es, der die Erbhuldigung an Wallenſtein be=
fohlen, was dem mandatum prohibitorium der Herzoge entgegen=
zuſtehen ſchien. Glaubten nun Rath und Hundertmänner, als Ver=
treter der Roſtocker Bürgerſchaft, der Gewalt der Umſtände weichen
zu müſſen, ſo erhält die Frage, wie ſich die Geiſtlichkeit Roſtocks
in dieſem aus den ſchweren politiſchen Zeitläufen erwachſenen Con=
flicte verhielt, ein doppeltes Intereſſe. Von ganzem Herzen den
angeſtammten Fürſten ergeben, deren Vertreibung ſie tief beklagte,
hegte ſie für Herzog Adolf Friedrich noch beſondere Verehrung, da
dieſer aus voller Ueberzeugung dem lutheriſchen Bekenntniß anhing,
und ſtets für daſſelbe und für ſeine Aufrechthaltung eingetreten war.
Aber nachdem der Huldigungseid von den berechtigten Ständen ge=
leiſtet worden war, betrachtete ſie Wallenſtein als Landesherrn, dem
man wie jeder factiſchen, wenn auch aufgedrungenen und ungewie=
rigen Obrigkeit, wie das Wort Gottes es gebiete, unterthan ſein
müſſe, aber ſie glaubte, daß dadurch nicht die Bande der Liebe,
welche ſie an ihre früheren Landesherren knüpften, gelöſt ſeien, und
in dieſem Sinne that ſie Fürbitte für ihre angeſtammten und ver=
triebenen Fürſten. Wallenſtein, der von Allem, was im Lande vor=
ging, genaue Kunde empfing, hatte dies kaum vernommen, als er
an den von ihm confirmirten Superintendenten Goldſtein das fol=
gende Reſcript erließ:

**Albrecht, von Gottes Gnaden Herzog zu Mecklenburgk,
Friedland vnd Sagan.**

Würdiger vnd Hochgelarter, Lieber, Andechtiger und Getreuer.
Nachdem euch wiſſend, wie die Formula precationis, deren man
ſich in dieſem Unſerem Fürſtenthumb vnd Landen nach der Predigt
an Sonn= und Feiertagen zum gebeth geprauchet, in dem Stücke
da für die weltliche Obrigkeit gebethen wirt, nach izigem Zuſtande

der abgelegten Erbhulbigung, nicht vollenkommen, sondern wie pillig, mit Supplirung der Erblichen Landesfürstlichen Hoheit, auch dem Fürstl. Mecklenburg. Titul informiret und geendert werden muß; als sollet ihr kraft dieses befehliget seyn, daß ihr sowol in als außerhalb der Stadt Rostock, bei allen eurer inspection zubehörigen Pastoren, ohne Unterscheid die unfeihlbare Verordnung thut, damit solcher Punct im gemelten gemeinen gebethe wie folget abgelesen und geendert werde[1]):

Wollest auch der weltlichen Obrigkeit, der Röm. Kayserl. Majest., allen Christlichen Königen, Chur- und Fürsten, auch Ständen des Reichs, Insonderheit aber Unserem gnädigen Erb- und Landesfürsten, dem Herrn Herzogen zu Mecklenburgk, Friebland und Sagan etc.

Weil wir auch in erfahrung gelanget, daß noch bisher an mehr orthen dieses unseres Fürstenthums in dem gemeinen gebeten der vorigen Herrschaft mit Zueignung der attributen: Landesfürstlicher Obrigkeit erpeten werden soll. Und wann schon für jemand in frembden Fürstenthümern in dem gemeinen gebethe in specie gebethen, solche partial Unterlassung der Christlichen Liebe nicht zuwieder, Numehr bis auch bei so mahl, der Sachen Verendertem Zustande sich auf die arth nicht weiters gepüret, als wollet ihr auch daran sein, daß von niemand Uns dergleichen wieder vorkomme, welches ihr auch unerinnert abschaffen, vnd endern sollet, dem ihr also werdet zu thun wissen, so lieb euch ist ander einsehen zu verhüten, vnd pleiben euch zu Gnaden gewogen. Datum Güstrow, den 25. Februar Anno 1630.

Ad mandat. Illustr. proprium.

Dem Würdigen nnd Hochgelarten unserm verordnetem Superintendenti zu Rostogk, und Lieben andechtigen und getreuen Ern. Mgro. Joanni Goldtstein.

Dem geistlichen Ministerium hatte es offenbar fern gelegen, sich in die politische Seite dieser Frage in unberechtigter Weise einmischen zu wollen, aber es hatte nothwendig in Betreff der Für-

---

[1]) Vgl. Herzog Albrechts zu Mecklenburg, Friebland und Sagan Befehl ans Ministerium, daß es in dem öffentlichen Kirchengebete für Ihn bitten solle; Arch. Minist. Vol. XII. p. 179 f.

bitte für die Landesherrschaft eine bestimmte Stellung einnehmen
müssen, nachdem durch das eigenmächtige Verfahren und durch das
gewaltsame Eingreifen des Kaisers die landesherrliche Erbfolge ge=
ändert war. Es lag der Geistlichkeit fern, in die hier einschlagen=
den staatsrechtlichen Fragen einzutreten, ob und in wie weit der
Kaiser berechtigt gewesen sei, gegen die Herzoge, als aus uraltem
königlichen und fürstlichen Geblüt und Stamm entsprossenen und
hochprivilegirten Reichsfürsten, ein solches Verfahren einzuschlagen.
Aber in ihrem geistlichen Amte konnten sie als Seelsorger unmög=
lich Umgang nehmen von der das ganze Land bewegenden politischen
Frage, von welcher alle Gemüther auf das lebhafteste ergriffen waren.
Die politische Aufregung über die willkürliche Beseitigung und Ver=
treibung der angestammten Fürsten ward noch erhöht durch die ge=
rechte Besorgniß um die theuersten Güter des Glaubens, welche sie
nicht mit Unrecht durch den neuen katholischen Landesherrn, wenn
auch nicht unmittelbar gefährdet, aber doch bedroht sehen mochten.
Bei aller Indifferenz, welche Wallenstein zu Zeiten zur Schau trug,
war es doch genugsam bekannt, wie Vieles Wallenstein zur Pflege
der katholischen Confession auf seinen älteren Besitzungen gethan
hatte, und noch zur Stunde that. Das Jesuiter Collegium zu Git=
schin, dessen wir bereits gedacht haben, war nicht bloß von ihm
begründet, sondern war auch durch die reichen Dotationen, die er
an Gebäuden und Einkünften ihm zugewandt hatte, sehr bedeutend
herangewachsen, daß dasselbe im Jahre 1629 nach Angabe einiger
etwa 175 Zöglinge zählte, worunter sich mehrere Mecklenburger
befanden[1]). So sehr er auch zu Zeiten akatholische Tendenzen zu
verfolgen, und bei seinem Hange zur Astrologie pantheistischen Auf=
fassungen zu huldigen schien, so war es doch eben so gewiß, daß
er sich nach Außen rühmte, katholisch zu sein, jährlich einmal beich=
tete, und die Communion empfing. Nahm man hinzu seine oft
sichtlich hervortretende Begünstigung der Jesuiten, so war das Alles
in der That nur zu sehr geeignet, große Bedenken gegen Wallen=
stein in der lutherischen Geistlichkeit auch in Betreff der freien Aus=
übung des Religions=Exercitiums zu wecken.

---

[1]) Czerwenka, Splendor etc. bei F. von Hurter, Wallensteins vier letzte
Lebensjahre. Wien 1862, S. 323. 328.

In Roftock hatte man die Vergewaltigung des Landes und
die Vertreibung der angeftammten Landesherren auf das fchmerz-
lichfte empfunden. Die Maßnahmen, welche der Kaifer gegen die Herzoge verhängt hatte, wurden tief beklagt, und nur mit dem äußerften
Widerftreben hatte man fich in die nicht mehr abzuwendende Nothwendigkeit gefügt. Die Geiftlichkeit war überdies, wie erwähnt, dem
Herzog Adolf Friedrich wegen feines treuen Haltens am lutherifchen
Bekenntniß perfönlich zugewandt. Wo daher die Geiftlichkeit mit
ihrem Herzen, mit ihren Wünfchen und Hoffnungen ftand, darüber
konnte Niemand im Zweifel fein. Aber ihre geiftliche Stellung
richtig erkennend und würdigend, hielt fie fich fern von allem politifchen Parteitreiben, und ordnete fich unbedingt der in Wallenfteins Perfon vertretenen factifchen Obrigkeit unter. Weit entfernt
alfo, gegen ihn eine feindfelige oder auch nur zweifelhafte Haltung
anzunehmen, gefchweige denn fich in die vielfältigen über die damalige Sachlage ftattfindenden Controverfen hineinzuziehen zu laffen,
hielt fie daran feft, daß fie dem Herzoge von Friedland als ihrem
nunmehrigen Landesherrn Alles das in ihrer perfönlichen wie amtlichen Stellung zu leiften hätte, was fie ihm als ihrer höchften
weltlichen Obrigkeit dem Worte Gottes gemäß fchuldete. Je fchwe-
rer die Zeitläufe waren in dem furchtbaren Religionskriege, der das
deutfche Vaterland zerrüttete, und alle öffentlichen Verhältniffe in
Frage geftellt hatte, defto drückender und verfuchlicher war es für
das Minifterium, fich in diefen Conflict politifcher Intereffen und
perfönlicher Sympathieen hineingeftellt zu fehen. Goldftein legte
das Schreiben Wallenfteins dem Minifterium im Convente vor,
das nach feinem ganzen Inhalte auf das ernftefte erwogen wurde.
Das Minifterium fchwankte nicht; es erkannte, daß es ihm nicht
zukomme, fich an der politifchen und ftaatsrechtlichen Frage zu betheiligen, und das um fo weniger, als diefelbe für den Augenblick
durch die von den berechtigten Organen des Landes geleiftete Erbhuldigung entfchieden war. Daß Wallenftein fomit ihr Landesherr
geworden fei, und daß fie darin, fo entfchieden ihre Sympathieen
ihm entgegenftanden, eine Ordnung Gottes zu erkennen hatten, der
fie nicht widerftreben durften, war ihnen gewiß. Durften fie nun
in keinem Stücke fich wider Wallenftein als ihre Landesobrigkeit
fetzen, fo ftand es ihnen auch feft, daß fie ihm die ihm zukommende

Ehrfurcht zu bezeugen, und die für den Landesherrn übliche Für=
bitte ihm unweigerlich zu leisten hätten. Aber obgleich ihnen die
ganze Lage des Landes schmerzlich und schwer war, so hielten sie sich
doch nicht aus Furcht vor der Ahndung des Mächtigen, sondern um
des Gewissens willen zum Gehorsam gegen Wallenstein verbunden.
Aber sie glaubten auch nicht, das Verhältniß der Liebe, das sie mit
den vertriebenen Herzogen als ihrer früheren Landesherrschaft ver=
band, verleugnen und es verschweigen zu müssen, daß ihre innigste
Theilnahme noch denselben gehöre, und daß sie sich für berechtigt
hielten, derselben und ihres Elends vor der Gemeinde zu gedenken,
und Gnade und Trost von dem Herrn für sie zu erflehen. Das
Antwortschreiben, welches Goldstein darauf an Wallenstein richtete,
war gemeinsam in allen Punkten vom Ministerium erwogen und
lautete[1]):

> Gottes gnad vnd ewiger Fried, durch Jesum Christum unsern
> einigen erlöser und seligmacher, sampt wünschung glückseligen
> regiments und aller zeitlichen wolfart zuvor.

> Gnediger Fürst vnd Herr!

> E. F. G. gnediges schreiben habe ich den 3. Martii mit gebü=
> render vererung empfangen, vnd in unserem gewönlichen Conventu
> meinen Herren Collegen fürgehalten, welche sich alle in unterthe=
> nigkeit schuldig erkennen, für E. F. G. als ihren erb= und landes=
> fürsten vnd Herzogen zu Mecklenburgk in usitata precum forma
> öffentlich zu bitten. Was aber unsere vorige regierende landesfürsten
> belange, nachdem wir bis daher vor und nach der erbhuldigung
> ihrer im gemeinen gebete also gedacht: bittet auch für hohe sehr
> betrübte herzen, gott wolle sie in ihrem elende gnediglich durch den
> heiligen geist trösten und erfreuen umb Christi willen. Als tragen
> wir zu E. F. G. fürstlicher gütigkeit wir die unterthenige hoffnung,
> sie werden nicht in ungnaden aufnehmen, daß wir nach ablesung
> des fürgeschriebenen gebetes, wenn wir der kranken, traurigen und
> dergleichen insonderheit gedenken müssen, auch diese worte hinzu=
> thun: Bittet auch für unsere vorige regierende landesfürsten, Gott

---

[1]) Des Ministerii Antwortschreiben an den Herzog von Friedland in: Arch.
Minist. Vol. XII. p. 177 f.

wolle sie in ihrem elende aus gnaden durch den heiligen geist trösten
vnd erfreuen vmb Christi willen.　Denn es ja billig vnd recht ist,
daß wir nicht vergessen, sondern mit schuldiger dankbarkeit erkennen
die große wolthat, daß wir so lange zeit unter ihrem schutz und
schirm ein geruhiges vnd stilles Leben haben führen können.　Zudem
vermahnt der heilige geist durch den apostel Paulum Rom. 12, wir
sollen uns freuen mit den fröhlichen, vnd weinen mit den weinen=
den.　Desgleichen befehle er in der ersten epistel an seinen Jünger,
Timoth. 2. cap., daß man für allen dingen zuerst thue bitte, gebet,
fürbitt vnd danksagung für alle menschen, für die könige und für
alle Oberkeit.　[Gott der Herr selber saget Jeremiä 29. cap. zu
den gefangenen Juden: suchet der stadt bestes, dahin ich euch hab
lassen wegfüren vnd betet für sie zum Herrn.　Denn wenns ihr
wol gehet, so gehets euch auch wol¹).]　Dieses habe E. F. G. ich
kürzlich zur demüthigen antwort geben wollen, will hiemit E. F. G.
mit derselben regiment vnd landschaft dem allmächtigen ewigen Gott
in seinen seligen schutz vnd schirm unterthäniglich befohlen haben.
Geben in E. F. G. Stadt Rostock d. 8. Martii Ann. Ch. 1630.

E. F. G.
gehorsamer
M. Johann Goldstein.

Das geistliche Ministerium legte durch diese Antwort ein klares
Zeugniß seiner innern Stellung ab.　Ueberzeugt, daß die Ordnung
Gottes es fordere, in Unterthänigkeit auch die wider alles Erwarten
vom Kaiser aufgedrungene Landesobrigkeit in Wallenstein zu ehren,
bekannte es sich schuldig, die übliche Fürbitte für ihn zu thun, nicht
etwa aus einer äußern Rücksicht, sei es aus Furcht vor dem mäch=
tigen Heerführer, oder sei es um dem öffentlichen Anstande durch
Erfüllung einer vermeintlichen Formalität zu genügen, sondern um
die göttliche Ordnung, auf welcher das Heil der Staaten ruht, zu
ehren.　Nicht sich und seine Wünsche und Meinungen hielt es
für maßgebend, wohl aber Gott zu fürchten und der Obrigkeit, die

¹) Dieser Passus findet sich in dem Entwurfe des Antwortschreibens, ist aber
nach einer Bemerkung des Concipienten in der Reinschrift weggelassen worden. —
In den Acten findet sich übrigens keine Spur, daß von Wallenstein in dieser Sache
weiter eingeschritten sei.

über uns Gewalt hat, unterthan zu sein, unbedingt geboten. In=
dem die Rostocker Geistlichkeit sich unter diese Regel des göttlichen
Wortes stellte, war ihr Gehorsam gegen Wallenstein kein erzwun=
gener, sondern in der That ein freier, ein um des Gewissens willen,
das sich in Gottes Wort gebunden fand, geleisteter. Fern von aller
fleischlichen Gesinnung, welche den eigenen Willen dem Gesetze
Gottes entgegenstellt, und diesem jenen nicht unterordnen will, er=
füllte sie die ihr obliegende schwere Pflicht, fand aber auch in die=
ser heiligen Gewissenhaftigkeit den Muth und die Freudigkeit, die
alte nicht gebrochene Liebe zu den vorigen Landesherren zu bezeu=
gen und unverhohlen zu bekennen, daß sie sich gedrungen fühle,
ihrer, welche der Herr so schwere Wege geführt, fürbittend zu ge=
denken[1]. Es war dies das rechte christliche Verhalten, das eben so
sehr alle Gerechtigkeit erfüllte, und dem Gebote der Obrigkeit ent=
sprach, als es die geistliche Gesinnung bethätigte, welche, in der
Liebe Christi wurzelnd, sich bewußt war, gegen die alten Landes=
herren, auch nachdem das Band der Unterthanenpflichten factisch
gelöst war, eine unabtragbare Schuld der Dankbarkeit zu haben,
welche allein in der christlichen Fürbitte sich noch zu erweisen vermöge.

---

[1] Das Ministerium blieb auch ferner zu den Herzogen in Beziehung, wie
sich aus einem Antwortschreiben des Herzogs Hans Albrecht an dasselbe ergiebt:

Von Gottes gnaden Hans Albrecht, Coadjutor des Stifts Ratzeburg[, Herzog
zu Mecklenburg.

Unsern gnedigen gruß zuvor, Würdiger, Wolgelarter, lieber Andechtiger und
getreuer. Wir haben euer untertheniges Schreiben zu Unsern handen wol empfan=
gen, und daraus euere underthenige Condolenz, so ihr mit Uns wegen Unsers
itzigen beschwerlichen Zustandes, darin Wir ungehöret und unverschuldet wider alle
rechte, Jnmaßen ihr aus Unser Euch zugeschickten Apologia werdet zu vernehmen
haben, gesetzet worden, habet und traget und demütiges, eyferiges Gebett zu Gott
vor Unsere glückliche restitution in gnaden verstanden. Thun Uns beßwegen gegen
Euch gnedig bedanken, und verspüren daraus eure zu Uns habende beständige un=
terthenige treue und affection, Und sind es umb Euch, zu dem wir das gnedige
vertrauen haben, daß ihr und andere Unsere getreue redliche Underthanen und pa=
trioten darin ferner also continuiren werdet, mit allen gnaden hinwieder zu er=
kennen geneigt und erbietigt. Welches wir Euch, inmittelst der Allmechtige Gott
Uns mit seiner gnedigen hülff und liberation erscheinen wirt, zu gnediger antwort
anfügen wollen, Und verpleiben Euch mit gnaden wol gewogen. Datum Lübegk,
den 14. Augusti Ao. 1630. Vgl. Arch. Min. Vol. XII. p. 183.

Es begreift ſich aber, daß dieſe Verhandlungen nicht gerade geeignet waren, das Miniſterium Roſtocks, als das hundertjährige Jubelfeſt der Uebergabe der Augsburgiſchen Confeſſion am 25. Junius 1630 einfiel, zu einer öffentlichen und feierlichen Begehung deſſelben zu beſtimmen[1]). Es lag nicht nur eine bedeutende kaiſerliche Beſatzung in der Stadt, welche an der Feier, wenn ſie eine allgemeine ward, leicht Anſtoß nehmen konnte, ſondern man war auch über die Intentionen Wallenſteins, trotz der mit der Stadt geſchloſſenen Capitulation, in Ungewißheit, da ſeine Verbindung mit der Partei der Jeſuiten am kaiſerlichen Hofe ein öffentliches Geheimniß war. Unterblieb nun auch die öffentliche kirchliche Feier des Jubelfeſtes, ſo wurde daſſelbe ungeachtet der drückenden Kriegsverhältniſſe von der Univerſität feierlich begangen[2]).

Der Profeſſor der Theologie, Johannes Klein[3]), war es, welcher

---

[1]) Aepinus in progr. intimatorio des Jubelfeſtes des Jahres 1730: Laetabantur tunc interno quidem Spiritu Praedecessores nostri ob ingentia per Augustanae Confessionis publicationem ecclesiae concessa divina beneficia: verum tamen interna gaudia externis laetitiae signis prodere vix licebat, multo minus festum jubilaeum cum Saxonicis et aliis ecclesiis publice celebrare. Vix unicam invenire licet in Academiae hujus acroaterio et eam privato duntaxat nomine etc. Weitere Nachrichten von gelehrten Roſtockſchen Sachen, J. 1743 S. 175 f.

[2]) Unter ähnlichen Verhältniſſen beging die Univerſität Greifswald, nachdem ſchon im Jahre 1628 in Folge der Franzburger Capitulation Pommern von dem Obriſten von Arnim beſetzt war, und auch Greifswald eine kaiſerliche Beſatzung erhalten hatte, das Jubelfeſt, an welchem der Theologe Balthaſar Rau, nachdem der Secretarius Michael Knut die Confeſſion verleſen hatte, die Feſtrede: de antagonistis et mirabili victoria Augustanae confessionis, hielt. J. G. L. Koſegarten, Geſchichte der Univerſität Greifswald mit urkundlichen Beilagen, Th. I. S. 243.

[3]) Johannes Klein, im Monat September 1604 zu Salzwedel geboren, bezog ſchon im funfzehnten Jahre die Univerſität Gießen, erlangte dort nach zweijährigem Studium den Grad eines Magiſters, und kam im Jahre 1621 nach Roſtock, wo er von Quiſtorp auf das freundlichſte aufgenommen, ja väterlich berathen, unterſtützt und gefördert ward. Später ward ihm Gelegenheit, als Hofmeiſter die Niederlande zu beſuchen, und die Univerſität Leiden zu benutzen. Mit Joachim Jungius ſtand derſelbe in näherem Verhältniß und dieſer war es, welcher, gerade damals eifrig mit der Hebung des Johanneums und akademiſchen Gymnaſiums in Hamburg beſchäftigt, die Aufmerkſamkeit des Hamburgiſchen Senats auf Klein gelenkt hatte, der ſich anfangs brieflich gegen Jungius auch bereit erklärte, einem etwaigen Rufe

bei biefer feftlichen Gelegenheit ben Gefühlen ber Univerfität Aus=
bruck zu geben hatte. Erft im Jahre vorher zur theologifchen Pro=
feffur gelangt, war er nichtsbeftoweniger um fo mehr hierzu geeig=
net, als er fich bereits in feiner Erftlingsfchrift[1]) mit allen ben
Augsburger Religionsfrieden betreffenden Fragen, welche gerade ba=
mals unter ben bewegten Zeitverhältniffen vielfach erörtert wurden,
unb von hoher praktifcher Bedeutung waren, eingehend befchäftigt
hatte. Es handelte fich um ben Nachweis fowohl, baß ber Augs=
burger Religionsfriede nothwendig aufrecht erhalten werben müffe,
als auch baß berfelbe fich auf bie lutherifchen Landeskirchen ber
bamaligen Zeit beziehe. Letzteres hatte man insbefonbere in Abrebe
zu ftellen verfucht burch Hinweifung auf bie mit ber Augustana
variata im Einzelnen vorgenommenen Veränderungen, fo wie auf
ben Umftanb, baß einzelne Dogmen ber lutherifchen Kirche nicht in
ber Augustana enthalten feien, unb · baß überhaupt bie lutherifchen
Landeskirchen burch bie Annahme ber Concordienformel vom Reli=
gionsfrieden ausgefchloffen werben müßten[2]). Diefe Anficht hob als

---

bahin Folge zu leiften. Im Jahre 1629 warb ihm jeboch von E. E. Rath nach
Affelmanns Tode bie Profeffur ber Theologie übertragen, welche er ber gerade
bamals vom Hamburger Senate ihm angetragenen Profeffur ber Berebtfamkeit
am bortigen alabemifchen Gymnafium vorzog (J. A. Fabricius, Memoriae Hamburg., Vol. II. p. 1074), unb unter bem Decanat Paul Tarnovs mit einer Inauguralrede am 23. April 1629 antrat. Schon am 25. Julius 1631 ftarb er nach
einer allzu kurzen, aber gefegneten Thätigkeit, welche, wäre ihm ein längeres Leben
vergönnt gewefen, auch auf bie alabemifchen unb kirchlichen Verhältniffe bleibenber
eingewirkt haben würbe. Etwas, J. 1737 S. 222. J. 1741 S. 695 f. J. 1742
S. 17 ff. Krey, Anbenken, IV. S. 18 f. M. Joh. Kleinii Epistolae als Anhang
zum erften Baub ber epistolae ad Jungium, meiftens vom Jahr 1629 unb nur
ber achte unb letzte Brief vom Jahr 1630. Vgl. barüber Dr. Robert E. B. Avé-
Lallemant, Des Dr. Joachim Jungius aus Lübeck Briefwechfel mit feinen Schülern
unb Freunden, S. 144 ff.

[1]) Johannis Kleinii, S. S. Theologiae publici in Academia Rostochiensi
Professoris, dissertatio historico theologica de criminationibus nonnullorum,
qui pacem publicam Augustanis in Comitiis sancitam ad Lutheranas, ut
vocantur, Ecclesias nihil attinere, aut alioquin non servandam esse, hoc
tempore contendunt. Rostoch. Anno 1629. 4.

[2]) Klein äußert fich barüber in einem ber erwähnten Briefe an Jungius,
Rostoch. 15. Mart. Ao. 1629, folgenbermaßen: Opposui te absente Responsio-
nem historico-theologicam criminationibus eorum, qui A. conf. addictos
defecisse ab A. conf., et pace Passavionsi non frui debere contendunt.

Grund der Ausschließung namentlich die Abweichung im Artikel von der Person Christi hervor, und machte geltend, daß die Lutheraner, ohne auf den Vorgang der Augustana sich beziehen zu können, den Papst als Antichristen bezeichneten, in welcher Behauptung ein crimen laesae Majestatis gesehen wurde. Hatte Klein alle diese Controversen vom lutherischen Standpunkt aus beleuchtet, und die Ansichten der Gegner bekämpft und zurückgewiesen, so legte er auch in seiner am Tage der Jubelfeier, am 25. Junius 1630, gehaltenen Rede: De Principum et Statuum Evangelicorum Confessione, anno abhinc centesimo, in Comitiis Augustanis edita, Gratulatio[1]), ein entschiedenes Zeugniß ab für die evangelische Wahrheit, welche vor Kaiser und Reich muthig bekannt, und durch die Barmherzigkeit des Herrn unter allen schweren Wechselfällen des ver-

---

Caeterum aut me fallit amor prolis, ipsisque, qui legent, imponit amor mei, aut scriptum tale est, quod nec mihi nec commendationi tuae de me sit dehonestamento.

[1]) De Orthodoxarum Germanicarum Ecclesiarum Confessione in Augustanis Comitiis anno abhinc centesimo edita, et proximis his 100 annis in Germania a Deo Opt. Max. publice conservata Jubila Et Dissertationes in Academia Rostochiensi a Johanne Kleinio, S. S. Theologiae Professore, publicitus habitae, in quibus Divinum illud Beneficium pie celebratur, criminationes Bellarmini Augustanam Confessionem mendaciorum saepius postulantis solide refelluntur, ususque A. Confess. in articulo de precibus ostenditur. Rostoch. Anno 1630. 4. Diese Paul Tarnov, Johann Gerhard, dem Jenenser, und Johann Quistorp gewidmete, im September 1630 herausgegebene Schrift umfaßt außer der oben angeführten und characterisirten Rede noch Vorlesungen unter dem Titel: Veracitas et existimatio Aug. Confessionis a Cardinalis Bellarmini, in controversiarum tomis multorum et insignium mendaciorum ipsam postulantis, criminationibus vindicata, und endlich eine Disputation unter dem Titel: Usus Augustanae Confess. in gravissimo Christianae religionis articulo doctrina scilicet de precibus Christianorum, contra Pontificias corruptelas et superstitiones expositus, et disquisitioni publicae subjectus Praeside Johanne Kleinio, S. S. Theol. Profess. Respondente Petro Zimmermanno, Massov. Pom. Vgl. über ihn und seine Schriften noch: Etwas, J. 1742 S. 28 ff. Joannis Kleinii de Aug. Confessione Oratio in jubilaeo primo A. C. publice habita, et occasione secundi seorsim edita, praelectionibusque publicis, mense Jubilaeo et seq. A. MDCCXXX in auditorio philosophico, diebus Mercurii et Sabbati Hora III instituendis destinata a Joann. Erhard Kappio, Prof. Eloqu. publ. extr. Lipsiae 1730. 4. Niehenck, Hilaria Evangelica Rostochiensia, p. 23.

flossenen Jahrhunderts bis auf die Gegenwart erhalten und be=
wahrt war.

Mitten in der von den kaiserlichen Truppen besetzten und um
ihre theuersten Interessen besorgten und mannigfach gefährdeten
Stadt sprach er sich, unter ernster Zurückweisung der von Baronius
in den Annalen vielfach geäußerten Ansichten, über das Papstthum
und den Römischen Hof auf das freimüthigste aus, und entwarf an
der Hand der Geschichte ein eben so lehrreiches als abschreckendes
Bild der päpstlichen Herrschaft, als er andererseits die Fürsten und
Stände, welche mit ihrem Zeugniß für die evangelische Wahrheit
eintraten, vorführt. In gleicher Weise bekämpfte er die heftigen
Angriffe Bellarmins auf das Lutherthum, schilderte die hohe Be=
deutung der zu Augsburg übergebenen Confession, erhob im Hin=
blick auf die traurige Lage des Vaterlandes die schmerzliche Klage,
daß vielen Städten und Territorien dieselbe entrissen worden, und
schloß mit der Bitte um Schutz und Schirm für die von so vielen
Stürmen und so schrecklichem Unwetter bedrängte Kirche, welche
außer dem Herrn keinen Schutz und keinen Helfer habe, damit die
Stimme des göttlichen Wortes und der Schall des Augsburger
Bekenntnisses beständig fortwähre, und die dankbare Nachkommen=
schaft nach Ablauf von hundert Jahren für die Gewährung und
Bewahrung eines so großen Gutes von diesem Orte wiederum dem
Namen des Herrn Lob und Preis darbringe. Die Bitte Kleins ist
in Erfüllung gegangen, mehr als er damals, wie es scheint, zu
hoffen gewagt hat. Zweihundertdreißig Jahre und darüber sind
verflossen, schon zwei Mal ist wieder in Rostocks Mauern das
Jubelfest der Augustana begangen, die baltische Universität bestehet
noch, und hat das von den Vorfahren ihr überlieferte Bekenntniß
treu bewahrt, und bezeuget es noch heute als den festen Grund der
Kirche, auf welchem ihre Glaubens= und Lehrgemeinschaft sich voll=
zieht[1]).

---

[1]) In einem Briefe an Jungius, Rostochii die 5. octob. 1630, spricht sich
Klein über die damaligen Zeitverhältnisse aus: Mitto tibi Jubila nostra, quae
in luctuoso hoc tempore, ubi publicarum rerum miserrima facie ad fletus
incitamur. Divinis beneficiis incitatus hac in Academia edidi, et nunc
amicis ita volentibus aut potius jubentibus typis exprimi passus sum. — —
Nostra ut se habeat Res Publica ex fama communi latius et fors etiam

Neunter Abschnitt.

Wallensteins Entlassung. Gustav Adolfs Invasion in Deutschland. Wallensteins Verhalten zu derselben. Gustav Adolfs Besetzung und Verwaltung Mecklenburgs. Rostocks Einschließung durch die Schweden. Ermordung des kaiserlichen Obristen von Hatzfeld durch den Licentiaten Jacob Barmeyer. Gutachten der theologischen Facultät und des Rostocker Ministeriums.

Gerade als der Kaiser Ferdinand am 19. Junius 1630 zum Churfürsten-Convent in Regensburg eingetroffen war, welcher durch die heftigen und allgemeinen Klagen, welche auf demselben gegen Wallenstein erhoben wurden, trotz des Widerstrebens des Kaisers dessen Entlassung herbeiführte[1]), war der längst von Gustav Adolf gehegte Plan, die schwedischen Waffen nach Deutschland zu tragen und den Fortschritten des Kaisers, welcher fast unumschränkt im Reiche zu walten angefangen hatte, sich entgegenzusetzen, zur Ausführung gekommen. Schon lange hatte Gustav Adolf sich mit dem Zuge nach Deutschland getragen. Zwar war er nicht ohne persönliche subjective Frömmigkeit, aber es hieße doch alle realen Verhältnisse, die sich hier geltend machten und bedingend einwirkten, verkennen, wollte man behaupten, daß er für die Glaubensfreiheit Deutschlands das Schwert gezogen habe. Schon während des polnischen Krieges war sein unruhiger Sinn auf den Krieg in Deutschland gerichtet. Sein ungebändigter Ehrgeiz konnte die politische Unbedeutenheit Schwedens nicht ertragen. Oestreichs Macht war um diese Zeit riesig groß emporgewachsen, und Frankreichs Ge-

---

citius cognoveris quam ex nostris literis. Civitas exarmata est; armatorum autem militum apud nos augentur copiae. Earum hostis praeter morem cunctatur, et in ignobili oppido occupato hactenus haeret. Inermibus Deus gratiose adsit. Quid sit futurum ignoramus. Utinam non fiat, quod futurum timidior auguraretur. Si hoc in motu tanto et tam gravi collabescat, cui me addixi, Academia, quo me vertere velim, nondum cum animo constitui meo etc.

[1]) Waldstein von seiner Enthebung bis zur abermaligen Uebernahme des Armee-Ober-Commando, vom 13. August 1630 bis 13. April 1632. Nach den Acten des k. k. Kriegsarchivs dargestellt von Dr. B. Dudik, Wien 1858, S. 3 ff.

sandter, Charnace, ließ nicht ab, ihn zur Invasion Deutschlands anzutreiben. Bei seinem Entschlusse hatte er vor Allem die Macht und die Größe Schwedens vor Augen, und erst durchaus in zweiter und dritter Linie standen die Rechte der von ihm vertretenen Für-sten und die zu besorgende Unterdrückung der lutherischen Confession. Seine Kriegslust hob ihn über das Bedenken hinweg, in die Ver-hältnisse eines ihm fremden Landes, das er ohne Kriegserklärung betrat, sich einzumischen. Noch verhandelte man in Regensburg die Frage, wie die etwaige Einmischung Schwedens in des Reiches Angelegenheiten zu verhindern und abzuwehren sei, als Gustav Adolf mit einem Heere von 15,000 Mann auf der Höhe der Insel Usedom, auf Rügen hinter Ruden (portus Rudae), oberhalb der Mündung der Peene am 25. Junius 1630, also am Jubelfeste der Uebergabe der Augsburgischen Confession, landete. Hatte Herzog Adolf Friedrich schon unter dem 26. October 1629 von Gustav Adolf durch eigenhändiges Schreiben die tröstliche Zusicherung er-halten, „daß er Alles thun wolle, was Gott zulassen werde, das sein Staat leiden könne, zur Restituirung des fürstlichen Standes und Hauses seiner Vettern", so war auch in dem von ihm erlasse-nen Manifeste, das dazu bestimmt war, sein feindliches Erscheinen in Deutschland zu rechtfertigen, als Grund desselben das gegen die Herzoge von Mecklenburg eingehaltene Verfahren[1]) und die anspruchs-volle Ernennung Wallensteins zum General des baltischen Meeres neben anderen mit dem polnischen Kriege zusammenhängenden Be-schwerden hervorgehoben. In der That war unter allen Gründen, die sein Kriegsmanifest angab, vom schwedischen Standpunkte aus allein der zutreffend, daß der Kaiser sich zum Herrn der Ostsee machen wolle.

Wallenstein, der nur während eines Jahres in Mecklenburg residirt, und dasselbe bereits am 19. Julius 1629 verlassen hatte, hielt an seinen Planen mit großer Entschiedenheit fest, und legte auch in der Entfernung das größte Gewicht auf den Besitz Mecklenburgs, aus dessen reichen Hülfsquellen er auch abwesend alle Monate

---

[1]) Khevenhiller, Annalium Ferdinandeorum, Tom. XI. p. 1303: „Wann dann nun Ihro Kön. Maj. so viel und hohe Injurien zugefügt worden — — — Dero Freunde und Bluts-Verwandten, aus gefaßtem Neid und Haß wider Ihro Maj. Ihrer Länder und Herrschaften beraubet u. s. w."

20,000 Thaler bezog. Den Einbruch der Schweden hatte er vorausgesehen, und wie er von Anfang an darnach getrachtet hatte, sich der Seestädte Wismar und Rostock zu bemächtigen, und sie in gehörigen Vertheidigungszustand zu setzen, so gab er auch aus der Ferne unausgesetzt seine Befehle, damit die nöthigen Maßregeln getroffen würden, Mecklenburg vor dem schwedischen Angriffe sicher zu stellen. Dies gewinnt noch eine erhöhte und charakteristische Bedeutung, wenn man erwägt, daß Wallenstein so gut wie nichts gethan hatte, das übrige Küstengebiet der Ostsee, das dem lange beabsichtigten Angriffe Gustav Adolfs fast schutzlos preisgegeben war, einigermaßen in Vertheidigungszustand zu setzen. Will man auch zugeben, daß die Sicherstellung der lang sich ausdehnenden Küsten der Ostsee nicht geringe Schwierigkeiten hat, so bleibt es doch immer mehr als auffällig, daß Wallenstein nicht eine ausreichende Heeresmacht versammelt hatte, um den schwedischen König, den Wallenstein hinsichtlich seiner Kriegserfahrung keineswegs unterschätzte, beim Beginn seines Unternehmens zurückzutreiben, ja es würde fast unerklärlich sein, daß er nicht selbst zu den bedrohten Punkten, wenigstens als die Gefahr zunahm, geeilt wäre, wenn nicht die Vorgänge in Regensburg seine Passivität erklärten. Diese allein machen es auch begreiflich, daß auf seinen Antrag vom Kaiser an die katholischen Churfürsten das Begehren gestellt ward, ihm Tilly zu überlassen, damit er in seinem Dienste den Krieg gegen die Schweden führen möge[1]). Bei der ganzen Gemüthsart Wallensteins ist es indessen wohl möglich, daß jener Antrag nur deshalb von ihm selbst ausging, weil er voraussah, daß Tilly den Schwierigkeiten des Oberbefehls über ein Heer, das er geschaffen, und das bei den disparaten Elementen, aus denen es bestand, nur von ihm geleitet werden konnte, nicht werde gewachsen sein. Dies zeigte sich auch später um so mehr, als Wallenstein mit den bedeutendsten Führern fortwährend in Beziehung blieb.

Weilte Wallenstein seit Februar 1630 in seiner friedländischen Residenz Gitschin, und beschäftigte er sich hier bis Ende Mai anscheinend nur mit Bauten und Gartenanlagen[2]), und begab er sich

---

[1]) K. M. Freiherr von Aretin, a. a. O. S. 44.

[2]) Fr. Förster, Wallenstein als Feldherr und Landesfürst, S. 140.

auch dann noch statt auf den Kriegsschauplatz nach Memmingen in
Schwaben, wo er unthätig, ohne durch das Vordringen Gustav
Adolfs sich beirren zu lassen, verharrte[1]), so erklärt sich dies wohl
am einfachsten daraus, daß die Churfürsten zu Regensburg in einer
Eingabe an den Kaiser die heftigsten Anschuldigungen gegen den
kaiserlichen Feldhauptmann erhoben, ihn der Herabwürdigung ihres
Ansehns, der Erpressungen und der im Reiche geübten Gewaltthaten
mannigfacher Art anklagten, und seine sofortige Absetzung noch während des Regensburger Conventes beantrugen.   Diese Vorgänge,
wie die noch geheimeren im Rathe des Kaisers, mit allen Erwägungen und Gründen, die hier laut wurden und sich geltend machten,
blieben Wallenstein nicht verborgen, und bei der Kenntniß aller
Einzelheiten der Verhandlungen täuschte er sich darüber nicht, daß
sie mit seiner Dimission endigen würden.   Begreift sich hieraus,
und besonders aus seiner Ueberzeugung, welche Wallenstein gleich
anfangs hatte, daß der Churfürst von Baiern, sein erbittertster und
unermüdlichster Gegner, gegen ihn durchbringen werde, seine in
dieser Zeit des beginnenden Kampfes mit Schweden doppelt auf-
fallende Passivität, so muß überdies hier noch hervorgehoben werden, daß Wallensteins Unthätigkeit sich keinesweges auf Mecklenburg
erstreckte, wenngleich es in der ganzen politischen Sachlage begründet lag, daß er nicht damals nach Mecklenburg sich zurückbegeben,
und unmittelbar für die Sicherstellung desselben gegen die schwedischen Angriffe wirken konnte.   Alles aber läßt erkennen, daß
Wallenstein den größten Werth auf den Besitz Mecklenburgs legte,
und das Seinige that, um sich wo möglich in dem Besitz desselben
zu erhalten.   Daß die Churfürsten auch das gegen die Herzoge von
Mecklenburg eingehaltene Verfahren gegen den Kaiser zur Sprache
brachten und forderten, daß denselben ein förmlicher Proceß eröffnet,
und ihnen Vertheidigung gestattet werde, mußte Wallenstein erkennen lassen, daß trotz der von dem Kaiser erlangten erblichen Belehnung mit Mecklenburg, der Besitz dieses Reichslandes auch von
dieser Seite immer noch gefährdet war.

Bei der nahen Stellung, welche Wallenstein zum Kaiser Ferdinand hatte, der sich ihm persönlich verpflichtet fühlte, da er die kaiser-

---

[1]) Fr. von Hurter, Zur Geschichte Wallensteins, S. 342 ff., S. 372 ff.

liche Macht und das kaiſerliche Anſehen zu einer bis dahin unbekannten
Höhe erhoben hatte, kamen vielfache Schwankungen in dem Entſchluſſe
des Kaiſers vor, ſo daß ſich die Dimiſſion Wallenſteins verzögerte, die
ihm erſt durch die kaiſerlichen Abgeordneten, den Kriegsrath Freiherrn
Gebhardt von Queſtenberg und den Geheimrath und Hofkanzler Johann Baptiſta Grafen von Werdenberg, gegen die Mitte Septembers
1630 bekannt gemacht ward. Wallenſtein kannte ihren Auftrag, und
äußerte ihnen dieſes mit den Worten: „Ihr Herren! Ihr könnt
ſehen, daß ich Euern Auftrag zuvor ſchon aus den Geſtirnen erkannt
habe, und daß der Spiritus des Churfürſten von Baiern denjenigen
des Kaiſers dominire! Dieſem kann ich daher keine Schuld geben;
daß aber S. M. meiner ſo wenig ſich angenommen hat, ſchmerzt
mich. Doch ich leiſte Gehorſam[1]).“ So willig derſelbe, ſchon durch
aſtrologiſche Vorurtheile bedingt und durch beſondere Conſtellationen
der Geſtirne beſtimmt, dem kaiſerlichen Befehle gehorchte, ſo erklärte
er doch jenen Abgeſandten auf das entſchiedenſte, daß er nichts
weiter verlange, als daß man ihm gleich einem andern Reichsfürſten
geſtatte, mit ſeinem in Mecklenburg liegenden Volk Land und Unterthanen zu vertheidigen[2]). Obwohl er unmittelbar nach ſeiner
Entlaſſung ſich auf ſeine Güter in Böhmen zurückzog, ſo ertheilte
er nichtsdeſtoweniger von dorther ſeine Befehle nach Mecklenburg,
und traf fortwährend Anordnungen[3]), welche darauf ſchließen ließen,
daß er ſich, trotz der Proteſtationen der Herzoge und der wiederholt
erhobenen Einſprache der Churfürſten, im rechtlichen Beſitze Meck-

---

[1]) v. Hurter, Zur Geſchichte Wallenſteins, S. 395 f.

[2]) Khevenhiller, Annalium Ferdinandeorum, Tom. XI. p. 1134 sq.:
„Weil Ihro Kayſerl. Majſt. wegen ſeiner getreuen Dienſte ihn zum Reichs-Fürſt-
lichen Dignitäten erhoben und ſeinen Stand zu führen mit Land und Leuten verſehen, als hätte er Ihro Majeſtät zu bitten, ihn dabei zu ſchützen und handzuhaben
u. ſ. w. — Nachdem nun die Kayſerlichen Deputirten wider alles Verhoffen
eine ſo große Willfährigkeit in dem Herzoge verſpüret, haben ſie ihm im Nahmen
Ihrer Kayſerl. Majeſtät und des Churfürſtl. Collegii, daß man allergnädigſt und
gnädigſt ihm anderwärts Satisfaction geben wolle, erboten, er aber nichts anders,
als man ſolle ihm, wie einem andern Reichsfürſten, ſeine Lande und Leute in
Mecklenburg mit dem dort habenden Kriegs-Volcke zu defendiren erlauben, begehret.“

[3]) Dudik, Waldſtein von ſeiner Enthebung bis zur abermaligen Uebernahme
des Armee-Ober-Commando, S. 6 ff.

lenburgs wähnte. Desto auffälliger ist es, daß Wallenstein, während er in Böhmen verweilte, nicht nur selbst nichts für die Vertheidigung des Landes unternahm, sondern auch den Maßnahmen Tilly's entgegenwirkte. Es kann wenigstens als constatirt angesehen werden, daß Wallenstein alle Aufforderungen desselben, ihn mit Lebensmitteln zu unterstützen, und ihm Getreide zum Unterhalt der kaiserlichen Truppen zuführen zu lassen[1]), unberücksichtigt ließ, ja selbst directe Befehle gab, das ihm gehörige Getreide in Mecklenburg zu verkaufen, und den Erlös nebst dem Ertrag anderer Gefälle ihm nach Prag nachzusenden. Es dürfte sich aber sein Verhalten, wenn auch nicht entschuldigen, doch einigermaßen daraus erklären, daß die Ernennung Tilly's zum Oberbefehlshaber der gesammten kaiserlichen Kriegsmacht ihm schmerzlich war, und daß er sich nicht überwinden konnte, durch irgend welche Maßnahmen die Operationen Tilly's, selbst wenn diese auf den Schutz und die Sicherstellung Mecklenburgs vor dem Feinde gerichtet waren, zu unterstützen. Das kaiserliche Volk litt daher in Mecklenburg an Allem völligen Mangel, und Tilly, der geglaubt hatte, mit seinen Kriegsmaßregeln im Interesse Wallensteins zu handeln, führte, bitter getäuscht, desto lautere Klagen bei dem Kaiser, da ihm die Wegführung der Getreidevorräthe aus Mecklenburg und der Verkauf derselben in Hamburg und Lübeck genugsam bekannt geworden war. Die Lage der kaiserlichen Truppen in Mecklenburg war daher eine höchst bedrängte, und änderte sich erst, als Tilly gegen Magdeburg gezogen war, und der General Viremont anstatt seiner in Mecklenburg befehligte. Diesem gewährte Wallenstein sofort Unterstützung, so weit das erschöpfte Land noch im Stande war, die Lebensmittel für die Soldatesca aufzubringen.

Als Gustav Adolfs Absichten, der Festsetzung der kaiserlichen Macht an der Ostsee entgegenzutreten, sich immer mehr enthüllten, sein Einbruch in Deutschland gewiß war, und Pommern und Mecklenburg seinen Angriffen augenscheinlich zuerst ausgesetzt waren, hatte Wallenstein in die festen Orte Mecklenburgs Truppen gelegt, und

---

[1]) Wallensteins vier letzte Lebensjahre. Von Friedrich von Hurter. Wien 1862. S. 125 f.: Gabriel de Roy aus Wismar an den Oberst Wengersky, den 6. Januar 1631, und dessen Schreiben an Wengersky, vom 12. Januar 1631, Kriegsarchiv.

hatte insbesondere Sorge getragen, die Besatzung Rostocks, die bisher nach der mit der Stadt geschlossenen Capitulation nur tausend
Mann betragen hatte, zu vermehren, um die wichtige Seestadt, auf
deren Besitz Wallenstein ein besonderes Gewicht legte, gegen jeden
Handstreich und Ueberfall der Schweden zu schützen. Kaiser Ferdinand hatte noch von Regensburg aus unter dem 18. August 1630
ein Abmahnungsschreiben an Gustav Adolf ergehen lassen, welches
ihm die nicht geringe Verwunderung desselben aussprach, daß er
das deutsche Reich mit solcher Kriegsmacht feindlich angefallen, auch
solche Unruhe ohne alle vorhergegangene Absagung angefangen habe,
und ihn aufforderte, von solchem Beginnen abzustehen, und das
Reich unangefochten zu lassen. Gustav Adolf wies in seiner Antwort die ihm vom Kaiser gemachten Vorwürfe entschieden zurück,
versicherte, daß er in seinem Gemüthe keine Hostilität wider das
Römische Reich trage, und forderte außer der Wiedereinsetzung der
ihm verwandten und befreundeten Fürsten, daß die ungewöhnlichen
Zurichtungen der Kriegsflotten an diesen Seeküsten, da ihm der
Schutz der Ostsee zustehe, abgeschafft würden, da sie ihm aus er-
heblichen Ursachen Argwohn einflößten, und in keiner Weise zu
dulden seien[1]). Diese Antwort bestätigt auch die von uns gemachte
Bemerkung, daß es nicht vor Allem das lutherische Bekenntniß
war, zu dessen Schutze Gustav Adolf die Waffen ergriffen hatte,
wenngleich er zu Zeiten in seinen Proclamationen später auch darauf hinwies. Immer steht ihm, dem Kaiser gegenüber, das Streben
desselben vor Augen, sich der Herrschaft über die Ostsee zu bemächtigen, das er als schwedischer König mit allen Mitteln glaubte bekämpfen zu müssen. Ging aber Gustav Adolfs Invasion in Deutschland weit über diesen Zweck hinaus, so erklärt sie sich eben nur
aus den weitgreifenden Plänen, mit denen sich derselbe von Anfang
an getragen hatte.

Von Stralsund aus versuchten die Schweden über Damgarten
nach Mecklenburg vorzubringen, und bemächtigten sich der mecklenburgischen Stadt Ribnitz, welche von kaiserlichen Truppen besetzt
gehalten wurde. Unter dem 28. September 1630 erließ Gustav

---

[1]) Königs in Schweden Antwortschreiben, sub dato Stralsund, den 10. Octobris 1630, bei Londorp, Acta publica, II. p. 95 ff.

Adolf zwei Edicte, in welchen er den mecklenburgischen Ständen den
Zweck seines Einmarsches verkündigte, und insbesondere den Rath
und die Bürgerschaft Rostocks zur Vertreibung Wallensteins und zur
Wiederaufnahme ihrer rechtmäßigen Landesherren aufforderte. In
dem ersteren, an alle mecklenburgischen Unterthanen erlassenen Mandate wurde ausgeführt, daß Wallenstein die uralte landesfürstliche
Obrigkeit, die Herzoge Adolf Friedrich und Hans Albrecht, wider
göttliches Recht und aller Völker Rechte, wider die Billigkeit und
des Reiches Satzungen, insonderheit den hochverpönten deutschen
Landfrieden ohne einzige rechtmäßige Ursache mit Krieg überzogen
habe, und werden die Unterthanen aufgefordert, den Herzogen wiederum beizutreten, und sich wohl bewaffnet in das schwedische Lager
zu begeben. In dem zweiten, an die Rostocker gerichteten Edict, werden dieselben ihrer Pflicht und Schuldigkeit erinnert, die von Gott
geschickte Gelegenheit zu ergreifen, die Feinde und Verräther, sammt
ihrer unbilligen Freiheit, so sich eine kaiserliche Garnison zu nehmen
pflegt, zu verjagen, und wird ihnen angedroht, daß sie im entgegen-
gesetzten Falle als Verächter Gottes und seiner Kirche gehalten und
ihrer Privilegien verlustig gehen sollten[1]).

Die kaiserliche Garnison Rostocks war indessen von dem General
Sabelli so bedeutend verstärkt worden[2]), daß die Stadt durchaus nicht

---

[1]) Khevenhiller, XI. p. 1327 ff.

[2]) In der alten Matrikel der Universität bemerkt Johann Quistorp, als damaliger Rector, am Schluß seines Rectorats: Paucitas inscriptorum inde orta,
quod cum bellicis exactionibus et depraedationibus omnis ferme Germania,
et cum primis circumjacentes provinciae exhaustae essent, et haec urbs
militare Caesaris praesidium ad 3000 haberet, nec exhausti parentes in
Academiis liberos alere possent, nec ad hanc milite refertam suos able-
gare vellent. Dagegen erzählt Khevenhiller, XI. S. 1331, daß 5000 Reiter einen
Durchzug nach Demmin, um selbiges vor einem schwedischen Anfall zu schützen,
begehrt, in der Stadt aber geblieben wären, obwohl die Bürger gemeint, daß sie
zum andern Thore wieder herausreiten würden, worauf man sich der Stadt bemächtigt, und die Bürger gezwungen habe, all ihr Gewehr aufs Rathhaus zu liefern, welche daneben auch, daß sie keines mehr hätten, schwören mußten. — Diese
Darstellung widerspricht den factischen Verhältnissen, da die Stadt längst, wie wir
sahen, eine friedländische Garnison hatte, und durch die stattgehabte Capitulation,
welche, wenngleich die Besatzung über die ursprünglich festgesetzte Zahl verstärkt
worden, im Ganzen von Wallenstein gehalten wurde, alle Verhältnisse festgestellt

in der Lage war, der Aufforderung irgend Folge zu leiſten, da die
kaiſerlichen Truppen die Stadt auf allen Punkten beſetzt hielten, jeden
derartigen Verſuch vereitelt und blutig gerächt haben würden. An der
Spitze der kaiſerlichen Beſatzung in Roſtock ſtand der Commandant
Obriſt Heinrich Ludwig von Hatzfeld, welcher längere Zeit mit ſeinen
Truppen in Pommern, insbeſondere zu Wolgaſt und Greifswald, gelegen hatte[1]). Zwar gab der König Guſtav Adolf die Hoffnung auf, daß
er ſich der ſtark befeſtigten und mit zahlreicher Beſatzung verſehenen
Stadt ſobald werde bemächtigen können, auch riefen ihn ſeine anderweitigen Plane auf einen anderen Kriegsſchauplatz, aber er ließ
den General Baner zur Occupation der mecklenburgiſchen Lande
zurück, welcher von Ribnitz und Dargun aus wiederholt Roſtock
bedrohte[2]). Guſtav Adolf war ſelbſt in Ribnitz geweſen, um ſeine
Maßregeln zu treffen, namentlich auch um die Hülfsquellen Mecklenburgs, ſo weit er ſich des Landes bemächtigen konnte, für ſich
zu verwenden. Ueberhaupt verfuhr er weit willkürlicher und mehr
im eigenen materiellen Intereſſe, als die bisherige Geſchichtſchrei-
bung meiſtens anerkannt hat. Von Anfang an finden wir, daß er
mecklenburgiſche Güter und Beſitzungen, ohne einen Rechtstitel dafür
zu haben, ſeinen Befehlshabern verlieh. Mochte er in einzelnen
Fällen dies auch unter dem Scheine der Repreſſion thun, wenn er
die Güter ſolcher Adeligen, welche bei Wallenſtein Dienſte genommen hatten, verſchenkte, ſo iſt doch gewiß, daß Guſtav Adolf namentlich das geiſtliche Gut als herrenlos und als Kriegsbeute be-

---

waren. Das Wahre mag ſein, daß jene Verſtärkung bei einer ſolchen Gelegenheit
ſtattfand.

[1]) J. G. L. Koſegarten, Das friedländiſche Kriegsvolk zu Greifswald in den
Jahren 1627—1631. Neuntes Capitel. Das Hatzfeldiſche und Lichtenſteiniſche Volk
zu Greifswald im Sommer 1630, in: Baltiſche Studien, herausgegeben von der
Geſellſchaft für pommerſche Geſchichte und Alterthumskunde. J. XVII (1859),
Heft 2, S. 176 ff.

[2]) Da von dem ſchwediſchen Kriegsrath und Obriſten, Joachim Wintzlaff, von
Ribnitz aus ein Befehl an das Amt Ribnitz und an die benachbarten Aemter, ſowie an die Verwalter des Kloſters und der Landgüter der Stadt Roſtock erlaſſen
war, wegen ihrer Dorfſchaften den 2. October zu Ribnitz auf dem Rathhauſe zu
erſcheinen, erging ſofort ein Reſcript Wallenſteins, welches Wengersky von Bützow
aus unter dem 30. September 1630 in deſſen Namen erließ, welches befahl, jenem
Befehl und Citation nicht zu pariren. Arch. Min. Vol. XII. p. 187.

trachtete, und Comthureien, Capitelgüter und andere geistliche Be=
sitzungen verschenkte[1]).

Konnte nun auch die Stadt ausreichenden Widerstand leisten,
und war nicht zu erwarten, daß sie von der nicht zahlreichen schwe=
dischen Heeresabtheilung ernstlich gefährdet werden könne, so war
es andererseits doch eben so gewiß, daß die in der Stadt liegende
kaiserliche Besatzung fürs Erste auf keinen Ersatz zu hoffen hatte,
und daß die enge Einschließung der Stadt jeden Augenblick ein=
treten konnte. Da überdies weit und breit die Ortschaften, Dörfer
und Gegenden verheert und verwüstet waren, auch die Theuerung
von Tage zu Tage wuchs, so stand zu besorgen, daß Hungersnoth
in der Stadt eintreten werde, sobald eine eigentliche Belagerung
derselben unternommen ward. Selbst die in Rostock liegende Gar=
nison war kaum mit dem Nöthigsten versehen, da Berthold von
Waldstein, der als Wengersky's Stellvertreter im Lande befehligte,
sich außer Stande gesehen hatte, den ausreichenden Bedarf für das
kaiserliche Kriegsvolk nach Rostock zu schaffen. Unter diesen Um=
ständen wurde es bringend nöthig, daß die Bevölkerung sich durch
Verproviantirung auf möglichst lange Zeit hinaus vor drückendem
Mangel zu schützen suchte. Die Erkenntniß dieser offen vorliegenden
Nothwendigkeit war es auch, welche den derzeitigen Rector der Uni=
versität, Paul Tarnov, veranlaßte, eine akademische Verordnung
ausgehen zu lassen, welche allen Akademie=Verwandten befahl, sich
auf ein Jahr mit Lebensmitteln zu versorgen, und alle dawider
Handelnden nach Befund mit Strafe bedrohte[2]).

---

[1]) Lisch, Jahrbücher IX. S. 63 f., welcher über die schon unter dem 7. No=
vember 1630 von Stralsund aus erfolgte Schenkung der Comthurei Nemerow an
den Obristen Wurmbrand eingehend handelt.

[2]) Rector Academiae Rostochiensis, Paulus Tarnovius, D. et Professor
S. S. Theologiae. Non dubito, quin unumquemque patrum familias non
minus de literatorum, quam de civium numero, sollicitet atque instiget
officii oeconomici cura de providendo sibi suaeque domui, quae sunt in
futurum necessaria: gravibus tamen et justis de causis mearum quoque
esse partium putavi, omnes et singulos monere, qui de civium nostrorum
numero familiam alunt, ut sibi prospiciant de victu in annum necessario,
idque quam primum. Hujus mandati caussas spero nemini, me etiam ta=
cente, fore obscuras: de fructu vero, inobedientia posito, per certos et
fideles ut brevi inquiratur, sedulo a me dabitur opera: quando in contra=

Die Stadt ſah ſich von den Schweden im Spätherbſt und Winter 1630 mehrfach bedrängt, aber die ſtarke Beſatzung ließ es nicht zur völligen Einſchließung kommen, da die Schweden ſich zum ernſtlichen Angriff zu ſchwach fühlten. Als die Nahrungsquellen Roſtocks faſt ſämmtlich verſiegt waren, Handel und Gewerbe darnieder lag, die Univerſität verödet war, und die Noth der Bürger täglich zunahm, ward der Obriſt von Haßfeld[1]) am 17. Januar 1631 in einer Vorſtellung bringend angegangen, dieſe Verhältniſſe zu berückſichtigen, und der Stadt in ihrer drückenden Lage Erleichterung zu gewähren.

Dies waren die Verhältniſſe, als bald darauf, am 22. Januar 1631, die Stadt plötzlich mit der Zeitung erſchreckt ward, daß der Obriſt von Haßfeld in ſeiner Wohnung ermordet worden ſei. Die ſchreckliche That erbitterte die Beſatzung, zumal da der Verdacht entſtand, als ob jene That wohl unter Mitwiſſen Vieler oder gar zum Zweck der Reſtitution der Herzoge, nachdem die kaiſerliche Beſatzung aus der Stadt vertrieben worden, geſchehen ſei. Die bringende Aufforderung zu ſolchem Vorgehen, welche Guſtav Adolf wenige Wochen vorher an die Stadt gerichtet hatte, war ganz geeignet, Argwohn hervorzurufen, und jenem Verdachte Nahrung zu geben, ſo wenig dazu auch begründete Veranlaſſung vorhanden war. Ein Akademie-Verwandter, der Licentiat Jacob Barmeyer, aus Osnabrück in Weſtphalen gebürtig, welchem der Obriſt von Haßfeld einige Güter, welche er dort beſeſſen, abgenommen haben ſoll, der nichtsdeſtoweniger aber mit ihm in freundlichem Verkehre ſtand, ſo daß ſie gemeinſam mathematiſche Studien trieben, hatte den Obriſten, zu dem er freien Zutritt hatte, meuchlings überfallen, und ihm das Haupt mit einem Beile abgeſchlagen, als der Obriſt, um ſeinem angeblichen Wunſche, einen Reiſepaß zu erhalten, zu entſprechen, ſich zur Unterſchrift deſſelben gebückt hatte. Da der Ver-

venientes etiam pro merito, de concilii sententia, statuetur. P. P. sub sigillo academiae, die memoriali S. Matthaei. CIƆIƆCXXX. Rostochii typis Joachimi Pedani, Acad. Typ. Etwas, J. 1737 S. 208.

[1]) In dem Schutzbriefe, den der Obriſt von Haßfeld im October 1630 der Akademie ertheilte, bezeichnet er ſich als Herr zu Wildenbrock und Schönſtein, zum Steinhauſe Droſte zum Ravensberg. Vgl. Weitere Nachrichten von gelehrten Roſtockſchen Sachen, J. 1743 S. 87.

brecher sich mit dem Haupte des Unglücklichen unter dem Mantel
zu entfernen gewußt und sich verborgen hatte, bringender Verdacht
aber sofort auf den Thäter gefallen war, so nahm die Besatzung,
als er nicht aufzufinden war, eine drohende Haltung an, welche sich
besonders gegen die Universität richtete, da ein Glied derselben in
Verdacht stand, die That verübt zu haben.

Nur die Umsicht und Energie Quistorps, welcher damals das Rectorat bekleidete, und sofort durch öffentlichen Anschlag aufforderte[1]), es
zur Anzeige zu bringen, bei wem der Verbrecher sich verberge, wandte
jeden Ausbruch der von den Soldaten drohenden Gewaltthätigkeiten
ab, da diese bereits vorgehabt, Alles auf den Gassen niederzumachen
und die Häuser zu plündern[2]). Jedes ungeordnete Vorgehen zurückweisend, erklärt er muthig, daß er als Rector nicht nur des Kaisers,
sondern auch des Papstes Person repräsentire, beruft sich auf die
Auctorität und die Privilegien beider, und giebt unter der Bedingung, daß Alles ordnungsmäßig und geziemend zugehe, das Versprechen, seiner Pflicht zu genügen. In der That gelingt es ihm
auf solche Weise, nachdem er einen Theil der Soldaten zu seiner
Sicherheit zurückbehalten, und den andern Theil unter Begleitung
der Bidelle zur Haussuchung verwandt hatte, sowohl das Ansehen
und die Rechte seines Amtes zu bewahren, als auch den Thäter
aufzufinden, der sich in einen Keller geflüchtet, aber von einem
Tagelöhner verrathen wurde. Als die Thatsache feststand, daß der
Licentiat Warmeyer des Verbrechens schuldig war, wandte sich
Rector und Concilium in einem Schreiben an den dem Obristen
von Haßfeld succedirenden Commandanten, Martin Maximilian

---

[1]) Weitere Nachrichten von gelehrten Rostockschen Sachen, J. 1743 S. 91.

[2]) De Meritis Quistorpiorum in Ecclesiam et rem literariam, ad Magnificum Joann. Nicolaum Quistorpium, qua purpuram Rectoralem, quinta
vice demissam, gratulatur Dissertatio Epistolica M. Mich. Lilienthalii,
Prussi. Rost. 1710. 4. Quistorpium tumultuarium processum deprecatus,
se tanquam Rectorem non Imperatoris solum, sed et Papae personam re-
ferre, animose respondet, et ad utriusque provocat auctoritatem et privilegia; insimul tamen se officio suo non defuturum pollicetur, modo
omnia ordine et decenter peragantur. Alteram ergo militum partem se-
curitati suae retinet, alteram cum Bidellis in civium suorum domos visi-
tandi ergo ablegat, atque ea ratione et auctoritatem et jura magistratus
sui feliciter conservat. — Etwas, J. 1741 S. 402 f.

Goltzen von der Cron, in welchem sie ihren tiefen Schmerz aus=
sprachen, daß der Urheber der Schandthat Glied der Akademie sei,
aber zugleich auch darauf hinwiesen, daß keine Gemeinschaft so
heilig sei, daß sie nicht bisweilen gottlose Genossen haben sollte,
da auch der Sohn Gottes den grausamsten Martern und dem
Kreuzestode überliefert sei von dem, der zu den Jüngern des Soh=
nes Gottes gehört, und Glied des Collegiums der Apostel gewe=
sen sei[1]).

Barmeyer, welcher eine tiefe Verbitterung gegen den Obristen
hegte, und von Rachsucht gegen ihn getrieben sein mochte, hatte sich
dem unglückseligen Wahne hingegeben, als ob er einen göttlichen
Beruf zu jener Frevelthat empfangen habe. Die Hartnäckigkeit, mit
welcher er im Stillen seinen Plan verfolgte, scheint mit einer Ueber=
spannung und einer daraus allmählich entspringenden Zerrüttung
des Verstandes zusammengehangen zu haben, da er durch den Um=
stand, daß der Anfangsbuchstabe seines Vornamens ein J, derjenige
des Namens Haßfelds dagegen ein H war, in der Meinung und
dem vermeintlichen Berufe bestärkt ward, als müsse er mit dem
Obristen wie Judith mit dem Holofernes verfahren. In diesem
Wahne hatte er sogar vor Ausübung seiner That eine Fürbitte thun
lassen wollen von dem Prediger Deutsch, welcher gerade an dem
Tage in der Kirche zum heiligen Geist die Wochenpredigt hielt[2]).

---

[1]) Bittschrift der Akademie an den Herrn Martin Maximilian Goltzen von
der Cron. Rostochii VIII. Calend. Febr. Ann. 1631. Etwas, J. 1738 S. 742 ff.
Auch an den kaiserlichen Statthalter von Wengersky richtete die Universität ein
Bittschreiben, Datum Rostock, am Tage conversionis Pauli (den 25. Januar
1631), in welchem die Bitte ausgesprochen wird, wegen dieser That der Akademie
und ihren Gliedmaßen nicht ungeneigt werden, auch die Strafe nicht wider Un=
schuldige extendiren zu wollen, sie auch von der Einquartierung und allen dahero
rührenden Kriegsmolestien zu befreien. Die unter dem 29. Januar 1631 erfolgte
Antwort des Statthalters war wohlwollend, berührte aber den Mord gar nicht,
sondern bestimmte nur die Grenzen der Entfreiung von der Einquartierung und
andern Kriegsauflagen. Weitere Nachrichten von gelehrten Rostockschen Sachen,
J. 1743 S. 83 f.

[2]) Zacharias Deutsch war der Sohn des Rostocker Stadtsecretairs David
Deutsch; er war den 25. November 1601 geboren, hatte in Rostock und Lemgo die
Schulen besucht und zu Rostock, Leipzig und Jena studirt. Nachdem er in Jena
zum Magister promovirt war, ward er Prediger am S. Johanniskloster zu Ham=
burg. Im Jahre 1629 ward er von dort zum Prediger am Heiligen Geist in

Dieser jedoch hatte die Verlesung des eingereichten Zettels unter=
lassen, weil ihm die Handschrift nicht bekannt gewesen war. Der
Inhalt[1]) mochte dem Verdacht Vorschub leisten, als hänge die That
mit den öffentlichen Verhältnissen, wohl gar mit dem Plane, das
Land von der friebländischen Herrschaft zu befreien, zusammen.
Wie völlig unbegründet dieses war, ergab sich bald aus der deshalb
angestellten Untersuchung, aber es zeigte sich auch, wie der Ver=
brecher sich und sein arges Vorhaben mit den öffentlichen Zuständen
des Landes in Verbindung gesetzt, und durch die biblische Parallele
mit Judith immer tiefer sich in den Wahn verstrickt hatte, als ob
er einen besondern Beruf habe, und zu solcher That ausersehen sei.
So wandte er Judith 2, V. 28 auf sich an[2]): Ich gehe hin in
Frieden, der Herr ist mit mir, und rächet uns an unsern Feinden,
und in gleicher Weise bezieht er Judith 10, V. 9 auf sich: Der
Gott unserer Väter gebe mir Gnade, und lasse mein Fürnehmen
gerathen, daß sich Israel dessen freue, und des Herrn Name ge=
preiset werde unter den Heiden, und bekannt werde unter den Hei=
den. Am schärfsten tritt dieses aber hervor, daß er das Gebet der
Judith vor der Enthauptung des Holofernes, C. 13, V. 6, sich an=
eignet, und das von ihr über Jerusalem Gesagte auf Rostock be=
zieht: Herr, Gott Israels, stärke mich und hilf mir gnädiglich, das
Werk vollbringen, das ich mit ganzem Vertrauen auf dich habe
vorgenommen, daß du deine Stadt Rostock erhöhest, wie du mir
zugesagt hast. Bei solcher Verblendung und geistigen Verworrenheit
begreift es sich, daß der Unglückliche auch schon das Triumphlied,

---

Rostock, und von da im Jahre 1636 zum Archidiaconus der S. Jacobikirche be=
rufen. Lisch, Jahrbücher XVI. S. 205 f.

[1]) Acten, Jacobus Barmeyer betreffend (Rathsarchiv), Copey des Zettels:
Es wird begehrt, ein Christliches Gebet zu thun für eine hochwichtige Sach, die
Gottes Ehre und dieses ganzen Landes Wolfahrt betrifft, welches im Namen der
heiligen Dreifaltigkeit förderlichst zu tractiren vorhanden ist. Der Allerhöchste wolle
dieselbe zu seines heiligen Namens Ehre, Wiedererlangung des lieben Friedens und
der betrübten Christenheit Aushelfung mächtiglich dirigiren und ausschlagen lassen
um des himmlischen Friedensfürsten Jesu Christi willen. Amen.

[2]) Vgl. in denselben Acten die Auszüge aus dem Buche Judith, so bei Ja=
cobo Barmeyer in seinen Kleidern, wie er nach vollbrachter That gefänglich einge=
zogen, gefunden worden.

Judith C. 16, B. 16 ff., im Voraus heranzog, um sich dadurch zu seiner entsetzlichen That zu ermuthigen.

Hatte nun auch die stattgehabte Untersuchung ergeben, daß Barmeyer ohne Mitwissen Anderer, allein aus verkehrtem Wahn heraus gehandelt hatte, so erklären doch jene Umstände zur Genüge, daß der theologischen Facultät und dem geistlichen Ministerium Rostocks von dem Statthalter die Frage vorgelegt wurde, ob Jacobus Barmeyer aus göttlichem Antrieb den Mord an dem Obristen von Hatzfeld verübt habe. Dennoch ist es für die Zeit characteristisch und beachtenswerth, daß der Statthalter schon unter dem 27. Januar begehrt hatte, daß facultas theologica und ministerium Rostochiense sich zusammenthun, und über des captivi Opinion ihr Bedenken, wie selbiges mit Gottes Wort übereinstimmet, verfassen und einschicken solle[1]). Beide Collegien waren in Folge dieses vom Statthalter ergangenen Befehles am 31. Januar zusammengetreten, und hatten nach Verlesung des über diese That angefertigten Proto= colls in der Furcht Gottes den vorgelegten betrübten Fall erwogen.

Die Antwort aber, welche für den ganzen Standpunkt der Facultät und des Ministeriums characteristisch ist, lautet: „So mögen wir aus heiliger göttlicher Schrift nicht ersehen, wie diese grausame Mordthat aus göttlichem Antriebe, welches so beständig fürgegeben wird, könne herrühren. Es ist Gott kein Gott, dem gottlos Wesen gefällt, Ps. 5, B. 5. Er hat in seinem Gesetze weislich befohlen: Du sollst nicht tödten, Exod. 20, B. 13. Und Matth. 26, B. 52 verbeut Christus, das Schwert zu nehmen. An welchem hellen und klaren Worte Gottes wir uns halten, und weder zur Rechten, noch zur Linken davon weichen müssen, Deut. 5, B. 32. Wenn aber ein Werk, das mit dem Buchstaben göttlichen Gesetzes zu streiten schei= net, dennoch davor geachtet werden muß, das es aus Gottes Antrieb

---

[1]) Secundus Liber Facultatis Theologicae Rostochiensis, in quo varia scripta, judicia, responsa, literae, testimonia et alia negotia ejusdem Fa= cultatis continentur ab Anno Christi 1592 usque ad annum 1648, p. 305 ff.: Antwort auf Vorgelegte Frage, ob Jacobus Barmeier aus göttlichem Antrieb den Mord an dem Obristen Hatzfeld verübet. Datum Rostock, den 13. Februarii A. 1631, und ist unterzeichnet: Decanus, Senior und andere Professores der theo= logischen Facultet, Wie auch Superintendens, pastores und sämmtliche Prediger daselbst. Vgl. auch Arch. Min. Vol. XVII. p. 461 ff.

herrühre: So muß Gottes Special Mandat und Befehlich, das generali legi derogiret, da sein und damit behauptet werden. Doch ist hie nicht genug, daß man bloß ausgeben wolle, Gott habe es geheißen. Denn es kann der Teufel wol einen Larven machen, als sei er Gott. Er kann sich in einen Engel des Lichtes herstellen, 2. Cor. 11, V. 14. Es gehören andere Beweise dazu. Solche Be= weisthumb aber stehen darin. Wenn entweder die heilige Schrift das Werk, das sonst für ihm selbst böse zu sein und wider Gottes Gebot zu laufen scheint, mit hellen darren Worten gut heißet. Wie des Ehuds Mord, der Eglon, der Moabiter König, ersticht, vom heiligen Geist approbiret, und Ehud ein Heiland, den Gott den Kindern Israel erwecket hatte, genannt wird, Judic. 3. Oder wenn solch extraordinari Werk mit einem göttlichen miracul wird bestä= tiget. Als da Gideon ein Befehlich empfänget, das er, der ein privatus war, sich zum Haupt aufwerfen, und Israel erlösen sollt aus der Midianiter Händen, da bittet er Gott, daß er ihm wolle ein Zeichen machen, daraus er erkenne, daß es Gott sei, der mit ihm redet, welches auch erfolget, Jud. 6, und wird dadurch das Werk confirmiret. Es fehlet aber bei diesem Werk an solchem Be= weis. Es kann kein special approbation Gottes vorgelegt werden. Es ist kein miracul oder Wunder da, dadurch es wäre bestätiget. Müssen derowegen schließen, es sei der impulsus, der so bestendig in der göttlichen und scharfen Frage angezogen wird, von einem andern Autore herkommen. Der, wie es aus dem Werk erscheinet, kein anderer sein kann als der böse Geist, der da ist ein Mörder von Anfang, Joh. 8, V. 44, welcher an diesem Menschen, der bei manniglich das Gezeugniß hat, daß er sich vor diesem fromm und christlich verhalten, aber doch je und allewege zur Melancholia, die ein balneum diaboli ist, geneigt gewesen, ein bequemes suppositum und organum gefunden, dadurch er sein Vorhaben nicht allein an den Sehl. Herrn Obristen ins Werk setzen, sondern ohne Zweifel ein gemeines Blutbad und Hinrichten stiften mochte. Der hat den Menschen auf Gottes Zulassung, mit vorgebildetem guten Schein eingenommen und getrieben, daß er die Mordthat verrichtet. Es kann dieser Geist, wenn es ihm Gott zulasset, der menschlichen Glie= der mechtig sein, und die Hand und andere Glieder mit Gewalt führen. Wie wir dessen ein Exempel haben Matth. 17. Und die

Erfahrung lehret es, daß nicht allein die, so vom Teufel leiblich besessen sein, mit ihrer Zunge Gottes Lästerung ausgießen, mit den Händen ihren Leib beschädigen, woran doch sie, wann sie zu ihnen selbst kommen, keinen Gefallen tragen. Sondern es ist manniglich wissend, daß dieser Geist oft bei den melancholicis mit seinem Getrieb angehalten hat, daß sie ihnen selbst Hand sollen anlegen, hat ihnen Messer und Strick dazu gezeiget und præsentiret (wie man dann solch Exempel bei uns allhie belebet). Darf nicht dieser Geist den Sohn Gottes selbst angreifen, und von einem Ort zum andern führen, Matth. 4? Sollte er nicht an uns schwache und sündhafte Menschen sich machen und unsere Glieder, sein Werk damit zu verrichten, mißbrauchen dürfen? Hievon sagt der alte Kirchenlehrer Cyprianus (sermone secundo de zelo et livore) offert oculis (diabolus) formas illices et faciles voluptates, ut visu destruat castitatem; aures per canoram musicam tentat, ut sonus dulcioris auditu solvat et molliat christiani vigorem; linguam ad convitium provocat, manus injuriis lacescentibus ad petulantiam caedis instigat etc.

Aus dem nun (daß wir anderer Gründe geschweigen) wissen wir, wie gemeldet, nicht anders von diesem betrübten leibigen Fall zu schließen, denn daß nicht aus eines guten, sondern bösen Geistes Getrieb, der des Thäters Melancholie, sein Werk zu promoviren, gebraucht, die Mordthat verrichtet sei. Gott wolle den Thäter durch seinen guten Geist erleuchten, zu wahrer Erkenntniß kommen lassen, und dem Teufel nicht gestatten, daß er die Seele, die Christus mit seinem Blute theuer erkauft hat, ins ewige Elend und Verderben stürze." Die Facultät und das Ministerium weisen somit entschieden das Vorgeben zurück, daß die That aus göttlichem Antriebe geschehen sei, stellen sich auf die hellen und unzweideutigen Aussprüche des Wortes Gottes, welche die That verdammen, und führen jenem subjectiven Meinen und jenem verkehrten Wahne gegenüber die That auf die verführende Wirksamkeit des Teufels zurück, so daß sie, obschon sie hervorheben, daß derselbe sich der Melancholie des unglücklichen Thäters bei seiner Verführung bedient habe, das objectiv Verdammungswürdige und Strafbare der That auf das entschiedenste festhalten, und ohne alle Abschwächung mit heiligem Ernste bezeugen. Der Thäter entging auch nicht der verdienten

11*

Strafe, die jedoch nach der Sitte und dem Geiste der Zeit in grausamster Weise an ihm vollzogen wurde[1]. Da es sich klar herausgestellt, daß keine Betheiligung irgend welcher Art bei dem Morde stattgefunden hatte, und daß die gesammte Einwohnerschaft Rostocks die That, welche mit politischen Wünschen und Bestrebungen in gar keinem Zusammenhange stand, verabscheute, so hatte dieser Zwischenfall für die Stadt keine weitere Folgen, da die kaiserlichen Befehlshaber jede Beschwerung und Bedrückung derselben aus dieser Veranlassung unterließen, auch dem geistlichen Urtheile der Theologen und der Ministerialen Rostocks, sowie dem sittlichen Ernste der Bevölkerung, der sich in ihrer ganzen Haltung bei diesem Vorgange bewährte, Gerechtigkeit widerfahren ließen. Wengersky hatte von Rostock aus unter dem 5. Februar an Wallenstein über die Ermordung des Obersten von Haßfeld berichtet, worauf

---

[1] In Bezug auf die Handhabung des Strafrechtes und der dabei angewandten Tortur, möge von culturhistorischem Gesichtspunkte aus der Verlauf des Processes aus den Acten (Rathsarchiv) hier bemerkt werden:

Den 24. Januarij st. v. 3. Februarij st. n.	ist circa 6 vespertinam das erste Verhör mit ihm vorgenommen, und er zugleich mit spanischen Stiefeln einmal angegriffen worden.
Den 25. Januarij 4. Februarij	circa tertiam pomeridianam ist das andere Verhör und eine abermalige Tortur durch zweimalige Applicirung der Beinschrauben aus linke Bein vorgenommen, auch hat man dabei brennenden Schwefel auf die große Zehe des linken Fußes, auch an unterschiedliche Orte der linken Seite gethan.

Den 1. Februarij st. v. ist der dritte Actus des Verhörs gewesen, aber absque ulla applicatione Torturae.

Den 24. Martij ist der letzte Actus Torturae mit dem Inquisito vorgegangen, da denn derselbe aufs strengste angegriffen, mit beiden spanischen Stiefeln hart beleget, mit Lichtern gebrannt, hin und wieder an Leib und Schenkel mit Schwefel und Pech beträufelt. Es hat diese Qual in die anderthalb Stunden gewährt, und ist die Pein auf unterschiedliche Manieren auf ihn gelegt, und hat nicht viel daran gefehlet, daß man ihn nicht ganz zerrissen, inmaßen denn auch nichts an ihm als bloß des Lebens geschont worden, an welcher Marter er den folgenden Tag, den 25. Martij, gegen Abend privata absolutione et communione verschieden. Den 28. Martij ist der Körper auf dem Markt vom Scharfrichter öffentlich geviertheilt, vor jedem Thor ein Stück an einen Pfeiler gehängt, und der Kopf und die rechte Hand darüber aufgestellt worden.

derselbe von Gitschin aus unter dem 23. Februar an Wengersky und unter dem 8. März an Berthold von Walbstein[1]) Verfügungen erließ, durch welche er für die Hinterlassenen desselben väterlich sorgte[2]).

Zehnter Abschnitt.

Wiedereroberung des Landes. Restitution der Herzoge Adolf Friedrich und Hans Albrecht. Uebergabe Rostocks und Wismars. Reaction der Herzoge gegen das friedländische Regiment. Rostocks Aussöhnung mit der Landesherrschaft.

Als der Gang der Kriegsbegebenheiten für Gustav Adolf eine immer günstigere Wendung nahm, traten auch die Bedenken der deutschen evangelischen Fürsten, sich ihm anzuschließen, zurück, und rasch sah sich Gustav Adolf durch ihre Unterstützung in den Stand gesetzt, nachdem die Nachricht von der Zerstörung Magdeburgs anfangs lähmend eingewirkt und manche Plane durchkreuzt hatte, vorzudringen, um im Herzen Deutschlands selbst eine Entscheidung herbeizuführen. Nachdem die protestantischen Fürsten theils durch die Gewalt der Waffen, theils durch die Macht der Verhältnisse sich genöthigt gesehen hatten, sich in Bündnisse mit Gustav Adolf einzulassen, ward das deutsche Reich auf das gewaltigste zerklüftet, und schien seiner Auflösung entgegenzugehen. Anders stand es mit den Herzogen Adolf Friedrich und Hans Albrecht, welche, nachdem der Regensburger Reichstag für sie ohne Erfolg zu Ende gegangen war, kaum mehr etwas von der Gerechtigkeit des Kaisers hoffen konnten. In der Ueberzeugung, daß sie nur von den Waffen ihre Wiederherstellung erwarten konnten, nahmen sie den Obristen Lohhausen in ihre Dienste[3]), um sich am Kampfe und insbesondere an

---

[1]) Der Oberst Berthold von Walbstein fand zugleich mit Pappenheim und Hieronymus Colloredo in der Schlacht von Lützen seinen Tod.

[2]) Dubik, Walbstein von seiner Enthebung bis zur abermaligen Uebernahme des Armee-Ober-Commando rc., S. 35.

[3]) Tagebücher Adolf Friedrichs, d. d. 29. Junius 1630, bei Lisch, XII. S. 99: Den 29. habe ich mit Lohausen tractiren lassen, so daß er mir Dienst zugesagt, und darauf seine Pflicht durch einen Handschlag von ihm genommen.

der Wiedereroberung ihres Landes zu betheiligen. Ungeachtet daß
Lohhausen ganz geeignet für die ihm zugewiesene Aufgabe war, und
eine bedeutende Thätigkeit entwickelte, rückten die Vorbereitungen
zum Kriege doch nur langsam vor. Die Herzoge, die ihrer Einkünfte beraubt waren, konnten bei der Geringfügigkeit ihrer Mittel
Werbungen im größeren Maßstabe nicht vornehmen, zumal da ihnen
auch geeignete Werbungsplätze fehlten, und die Rüstungen in dem
eigenen Lande, das noch stark vom Feinde besetzt war, nur mit
großer Vorsicht und insgeheim betrieben werden konnten. Zu ihrem
Leidwesen sahen sie sich daher längere Zeit außer Stande, in die
Kriegsoperationen, wie Gustav Adolf es gewünscht hatte, selbstthätig
einzugreifen. Erst nachdem derselbe den Herzogen aus den Subsidien, welche Frankreich an Schweden in dem bei Berwalde in der
Neumark am 23/13. Januar 1631 mit einander abgeschlossenen
Vertrage zur Unterhaltung eines Heeres von 36,000 Mann bewilligte, Vorschüsse gemacht hatte, waren sie in der Lage, bedeu-
tendere Werbungen vorzunehmen, und allmählich einen Heerhaufen
von 6000 Mann zusammenzubringen, welche unter den Obristen
Lohhausen und Dummeny bei Herrenborg im Amte Schönberg ihre
Standquartiere hatten. Als darauf Gustav Adolf den General Ake
Tott mit 4000 Mann zu Fuß und 1000 Reitern absandte, um
die Herzoge in ihren Unternehmungen zur Eroberung ihrer angestammten Lande Hülfe zu leisten, brach Adolf Friedrich den 17. Julius aus Lübeck auf, und traf, nachdem er Gadebusch ohne Widerstand eingenommen hatte, am 19. Julius 1631 vor seiner Residenz
ein. Schloß und Stadt Schwerin hatten kaiserliche Besatzung, die
anfangs Widerstand leistete, dann aber sich in das stark befestigte
Schloß zurückzog, wo sie jedoch nach dem Eintreffen der schwedischen Hülfsvölker unter dem General Tott, welcher Anstalten zur
Beschießung machte, capitulirte. Herzog Hans Albrecht, der seinen
Weg nach Güstrow genommen hatte, konnte ohne Hinderniß seinen
Einzug dort halten, da Wallenstein das Schloß, das ihm zur Residenz gedient hatte, schon längere Zeit vorher hatte räumen lassen,
auch die kaiserlichen nicht zahlreichen Truppen die unbefestigte Stadt,
welche gegen eine Uebermacht nicht zu halten war, bereits verlassen
hatten. In wenigen Tagen hatten beide Fürsten ihre Erblande fast

ohne Kampf erobert und eingenommen, und sahen sich wieder im
Besitz ihrer angestammten Regierungsrechte[1]).

Dennoch aber befand sich außer Wismar und Dömitz noch
Rostock, die durch ihre Lage, Größe und Volkszahl bedeutendste
Stadt des Landes, in der Gewalt der Kaiserlichen. Jetzt befehligte
hier der kaiserliche General-Wachtmeister Baron von Virmont die
3000 Mann starke Besatzung, welche bei der trefflichen Befestigung
der Stadt zur Vertheidigung völlig ausreichte, als die mecklenburgischen Truppen unter dem Herzoge Hans Albrecht, unterstützt von
4000 Mann schwedischer Hülfstruppen unter dem General Tott,
Rostock einschlossen und belagerten. Dieser Umstand zeigt klar,
welches große Gewicht auch Gustav Adolf auf die Eroberung und
Wiedergewinnung Rostocks legte, da er die Hälfte dieser mit der
Königin Maria Eleonora zu Wolgast gelandeten schwedischen Völker
zu diesem Zwecke verwandte, obschon er selbst ihrer dringend bedürftig war. Virmont ergriff die kräftigsten Maßregeln zur Vertheidigung der Stadt, und ordnete selbst die Entwaffnung der Bürger an, da er besorgte, daß diese bei ihrer Anhänglichkeit an die
angestammte Landesherrschaft gemeinsame Sache mit den die Stadt
belagernden Truppen derselben machen könnten. Das rasche Vor-
bringen der Schweden in Deutschland und der Beginn der Sieges-
laufbahn Gustav Adolfs übte eine so erfolgreiche Rückwirkung auch
auf die Verhältnisse und Kriegsoperationen in Mecklenburg aus,
daß Rostock dadurch der Drangsale einer langwierigen Belagerung
überhoben wurde. Als die Nachricht von der Niederlage Tilly's am
7. September 1631, auf dem breiten Felde bei Leipzig, nach Rostock
gelangte, entmuthigte dieser völlig unerwartete Sieg Gustav Adolfs
die kaiserlichen Truppen, welche sich jetzt der Befürchtung hingaben,
daß sie überhaupt abgeschnitten werden könnten. Dieses machte
den Baron von Virmont einer Capitulation geneigt, an die er bis
dahin gar nicht gedacht hatte. Ein uns aufbehaltener, an ihn
von einem Jesuiten gerichteter „Wahrhaffter vnd eigentlicher
Bericht, was sich vor, in vnd nach gehaltener Schlacht zugetra-

---

[1]) Khevenhiller, Annal. Ferd., XII. p. 1553. David Frand, Altes und
Neues Mecklenburg, Lib. XIII. p. 116 f. K. Th. F. von Lützow, Versuch einer
pragmatischen Geschichte von Mecklenburg, Th. III. S. 267 f.

gen"[1]), dessen factischen Inhalt, wie weit derselbe der Wahrheit
entspricht, wir dahin gestellt sein lassen, zeiget die tiefe Bekümmer=
niß über den Ruin einer so großen Armee, wie diejenige Tilly's
gewesen und über die verlorne Hoffnung, das Römische Reich in
den vorigen Stand zu bringen. Denn nach einer ernsten Hinwei=
sung auf die tieferen Gründe des Ereignisses[2]) heißt es: „Wir wollen
den Muth darumb nit gar fallen lassen, und uns einbilden, als
wenn Gott Lutherisch geworden were, welcher unwandelbar ist, son=
dern uns aus H. Schrifft erinnern, wie die Kinder Israel von den
großen Sündern, den Benjamitern, zu zweien malen in ihrer ge=
rechten Sache seyn geschlagen, und andere mehr, wie solches der
tapfere Kriegshelden Judae, Maccabaei, vnd des Gottsfürchtigen
Königs in Frankreich, Ludovici, Exempla bezeugen. Bleibet dero=
wegen unsere gerechte Sache im vorigen Stande, wir haben noch
Volks genug übrig. Es muß aber von andern Ständen mehr Hülfe
geschickt werden. Derowegen werden alle Fürsten, Städte, Geist=
liche vnd Weltliche, auch die sämptlichen Catholische Stände ermah=
net, daß sie zu Verstärkung des übrigen Volks und Ergänzung der
ruinirten Armee gut vnd freiwillig Geld vnd andere Mittel her=
schießen vnd verschaffen wollen. Dann wir haben noch große Lust,
vor S. Martini Tag eine Schlacht dem Feinde zu liefern. Wir
brüllen wegen erlittener Schloppen wie eine Löwin, die ihrer Jun=
gen beraubet ist. Hiedurch wird befodert Gottes Ehre, die Religion

---

[1]) Copia Schreibens Eines Jesuiten an den Herren General Wachtmeister
Birmond in Rostock, worin er mit theils Wahrheit, theils mit selbst eigenen er=
tichteten Fabulen die Schlacht bei Leipzig bescribirt. Ist bei einem Trompeter, so
auß Rostock nach Dömitz geschicket, wie er die andern Schreiben schon von sich
geben, wider seine parola, im Sattel im Lager vor Rostock befunden worden.
Anno MDCXXXI. 4. (Bibl. b. Ritter= u. Landsch.) Es ist das Schreiben unter=
zeichnet: Datum Halberstadt, den 22. Septemb. stylo novo Anno 1631. Joh.
Gregorii, Soc. Jes. Pat. Mauritii p. t. Successor ap. III Tillium.

[2]) „Begehret ihr zu wissen die Ursache dieses großen Unglücks: Solches hat
verursachet, daß wir uns gar zu courtesisch gegen unsere Feinde bezeiget, ihnen zu
viel Zeit und Raum gelassen, sich zu fortificiren, und sich mit einander zu verbin=
den, der Stolz und Hochmuth vnserer Obern, große verübte Unzucht vnd allerley
Schande vnd Laster, so vnter unserm Volk im Schwange gangen, haben solche
Straffe wol verdienet. Darum lasset uns Buße thun, den Vorsatz behalten, Gottes
Ehre zu befodern, vnd dasselbe, so uns abgenommen, ritterlich wieder zu er=
obern."

vnd der Catholischen vnsterblicher Ruhm; wofern man hiewie seumig ist, werden wir mit Hertzeleid ansehen müssen, daß uns dasselbe, welches wir mit großer Mühe erworben, vnd so viel Jahr hero besessen, mit Schimpf vnd Spott wird abgenommen werden." Die tiefe Niedergeschlagenheit, die sich hier ausspricht, läßt am besten die Größe des Verlustes erkennen, welchen die Katholischen durch Tilly's Niederlage erlitten hatten.

Allgemein war auch nach der Schlacht bei Leipzig auf katholischer Seite die Besorgniß, daß Gustav Adolf nach der deutschen Kaiserkrone trachte. Es ging selbst die Rede, welche von Vielen als nicht grundlos angesehen ward, daß unmittelbar nach der Schlacht Churfürst Johann Georg von Sachsen in einer zu Halle mit Gustav Adolf gehabten Zusammenkunft, unter dem Eindrucke des von ihm erfochtenen großen Sieges, sich dem schwedischen König als denjenigen präsentirt habe, der treulich dazu rathen und helfen wolle, ihm die deutsche Kaiserkrone auf das Haupt zu setzen. Jedenfalls möchte gewiß sein, daß, während Gustav Adolf anfangs vorzugsweise um die Gewinnung Pommerns und der Ostseeküsten kämpfte, nach der Breitenfelder Schlacht sein Absehen auf die deutsche Kaiserkrone gerichtet war. Es erheischte dies Alles um so mehr von Seiten des Kaisers kräftige Gegenmaßregeln, als die Erfolge Gustav Adolfs große Muthlosigkeit auf Seiten der Kaiserlichen in den weitesten Kreisen hervorgerufen hatte. Virmont entschied sich um so mehr für die Capitulation, als er der Besorgniß Raum gab, daß er unter Umständen nicht auf seine durch übertriebene Gerüchte beunruhigten Truppen werde rechnen können. Die Besatzung zog am 6. October 1631 mit militairischen Ehren ab, und mit ihr räumten die Beamten Wallensteins, welche noch auf eine günstige Wendung der Kriegsoperationen gehofft hatten und nach Rostock geflüchtet waren, das Land[1]). Als darauf Dömitz, vom Obristen Lohhausen bedroht, am 19. December capitulirt hatte, da es keine Aussicht auf Entsatz hatte, war nur noch Wismar, das von dem Obristen Gramb tapfer vertheidigt wurde, in den Händen der Kaiserlichen. Aber vom Herzoge Adolf Friedrich und dem schwedischen General Tott enge eingeschlossen, ging auch Wismar, nachdem bei dem fort-

---

[1]) De Behr, Rerum Meclenburgicarum, Lib. VI. p. 1201 sq.

dauernden Kriegsglück der Evangelischen jede Hoffnung auf Hülfe
verschwunden war, am 11. Januar 1632 durch Capitulation über,
so daß ganz Mecklenburg vom Feinde für den Augenblick geräumt
war, und die Herzoge sich durch das Glück der Waffen wiederum
im ungeschmälerten Besitze ihrer angestammten Lande befanden[1]).

Noch an demselben Tage, am 6. October 1631, an welchem
der General=Wachtmeister von Virmont mit seinem Heerhaufen
Rostock verließ, hielten Adolf Friedrich und Hans Albrecht ihren
feierlichen Einzug in die Stadt, tief durchdrungen von des Herrn
Gnade, der sie mit starker Hand zurückgeführt, und ihnen das von
den Vätern ererbte Land zurückgegeben hatte. Quistorp, welcher
am folgenden Tage über 2. Sam. 19, V. 15 ff. predigte[2]), und das
gegenseitige Verhalten der Fürsten und der Unterthanen unter so
schweren Wechselfällen vom christlichen Standpunkte aus schilderte,
gab diesen Empfindungen, von denen die Herzen Aller erfüllt waren,
einen Ausdruck. Die Herzoge aber, in dem Bewußtsein, daß dem
Herrn für solche gnädige Errettung die Ehre gebühre, ordneten ein
allgemeines Dankfest auf den 13. Februar 1632 an, und sahen sich
bald darauf veranlaßt, eine Verordnung wegen Haltung eines per-
petuirlichen Dankfestes ausgehen zu lassen in Ansehung der hohen

---

[1]) Wallenstein, der die Hoffnung auf die Wiedergewinnung Mecklenburgs keineswegs aufgegeben hatte, wußte nichtsdestoweniger für so lange, bis er den Besitz
desselben zurückerhalten habe, vom Kaiser das schlesische Fürstenthum Groß=Glogau
als Pfand zu erlangen, da ihm Mecklenburg zum Ersatz für geleistete Vorschüsse
überwiesen war. Die einzige Bedingung, die der Kaiser dabei stellte, war, daß
jenes Fürstenthum Schlesien einverleibt bleibe, und die Landeslasten mittrage. Am
22. April 1652 ließ Wallenstein von dieser neuen Besitzung durch seinen Vetter
und Schwager, Maximilian von Waldstein, die Huldigung einnehmen. Der Pfand-
brief vom 16. April in Oberleitners Beiträgen zur österreichischen Finanzgeschichte,
Archiv der kaiserlichen Akademie, XIX. 44. Friedrich von Hurter, Wallensteins
vier letzte Lebensjahre, S. 300.

[2]) Einzugs-Predigt, wie J.J. F.F. G.G. Adolph Friedrich und Hans Albrecht
Gebrüdern, Herzogen zu Mecklenburg, Coadjutorn des Stifts Ratzeburg, Fürsten
zu Wenden, Grafen zu Schwerin, der Lande Rostock und Stargard Herren, in ihre
Stadt Rostock den 6. Octobris Anno 1631 eingezogen seyn. In S. Marien Kirchen
daselbst den folgenden siebenten Tag Octobris gehalten von Johanne Quistorpio,
Theol. Doctore, Professore, auch Prediger. Rostock Anno MDCXXXI. 4. —
Etwas, J. 1739 S. 595 ff. Franck, Altes und Neues Mecklenburg, Lib. XIII.
p. 121.

und großen Gnade und Wohlthat, welche Gott ihnen und ihrem
Lande und Leuten durch Entfreiung von der überaus schweren Be=
drängniß erzeigt hatte. Diese wurde dem Ministerium Rostocks mit
der Auflage zugefertigt[1]), das angesetzte Dankfest am 16. März,
bis wohin es aus bewegenden Ursachen prorogirt ward, in allen
Kirchen zu begehen, während sonst dieses Fest jährlich auf den
13. Januar festgesetzt und verordnet wurde[2]). Auch die Universität,
welche die Vertreibung der Herzoge auf das schmerzlichste empfun=
den hatte, war hoch erfreut, daß Gottes Gnade ihr das landes=
väterliche Regiment ihrer angestammten Landesherren zurückgegeben
hatte[3]).

Obschon sich wie im ganzen Lande, so auch in der Stadt
Rostock über die Restitution der Herzoge eine allgemeine Freude
äußerte, so glaubten dieselben nichtsdestoweniger das Verhalten des
Raths und der Bürgerschaft Rostocks während der friedländischen
Occupation tadeln und darauf zurückführen zu müssen, daß sie sich
durch böse consilia und Praktiken etlicher gefährlicher Leute hätten
irre leiten, und wider ihre Eide und Pflichten sich dem Wallenstei=
nischen Dominat unterworfen hätten. Ueberhaupt erfolgte nach der
Rückkehr der Herzoge eine sehr entschiedene Reaction, welche sich
sowohl gegen alle von Wallenstein ausgegangenen Einrichtungen und
eingeleiteten Unternehmungen, als auch insbesondere gegen diejeni=
gen Personen richtete, welche in friedländische Dienste getreten waren,
selbst wenn solches zum Theil aus Rücksicht auf des Landes Wohl=
fahrt und im Interesse der Herzoge geschehen war. Der Unwille
derselben richtete sich hauptsächlich gegen Hans Heinrich von der

---

[1]) Fürstlicher Befehl wegen des zu haltenden Danktages, Datum Güstrow,
den 9. Martij Anno 1632. Arch. Min. Vol. XII. p. 197 f.

[2]) Vgl. Erklärung des 76. Psalms, so von J. F. Gn. auf dem allgemeinen
Dankfest jährlich den 13. Januarii zu erklären gnädig verordnet. Gehalten von
M. Zacharia Deutschen, Predigern zum Heiligen Geist in Rostock. Rostock 1633. 4.
Etwas, J. 1739 S. 597. Krey, Beiträge zur Mecklenburgischen Kirchen= und Ge=
lehrtengeschichte, II. S. 77.

[3]) Der damalige Rector, Petrus Wasmundt, bemerkt in der alten Matrikel
der Universität: Deus porro adsit, ac sicuti nos mirabiliter nostris Princi-
pibus, nostrosque Principes nobis restituit, ita et eosdem cum posteritatis
posteritate clementissime servet propter unigenitum filium suum, cui laus
et honor in saeculorum omnium perennitatem.

Lühe, welcher als friebländischer Kammerpräsident in der inneren Verwaltung des Landes nach den von Wallenstein angegebenen Gesichtspunkten eine Reihe von Verbesserungen eingeleitet, und die Organisation der friebländisch-mecklenburgischen Kammer ausgeführt hatte. Jedoch wurde auch der Landrath Gregorius von Beverneft davon betroffen, ungeachtet daß es ihm möglich gewesen war, dem Herzoge Hans Albrecht die nicht unbedeutende Summe von 3000 Thalern während seiner Vertreibung vorzustrecken. Auch in der Art und Weise, wie Rostock sich dem Herzog von Friedland gegenüber gestellt hatte, fanden die Herzoge Veranlassung zur Unzufriedenheit und Mißbilligung. Es herrschte vor Allem bei den Herzogen der berechtigte Gesichtspunkt vor, daß die Betheiligten in der schweren Zeit, welche über das Land durch die Vergewaltigung desselben von Seiten Wallensteins gekommen war, an der Treue gegen die angestammten Fürsten hätten festhalten müssen, und daß, wenngleich sie sich der Macht hätten fügen und Wallensteins Herrschaft hätten anerkennen müssen, sie sich doch nimmer hätten dazu verstehen dürfen, an der Regierung Wallensteins selbstthätig Theil zu nehmen. Die Herzoge sahen darin nicht mit Unrecht ein Verhalten, das weit hinausgegangen sei über die Pflicht, der factischen Obrigkeit unterthan zu sein, und glaubten dasselbe im Interesse ihres fürstlichen Hauses rügen zu müssen.

Zur näheren Erörterung und enblichem Austrage der wider den Rath und die Hundertmänner als repräsentirende Bürgerschaft Rostocks erhobenen Anschuldigungen, ordneten Adolf Friedrich und Hans Albrecht, nachdem Rostocker Abgeordnete schon zu Güstrow sich verantwortet hatten, unter dem 22. April 1632 ihre Räthe D. Petrus Wasmuth, D. Laurentius Stephani, D. Johannes Bergmann und D. Johannes Schultze nach Rostock ab[1]), welche sowohl das allgemeine Verhalten Rostocks unter des Fürsten von Friedlands Regierung, als auch insbesondere die gegen einzelne Personen des Raths wegen ihrer politischen Haltung erhobenen Bedenken und

---

[1]) Acta commissionis Anno 1632, ergangen zwischen Herrn Adolph Friederichen vnd Herrn Hans Albrechten, Herzogen zu Mecklenburgk, anhero abgeordneten Räthen vnd Herrn Bürgermeistern, Rath vnd Gemeine der Stadt Rostock, in po.: beschulbigter verbrechung vnd übertretung bei des Fürsten von Friedlands Regierung. (Rathsarchiv.)

Anstände zur Sprache brachten[1]). In ersterer Beziehung, welche
hier allein in Betracht kommt, versichern Rath und Bürgerschaft,
daß sie sich der fremden tyrannischen Obrigkeit, bei welcher sie vor
dem Verlust der zeitlichen Güter, auch der Gewissensfreiheit und
wahren Religion nicht gesichert gewesen, gezwungen hätten untergeben müssen, und daß sie ein Mehreres nicht vermocht oder hätten
thun können, als daß sie aus standhafter getreuer Liebe und unter-
thäniger Affection ohne Aufhören und flehentlich zu Gott geseufzet,
daß seine göttliche Allmacht solch Wesen in Gnaden ändern, und
ihre alte liebe Obrigkeit und Landesfürsten ihnen wiedergeben wolle.
In Bezug auf die vorgeworfene Huldigung wird ausgeführt, daß
der gesammten Ritter= und Landschaft hinterbracht worden, daß die
Herzoge, der kaiserlichen Majestät zu unterthänigsten Ehren, die
Landstände ihrer Eide und Pflichten erlassen hätten, und daß, nachdem schon Ritterschaft und Städte gehuldiget, die Stadt sich noch
ganzer dreier Tage geäußert, bis sie endlich gesehen, daß Ihre
F. F. Gnaden dem damals durch Gottes Verhängniß über uns ent-
brannten Zorn Gottes selber gewichen, auch alle Landstände gehuldiget, und es so dieser einigen Stadt unmöglich gewesen, sich ferner
des damaligen Anmuthens zu entäußern, auch sie nicht anders gewußt, denn daß sie ihrer Eide erlassen. Die Anschuldigung, daß
die Stadt eine Garnison von 1000 Mann eingenommen, und der
aufgerichteten Capitulation zuwider die Verstärkung derselben bis zu
3000 Mann habe geschehen lassen, wird damit zurückgewiesen, daß
die Stadt, de facto et vi majori ihrer landesfürstlichen Obrigkeit
beraubt, auch keine Hülfe habe erwarten können, da der Hafen
durch eine neu angelegte Schanze gänzlich verschlossen, und dadurch
alle nervi rerum gerendarum ihr abgeschnitten, auch die Stadt fast
eine offene gewesen, und die neu angelegten Werke wegen ihrer

---

[1]) Protocollum über die Tractaten mit J.J. F.F. Räthen Anno MDCXXXII,
Mercurii 25. Aprilis et dd. seqq., nach welchem Personen aus dem Mittel des
Raths, Bürgermeister Joachim Schütte, B. Johann Luttermann, bei vorgewesenem
Dominat des Friedländers sich in ihren actionibus also verhalten, daß es vor
J.J. F.F. G.G. und dero gehorsamen Unterthanen der Stadt Rostock nicht zu ver-
antworten sei. Die fürstlichen Commissarien begehrten daher, daß die benannten
Personen hinfüro nicht zu Rath gefordert werden sollten, bis sie sich purgiret hätten.
(Rathsarchiv.)

Imperfection der Stadt mehr zum Schaden als zum Vortheile würden gereicht haben; auch sei der von Waldstein unvermuthlich und
contra datam fidem vor die Stadt gerückt und unangesehen, daß
mit 150,000 Reichsthalern die verderbliche Einquartierung abgekauft
worden, worauf er auch 90,000 Reichsthaler empfangen, habe er
dieselbe blocquiret, und im Namen der kaiserlichen Majestät etzliche
1000 Mann einzunehmen begehret[1]), so daß sie vi summa et extrema necessitate nolentes volentes und von aller Welt verlassene
Leute ex duobus malis das minimum hätten eligiren, und die Garnison der tausend Mann auf getroffene Capitulation einnehmen
müssen. Höchst beachtenswerth aber ist es, daß Rath und Bürgerschaft bei dieser Gelegenheit bezeugen, daß diese Capitulation, die
im Namen der Kayserlichen Majestät und bei fürstlichen Ehren geschlossen, nicht gehalten worden, sondern daß die versprochenen
Punkte, sobald man der Stadt mächtig gewesen, bis auf den
einzigen Punkt der Religion schablos und unverantwortlich
violiret worden, so daß dadurch die Stadt schimpflich disarmiret
sei[2]). Da überdies Rath und Bürgerschaft versicherten, „zu diesen
aus Gottes Verhängniß vorgewesenen großen Uebeln[3]), welche durch

---

[1]) Wallenstein hatte damals, wie sich aus den Acten des Rathsarchivs ergiebt,
den Kamp vor dem Steinthor eingenommen, hatte dort Schanzen aufgeworfen,
grobes Geschütz hinaufbringen, und bereits seinen Feldobersten Altringer, Arnheimb,
Herzog von Lüneburg!, Walmerode und Anderen den Befehl zukommen lassen,
gegen Rostock Gewalt zu gebrauchen.

[2]) In Bezug auf die besonderen Anschuldigungen wird geäußert, daß Rath
und Bürgerschaft „endlich so weit Bericht erlanget, daß Etliche aus dem Mittel
des Raths Gelder präsentiret und offerirt worden, welche dann alsobald darüber
zu Rede gestellt worden, und daß ihr Bekenntniß darüber erlangt worden, doch
mit modificirter Clausel, daß der Bürgermeister Schütte es nicht als ein donum,
sondern zum Recompens seines großen erlittenen Schadens bekommen, die andern
Beiden aber ihrem Berichte nach als ein liberalem donationem es acceptirt, aber
nichts Böses dabei betrieben." Die Verhandlung der Sache auf processualischem
Wege sei eingeleitet, so daß die Betreffenden, „soweit sie sich nicht defendiren könnten, durch Urtheil und Recht sollten verdammet werden."

[3]) Zugleich wird am Schlusse dieser Vorstellung die Bitte ausgesprochen, sich
diese nunmehr leider ganz erschöpfte Stadt zur Wiederbringung ihrer Nahrung,
Abstellung des schweren unerträglichen Zolles, Abbürdung der noch sie hart be-
drückenden Soldatesca und zu allen gedeihlichen Vornahmen gnädig und väterlich
recommandirt sein zu lassen. (Rathsarchiv.)

bie vorhergehenden portenta und Wasserfluthen gleichsam praesagiret,
die geringste Ursach und Anlaß nicht gegeben zu haben, sondern ein
reines und unbeflecktes Gewissen zu haben und zu tragen," und
unter Versicherung ihrer unverrückten, standhaften, treuen Liebe und
Devotion die Bitte aussprachen, sie „alles unschuldigen, ungnädigen
Verdachts in Gnaden zu erlassen," auch sich erboten, „bei JJ. FF. GG.
und dero rechten Erben Leib und Leben, Gut und Blut sammt
Allem, was ihnen in der Welt lieb, aufzusetzen," ließen auch die
Herzoge die weiteren Maßnahmen fallen, es erfolgte die Ausglei=
chung der stattgehabten Differenzen und die Wiederherstellung des
alten Verhältnisses zur Landesherrschaft. Wallenstein aber betrachtete
sich nichtsdestoweniger fortgesetzt im Besitze Mecklenburgs, das er nur
für den Augenblick durch die Gewalt der Umstände sich entrissen
sah, das er aber beim Wechsel des Kriegsglücks um so mehr damals
noch wieder zu erlangen gewiß war, als das Land ihm auf Befehl
des Kaisers die Erbhuldigung geleistet hatte. So begreift sich, daß
er noch im Julius 1632 seinen Vetter, Maximilian von Waldstein,
im Falle seines Ablebens zum Erb= und Nachfolger in Mecklenburg
einsetzen konnte, da der Kaiser ihm den erblichen Besitz des Landes
garantirt habe.

Eilfter Abschnitt.

Gustav Adolfs Tod. Gedächtnißfeier in Rostock. Wallensteins weitere Plane und
Abfall. Ermordung Wallensteins. Umschwung der Verhältnisse. Der Prager
Friede. Aussöhnung der Herzoge mit dem Kaiser. Feindseligkeiten Schwedens
gegen Mecklenburg. Hans Albrechts Tod. Die vormundschaftliche Regierung
Adolf Friedrichs und ihre kirchliche Bedeutung.

Die Niederlage Tilly's auf dem breiten Felde bei Leipzig übte
sofort einen bedingenden Einfluß auf die Gestaltung der politischen
Verhältnisse aus, da der Kaiser, der nur ungern dem Andringen
der Churfürsten nachgegeben, und in Wallensteins Entlassung gewil=
ligt hatte, sich genöthigt sah, demselben Anträge zu machen, den
Oberbefehl über ein von ihm erst zu bildendes Heer zu übernehmen.
Schon früher ist hingewiesen worden auf das unverkennbar jetzt

hervortretende Streben Gustav Adolfs nach der deutschen Kaiser=
krone[1]). Wurden doch selbst die Reichsstädte des südlichen Deutsch=
lands, je weiter er vordrang, desto gewaltsamer genöthigt, ihm die
Erbhuldigung zu leisten. Um so dringender war es für den Kaiser
geboten, alle Mittel der Abwehr aufzubieten. Wallenstein, der in
seiner Verbitterung über die ihm vom Kaiser widerfahrene Krän=
kung wiederholt sich dahin geäußert hatte, unter keinen Umständen
dem Kaiser mehr dienen zu wollen, ging erst nach langem Wider=
streben darauf ein, und übernahm im April 1632 wiederum den
Oberbefehl unter Bedingungen, welche die Militairhoheit des Kai=
sers äußerst beschränkten, und für denselben in jeder Beziehung be=
schwerend waren[2]). Aber nachdem Tilly am 5. April abermals beim
Lech geschlagen und tödtlich verwundet worden war, war der Kaiser
in der Lage, Alles bewilligen zu müssen. Die damals erfolgende
Verpfändung des Fürstenthums Glogau in Schlesien an Wallenstein,
wurde vom Kaiser ausdrücklich bis zu seiner Wiedereinsetzung in
den vorigen völligen Besitz des Herzogthums Mecklenburg oder bis
zur entsprechenden Entschädigung bestimmt und festgestellt. Am
13. April 1632 erfolgte zu Göllersdorf der Abschluß der mit Wald=
stein gepflogenen Unterhandlungen durch Eggenberg und Questenberg[3]),
worauf sofort die Uebernahme des Armee=Ober=Commando's von
Seiten Wallensteins stattfand. Doch war es von vorn herein nicht
das alte Verhältniß, in welches Wallenstein zu dem Kaiser trat,
sondern ein durch die Macht der Noth herbeigeführtes und, da
Wallenstein den Affront, der ihm vor drei Jahren widerfahren war,
nicht vergessen konnte, ein zweideutiges. Die hier im Einzelnen
nicht zu verfolgenden Ereignisse drängten sich rasch. Gustav Adolf
starb am 6. November 1632 in der Schlacht bei Lützen den Heldentod,

---

[1]) Vgl. des schwedischen Hofkanzlers Adler Salvii Brief, d. d. 24. October
1631, bei Geijer, Geschichte Schwedens, übersetzt von Leffler, Th. III. S. 249.

[2]) Khevenhiller XI. S. 1133 ff. K. G. Helbig, Wallenstein und Arnim 1632—
1634. Ein Beitrag zur Geschichte des 30jährigen Krieges nach handschriftlichen
Quellen des Königlich Sächsischen Hauptstaatsarchivs (Dresden 1850) S. 9 bestä=
tigt, daß die bei Khevenhiller sich findenden Bedingungen im Wesentlichen mit der
im sächsischen Archive befindlichen Abschrift übereinstimmen. Vgl. den urkundlichen
Abdruck derselben in: K. M. Freiherr von Aretin, Wallenstein, Anhang S. 40 f.

[3]) Dudik, Waldstein von seiner Enthebung bis zur abermaligen Uebernahme
des Armee-Ober-Commando, S. 467 f.

zum Glücke für Deutſchland, dem er ſonſt die ſchwediſche Herrſchaft würde aufgedrängt haben. Kaum hatten auch die Churfürſten in der letzten Zeit den Uebermuth des ſchwediſchen Königs zu ertragen vermocht, deſſen letztes Ziel, die Erlangung der deutſchen Kaiſer= krone, ihnen immer beſtimmter und beſorglicher entgegentrat.

Obwohl die Schweden unter der Führung des Herzogs Bern= hard von Weimar den Sieg davon getragen hatten, änderte doch der Tod des großen Königs alle politiſchen Conſtellationen, und auch für Adolf Friedrich und Hans Albrecht mußten dem Reichs= kanzler Oxenſtierna gegenüber ganz andere Erwägungen Platz greifen, als dieſe dem ihnen verwandten und befreundeten Könige gegen= über, dem ſie nächſt Gott ihre Reſtitution verdankten, ſtattgefunden hatten. Der erſte Eindruck aber der Todesnachricht war ein tief ſchmerzlicher. Die Herzoge und das ganze Land empfanden lebhaft, was der heldenmüthige König ihnen geweſen war, und insbeſondere war es Roſtock, welches dieſen Empfindungen durch eine breitägige Trauerfeierlichkeit, vom 18. December an, allſeitigen Ausdruck gab. Zu dieſer luden Rector und Concilium der Univerſität durch ein Programm ein, in welchem der große Nothſtand des Landes, ins= beſondere Roſtocks, geſchildert wurde, aus welchem der König als ein von Gott Geſandter Errettung gebracht habe[1]). Der zeitige Rector, Dr. Joachim Stockmann, veröffentlichte zwei lateiniſche Ge= dichte, welche, eines im Namen der Akademie[2]), die allgemeine Trauer über den Heimgang des Königs bezeugten. Am 18. De= cember, welcher auf einen Dienſtag fiel, wurden in allen Kirchen

[1]) Programma, quo Serenissimi et Potentissimi Principis Domini Gustavi Adolphi, Suecorum, Gothorum, Vandalorum etc. Regis, Herois beatae memoriae invictissimi luctuosum non minus quam gloriosum obitum deplorant, et ad deplorandum suos Cives invitant Rector et Concilium Academiae Rostochiensis. 4. Der König wird hier geſchildert als der von Gott geſandte Retter: Cum in extrema tegula staremus, corporibus conscientiisque nostris immineret servitus, partim pudenda, partim exitiosa, fortunae vero et facultates rapinis incendiisque essent expositae, neque ulla malorum idea non expectanda videretur etc.

[2]) Lacrumae, quibus luctuosissimum obitum, Herois incomparabilis Gustavi Adolphi Svecorum Regis invictissimi, de tota Germania et hisce provinciis optime meriti, deflet Academia Rostochiensis. P. P. p. t. Rectore D. Joachimo Stockmanno, Phys. Prof. Anno MDCXXXII 18. Decemb.

der Stadt Trauer= und Gedenkpredigten auf Gustav Adolf gehalten,
welche die Verdienste des Königs um die christliche Kirche bezeugten
und feierten, und unter denen die Predigt von Cloß über 2. Paralip.
35, 22 ff. und von Tabbel über 2. Sam. 1, 17 ff. im Drucke er=
schienen sind[1]). Die Trauerreden wurden von den Professoren Jo=
hann Huswedel, D. Valentinus Legbäus und D. Hein an den drei
dazu bestimmten Tagen nach einander gehalten[2]). Als aber die Leiche
Gustav Adolfs zu Schiffe gebracht, und nach Schweden geführt wer=
den sollte, erging unter dem 28. Junius 1633 der fürstliche Befehl,
einen allgemeinen Trauer= und Klagetag am 15. Julius zu halten,
um „dieses theuren Helden Tod sowohl wegen der nahen Anver=
wandtniß als auch hoher, Uns und Unseren Landen, ja der ganzen
evangelischen Christenheit erwiesenen Wohlthaten, nochmals herzlich
zu beseufzen und zu beklagen[3]).“ Auch wohnten beide Herzoge,
Adolf Friedrich und Hans Albrecht, zugleich mit dem Churfürsten
Georg Wilhelm von Brandenburg, der feierlichen Einschiffung der
Leiche zu Wolgast am 16. Julius bei[4]). Sie ehrten den König noch

---

[1]) Klag-Sermon über den unzeitigen und unverhofften Todesfall des durchl.
Herrn Gustavi Adolphi, der Reiche Schweden, Gothen und Wenden Königs etc.,
welcher umb die christliche Kirche sehr hoch verdienter theurer Held den 6. November
1632 in nechstgehaltener sieghaften, wiewol allzutheuer erworbenen Schlacht sein
Heroisches Leben geopfert, und sein Königl. Blut für Ehr, Lehr und Libertet, je
für die hochbedrängte Christenheit vergossen, gehalten zu Rostock am gemeinen
Trawr= und Klag-Tage von Stephano Clotz, der H. Schrift Prof. und Prediger
der Pfarr-Kirchen zu S. Jacob daselbst. Rostock 1633. — Hertzliche und schmertz=
liche Klage-Predigt, über den unverhofften, doch allerseligsten, ehrreichen, tödtlichen
Abgang des allerglorwürdigsten Gustavi Adolphi. Gehalten zu Rostock am 18. De=
cember durch Eliam Taddelium, Pastorem der Kirche zu S. Petri. Rostock
1633. 4.

[2]) Etwas, J. 1740 S. 15 f., S. 76 ff. Franck, Altes und Neues Mecklen=
burg, Lib. XIII. S. 122 f., S. 139. Auch in Güstrow ward auf Befehl des
Herzogs Hans Albrecht eine Trauerpredigt über Klagelieder Jeremiä, C. 4, 5 von
dem Prediger an der Pfarrkirche, M. Laur. Langeclaus, gehalten.

[3]) Fürstlicher Befehl, wegen Absterbens des Königs in Schweden einen Trauer=
und Klage-Tag zu halten, Arch. Min. Vol. XII. p. 205 f.

[4]) Eigentliche Beschreibung wie und welcher Gestalt dero Königlichen Mayestät
zu Schweden glorwürdigste Leichbegleitung mit ganz Königlichem Proceß zu Wolgast
gehalten, und höchst betraurlich zu Schiff gebracht worden. Anno 1633 den
16. Julii; Anno MDCXXXIII. Ueber Gustav Adolfs Begräbniß in Schweden
am 21. Juni 1634, wo der Bischof Johannes Bothvidi über den von Maria Eleo-

im Tode auf jegliche Weise, wenngleich auch sie mit der Politik, die derselbe zuletzt in Deutschland verfolgt hatte, sich nicht einverstanden gewußt hatten. Die warme Anhänglichkeit und Dankbarkeit des Herzogs Hans Albrecht, der sich lebendig bewußt war, wieviel er dem heimgegangenen Könige schuldete, bewies sich auch darin, daß er, als ihm am 26. Februar 1633 ein Prinz geboren wurde, durch dessen Geburt der Güstrowsche Landesantheil vor dem Heimfall an die Schwerinsche Linie noch bewahrt blieb, diesen zum Andenken an den König von Schweden Gustav Adolf nannte.

Mit dem Verluste Mecklenburgs, das für Wallenstein nach den großen Erfolgen, welche Gustav Adolf gehabt hatte, und durch welche das nördliche Deutschland völlig von kaiserlichen Truppen befreit war, unwiederbringlich verloren schien, hingen ohne Zweifel bei Weitem mehr, als man insgemein anzunehmen pflegt, die Plane und Intentionen zusammen, mit denen sich Wallenstein in dieser Zeit trägt, und die allmählich die Katastrophe herbeiführten, in der er seinen Untergang fand. Unsere ganze Darstellung wird gezeigt haben, welche Hoffnungen sich für ihn an den Besitz Mecklenburgs knüpften, und wie er damit umgegangen war, dieses Reichsland zum Mittelpunkt einer allmählich noch zu erweiternden Herrschaft zu machen. Rostock und Wismar sollten ihm die festen Stützpunkte für den zu gewinnenden Principat über die Ostsee werden. Alle diese Plane waren durch den Umschwung der politischen Verhältnisse gescheitert[1]). Zwar hielt Wallenstein noch immer an dem ihm vermeintlich zustehenden Besitze Mecklenburgs fest, dessen Herzogstitel er bis zu seinem Ende führte, und nicht minder gründete er auf den Verlust Mecklenburgs seine Ansprüche an den Kaiser auf Ersatz dieses Reichslandes, da das ihm zugewiesene Großglogau in der That auch nicht entfernt als ein nur einigermaßen ausreichendes

---

nora selbst gewählten Text, 1. Macc. 9, 20. 21, die Leichenpredigt hielt, vgl. Leben Gustav II. Adolfs, Königs von Schweden. Aus dem Schwedischen des Andr. Fryxell, nach der 2. Auflage übersetzt von T. Homberg, Th. II. S. 218 ff.

[1]) Schon im August 1631 hatte Wallenstein die genaueste Kunde über alle Vorgänge in Mecklenburg erhalten und erfahren, wie das ganze Land sich offen für die vorigen Herzoge erklärt und die Waffen gegen den Kaiser ergriffen hatte. Vgl. die aus dem k. k. Kriegsarchiv geschöpfte Notiz bei Dudik, Waldstein von seiner Enthebung bis zur abermaligen Uebernahme des Armee-Ober-Commando, S. 113.

Aequivalent gelten konnte, aber dennoch mußte Wallenstein sich sagen,
daß alle seine früheren großartigen Hoffnungen und Plane, die er
auf sein nahes Verhältniß zum Kaiser gegründet, für immer ihre
Endschaft erreicht hatten. Sollte er in einer oder der anderen Weise
seine Machtstellung als Reichsfürst wieder erlangen, so konnte dieses
nur geschehen, entweder wenn es ihm gelang, trotz aller entgegenstehenden Schwierigkeiten, einen Friedensschluß herbeizuführen, der
nicht nur die Anerkennung seiner Ansprüche auf Entschädigung, sondern auch deren Erfüllung ermöglichte, oder wenn er seine früheren
Plane einer unabhängigen Herrschaft wieder aufnahm, die Verwirklichung derselben aber durch Abfall vom Kaiser und in Auflehnung
wider denselben zu erreichen suchte.

In diese Zeit, etwa gegen die Mitte des Jahres 1633, fallen
die Verhandlungen und Besprechungen Wallensteins mit dem jetzt
in chursächsischen Diensten stehenden General Hans Georg Graf
Arnim von Boitzenburg[1]), den wir bereits als in naher Beziehung
zu Wallenstein stehend, sowohl bei der Besetzung als auch bei der
Erwerbung Mecklenburgs, kennen gelernt haben. Doch hatte sich
das frühere so nahe Verhältniß Wallensteins zu Arnim schon seit
längerer Zeit wesentlich verändert, besonders aber, nachdem durch
die letzten Kriegsmaßnahmen Arnims in Schlesien, Wallenstein seine
eigenen Herzogthümer Sagan und Glogau verloren hatte, ohne daß
zunächst Aussicht vorhanden war, diese wieder zu erhalten. Mit
Unrecht hat man früher diesen Umstand außer Acht gelassen, ja man
hat wohl gar aus diesen Verhandlungen auf verrätherische Absichten

---

[1]) K. M. Freiherr von Aretin, Wallenstein. Beiträge zur näheren Kenntniß
seines Characters, seiner Plane, seines Verhältnisses zu Bayern, S. 54 ff. M. Freiherr von Freiberg in: Neue Beiträge zur vaterländischen Geschichte von Dr. Andr.
Buchner und Dr. Lorenz Ziel, Bd. I. S. 129 ff. F. Förster, Wallenstein als Feldherr und Landesfürst, S. 280 ff. Einige Worte über Wallensteins Schuld. Festrede, gelesen in der öffentlichen Sitzung der königl. bayerischen Akademie der Wissenschaften zu München zur Feier ihres einundneunzigsten Stiftungstages am 28. März
1850 von Dr. Rudhart, ordentl. Mitgliede der königl. Akademie der Wissenschaften
und Vorstand des königl. Reichs-Archivs. München 1850. Wallenstein und Arnim
1632—1634. Ein Beitrag zur Geschichte des dreißigjährigen Krieges nach handschriftlichen Quellen des königl. sächsischen Haupt-Staats-Archivs von Karl Gustav
Helbig. Dresden 1850, S. 18 ff., S. 35 f. Wallensteins vier letzte Lebensjahre.
Von Friedrich von Hurter. Wien 1862, S. 219 ff.

Wallensteins gegen den Kaiser und auf feindselige Plane gegen Maximilian von Baiern, welche unmittelbar beabsichtigt seien, schließen wollen. Alles aber weist darauf hin, daß Wallensteins Waffenstillstands= und Friedensverhandlungen durchaus ernstlich ge= meint waren, und solche Hintergedanken nicht hatten. Die Politik des sächsischen Hofes war von jeher eine halbe und schwankende gewesen. Ludwig XIII. und Richelieu kannten diese Sachlage, und diese ward die Veranlassung, daß der französische Gesandte, Marquis be Feuquières, nach Dresden geschickt ward, um Sachsen für die französische Politik zu gewinnen, und in Frankreichs Interesse zu zie= hen[1]. Wohl erkannte der Churfürst Johann Georg von Sachsen, daß von Schweden aus weder Sachsen, noch dem deutschen Reiche das Heil kommen könne, aber doch hatte er sich nicht entschließen können und mögen, sich dem Kaiser zu nähern, und die vom kaiserlichen Hofe dargebotenen Friedensbedingungen anzunehmen. Es konnte da= her unter diesen Umständen Wallenstein einigermaßen hoffen, daß es ihm gelingen werde, den Churfürsten von Sachsen dem Frieden geneigt zu machen[2].

Wirklich kam ein Waffenstillstand auf vier Wochen zu Stande, und schon jetzt scheint ziemlich allgemein die Rede gegangen zu sein, daß Wallenstein damit umgehe, sein Verhältniß zum Kaiser zu lösen, und eine selbstständigere Stellung zu erstreben. Der am 12. August 1633 für Sachsen, Brandenburg und die kaiserlichen Länder abge= schlossene Waffenstillstand beweiset jedenfalls das Bemühen Wallen= steins, Sachsen und Brandenburg in sein Interesse zu ziehen[3].

---

[1] Johann Christian Herchenhahn, Geschichte Albrechts von Wallenstein, bes Friedländers. Ein Bruchstück vom dreißigjährigen Krieg. Th. III. S. 68.

[2] Vgl. über den früheren im Jahre 1632 von Wallenstein gemachten Versuch, den Churfürsten Johann Georg von Sachsen zum Frieden zu bewegen, dem auch der Kaiser sein kräftigstes Mitwirken zugesagt hatte: Geschichte Kaiser Ferdinands II. und seiner Eltern. Personen=, Haus= und Landesgeschichte. Durch Friedrich von Hurter. Zehnter Band (1861), S. 542 f.

[3] Aus mehreren Briefen Arnims, namentlich d. d. 17/27. und d. d. 19/29. Septembris 1633, an den Churfürsten Georg Wilhelm von Brandenburg, bei För= ster, Albrecht von Wallenstein ungedruckte, eigenhändige vertrauliche Briefe und amtliche Schreiben, Th. III. S. 72—75, geht soviel zweifellos hervor, daß Wallen= stein die Annäherung an Sachsen und Brandenburg suchte, um sich in Verbindung mit ihnen gegen Schweden zu wenden.

Die Herzoge Adolf Friedrich und Hans Albrecht folgten allen diesen
Bestrebungen mit besonderer Aufmerksamkeit, da bei dem Festhalten
Wallensteins an dem Besitze- Mecklenburgs[1]) bei einem etwaigen
Umschwung der Verhältnisse Veranlassung zu Befürchtungen für sie
noch genug vorhanden war, obwohl die Herzoge ihrerseits Alles
vermieden hatten, was Wallenstein hätte reizen, und zu neuen Versuchen, sich des Herzogthums zu bemächtigen, antreiben können[2]).
Wallensteins Absichten bei seinen Unterhandlungen mit Arnim waren
darauf gerichtet, Sachsen und Brandenburg zum Frieden zu bestimmen. Gelang ihm solches, und brachte er einen wirklichen Friedensschluß zu Stande, so wurde dadurch eben sowohl die politische Con-
stellation eine völlig andere, als auch seine persönliche Stellung zum
Kaiser sich heben mußte. Er konnte dann mit Fug hoffen, daß ihm
mindestens ein entsprechender Ersatz für Mecklenburg gewährt werde.
Das Bedenkliche dieser Unterhandlungen lag aber offenbar darin,
daß dieselben von Wallenstein nicht im directen Auftrage des Kaisers geführt wurden, und daß er bei denselben für sich bestimmte
Ziele verfolgte. Der Gedanke, für Mecklenburg eine entsprechende
Entschädigung an Land und Leuten zu erhalten, mag um diese Zeit

---

[1]) In einer Urkunde, welche Wallenstein von Pilsen aus d. d. 2. Februar 1634,
also drei Wochen vor seiner Ermordung erließ, in welcher er erklärt, daß keiner
als Arnheim (Arnim) daran schuldig, daß die Tractaten in Schlesien sich zerschlagen,
bezeichnet sich Wallenstein noch im Eingange: Wir Albrecht von GOTTES gnaden,
Herzog zu Mechelburg, Frieblandt, Sagan vndt Groszglogau, Fürst zu
Wenden, Graf zu Schwerin, der Landen Rostock vndt Stargart
Herr etc. Die Unterschrift des Friebländers soll die zitternde, wankende Hand des
Schreibers zeigen. Das Siegel unter dieser Urkunde ist das große mecklenburgische
mit der Umschrift: Albrecht D. G. dux Megalop. in: Ungedruckte Briefe Albrechts
von Wallenstein und Gustav Adolfs des Großen, nebst einem Anhange, enthaltend
Beiträge zur Geschichte des dreißigjährigen Krieges. Herausgegeben von D. C. H.
Zober, S. 19 ff.

[2]) Als Virmont in Folge der Leipziger Schlacht sich genöthigt sah, Rostock,
welches von Herzog Hans Albrecht und dem schwedischen General Achatius Todt
belagert ward, aufzugeben und zu capituliren, ward in der Capitulation vom
15. October 1631 ausdrücklich von den Herzogen die Bedingung bewilligt: „Es
solte beß Herzogs von Friebland in diese Lande bestellten Cantzler, und allen Ge-
heimen- und andern Räthen und Dienern freystehen, mit ihrer Pagage und bey
sich habenden Gütern, jetzund mit außziehen oder da zu bleiben, solten sich durch-
auß keiner Ungelegenheit oder Auffhaltens zu befahren haben." Theatrum Europaeum, Vol. II. p. 486.

noch bei ihm vorgewaltet haben. Das zwischen ihm und Arnim eingetretene Mißverhältniß war indessen trotz dem, daß noch ein zweiter Waffenstillstand zu Stande kam, wohl der tiefere Grund, weshalb alle jene Verhandlungen erfolglos waren, da Arnim dem Churfürsten gegen Wallenstein Mißtrauen einzuflößen wußte, und ihm abrieth, auf die Anerbietungen und Verheißungen desselben irgendwie einzugehen[1].

In weiteren Kreisen war jedoch schon damals die Meinung verbreitet, als gehe Wallensteins Absicht auf die Besitzergreifung Böhmens. Kaum irgend jemand war der Ansicht, daß derselbe nicht Nebenabsichten verfolge, da sein Zerwürfniß mit dem kaiserlichen Hofe bekannt war. Von schwedischer Seite sah man in allen diesen Verhandlungen nur Winkelzüge, um Zeit zu gewinnen, und das kaiserliche Heer in größere Kriegsbereitschaft zu setzen[2]. Dies erklärt sich zur Genüge daraus, daß der Reichskanzler Oxenstierna um so weniger mit den Intentionen Wallensteins bekannt war, als Wallenstein stets gegen Schweden, dem er den Verlust Mecklenburgs vorzugsweise zuschrieb, die größte Zurückhaltung beobachtet, und Arnim ausdrücklich geäußert hatte, der Herzog von Friedland habe erklärt: „Ich sehe nicht ein, wie ein beständiger Friede gemacht werden kann, wenn nicht die Ausländer aus dem Reiche vertrieben werden," wobei er die Hülfe der Churfürsten von Sachsen und Brandenburg gegen die Schweden verlangt habe[3]. Noch weniger übersah Oxenstierna Wallensteins Verhältniß zum Kaiser.

Dieses hatte sich unterdessen immer bedenklicher gestaltet. Die

---

[1] Vgl. die Ausführungen von Hurters über die Erbitterung Wallensteins wider Arnim, a. a. O. S. 237.

[2] Bogislaff Philip von Chemnitz, Königlichen Schwedischen In Teutschland geführten Krieges Ander Theil, das erste Buch S. 168: Dieser wehrende Stillstand kam dem Feinde zu großem vortheil: Sintemahl der Herzog von Friedland, da Er zuvor, anderer mängel zu geschweigen, an Pulver weinig in vorrath gehabt, sich damit entzwischen wol versehen; Auch mit mehrerem volcke mercklich verstärcket. So hatten die Keyserliche hierunter nicht gefeyret, sondern bei dieser gelegenheit, wo sie an geld und geldes wert zu Breslaw, vnd in andern Städten des Landes etwas in verwahrung liegend gehabt, solches wegbringen lassen.

[3] Vgl. des Generallieutenants Arnim Schreiben an Herzog Wilhelm, d. d. Dresden den 29/19. Octobris 1633, in: Bernhard Röse, Herzog Bernhard der Große von Sachsen-Weimar, biographisch dargestellt. Th. I. S. 247, S. 377.

so lange andauernde Unthätigkeit Wallensteins hatte den Kaiser in
seinem Argwohn gegen ihn, der von den verschiedensten Seiten aus
in ihm geweckt war, fast wider Willen bestärkt. Wallenstein aber,
der von der Stimmung am kaiserlichen Hofe stets wohl unterrichtet
war, konnte sich nicht mehr der Erkenntniß verschließen, daß er von
Wien aus ernstlich bedroht sei, und daß der Kaiser damit umgehe,
ihn seiner Stellung zu entheben. In der That war der Kaiser, der
alle seine Plane von Wallenstein durchkreuzt und gelähmt sah, zu
diesem entscheidenden Schritte hingedrängt[1]). So sehr auch Wallen=
stein mitunter sich den Anschein zu geben wußte, als beabsichtige
er selbst den Rücktritt von seiner Stellung, in welcher er nur um
des gemeinen Besten willen ausharre, so war dennoch eine zweite
Entlassung seinem Ehrgeize, der die erste noch immer nicht ver=
gessen hatte, ein unerträglicher Gedanke. Alle stolzen Entwürfe und
Hoffnungen, die er an Mecklenburg und an den Besitz der Ostsee=
küste geknüpft hatte, waren noch unvergessen, als er seinen Sturz
in nächster Zukunft voraussah. Um diesen abzuwehren und jene Ent=
würfe, wenn auch nun in völlig anderer Weise, zu verwirklichen,
läßt er von jetzt an die bisher noch bewahrte Treue gegen den Kai=
ser fallen, und greift, da er innerlich keinen Halt hatte, zu den ver=
schiedensten Maßnahmen, ohne doch bei seinem Hin= und Herschwan=
ken zu einer völlig entscheidenden That sich entschließen zu können.

Kaum läßt sich bei seinem ganzen Verhältniß zu der Krone
Schweden, das er von Anfang an zu derselben gehabt hatte, an=
nehmen, daß er sich derselben von selbst sollte genähert haben.
Wallenstein war nicht der Mann, der seine lange genährten Anti=
pathieen so leicht aufgab. Er sah in Schweden den Reichsfeind,
und dazu kam, daß er von Schweden, das ihm Mecklenburg ent=
rissen hatte, in seinen persönlichen Interessen, die ihm aufs höchste
standen, schwer verletzt war. Es ist mehr als wahrscheinlich, daß
Arnim dem Reichskanzler Orenstierna zuerst darüber eine Mitthei=
lung gemacht, daß Wallenstein den Plan hege, vom Kaiser abzu=
fallen, wenngleich er für sich angenommen zu haben scheint, daß

---

[1]) Vgl. votum cujusdam secreti Consiliarij Imperatoris, in quo demon-
stratur, cur Fridlanda suo Generalatu amoveri merito debeat, et juste
possit; (Verfasser desselben ist höchst wahrscheinlich der böhmische Oberste, Kanzler
W. Slawata), bei K. M. Freiherr von Aretin, a. a. O. S. 53 ff.

die Durchführung seines Vorhabens mit nicht geringen Schwierigkeiten, da das Heer ihm keineswegs unbedingt ergeben sei, werde zu kämpfen haben. Für Oxenstierna mußte diese Nachricht von hoher Bedeutung sein. Trat der Abfall Wallensteins ein, und hatte Erfolg, so ward dadurch in hohem Maße die Macht des Hauses Habsburg beschränkt. Aber das Mißtrauen des Reichskanzlers gegen Wallenstein, der jede dahin zielende Aeußerung gegen ihn vermied, hinderte jede Annäherung[1]. Auch zeigt der von Wallenstein geleitete Ueberfall der Schweden unter Thurn und Düval den 1/11. October 1633 bei Steinau an der Oder[2], daß überhaupt zwischen Wallenstein und Oxenstierna weder eine wirkliche Annäherung, noch gar eine Verständigung stattgefunden hatte, was auch völlig mit der tiefen Abneigung Wallensteins gegen die Schweden, die er als Reichsfeinde betrachtete, zusammenstimmt. Schien es, daß dadurch Wallensteins Stellung dem Kaiser gegenüber wiederum fester werden, und daß das verlorene Zutrauen zu ihm sich stärken müsse, so erfolgte höchst wahrscheinlich eher das Gegentheil, als Wallenstein den Grafen Thurn, der in seine Hände gefallen war, statt denselben auf Befehl des Kaisers an ihn auszuliefern, da jener in offener Empörung wider den Kaiser gestanden, beschenkte, ihn in Sicherheit bringen ließ, und zu seinen persönlichen Zwecken verwandte. Ob es überhaupt in der Macht Wallensteins lag, das von Bernhard von Weimar bedrohte Regensburg im Spätjahr 1633 zu ent-

---

[1] Wie groß die Bedenken auf Seiten der Schweden waren, beweisen die Aeußerungen von Chemnitz, Geschichte des Schwedischen in Teutschland geführten Kriegs, 1ster Theil, S. 330 f.: Daher wir nicht ohne ursache zweiffeln: Ob Er von anfang der vorhabenden tractaten es mit der Conspiration wieder den Keyser in rechtem ernst gemeinet? (nachdem mahl Er diesen dessein verschiedene Jahr in Schlesien, da Er gegen den Evangelischen Campiret, besser vielleicht, als itzt, zu werke richten können). Oder ob nicht der gantze handel, die Evangelische zu betriegen vnd auszumatten, trennungen unter Ihnen anzurichten, vnd also, bei gegebener gelegenheit, denenselben abbruch zu thun, von Ihm angesehen gewesen?

[2] Wie unvorbereitet die Schweden gewesen, zeigt ein Privatbericht aus Schlesien bei Helbig, a. a. O. S. 30: Wie sicherlich solche Generale mit ihrer Soldatesca gelebet, gefressen, gesoffen und den Oderpaß übel bestellt haben, ist nit zu beschreiben. Ja es haben sich auch Herr General von Wallenstein und Herr Schaffgotzsche über solcher Unbestellten Sach uffs höchste verwundert, eines und anders gar mit geringer mühe erlanget. H. Gn. v. Wallstein fuert den Alten Graffen von Thurn, den Obersten Duwald und den von Felß bei sich.

setzen, und dem Churfürsten von Baiern Hülfe zu bringen, was der Kaiser bringend von ihm forderte, ist hier nicht des Orts, zu entscheiden. Da aber Regensburg fiel ohne Hülfe, obwohl Wallenstein scheinbar zum Entsatz herangezogen war, mußte dies den Unwillen des Kaisers steigern, und um so mehr seinen Verdacht wecken, als Wallenstein wider seinen Willen seine Winterquartiere in Böhmen nahm.

Wallenstein hatte in letzterer Zeit durch seine Vertrauten, insbesondere durch den Grafen Kinsky, mit dem Marquis de Feuquières, dem Gesandten Frankreichs, Verhandlungen geflogen, welche seine Lossagung vom Kaiser in sich schlossen, ohne daß er jedoch darüber etwas Schriftliches von sich gegeben hatte. Diese Verhandlungen waren nicht von Richelieu ausgegangen, sondern Wallenstein hatte durch Kinsky se.ne Trennung vom Hause Oesterreich um den Preis der böhmischen Krone in Aussicht gestellt[1]). Feuquières jedoch ward als Gesandter vom französischen Hofe nicht sowohl bei Wallenstein, dem Oberfeldherrn, als bei dem Reichsfürsten, bei dem Herzoge von Mecklenburg, beglaubigt[2]). Richelieu hatte mit staatsmännischer Einsicht erkannt, welch ein mächtiges Werkzeug Wallenstein zur Demüthigung des Kaisers, und vor Allem zur Zerklüftung der österreichischen Gesammtmonarchie werden könne. Wallenstein hatte sich, seitdem Mecklenburg ihm verloren gegangen war, mit dem Gedanken getragen, zum Ersatz für dasselbe die Krone Böhmens zu gewinnen. Richelieu, der in seinen Memoiren den Abfall Wallensteins offen eingesteht[3]), gedachte durch ein bereites Eingehen auf seine Wünsche

---

[1]) Daß dies die eigentliche Sachlage ist, hat gegen Förster, Briefe, Th. III. 409, welcher sie geradezu umgekehrt hat, treffend gezeigt: Richardus Roepell, De Alberto Waldstenio Fridlandiae Duce Proditore Commentatio, p. 40 sq.

[2]) Aubery, Mémoires pour l'histoire du Cardinal Duc de Richelieu. A Cologne 1667. Vol. II. p. 137. Lettres et négociations de Feuquières, T. I. p. 150.

[3]) Mémoires de Richelieu, T. VII. p. 345: Durant le séjour que le dit Sieur de Feuquières fit à Dresde le comte de Kinsky refugié de Bohème lui parla comme de lui même de l'accommodement de Fridland avec les princes et Etats de l'union, si on le vouloit assister à se faire roi de Bohème, lui témoignant le peu de satisfaction, que Waldstein avoit de la maison d'Autriche. Ce sentiment, qui lui restoit du mépris que pour récompense, il avoit reçu des grands services, qu'il lui avoit rendus, le peu

sich in ihm ein williges Werkzeug für seine Plane gegen das Haus
Habsburg zu schaffen. Daher erbot sich Louis XIII. durch Feuquières
an Wallenstein, wenn er Frankreichs Absichten befördern wolle,
seine Erwählung zum Könige von Böhmen zu betreiben und gut
zu heißen, und unter Umständen selbst zu seiner höheren Erhebung
mitzuwirken. So gewann Wallenstein allmählich durch Feuquières
und dessen bestimmte Verheißungen Zutrauen auf den Beistand
Frankreichs[1]). In den sechs Artikeln, welche Wallenstein durch
Kinsky dem französischen Hofe in Vorschlag gebracht hatte, wird
von ihm die Zahlung sehr bedeutender Subsidien, die Unterstützung
durch französische Truppen und seine Erhebung zum Könige von
Böhmen gefordert[2]), wogegen Wallenstein in Aussicht stellt, daß er
sich dann gegen den Kaiser erklären, sich Böhmens bemächtigen, und
nach Oesterreich vordringen werde.

Louis XIII. hatte bereits Feuquières angewiesen, auf alle Artikel Wallensteins einzugehen, aber noch zauderte dieser, eine ihn
bindende Erklärung abzugeben, so daß selbst Feuquières anfing, bedenklich zu werden, obwohl er für seine Person von dem beabsichtigten Abfalle Wallensteins sich überzeugt hielt. Dies würde noch
begreiflicher sein, wenn Wallenstein wirklich damals unmittelbar vor
der Katastrophe dem Reichskanzler Orenstierna durch den Grafen
Thurn hätte Eröffnungen machen lassen. Aber Wallensteins Zaudern
lag offenbar in den äußeren und inneren Schwierigkeiten seines
verhängnißvollen Vorhabens. Sollte sein Plan zur Ausführung
kommen, so bedurfte es der Gewinnung einer beträchtlichen Anzahl
von Oberofficieren, um sich deren Mitwirkung zu versichern. Das
war die Veranlassung, daß Wallenstein die Obersten und Führer

---

d'espérance qu'il avoit d'en être mieux traité à l'avenir dès que la neces-
sité qu'elle avoit de lui et qui l'avoit fait rappeler seroit passée.

[1]) Mémoire par forme d'avis, dressé par Mr. de Feuquières à Fridland. Lettres et négociations de Feuquières, T. I. p. 155. Aubery, Mémoires etc., T. II. p. 176 ss.

[2]) Vgl. über diese sechs Artikel das Schreiben des Grafen von Kinsky an den
Marquis von Feuquières, das aus den in der königl. Bibliothek zu Paris aufbe-
wahrten, handschriftlichen Mémoires du Règne du Roi Louis XIII. de l'an
1634 (in 4) entlehnt ist, bei Röse, Herzog Bernhard der Große von Sachsen-Weimar, Th. I (Urkundenbuch), S. 454 f. Rudhart, a. a. O. S. 13. Fr. von Hurter,
Wallensteins vier letzte Lebensjahre, S. 242.

des Heers wiederholt nach Pilsen berief[1]). Aber die unsichere Stimmung, die er bei ihnen mit Ausnahme einiger wenigen Vertrauten fand, erhöhte die Bedenken Wallensteins, vor Allem seine innere Unsicherheit, den ersten entscheidenden Schritt zu thun. Mit der unentschlossenen Zögerung Wallensteins ging aber die Zeit verloren, wo er überhaupt mit einiger Aussicht auf Erfolg gethan werden konnte. Die geheimen Plane Wallensteins, die anfangs von Maximilian von Baiern, später auch von Vertrauten des Kaisers insgeheim überwacht und beaufsichtigt wurden, waren zur Kunde des Kaisers Ferdinand gekommen, so daß derselbe, welcher anfangs an den beabsichtigten Abfall Wallensteins nicht zu glauben vermochte, nicht länger zweifeln konnte[2]). Es galt zu handeln, wenn es nicht zu spät sein sollte. Kam Wallensteins Bündniß mit Frankreich zu Stande, und gelang es ihm, die kaiserliche Armee gleichzeitig zum Abfall zu bewegen, und auf seine Seite zu ziehen, so war der Kaiser wehrlos gemacht, und der Untergang seines Hauses war eingeleitet. Wenigstens kann nicht verkannt werden, daß Wallenstein von Böhmen aus die Macht des Hauses Habsburg hätte lähmen, und möglicher Weise selbst den Sturz des Kaisers und die Zerstückelung des deutschen Reiches hätte herbeiführen können. Daraus erklärt sich, daß der Kaiser schon unter dem 24. Januar das Patent vollzog, das den Herzog von Friedland aller seiner Würden und Aemter entsetzte, alle Befehlshaber des Gehorsams gegen ihn entband, und ihn für Ihrer Kayserlichen Mayestät und des gemeinen katholischen Wesens abgesagten Feind erklärte.

Der Generallieutenant Graf Gallas, in dessen Hände der

---

[1]) Khevenhüller XII. 1136—1139. Der Revers der kaiserlichen Officiere, d. d. Hauptquartier Pilßen, den 12. Februar 1634, findet sich im Theatrum Europaeum (Frankfurt am Mayn 1679), Tom. II. p. 161. F. M. Pelzels Geschichte von Böhmen, Th. II. S. 777 f. Murr, Beyträge ꝛc., a. a. O. S. 327. 328.

[2]) Ausführlich und gründlicher Bericht der vorgewesen Friedländischen und seiner Abhaerenten abscheulichen Prodition, was es damit für eine eigentliche Beschaffenheit gehabt, und was für boshafte Anschläg all bereit gemacht worden. Alles aus denen eingekommenen glaubwürdigen Relationibus, Originalschreiben und anderen brieflichen Urkunden, wie auch der bießfalls Verhaften gethanen mündlichen Aussagen jedermänniglich zur Nachricht verfaßt, zusammengezogen und auf sonderbaren der K. K. Maj. allergnädigsten Befehl in offenen Druck gegeben von Albert Curtius, 44 S. in 4.

Kaiser die Ausführung des Patentes gelegt hatte, zögerte, um jeden übereilten Schritt zu vermeiden. Wallenstein hatte ihn, als er Herzog von Mecklenburg geworden war, und sich auf dem Höhepunkt seines Glückes befunden hatte, zum Obersten seiner Leibwache bestellt[1]), und ihn auch später vielfach ausgezeichnet. Aber Gallas hielt in der Treue am Kaiser fest, und wußte die von Wallenstein umsichtig und thätig eingeleiteten Maßregeln zu vereiteln. Mit Piccolomini, Altringer und Colloredo, die in das Geheimniß gezogen waren, wurden die Maßregeln verabredet, um Prag, Budweis und andere wichtige Punkte sicher zu stellen. Noch immer hatte Wallenstein nicht seine entscheidende Erklärung abgegeben, und Feuquières, der sich im Laufe des Februars 1634 in Frankfurt befand, nahm Anstoß an der ihm unerwarteten Zögerung. Da endlich erfolgte Wallensteins Erklärung, die er durch Kinsky abgab, dahin, daß er sofort an der Spitze seines Heeres zur Ausführung schreiten werde. In Folge dessen sandte Feuquières, welcher das Gewicht sehr wohl kannte, das Richelieu auf Wallenstein und dessen Intentionen gegen das Kaiserhaus legte, seinen Gesandtschafts=Secretair de la Boderie ab, um den bereits verabredeten Vertrag nun mit ihm im Namen Frankreichs auch formell abzuschließen. Doch ehe es noch dazu kommen konnte, war schon die verhängnißvolle Katastrophe eingetreten. Als die Absichten Wallensteins nicht mehr zweifelhaft erschienen, und man selbst glaubte Nachricht zu haben, daß Wallenstein als König von Böhmen sich in Prag werde ausrufen lassen[2]), ging Gallas mit weiteren Maßregeln vor, und veröffentlichte am 18. Februar das kaiserliche Patent. Bald ergab sich, daß die kaiserlichen Befehlshaber und Truppen dem Kaiser treuer waren, als die Vertrauten Wallensteins und er selbst angenommen hatten. Es zeigte sich, daß Wallenstein nicht auf die Truppen rechnen konnte. Hatte er doch in dem Reverse, den er in Pilsen noch am 20. Februar sich hatte von den Obristen ausstellen lassen, ausdrücklich sich ver-

---

[1]) Wallensteins vier letzte Lebensjahre. Von Fr. von Hurter, S. 383.

[2]) Rudhart, a. a. O. S. 31, Beilage Nr. 17. Richel an Max. Wien, 20. Februar 1634: Der Fridland ist Willens gewesen, auf den 14. März als König in Böheim seinen Einritt zu Prag zu halten; vorher zu Pilsen den Gallas, Altringer und Piccolomini, sobald er sie 3 zusammengebracht hätte, stranguliren zu lassen.

binblich machen müssen, niemanden nöthigen zu wollen, wenn es gegen den Dienst Sr. Majestät gehe.

Wallenstein selbst aber fühlte sich in diesen verhängnißvollen Tagen auf jedem Schritte, den er zu thun gedachte, dadurch gelähmt, daß das Heer, so ergeben es ihm auch war, immer doch das kaiser=liche, mit Eiden und Pflichten dem Kaiser verbundene war. Wallen=stein zerschellte an der Macht der bestehenden Auctorität und an dem gewaltigen Bande der eidlich eingegangenen Verpflichtung. Deßhalb entschloß er sich, als er die ganze Bedenklichkeit seiner Lage erkannte, sich von Pilsen nach Eger, um dem Herzog Bern=hard von Sachsen=Weimar näher zu sein, zu begeben, wo er mit 10 Compagnien zu Pferde, 200 Musketieren und den gräflich Terzkaschen Regimentern eintraf. So klein dieser Heerhaufe war, war Wallenstein doch ungebeugt. Schon am 22. Februar erfuhr er, daß der Kaiser den Regimentern den Befehl habe zugehen lassen, ihm nicht mehr zu pariren[1]). Zwar öffnete noch der kaiserliche Com=mandant, Oberst Gordon, dem Herzog von Friedland die Festung Eger, aber kaum dort angekommen, erhielt er das von Gallas ver=öffentlichte, nach Eger gesandte kaiserliche Patent[2]). Als Wallen-

---

[1]) Apologia. Kurze doch gründliche Außführung, wie vnb auß was Ursachen von etlichen redlich vnd getrewen Kays. Kriegs-Obristen vnnd Cavaliren der gewe=sene Meineidige vnnd Eydbrüchige Kays. General und Hauptmann, Albrecht von Friblanb, sonsten Wallsteiner genannt, mit seinem Pflichtvergessenen von Kays. M. abtrünnigen Rebellischen abhärenten, als seine vnerhörte Practiken offenbar, und Landraumig vnd nach Eger sich den 24. Februar salvirt, folgendes Tages den 25. biß zu Nachts zwischen 9 vnd 10 Uhr auß dem Mittel geraumet, dardurch dann die Röm. Kays., auch zu Hungarn vnd Böheimb Königl. M., sampt dem ganzen hochlöblichen Hauß Oesterreich, sowol das ganze heilige Römische Reich eines großen Feindes versichert, J. K. M. vnterschiedliche Grenzposten mit allem darinn gelege-nen Kriegsvolck erhalten, die interessirte Cavalier aber bey ihrer Pflicht, Ehr vnnd Leben conservirt worden; bei K. M. Freiherr von Aretin, a. a. O. S. 90 ff.

[2]) Khevenhiller XII. S. 1157 ff. Theatrum Europaeum, T. III. p. 183. Herchenhahn, Geschichte Albrechts von Wallenstein, des Friedländers, Th. III. S. 264 ff. Ausführliche Nachricht von der Ermordung Wallensteins und seiner Freunde in Eger am 15/25. Februar 1634 in: Beyträge zur Geschichte des dreyßig-jährigen Krieges, insonderheit des Zustandes der Reichsstadt Nürnberg während desselben. Nebst Urkunden und vielen Erläuterungen zur Geschichte des berühmten kaiserlichen Generalissimus Albrecht Wallensteins, Herzogs zu Friedland. Heraus-gegeben von Christoph Gottlieb von Murr. Nürnberg 1790, S. 317 ff., S. 341 f.

stein jetzt offene Maßregeln traf, sich mit dem Feinde zu vereinigen,
beschlossen die Obersten Buttler, Leslie und Gordon seinen Untergang. Hier bedarf es nur noch der Bemerkung, daß Wallenstein
durch den von Buttler gesandten Hauptmann Deveroux in seinem
Quartier zu Eger, im Hause des Bürgermeisters Pachhülbel, nachdem Seni ihn kurz vorher verlassen hatte, am 25. Februar 1634,
Abends, getödtet ward. Auf den Anruf des einbringenden Deveroux:
Bist du der Schelm, der das kaiserliche Volk zu dem Feind hat
überführen, und Ihrer Kaiserlichen Majestät die Krone von dem
Haupt herunterreißen wollen: derowegen mußt du anjetzo sterben!
empfing Wallenstein lautlos den Todesstoß. Das österreichische
Kaiserhaus aber entging durch seine Tödtung, die nicht direct vom
Kaiser befohlen, sondern erst kurz vorher im Drange des Augen-
blicks von jenen völlig-untergeordneten Werkzeugen beschlossen war,
der äußersten Gefahr. Schon glaubte Richelieu einen Stoß gegen
daßelbe zu führen, wie nie zuvor, einen Stoß, dem es erliegen
werde. Frankreich würde sich, wenn Wallensteins Empörung gelang,
des Westens Deutschlands bemächtigt haben. Zugleich würde des
deutschen Reiches Verfassung schon damals zertrümmert worden sein.
Beides ward durch den Untergang Wallensteins abgewandt.

Es kann nicht die Absicht sein, eine eingehende Würdigung
Wallensteins zu unternehmen, wohl aber dürften hier, insbesondere
mit Bezug auf sein kurzes Regiment in Mecklenburg, einige An-
deutungen am Platze sein. Wallenstein war nicht sowohl ein großer
und glücklicher Feldherr, als der umsichtige, thatkräftige Schöpfer
und Leiter großer Kriegsheere, welche die Popularität seiner solda-
tischen Persönlichkeit und die Energie seines Handelns ins Leben zu
rufen gewußt hatte. Diese letztere Eigenthümlichkeit zeigt sich auch
gerade in der Periode, wo er sich im factischen Besitze Mecklenburgs
befand. Hier entwickelte er eine Thätigkeit seltener Art, die sich in
allen Zweigen der Verwaltung bemerkbar machte, und überall die
organisatorischen Plane, die er rasch und umsichtig faßte, ins Werk
zu richten suchte. Dabei erstreckte sich seine Aufmerksamkeit auf
Alles; selbst den minder wichtigen Verwaltungsmaßregeln, sofern

---

Fr. von Hurter, Wallensteins vier letzte Lebensjahre. Dreizehntes Buch: Wallensteins und seiner Gefährten Ende, S. 418 ff.

sie auf den Wohlstand des Landes gerichtet waren, schenkte er seine
Aufmerksamkeit. Die Kriegslasten waren verhältnißmäßig, wenn
auch drückend, doch nicht so drückend als in den folgenden Jahren,
weil er eifrig bemüht war, von Mecklenburg neue Belastungen ab=
zuhalten, und dadurch auch das in Mecklenburg lagernde Kriegsvolk
eher verminderte als vermehrte. Ueber alle Angestellte, mochten sie
nun in seinem unmittelbaren Dienst sich befinden, oder in der Ver=
waltung des Landes irgend welches Amt bekleiden, führte er eine
specielle und scharfe Aufsicht, und wußte dieselben theils durch un=
mittelbares Einsehen, theils durch erforderte Berichte zu controliren.
Seinem Scharfblicke entgingen auch geringfügige Kleinigkeiten nicht.
Den Domainen und Regalien wandte er besondere Aufmerksamkeit
zu, und wußte für die Bewirthschaftung der ersteren und für die
Ausbeutung der letzteren hie und da richtigere Principien aufzustellen
und geltend zu machen. Seine außerordentliche Thätigkeit umfaßte
selbst in manchen Fällen die Specialia der Kammerverwaltung.
Wie er einige Landstädte in dem Betriebe von Gewerben zu unter=
stützen wußte, so wandte er Rostock seine besondere Aufmerksamkeit
zu, da er die Seestadt mit ihren reichen Mitteln für den Schiffsbau,
für die Ausrüstung einer Flotte und für den Küstenschutz zu benutzen
und seinen weitaussehenden Planen dienstbar zu machen gedachte.
Mehrfach hatte sich Rostock besonderer Berücksichtigung und Ver=
günstigung von ihm zu erfreuen. Unsere Darstellung hat gezeigt,
wie vorsichtig und rücksichtsvoll er insbesondere in Bezug auf das
exercitium religionis war, das er der Stadt garantirt hatte. Be=
denkt man, daß Wallenstein, herrisch und gewaltthätig wie er war,
sonst zur schrankenlosen Machtübung sich hinneigte, so erhält dieses
sein Verhalten, das sich aus den von uns dargelegten politischen Mo=
tiven genugsam erklärt, eine um so höhere Bedeutung.

So lange er Mecklenburg besaß, wankte seine Treue nicht gegen
den Kaiser, ja sein Absehen war entschieden auf die Vergrößerung
der kaiserlichen Macht gerichtet. Aber in demselben Maße, in welchem
er die kaiserliche Macht zu stärken wußte, in demselben Maße miß=
achtete er des Reiches Verfassung. Bot er schon Alles auf, die
mächtigeren Reichsfürsten, die auf Seite seiner Gegner standen,
zu lähmen, so suchte er die minder mächtigen niederzudrücken. Die
Herzoge Adolf Friedrich und Hans Albrecht hatten von ihm, dem

Emporkömmling, der sich ihres Erbes widerrechtlich, wenn auch unter Rechtsformen, bemächtigt hatte, eine beispiellose Behandlung erfahren, die nicht minder den gewaltthätigen Zug seines Characters, als seinen ungemessenen Ehrgeiz, welcher die Triebfeder aller seiner Handlungen war, characterisirt. Als Mecklenburg ihm verloren ge= gangen war, übt die Königskrone Böhmens ihre verlockende Macht aus. Je mehr er erkennt, daß seine Stellung auf die Länge nicht halt= bar sei, und er sich abermals mit Absetzung bedroht sieht, desto mehr unterliegt er der Versuchung, als Richelieu ihm die Möglichkeit zeigt, das Kaiserhaus, dem er schon seinen ersten Sturz niemals vergeben hatte, zu demüthigen, und für sich selbst eine europäische Stellung zu gewinnen. So geht er in Verhandlungen ein, die zweifellos verbrecherisch waren, aber während er noch in den Sternen die Bot= schaft des Gelingens sucht, wankt schon der Boden unter seinen Füßen, sein Geschick ereilt ihn, noch ehe sein verbrecherischer Ge= danke zur völligen That geworden war.

Die Kunde seiner Ermordung rief große Verwirrung hervor, da viele katholische Stände noch ihre Hoffnung auf ihn gesetzt hatten. Die evangelischen Stände aber, welche seinen in der letzten Zeit vielfach gegebenen Friedensversicherungen meistens nicht getraut hatten, frohlockten insgemein, weil sie sich von einem gefährlichen Feinde befreit sahen, der im Interesse der katholischen Partei auch ihren Glauben, wenn nicht unterdrückt, doch stets bedroht hatte. Insbesondere aber mußten die Herzoge Adolf Friedrich und Hans Albrecht in dem Sturze Wallensteins ein gerechtes Gericht Gottes sehen[1]), und um so mehr sich zu Lob und Dank gedrungen fühlen, als sie durch den Tod Wallensteins, der sich noch immer als Herzog von Mecklenburg betrachtet hatte, und selbst vom Kaiser in den ver= trauten Briefen, die dieser ihm noch wenige Wochen vor seiner Ermordung geschrieben hatte, als solcher bezeichnet war, von schwerer Sorge befreit wurden. Die Herzoge hatten die Kunde des auch für sie so hochwichtigen Ereignisses für jene Zeit äußerst rasch erhalten, und sahen in dem Sturz ihres Erz= und Erbfeindes eine wunder= bare und gnädige Führung ihres Gottes. Der von Güstrow aus

---

[1]) Fürstlicher Befehl, daß nach der Predigt eine Danksagung wegen Stürzung des Erbfeindes geschehen solle; Arch. Min. Vol. XII. p. 209.

am 2. März 1634 durch Hans Albrecht erlassene Befehl gebot da=
her in diesem Sinne das Abhalten einer allgemeinen Danksagung[1])
und das Land, das nur mit Widerstreben das Joch des böhmischen
Edelmannes getragen hatte, nahm an der Freude und dem Danke
seiner Fürsten den lebhaftesten und allgemeinsten Antheil.

Ungeachtet daß beide Herzoge stets des Königs Gustav Adolf
als ihres eigentlichen Helfers und Erretters dankbar gedachten, trat
doch sehr bald eine bedeutende Veränderung in ihrem politischen
Verhalten zu der Krone Schweden ein.   Das Verhältniß beider
Fürsten zu Gustav Adolf, welcher sehr wohl die Vortheile zu wür=
digen und zu benutzen wußte, die ihm die nahe Verbindung mit
denselben und ihrem bei der Nähe Schwedens für ihn doppelt wich=
tigen Lande gewährte, hatte in dem zwischen ihnen am letzten Fe=
bruar 1632 zu Frankfurt am Main geschlossenen Staatsvertrage[2])
eine bestimmte Präcisirung gefunden[3]).   Dieser Vertrag, welcher in
seinem Eingange den Kaiser beschuldigt, nach absoluter Herrschaft
im Reiche und Unterdrückung der Evangelischen zu trachten, garan=
tirt von Seiten des Königs den Herzogen, welche wider göttliches
und menschliches Recht aus ihren Herzogthümern vertrieben seien,
den Besitz ihrer Lande, verheißt ihnen und der gemeinsamen Sache
den königlichen Schutz, und verpflichtet beide Theile, nicht einseitig
mit dem Kaiser zu verhandeln und abzuschließen.   Die Herzoge
übertragen aber nicht nur die Leitung des Krieges dem Könige, son=

---

[1]) „Nachdem der allerhöchste Gott nach seinem gerechten Gericht vnd uner-
forschlichen Rath neulicher Zeit den Erz= und Erbfeind dieser unserer Lande aus
dem Wege geräumt, vnd beßwegen der göttlichen Barmherzigkeit billig herzlich Lob
und Dank gesaget wird, als sollet Ihr befehligt sein, von allen Canzeln nach ge-
endigter Predigt den vielgütigen Gott davor herzlich zu danken, vnd seine göttliche
Allmacht mit bußfertigem Herzen anzurufen, weiters seines heiligen Worts vnd
Unsere noch übrige Feinde gleichmäßig zu stürzen, und alle wohlverdiente Strafe
von diesen Landen gnädiglich abzuwenden.“

[2]) Dieser Vertrag kam, nachdem derselbe schon längere Zeit durch den königl.
schwedischen Geh. Hofrath, Jacob Steinberg, eingeleitet und später durch Johann
Salvius weiter verhandelt war, bei der persönlichen Zusammenkunft des Herzogs
Adolf Friedrich mit dem Könige in Frankfurt zu Stande. B. Ph. von Chemnitz,
Königl. Schwedischer in Teutschland geführter Krieg, Th. I. S. 262 f.

[3]) Bündniß zwischen dem König Gustav Adolf und den Herzogen Adolf Friedrich und Hans Albrecht. Actum Francofurti ad Moenum die ultima Mensis
Februarij Anno millesimo sexcentesimo trigesimo secundo. Manuscript d. L.B.

dern ſtellen ihm auch während der Dauer desſelben frei, Wer⸗
bungen in ihren Landen anzuſtellen, Durchzüge ihrer Truppen
anzuordnen und zur Abwendung drohender Gefahr die Orte zu
beſetzen, räumen dem Könige auch Wismar und Warnemünde
ein, und geſtatten ihm, neue Befeſtigungswerke auf der Inſel Poel
zu errichten[1]). Zugleich wurde dem Könige das Beſatzungsrecht und
das Recht gewährt, zu Warnemünde und Wismar und in den Häfen
und übrigen Flüſſen Mecklenburgs Zölle zu errichten, unter Vorbe⸗
halt der alten fürſtlichen Zölle und Zahlung des hundertſten Pfen⸗
nigs von dem erwähnten Zoll. Neben Beſtimmungen über die Gel⸗
tung der ſchwediſchen Münzen in den mecklenburgiſchen Landen und
anderen Zugeſtändniſſen ward feſtgeſetzt, daß auch nach Beendigung
des Krieges der Vertrag in Wirkſamkeit bleibe, und bei etwa aus⸗
brechendem neuen Kriege ſie gegenſeitig gehalten ſein ſollten, ſich
zu unterſtützen[2]).

Dieſes Bündniß, das in den 21 hier nur kurz angedeuteten
Punkten des Vertrags, der Krone Schweden ſehr bedeutende Vor⸗

---

[1]) — — — Nos Duces Megapolenses consensimus et consentimus hisce,
ut Sua Regia Dignitas retineat Wismariam cum adjunctis munimentis Wall-
fisch et caeteris, tum Warnemundam et ostium fluminis Warnae cum ad-
juncto munimento etc. — — et si belli ac securitatis ratio postulet, ut in
proprinquo vel in Insula Poel aliquot munimenta nova erigantur; — —
propriumque suum praesidium et gubernationem nemini nisi sibi ac Regno
suo Sueciae obstrictum imponet, ut eo tutius Regia classis illic stare ac
hybernare queat, idque usque ad exitum hujus belli, donec rebus pacatis
ac tranquillatis, pace universali restituta de omnibus — — — convene-
rit etc.

[2]) Praeter haec ad sublevandos praedictos immensos sumptus consentimus hisce, ut Sua Regia Dignitas ad Warnemundam et Wismariam inque
portubus et fluminibus Ducatus nostri cacteris vectigalia instituat, salvis
vectigalibus nostris veteribus et nobis centesima una dicti vectigalis re-
servata, ad modum in portibus Pomeraniae receptum et usitatum; — —
Si quid hostilitatis in futurum alterutri exstiterit, ex occasione hujus foederis Nos Rex Sueciae cum Regnis nostris protegemus et defendemus Suas
Dilect: Duces Megapolenses eorumque Ducatus et nos Duces Megapolenses
reciproce id beneficii agnoscentes, si quid Suae Regiae Dignitati, Succes-
soribus aut Regno Sueciae ob foederis hujus rationes aut ejus effectum
enatum fuerit, inimicitiae bellive, reciproce ad subsidium pro virili sub-
ministrandum tenere nos, haeredes nostros ac Ducatus debere promittimus
ac spondemus.

theile gewährte, aber auch den mecklenburgischen Landen und in=
sonderheit Rostock nicht geringe Lasten aufbürdete¹), war von den
Herzogen offenbar sowohl aus Rücksichten des Dankes gegen Gustav
Adolf, der die Abhängigkeit derselben von sich klüglich zu benutzen
verstand, als auch aus Besorgniß vor Wallenstein, der seine ver=
meintlichen Ansprüche auf Mecklenburg keinesweges aufgegeben hatte,
und sich gerade damals zu einem neuen Feldzuge rüstete, eingegan=
gen worden. Mit dem Tode Gustav Adolfs änderte sich die Sach=
lage wesentlich für die Herzoge, da diese sich ihm persönlich ver=
bunden gefühlt hatten. Jedenfalls aber fiel mit der Ermordung
Wallensteins für dieselben jede Befürchtung weg, daß sie von dieser
Seite in dem wiedererrungenen Besitz ihrer Länder gestört, oder gar
ernstlich bedroht werden könnten. Es traten daher für die Herzoge
in ihren Erwägungen ganz andere politische Gesichtspunkte hervor,
da zu ihrer völligen Sicherung sich eine Aussöhnung mit dem Kai=
ser am dringendsten empfahl. Dies ward für sie um so nothwen=
diger und unerläßlicher, als sie in dem gedachten Vertrage aus=
drücklich erklärt hatten, daß demselben der Verband, in welchem sie
zum Reiche und zum niedersächsischen Kreise standen, nicht präjudi=
ciren solle, und sie sich verpflichtet hatten, mit Niemandem, was den
versprochenen Punkten irgendwie entgegen sei, zu handeln und zu
beschließen.

Hatte die ganze Persönlichkeit Gustav Adolfs bisher einen festen
Mittelpunkt für die mit ihm verbundenen, von so verschiedenen In=
teressen bewegten evangelischen Fürsten gebildet, so war mit seinem
Tode dieser weggefallen, und es zeigte sich, wie die Einigkeit zum
Theil nur eine scheinbare gewesen, und wie die Verschiedenheit und
Ungleichartigkeit der politischen Absichten und Tendenzen auch eine
verschiedene Stellung zu den politischen Fragen und eine dadurch
bedingte andere Haltung der sich bekämpfenden Parteien hervorrief.
Die religiösen und kirchlichen Factoren, auch früher schon fast in

¹) Schon unter dem 1. April 1632 beschweren sich Rath und Hundertmänner
der Stadt Rostock bei den Herzogen, daß durch den neulich zu Warnamünde an=
gelegten schweren Zoll der Kaufhandel gar von dieser guten Stadt abgebracht werde,
indem nicht allein Fremde, sondern auch die eigenen Schiffer und Kaufleute Hafen
und Stadt mieden, und sich anders wohin zu wohnen begeben, so daß die Stadt
zu veröden drohe u. s. w. (Rathsarchiv).

zweiter Linie stehend, treten immer mehr zurück, und die politischen treten völlig in den Vordergrund. Die Einmischung Frankreichs, welches den Elsaß zu gewinnen trachtete, wird intensiver, und es zeigen sich Bestrebungen, welche von dortaus unverkennbar ausgehen, und schon damals durch die Presse[1] die Meinung in Deutschland zu verbreiten suchen, als sei die Krone Frankreich es allein, durch deren Hülfe und Beistand demselben aus der schweren Bedrängniß zu helfen sei, und daß, da sie ohne einige andere Recompens handele, als der Ehren, die sie davon erlange, unsere Religion und Freiheit nicht besser beschützt werden könne, denn durch die Hülfe des allerchristlichen Königs. Diese Bemühungen führten einigermaßen zum Ziele, trugen wenigstens dazu bei, das Bündniß Schwedens und Frankreichs zu befestigen, und in der öffentlichen Meinung als ein berechtigtes und für Deutschland ungefährliches hinzustellen.

Dennoch nahm der Krieg bekanntlich anfangs eine für die kaiserlichen Waffen höchst glückliche Wendung, ungeachtet es der Krone Schweden gelang, mit den Churfürsten und Ständen von sechs Kreisen ein neues Bündniß zu schließen[2]. Als der Sohn des Kaisers, König Ferdinand III., den Feldzug in Baiern fortsetzte, und

---

[1] Schreiben Eines Nieder Sächsischen vom Adels, so er aus Frankreich an einen fürnehmen Fürsten des Reichs abgehen lassen, den Tobt beyder Königen in Schweden vnd Böheimb betreffend. Geben zu Pariß, den 2. Decemb. 1632. Es ist höchst characteristisch, daß in dieser Flugschrift, welche an ähnliche Bestrebungen der Gegenwart erinnert, die Protestanten aufgezählt werden, welche in Frankreich zu hohen königlichen Aemtern gekommen, daß die Religion derselben keineswegs im Königreich habe vertilgt werden sollen, vielmehr es nur politische Kriege gewesen, weil große Herren sich der Städte und des gemeinen Volks von der Religion zu ihrem eigenen Vortheil bedient hätten, daß der König keinen Religionszwang wolle, und weil er allein für die Gerechtigkeit streite, hätten wir Ursache zu wünschen, daß diese Krone sich öffentlich unserer Sachen annehme, dieselben wieder zurecht, und uns den Frieden zu Wege bringe, auch denselben handhabe, welches wir hoffen sollen, wenn wir uns gegen diesen großen König vnd seinen treuen Diener der Gebühr erzeigen.

[2] Haupt-Abschied, Verbündniß vnd Conjunction zwischen der Königlichen Majestät vnd Cron Schweden, vnd den Evangelischen Protestirenden Chur: Fürsten vnd Ständen des heiligen Römischen Reichs, der löblichen Churfürstl. Rheinischen, Fränkischen, Schwäbischen, vnd Rheinischen, wie auch Ober vnd Nider-Sächsischen Kraysen, Auffgericht zu Franckfurt am Mayn den 3. Septembris Anno 1634. Erstlich gedruckt zu Franckfurt am Mayn bei Nicolao Stolzenbergern.

nach der Einnahme von Regensburg und Donauwerth die Belagerung Nördlingens unternahm, rückten die Schweden zum Entsatz
heran, wurden aber vom Grafen Gallas am 7. September 1634
bei Nördlingen aufs Haupt geschlagen[1]). Dieser Sieg des Kaisers
hatte die weitgreifendsten Folgen. Denn ungeachtet, daß die con-
föderirten Stände der obern Reichskreise noch unter dem 16. Februar 1635 dem Churfürsten von Sachsen, Johann Georg I., in
einem sehr schmeichelhaften Schreiben diesem die Erwartung aussprachen, daß er, um einen sicheren und beständigen Frieden zu erlangen, nicht ohne Zuziehung aller Interessenten handeln, und
die rechtmäßig ergriffenen Rettungswaffen neben anderen evangelischen Ständen continuirlich fortführen werde[2]), schloß derselbe schon
am 28. Februar einen Waffenstillstand mit dem Kaiser und nach
längeren Unterhandlungen am 30. Mai 1635 den Frieden zu Prag,
dem der Churfürst Georg Wilhelm von Brandenburg und mehrere
andere evangelische Stände beitraten, ungeachtet daß der Feldmarschall Banner noch kurz vor dem Friedensschluß dem Churfürsten von
Sachsen sein Befremden über die obschwebenden Verhandlungen mit
den kaiserlichen Deputirten und die Erwartung ausgesprochen hatte,
daß der Churfürst nicht etwas eingehen, und dem Feinde darin will-
fahren werde, so dem allgemeinen evangelischen Wesen und conse-
quenter der davon dependirenden Krone Schweden zuwiderlaufen
möchte[3]). Alle Bedenken wider den Abschluß wurden indessen zurückgestellt, als durch einen Nebenreceß dem Churfürsten von Sachsen
das volle Eigenthum an der Ober= und Niederlausitz zugesichert
ward. Der Churfürst, der sich der klagenden Herzoge von Mecklenburg schon auf dem Convent zu Regensburg angenommen, und ihre
Rechte vertreten hatte, hatte es dahin zu bringen gewußt, daß dieselben in das Prager Friedensinstrument eingeschlossen wurden, in-

---

[1]) J. F. Schöpperlins kleine historische Schriften, Bd. I. S. 179 ff. Röse,
Herzog Bernhard der Große von Sachsen-Weimar, Th. I. S. 300 ff.

[2]) Der Chur-Fürsten und Stände der vier Obern Reichs Creise, im Februario
negsthin zu Worms versammlet gewesenen Räthe, Gesandten und Botschaffter
Schreibens, an die Churfürstl. Durchlaucht zu Sachsen abgangen, sub dato Worms,
den 16. Februario Anno 1635.

[3]) Copia Herrn Feldmarschall Johan Bauern etc. Schreibens an die Churf.
Durchl. zu Sachsen, de dato Egeln, den 14. Mai A. 1635.

dem der Kaiser die Zusage gab, sie wiederum zu Hulden und Gnaden aufzunehmen, und bei Land und Leuten ruhig verbleiben zu lassen, sofern sie den Friedensschluß und die in Bezug auf sie in ihm stipulirten Bedingungen annehmen würden[1].

Die Herzoge glaubten diese Wendung in der kaiserlichen Politik ihrerseits nicht vorübergehen lassen zu dürfen, da der Kaiser nach der Ermordung Wallensteins sichtlich das Bedürfniß hatte, sich den evangelischen Reichsständen, die vorzugsweise durch ihn beeinträchtigt waren, zu nähern. Für sie war der Friede zu Prag um so günstiger, und die in demselben liegende Anforderung um so bringender, als sie die Zurücknahme der vom Kaiser über sie verhängten Maßnahmen bisher in keiner Weise hatten erreichen können[2]. Hatten sie zwar factisch durch Waffengewalt ihre Lande wieder an sich gebracht, so mußte ihnen doch Alles daran liegen, sich in deren Besitz von Kaiser und Reich auch rechtlich anerkannt zu sehen. Da sie dieses durch den Prager Frieden, ohne den schleppenden Gang eines förmlichen Processes, auf dessen Eröffnung sie und die Churfürsten noch zu Regensburg beim Kaiser vergeblich gedrungen hatten, völlig erreichten, so ließen sie sich durch die Bedenken, welche in den gegen Schweden im Vertrage vom 28. Februar 1632 übernommenen Verpflichtungen lagen, nicht abhalten, dem Friedensschluß beizutreten, in welchem sie auch die evangelischen Interessen durch die Churfürsten von Sachsen und Brandenburg genugsam gewahrt hielten. Das nahe Verhältniß, in welchem sie zu Gustav Adolf persönlich

---

[1] Klüver, Beschreibung des Herzogthums Mecklenburg und dazu gehöriger Länder und Oerter, III. Theil, 2. Stück, S. 181 f., wo sich auch die unmittelbaren Folgen, welche der Beitritt der Herzoge zum Prager Frieden durch die Besetzung Schwerins von Seiten der Schweden hatte, dargelegt finden. Der Friede selbst ist enthalten in: Theatrum Europaeum, Vol. III. p. 403.

[2] Zur richtigen Würdigung ihres Verhaltens bei der Annahme des Prager Friedens darf nicht übersehen werden, daß außer Chursachsen und Churbrandenburg auch Sachsen-Weimar, die Herzoge von Lüneburg und der ganze niedersächsische Kreis demselben beigetreten waren. Sie sahen in jener Annahme keine Verleugnung ihres evangelischen Bekenntnisses, wenngleich die mit Schweden verbündeten evangelischen Stände alle Theilnehmer am Prager Friedensschlusse heftig anklagten. Die damals wider und für den Prager Frieden erscheinenden Streitschriften zeigen die tiefe Erbitterung beider Parteien und den starken Riß, den derselbe unter den Evangelischen hervorgerufen hatte.

gestanden, hatte den Frankfurter Vertrag hauptsächlich herbeigeführt, der nach dem Tode desselben den Herzogen nicht mehr die Sicherheit und den Schutz gewährte, welche die bedeutenden der Krone Schweden zugestandenen Vortheile hätten aufwiegen können. Die Herzoge waren jedoch bei ihrer Aussöhnung mit dem Kaiser weit entfernt gewesen von dem Gedanken, dadurch zu Schweden in ein feindliches Verhältniß treten zu wollen; sie gaben sich der Hoffnung hin, daß auch die Schweden in den Prager Frieden würden aufgenommen werden können, und Adolf Friedrich that wiederholt Schritte bei dem Churfürsten von Sachsen, um dies zu vermitteln. Auch sandte Adolf Friedrich zu diesem Zwecke seinen Geheimen Rath, Johann Cothmann, zu dem Reichskanzler Oxenstierna, um ihn für das Friedenswerk zu gewinnen. Dieser aber hatte Bedenken theils wegen der von der Amnestie ausgeschlossenen Stände, theils wegen der geforderten Restitution der eingenommenen, von den königlich schwedischen Truppen noch besetzten Orte und Plätze. Adolf Friedrich hatte erwartet, daß sich der Satisfactionspunkt mit der Krone Schweden werde erledigen lassen. Diese Hoffnung aber schlug gänzlich fehl, da von schwedischer Seite die Erstattung aller in diesem Kriege der evangelischen Stände wegen aufgewandten Expensen nebst den Zinsen, und die Einräumung gewisser Oerter an die Krone Schweden jure hypothecae gefordert wurde[1]. Die Verhandlungen darüber hatten während des ganzen Sommers zwischen Chursachsen und dem schwedischen Kanzler, Axel Oxenstiern, gewährt, die zum Theil nicht ohne Bitterkeit geführt wurden, und mit einem Schreiben des Kanzlers aus Wismar, den 21. October 1635, an den Churfürsten von Sachsen endigten, in welchem er dagegen Protest erhebt, daß die von der höchstseligsten königlichen Majestät den evangelischen Churfürsten und Ständen restituirten glücklichen und siegreichen Waffen wider alle Gedanken, Vermuthen und Verschulden und wider vielfältige mündliche und schriftliche Zusage umgewandt, und die Krone Schweden bekriegt werden solle, und erklärt, daß diese sich ihrer gegen so unbillige Gewalt zu ergreifenden rechtmäßigen Defensions-

[1] Fernere und letzte von Ihr. Excell. Herrn Reichs-Cantzler Oxenstern etc. Ihr Churf. Durchl. zu Sachsen etc. überschickte Puncta und darauf von Punct zu Punct Chur Sächsische wieder Antwort und letzte Resolution. Seithero des do dato 4. Septembris A. 1635 letzt gethanen Schreibens.

waffen, welche der Allerhöchste segnen werde, wohl entschuldigt halte, und daß die Verantwortung des erschrecklichen Blutvergießens, der Devastirung so vieler edlen Provinzen und alles Unheils, die wahren Verursacher zu seiner Zeit schwer genug treffen werde[1]). Nichtsdestoweniger hatte der Churfürst von Sachsen sich bereit erklärt, die Schweden in den Friedensschluß aufzunehmen, und ihnen auch eine bestimmte Entschädigung an Geld zuzugestehen, hatte aber dagegen jede Abtretung deutscher Länder verweigert[2]).

Unter diesen Umständen empfanden die Schweden es doppelt, daß die Herzoge einseitig ihren Frieden mit dem Kaiser geschlossen hatten, und ihre Erbitterung[3]) konnte um so gefährlicher für die-

---

[1]) Schreiben des Herrn Reichs Canzlers Oxenstierns Excell. an S. Churfürstliche Durchl. zu Sachsen. Aus Wißmar, den 21. October 1635.

[2]) In Schweden sah man den Prager Frieden als einen Versuch an, die Schweden zum Abzuge aus Deutschland zu nöthigen, und hielt man es gegen die Ehre der Krone Schwedens, auf die ihr von den Pacibcenten gestellten Bedingungen für die Theilnahme an demselben einzugehen. Besonders heftige Vorwürfe wurden gegen diejenigen erhoben, mit denen früher Schweden verbündet gewesen war. Nach Geijer, Geschichte Schwedens, Bd. III. S. 296, soll schon Gustav Adolf, nach dem Zeugniß Axel Oxenstierna's, kurz vor seinem Tode den Wunsch geäußert haben, daß Gott ihn möge von hinnen rufen, als weil er einen Krieg mit seinen Freunden, ihrer großen Untreue wegen, entstehen sähe, der ihn um so mehr drücken würde, als die Welt die rechte Ursache eines solchen Krieges nicht errathen würde.

[3]) Dieses zeigen deutlich die Aeußerungen des schwedischen Geschichtschreibers, der nicht bloß im Auftrage Oxenstierna's sein großes Werk, für welches ihm die amtlichen Quellen zu Gebote gestellt waren, geschrieben hat, sondern der auch durch seine nahen Beziehungen zu dem Reichskanzler von dem Gange der Dinge sehr wohl unterrichtet war. Er sagt: Mit Mechelburg war es auch nicht gar klar, vnd wußte man Königl. Schwedischen theils nicht, ob man einen rechten, waren oder nur einen schein-freund am Herzogen hette. Kein Fürst oder Stand in Teutschland hatte sich gegen die unumbgängliche Assignationes zu vorschub der Armée wiederspänstiger erzeiget, als eben das Land zu Mechelburg; gleich wol auf anordnung des Herzogen sich jederzeit berufend. Es steckte der Herzog, dem geschrei nach, gleichfalls unter itzigem werde. War in heimblicher werbung, so nicht weinig verdächtig, begriffen, vnd hatte, wie berichtet ward, schon ziemlich voll beysammen, welches gutentheils von der Königl. Schwedischen Armée abgestrichen vnd dahin verlauffen war. Maßen er auch, die, zur Armée gehörige, in Mechelburg hinterbliebenen kranken zu ihren Regimentern abfolgen zu lassen, difficultiret; vorgebend, das Er derselben itzt sonderlich hoch benötiget were: Hatte, nebenst deme, seinen Adel, sich mit gedoppeltem Roßdienst in bereitschafft zu halten, aufgeboten: Ließ an seinen Plätzen Schwerin, Güstrow, Bützow tagtäglich arbeiten: Wodurch

selben werden, als die Schweden noch Wismar besetzt hielten, und von hier aus versuchen konnten, sich des ganzen Landes zu bemächtigen. Da der Herzog von Pommern, Boguslav XIV., unbeerbt war, und mit seinem bald zu erwartenden Tode das pommersche Fürstenhaus erlosch, hatte der schwedische Reichskanzler Oxenstierna seinen Blick vorzugsweise auf Pommern gerichtet, um das Land, das zur Erhaltung der Verbindung mit Schweden in hohem Grade wichtig war, zu erwerben. In diesem Sinne hatte schon Gustav Adolf sich gegen den Churfürsten von Brandenburg bereit erklärt, seine einzige Tochter mit dessen einzigem Sohne zu vermählen[1]). Oxenstierna hatte sich selbst nach Pommern und Mecklenburg begeben, um diejenigen Maßnahmen zu treffen, welche geeignet waren, sowohl die für Schweden so wichtige Seeküste zu decken und zu schützen, als auch in beiden Ländern feste Stützpunkte sich zu erhalten, von denen aus Pommern behauptet und Mecklenburg bedroht und eingeschüchtert werden konnte.

Mecklenburg ward jetzt von den Schweden als ein abgefallenes Land betrachtet, und daher im höchsten Maße feindlich und hart behandelt. Bei der Wichtigkeit Rostocks lag die Besorgniß nahe, daß die Schweden den Versuch machen möchten, sich desselben durch einen Handstreich zu bemächtigen. Um die Stadt dagegen sicher zu stellen, legten die Herzoge eine Besatzung von tausend Mann in dieselbe, nachdem sie mit dem Rathe sich über die einzelnen Punkte, wie es gehalten werden sollte, verglichen und die Zusage ertheilt hatten, daß die Besetzung der Stadt nicht ihren Privilegien präjudiciren, auch Alles nach dem Frieden in den vorigen Stand zurückkehren solle. Diese Vorsicht erwies sich keinesweges als unnütz. Die Schweden boten Alles auf, nicht nur Wismar, dessen Hafen für sie von großem Werthe war, stark zu befestigen, sondern es auch für Mecklenburg zum festen Mittelpunkt ihrer Operationen zu machen. Bei ihren Absichten auf Pommern lag es in ihrem Interesse, auch Mecklenburg mit einer größeren Anzahl von Truppen

---

selbige mit werden verstärkt wurden, hingegen die Fortification der Stadt Wismar, davon Er die arbeiter abgezogen, liegen blieb. Vgl. von Chemnitz, Königl. Schwedischen in Teutschland geführten Kriegs dritter Theil, Erstes Buch, S. 7 f.

[1]) A. F. Gfrörer, Gustav Adolph, König von Schweden und seine Zeit, S. 933 ff.

zu besetzen, welche allmählich aus dem oberen Deutschland dorthin gezogen wurden. Der schwedische General Banner brach in Mecklenburg ein, und sowohl er als seine unter ihm dienenden Heerführer, welche größere Streifzüge durch das Land vornahmen, verheerten und brandschatzten dasselbe weit und breit. Der zwischen Sachsen und Schweden ausgebrochene Krieg wurde zum Theil in Mecklenburg, wo Banner den sächsischen General Baudiß bei Dömitz schlug, geführt, und litten einzelne Theile des Landes schon jetzt schwer durch die von den Schweden geübten Erpressungen. Hatten die Kaiserlichen unter Wallenstein das Land noch einigermaßen geschont, so lag jetzt jede Schonung den Schweden fern, welche in demselben wie in Feindes Land hauseten.

So war die Lage des Landes, als Herzog Hans Albrecht im besten Mannesalter, im fast vollendeten sechsundvierzigsten Lebensjahre, am 23. April 1636 aus dieser Zeitlichkeit abgerufen ward. Die Jahre, die er im Exil zugebracht hatte, und die schweren Drangsale, welche über das Land gekommen waren, hatten ihn tief gebeugt, und schon seit längerer Zeit war seine Gesundheit untergraben. Dennoch hatte man seinen Tod nicht so rasch erwartet. Das feierliche Leichenbegängniß desselben fand am 30. Junius 1636 in Gegenwart des Churfürsten Georg Wilhelm von Brandenburg, des Markgrafen Sigismund von Brandenburg, des Herzogs August von Braunschweig-Lüneburg und des Fürsten Ludwig von Anhalt zu Güstrow Statt[1]). Neben den übrigen Superintendenten war auch der Rostockische Superintendent entboten, die fürstliche Leiche zu ihrer Ruhestätte zu begleiten[2]). Die Streitigkeiten, in welche Hans Albrecht bis zum Ende seines Lebens mit seinem Bruder Adolf Friedrich verflochten war, hatten meistens in der Differenz des Bekenntnisses ihren Grund, da Adolf Friedrich den Argwohn, den er in dieser Bezie-

---

[1]) Vgl. die dem Herzog Adolf Friedrich gewidmete Schrift des Prof. Poes. Petrus Lauremberg: Castrum doloris, in quo condita repostaque quinque funera Ducum Megapolensium, funeribusque singulis dicata et publicitus dicta sacra exequalia. Rostochii 1638, in welcher die fünfte in der Domkirche zu Güstrow gehaltene Rede das Ehren-Gedächtniß des Herzogs Hans Albrecht enthält. Etwas, J. 1741 S. 391.

[2]) Herzog Adolf Friedrichs Befehl an den Superintendenten, daß er Herzog Hans Albrechts Leichbegängniß beiwohnen solle. Arch. Min. Vol. XII. S. 219 f.

hung gefaßt hatte, auch auf andere Verhältnisse übertrug. Noch
im Jahre 1635 war der Streit so heftig, daß Hans Albrecht seinen
Bruder herausforderte, doch kam es dazu nicht, weil derselbe am
folgenden Tage sein Unrecht erkannte[1]). Es kann daher nicht befremden, daß Hans Albrecht, als er den Tod herannahen fühlte, in
seinem am 19. März aufgerichteten Testamente die Vormundschaft
über seinen erst im vierten Lebensjahre stehenden Sohn Gustav
Adolf seiner Gemahlin Eleonora Maria, einer anhaltinischen Prin-
zessin, übertrug, und seinen Bruder Adolf Friedrich von derselben
ausschloß, da dieser lutherischer Confession war, er aber den Prinzen
Gustav Adolf in der reformirten Confession erzogen wissen wollte.
Adolf Friedrich aber nahm als nächster Agnat die Vormundschaft
über den minderjährigen Prinzen und zugleich die dadurch bedingte
vormundschaftliche Regierung des Herzogthums Güstrow in Anspruch.
Der daraus entspringende Streit Adolf Friedrichs mit der fürstlichen
Wittwe nahm einen betrübenden Character an[2]), da gegen dieselbe
Zwangsmaßregeln angewandt wurden[3]). Adolf Friedrich hielt sich
aber hierzu um so mehr berechtigt, als Eleonora Maria dem Cal-
vinismus ergeben war, und die Ausbreitung desselben von ihrer
vormundschaftlichen Regierung besorgt werden mußte. Ueberdies
hatte die Herzogin die bestimmte Erklärung abgegeben, daß sie in
Uebereinstimmung mit ihrem verewigten Gemahl ihren Sohn in der
calvinischen Religion erziehen werde. So war, geschah dieses, für die
Folgezeit das lutherische Bekenntniß des Landes allgemein bedroht.
Die Stände, welche diese Befürchtung theilten, traten auf die Seite
Adolf Friedrichs, zumal da die Aufrichtung einer Vormundschaft
durch testamentarische Verfügung dem Privatfürstenrechte Mecklenburgs bisher fremd gewesen war. Als nun Eleonora Maria den

---

[1]) Lisch, Jahrbücher XII. S. 102 f.

[2]) Vgl. Sebastians Schenkens Collectanea aus dem alten Güstrowschen Protocoll Buch von 1536 bis zum Jahr 1711, Nr. 53. Fol. Manuscript der Univ.-
Bibl. de Ao. 1636, p. 126: Den 30. April haben J. F. G.G. Adolph Friederich
beide, Consules et Secretar, auf das Schloß fordern lassen, und ihnen durch den
Kanzler Johann Cothmann in Jhro Durchlaucht Gegenwart anzeigen lassen, daß
Sie wegen Absterben des Durchl. Fürsten Hans Albrechten die Vormundschaft dessen
jungen Prinzen als legitimus tutor übernommen, und sie daher keines anderen
mandatis pariren sollten etc.

[3]) Franck, Altes und Neues Mecklenburg, Lib. XIII. S. 182 ff.

Schutz ihrer Rechte beim Kaiser nachsuchte, bemächtigte sich Adolf Friedrich mit Gewalt am 17. Januar 1637 des Prinzen Gustav Adolf, nachdem er mit seinen Räthen in die Gemächer der fürst-lichen Wittwe eingedrungen, und die verschlossene und verriegelte Thür des Zimmers, wo die Herzogin sich mit ihrem Sohne befand, hatte öffnen lassen. Umsonst hatten die Prinzessinnen Christina Mar-gareta von Mecklenburg und Sophia Margareta von Anhalt ihn durch Vorstellungen und Bitten daran zu verhindern gesucht. Auch die Thränen der Herzogin Wittwe, welche, auf ihrem Bette sitzend, den Prinzen Gustav Adolf in ihren Armen hielt, vermochten nicht den Herzog Adolf Friedrich in seinem Entschlusse wankend zu machen. Als seine nochmalige Bitte, ihm kraft der ihm zustehenden Vor-mundschaft ihren Sohn zur Erziehung zu übergeben, von Eleonora Maria entschieden zurückgewiesen wurde, machte der Herzog, un-geachtet der lauten Klagen und heftigen Aeußerungen der Mutter, den Prinzen aus ihren Armen los, und ließ ihn in ein anderes Ge-mach führen. Selbst die kaiserlichen Inhibitorien, welche die fürstliche Wittwe erwirkte, machten bei der Unbeugsamkeit Adolf Friedrichs diese Thatsache eben so wenig rückgängig als es die durch Kaiser Fer-dinand am 7. Mai 1639 erlassene Confirmation der Vormundschaft der verwittweten Herzogin vermochte, so daß die letztere nach lan-gen vergeblichen Kämpfen sich schließlich doch genöthigt sah, auch den Widerspruch gegen die factisch bestehende Vormundschaft Adolf Friedrichs im Jahre 1643 fallen zu lassen, und sich im Jahre 1644 von Güstrow nach ihrem Wittwensitze Strelitz zu verfügen, womit das öffentliche exercitium Reformatae Religionis von der Zeit an gänzlich in Güstrow aufhörte.

Beides aber, der Tod des Herzogs Hans Albrecht und die vor-mundschaftliche Regierung Adolf Friedrichs, war von großer Bedeu-tung für das kirchliche Leben Mecklenburgs, dessen rein lutherischer Character sich wiederum feststellte, und für die Folgezeit dadurch ge-sichert blieb. Bisher hatte Hans Albrecht, ungeachtet des von den Ständen dagegen erhobenen Widerspruchs, noch drei reformirte Pre-diger, M. Adam Christian Agricola aus Schlesien, Johann Appel aus der Pfalz und M. Wilhelm Schnabel aus Hessen, zu Güstrow angestellt gehabt, aber nachdem Adolf Friedrich sich der vormund-schaftlichen Regierung bemächtigt hatte, hatte er sofort den refor-

mirten Gottesbienst untersagt, hatte die Schloßkirche schließen und
den reformirten Hofpredigern das Predigen, selbst im Vorgemach
der verwittweten Herzogin, verbieten lassen, was dieselbe auf das
schmerzlichste empfand[1]), ohne es ändern zu können. Abolf Friedrich
ließ den Prinzen Gustav Abolf, um jeden Einfluß der Mutter auf
denselben abzuschneiden, nach Büßow bringen, und ihn mit seinen
eigenen Söhnen im streng lutherischen Bekenntnisse erziehen. Er
widmete der Erziehung seines Neffen große Sorgfalt, so daß es
ihm selbst gelang, sein Vertrauen und seine Liebe zu gewinnen.
Als seine Mutter das herzogliche Residenzschloß geräumt hatte, re-
sidirte der junge Fürst dort seit dem Jahre 1645. Es war am
27. Julius 1645, als er mit der Güstrower Domgemeinde zum Tische
des Herrn ging, und das heilige Abendmahl nach lutherischem Ritus
empfing. Auch ließ Abolf Friedrich denselben im Jahre 1649 die
Universität Leyden ein Jahr lang und sodann die damals berühm-
teste Fürstenakademie Straßburg beziehen, wo er mit Danhauer
und Dorscheus in enge Beziehung trat, und gestattete, daß der
junge Prinz durch eine Reise nach Frankreich und Italien feinere
Sitte und Gewandtheit sich aneignete, und des Italienischen und
Französischen eben so kundig wurde, als er in den alten Sprachen
bewandert war. Als er am 11. Januar 1653 von seinen Reisen
nach Güstrow zurückkehrte, hatte er sich eine umfassende gelehrte
Bildung erworben, und bei den hervorragenden Gelehrten, mit denen
er in Verbindung getreten war, eine allgemeine Anerkennung gefunden[2]). Schon am 6. Julius 1654 trat er, nachdem er auf Antrag seines Oheims Abolf Friedrich für volljährig erklärt war, die
Regierung an, und empfing die Erbhuldigung der Stände. Durch
den sorgfältigen Religionsunterricht, den Abolf Friedrich ihm hatte
ertheilen lassen, hatte er eine entschiedene lutherische Ueberzeugung
gewonnen, so daß er als regierender Herr der Pflege der lutherischen
Landeskirche unausgesetzt seine Aufmerksamkeit und seine Sorge zu-

---

[1]) Aus den Tagebüchern Abolf Friedrichs bei Lisch, Jahrbücher XII. S. 103:
1637 den 13. Januar: „Die Herzogin stellt sich krank wegen des, daß ihren calvinischen Pfaffen das Predigen heute verboten."

[2]) Vicissitudines Gustrovienses Mecklenburgicae oder Chronik der Herzogl. Mecklenb. Residenz Stadt Güstrow, deutsch, (Manuscr. der Univ.-Bibl., Quartband), Periode IV. § 17.

wandte, und mit nicht minderem Eifer als Adolf Friedrich die Rechte
derselben vertrat. Mit einer seltenen theologischen Belesenheit vereinigte er eine Tiefe und Lauterkeit des Glaubenslebens, in welchem
er stets und überall nach dem Einen trachtete, was noth thut, und
mit Furcht und Zittern seine Seligkeit schaffte[1]). Zugleich aber war
all sein Absehen darauf gerichtet, der Kirche zu dienen, und kraft
seines landesfürstlichen Amtes ihren innern Aufbau zu förbern.

Zwölfter Abschnitt.

**Die Kämpfe und Raubzüge der Schweden und Kaiserlichen in Mecklenburg. Ver-
theidigung Rostocks durch Wilhelm von Calcheim. Kriegsdrangsale und Verwüstung des ganzen Landes im Jahre 1638. Verheerung der Kirchen und
Pfarren. Kirchliche Zustände. Entsittlichung des Volkslebens. Nothwendigkeit
einer Neugestaltung des kirchlichen Lebens.**

Kaum war der Herzog Boguslav XIV. am 10. März 1637
gestorben, und Pommern bei der Unbeerbtheit desselben für den
Augenblick herrenlos geworden, als ein heftiger Kampf um das
wichtige Küstenland entbrannte, da Schweden Alles aufbot, sich desselben zu versichern. Zwar hätte Pommern dem Erbrechte nach sofort auf Brandenburg übergehen müssen, ja es hatten die Stände
die eventuelle Huldigung schon dem Churfürsten geleistet, aber Schweden, obwohl es die Rechte desselben nicht läugnete, verhinderte die
Besitzergreifung Pommerns, und untersagte jede Gemeinschaft mit
Brandenburg[2]). Kurz vorher war der Kaiser Ferdinand II. am
25. Februar 1637 im neunundfunfzigsten Jahre seines Alters gestorben, aber sein Sohn und Nachfolger, Ferdinand III., theilte seine
Ueberzeugung und Richtung, und war nicht gewilligt, der Krone
Schweden das wichtige deutsche Land zu überlassen, durch welches
sie festen Fuß in Deutschland fassen und in den Stand gesetzt wer-

[1]) Vgl. Commercium epistolicum inter Summum Principem Gustauum
Adolphum, Ducem Megapolitanum, Magdalenam Sibyllam et J. C. Dorscheum et Superint. Rostoch. Siricium, nec non Varenium. Manuscr. der
Univ.-Bibl., von dem Senior Min. Rost. M. Niehenck geschenkt. Quartband.
[2]) G. A. H. Stenzel, Geschichte des preußischen Staates, Bd. I. S. 512 f.

ben mußte, dasselbe immer aufs Neue mit Krieg zu überziehen.
Aber auch Chursachsen und Brandenburg erhoben Ansprüche auf
Pommern, und insbesondere machte der Churfürst Georg Wilhelm
von Brandenburg die früher ihm ertheilte Anwartschaft auf den
Besitz des Landes geltend. Seit der Niederlage, welche die Schwe=
ben bei Nördlingen erlitten hatten, war die Disciplin, die ganze
Haltung und Kriegszucht des schwedischen Heeres, wie solche im
Ganzen und Großen unter Gustav Adolf bestanden, und selbst noch
eine kurze Zeit nach seinem Tode fortgewirkt hatte, so gut wie auf=
gelöst. Selbst schwedische Schriftsteller geben zu, daß ein Geist völ=
liger Ungebundenheit und Verwilderung an die Stelle der alten
Kriegszucht getreten, und Rauben und Morden, Sengen und Bren=
nen und die Ausübung jeglicher Frevelthat auch bei dem schwedischen
Kriegsheere in feindlichen Landen an der Tagesordnung gewesen sei.
Die Länder, wohin sich jetzt der Krieg zog, hatten doppelt zu leiden.
Da aber die Schweden sich bereits fast ganz in den Besitz des Lan=
des gesetzt hatten, zog der kaiserliche Generalissimus Matthias Graf
von Gallas heran, um sie aus demselben zu vertreiben. Aber auch
chursächsische und brandenburgische Truppen suchten sich in Pommern
festzusetzen. Mecklenburg aber ward nicht minder von den um Pom=
mern kämpfenden Heeren heimgesucht, da die Schweden von Meck=
lenburg aus bald ihre Angriffe erneuerten, bald dorthin sich zurück=
zogen, so daß die kaiserlichen Truppen ihnen folgten, die dann nicht
minder als die schwedischen das Land verwüsteten, und durch den
unausgesetzten Kampf um dasselbe, welcher in der rohsten Weise
von beiden Seiten geführt wurde, es mit völligem Ruin bedrohten.
Das platte Land war längst verheert, die kleinen Städte aber,
die sich nicht schützen konnten, und jedem Handstreiche offen stan=
ben, unterlagen selbst den Gewaltthätigkeiten kleinerer Haufen der
Solbatesca. Diese wurden wiederholt geplündert, und es machte
factisch kaum einen Unterschied, ob Freunde oder Feinde sich ihrer
bemächtigten, da beide gleiche Gewaltthätigkeiten übten, und sich des
Habes und Gutes der wehrlosen Bewohner bemächtigten.

Während daß so das ganze Land unter den Wechselfällen dieses
Kampfes auf das härteste litt, gelang es Rostock, wenn es auch
unter den Kriegslasten und Bedrückungen mancher Art schwer seufzte,
sich eine verhältnißmäßig gesicherte Stellung zu erringen und bei

Weitem weniger zu leiden, als die übrigen Theile des Landes.
Schon unter dem 17. October 1637 stellte der kaiserliche Generalissimus Graf von Gallas einen Schutz- und Schirmbrief aus, daß
dieselbe von allen Kriegsbeschwerlichkeiten, wie die immer Namen
haben, und unter was Schein dieselben practicirt werden sollten,
gänzlich exempt und befreit sein solle[1]). Kaiser Ferdinand III. aber
nahm unter dem 20. Januar 1638 Rostock in Seinen und des heiligen Reichs Schutz, Schirm, Verspruch und Saluaguardia auf, und gewährte der Stadt das Recht, so oft es ihrer Kinder, Häuser und Leute
Nothdurft erfordere, den kaiserlichen Adler und des Reiches Wappen
zum Gezeugniß kaiserlichen Schutzes und Handhabung anzuschlagen[2]).
Rostock sprach seinen Dank für die ertheilte salvaguardia durch Absendung des Bürgermeisters D. Nicolaus Scharffenberger und Winholdt Gerdes aus der Bürgerschaft an den Generallieutenant Gallas
aus, welche ihm ein Kleinod von einem goldenen Adler mit Dia-
manten versetzet „zur Contestirung unserer unterthenigen affection
in Unterthenigkeit zu praesentiren" hatten, mit der unterthänigen
Bitte, solche geringe Offerte in Gnaden vorlieb, auf- und anzunehmen. Zugleich hatten diese Deputirten den Auftrag, zu bitten, sobald
die Schanze zu Warnemünde den Schweden abgenommen, oder sonst
durch andere Mittel aus ihrer Gewalt gebracht sei, dieselbe keinem
anderen als den Rostockern zur Demolition einzuräumen, um sowohl
die völlige Befreiung des Hafens von der Befestigung, als auch des
Commerciums von dem höchst schädlichen Zoll zu erlangen. Im
Fall, daß die Besetzung der Stadt und Veränderung der Garnison
zur Sprache kommen sollte, wurden sie angewiesen, vorzustellen, daß
die schwedische Armee bei ihrer jetzigen Beschaffenheit der Stadt
nichts anhaben könne, da die Bürgerschaft dergestalt resolviret sei,

---

[1]) Original saluaguardia des kaiserlichen Herrn Generaln Grafen von Gallas.
Geben in der Kays. Armata Hauptquartier, den 17. October 1637. (Rathsarchiv.)

[2]) Original Saluaguardia Kaysers Ferdinandi des Dritten sub dato 20. Januarij Anno 1638, wonach Rostock „der eigenmechtigen Contributionen, Geldt,
exactionen vnd anderer Kriegsbeschweren befreiet vnd verschont werden," dagegen
gehalten sein soll, „Vnserer Kayserlichen vnd des Reichs selbiger enden sich befin-
denden Armaden mit Zuführung von Proviant, Victualien vnd anderen Noth-
wendigkeiten vmb leidentliche Bezahlung allen Vorschub vnd Beförderung zu thuen."
Vgl. Acta, betreffend den dreißigjährigen Krieg u. s. w., 1637. 1638. (Rathsarchiv.)

14

daß sie das Aeußerste viel eher daran wagen werde, als sich von derselbigen subjugiren lassen[1]).

Unmittelbar indessen war Rostock an den in diese Zeit fallenden kriegerischen Ereignissen nur im geringen Maße betheiligt. Als Gallas dem unter ihm befehlenden Vitzthumb die Ordre ertheilte, die Warnemünder Schanze zu nehmen, setzte Vitzthumb unter dem 6. März 1638 Bürgermeister und Rath durch ein Schreiben davon in Kenntniß, und ersuchte dieselben, sich dahin zu bezeigen, daß solch Vorhaben mehr befördert als verhindert werde. Bei der hartnäckigen Vertheidigung Warnemünde's durch die Schweden verlor der General Vitzthumb von Eckstedt das Leben, dennoch fiel die Feste, da der von Wismar aus gemachte Versuch, sie zu entsetzen, erfolglos blieb, in die Hände der Kaiserlichen, ohne daß der von der Rostocker Bürgerschaft dem Grafen Gallas ausgesprochene Wunsch der Demolition der Warnemünder Schanze in Erfüllung ging. Der glückliche Feldzug aber, welchen der General Banner in Pommern gegen dieselben geführt, hatte zur Folge, daß die Schweden auch in Mecklenburg einbrachen, und an mehreren Orten die Kaiserlichen schlugen[2]). Unter dem 19. October 1638 meldete Gallas an Bürgermeister und Rath der Stadt Rostock, daß er zuverlässige Nachricht erhalten habe, daß der General Banner von der Krone Schweden gemessenen Befehl erhalten habe, sich auf alle mögliche Weise und Wege der Stadt Rostock zu bemächtigen, und solche unter seine Gewalt zu bringen, und forderte sie auf, die nothwendige Obacht sorgfältig zu nehmen, und so sie von der kaiserlichen Majestät und des Reiches Waffen weiterer assistenz bedürftig, darum anzumelden. Insbesondere stellt Gallas das Ersuchen, falls die Schanze zu Warnemünde bis zu Anlangung genugsamen Succurses Gefahr und Anstoß leide, dieses nicht zuzulassen, sondern vielmehr

---

[1]) Instructio, mit welcher Wir, Bürgermeister vnd Raht der Statt Rostock, vnsern mit Bürgermeistern H. Doct. Nicolaum Scharffenbergen, vnd Winholdt Gerdes aus der Bürgerschaft an J. Hoch:Grf. Excell: den Kayl. Hern General Leutnant vnd Feldmarschalln H. Grafen von Gallas abgefertiget, d. d. 12. Februarij 1638. (Rathsarchiv.)

[2]) F. W. Barthold, Geschichte des großen deutschen Krieges vom Tode Gustav Adolfs ab, mit besonderer Rücksicht auf Frankreich, Th. II. Cap. 2: Baner und Gallas in Pommern und Mecklenburg, S. 131 f.

desto williger die Hand zu bieten, weil die ganze Zeit über, daß diese Schanze unter der Protection der kaiserlichen und des Reiches Waffen gewesen, der von den Schweden usurpirte Zoll gänzlich aufgehoben sei. Zugleich weist Gallas darauf hin, daß, falls die Schanze den Schweden wiederum in die Hände gerathen sollte, diese ihnen das Messer an die Gurgel setzen, und den angedeuteten Anschlag in Occupirung ihrer Stadt desto leichter effectuiren würden[1]). Als nun die kaiserlichen Truppen, von den Schweden unter Wrangel bedroht, auf dänischen Schiffen sich nach Holstein hatten übersetzen lassen, schleiften die Rostocker die verlassene Feste, und brachten die zu Warnemünde gefundenen Stücke Geschützes glücklich nach Rostock. Hatte nun auch Wrangel dies nicht zu verhindern vermocht, so konnten die Rostocker sich doch auf die Länge nicht gegen ihn behaupten, und mußten es zugeben, daß die Schweden während des Winters die Schanze zu Warnemünde wieder aufrichteten[2]), ohne daß die von Gallas in dieser Beziehung angedeutete Besorgniß, als könne dieses zur Eroberung der Stadt selbst führen, sich erfüllte.

Aber die Umgegend Rostocks ward zum großen Theile verwüstet, und war fast verödet. Bis in die Vorstadt St. Georg erstreckten sich die Streifzüge der Feinde, welche dieselbe fast ganz in Asche legten. Der Gottesdienst hatte aufhören müssen, und die Bewohner waren in die Stadt geflüchtet, und hatten dort Schutz gefunden. Die Zahl der Armen und Rothleidenden war groß, die zum Theil durch Betteln sich das Leben zu fristen suchten, eine für Rostock ganz unerhörte Erscheinung. Kummer, Sorge und Roth rafften viele der Geflüchteten hin. Auch viele Glieder adeliger Familien starben damals in Rostock, die Roth kehrte selbst bei vornehmen und vormals begüterten Familien ein, und das allgemeine Elend des Krieges, durch welches die Einzelnen einander nahe gestellt wurden, rief oft einen raschen Wechsel der Familienverhältnisse hervor[3]),

---

[1]) Schreiben des Grafen von Gallas an Bürgermeister und Rath der löblichen Stadt Rostock, „Im Belbt bei Ruppin den 19. Octobris A. 1638." (Rathsarchiv.)

[2]) Franck, Altes und Neues Mecklenburg, Lib. XIII. S. 200 f.

[3]) G. C. F. Lisch, Dorothea von Lewetzow oder der Mensch in der Noth, ein Gedenkblatt. Jahrbücher XVI. S. 203 ff. „Diese Frau erlebte den in ihrem Stande seltenen Wechsel des Geschicks, daß sie in dem Zeitraum der drei fürchter-

und trug nicht wenig dazu bei, viele Bedenken auszugleichen, und unter dem Drange der Begebenheiten Manches möglich zu machen, was sonst schwerlich geschehen wäre. Die traurigen Kriegszeiten riefen fast überall ungewöhnliche Erlebnisse hervor.

Es commandirte in Rostock der Generalmajor Wilhelm von Calcheim, genannt Lohhausen, welcher bis zum Jahre 1636 im Dienste der Krone Schweden gestanden, auch Commandant der Städte Magdeburg und Wismar gewesen war. Als er seinen Abschied von derselben genommen und erhalten hatte, wurde er von Adolf Friedrich für sich und seinen Neffen und Pflegesohn Gustav Adolf zum Geheimen- und Kriegsrath und Commandanten von Rostock bestellt[1]). Seiner Klugheit, Umsicht und Gewandtheit, die sich auch in der Leitung der schwierigsten Verhältnisse auf das glücklichste bewährten, gelang es, die Stadt sicher zu stellen, und sie ungefährdet zu erhalten, eine Aufgabe, welche um so schwieriger war, als sowohl das kaiserliche als auch das schwedische Heer nicht weit von der Stadt ihr Lager aufgeschlagen hatten, und Adolf Friedrich, nachdem

---

lichen Jahre, (Februar) 1637—1639 (October), hintereinander drei Männer hatte, von deren jedem sie Kinder hatte, und im Ganzen 16 Kinder zur Welt brachte. Ihr erster Gemahl, Heinrich von Lewetzow auf Schorrentin, starb am 4. Februar 1637, und hinterließ nach einer kaum sechsjährigen Ehe die 25jährige Wittwe mit vier kleinen Kindern der unerhörten Bedrängniß einer fürchterlichen Zeit. Ihr zweiter Gemahl war der Prediger M. Zacharias Deutsch, Prediger am heiligen Geist, im Jahre 1636 Archidiaconus zu St. Jacobi, der am 2. October 1638 der furchtbaren Pest (rothen Ruhr) erlag, nach dessen Tode die Wittwe Zwillinge gebar. Am 1. October 1639 ehelichte sie den Dr. Joachim Lütkemann." Vgl. auch das Leichenprogramm der Universität Rostock auf Dorothea Lütkemann, geb. von Lewetzow, und Krey, Andenken an die Rostockschen Gelehrten, St. 2, S. 52 f., und Anhang, S. 48.

[1]) Vgl. über denselben: Rector Universitatis Rostochiensis Johannes Quistorpius, D. et Theol. Facult. Senior, ad Exequias quas Generoso ac Nobilissimo Heroi Dn. Wilhelmo a Calchein dicto Lohausen, Generali Majori et apud Rostochienses Commandanti militiae supremo — — paratas cupit — — invitat. Rost. MDCXL, und: Miles Christianus, Das ist Leich und Ehren Predigt von rechtschaffenen, Gott wolgefälligen Qualiteten, beyde eines Tapffern Weltlichen Kriegsmanns, im Kampfe vieler leiblichen Feinde vnd dann auch eines rechtschaffenen Geistlichen Kriegsmanns vnd guten Streiters Christi u. s. w. Bei der — — Begrebnuß des — — Herrn Wilhelm von Calcheims, genandt Lohausen, General Majoren, auch Fürstl. Mechlenb. geheimen vnd Kriegs Rath u. s. w., den 15. April A. 1640 in der Hauptkirchen zu S. Marien gehalten. Durch Constantinum Fidlerum etc. Rostock 1640.

er sich mit dem Kaiser ausgesöhnt hatte, gleichsam eine vermittelnde
Stellung der Krone Schweden gegenüber einzunehmen suchte, so
daß er sogar vom Kaiser unter dem 5. März 1638 beauftragt wurde,
mit Schweden über den Frieden zu verhandeln[1]). Diese Versuche
aber, welche Adolf Friedrich machte, Schweden zum Frieden zu bewegen, konnten um so weniger einen Erfolg haben, als Schweden,
wie wir sahen, seit dem Prager Frieden gegen alle Theilnehmer an
demselben gereizt war, und insbesondere einige derselben, namentlich
auch die Herzoge von Mecklenburg, der Untreue und des Abfalls
beschuldigte. Vom schwedischen Standpunkte aus konnte dieses einen
Schein der Wahrheit annehmen, aber in Wirklichkeit verhielt sich dieses
nicht so. Adolf Friedrich hatte nie die Pflicht persönlicher Dankbarkeit gegen Schweden, insbesondere gegen den König Gustav Adolf
verleugnet, dem er sich stets verpflichtet gefühlt hatte, aber vom
deutschen Standpunkte aus konnte er weder die Politik der Krone
Schweden gut heißen und anerkennen, noch sie theilen und fördern.
Dennoch wünschte er in der That der Krone Schweden seine guten
Dienste zu erweisen, um einen auch für sie ehrenvollen Frieden
herbeizuführen[2]). Wenn ihm dieses nicht gelang, lag dieses nicht
sowohl an dem Willen und an dem Eifer Adolf Friedrichs, den er
vielmehr bei den Friedensunterhandlungen nach allen Seiten hin
bethätigte, als an der Ungunst der entgegenstehenden Verhältnisse,
und insbesondere auch an dem Argwohn, den der Reichskanzler Oxenstierna gegen ihn gefaßt hatte. Niemand aber empfand es schmerz-
licher, daß seine Bemühungen zur Wiederherstellung eines guten
Vernehmens mit Schweden und zur Herbeiführung des lange ersehnten Friedens mit dieser Macht scheiterten, als Adolf Friedrich selbst.

Die ausgezeichnete Mannszucht, welche Calcheim in der Stadt
aufrecht erhielt, war von christlichem Geiste durchdrungen, den er in

[1]) Aus den Tagebüchern Adolf Friedrichs, bei Lisch, Jahrbücher XII. S. 106:
1638 den 20. März habe ein Schreiben von seiner Kaiserlichen Majestät empfangen,
darin sie mir gnädigst aufgetragen, daß ich wegen des Friedens mit der Krone
Schweden tractieren soll, d. d. Preßburg, den 5. März (n. St.).

[2]) Succincta narratio eorum, quae ab ultimis comitiis septemvirali-
bus etc. in pacis cum corona Sueciae negotio usque ad exitum anni 1637
sunt gesta. 1638. 4.

ben Soldaten zu wecken und zu beleben wußte[1]). Davon ausgehend, daß die Gottesfurcht dem Soldaten vor Allem noth thue, diese aber in den schweren Kriegsläufen denselben fast ganz abhanden gekommen, forderte er von ihnen, daß sie sich zu dem allmächtigen Gott und Herrn bekennen, sein geoffenbartes Wort und Gesetz vor Augen haben, und ihm immer und überall die Ehre geben sollten, um sich in ihrem Berufe seines Beistandes zu getrösten, mit ihm zu streiten und in seiner Kraft und Stärke zu überwinden. So gelang es Lohhausen, welcher der lutherischen Kirche eben so sehr von Herzen zugethan war, als er sich öffentlich zu ihr bekannte, durch Ermahnung und Beispiel die ihm untergebene Soldatesca, welche an den Betstunden und Gottesdiensten, so weit es der Kriegsdienst gestattete, auch in der Woche Theil nahm, nicht nur an strengere Disciplin, wie sie weder bei den Kaiserlichen, noch auch seit längerer Zeit bei den Schweden bestand, zu gewöhnen, sondern sie auch zur Vermeidung gottlosen Lebens und zur Bethätigung gottesfürchtigen Wandelns als Kriegsleute anzuleiten. Rostock ward dadurch inmitten des allgemeinen Elends vor vielen schweren Erfahrungen bewahrt[2]), und bot in seinen Mauern der großen Menge derer, die sich vor den Kriegsschrecknissen dorthin geflüchtet hatten, einen sicheren Zufluchtsort dar.

In welcher furchtbaren Weise die nähere Umgegend Rostocks damals verwüstet ward, zeigt uns die Schilderung Eddelins[3]) von

---

[1]) Quistorp. l. c.: Praesidium, cui apud nos praeerat, quoties singulis diebus ad vigilias exibat, ad fores Dn. Commendantis in publico foro clara voce in genua provolutum preces recitare, et inde ad vallum pergere ipsum cum suis domesticis singulis diebus ad conciones sacras pergentem vidimus.

[2]) Quistorp. l. c.: Heroa, cujus prudenti consilio, circumspectae sollicitudini, rerum militarium scientiae et suadae eximiae multum haec, ab omnimoda ruina praeservata, debet civitas.

[3]) Kurtzer vnbt wahrer Bericht, Wie es sonderlich in Mecklenburgk in diesem dreißigjährigen Deutschen Kriege: allermeist aber zu Dobberan, insonderheit Anno 1637 vnd 1638 dahergangen, aufgesetzet von M. P. E. (Mag. Pet. Eddelin) R. M. P. D. (Past. Dobberan.) Ao. 1649 ben 16. May, babey von Ihr. Fürstl. Gnaden, Adolph Friederichen, Herzogen zu Mecklenburgk, gebuhrtstagk, gemahlinnen, fürstlichen Kindern vndt bedienten, auch von valor allerhandt wahren in diesem 1649 Jahr, vnd von allerhandt persohnen, alte vndt junge, so jetzo zu Dobberan leben, zu finden. — Eddelin, ein geborener Rostocker, wurde im Jahre 1625 Pastor zu Doberan, so daß er die für Mecklenburg schwersten Zeiten des dreißig-

ben Drangsalen, welche das Amt Doberan zu erbulden hatte. „Anno
1637 sind die Kaiserlichen wieder herunter gekommen in dies Land,
und haben darin mit Rauben und tyrannischem Umgehen mit ben
armen Leuten sehr übel hausgehalten. Sonderlich sind sie den
5. October auf dies Amt Dobberan gefallen und darauf so hausiret,
daß es einen Stein in der Erde hätte mögen erbarmen. Das
Weibervolk, so sie überkommen, haben sie geschändet, den Schreiber
Servatius Soumann mit einem Seile oder Schnur um ben Kopf
gewrögelt, ihm und Vielen den Schwedischen Trunk von Mistwasser
und anderer unreiner Materie eingegeben, und ihnen hernacher mit
den Knien aufs Leib gestoßen, daß das Mistwasser und die andere
unreine Materie zum Munde hat wieder herausspringen müssen, ben
einen sonst, ben andern so geängstigt, daß er nicht gewußt wo aus
noch ein. Dem Priester M. Peter Ebbelin 3 Wunden, als 2 in
ben Kopf und eine in ben linken Arm gehauen, einen Mühlenknecht
im Backofen verbrannt, und den Küster Jochim Kopmann gar ums
Leben gebracht, auch alles mit sich hinweggenommen, sein also des
Orts betrübt, beängstigt, entraubt aller Nahrung. Zu geschweigen,
was Anno 1638 (da sich der schwedische General Johann Bannier
im Lande Mecklenburgk mit dem Schwedischen Kriegsherr, das aber
Religion vnd Region zu defendiren aus Schweden, Finn= und Lapp=
land herausgekommen war, zu Neuen Closter vnd um Wismar im
Herbst gewaltsam quartiert), dies liebe Land noch erfahren und noch
betroffen. O Jammer, o Noth, o Elend! Wie greuliche Verfol=
gung, wie grimmige Bekriegung, wie greuliche Verwüstung, so alles
erst angegangen. Adel und Unadel, Geist= und Weltliche, Bürger
vnd Bawren[1]), Mann und Weib, Herr vnd Knecht, Alt vnd Jung,
Gelahrt vnd Ungelahrt sein ohne Unterschied von den vndiscipli=
nirten Schwedischen Völkern übel tractirt, sehr gejagt, heftig ge=
schlagen, böslich verwundet, gänzlich beraubet, tyrannisch, unchristlich
barbarisch auf mancherlei unaussprechliche Art und Weise gemartert,
gepeinigt, unschuldig und erbärmlich getödtet, zu bekennen, wo das

---

jährigen Krieges als solcher durchlebte. Er starb erst 1676, nachdem er über
50 Jahre im Amte gewesen war.

[1]) Der Schilderung des Elends, welches der Krieg über ben Bauer bringt,
wie sich diese in: „Des Abentheurlichen Simplicissimi Satyrischer Pilgram" findet,
scheint die Verheerung des dreißigjährigen Krieges vorgeschwebt zu haben.

Ihre vnd sonsten Vieh, Geld vnd Gut anzutreffen, viele haben von
Rauch vnd Dampf, von Frost vnd Hunger (der so groß gewesen,
daß auch ein Theil der Leute gestorben, daß ja auch der verstorbe=
nen vnd umgebrachten Menschen Fleisch, Gott erbarm es, gefressen
haben), verschmachtet vnd auf den Gassen, auf dem Felde, in den
Hölzern oder Wäldern vnd in den Morästen beliegen bleiben müssen,
keine Winter Saat ist gesäet, und die Sommer Saat ist auch nicht
bestellet worden, weil an Korn, Menschen vnd Vieh großer Mangel
vorhanden gewesen."

„Die fürstlichen Empter, die kleinen Städte und Dörfer sind
eine geraume Zeit wüste vnd leer gestanden, denn man allda nicht
sicher seyn können, vnd was noch an Menschen hohes vnd niedriges
Standes erhalten worden, das hat sich zum Theil in Rostock vnd
Wismar aufgehalten, zum Theil aber in andere Königreiche vnd
Fürstenthümer rennen müssen. Viele herrliche Gebäude, Zimmer
vnd Scheuren, auch adeliche Sitze sein theils heruntergerissen vnd
veröbet, theils aber in die Asche geleget, wie dann auch dieses Ortes
zu Dobran der eine Bauhof, der Ziegelhof genannt, vnd die daselbst
beide Scheuren mit allem Getreide in Brand gesteckt worden.
Summa, der Schwedische Bannier hat mit seinen ruchlosen, kriege=
rischen Völkern das ganze Land gar erschöpfet, aus dem Mecklen=
burgk ein recht Ecklenburgk gemachet, vnd das: Reinab, fast
Reinab, Gott bessere es, mit ihm gespielet. Der Krone Schweden
Regentin, nemblich Fräulein Christina, Gustavi Adolphi, welcher
in dem teutschen Kriege Anno 1632 bei Lützen in Chur Sachsen
jämmerlich umkommen, weiland Königes in Schweden, hochseliges
Andenkens, hinterlassene einige Tochter, ist zwar dem Hause Meck=
lenburgk mit naher Blutfreundschaft verwandt gewesen, aber das ist
ihm wenig zu Statten gekommen. Insonderheit haben auch etzliche
gottesvergessene Parteien zu Roß und zu Fuße der Schwedischen
Völker diese schöne, wol erbaute Dobberanische Kirche dazumal er=
brochen. Zwar deß Vorhocherwähnten Durchleuchtigen, hochwürdigen,
Hochgebohrnen Fürsten vnd Herrn, Herrn Adolph Friederichen,
Herzogen zu Mecklenburgk, Unsers gnedigen Fürsten vnd Herrn
General Majeur, Herr Wilhelm Lohausen, sonsten Kalckhein ge=
nannt, welchen Vorgedachter J. F. G. in dero Erbunterthänigen Stadt
Rostock zu Defension derselben mit etzlichen 1000 Männern verleget

hatte, hat zu verschiedenen Malen um lebendige salva guardia vnd
Verschonung derselben weitberühmten Kirchen bei dem Bannier an=
gehalten, aber kaum schriftliche erhalten können, welche weniger als
nichts ist gehalten worden. Denn es haben die Gottes vergessenen
Buben die wolerbaute Kirche nicht nur erbrochen, sondern auch alle
Königliche, Fürstliche[1]) vnd Adeliche uralte Begräbnisse eröffnet, die
hölzernen Särge zerschlagen, die zinnernen zusammengegossen, etzliche
der Kirchpfeiler vnd Altar eingebrochen vnd herunter gerissen, die
Orgel zernichtet, vnd die ganze Kirche durchhin jämmerlich zerwühlet,
auch den Kirchen Ornat sammt einer Klocken weggeraubt, endlich
das Bley vnd Kupfer, dessen an Bley auf 150 Schiffpfund, an
Kupfer aber über 100 Schiffpfund nur Raum gerechnet gewesen
vnd über 1600 Rthl. zu aestimiren, von der Kirchen vnd Thurm
abgerissen, es aus Mangel des Viehes durch die armen Leute, die
sie aus den Morästen vnd Hölzungen herausgestäubert und für die
Wagen gespannt, hinwegschleppen vnd hin vnd wieder an fremden
Oertern verkaufen lassen, die Spitze des Thurms hochüber umher
20 Ellen lang abgehauen, also daß er nur eine Sparre vnd der
mittelste Baum etwa 2 Zoll Dicke noch gehabt, ohne Zweifel darum,
daß etwa ein Schatz im Knopf würde verborgen sein, welches aber
nicht gewesen."

Dieser Bericht Ebbelins läßt uns einen Einblick gewinnen,
welche Gewaltthaten nur zwei Stunden von Rostock entfernt sich
zutragen konnten, ohne daß sie von dem in Rostock commandirenden
Befehlshaber verhindert werden konnten. Aber auch ganz Mecklen=
burg litt jetzt in außerordentlichem Maße, und insbesondere hatte
im Jahre 1638 überall der Druck des Krieges, die allgemeine Ver=
wüstung und Verheerung den höchsten Grad erreicht, da die Schwe=
den und die Kaiserlichen bei ihren Kriegsoperationen förmliché

---

[1]) Ebbelin bemerkt in dem späteren Theile seines Berichtes: „Seine (Adolf
Friedrichs) erste Gemahlin Anna Maria, Herrn Enno, Grafen zu Ostfriesland
Tochter, ist J. F. G. ehelich vertrauet zu Böhrde im Erzstift Bremen den 8. Sep=
tember A. 1632. Diese starb zu Schwerin den 5. Februar A. 1634, vnd ist allhie
zu Dobran begraben. Weil sie aber im zinnern Sarg gelegen, haben die Schwe=
bischen Soldaten den Leichnam herausgeworfen, den Sarg zerschlagen vnd mit hin=
weggeraubt, der Leichnam aber, weil in der großen Kriegsgefahr Niemand gewesen,
der ihn wiederum begraben, ist von den Hunden zerrissen vnd aufgefressen worden,
der Seelen aber Gott gnädig ist."

Raubzüge unternahmen, und in gleicher Weise schonungslos verfuhren. Die kleinen Städte und das flache Land wurden weit und breit ausgeplündert, und Gewaltthat und Frevel jeglicher Art wurden selbst an Frauen und Kindern verübt. Die Soldatesca, jeder Zucht entwöhnt, verfuhr gegen die wehrlosen Einwohner, die ganz in ihre Hand gegeben waren, auf das willkürlichste und grausamste. Das Land, das völlig menschenleer geworden war, veröbete. Die Saaten konnten nicht bestellt werden, die Bevölkerung lichtete sich, hie und da trat förmliche Hungersnoth ein, und neben ihr rafften Krankheiten und Seuchen noch einen großen Theil derer fort, welche das Schwert übrig gelassen hatte. Das Traurigste zugleich aber war, daß man auch der Kirchen nicht geschont hatte. Zum Theil standen sie ausgeraubt und veröbet da. Insbesondere hatten die Kaiserlichen an vielen Orten auch die Prediger erschlagen oder vertrieben; die Gemeinden hatten sich insgemein zerstreut, der Unterricht der Jugend hatte aufgehört, und keine Aussicht war vorhanden, da die geistlichen Kräfte fehlten, daß diesem betrübten Zustande abgeholfen werden konnte. So ging mit dem äußeren Elende die innere Noth Hand in Hand[1].

Der Feldzug Banners in diesen Jahren gegen die Kaiserlichen war zwar nicht immer glücklich, wurde jedoch von ihm mit der größten Energie und Beharrlichkeit geführt, so daß, da er Pommern zu seinem Stützpunkt hatte, und von dort aus Verstärkung und Lebensmittel an sich zu ziehen im Stande war, er stets den Kampf aufs Neue begann, und nach wiederholten Raubzügen durch Mecklenburg die Kaiserlichen unter Gallas nöthigte, nach der Mark Brandenburg sich zurückzuziehen. Unter diesen Hin- und Herzügen der beiden feindlichen Armeen, auf denen die Schweden es aus Erbitterung gegen die Herzoge an Raublust und Gewaltthätigkeit den Kaiserlichen zuvorthaten, litt das Land auf das furchtbarste. Die Städte Lübz, Crivitz[2], insbesondere aber Parchim und Plau[3], wurden

---

[1] Wie groß der Nothstand in dieser Zeit war, und wie furchtbar der Druck des verheerenden Krieges auf dem ganzen nördlichen Deutschland lastete, läßt sich auch aus einigen Trostgedichten erkennen, welche in diese Periode fallen. Vgl. Das Evangelische Trostlied und der Trost evangelischen Liedes um die Zeit des dreißigjährigen Krieges. In geschichtlicher Uebersicht dargestellt von B. E. Roosen, S. 210 ff.

[2] Lisch, Jahrbücher XII. S. 104.

[3] Vgl. die Geschichte der acht Belagerungen, welche Plau während des dreißig-

wiederholt geplündert und der schrecklichsten Verheerung Preis gegeben. Hatte Sternberg schon durch die langwierige Einquartierung
und Verpflegung der kaiserlichen gegen Wismar stehenden Truppen
und durch das dort von dem Generallieutenant Grafen von Gallas
zehn Wochen lang genommene Hauptquartier gelitten, so erfuhr die
Stadt später noch größere Drangsale, da dieselbe, deren Einwohner durch contagiöse Seuchen schon zahlreich hingerafft waren,
bald von den Kaiserlichen, bald von den Schweden ausgeplündert,
der Rath und der größte Theil der Bürgerschaft daraus vertrieben
und sie, die vormals wohl bewohnt gewesen, fast zur Wüstenei gemacht wurde, so daß die wenigen nachgebliebenen Bürger sich des
Hungers nicht erwehren konnten[1]. Auch das Hofgericht zu Sternberg
ging im Jahre 1638 zu Grunde, da seine Mitglieder zum großen
Theile an der Pest starben. Aber nicht bloß die Städte, sondern auch
die Dörfer, die Güter und das platte Land litten, da Pest, Hungersnoth und Gewaltthat jeder Art von Seiten der feindlichen Heereshaufen die Bewohner wegrafften, so daß ganze Dörfer verschwanden,
viele Ortschaften völlig ausstarben, und reiche Güter und adelige
Höfe wüste lagen[2]. Die Aecker waren aus Mangel an Arbeits-
kräften nicht zu bestellen, die Thiere waren sämmtlich entweder ge-
raubt oder getödtet oder durch Hunger und Seuche umgekommen.

jährigen Krieges erfuhr, bei Lisch, Jahrbücher XVII. S. 196—223. Von Parchim
wird mitgetheilt, daß der Hunger dort so groß gewesen, „daß die Leute Hunde,
Katzen, Mäuse und andere unnatürliche Speise zur Erwehrung des Hungers genießen, ja weil sie derselben nicht genugsam bemächtigt, vor Hunger also häufig
wegfallen, daß auch die Todten auf den Gassen liegend mit großem Schrecken angesehen werden — und daß aus Mangel an Holz, und weil kein Vorspann vorhanden, ein Haus nach dem andern, ja ganze Gassen und fast der größte Theil
der Stadt niedergerissen, und zu der von den Einlogirten vorgenommenen Schanz-
arbeit verbraucht und verwüstet werden." In einem Briefe aber des Herzogs an
Gallas, d. d. 23. Januar 1639, heißt es, daß „auch an unterschiedlichen Orten die
Aeltern ihre Kinder gefressen, und ein Mensch vor dem andern nicht sicher ist, wie
solches mit vielen unterschiedenen Exempeln zu erweisen."

[1] Actenstücke zur Geschichte der Stadt Sternberg, bei Lisch, Jahrbücher XII.
S. 301—806, wo sich die in den Jahren 1638—40 an den Herzog Adolf Friedrich gerichteten Briefe des Raths und der Bürgerschaft, welche diesen Nothstand
schildern, finden.

[2] Ernst Boll, Geschichte Mecklenburgs mit besonderer Berücksichtigung der
Culturgeschichte, Th. II. S. 125 ff. Lisch, Jahrbücher XVI. S. 204.

Diese Verheerung und Veröbung des Landes kann kaum Wunder nehmen, wenn man erwägt, was die unglücklichen Landstriche, welche vom Feinde besetzt wurden, an Nahrungsmitteln, Geld und anderen Verpflegungsmitteln aufzubringen hatten. Schon die Ansprüche, welche die Schweden noch zu Lebzeiten Gustav Adolfs erhoben hatten[1]), waren keineswegs geringe, und diese steigerten sich noch in den späteren Jahren des Krieges. Dennoch mußten die einzelnen Städte und Aemter den Unterhalt und die Verpflegung der Truppen, welche eingerückt waren, beschaffen, selbst wenn die Zahl derselben bei Weitem ihre Kräfte und Vermögen überstieg. Hatten schon die stehenden Garnisonen die Communen ausgesogen, so waren es aber insbesondere die fliegenden Truppentheile, welche ihr völliges Verderben herbeiführten, da sie das Land brandschatzend durchzogen, und gegen die schutzlosen Bewohner arge Greuel übten. Was die Kaiserlichen nicht vorher genommen hatten, das raubten die Schweden aus und umgekehrt, bis zuletzt auch durch die härtesten Androhungen nichts mehr zu erpressen war. Die Unsicherheit der Landstraßen und Wege war auf das höchste gestiegen, so daß Niemand wagte allein zu reisen, da nicht bloß umherstreifende Rotten zu Roß und Fuß zu fürchten waren, sondern auch viele einzelne Wegelagerer und Marodeurs auf Plünderung und Raub ausgingen. Ueberdies ward das platte Land, das veröbet und wüste lag, durch das Ueberhandnehmen von Wölfen und umherstreifenden Hunden heimgesucht und unsicher gemacht. Bei jenen Raubzügen der Truppen zeigte sich zugleich die völlige Zuchtlosigkeit der Soldatesca, welche neben Gewaltthat und Todtschlag fast immer rohe Unzucht und Unthaten verübte in furchtbarer Weise, und die physische und sittliche Verpestung

---

[1]) Dero Königl. Mayt. zu Schweden verpflegungs Ordonnance, Wie hinfüro, sowohl hohe vnd niedere Officiers, als gemeine Soldaten zu Roß vnd Fuß, auf den Musterplätzen bei allen Craissen in durchgehender gleichheit, täglich an essen vnd trinken, vnd Servis zu unterhalten. Gedruckt im Jahr M.DCXXXII. (Rathsarchiv.) Nach dieser „soll ein Obrister täglich zwei Mahlzeiten haben für sich und die seinige, und jede Mahlzeit: 12 Essen, nach des Hauswirths, 8 ℔ Brots, 4 Mas Wein, 8 Mas Bier, Servis.“ Dieses mindert sich ab nach dem Range, so daß ein „Lieutenant oder Fähnbrich jede Mahlzeit erhält: 4 Essen, 3 ℔ Brots, 1 Mas Wein, 4 Mas Bier, Servis,“ ein gemeiner Soldat aber „2 ℔ Brots, 1 ℔ Fleisch, 2 Mas Bier, Servis“ erhält. Auch die Löhnung, welche auf „alle 10 Tage“ festgestellt wird, ist eine für jene Zeit nicht unbedeutende. (Rathsarchiv.)

und Verderbung der Bevölkerung, wenn sie nicht ganz zu Grunde ging, herbeiführte[1].

Bei dieser Verwüstung und Plünderung, die fast das ganze Land erfuhr, wurde der geistliche Stand auf das härteste mitgenommen. Wie die Kirchen meistens ihres Schmuckes und ihrer Werthsachen und Geräthe beraubt wurden, so wurden auch nur selten die Prediger verschont, vielmehr wurden sie vorzugsweise überfallen, mißhandelt und ausgeplündert. Es mochte dazu die Vermuthung in vielen Fällen beitragen, daß die Geistlichen von den fliehenden Bewohnern manche Habe zur Aufbewahrung würden erhalten haben, aber es wirkte dazu auch, namentlich bei den Kaiserlichen, religiöse Abneigung und feindselige Erbitterung mit. Große und zahlreiche Gemeinden waren auf wenige Gemeindeglieder herabgesunken, oder hatten sich gar zerstreut. An die Stelle der früheren Bevölkerung war Entvölkerung und Verwüstung getreten. Die in den Jahren 1648 und 1649 aufgenommenen Visitationsprotocolle, welche jedoch nicht einmal den Zeitpunkt der größten Entvölkerung des Landes nachweisen, da manche Bauernfamilie sich schon wieder angesiedelt hatte, und manche Kirche schon wieder hergestellt und mit einem Prediger besetzt war, wo seit zehn und mehr Jahren keiner gewesen war[2], thun unwiderleglich dar, daß in manchen Aemtern die Anzahl der Erwachsenen im Jahre 1648 nicht einmal den sechszehnten Theil derer betrug, welche vor den Zerstörungen des dreißigjährigen Krieges dieselben Orte bewohnt hatten[3]. Sehr viele Ortschaften, Dörfer und Güter werden bald als wüste oder ganz wüste und öde, bald als wüste und abgebrannt oder als ganz abgebrannt bezeichnet. Manche sonst volkreiche Orte waren bis auf wenige Personen aus-

---

[1] Franck, Altes und Neues Mecklenburg, Lib. XIII. S. 203 ff.

[2] Groth, Uebersicht der Bevölkerung des platten Landes in einzelnen Aemtern Mecklenburgs vor und unmittelbar nach dem dreißigjährigen Kriege, so wie auch im Jahre 1703, bei Lisch, Jahrbücher VI. S. 132 ff.

[3] Nach diesen Angaben waren im Amt Stavenhagen nur 329 Erwachsene, während die Bevölkerung in früherer Zeit 5000 Erwachsene betrug; 30 Oerter lagen im Jahre 1648 allein in diesem Amte wüste. In den Aemtern Ivenack, Wredenhagen und Plau waren von 4264 Erwachsenen, welche vor dem Kriege gezählt wurden, noch 612 Erwachsene übrig geblieben. Grubenhagen, Rothenmoor, Basedow, Panstorf, Wendischhagen, Bredenfelde, Briggow, Gr. Helle, Tarnow, Gielow u. s. w. waren verödet und unbewohnt.

gestorben, und waren dieselben nach dem Kriege kaum wiederzuer-
kennen. Die Stadt Plau und Umgegend hatten schrecklich gelitten,
da die Erhebung der Burg Plau zu einer Festung, vom Jahre 1627
bis 1639, acht Belagerungen theils durch die Kaiserlichen, theils
durch die Schweden herbeigeführt hatte[1]). Eine große Zahl von
Pfarrhäusern war abgebrannt, und in den Kirchenvisitirbüchern findet
sich bei vielen Pfarrdörfern die Bemerkung, daß die Pfarre jetzt
vacire, auch wohl, daß der Pfarrer gestorben oder verjagt sei. In
Städten, wo zwei Prediger standen, waren mitunter beide hingerafft,
ohne daß ihre Stellen besetzt werden konnten[2]).

Die kirchlichen Zustände im ganzen Lande waren der traurig-
sten Art. Es hatten nicht bloß die meisten Kirchen ihr Hab und
Gut verloren, sondern das Wort Gottes war seltener im Lande geworden, da es an Verkündigern desselben fehlte. Aber es fand sich
auch kein Hunger und Durst nach demselben, da der übrig geblie-
bene Theil der Bevölkerung in den langen Kriegsjahren aller kirchlichen Ordnung und Zucht entwöhnt, hie und da auch durch die
Rohheiten und Laster des Kriegsvolkes entsittlicht und corrumpirt
war. Zum Theil war während der Kriegsjahre ein Geschlecht aufgewachsen, das alle Bande der Ordnung abgestreift hatte. Es konnte
den Anschein gewinnen, als ob es kaum je gelingen werde, die Bevölkerung wiederum zu christlicher Zucht und Gesittung zu gewöhnen.
Da die gelehrten, insbesondere die theologischen Studien während
der schweren Kriegsjahre fast ganz darnieder lagen, so fehlte es an
solchen, welche man zu Predigern und Lehrern hätte berufen, und
denen man die Pflege dieser verwilderten Gemeinden hätte übergeben können. Nicht bloß die Pfarr-, sondern auch die Schulstellen

---

[1]) Lisch, Jahrbücher XVII. S. 185. Es herrschte in Plau die allergrößte Noth,
so daß die Prediger keine Lebensmittel für sich und die Ihrigen aufbringen konnten,
weshalb sie baten, die Pfarre Quetzin fortan mit der Pfarre Plau zu combiniren.
Im Jahre 1643, zur Zeit der Kirchenvisitation, war in Quetzin „eine wüste Stätte,
woselbst vor diesem des Pastoren hauß gestanden.“

[2]) So in Sternberg, wo die beiden Prediger, Michael Gutzmer und Georg
Wolff, starben. In Slate wurde der Pastor Simon Muchow durch die Kaiserlichen
im Jahre 1634 so mißhandelt, daß er den Tod davon nahm, das Dorf gänzlich
zerstört ward, und die übrig gebliebenen Einwohner auswanderten. Erst im Jahre
1654, also nach 20 Jahren, konnte die Pfarre wieder besetzt werden. Lisch, Jahrbücher XIX. S. 414 f.

mußten lange Jahre hindurch aus Mangel an geeigneten Persön=
lichkeiten unbesetzt bleiben. Hatte vor dem Kriege ein Zudrang zum
theologischen Studium und dem entsprechend zu den geistlichen Aem=
tern[1]), wozu das Ansehen des geistlichen Standes, der Reichthum
an Fundationen für Studirende, auch die Neigung kirchlich gesinnter
Aeltern mitwirkten, stattgefunden, so trat in dieser Beziehung durch
die Drangsale des Krieges ein völliger Umschwung ein. Die Noth
der Zeit stellte bei Vielen die Sorge um das Weltliche in den
Vordergrund, und die Kriegsunruhen und in ihrem Gefolge die
Excesse einer rohen Soldateska vernichteten fast ganz an manchen
Orten die kirchliche Sitte, durch welche Viele noch zurückgehalten
worden waren, einem üppigen, wilden und sündlichen Leben sich hin=
zugeben. Der Jammer und das Elend, das überall herrschte, ver=
drängte alles Andere[2]). Die Heftigkeit und Gehässigkeit, mit welcher
der geistliche Stand nicht selten verfolgt wurde, schreckte Manchen
vom Eintritt in denselben ab. Auch die früher so reichlich ihm zu=
fließenden Unterstützungen versiegten, und die Aussicht auf eine selbst
nur geringe Versorgung schwand, je länger der Krieg dauerte, desto
mehr, da die Pfarrländereien meistens veröbet lagen, und die kleinen
zusammengeschmolzenen Gemeinden sie weder bestellen, noch sonst
das Nöthige für die Bedürfnisse des Pfarrhauses aufbringen konnten.
Es kann aber auch nicht Wunder nehmen, daß es fast ganz an
Arbeitern fehlte, welche die nöthige gelehrte Vorbildung auf Gymna=
sien erlangt hatten, und noch mehr an solchen, welche sich zur Arbeit
im Weinberge des Herrn aus innerem Berufe getrieben fühlten, da
die Gymnasien fast überall eingegangen, oder wenigstens völlig ver=
fallen waren[3]), auch die akademischen Studien in den schweren Kriegs=

---

[1]) A. Tholuck, Das kirchliche Leben des siebzehnten Jahrhunderts. Erste Ab=
theilung: Die erste Hälfte des siebzehnten Jahrhunderts bis zum westphälischen
Frieden. Berlin 1861, S. 93 f.

[2]) Vgl. auch die Erzählungen über die Verhältnisse im Reiche, wo Schweden,
Finnen, Lappen, Irländer, Croaten, Polacken, Spanier, Wallonen, Franzosen
schalteten, ein entsetzliches Unwesen trieben, und haarsträubende Zustände herbei=
führten, in: Theatrum Europaeum III, 365. 618. 707. Friedr. von Hurter,
Friedensbestrebungen Kaiser Ferdinands II. (Wien 1860) S. 146 f.

[3]) D. Hoe, theilt Boser aus Halle 1638 an Calixt mit: suapte manu se=
quentia verba ante paucos dies ad me perscripsit: tanta est gymnasiorum
praecipuorum et inprimis etiam electoralium miseria, tantus squalor, ut

jahren darnieder lagen, und die innere geistliche Entwickelung, so
sehr auch der gewaltige Ernst der Zeitverhältnisse auf die Ergreifung
des ewigen Heiles in Christo hinwies, vielfach durch den Drang der
Begebenheiten und ihre erschwerende Umstände gehemmt war. Die
Sonntagsentheiligung war allgemein eingerissen, und die noch in Gel=
tung stehenden kirchlichen Ordnungen waren factisch vielfach außer
Gebrauch gekommen, und waren überhaupt nicht im Stande, dem
eingedrungenen Verderben zu wehren. Es bedurfte vor Allem der
Erneuerung des innern Lebens aus der Kraft des Glaubens und
der kräftigen von geistlichen Factoren bewegten und getragenen Pflege
der theologischen Wissenschaft, so wie der besonnenen umsichtigen und
energischen Förderung und Neugestaltung des kirchlichen Lebens, um
die lutherische Landeskirche dem gänzlichen Verfalle zu entreißen,
die Wunden, die ihr durch die fürchterlichen Verwüstungen des Kriegs
geschlagen waren, zu heilen, und sie auf Grundlage ihres Bekennt=
nisses zu kräftigen und zu bauen. Und der Herr der Kirche war
es, welcher Arbeiter in seine Ernte sandte, die den erschütterten
Grund des christlichen Volkslebens neu befestigten, und durch eine
erhöhete geistliche Lebensthätigkeit, an welcher ebenso wohl das
Kirchenregiment in seinen verschiedenen Organen als der wissen=
schaftliche und praktische Lehrstand der Kirche seinen Antheil hatte,
den durch den Krieg hervorgerufenen kirchlichen Nothstand hoben, und
auf Generationen hinaus ein gesundes kirchliches Leben in den neu
aufblühenden Gemeinden zu pflanzen bestrebt waren.

---

nec docentes nec discentes amplius ali possint. Epp. ad Calixtum cod.
Gott. II. S. 54, bei Tholuck, Das akademische Leben des 17. Jahrhunderts
S. 197. 319.

Dreizehnter Abschnitt.

Hebung der Universität. Maßnahmen zur Kräftigung und Erneuerung des kirchlichen und sittlichen Lebens. Die theologische Facultät und deren Wirksamkeit in
dieser Periode. Bestrebungen zur Unterdrückung des Pennalismus und zur Hebung des Schulwesens. Die kirchliche Lehrthätigkeit in der Predigt und in den
verschiedenen Formen der katechetischen Unterweisung. Das Katechismus-Examen.
Das Beichtverhör. Das Brautverhör. Allmähliches Wachsthum des geistlichen
Lebens der Gemeinden.

Es war Rostock, von welchem vor Allem diese innere Reaction
gegen die tiefen Schäden ausging, welche die Bedrängnisse und Verwüstungen des Kriegs hervorgerufen hatten, so wenig auch sonst
verkannt werden kann und soll, daß die Herzoge Adolf Friedrich und
Gustav Adolf im lebendigen Bewußtsein ihrer oberbischöflichen
Pflichten die persönlichen Träger und Förderer aller der Maßregeln gewesen sind, welche die Hebung des kirchlichen Lebens in
ihren Landen bezweckten. Das Elend hatte mit dem Jahre 1639
seinen Höhepunkt erreicht, und wenngleich das Land noch von Zeit
zu Zeit heimgesucht ward, und schwere Kriegslasten zu tragen hatte,
so trat doch für die erschöpften Bewohner eine etwas ruhigere Zeit
ein, welche nicht mehr so unsägliche Bürden, Vexationen und Verheerungen mit sich brachte, welche sie bis dahin hatten erdulden
müssen. Unverkennbar findet daher schon während der letzten acht
Jahre des breißigjährigen Krieges die segensreiche Einwirkung
Rostocks in immer steigendem Maße statt, welche dem ganzen
Lande zu Gute kam, und die Kräftigung des kirchlichen Lebens und die Reform und Erneuerung des sittlichen Lebens umfaßte, und diese durch jene herbeizuführen suchte. Während
Greifswald noch verödet war[1]), hob sich der Besuch Rostocks in dem
Maße, daß in diesem Jahre 281 Studirende immatriculirt wurden[2]).

---

[1]) Im Jahre 1640 befindet sich in Greifswald weder ein theologischer Professor, noch ein Student, so daß die Insignien der theologischen Facultät an den
Senat abgeliefert werden. Balthasar, Sammlungen zur Pommerschen Kirchengeschichte, II. S. 681. Tholuck, Der Geist der lutherischen Theologen Wittenbergs,
S. 58.

[2]) D. Hinr. Schuckmann, Jur. Prof., immatriculirte im Sommersemester 1640

15

Die Zahl derer, welche sich dem Studium der Theologie widmeten, nahm allmählich wiederum zu sowohl aus Mecklenburg selbst als aus den angrenzenden Ländern, nachdem sie, seitdem Mecklenburg vom Kriege heimgesucht worden war, sich sehr vermindert hatte, und zuletzt äußerst geringfügig gewesen war. Es trat daher auch anfangs die Nothwendigkeit ein, sobald man daran denken konnte, die erledigten Pfarren zu besetzen, Ausländer zu berufen, und diese für den Dienst in der Landeskirche zu verwenden. Manche Prediger und Schuldiener auf dem Lande und in den kleinen Städten, welche Ackerbau hatten, betrieben denselben, da ihnen die nothwendigen Arbeitskräfte fehlten, oftmals selber mit ihrem eigenen Gesinde, worüber sie die ihnen anbefohlenen Amtsgeschäfte versäumten, oder nicht gebührlich versahen. Dies aber mußte nicht wenig dazu beitragen, den geistlichen Stand herabzudrücken, seinen Einfluß auf die Bevölkerung zu schwächen, und überhaupt seine intensive Wirksamkeit zu lähmen. Diese Zustände mußten um so drückender erscheinen, als sich nicht verkennen ließ, daß von dem Ernste und der Kraft des evangelischen Zeugnisses die innere Wiedergeburt und Erneuerung der lutherischen Landeskirche abhangen werde.

Dem Herzoge Adolf Friedrich war es mit vollem und aufrichtigem Ernste darum zu thun, das lutherische Bekenntniß dem Lande unverkümmert zu erhalten. Damit hing offenbar auch die Entschiedenheit und Hartnäckigkeit zusammen, mit welcher er die Güstrowsche Vormundschaftssache verfocht, und wider die kaiserliche Urtel, die gegen ihn lautete, aufrecht zu halten wußte, obschon der Kanzler Cothmann ihm seine Dienste aufkündigte, weil er ihm nicht mehr in der Sache rathen wollte. Denn Adolf Friedrich hatte, wie wir gesehen haben, die Sorge, daß durch die Herzogin Wittwe, wenn sie die vormundschaftliche Regierung führe, dem Calvinismus Vorschub werde geleistet werden[1]). Er war aber auch

---

als Rector 127 Studirende und D. Nic. Schütze im Wintersemester 1640/41 als Rector 154. Im Wintersemester 1638, wo zugleich die Pest in Mecklenburg herrschte, inscribirt M. Joh. Huswedel nur 28.

[1]) Aus den Tagebüchern Adolf Friedrichs: 1640 den 10. Nov. habe zu Güstrow durch den Superintendenten Mag. Dan. Michael in der Schloßcapelle predigen lassen, Gott zu Ehren, den Calvinisten zum Trotz; Lisch, Jahrbücher, XII. S. 110. 112.

tief durchdrungen davon, daß der letzte Grund, daß das deutsche
Vaterland mit Krieg und Blutvergießen, Hunger und Pestilenz so
lange heimgesucht werde, in der Sünde und Schuld Aller zu suchen
sei, und wie er selbst die scharfe Ruthe des göttlichen Zornes, die
er mit Land und Leuten schwer empfunden hatte, hierauf bezog, so
lag es ihm auch wahrhaft am Herzen, daß seine Unterthanen mit
ihm ihre Knie beugen, und die Verkündigung der göttlichen Gnade
in Christo sich zueignen möchten. Alle seine Regentenhandlungen
in dieser Zeit geben davon Zeugniß. So weit es in seiner Macht
lag, suchte er darauf hinzuwirken, daß das kirchliche Leben überall
im Lande auf dem Wege innerer geistlicher Einwirkung wiederum gehoben werde, und daß die erledigten Pfarren möglichst
besetzt würden, damit die zerstreuten Gemeinden sich wieder um ihren
Seelsorger sammeln, und allmählich Zucht und Sitte in dieselben
zurückkehren möchten. Da es aber noch längere Zeit an geeigneten
Persönlichkeiten fehlte, wurden damals nicht selten mehrere Pfarren
combinirt und zusammengelegt, in den kleinen Städten aber, wo bis
zum Kriege zwei Pastoren gestanden, war man bemüht, wenigstens
einen Seelsorger anzustellen, um dadurch dem ersten bringenden
Bedürfniß zu genügen, bis etwa die Gemeinden sich wiederum ver-
größerten, und ihren früheren Umfang und alte Wohlhabenheit erlangen würden[1].

Die theologische Facultät hatte sich im Laufe der Jahre wesentlich umgestaltet, da mehrere ihrer Glieder heimgegangen waren[2].
Auch war durch anderweitige Verhältnisse mancher Wechsel eingetreten. Nach dem Tode Kleins war M. Stephanus Clotzius an dessen
Stelle berufen worden, welcher, am 10. September 1632 eingeführt,
schon am 30. April 1635 einem Rufe Christians IV., Königs von
Dänemark und Norwegen, als General-Superintendent nach Flens-

---

[1] Franck, Altes und Neues Mecklenburg, Lib. XIII. S. 227.

[2] Nachdem Johannes Tarnov schon den 22. Januar 1629 gestorben war,
starb auch Paul Tarnov am 6. April 1633. (Akad. Matrikel: D. Paulus Tarnovius, Profess. Theolog. primarius, Anno 1633 (6. Aprilis) pie obiit, ac 9 ejusdem honorifice terrae mandatus ritu, qui Senioribus Facultatum debetur.
Anno 1604 sub autumnum professio Theologica in locum defuncti Clariss.
Theologi Dav. Chytraei ipsi demandata fuit, cui 30 ferme annos magna
diligentia praefuit.)

burg folgte[1]). Nicht ein volles Jahr wirkte sein Nachfolger M. Samuel Bohl in dem ihm übertragenen Amte, welcher durch seine
Kenntniß der semitischen Sprachen in verdientem Ansehen stand[2]).
Schon zu Königsberg hatte er die hebräischen Sprachstudien in seltener Weise unter den Studirenden anzuregen und zu beleben gewußt, und auch in Rostock blühte während seiner kurzen Wirksamkeit
das Studium der orientalischen Sprachen wie nie zuvor, so daß
die Studirenden unter seiner Leitung hebräische Abhandlungen schrieben und hebräisch disputirten.   Unter seinen alttestamentlichen Arbeiten treten besonders hervor seine Auslegung des Propheten Ma-
leachi, der Sprüche Salomonis und seine Analytica paraphrasis
Psalmorum. Trotz der Kürze seiner Wirksamkeit ging dieselbe nicht
spurlos vorüber, da die Liebe zu den hebräischen Sprachstudien von
seinen Schülern gepflegt wurde und sich in Rostock erhielt.

Die theologische Richtung und Stellung der Facultät zur Kirche
und ihrem Bekenntniß war dieselbe geblieben.   Sie erkannte die
Aufgabe klar, welche ihr in dieser schweren Zeit von dem Herrn
der Kirche zugewiesen war.   Ihr Streben war unablässig darauf
gerichtet, eine neue Generation junger Geistlichen heranzubilden,
welche, lebendig im Bekenntniß der Kirche wurzelnd, auch im Stande
waren und geistlich befähigt, das kirchliche Leben wiederum da zu
pflanzen, wo es durch die Drangsale und Verheerungen des Kriegs
und durch die daran sich knüpfenden Folgen völlig darnieder lag,
und gänzlich abzusterben drohte.   An der Spitze der Facultät als
ihr Senior stand damals Johannes Quistorp, der Einzige ihrer
Theologen, dessen gesegnete Wirksamkeit den ganzen Verlauf des

---

[1]) Etwas, J. 1737 S. 222 f., J. 1740 S. 661.

[2]) Von E. E. Rath berufen trat er am 4. Junius 1638 mit einer Auslegung
der Vision des Propheten Ezechiel c. 1 sein Amt an, starb aber schon am 10. Mai
1639, nur 28 Jahre alt. Westphalen, Monumenta III. p. 851. Etwas, J. 1740
S. 372. Ausführliche Auszüge aus den Leichenprogrammen und ein Verzeichniß
seiner Schriften findet sich: Etwas, J. 1742 S. 433 ff. S. 444 ff., S. 465 ff., wo
auch S. 470 ff. Über Anlaß und Verlauf seines Streites mit J. Cothmann, de
matrimonio comprivignorum ausführlich berichtet ist, und S. 497 ff. Auch seine
im Jahre 1637 gehaltene Disputation: pro formali significationis eruendo primum in explicatione Scripturae Sacrae gab zu Streitigkeiten Veranlassung.
Grape, Evang. Rostock, S. 454 ff. Franck, Altes und Neues Mecklenburg, Lib. XIII.
S. 224. Lawätz I. S. 164. Krey, Andenken VI. S. 45 f.

breißigjährigen Krieges umfaßt[1]). Die traurigen Zustände, welche
berselbe je länger besto mehr im deutschen Reiche hervorrief, veran-
laßten ihn in einer Reihe fortlaufender Predigten der Gemeinbe
bie Klagelieder des Propheten Jeremiä auszulegen, um sie an Gottes
Wort aufzurichten und zu stärken[2]). Seine wissenschaftliche Thätigkeit zeigte sich in dieser Zeit insbesondere auch in einer Reihe kleiner
Abhandlungen, welche er zum Zwecke zu haltenber Disputationen
und Promotionen großentheils über einzelne in jener Zeit schwebende
bogmatische Streitigkeiten schrieb. Er war ber Lehrer Abraham
Calovs und Christian Dreiers, welche jene viel genannten Disputationes in Augustanam Confessionem, welche unter Quistorps
Moderamen gehalten worden, veröffentlichten, in benen jene später
so berühmt geworbenen lutherischen Dogmatiker, vor Allen Calov,
bie Glaubensartikel gegen moberne Häretiker aus dem Worte Gottes
in Schuß zu nehmen und zu erweisen bemüht waren[3]). Am 20. April
1637 wird Calov, bem ber Churfürst von Brandenburg nach seiner
Promotion, zu welcher berselbe bie Kosten hergab, Beförderung zugesagt hatte, nach breijährigem Aufenthalt in Rostock von Quistorp
zum Doctor der Theologie promovirt[4]). Als er im Jahre 1639
zum achten Male das Rectorat bekleidete, trat er basselbe mit einer
Rebe an, in welcher er wiederum mit großer Energie ben Gehorsam
gegen bie academische Obrigkeit geltenb machte, und ben Stubirenben
einschärfte, und zwar bies um so mehr, als unter ben schweren Zeitläuf-
ten und bei bem auf allen Universitäten bamals herrschenden Geiste bie

---

[1]) Vgl. über ihn S. 37 f., S. 55 ff.

[2]) Predigten über bie Klaglieder bes Propheten Jeremiae, barin uns ber
gegenwärtige Zustand bes burch bas betrübte Kriegs-Wesen aufs heftigste geplagten
und barunter seufzenben Teutschen Reichs für bie Augen gestellet wird. Wie bie-
selben in Rostock in ben Wochen Predigten gehalten seyn von Johanne Quistorpio etc.
Rostock 1633.

[3]) Augustana Confessio quantum ad articulos fidei e verbo Dei ad-
versus modernos haereticos consequentiis perpetuis firmata disputationibus
XXIV comprehensa, quas concedente et moderante venerabili Facult.
Theolog. Seniore et Profess. primario D. Johanne Quistorpio — — publice
proposuere praesides et auctores viginti et unam M. Abraham Calovius,
Morunga Borussus, tres vero M. Christianus Dreier, Stetin. Pomer. Rostoch.
A. MDXXXVI. 4.

[4]) Etwas, J. 1741 S. 573. A. Tholuck, Der Geist der lutherischen Theologen
Wittenbergs, S. 186.

akademische Disciplin darnieder lag[1]). Alle Versuche, die bisher ge=
macht waren, diese zu heben, scheiterten an der Schoristerei und dem
Pennalismus, gegen welche die bisher ergriffenen Maßregeln ganz
erfolglos gewesen waren, da die Obrigkeit und das ihr gegebene
eidliche Versprechen gering geachtet und ihre Drohungen und Strafen
verachtet wurden.

Daher ergriff die Universität, insbesondere auf Quistorps Ver=
anlassung, nachdem die Verordnung vom 14. Mai 1637 nicht zum
Ziele geführt hatte, im Jahre 1639 entschiedene Repressiv=Maß=
regeln[2]), indem sie nicht nur die Schuldigen mit der Verweisung
von der Akademie, mit dem Ausschluß vom Convict und mit Ver=
weigerung der Zeugnisse der Erudition, der gelehrten Ehren und
Titeln bedrohte, sondern, was bisher noch nicht geschehen war, die
Genossenschaften der verschiedenen Nationen und ihre socialen Zu=
sammenkünfte untersagte, auch alle Werbungen und Gelderhebungen
für dieselben verbot, und alle bisher üblichen Arten der Bevormun=
dung und Mißhandlung der Pennäle mit ernsten Strafen wiederholt
bedrohte[3]). Die Relegation von der Universität und die Verhän=
gung derselben von den meisten deutschen Akademieen, mit denen
eine Vereinbarung getroffen war, wurde in Aussicht gestellt. Witten=
berg und Rostock waren die ersten, welche gemeinsame Maßregeln
mit einander beriethen und ergriffen. Cothmann bezeichnete in seiner
Rede, mit welcher er am 30. April 1639 das Rectorat antrat, die
Trunkenheit und Völlerei als den eigentlichen Grund des Penna=
lismus, und sprach sich auf das Entschiedenste dagegen aus[4]). Gelang
es nun auch den Pennalismus[5]) mehr und mehr zu unterdrücken, und

---

[1]) Oratio de obedientia — — d. 22. Octobris A. 1639 a Joh. Quistorpio
etc., quum octauum Rector Vniversitatis declarabatur, recitata. Rost. 1639. 4.

[2]) Akademische Verordnungen gegen den Pennalismus von 1637 und 1639
in: Etwas, J. 1738 S. 230 ff.

[3]) Programma quo Rector et Senatus Universitatis Rostochiensis so-
cietates nationum et nationales conventus sub gravi poena iterum prorsus
vetant ac interdicunt. Rostoch. A. MDCXXXXII. Ibid. p. 485 sqq.

[4]) Etwas, J. 1741 S. 877.

[5]) Der Pennalismus wird auf den annus novitiatus et probationis in den
Klöstern zurückgeführt und bald von dem Behältniß der Schreibfedern, bald von
poena oder von Ποιναλίζεσθαι geplagt werden oder von Ποιναλίζειν im Sinne
von auf die Probe stellen abgeleitet. Etwas, J. 1738 S. 237. S. 483 f. A. Tho-

wenigstens die rohsten Auswüchse desselben zu beseitigen, so dauerten dennoch die landsmannschaftlichen Verbindungen fort, und wenn auch bisweilen zurückgedrängt, mußten die Landsmannschaften sich immer aufs Neue geltend zu machen, indem vorgegeben ward, daß nicht die National-Collegia oder Societäten, sondern allein die Mißbräuche derselben abgeschafft werden sollten. Viele von denen, welche ausgetreten waren, wurden deßhalb verspottet, Andere, welche Willens gewesen waren auszutreten, wurden irre gemacht, und neue Besorgnisse in den Eltern geweckt.

Da fühlte sich der Pastor Joachim Schröder veranlaßt an alle Studenten, welche „Gott zu Ehren und ihrer Obrigkeit zu Gehorsam" aus den „National collegiis getreten sind und noch treten", eine Schrift zu richten[1]), in welcher er in seiner kräftigen und eigenthümlichen Weise die akademischen Verordnungen dahin auslegt, daß die Societäten und National-Convente der Schoristen-Händel Seele und Geist sei, der Heerd, durch welchen das Sünden-Feuer verbreitet werde und fortglimme, woraus er dann weiter darthut, welche Studenten der öffentlichen Bosheit und Ungerechtigkeit mit Grund beschuldigt würden, und wie mit solchen zu verfahren sei, um der Bosheit zu wehren, und den Ungehorsam zu brechen. Dieser Bericht läßt einen tiefen Einblick thun in das damalige akademische Leben durch den Nachweis, daß jene National collegia sich allein auf den Pennalismus gründeten, Herrschaften ohne Grund und Recht aufrichteten, nicht Freundschaften und Zusammenkünfte in dem Herrn Christo, sondern wahre Mißbräuche und aufrührerische Verbündnisse seien, und theilt zugleich die Gründe mit, aus denen die Universität mit dem Ehrw. Ministerium sich beredet habe, daß es keinen der Studenten, der frevenlich und halsstarrig wider das vierte Gebot

luck, Das akademische Leben, Abth. I. S. 281 ff. S. 286 ff. Vgl. die Schilderungen, welche Balthasar Schuppe entwirft von den Plagen des Pennaljahrs in: Der unterrichtete Student, II. S. 227 f. Freund in der Noth S. 263 ff. Ernst Oelze, Balthasar Schuppe. Ein Beitrag zur Geschichte des christlichen Lebens in der ersten Hälfte des 17. Jahrhunderts, S. 13 f. S. 67 ff.

[1]) Auffrichtiger vnd warhafftiger Bericht der löblichen Vniversitet in Rostock wegen abschaffung in ihrer Academia der Schoristerei vnd Pennalismi auch derer deßfals angestelleten Societeten u. s. w. Mit Beliebung deß H. M. Rectoris etc. in deutsche Sprach verfasset vnd in Druck gegeben durch M. Joachimum Schröderum, Pastorem zu S. Georg in Rostock. Rostock 1641.

handele, die Hände auflegen, auch nicht von Sünden lossprechen
und also zum Abendmahl lassen möchte, auch keinem die Kanzel
vergönnen, er habe denn vor Gottes Angesicht angelobt, er wolle
wider der Akademien so oft publicirte christliche Statuta und Ord=
nungen nichts in diesen Stücken handeln. Zugleich wird aus Gottes
Wort gezeigt, warum es die höchste Noth erfordere, daß solchen
Barbareien und Aergernissen gesteuert werde, deren Grund, Quelle
und Erhaltung die National collegia seien.

Wie auf so ernstem und entschiedenem Wege die Wiederher=
stellung der guten Sitte und Disciplin von der Universität ange=
strebt ward, die sich dabei von dem geistlichen Ministerium kräftig
unterstützt sah, so richtete Quistorp für sich insbesondere sein Augen=
merk auf das durch die Drangsale des Krieges völlig in Verfall
gekommene Schulwesen und gab, um die öffentliche Theilnahme auf
diesen wichtigen Punkt zu lenken, von welchem wesentlich die Er=
neuerung und Kräftigung des kirchlichen Lebens mit abhing, mit
richtigem Takte Luthers bekannte „treuherzige Vermahnung an Bür=
germeister und Rathsherren des deutschen Landes, daß sie christliche
Schulen aufrichten und ·halten wollen“ heraus[1]). In der vom
8. März 1640 datirten Vorrede zu dieser Schrift vergleicht er den
damaligen Zustand der lateinischen Schule Rostocks mit dem früheren
bei Weitem blühenderen, und unter Hinweisung darauf, woher man
später Leute nehmen wolle, die man in Kirchen, in hohen und nie=
drigen Schulen, im Regiment und bei Aemtern gebrauchen müsse,
fordert er die Bürger und Einwohner auf, ihre Kinder zur Schule
zu halten, und entwickelt die Gründe, warum die Eltern, ohne auf
anderen Wegen für den Unterricht ihrer Kinder zu sorgen, am besten
thun würden, ihre Kinder in die gemeine lateinische, von der Obrig=
keit bestellte Schule zu senden. Die ganze Darlegung zeugt von

---

[1]) Herrn D. Martini Lutheri treuherzige Vermahnung an Bürgermeister und
Rathsherren Teutsches Landes, daß sie Christliche Schulen aufrichten vnd halten
wollen, neben einer Vorrede, an die sämptliche Bürger vnd Einwohner in Rostock,
die ihre Kinder mit trewen meinen, daß sie dieselben zur Schulen halten sollen.
In Druck gegeben durch Joh. Quistorpium, D. Theol. Facult. Senior vnd Pre=
diger daselbst. Rostock 1640. 4. Vgl. auch über Quistorps Vorrede zu dieser
Schrift: Etwas, J. 1741 S. 583 ff. Tholuck, Lebenszeugen der lutherischen Kirche,
S. 200.

dem Ernſte und der pädagogiſchen Einſicht Quiſtorps, und verfehlte nicht, in weiteren Kreiſen heilſam einzuwirken. Die Mängel der Schulen, insbeſondere der in ihnen herrſchenden Unterrichtsmethode, waren überall fühlbar hervorgetreten. Die lateiniſche Sprache, obwohl damals die Kenntniß derſelben viel allgemeiner verbreitet war als in der Gegenwart, wurde in trockner und ungenießbarer Weiſe gelehrt, und der herkömmliche Lehrgang, durch frembartige und fernliegende Dinge beſchwert, mußte jeden bedeutenden Erfolg des Unterrichts hindern, wenn es nicht gelang, eine Verbeſſerung des Unterrichtsweſens herbeizuführen. Die neue Lehrkunſt, welche Wolfgang Ratich[1]) mehrere Decennien früher Zwecks der Verbeſſerung des Unterrichts- und Schulweſens im deutſchen Reiche aufgeſtellt hatte, hatte nur geringen Eingang gefunden; ihre Einführung war an der Ungunſt der Zeiten geſcheitert. Gleichwie damals Helvich und Jungius, die ihren Bericht über die Lehrkunſt Ratichs abgeſtattet hatten, im folgenden Jahre 1614 jene Schrift Luthers herausgegeben hatten, um das Intereſſe für die Hebung des Schulweſens in weiteren Kreiſen zu wecken, ſo hatte auch Quiſtorp bei dieſer abermaligen Veröffentlichung der Schrift Luthers beſonders vor Augen, die Obrigkeit und die Gemeinde zu einer kräftigen Betheiligung am Schulweſen aufzufordern, und ſie zugleich aufmerkſam zu machen, wie wichtig es ſei, daß die Jugend des Segens eines geordneten Schulweſens ſich erfreue.

Quiſtorp zur Seite wirkte Johannes Cothmann[2]), welcher, ohne

---

1) Vgl. über Ratich: K. von Raumer, Geſchichte der Pädagogik, II. S. 20 ff. und G. E. Guhrauer, Joachim Jungius und ſein Zeitalter S. 23—38.

2) Johannes Cothmann, zu Herford in Weſtphalen im Auguſt 1595 (circa feſtum Bartholomaei) geboren, erhielt ſeine gelehrte Vorbildung zu Osnabrück, und ſtudirte darauf 4½ Jahre unter der Leitung Mentzers, Winkelmanns und Feuersborns in Gießen. Schon bei der Jubelfeier der Univerſität im Jahre 1619 disputirte er in Roſtock, wurde im Jahre 1626 zu Wittenberg unter dem Decanat Meisners Licentiat, und erhielt darauf im Julius deſſelben Jahres an Eilhard Lubinus Stelle die Profeſſur der Theologie. Am 15. Juli 1634 conferirte ihm die Univerſität Wittenberg die theologiſche Doctor-Würde. Er ſtarb 55 Jahre alt während ſeines Rectorats den 6. October 1650. Weſtphalen, Monumenta III. S. 1265. Etwas, J. 1737 S. 190. J. 1741 S. 719 ff., wo ſich das akademiſche Leichenprogramm findet, und ein Verzeichniß ſeiner Schriften, J. 1741 S. 820 ff. S. 875 ff., J. 1742 S. 831 ff. Krey, Andenken I. 22.

in gleicher Weise praktisch thätig und vielseitig wie dieser zu sein,
mit großem Ernste und heiligem Eifer seiner akademischen Thätigkeit oblag. Er war durchdrungen von einer lebendigen Glaubens-
überzeugung an die Erlösung und Versöhnung durch das Blut Jesu
Christi, und bethätigte diese sowohl in seinen wissenschaftlichen Arbeiten, als auch in seinem von körperlichem Leiden vielfach heim-
gesuchten Leben. An den dogmatischen Kämpfen der Zeit betheiligte
er sich mit großer Entschiedenheit, und hat insbesondere den locus
de sacra coena in seinen verschiedenen Controverspunkten, soweit
die Lehre vom Abendmahl mit derjenigen von der Person Christi
zusammenhängt[1]), so wie die Lehre von der Rechtfertigung im kirchlich-
lutherischen Sinne bei verschiedenen Gelegenheiten behandelt und vertheidigt. Die von ihm abgehaltenen dogmatischen Disputationen erstrecken sich fast über alle kirchlichen Lehrstücke, und namentlich sind
die anthropologischen, hamartologischen und soteriologischen Lehrstücke
oft und vielseitig unter seiner Leitung erörtert. Doch hat er auch
der Ecclesiologie und der Lehre von den Sacramenten eine eingehende Aufmerksamkeit zugewandt. In den Zeitverhältnissen war
es gegeben, daß nicht selten auch die dogmatischen Gegensätze gegen
die römische Kirche zur Sprache kamen, und vertheidigte Cothmann
im August des Jahres 1630 die lutherische Lehre von der justitia
originalis und vom peccatum originis gegen den Jesuiten Johannes
Gregorius[2]) im Beisein vieler vornehmer katholischer Militairs von
der damals in Rostock liegenden Friedländischen Besatzung. Eine
besonders eingehende und zum Theil scharfsinnige Erörterung widmete er dem Lehrstücke von der Prädestination, das er in einer
Reihe von Disputationen behandelte, die er später zusammengefaßt

---

[1]) Duellum Eucharisticum inter D. Georgium Francum, in Academia
Viadrina Theolog. Professorem et D. Johannem Cothmann, S. S. Theol. in
Academia Rostoch. Prof. publicum. Circa Articulum fidei nostrae de Sacra
Coena demonstrans illum in hoc Articulo contra, hunc vero juxta Scriptu-
ram pugnare etc. Rostoch. MDCXXXV. 4.

[2]) Es wird dies derselbe Johannes Gregorius gewesen seyn, welcher den Bericht über die von den Kaiserlichen verlorne Schlacht auf dem breiten Felde unweit
Leipzig nach Rostock sandte (S. 168). Erst 11 Jahre später veröffentlichte Cothmann jene Verhandlungen: Disquisitio Theologica, in qua colloquium Jesuitae
Johannis Gregorii ante undecim annos hic institutum breviter repetitur
d. 28 Augusti MDCXLI. 4.

veröffentlichte[1]). In dieſem Werke werden die ſtreitigen Lehrpunkte
nach der dogmengeſchichtlichen und dogmatiſchen Seite auseinander
gelegt, und wird die lutheriſche Lehre von der vocatio universalis
gegen die Angriffe der Gegner aus der Schrift vertheidigt und er=
härtet. Das Zeitintereſſe an dieſer Frage war trotz der noch fort=
dauernden Kriegsunruhen ein nicht geringes, und giebt ſich auch in
der Widmung des Werkes an Adolf Friedrich und Guſtav Adolf
wie an den Grafen von Oldenburg und Delmenhorſt kund. Die
letzten Jahre ſeines Lebens war er bei zunehmender Schwäche voll
Sehnſucht nach einem ſeligen Heimgange, aber die Zuverſicht auf
den Herrn Chriſtum, die in ſeiner ganzen Wirkſamkeit unverkennbar
hervortritt, bewährte ſich auch bis zuletzt, ſo daß er an der Neu=
belebung der lutheriſchen Kirche an ſeinem Theile mitgewirkt hat,
und auch ihm ein geſegnetes Andenken gebührt.

Neben Quiſtorp und Cothmann wirkte in den Jahren 1623 bis
1634 Valentin Legbäus[2]), welcher mit den allgemeinen philoſophi=
ſchen Fragen, welche die Zeit bewegten, ſchon früh ſich beſchäftigte,
und beſtrebt war, zu ihnen vom Standpunkt des Evangeliums aus,
ohne der Wahrheit deſſelben zu nahe zu treten, oder ihr etwas zu
vergeben, eine befriedigende Stellung zu gewinnen, und eine Ant=
wort auf dieſelben zu finden[3]). Auf dem theologiſchen Gebiete war

---

[1]) Pars prima fundamenti christianismi circa doctrinam praedestinationis duodecim exercitiis Academicis in Vniversitate Rostochiensi pro-
positi et in Dei honorem et veritatis confirmationem et propagationem,
publice juris facti Auctore Johanne Cothmanno S. S. Th. D. et Prof. O.
cum dictorum scripturae et rerum praecipuarum indice. Rost. 1646. Pars
secunda fundamenti christianismi circa artic. praedestinationis decem exercitiis Academicis etc. proposita. A. 1645, da der erſte Theil zwar zuerſt gehalten, aber zuletzt zuſammengedruckt iſt. Etwas, J. 1741 S. 882 ff.

[2]) Im Jahre 1591 zu Schwerin geboren, ſtudirte derſelbe in Roſtock, und
erlangte 22 Jahre alt dort das Magiſterium von der philoſophiſchen Facultät, ging
darauf nach Jena und wurde, nachdem er zu Wittenberg die Doctor-Würde ſich
erworben hatte, vom Herzog Adolf Friedrich im Jahre 1623 zur theologiſchen Profeſſur nach Roſtock berufen. Er ſtarb nach längerer Kränklichkeit am 26. Februar
1634. Etwas, J. 1737 S. 215, J. 1740 S. 20 ff. S. 242 f., wo ein Auszug
aus dem Leichenprogramm von Stephan Clotz gegeben iſt, J. 1741 S. 279 ff.
Krey, Andenken V. S. 10 f. Anhang S. 47.

[3]) Dies zeigen ſeine im J. 1613 unter dem Präſidium Siefers gehaltenen
Diſputationen de malo — utrum malum causetur ex bono? quomodo malum

es hauptsächlich der Kampf gegen den Socinianismus, welcher die lutherischen Theologen auf das Ernsteste beschäftigte, da die anti-trinitarischen Auffassungen der Socinianer alle Lehrstücke mit Zer-setzung bedrohten. Von Rakau aus bekämpften die socinianischen Theologen bitter das lutherische Bekenntniß, und suchten ihr Glaubens-bekenntniß vermittelst des Rakau'schen Katechismus in weitere Kreise zu verbreiten. In Deutschland selbst fehlte es nicht an solchen, welche die socinianischen Grundanschauungen vertraten. Christoph Ostorod, Soner und Schmalz waren zwar bereits verstorben, nachdem sie nicht unbedeutend eingewirkt hatten, aber Johann Crell, J. L. von Wolzogen und Jonas Schlichting von Bukowine übten gerade jetzt trotz der Angriffe, welche gegen sie gerichtet wurden, einen immer weiter sich verbreitenden Einfluß aus[1]). Auch Martin Ruarus, der in Rostock studirt und sich eine sehr umfängliche gelehrte Bildung erworben hatte, ward, nachdem er sich in Altorf zum Socinianismus gewandt hatte, ein sehr thätiger Verbreiter der socinianischen Irr-lehren. Je mehr alle und jede Aussicht für die Socinianer als Religionspartei geschwunden war, desto mehr tritt die Gefahr ein, daß ihre Irrlehren in der Form rationalistischer Lehrsätze wieder auf-traten, und sich einzubürgern versuchten. Die Bestreitung dieser Irr-lehren war daher damals ein unleugbares Bedürfniß, und ein grö-ßeres, als es jetzt oft auf den ersten Blick scheinen will. Nicht mit Unrecht bemühte sich daher die theologische Wissenschaft, diese Auf-gabe zu erfüllen. Mit der socinianischen Auflösung der Trinitäts-lehre hing ihre unitarische Stellung in der Lehre von Gott zusammen, und beide Fundamentalirrlehren hatten zugleich zu einer Destruction der Christologie geführt. Die beiden Naturen in Christo wurden negirt, und die ewige Gottheit Christi als des eingebornen Sohnes wurde geleugnet, so daß der Mensch Jesu nach socinianischer Auf-fassung nur mit göttlichen Kräften ausgerüstet war, um erst nach Vollbringung des Heilswerks durch seinen vollkommnen Gehorsam göttlicher Ehre gewürdigt, und zur Majestät Gottes erhoben zu

---

esse possit existente providentia? quomodo mali sit desiderium? und seine disputatio physica de materia rerum prima.

[1]) Otto Fock, Der Socinianismus nach seiner Stellung in der Gesammt-entwicklung des christlichen Geistes, nach seinem historischen Verlauf und nach seinem Lehrbegriff. Kiel 1847. Abth. I, S. 190 ff. 198 ff.

werden. Gegen diese Auffassung hatte der Jenenser Theologe Grauer
die ewige Gottheit und Fleischwerdung des Sohnes Gottes geltend
gemacht. Legdäus aber betheiligte sich im Fortgang des Streites an
demselben[1]), und bestritt die Argumente, welche der Pastor Valentin
Smalcius gegen Grauer, dessen Schüler Legdäus gewesen war, vor=
gebracht hatte. Auch in einer im Jahre 1624 unter dem Präsidium
des Legdäus de gloriosa resurrectione Domini nostri Jesu Christi
gehaltenen Disputation wurden die einschlagenden christologischen
Lehrsätze der Socinianer bekämpft.

Herzog Adolf Friedrich berief nach dem frühen Tode von Leg=
däus den Sohn des Juristen Lindemann[2]), der in den verwickelten
Verhältnissen jener Jahre, wo die Herzoge aus ihren angestammten
Landen vertrieben waren, vielfach ihnen mit rechtlichem Rathe zur
Seite gestanden hatte, zu der erledigten Professur. Man erwar=
tete von ihm einen neuen Aufschwung der orientalischen Studien,
da er insbesondere sich ihnen auf den Universitäten Hollands,
wo dieselben damals blühten, gewidmet hatte. Der gelehrte
Ruhm Hollands wuchs damals von Tage zu Tage, und ins=
besondere werden seine Universitäten selbst von lutherischen Theo=
logen auf ihren gelehrten, damals allgemein üblichen Reisen be=
sucht, wenngleich von ihnen dort vorzugsweise die humanistischen

---

[1]) Examen refutationis Valentini Smaleii, Gothani, Coetus Racoviensis
ministri Photiniani, quam thesibus D. Alberti Graueri, b. m. de aeterna
Deitate et incarnatione filii Dei opposuit, institutum a Valentino Legdaeo,
Suerinensi, S. S. Theol. Lic. Rost. MDCXXII.

[2]) Thomas Lindemann jun., Sohn des Professors der Rechte gleiches Namens,
war am 27. Mai 1609 zu Rostock geboren, studirte daselbst, und begleitete im
Februar 1628 seinen Vater auf einer Gesandtschaftsreise nach Prag an den Kaiser
Ferdinand II., studirte darauf mehrere Jahre in Wittenberg, und hielt sich dann
eine kurze Zeit in Lübeck auf, wo sein Vater in Veranlassung des Exils der Herzoge
im Jahre 1631 verweilte. Nach dem am 4. März 1632 erfolgten Tode desselben
besuchte er noch die Universitäten Gröningen und Leyden, um seine Kenntniß der
orientalischen Sprachen zu bereichern. Zu demselben Zwecke brachte er noch, schon
zur Professur nach Rostock berufen, den größten Theil des Sommers 1634 zu
Oxford zu. Am 3. April 1635 ward er unter dem Decanat Quistorps zum Doctor
der Theologie creirt. Schon am 5. Februar 1638 ward er vom König Christian IV.
von Dänemark zum Pastor der deutschen Gemeinde nach Kopenhagen berufen, wo
er gegen Ende des Jahres 1654 starb. Etwas, J. 1737 S. 205, J. 1741 S. 805 ff.
Krey, Andenken IV. S. 12.

und orientalischen Sprachstudien betrieben werden.   Am 26. Mai
1635 trat er seine Professur mit einer Inaugural=Rede an, in welcher
er mit Bezug auf den theologischen Beruf die Nothwendigkeit der
Kenntniß der Originalsprachen hervorhob, und über die humanistischen
Disciplinen und über die Beredtsamkeit unter gleichem Gesichts=
punkte handelte.   Schon in seiner theologischen Doctor=Disputation
de certitudine gratiae erga nos divinae tritt uns in der Vertheidi=
gung dieses Lehrstücks der Gegensatz gegen die römische Kirche ent=
gegen, welche durch ihre Leugnung der Rechtfertigung allein durch
den Glauben den festen Grund des Heils in Frage stellte.   In der
kurzen Zeit seiner hiesigen Wirksamkeit behandeln die theologischen
Disputationen, welche unter seinem Präsidium gehalten sind, nur
streitige Lehrpunkte zwischen der römischen und lutherischen Kirche.
Zwei derselben, welche de impletione legis handeln, legen die
Schwäche der römischen Ansicht durch Bestreitung der Instanzen
Bellarmins bar, während in der Disputatio de sensus literalis uni-
tate in singulis S. Scripturae locis necessario statuenda im Interesse
des Schriftprincips der lutherischen Kirche die Einheit des buchstäb=
lichen Sinnes der Schrift erwiesen wird.   Da die Schriftauslegung
und ihre Methode zur Frage stand und controvers war, und es der
Römischen Kirche gegenüber darauf ankam, an der perspicuitas der
heiligen Schrift festzuhalten, war auch die dogmatische Beweis=
führung darauf gerichtet, den römischen Ausführungen gegenüber dar=
zuthun, daß in den einzelnen Stellen der h. Schrift der unmittelbar
aus den Worten sich ergebende Sinn ursprünglich und eigentlich
nur einer sein könne.

Gleichzeitig mit Lindemann war an Joh. Tarnovs Stelle im
Jahre 1635 von Herzog Hans Albrecht ein Jahr vor seinem Tode
M. Lucas Bacmeister[1]) berufen worden, welcher sein Amt mit der

---

[1]) Dieser M. Lucas Bacmeister war der Sohn des D. Luc. Bacmeisters, Pro-
fessors der Theologie zu Rostock, Superintendenten der Güstrower und Rostocker
Diöcese und Assessors des Herzogl. Consistoriums, besuchte die Universitäten Rostock,
Leipzig, Jena, Erfurt und Wittenberg, und erwarb darauf, nach Jena zurückkehrend,
das Magisterium. In Rostock, wo er unter Quistorp mit Auszeichnung de scrip-
turae sacrae perfectione disputirte, erhielt er auf den Vorschlag des Collegium
Prof. Ducale die theologische Professur. Er war Professor Ordinarius, aber
Extraconciliaris, so daß er niemals Rector Acad. geworden ist. Da er nicht
Doctor der Theologie wurde, war er nicht in die theologische Facultät recipirt, und

Inaugural=Rede: de attenta scripturarum s. lectione earundemque varia et multiplici necessitate utilitateque antrat. Als Nachfolger von Johann Tarnov, der zur Belebung des Studiums der heiligen Schrift so Treffliches geleistet hatte, und nicht müde geworden war, immer aufs Neue an die heilige Schrift als die allein lautere Quelle der Erkenntniß des Glaubens zu verweisen, glaubte er die Nothwendigkeit und den Segen einer aufmerksamen Schriftlesung um so mehr zur Sprache bringen, und auch seinen Zuhörern in seiner Antrittsrede an das Herz legen zu müssen, als noch immer dieselbe Vernachläſſigung des Schriftstudiums in der lutheriſchen Kirche auch in weiteren Kreisen ſtatt hatte, welche einſt seinem Vorgänger Johann Tarnov die Veranlaſſung geworden war, in seinen exercitationes biblicae die Klage zu erheben, daß das Studium der Schrift in den Quellen hintenangesetzt werde, und daß man ſtatt deſſelben nur disputire, und mit müßigen Streitfragen ſich beſchäftige, welche weder der Wiſſenſchaft noch dem chriſtlichen Leben zum Nutzen und Frommen gereichten. Waren auch ſeitdem zwei Decennien verfloſſen, so war im Allgemeinen, wenngleich die kräftige Reaction Tarnovs wohlthätig und geiſtlich belebend eingewirkt hatte, doch der Stand der theologiſchen Wiſſenſchaft und der akademiſchen Studien derſelbe geblieben. Es war daher nicht unberechtigt, wenn Bacmeister wiederum die öffentliche Aufmerkſamkeit hierauf zurücklenkte. Doch erfüllte er nicht die Hoffnungen, die ſich an ihn geknüpft hatten. Die traurigen Zeitverhältniſſe, da viele Geiſtliche in den ſchweren Kriegsunruhen durch die Noth gedrängt, ihre Gemeinden verließen, hatten ſeinen Vater im Jahre 1637 veranlaßt, die Frage, ob solches einem Geiſtlichem mit gutem Gewiſſen zu thun erlaubt ſei, eingehend zu erörtern[1]). Dieſe Schrift wurde mit anderen von ihm

ist niemals Decanus oder Procancellarius geworden. Im Jahre 1673 legte er Alters und anderer Umſtände wegen ſeine Profeſſur nieder, und behielt unter dem Titel eines Professor emeritus atque honorarius sein Gehalt und alle ihm zuſtehenden Privilegien. Etwas, J. 1737 S. 212. J. 1742 S. 337 ff.

[1]) Sententiae praecipuorum quorundam Theologorum cum prisci, tum nostri aevi, de quaestione hoc tempore non minus ardua et utili quam necessaria: an verbi et sacramentorum ministris tempore belli, quo ecclesiae dissipantur, ac impiorum et ferocium militum tela crudelissima in se praecipue dirigi sentiunt, fuga suae suorumque saluti et incolumitati consulere, tyrannidi cedere, seque melioribus temporibus ecclesiis suis reser-

erstatteten Bedenken durch den Sohn herausgegeben[1]). Hatte die erstere im Hinblick auf die furchtbaren Verheerungen des dreißigjährigen Krieges und die dadurch hervorgerufenen Wechselfälle sowohl für Geistliche als für Gemeinden zur Aufklärung des Sachverhaltes und zur richtigen Beurtheilung des Verhaltens mancher Geistlichen noch immer Bedeutung, so erörterten die letzteren meist Fragen, welche damals ein bestimmtes Zeitinteresse hatten, und vielfach innerhalb der theologischen Praxis verhandelt wurden[2]). Seine eignen Schriften de nativitate Jesu Christi, Dei et Mariae Filii, mundique Salvatoris und seine decas quaestionum controversarum de angelis, welche von den guten und bösen Engeln, ihrer Körperlosigkeit, ihrem geistigen Wesen und Attributen in der Form und Weise der damaligen Schultheologie handeln, haben dagegen kein allgemeineres Interesse.

Noch begegnet uns hier eine Erscheinung, die sich nur aus den eigenthümlichen Zuständen des Universitätslebens des 17. Jahrhunderts und aus der Zerfahrenheit eines persönlichen Lebens erklären läßt, das sich mitten unter den Drangsalen des Krieges entwickelt hatte, und die Spuren äußerer Versunkenheit und innerer Zerrüttung an sich trägt, die zum Theil wohl mit aus den traurigen Zuständen jener Zeit ihre Erklärung finden. Enoch Hutzing[3]) ist diese Per-

---

vare liceat? ad informandas multorum, calamitate hac publica in Ducatu Megapolitano misere pressorum, variisque plurimorum judiciis de hac fugae specie expositorum Ecclesiae ministrorum conscientias bono studio collectae et editae a D. Luca Bacmeistero, Superintendente Megapolitano, Gustrouii. An. 1637.

[1]) Etwas, J. 1741 S. 189 f. J. 1742 S. 350.

[2]) Z. B. ob ein von Gott berufener Prediger actione injuriarum zu belangen sei, daß er öffentliche Sünde strafet? de immunitatibus Clericorum, ob selbe auch mit Contributionen zu belegen seien; ob ein promotus Doctor Theologiae, der zum Pfarrdienst berufen wird, gleich andern zu ordiniren sei?

[3]) Enoch Hutzing, zu Danzig im Jahre 1600 geboren und auf dem Gymnasium seiner Vaterstadt vorgebildet, ward am 15. November 1619 beim Jubiläum der Rostocker Universität Magister und im Jahre 1625 zu Wittenberg Licentiat der Theologie. Nachdem er Lehrer am Gymnasium zu Danzig gewesen, und später zu Reichenberg bei Danzig und zu Rosenberg bei Stargard Pastor gewesen war, ward er von Adolf Friedrich im Jahre 1637 zum Professor der Theologie hieher berufen, ohne doch je in das Concilium und in die theologische Facultät aufgenommen zu werden. Etwas, J. 1737 S. 242. 824, wo nichtsdestoweniger seine Einführungs-

sönlichkeit, welche diesen Typus nach allen Seiten an sich trägt. Die Streitsucht, die ihm im höchsten Maße eigen war, untergräbt von Anfang an alle seine Lebensverhältnisse. In Danzig entstehen zwischen ihm und D. Corvinus heftige Zerwürfnisse, und seine gegen diesen und gegen den Magistrat gerichteten Schmähungen führen dazu, daß er seines Rectorats an der dortigen Johannisschule enthoben und ins Gefängniß gesetzt ward. Später richtet er gegen den Präses des Senats Valentin von Bodeck Verunglimpfungen, die ihm aufs Neue Gefängniß, und dann auf längere Zeit Verbannung zuziehen. Es muß auffallen, daß dieser Mann, für den auch keine besonderen wissenschaftlichen Leistungen sprachen, eine theologische Professur in Rostock erhielt, ohne daß er zu derselben von dem Collegium der Professoren in Vorschlag gebracht war. Aber es erklärt sich dieses aus dem Umstande, daß es Huzing gelungen war, sich das Wohlwollen der Königin von Schweden, Marias Eleonorens, durch eine Trostpredigt[1]), die er zu Stockholm gehalten und ihr zugeeignet hatte, zu erwerben. Auf ihre Empfehlung, so scheint es, übertrug ihm Adolf Friedrich die theologische Professur, und vermittelte für ihn bei der Wittenberger Facultät am 28. August 1638 die Erlangung der theologischen Doctor-Würde. Damit hängt auch

---

rede erwähnt wird. Enochi Hutzingi S. S. Th. Licentiati et Professoris Theologiae Ordinarii in inclyta Academia Rostochiensi Oratio Introductoria, iconem boni theologi repraesentans. A qua theologicas suas operas ordinarias Academicas cum bono Deo est exorsus pro more solemniter introductus Anno MDCXXXVII die V. Octobris. Rostoch., Anno MDCXXXVII. 4. Es scheinen theils seine Streitigkeiten, theils seine Schuldverhältnisse die Ursache gewesen zu sein, daß er nicht recipirt wurde. Im Jahre 1643 wandte er sich nach Holland, wo er etwa ein Jahr Pastor der evangelischen Gemeinde im Haag war. Nach sehr wechselvollen äußeren und inneren Erlebnissen und einem unstäten Leben, wo er ganz auf Unterstützungen angewiesen war, die er sich auf Grund eines Empfehlungsschreibens der Wittenberger Facultät (Weitere Nachrichten, J. 1743 S. 367 f.), die ihn im Jahre 1638 zum Doctor der Theologie promovirt hatte, erbat, starb er am 7. Junius 1678 in Rostock. Vgl. insbesondere Etwas, J. 1742 S. 369—384. Krey, Andenken VIII. S. 61 ff.

[1]) Trost-Predigt über das Macht-Sprüchlein: der Gerechten Seelen sind in Gottes Hand, und keine Qual rührt sie an, aus dem Buch der Weisheit am 3. Cap. Den 13. November MDCXXXVI. Jahres zu Stockholm auffm Königlichen Schloß gehalten und wolmeynend zum Druck verfertiget von Enocho Hutzingio, der h. Schrifft Licentiato. Stockholm gedruckt bei Hinrich Kaysern. IV. (3½ B.)

wohl seine abnorme Stellung außerhalb des Concils und der theologischen Facultät zusammen.   Auch in Rostock erneuerte sich seine
Streitsucht, und selbst mit Bohl begann er Zänkereien.   Dabei befand er sich stets in äußerster Bedrängniß und Dürftigkeit, da seine
Streitigkeiten eine völlige Zerrüttung seiner finanziellen Verhältnisse
herbeigeführt hatten.   Da seines Bleibens in Rostock nicht war,
unternimmt er, ausgerüstet mit einem Empfehlungsschreiben der
Wittenberger Facultät d. d. 20. März, eine Reise, und der Inhalt
dieses merkwürdigen Schreibens ist kein anderer, als daß Alle nach
Standesgebühr ersucht werden, ihm mit einer milden Beisteuer zu
Hülfe zu kommen, und ihm nach Gelegenheit alle gute Beförderung
zu erweisen.   Es begreift sich dies nur, wenn man erwägt, daß
überhaupt während des breißigjährigen Krieges solche Nothstände
häufiger und auch da vorkamen, wo sie unverschuldet waren, da
ganz allgemein sich unter den Gelehrten die Klage findet, daß sie
an ihren Gehalten verkürzt würden, oder daß diese völlig unregel-
mäßig oder gar nicht ausgezahlt würden[1]).   Die Irrfahrten dieses
Mannes, der bis zum Ende seines Lebens mit der äußersten Noth
zu kämpfen hatte, zeigen uns aber auch seine innere Verkommenheit,
da er sich bald zu Warschau den Katholiken in die Arme warf,
bald bei den Dominikanern und bald bei den Jesuiten Hülfe suchte,
bald wiederum zu den Lutherischen sich zurückwandte.   In jener Zeit
der Kriegsdrangsale finden sich solche Persönlichkeiten häufig, sie gehören gleichsam zur Physiognomie dieser Periode, und kennzeichnen
ihren äußeren und inneren Nothstand; in Rostock aber war Huhing
eine ganz singuläre Erscheinung; er übte hier nicht den geringsten
Einfluß aus, und ging, bemitleidet als ein fahrender Literat, völlig
bedeutungslos und spurlos vorüber.

So lange das Compatronat der Stadt Rostock über die Universität bestand[2]), lag es in der Natur der städtischen Verhältnisse,
daß nicht selten befähigtere Geistliche in die von dem Rathe zu

---

[1]) A. Tholuck, Der Geist der lutherischen Theologen Wittenbergs im Verlaufe
des 17. Jahrhunderts, S. 85 f. Vgl. auch die Schilderung der Kriegsnoth dieser
Jahre bei Henke, Georg Calixt und seine Zeit. Bd. I. S. 466 f.

[2]) Vgl. über die Begründung des Patronats der Landesherrschaft und des
Compatronats der Stadt Rostock durch die am 11. Mai 1563 vereinbarte Formula
Concordiae: Krabbe, Die Universität Rostock im 15. und 16. Jahrhundert, S.580 ff.

besetzenden theologischen Professuren vocirt wurden.   Waren die
Schwierigkeiten der Besetzung schon für gewöhnlich nicht geringe,
so waren dieselben während der Kriegsjahre kaum zu überwinden,
und mußten den Rath um so geneigter machen, aus der Zahl der
städtischen Prediger einen ihm als tüchtig bekannten Geistlichen zu
vociren.   So trat denn Elias Taddel[1]) für kurze Zeit an die Stelle
Bohls, dessen Verlust schwer empfunden ward, aber in jenen un-
ruhigen Kriegsjahren, wo die Studien überall darnieder lagen, und
das Hebräische fast gar nicht getrieben ward, konnte derselbe von
auswärts kaum ersetzt werden.   Auch hatten die Kriegsunruhen, die so
viele Jahre ununterbrochen fortgegangen waren, die Erwerbung einer
intensiven Bildung und einer umfassenden Gelehrsamkeit fast allgemein verhindert.   Taddel hatte sich mit der praktischen Auslegung der
Bücher Mosis in seinen Predigten beschäftigt, wodurch er auf einige
Arbeiten exegetischer und biblisch=theologischer Art über alttestament=
liche Stoffe geführt ward[2]), welche zeigen, daß er auf diesem Gebiete
wohl orientirt war, und die eine tiefere, geistliche Auffassung der
Heilsgeschichte erkennen lassen.   Neben einer Abhandlung über die
Leidensgeschichte und exegetischen Erläuterungen von Gen. c. 49 be-

---

[1]) Elias Taddel, am 8. Nov. 1601 zu Rostock geboren, ward, nachdem er
seine akademischen Studien zu Rostock und Wittenberg, auf letzterer Universität
unter Friedr. Balduin, Wolfgang Franz, Balthasar Meisner, Jacob Martini und
Nicolaus Hunnius, absolvirt hatte, im Jahre 1630 zum Diaconus und im Jahre
1632 zum Pastor an der St. Petri-Kirche erwählt.   Als Pastor ad D. Petrum
erwarb er unter dem Decanat Stockmanns, Phys. Prof., am 9. Mai 1633 das
Magisterium.   Seine Wahl zum Diaconat ward wegen der Kriegsunruhen ohne
die bei dieser üblichen Probe-Predigt vollzogen.   Im Jahre 1640 ernannte ihn der
Rath an Bohls Stelle zum ordentlichen Professor der Theologie, doch ward er nicht
in die theologische Facultät recipirt, weil er den gradum Doctoris in theol. nicht
besaß.   Schon im Jahre 1643 ging er, nachdem wiederholt an ihn diese Berufung
ergangen war, Bürgermeister und Rath aber anfangs hinsichtlich seiner Dimission
schwierig gewesen waren, als Hauptpastor der lutherischen Gemeinde und Kirchen-
gerichtspräses nach Amsterdam, wo er am 7. Mai 1660 starb.   Etwas, J. 1737
S. 223. S. 701 f., J. 1740 S. 370, J. 1742 S. 529 ff. S. 536 ff. Grape,
Evangel. Rostock, S. 205 f. Krey, Andenken VIII. S. 7.

[2]) Rex Israel per Mosen Deuteron. XVII. p. 14. 15 seq. descriptus
omni potestati exemplum propositus per M. Eliam Taddelium etc. Rost.
1639. 4. Meditatio precum Regis Hiskiae moribundi ex Esaiae XXXVIII
com. X et seq. instituta per M. Eliam Taddelium. Rost. 1640; recusa Wit-
tebergae 1704. 4.

schäftigte er sich auch mit der Chronologie des Lebens Jesu, stellte
eine Harmonie der vier Evangelisten zusammen, und suchte darzuthun, daß Christus nicht viel länger als ein Jahr sein Lehramt auf
Erden verwaltet habe[1]), indem er annahm, daß Jesus nach den
Evangelien von seiner Taufe an nur zwei Passahfeste gelehrt habe.
Darin irrte er, wenn er diese Ansicht auf G. J. Vossius zurück-
führte, da sie sich schon bei den Kirchenvätern findet. Wenn er
aber sie zu stützen suchte durch typische Beziehung auf David, welcher
ein Jahr und vier Monate unter den Philistern zugebracht habe,
so zeigt dies nur seine Vorliebe für Typen, da jene Auffassung der
Chronologie des Lebens Jesu wesentlich schon eine überwundene war.

Es verdient jedoch seine exercitatio de veritate unicae religionis christianae, welche noch in Rostock im Jahre 1641 erschien,
und der Zeit seiner akademischen Wirksamkeit angehört, insbesondere
hervorgehoben zu werden. Hier macht sich durchaus der Einfluß
bemerkbar, den die holländischen Theologen und insonderheit Hugo
Grotius, auf die deutsche Theologie allmählich auszuüben begannen.
Bei dem mit Grotius befreundeten Herbert von Cherbury zeigen
sich schon die Anfänge einer Popularphilosophie, welche sich feindlich
oder wenigstens zurückweisend gegen die Offenbarung stellt. Hugo
Grotius war es, der Herbert berieth, als er seinen tractatus de
veritate prout distinguitur a revelatione, a verisimili, possibili et
a falso[2]) schrieb. Auch dessen Schrift über die Religion der Heiden
beschäftigt sich insofern mit dem Stoff der natürlichen Religions-
lehre, als auch in dieser wie insbesondere in der ersteren Schrift
es ihm eben sowohl darum zu thun ist aufzuweisen, wie sich die
Wahrheit ableitet, als was überhaupt die Wahrheit ist. Auch bei
Hugo Grotius treten auf diesem Gebiete Antithesen gegen die Kirchen-
lehre hervor, da er sich in manchen Punkten der natürlichen Theologie Herberts anschließt. In dem berühmten hier nicht näher
von uns zu erörternden Werke von Grotius de jure belli ac pacis
prägen sich zuerst die Principien des Naturrechts aus. Unter Zurück-

---

[1]) Doctrinae Jesu Christi Domini nostri ἀκολουθία juxta eorum sententiam, qui Ejus ministerio in his terris visibili annum tantum integrum,
et quod excurrit, tribuunt. Concinnata per Eliam Taddel etc. Amstero-
dami 1648.

[2]) Parisiis 1624, später Londini 1633.

ftellung des gefchichtlichen Rechts werden die Principien für die Verhältniffe und den Verkehr der Staaten unter einander aus dem
natürlichen Rechte hergeleitet. Diefe Stellung auf dem Boden einer
allgemeinen Religionsphilofophie, welche das Specififche des Chriften-
thums in feiner gefchichtlichen Erfcheinung verhältnißmäßig zurück-
ftellt, zeigt fich auch in der Schrift von Grotius de veritate religionis Christianae[1]), wenngleich er die Wahrheit der in fich und
außer fich beglaubigten chriftlichen Religion fefthält, und bei dem
comparativen Verfahren, das er einfchlägt, das Unzureichende und
Ungenügende der heidnifchen, jüdifchen und muhamedanifchen Religion aufweift. Diefe Schrift hatte in weiteren Kreifen, auch in
der lutherifchen Kirche, Aufmerkfamkeit erregt, und finden wir in
diefer Periode den Gegenftand derfelben vielfach erörtert. Bereits
im Jahre 1633 hatte Georg Calixt feine den gleichen Titel mit
derjenigen Tabbels führende Schrift de veritate unicae religionis
christianae erfcheinen laffen, welche ebenfalls die Einwirkung bezeugt,
die von Grotius ausging.

Tabbel fchlägt einen verwandten Weg ein, jedoch mehr in for-
maler als materialer Hinficht. In der genannten Schrift fucht er
aus allgemeinen Principien heraus die Wahrheit der chriftlichen Religion, die ihm unbedingt feftfteht, zu erweifen, ohne daneben, wie
dies bei Grotius der Fall ift, das den übrigen Religionen gemein-
fame Element herausftellen und zur Anerkennung bringen zu wollen.
Damit hängt es denn auch zufammen, daß Tabbel, im Unterfchiede
von Grotius, aber in Uebereinftimmung mit den Beftrebungen der
lutherifchen Dogmatiker bemüht ift, die Falfchheit des Heidenthums,
des Judenthums und des Muhamedanismus in ihrem Gegenfatz
zu der allein wahren chriftlichen Religion zu erweifen. Diefe Religionen find ihm falfche Religionen, weil die Verehrung Gottes
nicht in einer feinem Wefen und Willen entfprechenden Weife ftatt-
findet, während die chriftliche Religion als die einzige und wahre
das Heil in fich fchließt, das von Anfang an mit den Menfchen
felbft hervorgebracht und ihnen offenbart war[2]). Tabbel fteht fomit

---

[1]) Die Schrift, von ihm zuerft im Gefängniß holländifch entworfen, erfchien
in lateinifcher Bearbeitung 1627.

[2]) In der Tabbelfchen Schrift werden die vier Kennzeichen der wahren Religion folgendermaßen angegeben: thes. XIV sqq. 1. ne vel honesti quid et

noch auf dem alten Boden der lutherischen Dogmatik, wenn man gleich deutlich das Anbringen einer durch comparative Religionsphilosophie vermittelten natürlichen Theologie wahrnimmt[1]), deren Einfluß seitdem fort und fort bis zur Periode der Neologie im Zunehmen begriffen gewesen ist.

Unter den Lehrern der Theologie, deren gesegnete Wirksamkeit noch der Zeit des dreißigjährigen Krieges angehört, zugleich aber weit über dieselbe hinaus greift, ist Hermann Schuckmann[2]) als

---

turpis hominibus tradat et praecipiat, vel falsam et absurdam contineat doctrinam. 2. non heri aut nudius tertius coepisse, sed statim cum hominibus ipsis productam et revelatam esse. 3. ut sarta tecta semper conservetur. 4. revelatio vera effectu non carebit suo. Exuet enim plerisque sibi addictorum ferocitatem, livorem, impietatem: contra autem reddet conspicuos modestia, temperantia, moderatione animi, ac omni genere virtutis ac laudis.

[1]) Dieser Einfluß der deistischen Auffassung wird besonders durch die holländische Theologie in Deutschland vermittelt, da hier der englische Deismus unmittelbar nur geringe Einwirkung übte, was Calixt im Jahre 1645 in einem Briefe an Gerhard J. Vossius bezeugt: Magis turbant et terrent quae in Anglia aguntur, quorum nihilominus propter locorum intervalla et itinerum difficultates rara et tenuis ad nos dimanat notitia. Opp. Vossii. T. IV. App. p. 372 bei Henke, Georg Calixt und seine Zeit. Bd. IV. 2. S. 22.

[2]) Hermann Schuckmann, welcher seinem Vater Heinrich Schuckmann, Prof. der Rechte, Consistorialrath und Geheimen Rath des Herzogs Hans Albrecht, am 16. Juli 1610 zu Rostock geboren wurde, studirte in Rostock, wo hauptsächlich Quistorp und Cothmann seine Lehrer waren, und in Greifswald, und erhielt unter dem Decanat des M. Joh. Huswedel am 8. December 1642 das Magisterium. Nachdem er nach der Sitte der Zeit seine gelehrte Reise durch Deutschland und die Niederlande beendigt hatte, ward er von Herzog Adolf Friedrich in Vormundschaft des Herzogs Gustav Adolf zur Professur der Theologie vocirt, und am 13. Mai 1644 introducirt. Schon am 28. Juli 1645 erhielt er unter dem Decanat Quistorps, nachdem er am 7. November 1644 seine Inaugural-Disputation de Mysterio ϑεοϑεσίας ex dicto Joh. 1, 12. 13 vertheidigt hatte, die theologische DoctorWürde. Wenige Jahre nachher wurde er Mitglied des Consistoriums. Im Sommer 1661 berief Herzog Gustav Adolf ihn zu seinem Oberhofprediger und Beichtvater nach Güstrow. Bei der Einsetzung eines besonderen Kirchenrathes ward er Präses desselben, und endlich nach dem Ableben des bisherigen Superintendenten Daniel Janus auch Superintendent des Güstrowischen Kreises und Pastor Primarius am Dom, zu welchen Aemtern ihn Herzog Gustav Adolf am 16. März 1670 berief. Er starb am 21. Junius 1686. Vgl. Frid. Thomae Catalogus Biographicus in Analectis Gustroviensibus p. 13. Franc. Alb. Aepini Commentatio literaria, de Gentis Schuckmannianae in Ducatum Mecklenburgicum egregiis

derjenige zu bezeichnen, der sowohl um die Universität als um die
lutherische Landeskirche Mecklenburgs sich bleibende Verdienste erworben hat. In seltener Weise vereinigte sich in ihm wissenschaftlicher Sinn und umfängliche Gelehrsamkeit mit großer praktischer
Begabung, Umsicht und Tüchtigkeit. Der Glaube und das Bekenntniß der lutherischen Kirche war bei der tiefen Demuth, welche der
Grundton seines geistlichen Lebens war, zu einer lebendigen Wahrheit geworden. Bei den Ehren und Würden, die er erlangte, sah
er nicht auf sich, sondern es lag ihm in Allem, was er vornahm
und durchzuführen suchte, nur das Heil der Kirche, ihre Bewahrung,
Läuterung und Kräftigung am Herzen. Die tiefen Schäden, an
denen das Universitätsleben litt, in welchem die althergebrachten
Ordnungen sich zum Theil aufgelöst hatten, und nicht mehr der eingedrungenen Unsitte und Barbarei kräftigen Widerstand zu leisten
vermochten, waren ihm ein Gegenstand steter und ernster Sorge.
Schon in seinem ersten Pfingst-Festprogramm vom Jahre 1644
geißelt er den Pennalismus, und bezeichnet in Veranlassung eines
damals gerade stattgefundenen traurigen Vorfalls die Anführer des
Excesses als Bevollmächtigte des Satans[1]). In gleicher ernster und
entschiedener Weise bekämpft er auch später alle Auswüchse und
Verkehrtheiten des akademischen Lebens, bringt aber auch zugleich
darauf, daß die akademischen Lehrer durch den christlichen Ernst ihrer
Haltung und durch die in ihrem ganzen Berufsleben zu bethätigende
Gewissenhaftigkeit und Treue selbst einen entscheidenden Einfluß auf
den Geist und die Sittlichkeit der akademischen Jugend üben möchten. Die Zucht und Disciplin, nicht bloß die äußere, hob sich unter
seiner Wirksamkeit, wenngleich die Nachwehen des Krieges auch nach
dieser Seite hin erst allmählig überwunden wurden[2]). Diese seine

---

meritis, amplissimisque incrementis. 1706. fol. Etwas, J. 1737 S. 189,
J. 1740 S. 358. S. 376, J. 1742 S. 81 ff. S. 113 ff. S. 123 ff. S. 145 ff.
S. 160 ff. Krey, Andenken VII. S. 14.

[1]) Vgl. auch die Characteristik des Pennalismus und die Schilderung der
Schwierigkeiten seiner Abschaffung in: Karl von Raumer, Geschichte der Pädagogik
vom Wiederaufblühen klassischer Studien bis auf unsere Zeit. Th. IV. S. 49—63.
(3. A.)

[2]) Noch im Herbst 1653 bemerkt D. Jo. Quistorp, der Sohn, als Rector in
der alten Matrikel: In hoc meo Rectoratu scripsit Academia ad Celsissimos

ernste Fürsorge für das Wohl der Universität war es auch, die ihn,
als er im Jahre 1653 das Rectorat bekleidete, veranlaßte, eine
Revision und neue Redaction der akademischen Gesetze zu unternehmen und die Einrichtung zu treffen, daß ein Abbruck derselben
von dem Rector an die zu Immatriculirenden vertheilt werden
mußte[1]), um auf diesem Wege von vornherein behütend und stär-
kend auf die Studirenden einzuwirken.

Seine Schriften, biblisch-theologischen und dogmatischen Inhalts,
sind zum großen Theile akademische Gelegenheitsschriften, zeichnen
sich aber durch Kenntniß des exegetischen Stoffes, durch eine dem
lutherischen Bekenntniß entsprechende dogmatische Exposition und
durch geistliche Haltung vortheilhaft aus. Es gilt dies sowohl von
seinen verschiedenen Disputationen über den Decalog, über das
peccatum originis, über die canonica Verbi Divini scripti majestas, als auch de Spiritu Sancto, de praedestinatione, de
baptismo et in specie de paedobaptismo und andere dogmatische
Fragen, wenngleich sich bei vielen dieser Disputationen nicht mit
Sicherheit entscheiden läßt, wie weit er sachlich bei dem Stoffe derselben betheiligt ist. In dem Lehrstück de praedestinatione, in
welchem noch immer der dogmatische Gegensatz zwischen den Reformirten und den Lutheranern sich am prägnantesten und schärfsten
aussprach, unterzieht er die supralapsarische und infralapsarische Auffassung vom lutherischen Standpunkte aus einer Beurtheilung, hält
an der universalitas gratiae fest, und zeigt, daß der Herr sich als
vollgültiges Opfer für die Sünde aller Welt dargebracht habe, daß
er für alle Menschen, ja selbst für die, welche verloren gehen und
der reprobatio Dei unterliegen, gestorben sei. Es wird sowohl der
Rathschluß Gottes an sich, welcher will, daß allen Menschen ge-
holfen werde, als auch der Rathschluß Gottes in Bezug auf diejenigen erörtert, an welchen das Heil sich vollziehen soll, da Gott

---

Principes, ut urgerent Ratisbonae in Comitiis Imperii abrogationem Pennalismi per Academias Protestantium.

[1]) Universitäts-Matrikel: Epitome Legum Universitatis juxta ductum
Decalogi concepta, approbata, et publice promulgata est; cujus copiae
typis editae ex decretis R. Concilii singulis in Matriculam referendis, a
Rectore distribuendae, et juraturis in antecessum legendae, teste proto-
collo Rectoratus hujus.

von ihnen vorher weiß, daß fie glauben werden, wobei indeffen ent-
fchieben zurückgewiefen wird, daß die gratia eine irresistibilis fei.
Zugleich wird daran feftgehalten, daß diejenigen, welche durch Wort
und Sacrament wiedergeboren find, vom Glauben abfallen und zu
Zeiten die fides justificans verlieren können, felbft wenn fie fchließ-
lich beharren.

Da aber die Huberfche Controverfe noch immer vielfach zur
Erwägung kam, und die Gemüther befchäftigte, da Huber am 6. April
1595 felbft nach Roftock gekommen war und mit der Facultät über
feine Lehre verhandelt hatte, ohne daß es diefer gelungen war, ihn
dauernd von dem Irrthum feiner Lehre zu überzeugen[1]), wird die
Univerfalität der electio von Schuckmann gegen Huber geleugnet, infofern unter der electio der Rathfchluß Gottes verftanden wird, der
fich auf diejenigen bezieht, welche das in Chrifto dargebotene Heil
ergreifen und fomit errettet werden.

Schuckmanns Perfönlichkeit war jedoch überwiegend eine prak-
tifche in dem Sinne, daß er ftets in aller feiner theologifchen Wirkfamkeit das fchließliche Ziel, wohin der Glaube weifet, der Seelen
Seligkeit vor Augen hatte. Alle feine wiffenfchaftlichen, infonderheit
exegetifch-dogmatifchen Beftrebungen gingen darauf hinaus, den Glauben zu vermitteln, und ihn zu einer Macht des innern Lebens werden zu laffen. Allerdings finden wir bei ihm noch den ganzen Ap-
parat der dogmatifchen Schultheologie jener Zeit, und fchließt er fich

---

[1]) Conf. Brevis commemoratio historica actorum inter D. Samuelem
Huberum et theologos Rostochienses D. Davidem Chytraeum, D. Lucam
Backmeisterum, D. Valentinum Schachtium, D. Johannem Frederum et
D. Davidem Lobechium, in: Secundus Liber Facultatis Theologicae Rostochiensis, in quo varia scripta, judicia, responsa, literae, testimonia et alia
negotia ejusdem Facultatis continentur. Ab Anno Christi 1592 usque ad
Annum 1648 p. 4: Conclusum tamen tandem, absque fide Christum nobis
esse otiosum, et extra Christum fide apprehensum nullam esse electionem,
in qua sententia nos firmiter perstitimus et semper librum Concordiae alle-
gavimus; p. 5b: Mota vero ibidem nova cum ipso disputatio et collatio
de loco 1 Cor. 1: Non multi sapientes secundum carnem, non multi po-
tentes, non multi claro genere nati, verum quae stulta erant secundum
mundum elegit Deus, qui locus prorsus adversaretur universali electioni,
quam hactenus ursisset Huberus. Respondit, ibi agi de vocatione per
Evangelium sicut praemittit Paulus: Videte Vocationem vestram fratres etc.

auch in der Art der Beweisführung dem logischen Schematismus an, der ihr eigen war, aber überall fühlt sich bei ihm durch, daß es ihm nicht blos darum zu thun ist, die einzelnen Bestimmungen der kirchlichen Wahrheit als Wahrheit zu erweisen, sondern diese selbst als eine Macht des Lebens in sich und in den Gemeinden zur Geltung zu bringen. Die einfachen Catechismuswahrheiten waren es, in denen er wurzelte, und die sein persönliches Glaubensleben erfüllten. Die Kraft des Zeugnisses des heiligen Geistes aus dem Wort hatte er an dem eigenen Herzen erfahren, und seine ganze kirchliche Thätigkeit ist darauf gerichtet, den innern geistlichen Anbau des Glaubenslebens durch die Predigt der reinen aus dem Worte Gottes geschöpften Lehre in den Gemeinden zu fördern. Dieser Gesichtspunkt war ihm auch maßgebend in seinen homiletischen Vorlesungen, in denen er einleitend für die Hermeneutik und für die praktische Exegese der Schrift Rathschläge und Fingerzeige gab, dann aber sämmtliche evangelische und epistolische Pericopen auf alle Sonn= und Festtage des Jahres sachlich erläuterte, auch Dispositionen hinzufügte, und in Bezug auf die Ausführung des Predigtstoffes praktische Gedankenreihen für die Exordien wie für die Parainese und Nutzanwendung mittheilte.

Die ganze geistliche Persönlichkeit und Wirksamkeit dieses Mannes war es, welche den Herzog Gustav Adolf so anzog, daß sich ein näheres Verhältniß zwischen Beiden bildete. Der Herzog nahm das lebendigste Interesse an allen die Zeit bewegenden theologischen Fragen und an der Entwickelung der lutherischen Landeskirche, die er sowohl durch die Berufung tüchtiger Theologen als auch durch einsichtsvolle und umsichtige Maßnahmen zu fördern bestrebt war. Vor Allem aber lag auch ihm das Trachten nach der eigenen Seelen Seligkeit am Herzen, die er mit Furcht und Zittern zu schaffen suchte. Von Anfang an war er durchdrungen von der Größe und Verantwortlichkeit seines fürstlichen Berufes, ganz besonders auch in Beziehung auf die ihm als Oberbischof obliegende Leitung der Kirche. Die Gnade seines Herrn und Erlösers hatte er in dem inneren Entwickelungsgange seines Lebens reichlich erfahren, und wie er selbst fortwährend an dem inwendigen Menschen zu wachsen trachtete, so beseelte ihn auch der lebhafte Wunsch, an seinem Theile dazu mitzuwirken, daß seinen Unterthanen die Segnungen christlichen

Lebens durch die Kirche zu Theil werden möchten[1]). In beiden Be-
ziehungen stand ihm Schuckmann als Gewissensrath zur Seite, auf
dessen Meinung und Urtheil der Herzog das größte Gewicht legte.
Obwohl er in der Schrift sehr bewandert war, und selbst die
Kirchenväter eifrig studirt hatte, wünschte er nicht selten über einzelne Fälle von Schuckmann Belehrung und Rath aus seiner größeren
Kenntniß der Schrift und der Geschichte der Kirche. Die eigenen
Handschreiben, die Gustav Adolf an ihn richtete, zeigen, wie viel
Vertrauen er ihm schenkte. Sie verbreiten sich über die verschieden-
sten, oft fremdartigen, jedoch mit dem ganzen Geiste jener Zeit zusam-
menhängenden Fragen, zeugen aber nicht selten ebenso sehr von seinem
tiefen Ernste in dem Trachten nach dem Heil, als von seiner pein-
lichen Gewissenhaftigkeit[2]). Es begreift sich aber, daß der Herzog
Gustav Adolf den Mann, dem er solches persönliches Vertrauen
schenkte, später im Jahre 1661 zu seinem Oberhofprediger und
Beichtvater nach Güstrow berief, um ihm in der Ausübung des
Summepiscopats zur Seite zu stehen. Wiederholt hatte derselbe
von seinen Geheimen Räthen sich Rathschläge erfordert, wie das
fürstliche Haus, Land und Leute wiederum zum Flor und zur Aufnahme möchten gebracht werden können[3]). Insbesondere nahm seine

---

[1]) Die tief geistliche Gesinnung Gustav Adolfs tritt uns in seinem öffentlichen
wie in seinem privaten Leben entgegen, insbesondere auch in allen vertraulichen
Aeußerungen, welche er zu denjenigen seiner Theologen that, mit denen er in einem
näheren Verkehre stand, da er mit ihnen nicht minder den eigenen Herzenszustand
berieth als die öffentlichen Verhältnisse der Kirche. Vgl. auch Commercium epistolicum inter Smum Principem Gustavum Adolphum, Ducem Megapolitanum,
Magdalenam Sibyllam et J. C. Dorscheum et Superint. Rostoch. Siricium,
nec non Varenium. Quartband, von Mag. Riehenck im Jahre 1792 der Univer-
sitäts-Bibliothek geschenkt.

[2]) Characteristisch ist folgendes Schreiben Gustav Adolfs: Reverende Domine Schuckmanne, Hoc est quod me angit, quod putem necessario singulis diebus Dominicis mihi esse accedendum ad S. Synaxim, nec me
posse hoc omittere sine gravi Dei offensione et damnabili ingratitudine,
et tamen invenio, me non duci aliquo desiderio, quod vereor impediri
amore temporalium et occupationum et recreationum ac fuga laboris poe-
nitentialis, qui debet praecedere sacram istam sumtionem. Tu quaeso
consule, quoties et quando mihi sit accedendum, quia per angores ipsi
mihi hoc judicare non licet. Vale vir in Deo amande.

[3]) Andreä Pritzbeurs Unterthäniges Consilium an Herzog Gustav Adol-

Fürsorge der Ruin so vieler Kirchen in Anspruch, welche auch nach geschlossenem allgemeinen Frieden aus Mangel an Mittel nicht hatten wieder erbaut oder restaurirt werden können. Dieses war Gegenstand um so größerer Sorge, als dadurch an vielen Orten auch der Gottesdienst entweder gar nicht oder nicht gebührlich verrichtet werden konnte. Auch die Schulhäuser in den kleinen Städten oder auf dem Lande waren meistens im unbrauchbaren Zustande, und mußten renovirt werden. Der Nothstand, den der Krieg hervorgerufen und die Armuth, die in Folge dessen weit und breit in dem sonst so reichen Lande entstanden war, hatte das bis dahin unbekannte Uebel der Bettelei aufkommen und überhandnehmen lassen. Selbst Krankheiten und Seuchen waren dadurch entstanden und verbreitet worden, daß die Nothwendigkeit der Errichtung von Pesthäusern an den einzelnen Orten sich geltend machte. Alle diese Dinge erforderten dringend ein ernstliches Einschreiten und baldige Abhülfe. In der That lag auch dem Herzog Gustav Adolf nichts mehr am Herzen als dieses.

Denn er sah in seinem landesherrlichen Kirchenregimente nichts Anderes als ein ihm von dem Herrn der Kirche anvertrautes Pflegeamt, das er mit heiliger Liebe zur Kirche und mit gewissenhafter Treue zu führen bemüht war. Er achtete die Selbstständigkeit der Kirche, und daher war es ihm Gewissenssache, aus dem Lehrstande die rechten Organe auszuwählen, denen er die innere und geistliche Seite des Kirchenregiments mit vollem Vertrauen überlassen konnte. Alle Fragen des Kirchenregiments, mochten sie nun die Lehre oder den Cultus oder die Disciplin der Kirche angehen, wollte er geistlich gerichtet wissen. Er wollte, daß die Geistlichkeit wahrhaft die Gemeinden weide, und daß sie in diesem ihren Weideamte recht berathen und kräftig geführt werde. Wie tief er von diesem Gedanken durchdrungen war, das spricht sich in einem uns aufbehaltenen lateinischen Gebete aus, welches er zu der Einführung Schnckmanns in jenes ihm übertragene Amt abgefaßt hatte¹). So wenig sah er

---

phen, wie das Fürstl. Haus, Land und Leute zum Flor und Aufnahmen wieder gebracht werden mögen. Güstrow d. 9 Martii 1659. Manuscript in: Pritzbaur, Politica. Foliaband mit diesem Rückentitel.

¹) Precatio in Inauguratione Praesulis. Aeterne et misericors Deus, Sanctissime, Ecclesiae Tuae Gubernator, ego, exiguum Ecclesiae tuae membrum, humillime te rogo, ut nos in vera fide et sancta vita continuo con-

sich als das praecipuum Ecclesiae membrum an, daß er sich viel=
mehr als exiguum Ecclesiae membrum bezeichnet, dem es darum
zu thun sei, daß alle Anordnungen innerhalb der Kirche von dem
Lehrstande, dessen Beruf die geistliche Seite der Kirchenregierung
sei, ausgehen möchten, und daß daher derjenige, welcher an der
Spitze desselben stehe, vor Allem von dem HErrn mit seiner Gnade
ausgerüstet werden müsse, um die Kirche in der Predigt des Evangeliums und in der Spendung der Sacramente und in der Hand=
habung der Schlüsselgewalt nach dem Willen des HErrn und in
seinem Sinne zu leiten. Gustav Adolf sah sich als der von dem
HErrn seiner lutherischen Landeskirche kraft seiner landesherrlichen
Gewalt verordnete Pfleger und Schirmherr der Kirche an, gestand
aber dem Lehrstande in seiner Gliederung und in seiner Spitze die
Aufsicht über die reine Lehre und deren Bewahrung und nicht minder die seelsorgerische Leitung der Kirche zu. Schuckmann entsprach
dem in ihn gesetzten Vertrauen seines Fürsten so wohl in diesem
Amte, als auch in dem Präsidium des von Gustav Adolf einge-
setzten Kirchenrathes, wie in der Leitung der Güstrowschen Superintendentur, so daß er bis zu seinem Tode an allen kirchlichen
Maßnahmen, welche im Herzogthum getroffen wurden, wesentlichen
Theil hatte. Dennoch trat er für seine Person durchaus zurück, und
bezeugt sich die aufrichtige Demuth dieses gottseligen Mannes auch
darin, daß er nicht wollte, daß die Seinen nach seinem Tode zu
seinem Ruhme sich über ihn äußern sollten. Die Worte, mit denen
er dies ablehnte, sind für ihn charakteristisch: Ein armer Sünder
ist gestorben, seine guten Werke sind gar verdorben. Das sollen
meine personalia seyn[1]).

servare, Ecclesiam Tuam ab irruentibus lupis custodire et fideles operarios
in messem Tuam mittere digneris. Imprimis precor, ut famulo Tuo
Schuckmanno, nostrae jam Ecclesiae pracsuli, gratiam Tuam impertiri
velis, ut ita Ecclesiam hanc pascat, ut inde nominis Tui gloria, mea et
Ecclesiae salus, ac ipsi aeternum praemium resultet. Ah, bone Pastor
Jesu, summe Sacerdos, qui non alieno eges expiari sanguine, quoniam
proprio refulges perfusus cruore, exaudi has preces meas. Et Tu Sancte
Spiritus, Deus meus in aeternum et Dominus meus, illabere mentibus nostris
Tua virtute, et duc nos in via veritatis, ut aliquando Te duce ad vitam
perveniamus aeternam. O adoranda Trinitas. O Veneranda Unitas. Amen.
[1]) In wie großem und verdientem Ansehen Schuckmann wegen seines

Das Rostocker Ministerium hatte in dieser Periode seine besondere Aufmerksamkeit darauf gerichtet, was etwa von Seiten des
Predigtamts geschehen könne, um der immer mehr überhandnehmen-
den Unwissenheit und Urtheilslosigkeit in geistlichen Dingen, wie
solche sich in den Gemeinden kundgaben, zu wehren. Wie groß die
Verwilderung in den Gemeinden des Landes war, wie geringe ihre
innere Betheiligung am christlichen Leben, wie groß und allgemein
der weltliche Sinn, die völlige Veräußerlichung des kirchlichen Lebens und die überhandnehmende Gottlosigkeit, bezeugt Pritzbaur in
seinen an Herzog Gustav Adolf gerichteten Rathschlägen. Was die
Zuhörer in Kirchen und Schulen belanget, bemerkt er, davon kann
in der Wahrheit gesaget werden, daß die meisten also leben, als
wenn sie nicht gläubeten, daß ein Gott im Himmel, eine Auferstehung der Todten und nach diesem Leben ein ewiges, in welchem
die Gottlosen ewige Pein, die Frommen aber ewige Freude zu erwarten, zu hoffen sei, denn man liebet und fürchtet Gott nicht allein
und über Alles, sondern man liebet, was in der Welt ist, als
Fleischeslust, Augenlust und hoffärtiges Wesen. Man rufet Gott
nicht in allen Nöthen an, sondern man entheiliget den Namen Gottes
mit Fluchen, Schwören u. s. w. Man höret Gottes Wort nicht mit
Andacht, sondern man kommt in die Kirche, zu sehen und sich sehen
zu lassen, mannigmal wird der Gottesdienst aus liederlichen Ursachen
wohl gar versäumet, man kommt auch nicht zum Beichtstuhl mit
einem ernstlichen Vorsatz, von Sünden abzustehen und sein Leben
wirklich zu bessern, sondern man wird nach empfangener Absolution
und dem Gebrauch des heiligen Nachtmahls oft ärger als man zuvor gewesen ist. Man ehret und fürchtet die Obrigkeit, die Eltern
und die, welche an ihrer Statt seyn, nicht gebührlich, sondern man
thut ihnen zuwider, was man kann, man liebet den Nächsten nicht
als sich selber, sondern man hasset und verfolget ihn, man lebet in
aller Ueppigkeit, Ueberfluß und Unkeuschheit, man bringet des Näch-

---

digen Glaubens und lauteren Eifers, wegen seiner gründlichen Gelehrsamkeit und
seiner regimentlichen Gaben stand, beweisen auch die in Gegenwart Gustav Adolfs
und des ganzen herzoglichen Hauses gehaltenen und im Druck veröffentlichten
„Ehren- und Abdankungs-Rede" des Samuel Lütkemann, „des Malchinschen
Synodi-Präpositus" und der „Leich-Sermon" des M. Nicolaus Hedemann, Pastors
an der Dom-Kirche zu Güstrow und des Ehrw. Minist. Senior.

sten Gut mit List und Praktiken an sich, man verleumdet ihn, man lässet sich gelüsten und begehret, was des Nächsten ist; in summa der seelige Mann Lutherus saget von diesen recht, daß sie eine umgekehrte Gesetzestafel seien. Wie nun Pritzbaur darauf bringt, daß Bet-, Buß- und Fasttage angeordnet werden möchten, daß der Sonntagsentheilung gewehrt werde, und daß die Leute vor Allem zur wahren Buße und wirklichen Besserung des Lebens fleißig und ernstlich vermahnt würden, so erkannte das Rostocker Ministerium mit richtiger Einsicht, daß es zur Hebung des kirchlichen, durch die Drangsale des Krieges vielfach zerrütteten Gemeindelebens nicht neuer Mittel bedürfe, sondern nur einer erneuerten Kraftentwickelung des kirchlichen Lehrstandes, um Wort und Sacrament recht auszutheilen und fruchtbar werden zu lassen. Noch stand das kirchliche Lehrwesen auf dem alten festen Grunde, und seine Organisation hatte sich, wenn sie auch hie und da gelockert schien, wahrhaft bewährt. Man erkannte klar, daß es nur darauf ankomme, die Wirksamkeit der kirchlichen Predigt und der kirchlichen Katechese zu erhöhen, und dieselben unmittelbar fruchtbar für das praktische Leben werden zu lassen. Mit großem Eifer ward die Aufgabe verfolgt, das Wort recht zu theilen und den Gemeinden den ganzen Rath Gottes zur Seligkeit durch Lehren, Ermahnen und Strafen nahe zu bringen. Das Wort Gottes ward mit heiligem Ernste bezeugt, und macht sich selbst das Streben bemerkbar, es in verschiedenen Arten und Formen der Predigt, je nach dem Bedürfniß der Gemeinden, zur Anwendung zu bringen. Die thetische Predigt ging mit der schriftauslegenden Predigt Hand in Hand, theils gingen sie in den verschiedenen Predigtstunden nebeneinander. Die Predigten brachten die Mängel und Gebrechen der Gemeinden wie der einzelnen Glieder bald mit stärkerer, bald mit schwächerer und indirecter Benutzung des Elenchus[1]) zur Sprache, und die schriftgemäße,

---

[1]) Das eigentliche geistliche Strafamt, der Elenchus, wurde um diese Zeit noch allgemein geübt, wenngleich schon jetzt der Nominal-Elenchus weniger zur Anwendung kam, und man darin eine Ueberschreitung der dem Amte zustehenden Bestrafung der Sünder sah. Auch sollte das Strafamt selbst nicht indirect öffentlich auf Personen angewandt werden. Dennoch ging man noch vielfältig über die private Admonition hinaus, und suchte auf irgend eine Weise die Gewissen der Schuldigen zu treffen. Deshalb schreitet die Gesetzgebung immer entschiedener ein. Re-

nüchterne und doch eindringliche Weiſe, in welcher dieſes geſchah, brachte noch erſichtliche Frucht durch die Beſeitigung vorhandener Mißſtände, durch die äußere Zucht, welche wiederum in Wirkſamkeit trat, und ſelbſt durch den wenn auch nur allmählich fortſchreitenden inneren Aufbau der Gemeinde.

Die praktiſche Richtung des Predigtweſens in Roſtock wird ins= beſondere repräſentirt durch die Predigten Quiſtorps, welche derſelbe über das Gewiſſen hielt[1]). Sie bewegen ſich freilich in der uns insgemein etwas abſtrus erſcheinenden Predigtform der Zeit. Die vielfachen Citate aus den Claſſikern und aus den Kirchenvätern er= ſcheinen uns ſeltſam, fehlgreifend und die Erbauung ſtörend. Doch werden wir nicht vergeſſen dürfen, daß die Kenntniß der lateiniſchen Sprache noch eine viel allgemeinere und weiter verbreitete war, als ſie es jetzt iſt, und daß einem großen Theile der Zuhörer dieſe Art der Behandlung des Stoffes keine fremdartige war. Aber es überwiegt bei Weitem der reiche aus der Schrift geſchöpfte Inhalt, ſo daß die ganze Haltung jener Predigten, welche von des Gewiſſens Natur und Eigenſchaft handeln, und darlegen, was das Gewiſſen ſei, was für Gutes und Böſes es beim Menſchen ausrichte, und was ſonſt vom Gewiſſen nöthig zu wiſſen ſei, durchaus eine bibliſch=theologiſche iſt, welche den ganzen Reichthum der Schrift nach dieſer Seite hin aufſchließt[2]). Das Gewiſſen wird in ſeiner Urſprünglichkeit als eine

---

verſal. vom Jahre 1621 §. IX. Verordnung an die Superintendenten d. d. 6. Aug. 1756. Vgl. auch: Krabbe, Ueber das geiſtliche Strafamt Rev. Ministerii; in der Zeitſchrift des Vereins für Hamburgiſche Geſchichte, Bd. I. S. 465 ff.

[1]) Perpetuum mobile, Nimmer ſtiller Hertzens=Wecker, Oder hochnötige Lehre von dem ſich ſtets regenden Gewiſſen. In dreißig Predigten zu Roſtock öffentlich vorgetragen von Johanne Quiſtorpio, der heiligen Schrift Doctore, Professore, und derſelben Facultät Seniore, auch Superintendenten daſelbſt. Roſtock Anno MDCXLVI. 4. Die Schrift iſt dem Herzog Adolf Friedrich und der Durchlauch= tigen Fürſtin und Frau Catharina Maria, Gebornen zu Braunſchweig und Lüne= burg, Herzogin zu Mecklenburg zugeeignet.

[2]) Quiſtorp hat ſomit in dieſen Predigten, wenn auch mit einer gewiſſen praktiſchen Nüchternheit, einen tieferen Blick in das Weſen und in die Functionen des Gewiſſens gethan, als manche neuere Ethiker, welche die innere, unauflösliche Verknüpfung des religiöſen und ſittlichen Momentes im Gewiſſen verkennen, oder gänzlich außer Acht laſſen, daß das Gewiſſen erſt dann ſeinen rechten und vollen Inhalt hat, und ſeine innere Stärke und Feſtigkeit gewinnt, wenn es in Gottes Wort gebunden iſt. Hierauf dürfte ausſchließlich die Bemerkung von Delitzſch,

Offenbarung des sittlichen Gesetzes aufgefaßt, in welchem der gött=
liche Wille sich manifestire, aber auch nicht verkannt, daß es in dem
gegenwärtigen Zustande der Sünde, in welchem der Mensch sich
befindet, getrübt ist, und daher erst durch die Beziehung auf das
objectiv gegebene Gesetz Gottes gereinigt wird, und seine Kraft und
Intensität empfängt. Ueberall aber ist es ihm darum zu thun, zu
zeigen, wie in dem Vermögen des Gewissens das Bewußtsein von
Gott und seinem heiligen Willen, als dem Gesetze für den Menschen,
unmittelbar gegeben ist, daß somit dasselbe auch eine in sich gewisse,
objective Bezeugung Gottes an den Menschen in Betreff seiner und
seines Willens an uns enthält. Daß solche Predigten gehört wur=
den, daß sie gehalten und verstanden werden konnten, setzt in den
Gemeinden eine geistige Befähigung und geistliche Reife voraus,
wie wir sie jetzt nicht finden.

Es werden mit großer Umsicht und Einsicht die principiellen
Fragen, welche sich auf das Wesen, auf die Formen, in denen das
Gewissen auftritt, und auf die Aeußerungen und Wirkungen des
Gewissens beziehen, erörtert. Wenn dies Alles auch nicht unmittel=
bar erwecklich wirken konnte, was zuzugeben ist, und scheinbar oft
als nicht praktisch verwendbar sich darstellt, so war diese Pre=
digtmethode in ihrer Art dennoch anregend, und mußte sich auch
schließlich als eine geistlich fruchtbare erweisen. Die tiefe Kenntniß
des menschlichen Herzens und Lebens spricht sich in den Ausfüh=
rungen über das schlafende Gewissen, über die Mittel, das Gewissen
aufzuwecken und zu stillen, so wie über das enge, blöde, zarte und
furchtsame Gewissen und seinen Gegensatz, das weite und bodenlose
Gewissen, aus. In allen diesen Ausführungen kommt es Quistorp
wesentlich darauf an, das Gewissen als eine Macht über den Men=
schen hinzustellen. Daher geht er auf die so eben berührten Unter=
scheidungen ein, zeigt, wie das Gewissen, insofern es urtheilt, wohl
zu Zeiten eine verschiedene Stellung einnehmen, ja selbst sich irren
kann, immer aber an der ihm einwohnenden Bezeugung des persön=
lichen göttlichen Willens wiederum erstarken kann und erstarkt. Da=
bei wird die Art und die Ordnung der Prüfung des Gewissens in

---

System der biblischen Psychologie S. 104, zurückzuführen sein, daß das Gewissen
wie das ganze Wesen des Menschen der Erlösung bedürfe.

17

eingehender und lebendiger Weise geschildert. In der That läßt sich sagen, daß diese Behandlung der praktischen Stoffe eine wahre Vergeistigung derselben ist, und daß umgekehrt die Momente, welche in der Wissenschaftsrichtung der Ethik, welche damals ihre Ablösung von der Dogmatik einzuleiten begann, implicite lagen, und bereits zur Sprache gekommen waren, in diesen Predigten einen praktischen Ausdruck gefunden haben.

Ward auf diesem Wege nicht bloß das stoffliche Wissen der Heilswahrheiten vermehrt, sondern auch die tiefere Erkenntniß derselben in der Gemeinde durch die Predigt vermittelt, so war man andererseits bestrebt, durch die Katechese[1] die Hauptstücke der christlichen Lehre den Gemeinden so nahe zu bringen, daß dieselben ihnen zu einem bleibenden Besitzthum würden. Die katechetische Lehrordnung, welche früher bestanden, war zum Theil in Vergessenheit gerathen, und überdies ward das, was von derselben noch bestand, nicht von Allen und nicht in fester, gleichartiger Praxis zur Anwendung gebracht. Dreißig Jahre früher, ehe Spener durch seine „einfältige Erklärung der christlichen Lehre nach der Ordnung des kleinen Catechismus Lutheri" und durch seine Catechismusübungen die Aufmerksamkeit weiterer Kreise auf diese Aufgabe lenkte, hatte man in Rostock dieselbe bereits nach den verschiedensten Seiten erwogen, und war an ihre praktische Verwirklichung gegangen. Das Ministerium Rostocks war davon durchdrungen, daß seine kirchliche Lehrthätigkeit nach dieser Seite sich dahin zu richten habe, daß auch den unmündigen und einfältigen Gliedern der Gemeinde das Verständniß der Catechismusstücke zu Theil werde, um dadurch ihnen das nöthige Wissen der Heilslehre zu verschaffen. Je mehr den Geistlichen daran lag, daß die ihnen anvertraute Gemeinde, welche nicht allein die Alten und in der heiligen Schrift Geübten umfaßte, in den Hauptstücken der

[1] Langemack, historia catechetica. Vol. III. p. 128. Th. Kliefoth, Ueber Predigt und Katechese in der Vergangenheit und in der Gegenwart der lutherischen Kirche; in: Mecklenb. Kirchenblatt, herausgegeben von Karsten, Kliefoth und Krabbe, Jahrg. 1846, H. 1, S. 41 ff. A. Tholuck, Das kirchliche Leben des siebzehnten Jahrhunderts, Abth. I. (Katechetischer Cultus) S. 147 ff. Carl Adolph Gerhard von Zezschwitz, System der christlich-kirchlichen Katechetik. Bd. I.: Der Katechumenat oder die Lehre von der kirchlichen Erziehung. Leipzig 1863. Vgl. Abschn. XXV.: Die lutherische Reformation und das Glaubensexamen als Katechumenatsziel der orthodoxen Tradition. S. 556 ff.

christlichen Lehre recht unterwiesen werde, destoweniger konnte ihnen die Art und Weise, wie dieser Zweck zu erlangen sei, gleichgültig sein. Da hierüber die Ansichten auseinandergingen, fanden innerhalb des Ministeriums vielfache Verhandlungen statt, deren Resultat dasselbe in einem Bedenken den Gemeinden vorlegte[1]).

Es werden in demselben die bisher eingeschlagenen Wege und Mittel referirt. Die Meinung Etlicher ging dahin, daß des Sonntags oder sonst· in der Woche an einem anderen Tage der Catechismus von der Kanzel abzulesen und ein Stück nach dem andern also zu erklären sei, daß die Erklärung in Jahresfrist zu Ende gebracht werde. Andere durchliefen zu gewisser Zeit im Jahr, etwa in zwei oder vier Wochen, den Catechismus, und erklärten ihn in wenigen Predigten der Gemeinde. Eine andere gebräuchliche Form der Katechese war, daß sowohl nach den Sonntags= als Wochen= Predigten ein oder zween Knaben oder Mägde ein Stück aus dem Catechismo sammt Lutheri Auslegung öffentlich vor der Gemeinde hersagten, also daß der Eine fraget, der Andere auf die Frage antwortet[2]). Obwohl nun das Ministerium anerkannte, daß in der lutherischen Kirche es Herkommen sei, daß neben den Catechismus= Predigten, die wöchentlich in den Pfarrkirchen gehalten wurden, die Kinder des Sonn= und Freitages ein Stück mit Lutheri Erklärung und angehängten christlichen Fragstücken, wie auch ein caput aus dem corpore doctrinae Judicis bei den Predigten öffentlich in den Kirchen hersagten, so hob es doch auf das bestimmteste hervor, daß die Erfahrung zeige, wie dadurch jener beabsichtigte Zweck nicht erreicht werde. Das Ministerium erklärt sodann es für nothwendig,

---

[1]) Des Ministerii Ecclesiastici in Rostock Bedencken, Wie in dem Catechismo oder in den Hauptstücken der Christlichen Lehre die Kinder und Einfältigen zu unterweisen, vnd wie sie daraus zu examiniren. Rostock, Anno MDCXLVI. (Bibl. der Ritter= und Landschaft.)

[2]) Kirchenordnung für das Herzogthum Lauenburg vom J. 1585, fol. 165: „Den andern Sonnabend darnach zween Knaben vor den Chor gegen das Volk treten, vnd den Catechismum auffsagen, mit der Außlegung Lutheri, alß daß der Erster spricht, sage her das erste Gebot, Darnach wenn der Ander das erzehlet, fraget er weiter, Was ist das, vnd sagt darauff der ander Knabe die Außlegung fein deutlich, klar vnd verständlich, darumb der Schul Geselle zu den Knaben treten, vnd ihnen zu rechte helffen sol, wo sie anstoßen. Darnach zum nähern mahl gleichfalls die Artikel des Glaubens, vnd so fort das Vaterunser, von der Tauffe und heiligem Abendmahl.“

17*

daß der Katechet[1]) neben den Worten der Zehen Gebote, des Christlichen Glaubens, des Vaterunsers, der Lehre von der Taufe und Nachtmahl des Herrn, die Auslegung Luthers, wie sie in seinem Kinder-Catechismo gelesen werde, ohne einiges Worts oder Syllaben Veränderung deutlich und verständlich seinen Zuhörern vorhalte, und mit solcher Erklärung sie den Einfältigen vor Augen stelle[2]), daß sie den Verstand völlig fassen. Daran knüpft sich die Forderung, die Erläuterung mit denselben Worten zwei oder dreimal zu repetiren, bis die Catechumenen es gefasset haben, um sobann von der Kanzel einen oder zween oder mehrere der Zuhörer zu fragen, was bisher gelehret sei. In gleicher Weise sollen die angeführten Sprüche repetirt und hergesagt werden, wobei von den Catechumenen gefordert wird, daß sie ihre Bibel zur Hand haben, um die vorgesagten Sprüche aufschlagen und verlesen zu können. Ueberdies wird von denen, die schreiben können, erwartet, daß sie die Sprüche in ihre Schreibtafel eintragen, um sie nachschlagen zu können[3]).

Quistorp, welcher mit dem größten Eifer für diese Form der

---

[1]) Auch die Revidirte Mecklenburgische Kirchenordnung fol. 159 b schreibt vor: Darnach gehet der Prediger auff die Kanzel, und spricht auß mit lauter Stimme die 10 Gebot, das Symbolum, das V. U., die Wort von der Tauff und die Wort des Abendmahls.

[2]) Es ist ein durch die ganze lutherische Kirche gehender charakteristischer Zug, daß sie sich immer und überall nicht nur ihrer Lehrpflicht bewußt war, um durch ihre treue Ausübung eine feste Basis in den Gemeindegliedern zu schaffen, sondern daß sie auch mit großer Umsicht bestrebt war, den Lehrstoff in möglichst faßlicher Form sowohl den Kindern, als auch den schon Herangewachsenen zugänglich zu machen. Zugleich glaubte sie dadurch auch am besten ihrer Aufgabe nachzukommen, die nöthige Fürsorge zu treffen, daß eine ausreichende Erkenntniß der heilsamen Wahrheit sich in den Abendmahlsgenossen finde, um diese ohne Bedenken in dieser Beziehung zulassen zu können.

[3]) Verwandte Bestrebungen finden sich um diese Zeit auch bei den evangelischen Geistlichen Danzigs. Hier war es der auch durch seine katechetischen Schriften rühmlichst bekannte Pastor der St. Trinitatiskirche, Dr. Joh. Maukisch, welcher zuerst mit den Kindern öffentlich in der Kirche Catechismusübungen hielt, ohne daß sein Beispiel auf die übrigen Geistlichen bedingend einwirkte. Erst seit dem Jahre 1700 wurden erbauliche Catechismusübungen gehalten; vgl. Eduard David Schnaase, Erinnerung an die Bemühungen der evangelischen Geistlichen ungeänderter Augsburgischer Confession in Danzig um katechetische Bildung ihrer Gemeinden. Ein Beitrag zur Geschichte der germanisch-evangelischen Katechetik; in: Niedners Zeitschrift für die historische Theologie, Jahrgang 1858, Heft 4, S. 526 f.

kirchlichen Katechese sich ausgesprochen, hatte als Superintendent den Catechismus in der bezeichneten Weise in der St. Johannis-Kirche erklärt, und der gesegnete Fortgang dieser seiner Wirksamkeit bestimmte das Ministerium, diese Form der Katechese sich anzueignen, und in seinem Bedenken jene von dem Superintendenten angenommene Ordnung als maßgebend hinzustellen. Die für die kirchliche Katechese bestimmte gottesdienstliche Stunde wird mit Gesang und Gebet eingeleitet und ebenso auch geschlossen. Daran knüpft sich aber noch der weitere Verlauf, daß nach geschehenem Gebete der Katechet von der Kanzel heruntersteigt, durch die anwesende Gemeinde hin- und hergehet, und bald diesen oder jenen fraget, was in der Predigt vorgetragen, und mit welchem Spruch der Schrift es bewiesen sei. Von Seiten eines Knaben oder Mädchen erfolgt auch wohl noch das Hersagen des Morgen- oder Abendsegen, oder eines näher bestimmten Gebetes, welches die ganze Gemeinde heimlich mitbetet, worauf nach dem Gesange eines Psalms, nach einer Collecte und dem Segen der Gottesdienst mit dem Gesange: Christe, du Lamm Gottes, geschlossen wird.

Das Ministerium hielt sich überzeugt, daß auf diese Weise der herrschenden Unwissenheit abgeholfen, und daß der große Haufe die Fundamente der Heilslehre lernen und fassen werde. Aber es ging dasselbe noch weiter in seinen kirchlichen Maßnahmen, indem es für nöthig achtete, „daß alle Jahre zu vier Malen, etwa Mittwoch vor Weihnacht, Mittwoch vor Ostern, vor Johannis und Michaelis, alle zu einer Pfarre gehörige Knaben und Mägdlein, Knechte und Mägde, Studenten und Lehr Jungen zusammengerufen werden" sollten, damit mit denselben in gleicher gottesdienstlicher Ordnung das Examen über Stücke aus dem Catechismo mit Luthers Auslegung angestellt werde. Eigenthümlich ist noch die Bestimmung, daß auch gefragt werden solle „pro discretione, was man zu der Jahres Zeit insonderheit in der Kirchen lehre. Ob man von der Geburt des HErrn Christi, und was davon predige" 2c. Man erkennt deutlich, daß den treuen Seelsorgern es wesentlich am Herzen lag, ihre geistliche Einwirkung und Erziehung möglichst weit auszudehnen. Hatte die römische Kirche zu diesem Zwecke insbesondere das Institut der Beichte benutzt, um auf alle Phasen der Lebensentwickelung einen bedingenden und gesetzlichen Einfluß auszuüben,

und hatte sie selbst in dem Institut des Brauteramens katechetisch
einzuwirken bis zur Verheirathung der Gemeindeglieder sich bemüht,
so lag es der lutherischen Kirche zwar fern, die Beichte als ein ge-
setzliches Mittel behufs der fortgehenden Bevormundung der Gemeindeglieder zu benutzen, denn sie wußte, daß die Gläubigen zu
der Freiheit berufen sind, mit der uns Christus befreiet hat, aber
in Bezug auf die katechetische Unterweisung hielt sie dafür, daß sie
berechtigt sei, auch über den ersten Abendmahlsgenuß hinaus, nach
dem Glauben und nach der Lehre der Kirche zu fragen. Deshalb
unterzog sie sich auch der fortgesetzten Prüfung der Gemeindeglieder,
wenigstens der unverheiratheten, und richtete dabei ihr Augenmerk
hauptsächlich auf diejenigen Stände, von denen sie annahm, daß es
ihnen schwer werden möchte, die rechte Reife des Glaubens sich zu
bewahren, um ihnen durch jene Catechismusprüfung eine Stütze und
Kräftigung zu gewähren.

Die Confirmation bestand damals nicht in der Mecklenburgischen
Landeskirche, aber das Bedenken des Rostocker Ministeriums läßt erkennen, was an ihrer Stelle üblich und herkömmlich wurde. Es wird
als nöthig bezeichnet und darauf gedrungen, daß die jungen Kinder,
wenn sie zum ersten Male zu Gottes Tisch gehen wollen, von den
Eltern in dem Kirchspiel, darin sie wohnen, zu dem Prediger, welchen
sie zum Beichtvater erwählen, vierzehn Tage zuvor ins Haus kommen,
sich von dem Prediger, ob sie die Capita der christlichen Lehre gefaßt, prüfen, und, um würdiglich zum Tische des Herrn gehen zu
können, examiniren lassen sollen. Dabei wird festgesetzt, daß der
Prediger diesen examinirten Kindern mit wenig Worten unter seiner
Hand und seinem Namen ein Gezeugniß geben solle, daß er sie in
ihrem Catechismo fundirt befunden, welches sie, wo es nöthig, vor-
zuzeigen hätten[1]). So finden wir hier recht eigentlich das Verhör

---

[1]) In diesem Sinne sagt auch die Revidirte Mecklenburgische Kirchenordnung
fol. 211b in der Vermahnung an die Gevattern: Zum andern seint ihr auch für
ewer Personen in diesem Kinde als ewrem Paten, hernach alle Liebe und Freund-
schafft zu beweisen schuldig, und insonderheit so ihme seine Eltern zu zeitlich würden
abgehen, daß ihr als mit Väter und Muttern euch seiner annehmet, und ihm für
allen dingen den Catechismum lernen lasset, zur Gottseligkeit und Ehrbarkeit ver-
mahnet, seiner Tauffe und des glübts, daß es Gott darin gethan, stets erinnert,
damit es als ein from Christen Leben, und durch Christum ewig selig werden.

aus dem Catechismus, damit die Kinder auf denselben confirmirt würden und zwar zu dem Zwecke, daß aus der jungen Taufgemeinde eine Abendmahlsgemeinde werde[1]).

Wir finden hier aber auch die Institution des Brautverhörs, welche überall, wo sie in der lutherischen Kirche vorkommt, auf der Ueberzeugung ruht, daß diejenigen, welche in den status oeconomicus eintreten wollen, und somit den dritten Stand in der Kirche bilden sollen, auch die nöthige Catechismuserkenntniß besitzen müssen. Daher wird es in dem Bedenken des Ministeriums schließlich für nöthig gehalten, daß die Knechte und Mägde, auch andere, bei denen eine grobe Unwissenheit in den Stücken des Catechismi vermuthet wird, wenn sie in den Ehestand treten wollen, vor der Denuncia- tion bei dem Prediger, der sie abkündigen soll, sich einstellen, und entweder mit ihres vorigen Beichtvaters Hand ein Gezeugniß vor- zeigen, daß sie den Catechismum wissen, oder demselben, bei dem die Abkündigung ist, den Catechismum recitiren und hersagen sollen. Offenbar wurde das Brautexamen im lutherischen Sinne und Geiste deshalb erneuert, um diejenigen nicht ohne Weiteres in den status oeconomicus eintreten zu lassen, welche bei ihrem niedrigen Er- kenntnißstande nicht geeignet waren, die ihnen in demselben er- wachsenden Pflichten zu erfüllen. Hatten die voraufgehenden Be- stimmungen die Absicht, die des kirchlichen Unterrichts noch fortgesetzt bedürfenden Gemeindeglieder in der Erkenntniß und im Glauben zu fördern, so sollte das Institut des Brautverhörs es ermöglichen, noch einmal vor der Verheirathung, vor der selbstständigeren Stel- lung innerhalb des status oeconomicus, das Maß der Erkenntniß zu ermitteln, namentlich auch in Bezug auf diejenigen, welche sich der katechetischen und seelsorgerlichen Pflege ihrer Geistlichen bisher etwa zu entziehen gewußt hatten. Damit war den Letzteren auch die Gelegenheit gegeben, einen tieferen Blick in das innere Leben der Copulanden zu thun, und damit zugleich die Möglichkeit, auch

---

[1]) Doch ward, wie sich aus Allem ergiebt, die erste Communion nicht als das Ende der erziehlichen Einwirkung der Kirche betrachtet, sondern nur als relativer Abschluß derselben, während der Catechismus-Unterricht für die jüngeren Abend- mahlsgenossen meistens noch fortging, und hauptsächlich durch die Advents- und Fastenexamina, die mit ihnen angestellt wurden, noch erhöhte Bedeutung empfing.

später ihr geistliches Leben auf dem Wege der speciellen Seelsorge zu behüten, zu überwachen und allmählich weiter zu führen.

Indem das Ministerium dieses den Gemeinden mit großem Ernste darlegte, und sich dahin aussprach, daß es das Alles gerne auf sich nehmen, auch keinen Fleiß in der Unterweisung sparen, auch gebührende Freundlichkeit und Bescheidenheit gegen die Einfältigen gebrauchen wolle, wird das Vertrauen zu der Obrigkeit, zu den Eltern, Herren und Frauen und zu männiglich ausgesprochen, daß sie dem Ministerium die Hand bieten würden, sein christliches Vorhaben zu befördern, und neben ihm, so viel an ihnen sei, zu helfen, es ins Werk zu richten. In dem Allen spricht sich eine umsichtige geistliche Fürsorge aus, welche das wörtliche Vorsprechen, das Examen und die Predigt des Catechismus je nach den Umständen geltend gemacht wissen will, und so diese drei bekannten Formen der Katechese je nach dem Bedürfniß einsichtsvoll verwendet, und jeder dieser katechetischen Thätigkeiten die ihrem Wesen entsprechende Stellung anweiset. Auf diesem Wege ward es möglich, daß alle Glieder der Gemeinde in der heilsamen Erkenntniß wachsen, im Glauben zunehmen, und darinnen bis an ihr Ende beharren konnten. Es ist freilich wahr, daß die Kenntniß der biblischen Geschichte oft mangelhaft genug gewesen sein mag, aber es ist eben so wahr, daß durch diese Art der Katechese der eigentliche Lehrstoff der christlichen Heilswahrheiten dem Volk bleibend eingeprägt wurde.

Auf dem Grunde solcher Lehrordnung konnte wiederum allmählich ein gläubiges Volk erwachsen, welches in den Hauptstücken des Bekenntnisses die Wurzel seines geistlichen Lebens hatte. Und dieser Segen der Unterweisung in dem Catechismo, als dem eigentlichen Laiensymbol, blieb nicht aus. War es versäumt worden in den Drangsalszeiten des Krieges, die nachwachsenden Geschlechter kirchlich zu erziehen, und fest zu gründen und zu bauen auf den Felsen des Heils, so wurden von jetzt an in Rostock, wie im übrigen Mecklenburg, die alten Fundamente durch Katechese und Predigt von Neuem eifrig gelegt. So heilten allmählich die Wunden aus, welche der Krieg nicht bloß den äußeren irdischen Bildungsverhältnissen und der materiellen Wohlfahrt, sondern vor Allem der Kirche Gottes in der Verwahrlosung ihrer Glieder geschlagen hatte, indem durch die unermüdliche und treue Arbeit des Predigtamtes ein fester und bereiteter

Boden für das geistliche Leben der nachfolgenden Generationen geschaffen ward.

Vierzehnter Abschnitt.

Characteristik der wissenschaftlichen Zeitrichtung. Das Verhältniß der Philosophie zu der Entwickelung der Naturwissenschaften. Joachim Jungius und dessen tiefgreifende Bedeutung. Verhältniß desselben zu Cartesius. Seine Logik und Heuretik. Der neutestamentliche Sprachstreit. Die Humanisten Eilhard Lubinus und Johannes Huswedel. Die Richtungen und Gegensätze innerhalb der Philosophie. Caspar Mauritius. Joachim Lütkemann.

Die allgemeine wissenschaftliche Bewegung ist ungeachtet der schweren Zeitverhältnisse und der schreienden Nothstände, welche der Krieg weit und breit hervorgerufen hatte, in dieser Periode unverkennbar eine höchst bedeutsame. Der Trieb, das wissenschaftliche Gebiet zu erweitern, und die vorhandenen Disciplinen anzubauen, ja neue ins Leben zu rufen, machte sich nach verschiedenen Richtungen hin geltend. Am meisten traten die Bewegungen in der Mathematik und in den Naturwissenschaften hervor, welche sich damals mit den philosophischen Studien verschwisterten, und neue Bahnen einzuschlagen versuchten. Die großen Leistungen und Entdeckungen Galilei's und Kepler's fallen in diese Zeit. Besonders aber tritt die Philosophie zu den Naturwissenschaften in das Verhältniß der Wechselwirkung; sie sind bestrebt, bald zu einander überzuleiten, bald sich gegenseitig zu ergänzen. Zu gleicher Zeit zeigt sich das Bestreben, Philosophie und Theologie von einander zu sondern, um durch solche Scheidung und Innehaltung der gezogenen Grenzen eine möglichst freie Bewegung anzubahnen. Es lag überhaupt in der ganzen Richtung der Zeit, die Wissenschaft von den überlieferten Fesseln zu befreien, und zu einer Unabhängigkeit hinzuleiten, die allein in sich selbst das entsprechende Maß und die entsprechende Begrenzung habe. Bereits hatte Baco die Reform der Wissenschaft durch Erneuerung und Umgestaltung ihrer Methode eingeleitet, und hatte sowohl auf die mangelhafte Erfahrung als auch auf den falschen Vernunftgebrauch in derselben hingewiesen, um dadurch seiner Theorie Eingang zu verschaffen, daß die Erfahrung

durch richtige Versuche geleitet werden müsse. Indem er statt des
Syllogismus sich der Induction bediente, will er auch als letzten
Zweck der Induction das Allgemeine angesehen wissen.

Diese Reaction gegen den alten Aristotelismus und seine Ab-
stractionen theilte auch Jungius[1]), der auf dem Gebiete der Philosophie und der Physik in die verborgenen Gestaltungen, in die la-
tentes processus der Dinge, durch Beobachtung und Versuch am
leichtesten einzudringen hoffte[2]). Mit Gassendi hatte Jungius offenbar darin etwas Verwandtes, daß er von der Mathematik ausging,
und daß er sich in seiner Logik bei deren empirischer Grundlage an
die Physik anschloß. Beide kommen auch darin überein, daß sie
mehrfach die allgemeinen Begriffe aus sinnlicher Wahrnehmung durch
Trennung und Verbindung, durch Vergrößerung und Verkleinerung,
insbesondere auch durch Anwendung der Analogie zu Stande bringen. Dagegen überragte Jungius weit die Mathematiker und Philosophen seiner Zeit an Tiefe und Innigkeit des Glaubenslebens.
Blaise Pascal dürfte unter seinen Zeitgenossen in dieser Beziehung
ihm allein an die Seite zu stellen sein, der, während er die Philosophie auf die Erkenntniß der endlichen Dinge beschränkt wissen
wollte, den Glauben im Gebiete der Religion geltend machte, und
diesen auf die Liebe der göttlichen Dinge gründete.

So bedeutsam nun auch Pascal im Gegensatze zu den Verirrungen der Philosophie für den religiösen Glauben reagirte, so
geht doch durch die ganze Richtung Pascals theils ein unvermittelter

---

[1]) In neuerer Zeit wies Alexander von Humboldt auf die universelle Bedeu-
tung des „großen, so lange verkannten Jungius" hin, welchen an Gelehrsamkeit
und philosophischem Geiste keiner seiner Zeitgenossen übertraf. Usteri, Annalen der
Botanik, 1792, I. 88. Henschel, Janus, Zeitschrift für Geschichte und Literatur der
Medicin, Joachim Jungius, der Baco der Deutschen, J. 1846 S. 812 ff. De
Joachimo Jungio, commentatio historico-literaria. Quam etc. in universi-
tate Vratislaviensi Professoris. P. E. munus rite auspicaturus d. XVII. Jan.
MDCCCXLVI defendet G. E. Guhrauer. Vratislav. 1846. G. E. Guhrauer,
Joachim Jungius und sein Zeitalter, S. VIII. (Stuttg. u. Tübing. 1850.)

[2]) Bis zu dieser Zeit hatte sich die Aristotelische Philosophie auf den deutschen
Universitäten in der Form erhalten, in welcher sie Melanthon in seinen philosophischen Lehrbüchern bearbeitet hatte. J. H. ab Elswich, De varia Aristotelis
in scholis Protestantium fortuna, p. 47 und Krabbe, Die Universität Rostock
im 15. und 16. Jahrhundert, S. 716 ff.

Dualismus hindurch, theils nimmt seine Frömmigkeit einen ascetischen, mit fremdartigen Elementen, die in seinem Jansenismus wurzeln, versetzten Character an. Anders stellt es sich bei Jungius, dem jener Dualismus fremd ist. Höchstens dürfte sich sagen lassen, daß er innerhalb der Physik unbedingt am Gesetze der Nothwendigkeit festhielt, wenngleich er sich gedrungen fühlte, innerhalb des religiösen Gebietes eine höhere, über den gewöhnlichen Verlauf hinausgehende Ordnung der Dinge anzuerkennen. In ihm durchbringen sich Tiefe der mathematischen und Schärfe der logischen Erkenntniß, welche ein umfassendes physikalisches Wissen zum Object hatten, mit lebendigem Glauben an die christlichen Heilswahrheiten, wenn dieser auch nach Außen kaum hervortrat, viel weniger sich wie bei Pascal in excentrischer Weise offenbarte. Doch weisen viele Einzelheiten in dem Leben von Jungius darauf hin, daß seine Frömmigkeit, wenn auch nicht confessionell ausgeprägt, doch eine tief innerliche war.

Hatte nun auch Jungius schon in der ersten Periode seiner Wirksamkeit, in der er Rostock angehört, dem falschen, damals noch weit verbreiteten Aristotelismus; welcher den neueren auf Beobachtung und Induction ruhenden physikalischen Studien feindlich gegenüberstand, sich entgegengesetzt[1]), so war nichtsdestoweniger sein Blick auf die Principien aller Erkenntniß gerichtet, um welche es sich damals bei der beginnenden Erneuerung der philosophischen Wissenschaft wesentlich handelte[2]). Characteristisch ist es für ihn, daß er

---

[1]) So bemerkt auch Dr. Rob. Avé-Lallemant, Des Dr. Joachim Jungius aus Lübeck Briefwechsel ꝛc., S. 159, daß der hartnäckige Krieg gegen die Aristoteliker seiner Zeit ihn lebhaft bewegt, und recht eigentlich den geistigen Feldzug seines so bedeutungsvollen Lebens gebildet habe, daß er auch immer wieder als Grundzug zum Vorschein komme.

[2]) Was die von Jungius in Rostock edirten Schriften anlangt, so dürften es, so viel sich erkennen läßt, folgende sein: Theses de naturali Dei cognitione, Praeside M. Joh. Slekero propositae. Rostochii 1606. Disputationes metaphysicae de potentia activa, Rostoch. 1607; de causa efficiente, 1608. Geometria Empirica. Rostochii 1627. 4. Die in den Jahren 1642 und 1649 in 4 zu Hamburg erschienenen Ausgaben sind von dem Professor der Mathematik Johann Adolph Tassius besorgt und bevorwortet, der zu den nächsten Freunden von Jungius gehörte, und von seiner Anstellung in Hamburg an bis zu seinem im Jahre 1654 erfolgten Tode im regsten Austausche mathematischer und naturwissen-

Erfahrung und Vernunft enge verknüpfte, und auf diesem Wege sich vor der Einseitigkeit rein empirischer oder idealistischer Theorieen zu bewahren wußte. Seine Stellung zu Descartes war daher, bei aller Anerkennung für denselben, eine mehr gegensätzliche. Den absoluten Zweifel zur Basis aller philosophischen Forschung zu machen, insofern es sich fragt, ob das, was wir für Objecte halten, nicht bloße Producte unseres Subjects seien, lag Jungius fern, da er an der Empirie als solcher festhielt, und daher auch die Erkenntniß der endlichen Dinge von der Basis der Erfahrungswissenschaften aus vermittelt sah. Damit hängt denn auch offenbar die von Jungius in seiner Logik ausgesprochene Auffassung zusammen, nach welcher ihm die Metaphysik keine Wissenschaft im eigentlichen Sinne des Wortes war[1], da der Inhalt derselben ihm als ein solcher erschien, der weder auf dem Wege der Demonstration gefunden, noch erörtert werden könne.

Wenn Cartesius die Bestimmungen substantia, modus, accidens, die mit den aristotelischen Kategorien zusammenhängen[2], als metaphysische Grundlage verwendet, so finden sich zwar bei Jungius auch diese in der damaligen Phase der Entwickelung der Philosophie Alles bedingenden Begriffe, aber Jungius ist nichtsdestoweniger weit entfernt, diese als eine metaphysische Basis zu betrachten, wodurch er sich wesentlich von Cartesius und Spinoza unterscheidet.

schaftlicher Auffassungen mit ihm stand. Die Ausgabe, welcher die Diatribe de Stoecheosi Geometrica hinzugefügt ist, erschien zu Hamburg ohne Angabe des Titels. Die fünfte Ausgabe besorgte im Jahre 1688, dreißig Jahre nach dem Tode von Jungius, der Professor der Mathematik Heinrich Siver, fügte einige Anmerkungen und das von Jungius bei Gelegenheit der Inauguration von Mich. Kirsten im Jahre 1655 veröffentlichte Programm, de laude Matheseos, hinzu. Diese Schrift zeichnet sich durch die von ihr eingeschlagene Methode rühmlich aus, so daß mittelst derselben die Anfänger durch die sinnreiche Weise, in welcher die geometrischen Sätze den mannigfach zerlegten Figuren angepaßt werden, über die Schwierigkeiten leichter hinweggehoben, und zur wissenschaftlichen Auffassung angeleitet werden.

[1] Logica Hamburgensis h. e. Institutiones Logicae, in usum Scholae Hamburgensis conscriptae et sex libris comprehensae. Hamburgi 1638. Lib. VI. cap. 18. p. 588. Leibnitz, Theodic. II. 214. G. E. Guhrauer, Joachim Jungius und sein Zeitalter, S. 154 ff., S. 309 f.

[2] Historische Beiträge zur Philosophie von Adolf Trendelenburg. Erster Band (Berlin 1846), Geschichte der Kategorienlehre, S. 262.

Ein hervortretendes Verdienst von Jungius dürfte aber darin be=
stehen, daß er nicht nur die aristotelische, formale Logik einer wei=
teren Ausbildung, auch in Bezug auf die Syllogistik, entgegenzu=
führen suchte, und namentlich die Methodik der demonstrativen Logik
nicht wenig durch exacte Entwickelung ihrer einzelnen Theile, soweit
Begriffe, Urtheile und Schlüsse diese bilden, förderte, sondern sie
auch zu den übrigen Disciplinen der Philosophie und der Erfah=
rungswissenschaften in ein positives Verhältniß zu setzen bestrebt war[1]).

Wie tief aber Jungius von Anfang an die Reorganisation der
Philosophie und dadurch auch aller Wissenschaften anstrebte, zeigt,
daß er schon in der im Jahre 1622 in Rostock gestifteten, von uns
bereits erwähnten societas ereunetica[2]) die Verwirklichung einer
Disciplin vor Augen hatte, die er als Heuretik oder auch wohl als
Zetetik bezeichnete, und deren Aufgabe er nicht nur in der Wieder=
herstellung verlorener Probleme, sondern auch in der Aufstellung und
Lösung neuer sah, um dadurch feste Grundlagen zu einer Wissen=
schaftslehre zu erlangen, welche im Stande sei, durch scharfe Ana=
lysis der Begriffe sowohl eine gesicherte Erkenntnißlehre zu gewin=
nen, als auch dieselbe auf die sämmtlichen Erfahrungswissenschaften
in Anwendung zu bringen. Nach seiner Auffassung sollte in jener

---

[1]) Die Logik des Jungius fand sowohl bei seinen Lebzeiten als auch nach
seinem Tode in den weitesten Kreisen eine seltene Anerkennung, so daß die Angriffe
des Wittenberger Professors Johann Scharfius (Lima Logicae Hamburgensis,
qua errata Joachimi Jungii expoliuntur atque emendantur, genuina vero
logices praecepta ex Aristotele aliisque probatis auctoribus exactius con=
firmantur. Wittenberg 1639) spurlos vorübergingen. Die zweite Ausgabe, welche
von seinem Schüler und Verehrer Johannes Vagetius, Professor der Logik und
Metaphysik am akademischen Gymnasium in Hamburg, besorgt wurde, erschien im
Jahre 1681, und unterscheidet sich nur durch einige wenige noch von Jungius her=
rührende Emendationen und durch ein die Vorzüge dieser Logik vor den übrigen
hervorhebendes Vorwort, so wie durch das dem Titel hinzugefügte Motto — —
Logicam Socrates elicuisse, Plato excepisse, Aristoteles aptasse et Jungius
explevisse perhibentur. Besonderen Eingang hatte die Logica Hamburgensis
in Helmstädt und Jena gefunden; hier war es Balthasar Cellarius, der schon im
Jahre 1647 über sie las.

[2]) Vgl. S. 61 f. Die Statuten dieser Gesellschaft finden sich bei Guhrauer,
a. a. O. S. 71 ff., S. 237. Henschel bezeichnet sie als die erste ihres Gleichen in
Deutschland, als die Vorgängerin der Londoner, Pariser, der Schweinfurter (nach=
maligen Leopoldina Naturae Curiosorum), a. a. O. S. 809.

Heuretik überhaupt die Analysis und Synthesis aller der Objecte vermittelt werden, welche von dem menschlichen Geiste erfaßt werden können, und für ihn in Betracht kommen. Doch steht er mit dieser Auffassung entschieden jener des Spinoza gegenüber, daß aller Vermittelung und aller Zusammensetzung im Denken ein unmittelbar Einfaches zum Grunde liegen müsse, das, wenn es gelinge, es adäquat aufzufassen, zugleich Princip und Kriterium für uns sein müsse. Weit entfernt, sich diesen Gedankenreihen zu nähern, scheint Jungius die Möglichkeit einer alle Wissenschaften umfassenden Heuretik in dem angedeuteten Sinne angenommen zu haben. Insofern der Begriff der Wissenschaft völlig abstract aufgefaßt wird, scheint er sich dem Gedanken hingegeben zu haben, daß jene Heuretik in sich die Normen und Methoden für sämmtliche Wissenschaften tragen müsse[1]). Andererseits aber ist unverkennbar, daß Jungius schon dadurch, wie er die Physik zum Mittelpunkte der Philosophie, von welcher ihre Umgestaltung ausgehen müsse, zu machen bestrebt ist, sich als Gegner einer rein transcendenten Philosophie erweist, da er die Objecte derselben vielmehr als Gegenstände des Glaubens betrachtet, die

---

[1]) Martin Fogellus in der historia vitae et mortis Jungii giebt folgende Schilderung: Sunt in Saxonia et ii omnes honestis vitae studiis dediti, a quibus ratio est inventa vel abstrusissima quaeque sophismata apodictice refutandi, idque ea certitudine atque evidentia, qua propositio aliqua Euclidea deducitur. Logicam quoque, quae nunc obtinet, tantis accessionibus locupletarunt, ut plane nova videri posset. His quasi armis confisi, planissime se probaturos pollicentur, Philosophiam Jesuitarum, quae Europam pene omnem hodie occupavit, non nisi sophisticam et meras imposturas esse, quibus illi, incautis hominum animis illapsi, Pontificiae superstitioni praesidium, sibi dominatum callidissime quaerunt. Deinde nova permulta in Mathematicis, partim affecta, partim etiam confecta, habent, et inprimis summum harum disciplinarum apicem, *Heureticam*, cujus ductu problemata amissa restituuntur, nova proferuntur, dubia firmantur; denique nobilissima haec scientia tam copiose augetur, ut infinitis modis vitae humanae commodet. Hoc amplius, viam longe expeditissimam pervestigandae naturae se monstraturos profitentur: quam si quis ingrediatur, futurum spondent, ut certo, et absque errore, ad rei propositae metam perveniat. Ea autem quia in permultis observationum quasi quodam filo dirigitur, quae sine instrumentis, operis, sumptibus, constare nequeunt, adjumenta quaedam ab hominum fortunatorum veriique amantium beneficentia desiderat. Cf. Molleri, Cimbria Literata, Tom. III. p. 343. Wittoni Memor. Philosoph., Dec. VI. p. 261 sqq.

nicht sowohl begrifflich erkannt werden können, als innerhalb des religiösen Bewußtseins durch den Glauben erfahren werden müssen.

Auch in diesem Punkte tritt er charcteristisch vor den Philosophen seiner Zeit hervor, da Jungius, wenn er gleich das Wesen des Glaubens nicht zum Object seiner wissenschaftlichen Entwickelung gemacht hat, am Glauben als solchem festhielt, und die ihm eigenthümliche Sphäre nicht vermengt wissen wollte sowohl mit dem Gebiete der Philosophie, als auch mit dem Gebiete der exacten Naturwissenschaften. Die Klarheit und Bestimmtheit seines Denkens und die Lebendigkeit und Innigkeit seines Glaubens an die Heilswahrheiten schützten ihn auch gegen manche Verirrungen seiner Zeit. Ließen sich selbst mehrere seiner Freunde in das Studium der Alchymie, der Astrologie und anderer Geheimwissenschaften hineinziehen, oder gaben dieselben sich verwandten Liebhabereien hin, durch welche ein gewisser mystischer und phantastischer Zug, der in der Zeit lag, seine Nahrung erhielt, so hielt sich Jungius von dem Allen fern, sprach der Astrologie selbst den Character einer Wissenschaft ab, welcher die feste mathematische Basis fehle, und beschäftigte sich fast ausschließlich mit der principiellen Durcharbeitung derjenigen Wissenschaften, die er auf neuer Grundlage zu restauriren gedachte. Da wo sich in einzelnen Ausführungen der Naturwissenschaften pantheistische Ansätze finden, werden dieselben auch sehr bestimmt von Jungius zurückgewiesen und bekämpft, nachdem er schon zu Padua diese pantheistische Richtung, welche durch Zabarella und Cäsalpinus, hauptsächlich durch den letzteren, vertreten war, kennen gelernt, und manche Anregung zu seinen naturwissenschaftlichen Studien aus derselben empfangen hatte. Finden wir überhaupt in der Zeit auf diesem Gebiete eine Hinneigung zu der Auffassung, daß alle Gattungsbegriffe ewig seien, insofern sie den Grund ihrer Subsistenz in der Ursubstanz haben, und daß die unteren Substanzen nur durch die oberen ihre Realität hätten, so theilt Jungius, der in allen seinen philosophischen und naturwissenschaftlichen Arbeiten nie und nirgends den theistischen Standpunkt verließ, diese Ansichten nicht, da ihm von vorn herein die schöpferische Thätigkeit des persönlichen lebendigen Gottes gewiß war.

Dagegen vertritt er in seiner Person eine andere wohl berechtigte Richtung dieser Periode, welche auf allseitige encyclopädische

Bildung drang. Es kann mit Fug behauptet werden, daß in Jungius recht eigentlich diese Richtung culminirte. Er besitzt ein seltenes encyclopädisches Wissen, das aber bei ihm nicht in Einzelheiten auseinanderfällt, sondern von principiellen Grundgedanken zusammengehalten und getragen wird. Der Universalismus, der ihn characterisirt, ist nicht etwa eine vielgeschäftige Vielwisserei, sondern die principielle Erkenntniß von der Einheit aller Wissenschaften. Ganz insbesondere aber zeigt sich die universalistische Tendenz von Jungius in der Absicht, eine neue Instauration aller wissenschaftlichen Disciplinen einzuleiten und zwar in der Art, daß sie sämmtlich zur Philosophie und ihren Aufgaben in ein bestimmtes Verhältniß treten sollten. Es ist dieses einer der reformatorischen Gedanken, von denen unverkennbar die Bestrebungen von Jungius ausgehen, und es ist nicht genug zu beklagen, daß seine natürliche Schüchternheit und Bedächtigkeit ihn von der Publication seiner meisten Arbeiten abgehalten hat, so daß nur durch seine Schüler und Freunde seine wissenschaftlichen Ansichten in weiteren Kreisen bekannt wurden.

Schon als Jungius sich von dem Studium der Mathematik, nachdem er durch die ihm übertragene Professur derselben bereits eine Berufsstellung erlangt hatte, sich zum Studium der Arzneikunde wandte, war er von dem Bewußtsein erfüllt, daß die Arzneikunde wesentlich nur auf dem Grunde der Naturwissenschaften mit Erfolg studirt und behandelt werden könne. Diese Auffassung theilte er auch später, nur daß er sie dahin ausgebildet hatte, daß eine Reformation der Arzneikunde mittelst der Naturwissenschaften anzubahnen sei. Als er von Helmstädt nach Rostock als professor ordinarius Mathematum zurückberufen war, widmete er sich wiederum mit großer Energie den philosophischen, mathematischen und naturhistorischen Studien[1]). Es war ihm nicht nur nicht entgangen, daß

---

[1]) In der von Bürgermeister und Rath der Stadt Rostock am Tage Michaelis Anno 1626 ausgestellten Bestallung heißt es, daß er zum professor Matheseos angenommen sei, um Arithmeticam, Euclidem, Sphaeram, Theorias plantarum oder andere in derselben Wissenschaft gute und bewährte Auctores und nützliche scripta zu lesen. Auch ist es für die Zeitverhältnisse, wo Mecklenburg sich zuerst von den Wallensteinischen Truppen bedroht sah, characteristisch, daß ihm außerdem die Pflicht auferlegt wird, seinen guten Rath zur Fortification der Stadt oder Anlegung anderer Werke, sobald man desselben benöthigt sei, seinem besten Verstande nach getreulich mitzutheilen.

in den Naturwiſſenſchaften ſich das Streben zeigte, lebendige Kräfte im phyſiſchen und intellectuellen Leben aufzufinden und nachzuweiſen, ſondern Jungius ſelbſt war es, welcher dieſem hie und da unbewußt vorhandenen Beſtreben erſt einen entſprechenden Ausdruck gab, und bewußt in die Wiſſenſchaft einführte, und zwar dadurch, daß er die Methode der Naturforſchung weſentlich umzugeſtalten mit unter= nahm. Indem er fordert, daß die Erneuerung der Philoſophie von der Phyſik ausgehe, ſucht er überall die Geſetze der Erfahrung durch exacte Beobachtung zu ermitteln, und bahnt dadurch die neuere Naturforſchung durch Begründung der Eigenthümlichkeit ihrer Me= thode an. Zugleich machte ſich der Grundgedanke überall jetzt gel= tend, daß der Mikrokosmus nur Abbild des Makrokosmus ſein könne. Sein Zeitgenoſſe, Johann Baptiſta van Helmont, welcher ſich eben= falls nicht durch Inhalt und Tendenz der damaligen Philoſophie befriedigt fühlte, und gegen dieſelbe reagirte, ſuchte dagegen durch che= miſche Verſuche, die er anſtellte, neue Grundlagen zum Aufbau der Philoſophie zu gewinnen. Auch er will Alles auf Erfahrung baſirt wiſſen, aber er iſt zugleich beſtrebt, den eigentlichen Grund deſſen, was Object der Erfahrung iſt, in den Erſcheinungen, die uns ent= gegentreten, aufzuweiſen. Vermittelſt der Chemie wollte er alle Erfahrung gleichſam analyſiren, und die verſchiedenſten Seiten des Naturlebens aufdecken; während er andererſeits in ſeiner Logica inutilis alle und jede bemonſtrative Logik verwarf, und ihre Bedeu= tung mehr als zuläſſig unterſchätzte. Es iſt aber charakteriſtiſch für dieſe Zeit, daß die Pfleger und Förderer der einzelnen Naturwiſſen= ſchaften vielfach bemüht waren, miteinander in Beziehung und Ge= meinſchaft zu treten, um ſich gegenſeitig ihre Verſuche und Ent= deckungen mitzutheilen. Die Glieder der von Jungius geſtifteten societas ereneutica hingen, durch den gleichen Forſchungstrieb ver= bunden, enge miteinander zuſammen, und wie Jungius ihre Be= ſtrebungen auf philoſophiſchem und naturwiſſenſchaftlichem Gebiete zu leiten ſuchte, und der Mittelpunkt derſelben war, ſo hat ſein Briefwechſel es außer Zweifel geſetzt, daß er auch ſonſt mit vielen einheimiſchen und auswärtigen Gelehrten in wiſſenſchaftlichem Ver= kehre ſtand, und ſie mannigfach anregte und förderte.

Wir finden Jungius ſchon ſeit dem Jahre 1624 in Brief=

wechsel mit Simon Pauli[1]), dessen Cousine, Catharina Havemann, er geehelicht hatte. Auf wissenschaftlichem Gebiete war es haupt=
sächlich die Botanik, welche das vermittelnde Band für beide war.
Jungius hatte sich mit Vorliebe der Botanik gewidmet, und hatte die
scharf sondernde Art der Begriffsbestimmung, die ihm innerhalb der
philosophischen Analysis eigen war, auf die Pflanzenkunde über=
tragen, so daß er im Gegensatze zu der bis auf ihn herrschenden
unwissenschaftlichen und willkürlichen Auffassung und Ordnung der
Pflanzen zuerst die Geschlechter, Gattungen und Arten wissenschaft=
lich näher zu bestimmen und festzustellen bemüht war[2]). Seine
Isagoge Phytoscopica wird von Kennern als eine botanische Ter=
minologie geschätzt, welche sich eben so sehr durch die Schärfe der
Begriffsbestimmungen als durch genetische Anordnung und durch
Kürze des Ausdrucks empfiehlt[3]). Bereits im Jahre 1615 hatte
der Herzog Philipp von Pommern der Universität Rostock das Her=
barium des Bischofs von Aichstädt (Hortus Eystettensis[4]) geschenkt,
woburch die botanischen Studien mannigfach gefördert wurden[5]).

---

[1]) D. Joann. Bacmeistero in Profess. Med. succedit Simon Pauli, Med.
D., Henr. Pauli, D., filius et Simonis Pauli, laudatissimi Theologi nepos,
introductus publico, praelatis Academiae Sceptris, die Tiburtii Anno 1634.
— — Ad Professionem Anatomicam in Academia Hafniensi a potentissimo
Danorum Rege Christiano IV. p. m. Anno 1640 evocatus. Etwas, J. 1738
S. 287.
[2]) Kurt Sprengel, Geschichte der Botanik, Theil 2. S. 27 ff. G. E. Guhrauer,
Joachim Jungius und sein Zeitalter, S. 77. S. 298 f.
[3]) *Joachimi Jungii* Lubecensis, Medic. Doct. et Gymnasii Hamburg.
quondam Profess. Publ. atque Rectoris, *Praecipuae Opiniones Physicae*, passim receptae, breviter quidem, sed accuratissime examinatae. Ex recen-
sione et distinctione Martini Fogelii, Hamb. Med. D. et Gymn. Hamb. P. P.
Accessit nunc primum ejusdem auctoris *Harmonica et Isagoge Phytoscopica*. Hamb. 1697. *Joachimi Jungii* etc. *Opuscula Botanico-Physica* ex re-
censione et distinctione Martini Fogelii et Joh. Vagetii, Log. et Metaph.
P. P., cura Joh. Sebast. Albrecht, M. D. Coburgi 1747. Bibliotheca Botanica, qua scripta ad rem herbariam facientia a rerum initiis recensentur.
Auctore Alberto von Haller. Tiguri 1771. Tom. I. p. 493 sq.
[4]) Hortus Eystettensis — — opera Basilii Besleri Philiatri et Phar-
macopoli. MDCXIII. Auf dem in Kupfer gestochenen Titelblatt selbst steht: Philippus Dux Pomeranorum Herbarium hunc in Sui memoriam contulit
Bibliothecae Academicae Rostochianae, mense Septemb. anno 1615.
[5]) Anno MDCXV Rectore Acad. Rostoch., Eilhardo Lubino, Theologo,

Die descriptive Botanik machte durch Jungius einen so bedeutsamen Fortschritt, weil sie bei ihm auf scharfer Beobachtung und philosophischer Gliederung ruhte, und weil das alle seine Arbeiten durchdringende logische Element auch hier vorherrschte. Hat man ihn in dieser Beziehung als den Vorgänger Linne's bezeichnet, so begreift sich, wie mächtig anregend er auf jüngere Männer, hauptsächlich auch durch die neue wissenschaftliche Methode, die er vertrat, einwirken mußte[1]). Schon im Jahre 1622 hatte sich Jungius von seinem alten Freunde und Studiengenossen Hermann Westhof, der als geachteter Arzt in Lübeck lebte, Samen kommen lassen, um in einem von ihm angelegten kleinen botanischen Garten Versuche anzustellen. Um dieselbe Zeit hatte Simon Pauli in Leiden[2]), wo er studirte, Gelegenheit, den dortigen botanischen Garten, dessen Vorsteher Dr. Vorstius war, zu benutzen, der insbesondere auch an aus-

Serenissimus Princeps PHILIPPUS, Dux Pomeraniae, Literatorum Maecenas, Sui temporis Incomparabilis, Bibliothecae Academicae Rostoch. *Herbarium* praesens *Eystettense*, Librum Centum Talerorum pretio constantem per legatum suum *Henricum Schwichelium* in frequenti Concilio solemniter obtulit et clementissime donavit. (Teste Matricula Acad. Rostoch. Rectoral.)

[1]) Cours de Phytologie où de Botanique générale, par le Chevalier Aubert-Aubert du Petit-Thouars p. 20 s.: — — mais les Modernes, dès leurs premières essais, ont cherché à les définir, comme Ruell, Fuchs et Le Bock: par ce moyen ils ont donc tenté de décrire l'extérieur des Plantes; mais, comme on peut le croire, leur travail etoit bien incomplet: ce ne fut qu'un siècle après, qu'il fut presque porté au point de perfection, où nous le voyons, par un homme isolé, Jungius; c'est dans un ouvrage intitulé Isagoge — — — Là se trouvent exposées fidelèment les bases de presque toutes les Méthodes, qui ont paru par la suite; aussi ces Principes ayant été produits par Ray, en 1689, comme préliminaires de celle qu'il imagina, passèrent de là successivement en tête de toutes les autres, mais sans qu'on fît mention de la source, d'où ils découloient; cependant Ray avoit scrupuleusement nommé l'Auteur, dont il les avoit empruntés. Ils devinrent donc un fonds, que chacun arrangea à sa guise etc.

[2]) Vgl. über Simon Pauli und dessen Briefwechsel mit Jungius: Avé-Lallemant, Des Dr. Joachim Jungius Briefwechsel mit seinen Schülern und Freunden, S. 38—48. So stand Jungius auch mit Christoph Schelhammer, der, aus Hamburg gebürtig, sein eifriger Schüler gewesen war, fortwährend in regem wissenschaftlichen Verkehr, als dieser Professor der Medicin und Botanik in Jena geworden war. Die Briefe von Jungius an Schelhammer, den er auch um Einsendung von ausländischem Samen bittet, zeigen, welches Interesse er auch der Botanik zugewandt hatte, und wie ungern er sie vernachlässigte, S. 171—175.

ländischen Pflanzen reich war, welche die Holländer von allen Orten
mit großem Kostenaufwand zusammengebracht hatten. Im Jahre
1634 wurde er, an Stelle von Johannes Bacmeister, herzoglicher
Professor der Medicin[1]), in welcher Stellung er mit Vorliebe die
botanischen Studien zu pflegen suchte. Dafür zeugt sein im Jahre
1639 zu Rostock herausgegebenes Werk: Quadripartitum botani-
cum de simplicium medicamentorum facultatibus[2]), welches damals eine große Verbreitung fand, und lange mit Nutzen gebraucht
worden ist. Die schweren Kriegsjahre, die gerade damals unmittelbar voraufgegangen waren, und auf alle Verhältnisse der Universität, wie unsere Darstellung bereits gezeigt hat, eine lähmende
Einwirkung geübt hatten, weckten in ihm den Entschluß, Deutschland zu verlassen, und nach Dänemark überzusiedeln. Obschon keine
Professur der Medicin damals in Kopenhagen erledigt war, gelang
es ihm die Professur der Anatomie und Botanik dort zu erhalten,
in welchem Amte er noch mehrere Decennien wirkte[3]) und, da bis
dahin die anatomischen und botanischen Studien noch keinen Ein-

---

[1]) Jacobus Fabricius führte ihn als Decan der medicinischen Facultät ein,
und bemerkt im Programm: Quae causa sit, quod, dum Hippocraticam Medicinam non segniter retineamus, Hippocratis laudem et famam tamen
non ubique adsequamur, oratione sua edisseret Vir Cl. D. Simon Pauli etc.

[2]) Seine fortgesetzten Beziehungen zu Jungius ergeben sich auch daraus, daß
er sofort ein Exemplar dieses Werkes ihm sendet, und ihm dabei schreibt: Quadri-
partiti ad artis medicae ac pharmaceuticae studiosos nomine publicas
(sc. nonnullas publicas lectiones) in praesens amica manu tibi obfero. Vgl.
Des Dr. Joachim Jungius Briefwechsel, S. 45.

[3]) Natus Anno 1603 d. 6. April., denatus 1680 d. 23. April. — — Germania belli cladibus afflicta, consilium iniit de familia sua in Regnum
Daniae transferenda, quo una socero Jacobo Fabricio Archiatro, qui non
ita pridem Arvisaeo successerat, porro Practicae Medicinae praeceptis illius
studia obfirmarentur. Sed nullo in Regia Hafniensi Academia vacante loco,
rebus suis non melius prospici posse est arbitratus, quam ut primus studia Anatomica, Chirurgica et Botanica Sereniss. Regi Christiano IV. Anno
1639 Pararic et Maecenate D. Casp. Brochmando, inclyti nominis Theologo, commendaret, eaque primus in illam Academiam introduceret; in qua
Regia Majestas ipsi ex singulari clementia honestum stipendium constituit,
cujus ingens auctarium, Maecenate altero illustri Heroe Dom. Christiano
Thomaeo, Regis et Academiae Hafn. Cancellario postmodum ex Regia
clementia obtinuit. — — Ex Jo. Baggeri Progr. Funebri in: Etwas, J. 1737
S. 307.

gang in Kopenhagen gefunden hatten, diese mit Erfolg vertrat, und in weitere Kreise einführte.

In diese Zeit fällt der von Jungius in Hamburg geführte Kampf über die Sprache und die Schreibart des Neuen Testaments, an welchem die Rostocker Freunde von Jungius, die Alle principiell auf seiner Seite standen, auf das lebhafteste Theil nahmen. Es war hauptsächlich Johannes Huswedel, mit dem er in näherer Beziehung stand. Dieser hatte selbst die Stellen am Gymnasium und Johanneum in Hamburg bekleidet, welche Jungius jetzt einnahm, hatte sie aber beide aufgegeben, um in seine früher eingenommene Stellung als Professor der praktischen Philosophie an der Universität Rostock zurückzutreten[1]). Es waren ihm nicht nur die Verhältnisse der beiden gelehrten Anstalten Hamburgs, das seine Vaterstadt war, speciell bekannt, sondern er hatte auch ein Verständniß für die von Jungius verfolgten Bestrebungen. Um so mehr fühlte sich daher auch Jungius veranlaßt, sich über diesen Streit gegen Huswedel auszusprechen. Jungius gehörte jener mit der Reformation und ihrer wissenschaftlichen Bewegung enge verknüpften humanistischen Richtung an, welche mit aller Energie der wissenschaftlichen Sprachforschung auch in Bezug auf die Sprachweise des Neuen Testaments und in Bezug auf die in derselben enthaltenen charakteristischen Eigenthümlichkeiten sich hingab, ohne dadurch irgend der Stellung der heiligen Schrift zum Begriffe der Offenbarung und der gläu-

---

[1]) Johann Huswedel, im Jahre 1575 zu Hamburg geboren, studirte in Rostock, und erwarb sich hier unter dem Decanat von Nicolaus Willebrand am 20. April 1598 das Magisterium. Nachdem er vom Jahre 1605 bis 1615 das Conrectorat am Johanneum in Hamburg bekleidet hatte, ward er in diesem Jahre Rector der Rostocker Stadtschule, und bald darauf an Stelle seines Promotors auch Professor der Moral an der Universität. Nach dem Tode von Johannes Posselius ward er im Jahre 1623 auch Linguae Graecae Professor. Am 24. Mai 1627 ward er zum Rector des Hamburger Johanneums und zugleich zum Professor der praktischen Philosophie am dortigen akademischen Gymnasium erwählt. Ende Februars 1629 legte er beide Aemter, in welche ihm Jungius folgte, nieder, und kehrte nach Rostock zurück, wo er an Stelle von G. Dasenius wiederum Professor der griechischen Sprache und später der praktischen Philosophie ward. Er starb im 76. Lebensjahre am 22. October 1652. Vgl. J. A. Fabricii, Memoriae Hamburg., P. II. p. 1068. 1073. 1121. 1124 sq. Etwas, J. 1737 S. 407 f., 443 f., 830. J. 1739 S. 798. J. 1742 S. 187. Molleri, Cimbria Literata, Tom. I. p. 269 ff. Krey, Andenken, Anhang S. 11 f.

bigen Auffassung ihrer Heilslehren Eintrag thun zu wollen. Neben großer Tiefe und Lebendigkeit des Glaubens, der seine ganze Persönlichkeit durchdrang, war ihm Schärfe und Akribie in seinen philosophischen Studien eigen. Er hatte sich in die Classiker eingelebt, und war durchdrungen von der Schönheit, der Reinheit und der Kraft der griechischen Sprache, die er sich in seltenem Maße angeeignet hatte. Hatte man bisher in der theologischen Wissenschaft der neutestamentlichen Gräcität die Classicität vindicirt, so wich Jungius in diesem Punkte von der hergebrachten Auffassung ab. Da er seinerseits der Ansicht war, daß die Diction des Neuen Testaments nicht rein griechisch sei, so glaubte er auch in den Verhandlungen des Lehrercollegiums des Johanneums in Hamburg, dem er als Rector vorstand, sich dahin erklären zu müssen, daß es für den Unterricht im Griechischen nicht ausreiche, wenn bloß das Neue Testament gelesen und erklärt werde, eine Ansicht, welche damals noch die herrschende war, und unter den übrigen Lehrern noch ihre Vertheidiger fand, sondern daß zugleich, wenn in völlig ersprießlicher Weise das Griechische gelehrt werden solle, ein Profanschriftsteller dem Unterrichte grundleglich zu machen sei[1]). Als kurze Zeit darauf am 20. Mai 1637 auf dem akademischen Gymnasium eine Disputation de probationibus eminentibus stattfand, bei welcher Johann Selbener Respondent war, fanden sich unter der Bezeichnung: Auctarium Praesidis noch mehrere Thesen eigenthümlicher Art aufgestellt, welche zum Theil in polemischer oder herausfordernder Fassung sich mit Fragen und Problemen beschäftigten, welche zwischen den einzelnen wissenschaftlichen Disciplinen streitig waren. Unter ihnen lauteten die Fragen (in Nr. 11):

Ad quam Facultatem pertineant quaestiones:

An Novum Testamentum scateat barbarismis?

An Lucae Evangelium prae ceteris majorem Graeci sermonis nitorem habeat?

Ad professionem linguarum pertinent.

---

[1]) Jac. Rhenferdius, Dissertationum Philologico-Theologicarum De Stylo Novi Testamenti Syntagma, p. 21 sqq. Joh. Alb. Fabricius, Biblioth. IV. 1, p. 225. Daniel Wulfferus, Innocentia Theologorum Hamburgensium, Sect. 10, p. 169 sqq. Molleri, Cimbria Literata, III. p. 345. G. E. Guhrauer, Joachim Jungius und sein Zeitalter, S. 112 ff.

Es wird sich nicht leugnen lassen, daß jene Fragen, wenn man den allgemeinen wissenschaftlichen Standpunkt jener Zeit in Bezug auf die Sprache und Diction des Neuen Testamentes in Anschlag bringt, etwas Auffälliges hatten, und daß insbesondere die Fassung der ersten Frage in einer Disputation, die unter öffentlicher Auctorität statt hatte, etwas, wie es schien, absichtlich Verletzendes hatte, und somit wohl Anstoß erregen konnte. Von Jungius selbst waren jedoch diese Thesen nicht ausgegangen, ja ihm selbst waren sie in dieser Fassung entgegen. Dennoch richtete sich der Unwille eines großen Theiles der Geistlichkeit wider ihn, da in der Frage, ob das Neue Testament von Barbarismen strotze? eine beabsichtigte Herabdrückung der auctoritas normativa der heiligen Schrift gesehen ward. Auch fand man in der gehaltenen Disputation, in welcher noch einige andere Thesen Anstoß erregten[1]), ein bedenkliches Aergerniß, welches der Jugend gegeben sei. Um diesem entgegenzutreten, bediente sich die Geistlichkeit des damals in Hamburg noch häufig üblichen Elenchus, und sprach ihre Mißbilligung der Disputation, insbesondere jener These, öffentlich auf der Kanzel in wenig schonender Weise aus. Dies hatte zur Folge, daß Jungius zu seiner Vertheidigung, da er sich durch das Verhalten der Geistlichkeit in seiner Ehre und persönlichen wie amtlichen Stellung beeinträchtigt glaubte, eine in deutscher Sprache abgefaßte Schrift zu seiner Rechtfertigung ausgehen ließ, welche sehr entschieden die

---

[1]) Es war überhaupt Sitte der Zeit, in den so häufig wiederkehrenden Disputationen vorzugsweise gerne paraboxe Sätze zu behandeln, um dadurch von vorne herein eine größere Aufmerksamkeit zu erregen. Nicht selten verband sich damit der Versuch, durch befremdende Aeußerungen der Disputation einen höheren Reiz zu gewähren. Zu jenen anstößigen Thesen gehörte auch die Thesis (Nr. 8): An concubitus possit peragi ab ignorantibus? und wird das Anstößige derselben nicht dadurch beseitigt, daß allerdings man es bei derartigen Fragen hauptsächlich auf den logischen Widerspruch oder auf die Undenkbarkeit ihres Inhaltes abgesehen hatte, es sich also mehr um die logische Form als um ihren Inhalt handelte. In der vorliegenden Frage zeigte sich dies auch durch ihre Zusammenstellung mit anderen: An lignum possit in lapidem et ferrum converti; an transmutatio detur non solum in insectis, verum etiam in quadrupedibus? Kam nun hinzu, daß bei solchen Disputationen schon früher es vorgekommen war, daß Glaubenssätze in Bezug genommen, und in ein zweideutiges Licht gestellt waren, so begreift es sich, daß unter diesen Umständen auch die Thesis (Nr. 14): An articulus de resurrectione carnis merae fidei sit? Bedenken erregen konnte.

wider ihn gerichteten Vorwürfe zurückwies, darin einstimmte, daß jene Frage eine ärgerliche Rede sei, die ihm nimmer gefallen, und erklärte, daß er nimmer habe gestehen wollen, daß barbarische Formeln im Neuen Testament vorhanden, „bevorab, weil die Griechen selber barbarismum für ein vitium oder Fehler der Sprache erkennen." Dagegen stellte er als seine positive Meinung hin, daß die Diction des Neuen Testaments hellenistisch sei, oder wie er auch sonst sich ausdrückt, „daß im Neuen Testament nicht recht Griechisch sei" [1]). Daß dies der Sachverhalt ist, ergiebt sich auch aus einem unter dem 5. November 1639 geschriebenen Briefe von Jungius an seinen Freund Huswedel, in welchem er sich gegen ihn über die Angriffe des Pastors M. Grosse beschwert, aus denen ihm und dem Gymnasium große Kränkung erwachse, ausdrücklich aber bezeugt, daß M. Werenberg die Frage unter seine Thesen aufgenommen, aber als negativ entschieden habe [2]). Das Ministerium Hamburgs hatte unterdessen sich an die theologische und philosophische Facultät Wittenbergs gewandt, deren Responsa dahin ausfielen, daß der Stil des Neuen Testaments nicht ohne Blasphemie der Barbarismen, wie man heutigen Tages den Barbarismus zu beschreiben pflege, beschuldigt werden könne, daß aber die Streitfrage der Kritiker über den hellenistischen Dialect des Neuen Testaments noch nicht entschieden sei. Die Wittenberger hatten sich nichtsbestoweniger für die Ansicht der Puristen im Wesentlichen erklärt, wodurch sich Jungius veranlaßt sah, die Lehrmeinungen älterer und neuerer Schrift-

---

[1]) Grosse, Trias propositionum, p. 3. Quarta Triadis def., p. 8: neque se statuere N. T. scatere barbarismis, sed stilum N. T. Hellenisticum esse disseruit.

[2]) Des Dr. Joachim Jungius Briefwechsel, S. 176: „Meinetwegen mag Grosse die Ansicht derer bekämpfen, welche einen hellenistischen Dialect im N. T. annehmen, nur geschehe das ohne Kränkung. Ich habe bisher nur dahin gestrebt, zu zeigen, daß diese Ansicht vielen gelehrten Männern gefallen, und deswegen nicht von der Kanzel herab dem ungelehrten Volk vorerzählt werden müsse." Zugleich deutet er darauf hin, daß sich der Streit um einen Namen drehe, und macht darauf seinen Freund Huswedel aufmerksam, daß Salmasius in der Vorrede seines Buches, de modo usurarum, zu beweisen gesucht habe, daß der Dialect im Neuen Testament kein hellenistischer zu nennen sei, weil die Wendungen, welche jene hellenistische nennen, vielmehr Syriasmen zu nennen seien, der Dialect aber ein macedonischer oder antiochenischer.

steller über den Stil des Neuen Testaments, sowie über dessen
hellenistischen Dialect zusammenzustellen, so daß die Schrift, worin
Jungius alle und jede Meinungs=Aeußerung von seiner Seite ver=
mieden hatte, als ein objectives Zeugniß, wie die Kirche diese Frage
in den verschiedenen Perioden ihrer Entwickelung aufgefaßt und
beurtheilt habe, angesehen werden konnte und mußte.

Dieser Gesichtspunkt aber ward vom Hamburgischen Ministe=
rium völlig verkannt, und da die Ansicht bei ihm vorwaltete, daß
diese Schrift von ihm nicht unbeantwortet gelassen werden könne,
gab Grosse in seinem Namen die Schrift: Trias propositionum
theologicarum stylum N. T. Graecum a barbaris criminationibus
vindicantium et sententiam Criticorum, qui Hellenismum propugnant, nihil illius rectitudini derogare ostendentium. Jenae
1640 heraus, in welcher er zwar rügt, daß Jungius es unterlassen
habe, sich gegen die Vorwürfe, welche von den Heiden gegen die
barbarische Sprache des Neuen Testaments erhoben seien, und gegen
die anzüglichen Reden derselben auszusprechen, auch im Uebrigen
es tadelt, daß man den Ausdruck Barbarismen auf das neutesta=
mentliche Sprachidiom angewandt habe, dennoch keineswegs sich
gegen die Ansicht derer entschieden erklärt, welche im Unterschiede
vom rein Griechischen von einem hellenistischen Dialect reden[1]. Ins=
besondere warf man Jungius vor, daß er die Ansichten über den
Hellenismus mit den Schmähungen und Anschuldigungen der Hei=
den vermischt, und mit keinem Worte zurückgewiesen habe[2]. Der
Hamburger Senat, auf den die Mißbilligung, welche Grosse's Vor=
gehen gegen Jungius allgemein in Rostock gefunden, Eindruck ge=
macht hatte, verlangte von dem Senior des Ministeriums die Vor=

---

[1] Sententiae doctissimorum, tam veteris, quam recentioris aevi, scripto-
rum, de stylo sacrarum literarum et praesertim N. T. Graeci, nec non de
Hellenistis et Dialecto Hellenistica, wieder abgedruckt in: Jac. Rhenferdius,
Dissertatt. philolog. theolog. de stylo N. T. syntagma (Leow. 1702).

[2] Trias propositionum de Stylo N. T. p. 6: quod — ea, quae de sim-
plicitate styli apostolici a veteribus (Patribus scilicet) et de Hellenismo
a recentioribus sunt scripta, cum istis, quae in contemptum S. Scripturae
gentiles effutierunt, per chaos quoddam confusum commisceret, et, quid
de criminationibus horum, stylum apostolicum, ceu βαρβαρίζοντα, σολοικί-
ζοντα, σκοτοτομικὸν ac ἀλυτικόν, traducentium, sit statuendum, ne verbulo
quidem ullo moneret.

legung der Schrift vor ihrem Drucke, aber bereits war sie nach Wittenberg gesandt, so daß der Senat sich veranlaßt sah, dorthin zu schreiben, um das Erscheinen der Schrift zu verhindern, da er besorgte, daß dieselbe zur Verkleinerung des akademischen Gymnasiums werde gereichen. Bei dieser Gelegenheit erklärte er ausdrücklich, daß Niemand auf demselben den Ausspruch über das hellenistische Idiom zum Schaden der Religion und zur Verachtung des göttlichen Wortes mißbrauche. In Rostock hatte man lebhaft für Jungius Partei genommen. Quistorp vor Allem sprach seine Bedenken gegen den von ihm eingeschlagenen Weg dem M. Grosse selbst aus, machte ihn auf die falsche Auffassung aufmerksam, die er sich von dem Streite gebildet hatte, und erinnerte ihn daran, daß viele der berühmtesten Männer über die Schreibweise des Neuen Testaments mit Jungius übereinstimmten[1]. Dasselbe bezeugt ihm auch von Jena aus der mit ihm nahe verbundene Christoph Schelhammer[2], daß die dortigen Gelehrten von hoher Achtung gegen ihn erfüllt seien.

Während aber Jungius schwieg, und den Streit selbst nicht fortsetzte, traten Andere für ihn ein, und richteten ihre Angriffe gegen Grosse. Besondere Aufmerksamkeit erregte damals eine anonym unter dem Titel Innocentia Hellenistarum erschienene Schrift, deren Verfasser anfangs selbst Jungius unbekannt war, der sich aber ihm wider alles Erwarten in einem eigenhändig an ihn gerichteten Briefe als Daniel Wülfer entdeckte[3]. Diese mit polemischer Gewandtheit geschriebene Schrift veranlaßte auch Grosse zu

---

[1] Des Dr. Joachim Jungius aus Lübeck Briefwechsel mit seinen Schülern und Freunden, S. 180: unter ihnen Herr Sievogt, ja daß selbst in des Camerarius Anmerkungen zum Neuen Testament es oft hieße βαρβαριϲει λἑξιϲ, σολοικιϲει λἑξιϲ, daß aber ja nicht deswegen ein Vorwurf von Gottlosigkeit von Jemand erhoben worden wäre.

[2] Vgl. den Brief Schelhammers an Jungius, ebendas. S. 181.

[3] Wülfer war zwar mit Schelhammer befreundet, kannte jedoch Jungius persönlich gar nicht. Seine Verehrung für denselben bewog ihn, in der Innocentia Hellenistarum die Widersprüche in scharfer Weise aufzudecken, in welche Grosse sich verwickelt hatte. Durch den Inhalt dieser Streitschrift fühlte sich Grosse sehr verletzt. Zugleich hatte ihn Wülfer in einer Disp. de praecipuis linguarum vitiis. Jenae A. 1640. Thes. XXIII, angegriffen, die von ihm unter dem Vorsitz von Johann Michael Dilherr gehalten war.

einer ziemlich scharfen Entgegnung an den ihm unbekannten Ver=
faffer, welche er in die neue Ausgabe seiner Trias propositionum
theologicarum aufnahm, die gerade damals zu Hamburg erschien.
Jetzt aber trat Johannes Musäus[1]), damals Assessor der philoso=
phischen Facultät in Jena gegen ihn auf, wozu die Facultät selbst,
wider deren Willen die Trias propositionum zu Jena gedruckt war,
ihn veranlaßte[2]). Als darauf Grosse die dritte Vertheidigung seiner
Trias schrieb, setzte ihr Musäus im Jahre 1642 seine Schrift ent=
gegen: Vindiciae pro sua de stylo N. T. disquisitione adversus
M. Jac. Grossii defensionem Triadis tertiam. Musäus selbst schickte
diese Schrift an Jungius, theilte ihm mit, daß die Unwürdigkeit
der Sache ihn zu dieser Entgegnung genöthigt habe, und knüpfte
daran die Bitte, ihm die etwaigen Irrthümer und Unsicherheiten
kund zu thun. Da Musäus dem Hamburgischen Senat seine Vindiciae gewidmet, und in der Epistola Dedicatoria an densel=
ben die Sachlage erörtert hatte, mußte dieses nicht wenig dazu
beitragen, einer richtigeren Einsicht allmählich auch in weiteren
Kreisen Eingang zu verschaffen[3]). Der unermüdliche Grosse ant=
wortete zwar mit einer Schrift, in welcher er zum vierten Male

---

[1]) Johannes Musäus, am 7. Februar 1613 im Schwarzburgischen geboren,
studirte zu Erfurt und Jena, wo er anfangs den philosophischen und humanistischen
Studien oblag, und sich erst später dem Studium der Theologie widmete, wo
Gerhard, Major, Dilherr und Glassius seine Lehrer wurden. Da er sich specieller
mit den Problemen der Philosophie beschäftigt hatte, besaß er dialectische Schärfe
und Gewandtheit, die sich auch in seinen Streitschriften bemerkbar macht. In den
Fragen, welche damals auf dem Gebiet der philologia sacra verhandelt wurden,
folgte er selbständig und einsichtsvoll einer freieren Richtung, ohne irgendwie den
Glaubenswahrheiten etwas zu vergeben, oder ihnen zu nahe zu treten. Als er an
dem Streite, in den Jungius verflochten war, sich betheiligte, war er noch nicht
Professor der Theologie, was er erst im Jahre 1646 wurde, nachdem er im Jahre
1643 Professor der Geschichte geworden war. Als Professor der Theologie stand
er in Jena bis zu seinem im Jahre 1681 erfolgenden Tode. Witten, Memor.
Theolog., p. 2069.

[2]) Disquisitio de Stylo N. T. Philologica, in qua M. Jac. Grossii Trias
Propositionum et Observationum apologeticarum modeste examinatur. Jenae 1641.

[3]) Vgl. den von Musäus an Jungius gerichteten Brief, Jena, 9. Februar
1642 (ep. ad Jung. Vol. II. Stück XV) bei Avé=Lallemant, Des Dr. Joachim
Jungius aus Lübeck Briefwechsel mit seinen Schülern und Freunden, S. 193 ff.;
ferner vgl. S. 222 und S. 252.

ſeine Trias vertheidigte, ohne daß es ihm gelang, durch die ganze
Abfolge ſeiner fünf polemiſchen Schriften, welche ziemlich raſch
hinter einander von ihm veröffentlicht waren, eine irgendwie bedeutende Einwirkung hervorzubringen. Das Anſehen des Jungius war
namentlich auswärts ein ſo allgemeines, daß der heftige über dieſe
Frage entbrannte Kampf weder ihm, noch der Anſtalt, an welcher
er wirkte, bleibenden Nachtheil bringen konnte. Es lag aber in der
objectiven Wahrheit der Anſicht, welche Jungius vertrat, daß dieſe
mehr und mehr auch in den weiteſten Kreiſen ſich geltend machen
mußte. Caliſt, der damals in Helmſtädt bereits in hohem Anſehen ſtand, ſprach ſich bei verſchiedenen Gelegenheiten im Sinne
von Jungius über den helleniſtiſchen Dialect im Neuen Teſtamente
aus. Auch Salmaſius, welcher zwar nicht den Namen einer helleniſtiſchen Sprache gelten laſſen wollte, erkannte auf das beſtimmteſte an, daß hebräiſche und ſyriſche Phraſen, antiochenſiſche Wörter
und Macedoniſches überall und häufig im Neuen Teſtamente vorkomme. Die innere Entwickelung, welche die Wiſſenſchaft nach
dieſer Seite nahm, zeigte ſehr bald die völlige Berechtigung der
von Jungius vertretenen Auffaſſung, und verknüpfte in dieſer Beziehung ſeinen Namen für immer mit einem für die Wiſſenſchaft
der bibliſchen Philologie nicht unweſentlichen Fortſchritt[1]).

Die Entwickelung dieſes Streites hatte nicht nur in Roſtock
die allgemeinſte Theilnahme in Anſpruch genommen, ſondern auch
die Roſtocker Freunde von Jungius, insbeſondere Huswedel und
Quiſtorp, hatten ihm vielfach berathend zur Seite geſtanden. Die
humaniſtiſchen Studien, welche anfangs durch den Einfluß Melanthons, ſpäter durch die glänzenden Gaben und Beſtrebungen von
Caſelius in Roſtock mit großer Vorliebe gepflegt wurden[2]), hatten
noch immer beſonderer Liebe und Anerkennung dort ſich zu erfreuen,
und ſelbſt während der ſchweren Drangſalsperiode des dreißigjährigen Krieges lagen ſie nicht darnieder. Johannes Poſſelius der
Jüngere wirkte bis zu ſeinem im Jahre 1623 erfolgenden Tode

---

[1]) Es iſt ſchon früher darauf hingewieſen, wie gerade mit dieſem Streite und
den durch ihn hervorgerufenen Schriften, die principiellen Verhandlungen über
Sprache und Schreibart des Neuen Teſtaments erſt beginnen, S. 16.

[2]) Krabbe, die Univerſität Roſtock im 15. und 16. Jahrhundert, S. 717 ff.,
S. 723 ff.

mit großem Eifer für die classischen Studien, auf deren Bedeutung und Wichtigkeit auch die theologische Facultät in völliger Uebereinstimmung mit der von ihr vertretenen Richtung mit großem Ernste und Nachdruck hinwies. Da sie den hohen Werth der exegetischen Studien erkannte, und das Studium der griechischen Sprache als den Schlüssel zum Evangelium betrachtete, so fehlte es von ihrer Seite nicht an kräftiger Förderung der classischen, insbesondere der griechischen Sprachstudien. Weit entfernt davon in ihnen Hemmnisse für den Glauben und für christliches Leben zu sehen, waren auch die Theologen Rostocks, insbesondere die beiden Tarnove nebst den meisten ihrer damaligen und späteren Collegen, von der Ueberzeugung durchdrungen, daß auch für die theologische Wissenschaft aus der Sprache und Literatur der Griechen, sofern nur ein gründliches Studium auf sie verwandt werde, ein reicher und bleibender Gewinn hervorgehen müsse.

Hatte Caselius die classischen Studien in Rostock zu einer seltenen Höhe emporgehoben, so war nach seinem im November 1589 erfolgten Abgange nach Helmstädt die Liebe zu denselben keineswegs erloschen. Die Universität bewahrte den Melanthonschen Typus nach dieser Seite hin auf das bestimmteste, und suchte, nachdem Nathan Chyträus, der drei Decennien hindurch um die Förderung der classischen Studien sich nicht geringe Verdienste erworben hatte, einem Rufe nach Bremen im Jahre 1593 Folge geleistet hatte, neue Kräfte für das Unterrichtsgebiet der classischen Literatur zu gewinnen.

Schon im Jahre 1596 trat der ausgezeichnete Hellenist Eilhard Lubinus[1]), dessen Wirksamkeit bis in die Zeit unserer Geschichtsdar-

---

[1]) Eilhard Lubinus war am Mittwoch vor Palmarum, den 24. März 1565, zu Westerstede im Oldenburgischen, wo sein Vater, Friedrich Lubinus, Pastor war, geboren, besuchte später die Universitäten Leipzig, Cöln, Helmstädt, Straßburg, Jena und Marburg, und erwarb sich eine umfassende humanistische Bildung. Am 2. September 1591 erhielt er unter dem Decanat von Nathan Chyträus das Magisterium, welcher Feierlichkeit der Herzog Wilhelm von Liefland und Curland, der damals Rector der Universität Rostock war, beiwohnte, vgl. De Rectoribus Academiae Rostochianae Magnificentissimis atque Illustribus, p. 14 sq., und ward im Jahre 1595 unter dem Decanat von Erasmus Stockmann in die philosophische Facultät recipirt. Die Professur der Philosophie erhielt er an Stelle von Heinrich Gerlach, welcher vor Bekleidung dieser Professur Lehrer des Herzogs Ulrich, Bischofs

stellung hineinreicht, die Professur der Poesie an. Er besaß eine bewunderungswürdige Belesenheit in den griechischen Schriftstellern, beherrschte wie wenige in jener Zeit auch die römische Literatur, und hatte sich in beiden Sprachen eine so seltene Gewandtheit des Ausdrucks angeeignet, daß er in ihnen sowohl in gebundener als ungebundener Rede in gleichem Maße beredt war. Zugleich ent= wickelte er eine vielseitige literarische Thätigkeit in der Bearbeitung des Persius, des Theokrit und des Anakreon, die er neu edirte, theils mit Paraphrasen und Erläuterungen versah. Sein im Jahre 1604 erschienenes florilegium griechischer Epigramme verdient her= vorgehoben zu werden. Auch Horaz gab er heraus, emendirte ihn vielfach, und erläuterte ihn durch eine neue Paraphrase. Besonders hatte er den Oden seine Thätigkeit zugewandt. Seine philosophi= schen Bestrebungen und Studien zeigen sich in einer großen Zahl von Disputationen de veritate religionis Christianae, welche sich vorzugsweise mit der Theologie im engeren Sinne beschäftigen, und die Heilslehren in Bezug nehmen, aber auch über speciell philoso= phische Probleme, wie de ente et aeternitate handeln. Die Viel= seitigkeit seiner Bildung zeigte sich auch darin, daß er in der Ma= thematik, Astronomie und Geometrie, Disciplinen, die seinen Studien verhältnißmäßig fern lagen, bedeutende Kenntnisse besaß. Als er

---

von Schwerin, gewesen war. Nach dem Tode des Dr. Joh. Freber ward er im Jahre 1604 Professor der Theologie, und nachdem er pro gradu disputirt hatte, ward er am 13. Junius 1605 unter dem Decanat von Balentin Schacht zugleich mit Paul Tarnov und Lucas Bacmeister zum Doctor der Theologie creirt. Am 12. März 1607 ertheilte Lubinus nach vorausgegangener Inaugural=Disputation die theologische Doctorwürde „Dn. Bartholdo Krakevitio, nobili ex illustri insula Rugia Pomerano, et citerioris Pomeraniae Superintendenti designato," Theolog. Protocoll=Buch p. 54, welcher der Aeltervater des D. Albr. Joach. von Krakevitz ist (vgl. C. E. F. Dalmer, Sammlung etlicher Nachrichten aus der Zeit und dem Leben des A. J. von Krakevitz, Stralsund 1862, S. 1. 2). Nachdem Lubinus im Jahre 1603, 1609, 1615 das Rectorat verwaltet hatte, starb er wäh= rend seines vierten Rectorats am 2. Junius 1621. Vgl. Programma, in funere Magnifici Academiae Rostochiensis Rectoris Viri Reverendi et Clarissimi Dn. Eilhardi Lubini, SS. Theologiae D. et Professoris, nec non Provincialis Consistorii Megapolitani Assessoris meritissimi; propositum a Senatu ejus-dem Academiae, 5. Junii Anno 1621. Etwas, J. 1737 S. 190. 372. J. 1738 S. 788. 818. J. 1739 S. 792. 795. 836. J. 1740 S. 209 f. 214 ff. 218. Krey, Andenken VI. S. 47 f.

im Jahre 1604 Professor der Theologie geworden war, ward er
bald darauf in einen Streit verwickelt, dessen Verlauf und Aus=
gang schon in die Zeit fällt, die der Periode unserer Geschichtsdar=
stellung voraufgeht, weßhalb wir auf ihn nicht specieller eingehen.
Wir gedenken desselben nur insofern, als sich in ihm auf philoso=
phischem Gebiete die Ende des sechszehnten und Anfang des sieb=
zehnten Jahrhunderts hervortretende antiaristotelische Richtung, die
zugleich platonische Elemente in sich trug, bemerkbar macht. Erst
als er deßhalb Angriffe erfuhr, schwächte er in der zweiten Ausgabe
seiner Schrift nicht nur seine antiaristotelischen Ausführungen ab,
sondern verwahrte sich auch dagegen, als ob er zu den Neulingen
gehöre, qui Aristotelem ex superioribus scholis et Academiis
profligandum judicant. Auch zeigt sich hier, wie die skeptische Rich=
tung sich vorbereitet. Zugleich hängt damit der Vorwurf calvinischer
Tendenzen zusammen, welcher gegen Lubinus erhoben ward.

In seiner Schrift Phosphorus, sive de prima causa et natura
mali[1]) verfolgt er nach seiner eigenen Erklärung den Zweck, Gott
als den Gerechten zu erweisen, geht jedoch nichtsdestoweniger in
eine bialectische Erörterung des Wesens und des Ursprungs des
Bösen ein, die an sich nicht unbedenklich war, obschon er von vorne
herein erklärte, daß Alles, was etwa dem Worte Gottes oder der
Lehre der Kirche widerstreite, ungesagt sein solle, und er bereit sei,
es auf Erinnern zu ändern. Indem er das Sein und das Nichts
(Ens et Nibil) gleichsam als zwei Principien der Dinge setzt, und
aus diesem durch jenes alle Dinge hervorgehen läßt, schließt er,
daß, insofern etwas ist und Vollkommenheit hat, dies zurückzu=
führen sei auf das Sein oder Gott, insofern aber es unvollkommen
ist und nicht ist, auf das Nichts. Hieraus zieht er die Folgerung,
daß das Böse zwar sei, aber nicht von Gott sei. Somit besteht
ihm das Böse wesentlich in dem Defect. Alles, was ist und Wesen
hat, ist gut, insofern es aber nicht mehr substantiell ist und zum
Nichts herabsinkt, ist es böse. Das Wesen des Bösen ist also
defect, da das Nichts das Böse bewirkt hat. Insofern nun das

---

[1]) Eilhardi Lubini Phosphorus, sine de prima causa et natura mali
tractatus hypermetaphysicus, in quo multorum gravissimae et dubitationes
tolluntur et errores deteguntur. Rostochii 1596. Iterata editio auctior et
perfectior. Rostoch. 1601. Diese zweite Ausgabe ist eine bedeutend erweiterte.

Böse in einer Abweichung von Gott bestehe, werde jenem nicht eine causa efficiens, sondern nur eine causa deficiens beigelegt werden können. So findet er die einzige und wahre Ursache in dem Nichts. Hieran schließen sich die weiteren Behauptungen des Lubinus, daß die Sünde nothwendig gewesen, und daß die gefallenen Menschen ein Zeugniß entweder der Barmherzigkeit Gottes oder seiner Allmacht und Gerechtigkeit wären. Bei der Beurtheilung dieses in der Kürze angegebenen Inhalts darf nicht übersehen werden, daß Lubinus noch die ältere, auch seiner Zeit eigene Ansicht theilte, welche Philosophiren für ein Setzen und Lösen von Problemen hält, und diese mittelst eines logischen Formalismus möglichst vollständig aufzufassen bemüht ist, um dann die Beantwortung und Lösung in gleich äußerlicher logischer Abfolge gegenüber zu stellen. Nicht selten geschah es, daß man sich an den schwierigsten Problemen am liebsten versuchte, und dieselben in akademischen Schriften in der gedachten Form verhältnißmäßig kurz auseinanderzulegen und zu lösen bestrebt war.

Gegen Lubinus Schrift trat nun Albert Grawert[1]) mit der Anschuldigung auf, daß durch sie die Keime der calvinischen Lehre verbreitet würden. Hauptsächlich wies er auf Lubinus Ansicht von der Nothwendigkeit des Bösen hin, und suchte zu zeigen, daß in seinen Ausführungen offenbarer Calvinismus de causa peccati enthalten sei[2]). Obwohl nun Lubinus in einer Schrift Apologeticus sich verantwortete, beharrte Grawert in seiner Erwiderung bei seinen Behauptungen, und suchte diese durch neue Belege zu unterstützen[3]).

---

[1]) Absurda absurdorum absurdissima, Calvinistica absurda, hoc est, invicta demonstratio, Logica, Philosophica, Theologica aliquot horrendorum paradoxorum Calviniani dogmatis in articulo de persona Christi, Coena domini, baptismo et praedestinatione filiorum Dei, scripta a M. Alberto Grawero, illustris Gymnasii Eislebiens. Dn. Comitum Mansfeldensium Rectore. Magdeburgi 1606.

[2]) Vgl. über die weiteren zwischen Lubinus und Grawert gewechselten Streitschriften: Zacharias Grape, Das Evangelische Rostock, (1707) S. 437 ff. Jo. Christoph Wolf, Manichaecismus ante Manichaeos II. § LXIV, p. 270 sqq. Etwas, J. 1740 S. 23 ff. 49 ff.

[3]) De causa peccati tractatio theologica, ad Theologos Augustanae Confessionis in Germania. Auctore Eilhardo Lubino, Professore Theologicae publico in Acad. Rostochiensi. Rost. 1607. Daran schließt sich noch:

Auch brachte er von Georg Mylius, Leonhard Hutter, Conrad
Schlüsselburg und anderen bekannten lutherischen Theologen Urtheile
bei, welche das von ihm Ausgesprochene bestätigten. Zugleich ent=
kräftet er die Anschuldigungen Lubins, als ob ihn persönliche Mo=
tive bewogen hätten, wider ihn zu schreiben, und sucht zu zeigen,
daß es ihm wesentlich nur darum zu thun gewesen sei, die Jugend
vor dem Gift der Irrlehre Lubins zu bewahren. Und in der That
wird sich nicht leugnen lassen, daß Lubinus in der Erörterung der
so schwierigen Frage nach dem Ursprunge des Bösen wohl Anlaß
zu manchem Bedenken gegeben hatte. Denn wenn er sich auch fern
hält von dem pantheistischen Irrthum, welcher Gott als Urheber
des Bösen betrachtet, so ist es ihm doch weniger gelungen, die an=
dere Klippe bei Erörterung dieser Fragen zu vermeiden, insofern
er das Böse aus selbstständigem Princip — mag er es immerhin
als Nihil bezeichnen, das dem Ens entgegengesetzt wird — ableitet,
und somit ein doppeltes Princip des Seins aufstellt. In Veran=
lassung aber des Herzogs Carl von Mecklenburg gab Lubinus vor
dem Rector, der theologischen Facultät, den Assessoren des Consisto=
riums und den Landes=Superintendenten die Erklärung ab, daß er
sowohl im Artikel de causa peccati als auch in allen übrigen Lehr=
stücken sich zu der Lehre der Augsburgischen Confession, der Apo=
logie und der Concordienformel bekenne. Zugleich gestand er zu, daß
manches in seiner philosophischen Schrift Phosphorus weniger theo=
logisch ausgeführt sei; auch habe er das, was er über die Noth=
wendigkeit des Bösen und andere Punkte weniger vorsichtig ge=
schrieben, längst verworfen. Indem er bemerkt, daß jene Aus=
führungen meistens aus Plato und Lactanz entnommen, und über=
haupt als jüngerer Mann jene Schrift geschrieben habe, wo er noch

---

De causa peccati tractatio theologica, anniversariae disputationis loco publice proposita, de qua, juuante Deo, praeside Eilhardo Lubino, S. S. Th.
D. et Prof. Ord., respondebit M. Martinus Hallervordius, Osnabrugensis
Westphalus in Auditorio magno die 20. Maii 1607. Die Disputation hängt
sachlich mit der vorangehenden Schrift zusammen, und behandelt das Lehrstück von
der Sünde, ihrem Ursprunge, ihrem Wesen und ihren Folgen, welche der Fall
Adams nach der habituellen wie actuellen Seite für uns gehabt hat, nach der hei=
ligen Schrift und dem Bekenntniß der lutherischen Kirche. Offenbar ist Lubinus
bemüht, im Gegensatze zu den Heterodoxien seines früheren Standpunktes, seine
orthodoxe, dem Bekenntniß gemäße Stellung zur Hamartologie darzuthun.

nicht Profeſſor, geſchweige denn Glied der theologiſchen Facultät geweſen, erinnert er zugleich daran, daß er von vorne herein, das was in ſeiner Schrift weniger Theologiſches gefunden würde, für ungültig erklärt habe. Der Streit erhielt endlich ſeinen völligen Abſchluß durch die Schrift Lubins de causa peccati tractatio theologica, ad Theologos Augustanae Confessionis in Germania, in welcher er ſeine irrigen oder minder klar und entſprechend ausgedrückten Lehrmeinungen theils widerrief, theils erläuterte.

Später ſetzte Lubinus ſeine umfängliche literariſche Thätigkeit fort, welche auf theologiſchem Gebiete hauptſächlich in exegetiſchen Arbeiten beſtand, unter denen ſeine Exercitationes Theologicae in D. Apostoli Pauli ad Galatas Epistolam et ad Ephesios Epistolam et in utramque ad Timotheum Epistolam, ſowie in utramque Epistolam D. Petri et in D. Joannis Apostoli Epistolam Catholicam primam, secundam et tertiam hervorgehoben zu werden verdienen[1]). Unter ſeinen bibliſch-theologiſchen Arbeiten aber iſt ſein Monotessaron, siue historia Christi Jesu, Seruatoris nostri, zu nennen, als Verſuch einer Geſchichte Jeſu durch Zuſammenfügung der vier Evangeliſten zu einer Geſchichtserzählung; nach dem Vorgange von Martin Chemnitz und Polykarp Leyſer[2]) iſt der griechiſche Text, der lateiniſche nach der Ueberſetzung des Erasmus, und der deutſche nach Luthers Ueberſetzung zugleich in parallelen Columnen nebeneinander geſtellt[3]). Daneben iſt er auch auf philoſophiſchem

---

[1]) Eilhardi Lubini in minores omnes sanctorum Jesu Christi Apostolorum Pauli ad Galatas, Ephesios, Philippenses, Colossenses, Thessalonicenses, Timotheum, Titum, Philemonem, Jacobi, Petri, Johannis et Judae Epistolas exercitationes Theologicae propositae in Academia Rostochiensi. Rostochii Anno CIƆIƆCX. Vgl. über dieſe Schriften Lubins: Etwas, J. 1741 S. 282 ff., 311 ff., 342 ff., 381 ff., 405, 407.

[2]) Epitome Harm. ev. consc. a Chemnitio, edita Lysero. Wit. 1594. Vgl. auch: Harmoniae ev. a Chemnitio inchoatae, per Polyc. Leyserum continuatae l. V. Accessit de passione commentar. conscript. opera J. Gerhardi. 1641 f.

[3]) Eine hiervon verſchiedene, wenn auch einigermaßen verwandte Schrift iſt: Monotessari siue historiae Euangelicae ex quatuor Euangelistis contextae et in sex libros distributae Liber primus et secundus, collatione versionum Latinarum cum textu Graeco et inter se, item paraphrasi, et Commentariis ita explicati, ut non solum discentium in Academiis, sed etiam docentium in templis usibus salubriter inseruire possint, ab Eilhardo Lubino,

Gebiete thätig und unermüdlich bestrebt, der Vernachlässigung der humanistischen Studien entgegenzuwirken[1]).

Als Huswebel aus Hamburg, wo Jungius die von ihm bekleideten Stellen einnahm, nach Rostock zurückgekehrt war, und wiederum die Professur der praktischen Philosophie und der griechischen Sprache übernommen hatte[2]), wirkte er während einer langen Reihe von Jahren mit großem Erfolge. Neben dem Studium Plato's empfahl er dasjenige Epictets und Seneca's. Seine große Belesenheit auf dem Gebiete der griechischen Literatur, durch welche in seiner früheren Stellung Lucas Holstenius, der auch nach seinem Uebertritt zur römischen Kirche sich ihm dankbar verpflichtet fühlte, mächtig angezogen und angeregt war, fand auch in Rostock die verdiente Anerkennung. Die Richtung, welche Huswebel in seiner philosophischen Professur verfolgte, läßt schon seine Antrittsrede erkennen: An Aristotelis Philosophia practica homini christiano conducat, cum Christi doctrina in sese perfectissima sit, neque externis istis adminiculis magnopere indigere videatur? Durch Melan=

S. Th. in Acad. Rost. Prof. P. Francof. MDCXII. Daran schließt sich etwas später die Schrift: Novi Testamenti Graeco Latino Germanicae novae editionis Pars Prima etc. Rostoch. MDCXIV. Die an den Herzog Philipp von Pommern, welcher mit Rostock in freundlicher Beziehung stand, gerichtete epistola praeliminaris enthält ein consilium de latina lingua a pueris addiscenda. Die Pars Altera, ebenfalls dem Herzog Philipp von Pommern zugeeignet, erschien Rost. MDCXVI.

[1]) Programma ad S. S. Theol. et sanioris Philos. in Univers. Rostoch. studiosos — — in quo de ingruente passim circa humaniores artes, linguas et literas barbarie, ejusque causis et remediis carptim et saltuatim quaedam tanguntur. Rost. 1619.

[2]) Ueber seine erste amtliche Stellung giebt die Matricul. Acad. Auskunft: Anno CIↃIↃCXXIII die IX. Octobr., consensu totius Concilii electus est ac XVI ejusd. mensis renunciatus Academiae Rector Joannes Huswedelius, tunc Philos. Practicae, post Graec. liter. Prof. In den Programmat. Exequial heißt es in Bezug auf seine Rückkehr nach Rostock: Professioni, quam vacuam reliquerat, denuo suffectus fuit, was nur auf die Professur der griechischen Sprache bezogen werden kann. Erst später ward ihm wieder von E. E. Rath die Professur der praktischen Philosophie übertragen, die er am 10. September 1632 antrat. Molleri isagoge ad histor. Chersones. Cimbr., Part. IV. p. 609 sq. 615. 618. Joach. Mantzelii gloria Acad. Rostoch. ex professoribus longaevis, p. 21. Calmberg, Historia Joannei Hamburgensis. Hamburgi 1829, p. 71—77, schildert die amtliche Wirksamkeit Huswebels während seines Aufenthalts in Hamburg.

thons Einfluß hatte sich auch in Rostock die Vorliebe für Aristoteles eingebürgert, obschon Luther gegen den Aristotelismus kräftig
reagirt hatte. Die Lehrbücher Melanthons schlossen sich an Aristoteles an, aus welchem er den philosophischen Stoff eklektisch zusammengestellt hatte, aber andererseits wichen sie in allen Punkten
von ihm ab, wo vom Standpunkt der christlichen Offenbarung ein
Widerspruch gegen die heidnische Philosophie erhoben werden mußte.
In die Tiefe der philosophischen Fragen drangen sie meistens nicht
ein. Weisen nun einige Erscheinungen darauf hin, daß die scholastische Philosophie eines Franz Suarez, trotzdem daß derselbe Jesuit
war, auch in Rostock, insbesondere durch Johannes Slekerus, Eingang gefunden hatte, so sehen wir wiederum gegen diese den Aristotelismus in die Schranken treten, nur mit dem Unterschiede, daß
derselbe, durch humanistische Studien gepflegt, eine größere Vertiefung
in die Grundanschauungen des Aristoteles anstrebte, zugleich davon
aber die durch Offenbarung vermittelte Heilserkenntniß schied. Diesen
Standpunkt nahm später Jungius ein, und auch Huswebel theilte
im Wesentlichen denselben.

So entschieden sich nun auch im 17. Jahrhundert auf dem
Gebiete der Philosophie, der Naturwissenschaften und der Medicin
ein mächtiger Umschwung bemerkbar macht, der sich insbesondere
durch Klarheit und Intensität der Forschung, durch die Richtung
auf die reale Beschaffenheit der Natur und durch nüchternen Sinn
für die Wirklichkeit kundgab, so waren doch noch von der voraufge-
gangenen physisch-mystischen Richtung, obgleich sie in Paracelsus
einen so mächtigen Anstoß gegeben hatte, genug Elemente übrig
geblieben, welche überwunden werden mußten, um der concreten
Betrachtung der Natur, wie sie ist, den Weg zu bahnen. Nicht
selten hatten sich die mystisch-paracelsischen Anschauungen mit christlichen Begriffen versetzt, und waren darum um so schwerer zu beseitigen. Die Alchymie stand noch immer in Geltung.

Als der Professor der Physik Joachim Stockmann[1]) bei der

---

[1]) Joachim Stockmann, Sohn des Erasmus Stockmann, Professor der Physik,
war am 2. Februar 1592 zu Rostock geboren, wo er studirte, und im Jahre 1615
das Magisterium erhielt. Im Jahre 1619 wurde er beim Jubiläum der Universität auf fürstliche und räthliche Kosten von D. Jac. Fabricius zum Doctor promovirt. E. E. Rath berief ihn im Jahre 1622 als Prof. Physices und Metaphys.

zweiten Säcularfeier der Universität im Jahre 1619 feierlich pro=
movirt war[1]), wurde ihm als neu promovirtem Doctor der Medicin
die Frage vorgelegt: An per artem possit fieri aurum?[2]) Die
Antwort ward von ihm auf das feierlichste bejahend ertheilt[3]), in=
dem er nach dem Hinweis auf den arabisch=griechischen Ursprung
des Namens Alchymie, deren Geschichte kurz verfolgt[4]), und den
Erweis für seine Behauptung durch Analogieen aus der organischen
Schöpfung zu führen versucht, insofern die Stoffe in derselben sich
verändern und assimiliren. Er ist bemüht ihre verschiedenen Trans=
mutationen im organischen Leben aufzuweisen, baut darauf seine
Schlußfolgerung, daß man auch an der Veränderung der Metalle
nicht zu verzweifeln habe, und sucht den Einwand zu widerlegen, daß
jene Veränderung ein Werk der Natur, nicht der Wissenschaft sei[5]).

---

an Slekers Stelle, als dieser nach Stralsund ging. Siebzehn Jahre später ward
er im Jahre 1639 an Ahverus Stelle Professor der Medicin und Stadtphysicus.
Er starb am 6. Junius 1653. Etwas, J. 1737 S. 338. 433. J. 1740 S. 243.
263. Sebastian Bacmeister, Antiquitates Rostochienses, in: Westphalen,
Monumenta inedita rerum Germanicarum, praecipue Cimbricarum et Megapolensium, III. p. 1457. Krey, Andenken VII. 25.

[1]) Inauguralis Disputatio de deliriis in genere et in specie de phre-
nitide, quam — proponit ad diem 10. Novembris sub ingressum tertii seculi academici M. Joachimus Stockmann Rostochiensis in: Jubilaeum Academiae Rostochiensis Festum etc. Mense Novembri anni 1619 celebratum,
p. 296 sqq.

[2]) Quaestio an per artem possit fieri aurum? More et instituto majorum novello Med. Doctori proposita a puero Adolpho Johanne Fabricio
Rostochiensi. Ibid. p. 395 sqq.

[3]) Joachimi Stocmanni Philosophiae et Medicinae Doctoris Responsio
ad Quaestionem. Ibid. p. 398 sqq.

[4]) Jam nato mundi salvatore Aegyptiis cohabitavit, inde ad Arabes
transiit, in monasteriis latuit, tandem a Philippo Theophrasto Paracelso
minus recte coli coepit et Germaniae in deliciis esse, praeter propter a
1526 nostrae salutis anno.

[5]) Ostendam, ea quae assumimus alimenta variis modis exerceri ea
plus quam semel transmutari antequam sint alendo corpori. Nostra vita
ab animae et corporis conjunctione dependet, et iterum illa conjunctio a
conservatione innati caloris et radicalis humidi etc. — — — Quid igitur
de metallorum transmutatione desperemus ideo, quod Natura jam perfe-
cisse et limam addidisse videatur. Nec est quod hic excipias, dictam ali-
menti transmutationem Naturae esse non artis. Hactenus enim controversia est, de transmutationis aptitudine, non de causa vel modo etc.

Seine Schriften beschränken sich übrigens auf Dissertationen über medicinische Gegenstände, unter denen sich eine Abhandlung de sympathia et antipathia in genere durch Zusammenstellung einer Reihe von Beobachtungen bemerkbar macht[1]).

Neben den humanistischen Studien nahmen jedoch die hebräischen Sprachstudien während dieser Periode nicht diejenige Stellung ein, welche wünschenswerth gewesen wäre. Die Ungunst der Zeit wirkte hier in mehrfacher Beziehung hemmend ein, so daß es weniger gelang, das Studium der hebräischen Sprache zu heben, und dasselbe allgemeiner zu machen. Als Marcus Hassäus, welcher seit dem im Jahre 1595 erfolgten Tode von Goniäus die Professur der hebräischen Sprache bekleidet hatte, am 9. Januar 1620 gestorben war, folgte ihm in dieser Professur M. Stephan Hein[2]), zu welcher er durch die besondere Gnade des Herzogs Adolf Friedrich berufen wurde. Obschon er in Basel unter Buxtorf seine hebräischen Sprachstudien vollendet, und sich bedeutende Kenntnisse erworben hatte, so wirkten theils die Kriegsverhältnisse, theils seine Kränklichkeit lähmend auf seine Wirksamkeit ein. An seine Stelle ward schon am 28. Junius 1643 von Herzog Adolf Friedrich in die Professur der hebräischen Sprache August Varenius berufen, welche er mit einer Inaugural-Rede de nobilissima variaque linguae sanctae per omnia mundi saecula propagatione antrat. Diese Professur sollte recht eigentlich dem philologischen Verständniß des Alten Testaments dienen, da die wissenschaftlichen Hülfsmittel jener Zeit verhältnißmäßig gering waren, und die hebräische Philologie meist auf der Tradition ruhte. Varenius gelang es, die hebräischen Sprachstudien in Rostock wieder neu zu beleben, und sowohl auf

---

[1]) Etwas, J. 1740 S. 265. J. 1741 S. 233, S. 457 f.

[2]) Stephan Hein, geboren circa Festum Joh. Baptistae im Jahre 1590, war der Sohn des Juristen D. Friedrich Hein, der zu den ersten unter dem 22. Junius 1570 ernannten Beisitzern des Consistoriums gehörte, auch später Syndicus der Stadt war, und am 14. April 1591 zum Bürgermeister erwählt ward, wo er aus seiner akademischen Stellung ausschied. Krabbe, Die Universität Rostock im 15. und 16. Jahrhundert, S. 653, 689, 753. Jener studirte zu Gießen und Rostock, und widmete sich, da er körperlich schwächlich war, ausschließlich dem Studium der hebräischen Sprache. Im Jahre 1618 hatte er zu Gießen das Magisterium erlangt. Er starb am 2. Junius 1643. Etwas, J. 1737 S. 341. J. 1742 S. 786. Krey, Andenken IV. S. 15.

ihren Zuſammenhang mit der allgemeinen Sprachforſchung als auch
auf ihre Bedeutung für die tiefere Begründung der theologiſchen
Auslegung hinzuweiſen. Zugleich iſt Barenius[1]) bemüht, indem er
in das ſprachliche Verſtändniß des Alten Teſtaments einführt, auch
das theologiſche Verſtändniß durch ein allſeitigeres Eindringen in
die Heilswahrheit des Alten Teſtaments zu fördern, und mehr und
mehr das pneumatiſche Element ſeines Inhalts zu erſchließen.
Ueberall ſuchte er den Offenbarungsgehalt des Alten Teſtaments
hervorzuheben, und in ſeiner Wahrheit und Bedeutſamkeit aufzuweiſen. Sein Commentar zum Propheten Jeſaias giebt davon einen
redenden Beweis, in welchem auf den inneren Zuſammenhang
der einzelnen Offenbarungen hinwieſen wird.

Auf dem eigentlichen philoſophiſchen Gebiete bewegte man ſich
meiſtens noch in der alten überlieferten Form des philoſophiſchen
Studiums. Es war die Logik, welche man nach Maßgabe der ariſtoteliſchen Logik, wie dieſe damals aufgefaßt ward, zum Gegen=
ſtande des Studiums machte. In Roſtock herrſchte durchaus noch
die Sitte des Disputirens im weiteſten Umfang, und die wiſſen=
ſchaftliche Tüchtigkeit ward überwiegend in der Gewandtheit der
Schlußfolgerungen, womit der Gegner in die Enge getrieben und
überwunden ward, geſehen. So begreift es ſich, daß die Syllo-
giſtik, welche überhaupt der weſentliche Inbegriff der ariſtoteliſchen
Logik iſt, vorzugsweiſe gepflegt ward, um in den auf allen Stadien
des akademiſchen Studiums wiederkehrenden Disputationen praktiſch
verwandt zu werden. Dieſe Beſchränkung der Logik auf die Syllo=
giſtik mußte zwar von manchen Nachtheilen, insbeſondere für die

---

[1]) Auguſt Barenius war zu Hitzacker im Lüneburgiſchen am 20. September
1620 geboren, und ſtudirte in Königsberg und Roſtock. Hier erhielt er am 31. Auguſt
1643, als er ſchon Professor designatus linguae Hebr. war, zugleich mit Otto
Mattheſius, Nesnisiensis Lithuan., Eccles. Vilnensis A. C. profitentis Pastor
designatus, unter dem Decanat von Laur. a Bodock das Magiſterium. Im
Jahre 1663 ward er vom Herzog Guſtav Adolf an Hermann Schuckmanns Stelle
zum ordentlichen Profeſſor der Theologie und Aſſeſſor des herzoglichen Conſiſtorium
berufen. Seine Inauguralrede am 25. Junius 1663 handelte: de confessione
Pauli coram Tribunali Caesaris ex Act XXIV, v. 14, 15, 16. Seine theologiſche Wirkſamkeit fällt nicht mehr in den Kreis unſerer Darſtellung. Er ſtarb
den 16. März 1684. Etwas, J. 1737 S. 189, 341. J. 1740 S. 376. Krey, Anbenken VIII. 9, Anhang S. 63.

Behandlung der Naturwissenschaften, begleitet sein, die weniger durch
Syllogismen als durch Beobachtung und Anwendung der Analogie
gefördert werden, war aber eine durch den bisherigen Studiengang
gebotene, und trug auch zur Lösung philosophischer und theologischer
Probleme durch die Leichtigkeit und Schärfe, mit welcher die logi=
schen Schlüsse vollzogen wurden, nicht wenig bei. Die Professur
der Logik bekleidete seit dem Jahre 1602 vier Decennien hindurch
Petrus Saffe[1]), welcher dem Professor Martin Braschius gefolgt
war, der neben seinen Vorlesungen, die er über Logik in aristote=
lischem Sinne gehalten, sich besonders durch poetische Begabung
und Talent der Darstellung ausgezeichnet hatte. Auch Saffe kam
nicht über die überlieferte Form der Logik und über die Anwendung
der Syllogistik zur Erörterung von Streitfragen und Problemen
hinaus, wenngleich in die Zeit seiner Wirksamkeit bereits die ver=
schiedenen Impulse fallen, wodurch die weitere Entwickelung der
Philosophie so bedeutsam gefördert wurde. Da er noch unter dem
Einfluß des Chyträus sich entwickelt hatte, war er auch nicht über
die Methodus philosophiae Philippica hinausgekommen, welche in
dem ersten Viertel des 17. Jahrhunderts noch ihr altes Ansehen
wenigstens theilweise behauptete.

Allmählich aber beginnen andere Factoren hervorzutreten und
wenigstens indirect einzuwirken. Hatte Herbert von Cherbury zuerst
den Anstoß zur Entwickelung einer Doctrin von der natürlichen
Religion gegeben, und war er bemüht gewesen, allgemeingültige Er=

---

[1]) Peter Saffe der Aeltere (Petrus Sassius) war zu Rostock am 30. November 1571 geboren, widmete sich den philosophischen und humanistischen Studien in
Rostock, Frankfurt an der Oder und Wittenberg, brachte darauf mehrere Jahre,
bis 1599, auf Reisen durch Holland, England und Frankreich zu, worauf er noch
bis zum Jahre 1600 nach Jena und Leipzig ging, um sich da näher von der dort
herrschenden wissenschaftlichen Richtung zu unterrichten. Im Sommersemester 1602
erhielt er unter dem Decanat von Eilhard Lubinus die philosophische Doctorwürde
mit neun anderen jungen Gelehrten, unter denen der Rostocker Sleban und der
Hamburger Johannes Volkmar, später Professor zu Greifswald, bekannter geworden
sind. Im Jahre 1602 wurde er vom Herzog Ulrich an Stelle von Martin Braschius (Krabbe, Die Universität Rostock im 15. und 16. Jahrhundert, S. 735, 751)
zur Professur der Logik berufen, die er bis zu seinem am 16. Februar 1642 erfolgten Tode bekleidete. Etwas, J. 1737 S. 344 f. J. 1740 S. 114. Krey, Andenken VII. 12.

kenntnisse in Bezug auf Gott, Unsterblichkeit und sittliche Gebote, und zwar im Gegensatze zu ihrer Ableitung aus der Offenbarung, aufzustellen, so suchte Hugo Grotius dieselben Grundanschauungen auf dem Gebiete des Rechts und des Staatslebens zur Geltung zu bringen. Die Positivität und Geschichtlichkeit des Rechts wird verkannt, und durch völlige Abstraction von derselben, wo möglich, beseitigt. Indem er aus dem Menschen selbst unmittelbar das Recht, das ihm als ein Ursprüngliches und Natürliches einwohnt, herleitet, wird Grotius der Gründer des Naturrechts. Sein im Jahre 1625 zu Paris erschienenes berühmtes Werk de jure belli et pacis übte eine weitgehende Wirkung aus, zu welcher zwar der Ruhm seiner Gelehrsamkeit und seine Stellung als Staatsmann mitwirkte, die aber dennoch hauptsächlich in der Neuheit, in dem Reize und der verlockenden Macht der von ihm auf diesem Gebiete zuerst geltend gemachten Doctrinen unzweifelhaft liegt. Es kam hinzu, daß die politischen Zeitereignisse das Interesse an den rechtsphilosophischen Fragen nach der Seite hin steigerten, wo es sich um die Grundlagen und Formen des Staatslebens handelte. War von Grotius die öffentliche Aufmerksamkeit auf den Ursprung des Staates, auf die Art seines Zustandekommens, die in keinem anderen Factor als in dem Triebe des Menschen nach Geselligkeit gefunden wurde, und auf die durch die Freiheit des Menschen allein zu Stande kommende Rechtsordnung der Staaten gelenkt; so erklärt es sich zur Genüge, daß diese rechtsphilosophischen Fragen immer allgemeiner Gegenstand der Erörterung wurden, und daß sowohl diejenigen Institutionen, welche die Grundlagen des Staates, wie z. B. die Ehe, ausmachen, als auch diejenigen, durch welche Wesen und Bestand des Staates sich vollzieht, z. B. die Obrigkeit, einer principiellen Discussion unterzogen wurden. Inmitten des europäischen Staatslebens aber standen die Formen des Staats praktisch zur Frage. Die Monarchie trachtete nach stärkerer Concentration und innerer Consolidirung. Dennoch gelingt es in vielen europäischen Staaten der Aristokratie, sich bedeutende Vorrechte zu erwerben, und eine selbstständige und einflußreiche Stellung zu gewinnen. Der dritte Stand als solcher war zwar noch nicht eigentlich hervorgetreten, wenngleich er schon jetzt durch die Corporationen, die er bildet, sich bemerkbar macht und Einfluß gewinnt. Die rechtsphilosophischen Erörterungen, die von

diesem Zeitpunkte an auch den Begriff des Volkes, als der Quelle
der obrigkeitlichen Gewalt, in einer bis dahin unbekannten Weise
hinstellen, bringen auch schon mehr oder weniger in diesem Sinne
den Begriff der Demokratie als Staatsform zur Sprache.

Auch Rostock nimmt in seinem wissenschaftlichen Leben an
dieser Bewegung Theil, als Caspar Mauritius[1]) an Sasse's Stelle
Professor der Philosophie geworden war. Unter seinem Präsidium
werden alle bereits erwähnten rechtsphilosophischen Fragen, welche
durch die mehr und mehr bekannt gewordene Theorie des Naturrechts Gegenstand der philosophischen Controverse geworden waren,

---

[1]) Caspar Mauritius war am 2. März 1615 zu Tondern im Herzogthum
Schleswig geboren, besuchte seit dem Jahre 1631 das Gymnasium zu Lübeck und
seit 1633 die Universität Rostock, wo Joh. Quistorp, Cothmann und Stephan Hein,
zu dem er in naher Beziehung stand, seine Lehrer wurden. In Königsberg setzte
er seine Studien, die hauptsächlich im Gebiet der Philosophie und der biblischen
Philologie sich bewegten, fort, und erwarb hier im Jahre 1638 das Magisterium.
Nachdem er im Jahre 1639 das Conrectorat zu Borbesholm erhalten, und es drei
Jahre bekleidet hatte, legte er es freiwillig nieder und lehrte nach Rostock zurück.
Im Mai 1644 erhielt er an Sasse's Stelle die Professur der Logik, die ihm auf
einstimmigen Vorschlag des Collegium Ducale vom Herzog Adolf Friedrich übertragen ward. Am 9. März 1648 wurde er zugleich mit Barenius Doctor der Theo-
logie (Disputatio solennis de summa Scripturae auctoritate ex 1. Thess. 2, 13,
quam — — praeside Jo. Cothmanno — — pro impetrandis summis in Theologia honoribus publico examini subjicit M. Casparus Mauritius, Logicae
Prof. Publ. ad diem IX. Martii A. 1648. 4.), und erhielt nach dem Tode von
Joh. Quistorp die ordentliche Professur der Theologie, zugleich ward er Archidiaconus zu St. Marien, im Jahre 1653 Pastor, und im Jahre 1654 städtischer
Superintendent. Am XXII. Dom. p. Trin. 1662 hielt er, nachdem er zum Pastor
an St. Jacobi in Hamburg, als Nachfolger von Joh. Balth. Schuppius, erwählt
war, seine Abschiedspredigt. Höchst ungern sah die Universität, die Stadt und seine
Gemeinde ihn scheiden. Nach einer reich gesegneten Wirksamkeit starb er am
14. April 1675. Vgl. Henn. Wittenii Centuria memoriae Theologorum reno-
vatae, Francof. 1685, Dec. XV. p. 1858 sqq., wo sich auch das von dem Hamburgischen Professor D. Michael Kirsten geschriebene Leichenprogramm findet. Joh.
Alb. Fabricii Memoriae Hamburgenses, P. II. p. 885. Zach. Grape, Evangelisches Rostock, S. 179 f. Val. Ernst Löscher, Unschuldige Nachrichten, J. 1717
S. 732 ff. Etwas, J. 1737 S. 219, 345, 629, 633. J. 1742 S. 625, 671 f.,
703 f., 761 ff., 803 ff. Moller, Cimbria literata, Vol. I. p. 389 sq. Walch,
Einleitung in die Religionsstreitigkeiten außer der evangelisch-lutherischen Kirche,
IV. S. 628. Krey, Andenken V. S. 16, Anhang S. 51.

der Erörterung unterzogen[1]), und man erkennt, wie es ihm darum
zu thun ist, den Staat mit seinen Formen und Institutionen nicht
sowohl aus dem Willen, beziehungsweise der Willkür der Einzelnen
abzuleiten, sondern die höheren Factoren des Staatslebens durch
Zurückgreifen auf die gottgewollten Ordnungen zur Anerkennung zu
bringen. Insbesondere ist es der Begriff der Obrigkeit, welcher
im christlichen Sinne gefaßt, und auf das entschiedenste betont wird,
auch nach seinen verschiedensten Beziehungen hin eine eingehende
Entwickelung findet, wodurch überhaupt seine philosophischen Erörterungen im Gegensatze zu den im Schwange gehenden Irrthümern
der damaligen Zeit einen positiven Character gewinnen. Erinnern
wir uns daran, daß Hobbes um dieselbe Zeit mit seiner Theorie
vom Staat hervortrat[2]), welcher den Krieg Aller gegen Alle als
den natürlichen Zustand unter den Menschen betrachtet, und das
Streben Aller darauf gerichtet sieht, sich so viel Lustempfindung als
möglich zu verschaffen, beziehungsweise sie deshalb Anderen zu entziehen, woraus er allein die Nothwendigkeit der Staatseinrichtung
herleitet, so erkennt man, wie sehr eine dem Christenthume abge-
wandte Auffassung der staatlichen Verhältnisse sich der Philosophie
in ihren verschiedenen Richtungen gerade damals bemächtigt hatte.
War auch die Theorie von Hobbes noch keineswegs verbreitet und

---

[1]) Unter seinen Schriften gehören hierher die in den Jahren 1644, 1645 und
1646 gehaltenen und später herausgegebenen Disputationes Politicae, welche in
zwei Theilen erschienen sind. Der erste Theil enthält nach einer de republica dissertatio praeliminaris de politicae constitutione neun Disputationen: de republica dissertationum prima, de societate conjugali; de societate patria;
de societate herili; de civitate et urbe; de rebus publicis earumque for-
mis; de majestate ejusque juribus; de monarchia; de aristocratia; de de-
mocratia. Der zweite Theil umfaßt zehn Dissertationen: de legibus; de senatu;
de magistratu; de legatis; de dominio eminenti seu juribus fiscalibus; de
jure belli; de jure victoriae, pace et foederibus; de subditis; de morbis
rerum publicarum; de remediis rerum publicarum. Vgl. Exercitationum
Politicarum pars altera media politica cum constituentia Rem publicam,
tum seruantia continens in Acad. Rostochiensi habitarum Praes. M. Casparo
Mauritio, Tond. Hols. Log. Prof. et h. t. Decano. Juncta est Disputatio de
Syllogismo demonstrativo. Rostochii MDCXLVI.

[2]) Es gehören hieher die Schriften von Hobbes: de cive und Leviathan
sive de materia, forma et potestate civitatis; mehr indirect kommt in Betracht
die Schrift: de hominis natura.

von bedeutendem Einfluß, ſo war ſie doch mit derjenigen des Grotius verwandt, inſofern ihm der Staat nur ein durch Uebereinkunft
geſtiftetes Inſtitut iſt, deſſen Zweck iſt, den Frieden zu erhalten,
und eine Ausgleichung unter ſeinen Mitgliedern herbeizuführen.
Daher erſchien ihm auch der Staat folgerecht nur als Zwangsan-
ſtalt. Richtete ſich nun auch die Polemik, der wir bei Mauritius
begegnen, nicht unmittelbar gegen dieſe Auffaſſungen, ſo wird ſich
doch nicht leugnen laſſen, daß es den in Bezug auf den Staat
und ſeine Inſtitutionen ſich geltend machenden principiellen Irrthümern gegenüber doppelt noth that, die chriſtliche Auffaſſung des
Staates, ſeines Urſprunges, ſeiner Formen, ſeiner Geſetze und die
in ihm ſich barſtellende gottgewollte Ordnung zu betonen, und dieſelbe gegen die allmählich in das Gebiet der Philoſophie einbringenden beſtructiven Tendenzen, welche die von der Reformation
überkommenen Lehren vom Staate mit völliger Zerſetzung bedrohten,
ſicher zu ſtellen.

Sehen wir Mauritius außerdem noch mit logiſchen, pſycholo-
giſchen und ontologiſchen Fragen beſchäftigt, ſo lange er den Lehrſtuhl der Philoſophie einnahm, ſo wendet ſich doch ſeine Thätigkeit,
ſobald er die Profeſſur der Theologie erhält, den eigentlichen theologiſchen Disciplinen zu, und betheiligt er ſich insbeſondere an der
Beſtreitung der hauptſächlichſten Lehren Calvins[1]), ba er in dem
einen Irrthum, welcher das Sacrament betraf, den fruchtbaren Boden ſah, aus welchem viele Irrthümer, welche ſelbſt die wichtigeren
Glaubensartikel angingen, bei ihm ſich entwickelt hatten. Zugleich
aber richtete Mauritius ſeine Aufmerkſamkeit auf die Bekämpfung

---

[1]) Πρῶτον ψεῦδος vel primum falsum Calvini et sociorum septem exer-
citationibus publicis adumbratum primo, deinde expressum in academia
Rostochiensi praeside Casparo Mauritio, S. S. Th. Lic. et Prof. P. P. Rostochii MDCXLIX. Genau genommen, fällt dieſe Arbeit noch in die Zeit unmittelbar vor dem Antritt ſeiner theologiſchen Profeſſur, zu welcher ſie ihm den
Weg bahnte. Das Sammelwerk enthält ſieben Diſputationen, die ſich vorzugsweiſe
gegen die calviniſche Lehre von der Erwählung, von der gratia irresistibilia, von
der Perſon Chriſti und vom heiligen Abendmahl richten. Später wieder herausgegeben unter dem Titel: Caspari Mauritii, D. Exercitationum Anti Calvinia-
narum, Pars I., in qua de Fato Calviniano et Absoluto electionis atque
reprobationis Decreto etc. tractatur. Pars II., De persona Christi, sacramento coenae, adiaphoris. Rostochi Anno CIↃIↃCLXV.

des socinianischen Lehrbegriffs, welcher im Wesentlichen damals be=
reits seinen Abschluß gefunden hatte, und in den Catechismen, Con=
fessionen und den hauptsächlichsten Privatschriften der Häupter der
Socinianer in seiner genuinen und urkundlichen Fassung vorlag.
War auch die Religionspartei der Socinianer in der Auflösung be=
griffen und von allen Seiten bedroht, so übte doch der Socinianis=
mus als in sich geschlossener Lehrbegriff einen nicht zu unterschätzenden
Einfluß aus, zumal da derselbe in der beginnenden Einwirkung
einer Popularphilosophie und natürlichen Theologie eine wichtige
Stütze zu erhalten schien. Es war daher die wissenschaftliche Be=
streitung des Socinianismus um so wichtiger, als der Krypto=So=
cinianismus noch immer eifrig und insgeheim für die Verbreitung
seiner Doctrinen thätig war, und die einzelnen im socinianischen
Lehrbegriff umgedeuteten Lehrstücke zugleich eine dogmatische Sub=
struction durch Entwickelung der allgemeinen dogmatischen Grund=
begriffe im socinianischen Sinne erhalten hatten. Deßhalb unterzog
Mauritius in einer Reihe von Abhandlungen die wichtigsten soci=
nianischen Lehrstücke einer Prüfung und Widerlegung[1]). Insbeson=
dere richtete er auch seine Polemik gegen die Doctrinen Ostorodts,
welche noch immer in den Niederlanden, sowie in Niederdeutschland
zahlreiche, wenn auch meistens verborgene Anhänger hatten, obwohl
die Staaten von Holland und Westfriesland durch ein im Haag,
den 19. September 1653 erlassenes Edict die socinianischen Irr=
lehren verdammt, ihre Verbreitung auf das strengste untersagt, und
den Buchdruckern und Buchhändlern, die sich derselben würden
schuldig machen, scharfe Strafen angedroht hatten. Bei der philo=
sophischen Bildung, die Mauritius besaß, ist es ihm wesentlich
darum zu thun, die vom philosophischen Gebiete entlehnten Schein=
gründe der Socinianer zu entkräften, und ihre Argumente auf das=
jenige Gebiet zu beschränken, wo sie allein Berechtigung und Be=
deutung haben können. Auch zeigte er einsichtsvoll und scharfsinnig,

---

[1]) Πρῶτον ψεῦδος siue primum falsum Socini et sociorum septem Exer-
citationibus publicis adumbratum primo, deinde expressum in Academia
Rostochiensi, praes. Casparo Mauritio, S.S.Th.D.P.P. Rostochii A.MDCLI.
4. In zweiter Ausgabe, während seines Aufenthalts in Hamburg, erschienen unter
dem Titel: Caspari Mauritii, D. et in Acad. Rost. P.P., Exercitationes Anti-
Socinianae. Ed. altera priore auctior. Hamburgi A. MDCLXIX. 8.

daß die Vernunft nicht die Norm für die übernatürlichen Dinge sein könne, und daß die Gegenstände des Glaubens ihr nicht unterworfen werden müßten[1]). Je mehr der spätere Rationalismus seine eigentliche Rüstkammer in den Instanzen des Socinianismus hatte, und je logisch schärfer die Argumente waren, mit welchen dieser den ganzen Complex der kirchlichen Dogmen zu zersetzen versucht hatte, desto größere Anerkennung verdient Mauritius, daß er auch den eigentlichen theologischen Argumentationen der Socinianer entgegentrat, und sie mit Einsicht und Geschick bekämpfte.

Zunächst ist es ihm darum zu thun, die Glaubwürdigkeit der heiligen Schrift gegen die vom Socinianismus dagegen erhobenen Instanzen festzustellen, sodann aber die Angriffe des Socinianismus auf die kirchliche Trinitätslehre, welche meistens als schriftwidrig und vernunftwidrig dargestellt ward, zurückzuweisen. Die Behauptung des Socinianismus, daß die Trinitätslehre überhaupt nicht in der heiligen Schrift enthalten sei, mußte die lutherische Theologie, die sich auf das Schriftprincip stützte, zur Darlegung des Schriftbeweises auffordern, da die Socinianer die bisherigen Argumente in Frage gestellt, und selbst ihre Ungültigkeit zu erweisen versucht hatten. Lag aber der Schwerpunkt der socinianischen Christologie in der Behauptung, daß Christus Mensch gewesen sei, so war Mauritius bemüht, die Menschwerdung des Sohnes Gottes sowohl ihrer inneren Nothwendigkeit als ihrer äußeren Realität nach darzuthun. Da aber die eigentliche Trübung der Christologie von

---

[1]) Si ratio ne quidem rerum naturalium est norma, multo minus rerum supernaturalium esse norma potest. Connexio est manifesta: si enim ratio naturae, cui tamen homogenea est, norma esse nequit, multo minus rerum majorum, sublimiorum, hetereogeneorum esse norma potest. At naturae normam non esse rationem liquidum est: non enim res normantur sive mensurantur ratione, sed contra ratio rebus mensuratur. Quod si ratio in rebus judicio ejus subjectis saepius errat, nullatenus res fidei sunt submittendae.

Principia Philosophica sunt particularia et in sua sphaera valent, non ergo ut universalia et generalia obtrudenda. Adde nullam Philosophiae partem, nullam scientiam niti principiis universalibus, sed quamvis habere sua specialia principia, ex quibus dijudicantur conclusiones. Si credenda superant rationem, haec illorum principium demonstrativum esse nequit etc. Ibid. p. 22.

Seiten des Socinianismus in der Lehre vom Amte Christi lag,
dessen Verwirklichung hauptsächlich in dem prophetischen und königlichen Officium Christi gesehen ward, während das hohenpriesterliche
völlig zurückgestellt wurde, so war auch hier die Aufgabe, dieser Zersetzung gegenüber sowohl die Integrität des triplex munus Christi als
auch dessen Auffassung im kirchlichen Sinne zu wahren. Der Socinianismus leugnete die constitutiven Begriffe, welche dem hohen-
priesterlichen Amte des HErrn zum Grunde lagen, und zugleich die
Versöhnungslehre im kirchlichen Sinne bedingten. Er nahm sowohl
den Begriff der Genugthuung als nothwendiges Moment in Abrede,
gleichwie er den Begriff der Stellvertretung bekämpft, und beide in
ihrer inneren Unzulässigkeit und Unmöglichkeit darzuthun bemüht ist.
War die Voraussetzung der socinianischen Argumentation richtig,
daß weder die Schuld und die Strafe der Menschen von Christo
getragen werden, noch sein Verdienst ihnen zugerechnet werden
könne, so war damit die kirchliche Satisfactionslehre ihrem Wesen
nach aufgehoben. Nimmt man hinzu, daß der Socinianismus über
haupt den Tod Christi nicht als sühnenden Tod für die Sünde
betrachtet, auch geltend macht, daß, habe er dieses sein sollen, Christus den ewigen Tod hätte erdulden müssen, so begreift sich, wie
wichtig und bedeutungsvoll die Widerlegung aller dieser Argumente
erscheinen mußte.

Mauritius unterzog sich derselben. Er geht auf umfassende
Weise auf die socinianische Argumentation ein, folgt ihr Schritt
für Schritt, und zeigt, daß Christus sich selbst für uns als unbeflecktes Opferlamm zur Sühne auf dem Altar des Kreuzes dargebracht habe; daß somit Christus an unserer Statt zum Schuldopfer
sich dahingegeben, und für uns ein Fluch (κατάρα Gal. 3, 13) geworden, und somit auch anstatt unserer die Qualen des zeitlichen
und ewigen Todes erduldet habe[1]. Zugleich wies er auch die vom

[1] Vgl. Exercitatio quarta de Christi Sacerdotio et Regno. Habita
mens. Novemb. Anno 1650 in: Ejusd. Exercitationes Anti-Socinianae,
p. 345 sqq. Vgl. auch die Ausführungen über die geltend gemachten Instanzen:
Dices: cum mors Christi fuerit temporaria, quo pacto dici potest, Christum
mortem subiisse aeternam et adaequate pro nobis solvisse, p. 410 sqq.;
Dices, hanc personarum et reatus commutationem ex Deo misericorde
Tyrannum efficere, qui nos nocentes dimiserit impunitos et Christum in-

Socinianismus hinsichtlich der Rechtfertigung und Bekehrung er= hobenen Instanzen zurück, um das richtige Verhältniß zwischen Glauben, Rechtfertigung und neuen Wandel darzuthun. Nehmen wir hinzu, daß Mauritius auch die anderen untergeordneten Lehr= differenzen des Socinianismus zur Sprache brachte und erörterte, so liegt uns in seinen Exercitationes Anti-Socinianae einer der be= deutenderen in der lutherischen Kirche hervorgetretenen Versuche vor, die positive Unzulänglichkeit und höchste Bedenklichkeit des socinianischen Lehrbegriffs nach seiner negativ kritischen Seite hin darzuthun, und die volle Berechtigung der kirchlich=lutherischen Lehrfassung zu zeigen. Auch hatten die philosophischen Studien Mauritius befähigt, den nüchteren kritisch=rationalistischen Instanzen des Socinianismus mit Erfolg entgegenzutreten, und an seinem Theile den kirchlichen Lehrbegriff noch eine Zeit lang vor völliger Destruction zu bewahren, welche im Socinianismus nicht bloß im Keime, sondern bereits vollzogen vorlag, bis daß später die historisch=kritische Periode der negativ kritischen Resultate des Soci= nianismus sich bemächtigte, sie zwar in mancher Beziehung ihrer scharfen und prägnanten Fassung entkleidete, und sie dadurch ab= schwächte, aber nur, um sie desto sicherer in das Zeitbewußtsein einzuführen, und sie in ihrer unbestimmten und fließenden, aber darum nicht minder zersetzenden und destructiven Fassung zu desto allgemeinerer Herrschaft zu erheben, zumal da dieselben Hand in Hand gingen mit den Resultaten einer deistischen Popularphiloso= phie, welche gleichzeitig in die Theologie einbrang[1]).

---

nocentem poenis acerbissimis subjecerit, p. 444 sqq.; Dices: sacrificium Christi in coelis fieri praesentando virtutem oblationis in cruce factae, sicut in anniversario sacrificio legis fiebat: neque enim Pontificem Veteris Testamenti tunc dictum offerre et expiare, cum pecudem mactaret, sed cum sanguinem in adyta illatum spargeret etc., p. 505 sqq.

[1]) Mauritius anderweitige theologische Arbeiten fallen nicht eigentlich mehr in den Kreis unserer Darstellung, doch möchten wir hier noch hinweisen auf seine Schrift: Caspari Mauritii, S. S. Th. D. P. P. et Superint. Rostochiensis, De- cas Exercitationum in Formulam Concordiae, habitarum in Academia Ro- stochiensi, quas claudit Confess. Lunaeburgensis Ann. 1561. 1. Cor. 1, 30: Christus Jesus factus est nobis sapientia a Deo, justitiaque et sanctificatio et redemtio. Rostochii Anno MDCLIV, in welcher die einzelnen Artikel der Concorbienformel mit Bezug auf die Gegensätze, aus denen sie hervorgegangen,

In den letzten Jahren des Zeitraums, den unsere Darstellung umfaßt, wirkte noch Joachim Lütkemann, der seine philosophischen Studien vorzugsweise in Straßburg gemacht hatte, als Professor der Physik und Metaphysik[1]). Hatte er durch den dortigen Theo=

und die so tiefgreifender Art waren, daß Mauritius darauf hinweist, daß nach der Veränderung der Augustana kaum zwei lutherische Theologen, wie die Gegner behaupteten, gefunden worden, welche dieselbe Lehre in allen Stücken festhielten und vertheidigten, von ihm erörtert worden sind. Die Gebrechen, an denen die Kirche litt, und die mannigfachen Uebelstände, welche in derselben sich fanden und hemmend einwirkten, werden von ihm in der Schrift berücksichtigt: Caspari Mauritii, Th. D. et Superint. Rostochiensis, Exercitatio secularis de Simonia, in qua do origine, usu et abusu bonorum ecclesiasticorum disseritur. Rostochi 1658. Noch bedeutsamer aber ist eine andere Schrift desselben, welche sich mit einer wichtigen und tief in die kirchlichen Zeitverhältnisse eingreifenden Frage beschäftigt: Caspari Mauritii, Theol. D. P. P. et Superint. Rostochiensis, De Officio Christianorum Elenctico. Accessit Venerabilis Theologi Erasmi Sarcerii Judicium de conservandis Ecclesiasticis. Rostochi An. CIƆIƆCLX. Es wird in derselben eben sowohl die Frage in Betreff des geistlichen Strafamtes, als in Betreff der privaten Admonition des Bruders, auf Grund von Matth. 18, 15. 16. 17. 18, nach ihren verschiedenen Seiten behandelt, auch gezeigt, wie dieselbe der Excommunication vorangehen müsse, welche letztere bei notorischen Sündern, die des Aergernisses überwiesen worden, eintrete. Zugleich wird auch unter Heranziehung mannigfacher Beispiele auf die Kehrseite hingewiesen, wie jene dem Bruder zustehende Admonition mißbraucht wird, um besto leichter und sicherer dem Bruder Unrecht zu thun, oder wohl gar ihm zu schaden. In der Schrift wird ferner gehandelt „Von der Disciplina oder Censura der Kirchen Diener untereinander selbst", p. 119 ff., so wie auch eine Reihe specieller Fragen in Bezug auf das Verhalten im Beichtstuhl und hinsichtlich der Ertheilung oder Verweigerung der Absolution erörtert werden; p. 289 ff.

[1]) Joachim Lütkemann, geboren zu Demmin in Pommern am 15. December 1608, studirte zu Greifswald und Straßburg, erwarb später dort das Magisterium, und kam im Jahre 1637 nach Rostock, wo er im November unter dem Rectorat des D. Johannes Kleinschmidt immatriculirt ward. Im Jahre 1638 recipirte ihn M. Georg Dasenius, Mathes. Prof., als Decan in die philosophische Facultät. Am 12. Junius 1639 disputirte er als Praeses de natura philosophiae. Zum Diaconus an der St. Jacobi-Kirche gewählt an Stelle des verstorbenen Corsinius, den 12. September 1639, ward er nach dem am 2. October 1638 erfolgten Tode des M. Zacharias Deutsch dessen Nachfolger, am 17. December 1639, als Archidiaconus Jacobaeus (vgl. Original-Archiv-Acten aus dem Großh. Geh. und Haupt-Archiv zu Schwerin über die Amtsbestellung des Diaconus Lütkemann, 12. September 1639, Nr. 1—4). Im Jahre 1643 wurde er an Stockmanns Stelle von E. E. Rath zum Professor der Physik und Metaphysik ernannt. Am 11. August 1646 erwarb er sich zu Greifswald die Würde eines Licentiaten der Theologie,

20

logen, Johannes Schmidt, geistliche Anregung empfangen, deren er
später vielfach rühmend und dankbar gedenkt, so war er dort gleichzeitig in die Probleme der Philosophie eingeführt worden, deren
Entwickelung und Lösung er mit innerem Interesse verfolgte. Er
glaubte die Philosophie mit der Theologie, die Stellung eines Philosophen mit derjenigen eines gläubigen Christen und Seelsorgers,
die Aufgaben der philosophischen Wissenschaften mit den Lehren der
heiligen Schrift und des kirchlichen Bekenntnisses vereinigen, beziehungsweise ausgleichen zu können. Daraus dürfte sich manche Anti-
nomie erklären, in die er sich theils selbst hineinstellte, theils durch
diese in sich selbst zwiespältige Richtung sich hineingedrängt sah. War
damals ziemlich allgemein die Klage verbreitet über die Gering-
schätzung der Philosophie und über die träge Gleichgültigkeit, mit
welcher die Meisten ihre Fragen und Untersuchungen über die Wahrheit aufnahmen, so glaubte Lütkemann um so mehr den Sinn für
philosophische Bestrebungen wecken und fördern zu müssen, je grö-
ßeres Interesse er selbst durch Dannhauer an der Erörterung spe-
culativer Probleme gewonnen hatte. In der Philosophie dieser Zeit
zeigt sich das Bestreben, das Verhältniß der elementarischen Welt
zur intellectuellen Welt zu ermitteln und festzustellen, sowie den
Mikrokosmos als Abbild des Makrokosmos zu fassen. Außerdem
erörterte sie die Frage nach der Weltschöpfung und nach dem Verhältniß der Erscheinungswelt zur intelligibeln Welt, ein Problem,

---

nachdem er unter dem General-Superintendenten D. Bolschovius daselbst de viri-
bus naturae et gratiae in conversione hominis disputirt hatte, später, im
Jahre 1648, die theologische Doctorwürde. Etwas, J. 1737 S. 434, 602, 606.
Ph. J. Rehtmeyers, Pastor zu St. Michaelis und C. C. Minist. Sub-Senioris in
Braunschweig, Nachricht von D. J. Lütkemann, mit Zusätzen vom Hof-Diacono
Märtens in Braunschweig, angehängt der Ausgabe von Lütkemanns Vorschmad
der göttlichen Güte. Braunschweig 1740; auch einzeln 1748 erschienen. Joh. Geo.
Walch, Historische und theologische Einleitung in die Religionsstreitigkeiten der evan-
gelisch-lutherischen Kirche, vierter und fünfter Theil, S. 638 ff. Joh. Christ. Eschen-
bach, Annalen der Rostockschen Akademie, Bd. VI. S. 256. Krey, Andenken, Stück II.
S. 46 ff. Krey, Beiträge zur Mecklenburgischen Kirchen- und Gelehrtengeschichte,
I. S. 59 ff. Tholuck, Das akademische Leben des 17. Jahrhunderts, Abth. I.
S. 255 f., Abth. II. S. 109 ff. C. L. Th. Henke, Georg Calixtus und seine Zeit,
Bd. II. Abth. I. S. 39, 55, 59. Tholuck, Lebenszeugen der lutherischen Kirche,
S. 379 ff.

das auf Grund der platonischen Lehre gerade damals aufs Neue vielfach in Untersuchung gezogen ward.

Auch Lütkemann behandelte dasselbe in seiner Exercitatio academica de mundo intelligibili, in welcher er nach einer kurzen historischen Uebersicht des Entwickelungsganges, den die Lehre von den Universalien genommen, zeigt, daß weder von der Seele, noch vom Körper, somit überhaupt von keiner geschaffenen Sache ein geschaffenes Vorbild existire, sondern daß in Gott die Urbilder aller geschaffenen Dinge seien. Zugleich sucht er darzuthun, daß das göttliche Wesen, sofern die Creaturen daran Antheil haben können, vielmehr der Ursprung der Ideen als diese selbst seien, daß somit zwar die Idee nicht das göttliche Wesen, an und für sich betrachtet, sei, daß aber dennoch ihr etwas göttlichen Wesens einwohne. Die Ideen sind unzählbar und unendlich, haben weder Anfang noch Ende, keine sind außer Gott, sondern alle in Gott. Er behauptet die Nothwendigkeit und Unveränderlichkeit der Ideen. Es geschieht durch die Theilhaftmachung der Ideen, daß alles ist, was ist und auf welcherlei Weise es ist. Es geschieht aber auch alle Erkenntniß der Dinge durch die Ideen. Diese existiren in der göttlichen Intelligenz. Die Creaturen haben ein vollkommeneres Sein in Gott als in sich selbst, woran sich dann der Schlußsatz der Untersuchung knüpft, daß zur Anschauung der Ideen nur der reine Geist zugelassen wird, welcher durch die Contemplation jener den höchsten Grad der Seligkeit erreicht. Ueberall zeigt sich bei Lütkemann das Bedürfniß nach folgerechtem Denken. Er ist dabei bestrebt, die Ergebnisse des philosophischen Denkens übersichtlich zusammenzustellen und logisch zu verknüpfen, und schlägt dabei mitunter einen Weg ein, der in Widerspruch zu stehen scheint mit den Grundanschauungen der Offenbarung. In seinen physischen und metaphysischen Abhandlungen[1]) begegnet uns noch ein auch anderweitig in dieser Zeit ausgesprochener Gedanke, daß jedes Geistige ein materielles Substrat haben, und daß Beides nothwendig verbunden sein müsse, um den Begriff der Existenz zu involviren, eine Auffassung, aus welcher er auch theologische Consequenzen zog, welche später Streitigkeiten

---

[1]) Lineamenta corporis physici. Rostoch. 1647. Positiones VII. metaphysicae et physicae. Rost. 1649.

hervorriefen und hervorrufen mußten, die ihn selbst gefährdeten, und seine Entlassung herbeiführten. Obgleich sich nun Lütkemann auf philosophischem Gebiete zu manchen singulären Meinungen hinneigte, die in ihrer Anwendung auf die Theologie bedenklich werden muß= ten, so läßt sich doch andererseits nicht in Abrede stellen, daß er an seinem Theile bestrebt war, an der damaligen Bewegung auf dem Gebiete der Philosophie sich zu betheiligen.

Fünfzehnter Abschnitt.

Einfluß der französischen Sprache und Sitte auf Deutschland durch Vermittelung des Calvinismus. Reaction der Fruchtbringenden Gesellschaft. Wilhelm von Kalcheims kirchliche, sociale und wissenschaftliche Stellung. Stein, Tscherning, Johann Lauremberg, Peter Lauremberg, Laurentius von Bobock; ihre poeti= schen, rhetorischen und literarischen Arbeiten. Characteristik und Würdigung derselben.

Von einer anderen Seite her tritt uns in dieser Zeit eine große bedeutsame Veränderung entgegen. Es ist der Umschwung, der in der ganzen gelehrten Welt sich allmählich anbahnt, und schon jetzt sich bemerkbar macht. Die wissenschaftliche Bildung und Ge= lehrsamkeit hatte bisher allein und ausschließlich das Gewand der gelehrten Sprache an sich getragen. Selbst die Systeme der Phi= losophie wurden lateinisch geschrieben, und waren überhaupt, wie alle übrigen Resultate wissenschaftlicher Forschung, nur an Gelehrte gerichtet. Der dreißigjährige Krieg griff hier mächtig ein. Die Drangsale und Nothstände, welche während desselben auf die wei= testen Kreise einwirkten, machten es verhältnißmäßig Wenigen mög= lich, die alten Grundlagen der gelehrten Bildung in demselben Umfange und in derselben Intensität sich anzueignen, als dies früher der Fall gewesen war. Dazu kommt, daß gerade damals die natio= nale Literatur Frankreichs und Englands sich zu entwickeln beginnt, und insbesondere die erstere schon jetzt auf Deutschland einwirkt. Die französische Sprache fängt an zu einem Gemeingute aller höher Gebildeten bei allen Nationen Europa's zu werden. Nicht selten tritt schon jetzt die wissenschaftliche Forschung und die historische Darstellung im Gewande der französischen Sprache auf. Gleichzeitig beginnt in Deutschland jene eigenthümliche Verleugnung deutschen Sinnes und Wesens, die sich fast überall in der Vorliebe für französische Sitte und Sprache, in der Unterschätzung der Muttersprache und in der falschen Vermischung derselben mit fremdländischem Wort und Ausdruck äußert. Noch bewegte sich auch die Wissenschaft nicht in der Muttersprache, da alle rein wissenschaftlichen Werke fast ausnahmslos in lateinischer Sprache erschienen. Auf den Universitäten herrschte sie in den Disputationen und Dissertationen, welche unter der Auctorität sämmtlicher Facultäten gehalten oder veröffentlicht wurden, ausnahmslos. Bei der theilweisen Rohheit, welche sich auf den Universitäten eingebürgert hatte, und im Pennalismus und anderen Auswüchsen hervortrat, konnten diese auf nichts weniger als auf feine Sitte und Cultur Anspruch machen. Die französische Sprache dagegen war schon seit dem letzten Viertel des 16. Jahrhunderts die Umgangssprache der vornehmen Welt geworden. Allmählich gewöhnte man sich, dieselbe als die Sprache sämmtlicher Fürsten und Diplomaten Europa's anzusehen, in welcher alle wichtigeren internationalen Verhältnisse behandelt wurden. Nur Kaiser und Reich hielten noch an der althergebrachten Sitte des Gebrauchs der lateinischen Sprache fest. Aber die meisten deutschen Höfe, hauptsächlich die zu Heidelberg, Cassel und Dessau, waren nichtsdestoweniger insgemein recht eigentlich die Stätte, wo deutsche Sprache und Sitte zurückgedrängt ward und verkümmerte, und französische Sprache und französisches Wesen groß gezogen ward. Nirgends dachte man daran, deutsche Sprache, deutsche Eigenthümlichkeit und deutsche Sitte zu schirmen und zu pflegen.

Von der Mitte des 16. Jahrhunderts an hatten die Beziehungen Deutschlands zu Frankreich und zur Pariser Hochschule außerordentlich zugenommen. Genf war nach beiden Seiten hin die Vermittlerin geworden. Der Calvinismus, der seinerseits sich der vornehmsten aristokratischen Kreise Frankreichs bemächtigt hatte, verpflanzte vielfach französische Sprache und Sitte wiederum nach Deutschland. Wie die Pfalz der eigentliche staatliche Hort des calvinischen Bekenntnisses für Deutschland war, so drang auch von hier aus die Vorliebe für das französische Wesen in die deutschen

Lande ein. Denn am Hofe Friedrichs V. hatte sich französische
Sprache und Sitte eingebürgert, und verbreitete sich von da aus
auf eine für deutsches Wesen und deutsche Eigenthümlichkeit ge-
fahrdrohende Weise. Das hessische wie anhaltinische Fürstenhaus
hatte sich wie dem Einfluß des Calvinismus, so auch nicht dem
Einfluß des mit demselben vielfach verknüpften französischen Wesens
zu entziehen gewußt. Vorzugsweise zieht hier unsere Aufmerksamkeit die Landgräfin Elisabeth zu Hessen, die Tochter des Landgrafen
Moritz auf sich, die wir als Gemahlin des Herzogs Hans Albrecht
in ihrem Einflusse auf das calvinische Bekenntniß dieses Fürsten
kennen gelernt haben[1]. In der ganzen Art ihrer Bildung und
Gelehrsamkeit spiegelt sich die Zeit ab. Mit großer Innigkeit des
Gemüths verband sie die reichste Vielseitigkeit linguistischer Kenntnisse und dichterische Begabung. Die französische, italiänische, spanische, lateinische und selbst die griechische Sprache soll sie in dem
Maße sich angeeignet und beherrscht haben, daß sie in den meisten
dieser Sprachen dichtete, und Schauspiele verfaßte. Sie hatte Logik
und Rhetorik und die Theorie der Musik studirt, und brachte die
Regeln derselben bei ihren poetischen Arbeiten zur Anwendung.
Auch mathematischen Studien hatte sie obgelegen. Insbesondere hatte
sie bei ihrer tiefen Religiosität und ihrer entschiedenen Anhänglichkeit an das calvinische Bekenntniß die heilige Schrift zum Gegen-
stande so eingehender Studien gemacht, daß sie in seltener Weise
in derselben heimisch war, und alle Sprüche nach ihren Stellen anzugeben wußte[2]. Schon im siebenten Jahre schrieb sie ihrem Vater
die zärtlichsten französischen Briefe, und in ihrem sechzehnten Jahre
verfaßte sie, wahrscheinlich unter der Anleitung Dietrichs von dem
Werder, der von mütterlicher Seite aus dem mecklenburgischen Ge-

[1] Elisabeth, älteste Tochter des Landgrafen Moritz erster Ehe, war am
25. März 1597 geboren, vermählte sich zu Cassel am 26. März 1618 mit Herzog
Hans Albrecht, und starb am 16. December 1625 im 28. Jahre ihres Alters. Vgl.
Petri Lauremberg, Castrum doloris, in quo condita repostaque quinque
funera Ducum Megapolensium, funeribusque singulis dicata et publicitus
dicta sacra exequalia. Rostochii 1638, worin die erste am 25. Januar 1626
in der Domkirche zu Güstrow gehaltene Rede dem Andenken der Herzogin Elisabeth
gewidmet ist. Rudloff, III.2, S.136 f. Lisch, Jahrbücher VI. S.145; XVI. S.201.
[2] Etwas, J.1741 S. 388 f.

schlechte derer von Hahn abstammte[1]), in ängstlicher Nachbildung der Form Petrarcas zweihundert und sechzehn italiänische Madrigale und Sinngedichte[2]). Wie am Hofe zu Cassel, so wurde auch an anderen deutschen Höfen die Kenntniß fremder Sprachen, Dichtungen und Tonwerke des Auslandes hochgehalten. Der Adel und der höhere Bürgerstand litt ganz allgemein an der Vorliebe für fremdländisches Wesen, und überall zeigten sich Spuren verkehrter Sprachvermengung. Französische und lateinische Wörter mischten sich verwirrend in den deutschen Sprachausdruck ein, und hemmten jede Entwickelung des Genius der deutschen Sprache.

Allen diesen bedenklichen Elementen, welche zusehends überhand nahmen und sich progressiv ausbreiteten, daß sie deutschem Wesen und deutscher Eigenthümlichkeit durch Zersetzung der deutschen Sprache den Untergang drohten, stellte sich während der ganzen Periode des dreißigjährigen Krieges die „Fruchtbringende Gesellschaft" entgegen, welche kurz vor dem Beginn des böhmischen Krieges am 24. August 1617 ins Leben getreten war[3]). Sie machte sich zur Aufgabe die Pflege und Hebung der hochdeutschen Muttersprache durch Enthaltung von Fremdwörtern und durch entsprechenden rein deutschen Ausdruck in Rede und Schrift, um dadurch dem Alles überfluthenden Strom des Fremdländischen einen Damm entgegenzusetzen. Das Bedürfniß, welches die Gesellschaft ins Leben rief, war ein so allgemein und tief empfundenes, daß sich die höchsten und höheren Stände der Gesellschaft, Fürsten, Adelige und Gelehrte, in ihren edelsten Gliedern an derselben betheiligten, und ihre Zwecke unterstützten. Selbst die schweren Wechselfälle des dreißigjährigen Krieges vermochten nicht, die kaum gestiftete Gesellschaft in Vergessenheit zu bringen; sie entwickelte sich unter den härtesten Drang-

---

[1]) Lisch, Jahrbücher VIII. S. 127, wo eines im Jahre 1589 gestorbenen und zu Schwinkendorf begrabenen Dietrich von dem Werder gedacht wird.

[2]) Noch jetzt befindet sich die Handschrift derselben auf der Bibliothek zu Cassel; Proben giebt: von Rommel, Neuere Geschichte von Hessen, Bd. II. S. 379, Beilage V. F. W. Barthold, Geschichte der Fruchtbringenden Gesellschaft. Sitten, Geschmacksbildung und schöne Redekünste deutscher Vornehmen vom Ende des XVI. bis über die Mitte des XVII. Jahrhunderts, S. 45 f.

[3]) F. W. Barthold, Geschichte des großen deutschen Krieges vom Tode Gustav Adolfs ab, mit besonderer Rücksicht auf Frankreich, S. 298; insbesondere dessen Geschichte der Fruchtbringenden Gesellschaft, S. 4 ff., S. 104 ff.

salen der beiden ersten Decennien des unheilvollen Krieges auf das gedeihlichste. Wie viel Spielerei und kleinlicher Sinn sich auch in das Treiben der Gesellschaft unleugbar mitunter eingemischt hat, so ist es darum nicht minder gewiß, daß sie als eine gesunde Reaction des deutschen Geistes gegen das eingedrungene fremdländische Wesen betrachtet werden muß mitten in einer Zeit, wo der politische und sociale Einfluß Frankreichs in Deutschland von Tage zu Tage wuchs.

Als Caspar von Teutleben, welcher in der ersten Periode der Gesellschaft als ihr Oberhaupt anzusehen ist, am 11. Februar 1628 gestorben war, und der Fürst von Cöthen an ihrer Spitze stand, erfolgte ein neuer Aufschwung derselben, ungeachtet daß gerade damals die kaiserlichen Heere unter Tilly und Wallenstein überall siegreich waren, und selbst eine Vergewaltigung und Unterjochung von ganz Norddeutschland in Aussicht stand. Beide Herzoge, Hans Albrecht wie Adolf Friedrich, traten in jener schweren Zeit, als sie aus ihren Erblanden vertrieben waren, in die Gesellschaft ein, hatten Freude an ihren Bestrebungen und betheiligten sich an denselben. Es gewinnt dies um so größere Bedeutung, wenn man bedenkt, daß gerade damals der Kaiser sie ihrer angestammten Länder ohne Urtheil und Recht beraubt, und sie als Pfandbesitz an Wallenstein übergeben hatte. Schon war von ihm die Huldigung der Stände erlangt worden, und die Fürsten befanden sich außerhalb ihrer Lande[1]), wahrscheinlich in Lübeck. Es zeugt für ihren patriotischen Sinn, daß sie inmitten dieser Drangsale Freudigkeit hatten, den vaterländischen Zwecken der Gesellschaft ihre persönliche Theilnahme zuzuwenden. Mit ihnen traten ihre vertrautesten Diener und Rathgeber ein. Hans Albrecht ward im J. 1628 zuerst aufgenommen „unter dem Titel der Vollkommene mit der Devise der achtzeilige Weizen in Aehren" (Nr. 158), zugleich mit seinem „damaligen mignon Otto von Preen" unter dem Namen „der Verborgene,

---

[1]) Aus des Archivars Johann Schulz, Collectanea ad Vitas Ducum Meckl. (im Großherzoglichen Archive zu Schwerin), sind die Notizen geflossen in: Bützowsche Ruhestunden, gesucht in Mecklenburgischen, vielentheils, bisher noch ungedruckten, zur Geschichte und Rechtsgelahrtheit vornehmlich gehörigen Sachen, VIII. S. 71 f., XVIII. S. 50 f. Lisch, Jahrbücher II. S. 190 f. Barthold, Geschichte der Fruchtbringenden Gesellschaft, S. 187 f.

die Eberwurzel in trübem Wetter" und zugleich mit seinem Leib-
arzte „Angelo di Sala, einem Italiano von Geburt unter dem Titul
der Lindernde, Camillenblüet das Wapen, die Schmerzen." Auch
Herzog Adolf Friedrich ward in die Gesellschaft aufgenommen
(Nr. 175) unter dem Namen: „der Herrliche in Tugenden mit dem
Zeichen Betonienkraut, und mit ihm sein von ihm hochgeschätzter
Hofmarschall Moritz von der Marwitz der Aeltere, welcher ihm ins
Exil gefolgt war, und treu und fest bei ihm aushielt unter dem
Namen der „wiederbringende Natürliche Wärme unter dem Zeichen
Lavendul." In demselben Jahre ward auch der Dr. Johann Coth-
mann, Kanzler des Herzogs Hans Albrecht, mit aufgenommen, mit
dem Namen der Beharrliche in Hitze und Kälte, und ward ihm
Wintergrün zum Zeichen zugeeignet."

Kurz vorher war auch der General-Major Wilhelm von Kalcheim, genannt Lohhausen, dessen große Verdienste, die er sich um
die Vertheidigung Rostocks erwarb, wir bereits kennen gelernt
haben[1]), in die Gesellschaft unter dem Namen „der Feste im Stande,
unter dem Brasilienholz" (Nr. 172) aufgenommen, und sprach dem
Herzog Adolf Friedrich zu seinem Eintritt in die Gesellschaft seinen
Glückwunsch aus, unter Bezeugung seiner Freude, daß er der Gesellschaft die Ehre angethan, sich in dieselbe zu begeben. Das Er-
widerungsschreiben des Herzogs, in welchem er zugleich für die
Zusendung eines von Kalcheim „in teutsch gegebenen" schönen Büch-
leins dankt, welches er als eine herrliche Frucht der löblichen
Fruchtbringeden Gesellschaft betrachtet, spricht „die herrliche, feste und
beständige Hoffnung aus, mit göttlicher Hülfe eine fröhlichere und
bessere Zeit wiederum zu erleben, und zum vorigen Wohlstande
wieder zu gelangen"[2]). Da Kalcheim, damals Oberst der Stadt Bremen, durch die Zeitverhältnisse verhindert wurde, persönlich seiner
Aufnahme in die Gesellschaft beizuwohnen, so erfolgte erst später
von seiner Seite die Eintragung seines Namens, Wappens und

---

[1]) Vgl. S. 212 ff.
[2]) Schreiben des Obristen Wilhelm von Lohhausen an den Herzog Adolf Friedrich I. von Mecklenburg. D. d. Bremen, 6. October 1629, und Schreiben des
Herzogs Adolf Friedrich I. an den Obristen Wilhelm von Lohhausen zu Bremen.
D. d. Lübeck, 22. December 1629, in: Lisch, Jahrbücher II. S. 209 f.

Sinnspruches auf dem ihm bestimmten Blatte des Stammbuches[1]). Ohne Zweifel muß Kalcheim als ein hervorragendes Mitglied der Gesellschaft betrachtet werden, der in seiner hohen militairischen Stellung ebenso sehr durch christliche Frömmigkeit und Gottesfurcht als durch wissenschaftlichen Sinn - und Streben sich auszeichnete[2]). Während seiner militairischen Laufbahn beschäftigte er sich nicht nur mit mathematischen und kriegswissenschaftlichen, insbesondere auf Fortification sich beziehenden Studien, sondern verwandte vornämlich seine Zeit auf das Studium der lateinischen Sprache. Ueberhaupt hatte er sich eine bedeutende wissenschaftliche Bildung nnd große Gewandtheit der Sprache erworben[3]).

Als Kalcheim in Tilly's Gefangenschaft gerathen war, und anderthalb Jahre zu Bockenheimb gefangen gehalten wurde, beschäftigte

---

[1]) Etwas, J. 1737 S. 710 ff., S. 746 ff. Barthold, Geschichte der Fruchtbringenden Gesellschaft, S. 191 ff. A. Tholuck, Lebenszeugen der lutherischen Kirche aus allen Ständen, S. 160 ff.

[2]) Im Jahre 1584 am Aschermittwoch im Lande zu Bergk geboren, war sein Vater, Heinrich von Calcheim, genannt Lohausen, zu Lohhausen und Lauffenberg erbgesessen; seine Mutter, Frau Christina von Egern, vom Hause Dießbung. Er diente anfangs in der Festung Eperis in Ungarn gegen die Türken, nahm später an dem Jülichschen Kriege Theil, und verlor in der Belagerung von Jülich sein rechtes Bein im Jahre 1610. Später finden wir ihn abwechselnd in Diensten des Churfürsten von Brandenburg, der schlesischen Fürsten und Stände, des Grafen Antonius Günther zu Oldenburg und Delmenhorst, bis er im Jahre 1625 unter König Christian von Dänemark als General-Wachtmeister commandirte, und in der Schlacht bei Lutter von den Kaiserlichen gefangen genommen wurde. Später bekleidete er in Bremen drittehalb Jahre die Würde eines Obristen und Commandanten, und vermählte sich daselbst am 10. November mit der verwittweten Frau von Stetbinge, geb. von Stralendorf. Im Jahre 1630 trat er als Geheimer Kriegsrath und Obrist in die Dienste Adolf Friedrichs, im Jahre 1632 in die Dienste der Krone Schweden, ward Commandant der Städte Magdeburg und Wismar, und wurde zu verschiedenen Gesandtschaften verwandt, nahm indessen im Jahre 1636 seinen Abschied von der Krone Schweden (vgl. über Lohausens Ansicht vom schwedischen Krieg und seine Verabschiedung: Barthold, Geschichte des großen deutschen Krieges vom Tode Gustav Adolfs ab, Th. I. S. 346), und empfing darauf eine neue Bestallung von Adolf Friedrich als Geheimer- und Kriegsrath, Obrist und Commandant in der Stadt Rostock.

[3]) Quistorp l. l. Studia ita imbiberat, ut vel exercitatissimo dubiam palmam facere posset, saepius illum doctorum mistum coetui cum admiratione disserentem audivimus.

er ſich mit den alten Claſſikern; unter Andern las er Plinii secundi
37 Bücher von der Weltgeſchichte, denen der Brief ſeines Schweſter-
ſohnes Plinii Caecilii an Tacitus angeſchloſſen war. Hier traf er
auf die Worte: Equidem beatos puto, quibus munere deorum
datum est aut facere scribenda aut scribere legenda: beatissimos
vero, quibus utrumque, welche auf ihn einen tiefen Eindruck machten. Lesswürdiges zu ſchreiben glaubte er indeſſen wegen ſeiner Geringfügigkeit ſchwerlich erreichen zu können, Schriftwürdiges zu thun
aber, davon konnte in ſeinem Gefängniß nicht die Rede ſein, „inmaßen der Degen am Nagel gehangen.“ Da ihm aber durch göttliche Verleihung, etwas Denkwürdiges zu verrichten, die Gelegenheit
abgeſchnitten war, ward er ſich „zu unterfangen veranlaſſet, zum
Mittleren ſich zu wenden, einen Federfechter abzugeben, und in
teutſcher Mutterſprache etwas aufs Papier zu werfen.“ In ſeiner
Vorrede zu ſeiner im Jahre 1629 erſchienenen Ueberſetzung des
Salluſt bemerkt er weiter: „Indem ich darüber nachdachte, kam mir
der ſonſt etwas bekannte C. Crispus Salustius, und erbot löblichen
teutſchen Kriegsleuten ſich zu willigen Dienſten, mit Begehren, daß,
weil deren meiſtes Theil ſeiner Mutterſprache unkundig, ihm der
römiſche lange Rock aus, und ſtatt deſſen ein alter deutſcher Mutzen
angezogen werden möchte.“ Zwar kam ihm noch manches Bedenken,
das theils in ſeinem Unvermögen, theils in der „teutſchen Sprache
muthwilligen Abgang“ lag, aber doch entſchloß er ſich, daß „vielleicht möchte einem geſchickteren Meiſter, der ſich beſſeren Tuchs
befliſſen, künſtlicher zuzuſchneiden, und artiger zuſammenzufügen gelernt, erwähnten Mutzen etwas zierlicher zu verbrämen Anlaß gegeben werden.“ Seiner Ueberſetzung fügte Kalcheim Anmerkungen
hinzu und fünf auf die Kriegskunſt ſich beziehende Discurse. Noch
bemerkt er, „daß er geſtehen müſſe, daß ſeine ſolcher Dinge faſt
unkundige Scheere etwas zu tief ins Tuch geſchnitten, um dem
Mutzen eine teutſche Geſtalt zu geben; er hoffe jedoch, es würden
die Hochgelehrten das Lehrknechtswerk, das den Kriegsleuten zu
Dienſten einer aus ihrem Mittel entworfen, nicht auf das genaueſte
mit der lateiniſchen Elle meſſen, ſondern die etwa groben Näthe
mit dem Bügeleiſen ihrer vernünftigen Beſcheidenheit niederdrücken.“
Dabei geſteht er offen, daß er ſeinem Vorſatze, rein unvermengt
deutſch zu ſchreiben, nicht habe genug thun können, da ſoviel aus-

ländischer Einschlag, der teutsches Stadtrecht erlangt habe, mit
unterlaufe.

Das Buch Kalcheims: Von Catilinarischer Rottirung und Ju-
gurthischem Kriege, erschien im Jahre 1629 in Bremen, und hat
eine für die damalige Zeit verhältnißmäßig äußerst reine Sprache
und kräftigen Ausdruck. Es ist dem Markgrafen Sigmund von
Brandenburg, Administrator zu Magdeburg, gewidmet. In dem
ersten Discurse, von der Gottesfurcht des Soldaten, spricht sich seine
lebendige christliche Ueberzeugung von der Nothwendigkeit aus, daß
alles Leben auf der Gottesfurcht ruhe, und daß auch der Kriegsmann verbunden sei, und schuldiger als schuldig, den allgewaltigen
Gott über Alles zu fürchten, zu ehren und zu lieben, daß die
Gottesfurcht die Verheißung dieses und des zukünftigen Lebens
habe; auch dem Kriegsmann gebühre, dem Gott, ohne welchen
kein Haar von seinem Haupte fallen könne, und seinem eigenen
Sohn, sammt dem heiligen Geist zu Ehren, mit Andacht und In-
brünstigkeit von ganzem Herzen zu dienen, und vermahnt er zum
Schlusse jeden Soldaten, hohen und niederen Standes, Gott vor
Augen zu haben, und mit König David sich zu erinnern, daß der
HErr seine Stärke und seine Hülfe sei, der sein Haupt beschirme
in Kriegszeit (Ps. 140, 8), daß Gott seine Hände lehre streiten und
seinen Arm, einen ehernen Bogen spannen. Characteristisch für die
Zeit ist es, wie Kalcheim im zweiten Discurs über die rechtmäßigen
Endursachen des Krieges handelt. Die traurige Kriegszeit hatte fast
überall, besonders unter der Soldatesca, über Recht und Berechtigung des Krieges die verkehrtesten Ansichten im Schwange gebracht.
Das Söldnerwesen, das damals herrschte, war ganz dazu angethan,
daß nur nach äußerem Gewinn und Vortheil gefragt ward, und
daß der Einzelne das Bewußtsein verlor, daß auch er Gott gegenüber verantwortlich sei für seine Theilnahme am Kriege. Kalcheim
fordert nun von jedem Kriegsmann, daß er sich über des Krieges
Ursache müsse klar geworden sein, um darnach zu bemessen, ob er
an demselben mit gutem Gewissen Theil nehmen könne, weil ein
jeglicher die Pflicht habe, das, was wider seine Kirche, seine Religion und Gewissen laufe, zu meiden.

Fürst Ludwig zu Anhalt, der Nährende (Stammb. Nr. 2. 1617),
hatte sich mit italiänischer Literatur beschäftigt und einige politisch-

hiſtoriſche Tractate des Virgilio Malvezzi überſetzt, wodurch Kal=
cheim auf beſſen Arbeiten mochte aufmerkſam geworden und auf
ſeine politiſche Geſchichte vom verfolgten David mochte hingewieſen
ſein. Dieſes Werk, welches die Schickſale Davids unter politiſchen
und religiöſen Geſichtspunkten nach Art der damaligen Zeitbildung
betrachtet, ward in den beiden erſten Jahren ſeines Aufenthalts in
Roſtock von Kalcheim überſetzt, und erſchien im Jahre 1638¹). In
der Vorrede bemerkt er, daß er als Glied der Fruchtbringenden
Geſellſchaft bemüht geweſen ſei, das Werk ſo rein und gut teutſch
als möglich wiederzugeben, und daß ihn zur Wahl beſſelben der
Umſtand beſtimmt habe, daß Malvezzi alle ſeine politiſchen Betrach=
tungen der Bibel entnommen habe. Er gedenkt in derſelben auch
des früher von ihm geäußerten „Widermeinungsſatzes“ (Paradoxon),
er wolle, daß nicht mehr Bücher in der Welt wären, als die hei=
lige Schrift, Seneca und Epictet, ſo daß auch hier ſeine Liebe zu
dem göttlichen Worte hervortritt, von dem er überzeugt war, daß
es, wie den Weg zum Heile, ſo auf allen Gebieten des Lebens,
auch auf dem politiſchen, die rechten Fingerzeige darbiete, Gottes
Willen zu thun und den von ihm gewollten und geordneten Pfad
zu gehen²).

Der tiefe Ernſt und der lebendige Glaube, in welchem er ſtets
vor ſeinem Herrn gewandelt, bewährte ſich auch auf dem langen
Krankenlager, das ihm beſchieden war. Durch das Wort Gottes
reichlich erquickt und getröſtet, entſchlief er ſanft und ſelig am
30. Januar 1640³), von der ganzen Univerſität und dem Miniſte=

---

¹) Der verfolgte David; aus dem Italiäniſchen, Herrn Marggrafen Virgilio
Malvezzi, teutſch übergeſetzt durch Wilhelm von Kalcheim, genannt Lohauſen, Obri=
ſten-Feld-Wachtmeiſtern und zur Zeit Obergebietigern in Roſtock. Gedruckt daſelbſt
durch Michael Meder, in verlegung Johann Hallervorts, 1638. 8. 19 B.

²) Der Ueberſetzung iſt eine Erklärung verſchiedener deutſcher Wörter angehängt,
z. B., daß der Horizont heißt der Geſichts-Ender, Ebenredenheit proportio, wohl=
gefaßte Zuſammenſtimmung melodia, Angeſichts-Deutelei physiognomia, Gottes=
Wort-Lehrer theologi, u. ſ. w.

³) Die in der St. Marien-Kirche ſich befindende Denkſchrift lautet: Genero-
sus Strenuus, nobilis et fortis Dn. Wilhelmus a Calcheim dictus Lohausen,
Generalis Major, Illustrissimorum ac Celsissimorum Principum Megapolitanorum, Consiliarius intimus, Rerumque Bellicarum Director, nec non Praesidiarii militis in Civitate Rostock Gubernator. Obiit XXX. Januarii ac

rium[1]), wie von der studirenden Jugend aller Länder schmerzlich be=
klagt[2]). Kalcheim vereinigte in sich seltene Gaben und Kenntnisse.
In der Kriegswissenschaft stand ihm Einsicht und Erfahrung in dem
Maße zur Seite, daß seine Abhandlung von „Kriegsübung und
Waffen“ sowohl an sich als für die Geschichte der Kriegführung
jener Zeit sehr beachtenswerth ist. Ganz insbesondere empfand die
Akademie seinen Verlust, so daß sie nach seiner feierlichen Bestat=
tung sein Gedächtniß durch eine Parentation beging[3]). Er hatte
ihre Bestrebungen auf den verschiedenen Gebieten des Wissens nicht
nur verstanden und gewürdigt, sondern er hatte sie auch mehrfach
getheilt. Mitten in dem Kriegsgetümmel jener Zeit und unter den
Sorgen und Mühen, welche seine Stellung mit sich brachte, hat er
seine wissenschaftlichen Zwecke verfolgt, und hat als eines der hervor=

---

sepultus XV. Aprilis Anno MDCXL. Vgl. auch: Rector Universitatis Rostochiensis Johannes Quistorpius, D. et Theol. Facult. Senior. Ad exequias
quas Generoso ac Nobilissimo Heroi Dn. Wilhelmo a Calchein dicto Lohausen, Generali Majori et apud Rostochienses Commendanti militiae supremo, Vidua moestissima in templo Mariano, ad horam Tertiam, paratas
cupit, omnes Academiae cives amanter invitat. Rostochii MDCXL.

[1]) Lacrymae in obitum Illustris et Generosissimi Dn. Wilhelmi a Calcheim dicti Lohausen, Supremi Vigiliarum Praefecti, Illustrissimi, Reve-
rendissimi, Celsissimique Principis ac Domini, Dn. Adolphi Friderici,
Ducis Megapolitani et Consiliarii intimi, rerum bellicarum Directoris et
Praesidii militaris ap. Rostochienses Moderatoris, qui pie placideque 30. Januarii Rostochii obdormivit, ibidemque 15. Aprilis in aede Mariana honorifice sepultus. Anno 1640 conscriptae a Reverend. et Clariss. Dominis
Professoribus ac Minist. Eccles. Rostochii A. MDCXL.

[2]) Nenia qua luctuosissimum ac beatum obitum Herois — — Dn. Wilhelmi a Calcheim dicti Lohausen — συμπάσχων prosequitur Natio West-
phalica. Rost. MDCXL. Epicedia in obitum etc. conscripta a Megapoli-
tanis. Rost. 1640. Justa Funebria in obitum etc. fusa a Brunsvicensibus
ac Lunaeburgensibus. Rost. 1640. Lessus Illustri ac Generoso Heroi Dn.
Wilhelmo a Calcheim etc. conscriptus ab Holsatis. Rost. 1640. Prismani-
bus — — Dni Wilhelmi a Calcheim etc. sacratum a Pomeranis. Rost. 1640.

[3]) Sacra parentalia decessui et memoriae generosi ac nobilissimi Herois Dn. Wilhelmi a Calcheim dicti Lohausen, Ill. Duc. Megap. Consiliarii,
rerum bellicarum Directoris et apud Rostochienses Praesidii militaris moderatoris, dicata et habita post solemnem funeris deductionem in inclyta
Rosarum Academia a M. Laur. Bodock, nunc vero Rostochii descripta literis. Anno MDCXXXX.

ragendsten und ehrenwerthesten Glieder der Fruchtbringenden Gesell=
schaft die deutsche Sprache von fremden und entlehnten Wörtern
zu reinigen, und ihren rein deutschen Ausdruck zu bilden und fest=
zustellen gesucht. Insbesondere aber ragt Kalcheim unter den Kriegs=
männern jener Zeit durch die schlichte Einfalt und Tiefe seines
Glaubens hervor, den er sich unter den Wechselfällen seines be=
wegten Lebens, mitten unter den Schrecknissen und Leiden des
dreißigjährigen Krieges, bewahrt und gestärkt hatte, und zeigt uns
die Macht und den Einfluß, den wahre Gottesfurcht auch damals
auf weitere Kreise auszuüben vermochte.

Mit Kalcheim, den er hoch verehrte, war der M. Johannes
Stein, Diaconus an St. Nicolai, dessen wir bereits gedacht haben[1]),
näher verbunden, der durch Gelehrsamkeit und vornämlich durch
dichterische Begabung sich rühmlich auszeichnete. Bei verschiedenen
Gelegenheiten versuchte er sich in lateinischen Gedichten, welche von
Talent zeugen. Auf den Tod des Königs von Schweden, Gustav
Adolfs, verfaßte er eine lateinische Elegie und ein propempticum
lugubre, als die königliche Leiche zu Wolgast eingeschifft wurde.
Wie sehr er an Rostock, seiner Vaterstadt, hing, und wie hoch er
die althergebrachten Traditionen und Ordnungen des städtischen We=
sens hielt, zeigt uns ein poetischer Dialog, in welchem er die her=
kömmlichen Gebräuche bei einer Rostocker Rathsherrnwahl schildert[2]),
und nicht ohne poetische Darstellungsgabe ein Bild des alten städti=
schen Lebens und seiner sinnigen Formen entwirft. Im Jahre 1639
veranstaltete er eine Sammlung seiner Gedichte, die er dem Ge=
neral=Major Kalcheim von Lohhausen zueignete[3]). In dem Epice=
dium, das Stein seinem Andenken widmete, spricht sich ein tiefer

---

[1]) Vgl. S. 84.

[2]) Er gab im Jahre 1637 heraus: Curiam restitutam sive eclogam gra-
tulatoriam, ritus quosdam, in electione Senatorum Rostochiensium usitatos
continentem. Etwas, J. 1741 S. 74 f.

[3]) M. Jo. Steinii, Rostochiensis, Spicilegium poeticum, hoc est farrago
selectissimorum quorundam poematum in Academia Varniaca — — editorum, nunc vero messe quasi facta collectorum — — si quid studiosae juventuti inde quoad spero, commodi promanare posset. — Im Jahre 1649
wurde er von dem Rostocker Bürgermeister Lutter als Comes Pal. Caes. zum
kaiserlichen gekrönten Poeten ernannt.

Schmerz um ihn und um Alles, was Rostock in ihm verloren, aus[1]).

Außer Kalcheim gehörte der Fruchtbringenden Gesellschaft nur noch Tscherning an, welcher ein tüchtiger Philologe und Professor Poesis an der Universität war[2]). Seine Wirksamkeit gehört zum Theil noch der Zeit des dreißigjährigen Krieges an, und empfand er das ganze große Elend, welches derselbe über Deutschland brachte, auf das lebhafteste. Klar und umsichtig die öffentlichen Ver= hältnisse beurtheilend, schmerzte es ihn tief, das Vaterland durch die Verheerungen des Krieges auf lange Zeit hinaus erschöpft zu sehen. Alle höheren Interessen sah er durch denselben gefährdet. Desto eifriger ergab er sich den Studien, und suchte den Sinn für die Wissenschaft und für die Dichtkunst sowohl in dem engeren Kreise der Studirenden, als auch die Liebe zur Poesie in dem wei= teren Kreise des Volkslebens zu wecken und zu pflegen. Er besaß

---

[1]) Epicedium in Fata suprema ac deplorata — — Dn. Guilelmi a Cal-cheim etc.

[2]) A. 1644 von Ostern bis Michaelis ward unter dem Decanat des M. Laur. a Bodock in die philosophische Facultät nach Ausweis ihres Albums recipirt: M. Andreas Tscherningius, Poëta laureatus, Profess. Poes. in Acad. nostra designatus, qui 16. Maii in Acad. et R. Concilium introductus est, post-quam primum in Philos. et Art. Magistrum 2. April. fuisset promotus et deinde 7. Maii in facult. receptus. Etwas, J. 1737 S. 377.

Tscherning war am 18. November 1611 zu Buntzlow in Schlesien geboren. Seine Jugend fiel bereits in die traurigen Zeiten des Krieges, und da in Schlesien die confessionellen Gegensätze scharf hervortraten, und die katholische Reaction sich heftig geltend machte, litt er unter derselben, und war genöthigt, mehrfach seinen Aufenthalt zu verändern. In Görlitz nahm sich der Rector Küchler seiner an. Nachdem er auf dem Gymnasium zu Breslau seine gelehrte Vorbildung erhalten hatte, bezog er im Jahre 1635 die Universität, mußte aber, von seinen bedrängten Verhältnissen genöthigt, nach Breslau zurückkehren, um seinen Unterhalt durch Unterricht sich zu erwerben. Durch sein poetisches Talent sammelte er sich einige Mittel, um nach Rostock gehen zu können. Opitz war es, der ihn an Lauremberg empfahl, der sich auf das wärmste seiner annahm. Schon damals trat sein poe= tisches Talent bedeutsam hervor. Nach Breslau zurückgekehrt, unterstützte ihn der kaiserliche Rath von Löwenstern vielfach, und machte es ihm möglich, nach Rostock im Jahre 1644 zurückzukehren, wo er Laurembergs Nachfolger wurde. Er starb am 27. September 1659. Vgl. Andenken M. Andr. Tschernings, Poes. Professoris, Etwas, J. 1742 S. 455 ff., 460 ff., 525 ff., 591 f. Krey, Andenken an die Ro-stockschen Gelehrten, VII. S. 48 ff.

große Belesenheit und Gelehrsamkeit nicht bloß in den classischen, sondern theilweise auch in den orientalischen Sprachen, so daß bei ihm ein Streben nach sprachlicher Ableitung und vergleichender Zusammenstellung der Sprachen und Dialecte sich bemerkbar macht. Seine große Vielseitigkeit zeigte sich auch darin, daß er die von Johannes Fabricius in Rostock wiederum angeregten, länger vernachlässigten arabischen Studien fortsetzte, und mit Liebe pflegte[1]). Die Uebersetzung der Proverbien des Alis fand damals in weiteren Kreisen verdienten Beifall. Seine gründlichen philologischen Studien aber hatten nur dazu beigetragen, die Liebe zur deutschen Muttersprache zu fördern und zu stärken. Er tritt der gangbaren Vernachlässigung derselben auf das bestimmteste entgegen, und spottet darüber, daß zwar von Jugend auf lateinisch und allmählich griechisch gelernt werde, daß man aber des Teutschen wegen ganz unbesorgt sei, weil ein jeder meine, daß ihn solches seine Frau Mutter und seine Amme schon recht schön gelehrt habe. Ihm war es dabei nicht entgangen, daß selbst Gelehrte weder lateinisch, noch deutsch wohllautend zu schreiben vermöchten. In beiden Sprachen bewegte sich Tscherning mit großer Leichtigkeit, und war selbst der poetischen Behandlung eines Stoffes in beiden Sprachen gleich mächtig. In der That kann er eben sowohl als lateinischer wie als deutscher Dichter angesehen werden. Es war gerade damals Schlesien in wissenschaftlicher und poetischer Beziehung vielfach angeregt, und Tschernings jugendliche Entwickelung hatte dadurch manchen Impuls erfahren. Martin Opitz, der gleichfalls aus Bunzlau stammte, wo er am 23. December 1597 geboren ward, war ihm bahnbrechend auf beiden Gebieten als lateinischer und deutscher Dichter vorangegangen, und hatte namentlich die lange arg vernachlässigte deutsche Muttersprache wieder in ihr Recht eingesetzt. Immer wird sein

---

[1]) Centuria proverbiorum Alis Imperatoris Muslimici, distichis latino germanicis expressa, ab Andrea Tscherningio, cum notis brevioribus. Rost. 1642 (1654). Er sagt hier: Quinquennium est et quod excurrit, cum arabica in Alma Rosarum a neglectu potius quam contemtu vindicaret Johannes Fabricius, Gedanensis, Orientalium Linguarum peritia maxime illustris. Arabica publice dixit, privatim docuit. Cujus lectionibus tantum debeo, quantum ei me debere gaudeo. Facturi procul dubio fuissemus profectus non poenitendos, nisi penuria librorum fregisset conatus discontium et quorundam ingratitudo, ne quid gravius dicam, studium magistri.

Aristarchus sive de contemptu linguae teutonicae, welcher in dem
verhängnißvollen Jahre 1618 erſchien, charakteriſtiſch und ſelbſt
epochemachend bleiben für den Umſchwung, der von Opitz ausging.
Er erkannte, wie die Hintenanſetzung der deutſchen Sprache und
die maßloſe, ja krankhafte Bevorzugung der fremden Sprachen, insbeſondere der franzöſiſchen, verderblich nicht nur auf die eigene
Sprache durch Verkümmerung und Verbildung, ſondern auch auf
die inneren Seiten des Volkslebens einwirke. Mit ſeiner Bekämpfung der Entartung der eigenen Sprache durch Vermiſchung mit
ausländiſchen Redensarten, Wörtern und Wendungen geht Hand in
Hand bei ihm das Streben, die Mutterſprache nach allen Seiten
auszubilden, und ſie den fremden Sprachen ebenbürtig an die Seite
zu ſtellen.

Dieſe Richtung Opitzens war es, die auch Tſcherning theilte,
wenn gleich der letztere die lateiniſche Dichtung länger pflegte als
Opitz[1]). Dieſer äußert ſich indeſſen in einem Briefe an Tſcherning
aus dem Jahre 1639 in ſehr anerkennender Weiſe über ſeine Gedichte. Schon in der akademiſchen Stellung Tſchernings als Poeſis
Profeſſor lag es, daß er ſeine Begabung zur lateiniſchen Dichtung, die eine nicht gewöhnliche war, fortgeſetzt übte, ſo daß er die
verſchiedenen Versmaße mit großer Leichtigkeit und Gewandtheit
handhabte, und bei dem poetiſchen Geiſte, der Glätte, der Feinheit
und Vollendung des Ausdruckes, welche in allen ſeinen Dichtungen
ſich finden, ſeinen claſſiſchen Vorbildern mit Erfolg ſich näherte.
Da es üblich war in der philoſophiſchen Facultät, daß die Decane
ſolenne Einladungen erließen zu den bevorſtehenden Promotionen
zu den akademiſchen Graden, ſo veröffentlichte Tſcherning bei ſolchen
Gelegenheiten manche ſeiner Gedichte. Daſſelbe fand ſtatt bei Ankündigung ſeiner Vorleſungen, auch wohl in Veranlaſſung der ein-
fallenden Feſte[2]). Auch ſeine deutſchen Gedichte, wenngleich ſie den

---

[1]) Carmina tua accepi sane gratissima, et dulce mihi est, Musis tam
faventibus ea tibi succedere, quae et ipse quondam illis non invitis conatus sum. Nunc judicio talium mihi omnino interdixi et ob causas hoc
ubi vivo loci necessarias. Itaque lampada tibi libenter trado.

[2]) 1656. Fest. Ascens. Dom. M. Tscherning, Poes. Prof.:
   Hostem, Juventus si scire vis tuum? crede
   Nocentiorem non habes voluptate

Dichtungen von Opitz nachstehen, und dessen Originaltät, Fülle und
Eleganz nicht erreichen, zeichnen sich durch Einfachheit, Sinnigkeit
und einen für jene Zeit möglichst reinen deutschen Ausdruck aus.
Es ist Wahrheit und Tiefe der Empfindung in seinen Dichtungen,
wenn auch oft die Kunstform überwiegt, und es bei ihm nicht
eigentlich zur volksthümlichen Dichtung kommen läßt, wenigstens
nur da, wo die geistlichen Factoren, von denen er durchdrungen
war, in seinen Gedichten zur Geltung kommen. In dieser Beziehung steht Tscherning höher als Opitz, der ihm dagegen in der
regelrechten Form seiner Gedichte, insbesondere im Versbau, über-
legen ist. Als Mitglied der Fruchtbringenden Gesellschaft ist er
wie Kalchheim bemüht, alle Fremdwörter zu vermeiden, und den
entsprechenden Gedanken derselben deutsch wieder zu geben. Dieselbe Gewandtheit und Feinheit, mit welcher er sich in seinen lateinischen Dichtungen bewegt, begegnet uns auch in seinen deutschen
Gedichten.

Dabei war auch er, wie Kalcheim, vom christlichen Glauben
erfüllt, und noch unberührt von den negativen Zeitelementen, welche
damals vom Gebiete der Philosophie her überall sich einzudrängen
suchten. Er stand jener von Italien aus auch nach Deutschland
übergesiedelten Richtung der Philologie fern, in welcher mit der
humanistischen Gelehrsamkeit der Gegensatz zum Christenthum sich

---

Ignaviaque gloriae incubo et laudis
Haec, haec bonorum est illa mentium pestis
Morum charybdis, illa pectorum Circe,
Dolosa·Siren, atque criminum mater.
Haec eruditionis omnis est labes,
Virtutis hostis, patrimonii scylla.
Perisse dic, qui dixit huic sacramentum.

(Vgl. Etwas, J. 1742 S. 165.)

Bei der Ankündigung seiner Vorlesung über den Florus giebt er ein ana-
creontisirendes Gedicht heraus:

Quid denuo minatur
Poetices Professor?
Quid ille pollicetur
Anacreon latinus?

(Etwas, J. 1742 S. 206. Vgl. auch J. 1742 S. 461 f.)

Voll Witz und Laune ist sein poetischer Anschlag, am Kaufschlag-Montag des
Pferdemarkts nicht lesen zu können. Etwas, J. 1742 S. 525 f.

verband, der in der erſten Hälfte des 17. Jahrhunderts zwar durch
die ſcharfe gegenſätzliche Stellung der Confeſſionen zu einander ab=
geſchwächt ward, doch aber durch die beginnende Einwirkung der
Philoſophie und der Naturwiſſenſchaften ſich vielfach um dieſe Zeit
bemerkbar machte. Seine chriſtliche Ueberzeugung ſpricht ſich auch
in mehreren ſeiner deutſchen Gedichte aus, welche ſich, frei von
den Feſſeln ausländiſcher Wörter und Redeformen, ungezwungen
und ohne geſuchten Ausdruck bewegen¹). Schon im Jahre 1642
erſchien die zweite verbeſſerte Auflage ſeiner poetiſchen Verſuche
unter dem Titel: „Deutſcher Gedichte Frühling,“ woran ſich ſpäter
im J. 1655 eine zweite Sammlung unter dem Titel „Vortrab des
Sommers deutſcher Gedichte“ ſchloß. Jene Sammlung von Liedern
läßt uns einen tiefen Einblick thun in den gläubigen, ergebenen
und getroſten Sinn des Dichters. Leid und Kreuz aller Art hatten
die ſchweren Kriegsjahre gebracht, in denen kaum ein Tag verging,
der frei geweſen wäre von Angſt und Sorge, Kummer und Noth.
Tſcherning weiſt in allen ſeinen Liedern ſtets auf den HErrn als
den rechten Helfer hin, welcher, ob auch Menſchenhülfe uns ent=
fiele, doch unſere Zuverſicht und unſere Burg ſei. Der Grundton
aller Tröſtung, der wir bei Tſcherning begegnen, iſt ſtets, daß
Gottes Gnade über uns wacht²). So zeigen uns nach dieſer Seite
hin auch Tſchernings Gedichte die tiefgehende Macht, welche die
Heimſuchung des dreißigjährigen Krieges über die Gemüther übte.
Die eigenen Herzenserfahrungen von der Kraft des göttlichen Wortes
in der ſchweren Trübſal der Zeit treten uns in denſelben entgegen.

---

¹) Zu ſeinen erſten Gedichten gehört der Lobgeſang über den Geburtstag
unſeres Heylandes Jeſu. Roſtock 1635. Es heißt darin:
> Das wahre Horn des Heyls wird auch zur Welt gebohren,
> Nachdem faſt alle Welt zu Bette ſich verlohren.
> Ein Stall iſt ſein Pallaſt, da zeucht der König ein;
> Anſtatt der Wiegen muß die harte Krippe ſein:
> Für Windeln Heu und Stroh und für Tapeceretzen
> Der Spinnen Webe=Garn ꝛc.

²) Vgl. auch das köſtliche Troſtlied Tſchernings, das mitten in der Noth jener
Zeit entſtanden iſt, und die lebendigſte Zuverſicht des Glaubens athmet: Gott, du
liebeſt deine Kinder, Mir zwar haſt du Leid gemacht u. ſ. w. in: B. C. Rooſen,
Das evangeliſche Troſtlied und der Troſt evangeliſchen Liebes um die Zeit des
dreißigjährigen Krieges, S. 184 f.

Hatte die Anfechtung überhaupt wieder mehr denn je aufs Wort
merken laſſen, ſo begegnen uns auch in ſeinen Gedichten, wie über=
haupt in den Liedern dieſer Periode, die kräftigſten Hinweiſungen
auf den lebendigen Quell aller Gnade und allen wahren Lebens.
Die gläubige Ergebung geht auch bei ihm Hand in Hand mit dem
ernſten Trachten nach dem Heil. Zugleich aber laſſen auch dieſe
Dichtungen erkennen, daß er derjenigen Dichterſchule angehört,
welche, von Opitz ausgehend, zum erſten Male die Eigenthümlich=
keit, die Kraft und die Univerſalität der deutſchen Sprache geltend
macht, und dadurch auch mehr oder weniger dem deutſchen Volks=
character und der deutſchen Volksindividualität einen Ausdruck
verleiht.

Tſcherning war aber auch ſeinerſeits von der Ueberzeugung
durchdrungen, daß die damalige ſo arg im Schwange gehende
Sprachmengerei die Sprache zerſetze, und dadurch auf die deutſche
Poeſie und Literatur hemmend und zerſtörend einwirke. Hatte er
ſchon als Glied der Fruchtbringenden Geſellſchaft die Pflicht und die
Aufgabe jener Sprachmengerei entgegenzuwirken, und reine Wort=
bildungen und Wortformen an die Stelle der zu beſeitigenden Fremd=
wörter zu ſetzen, ſo finden wir, daß er zu ſolchem Zwecke den Weg
vergleichender Sprachforſchung einſchlug. Seine große Kenntniß der
alten Sprachen und ſeine Beleſenheit in den alten Claſſikern kam
ihm hiebei bedeutend zu Statten. Doch blieb er hiebei nicht ſtehen,
ſondern zog auch das orientaliſche Sprachgebiet in die Vergleichung,
indem er ſich bemühte, theils die Ableitung deutſcher Wörter aus
orientaliſchen Sprachwurzeln zu erweiſen, theils überhaupt die Ueber=
einſtimmung deutſcher Wörter und Redeformen mit orientaliſchen
darzuthun[1]). Nichtsdeſtoweniger war er bis zum Ende ſeines Le=
bens der lateiniſchen Dichtung nicht minder mit Vorliebe zugewandt,
und ſein Democrit beweiſt, bis zu welcher Vollendung er es in der

---

[1]) Unvorgreifliches Bedenken über etliche Mißbräuche in der deutſchen Schreib-
und Sprachkunſt, inſonderheit der edeln Poeterey. Lübeck 1658. Die zweite Hälfte
der Schrift bildet eine Sammlung von Redensarten unter dem Titel: Kurtzer Entwurf oder Abriß einer deutſchen Schatz-Kammer, von ſchönen und zierlichen poetiſchen Redens-Arten, Umſchreibungen und denen Dingen, ſo einem Gedichte ſon-
derbahren Glantz und Anmuth geben können. Der ſtudirenden Jugend — — in
Ordnung gebracht.

lateinischen Poesie brachte, da derselbe sich ebenso sehr durch höchst gewandte Beherrschung der Form und gelungene Nachbildung als durch zutreffenden Witz, Laune und Satire vortheilhaft auszeichnet[1].

Nach einer anderen Seite hin kommt für uns in Bezug auf deutsche Sprache und Literatur Johann Lauremberg in Betracht[2], da er in der niederdeutschen Mundart, dem eigentlich Niedersäch=sischen oder Plattdeutschen, das auch wohl seit dem 16. Jahrhundert als das Sassesche bezeichnet wird, dichtete[3]. Damals lebte das

---

[1] Democritus auctore Andr. Tscherningio, Prof. Poet. Rost. 1656. 4.

[2] Johann Lauremberg, der Sohn von Wilhelm Lauremberg, welcher im Jahre 1547 zu Salingen im Herzogthum Berg nahe bei Cöln geboren war, sich später als Arzt Ruf erworben hatte, und an Memmius Stelle Professor der Medicin zu Rostock im Jahre 1593 geworden war (Krabbe, Die Universität Rostock im 15. und 16. Jahrhundert, S. 711 f.), und Bruder von Peter Lauremberg, ward am 26. Februar 1590 zu Rostock geboren, wo er auf der großen Stadtschule, deren Rector damals Paul Tarnov war, seine Vorbildung erhielt. Nach Vollendung seiner Studien, während welcher der mit ihm verschwägerte Eilhard Lubinus ihn in phi=lologischer Beziehung bedeutend förderte, erhielt er am 8. November 1610 unter dem Decanat von M. Marcus Hassaeus das Magisterium, und ward im Jahre 1611 unter dem Decanat von Joh. Posselius in die philosophische Facultät recipirt. Nachdem er sechs Jahre zu literarischen Zwecken Reisen nach Holland, England und Frankreich gemacht hatte, auch im Jahre 1616 zu Rheims Doctor der Medicin geworden war, wurde er auf Vorschlag des Collegium ducale der Professoren an die Stelle des M. Andreas Helwig, der als Rector scholae nach Stralsund ging, vom Herzog Adolf Friedrich zur ordentlichen Professur der Poesie am 20. Fe=bruar 1612 berufen, und am 5. September 1618 in sein Amt eingeführt. Im Jahre 1620 war er Rector der Universität. Im Jahre 1623 ging er als Professor der Mathematik nach Soroe, wo er am 28. Februar 1658 starb. Vgl. Album Fac. Philos.: Anno 1623 ineunte menso Septembri a Serenissimo et Poten-tissimo Daniae Rege, Christiano IV., hinc in Regium Gymnasium Soram evocatus, D. Joannes Laurembergius, Poëseos Professor, Facultatisque Phi-losophicae p. t. Decanus discessit: qui reliquas Decanatus sui partes Joanni Simonio tradidit. Etwas, J. 1737 S. 375 f. J. 1740 S. 119 f., 307. Krey, Andenken VI. S. 52 f. Krey, Die Rostockschen Humanisten, S. 89 f. Joh. Classen, Johann Lauremberg. Lübeck 1841.

[3] Seine ausgezeichnete classische Bildung bezeugt sein lateinisches Trauerspiel: Pompejus Magnus, welches, obwohl ein Jugendwerk, es erschien im Jahre 1610, eben sowohl eine Kenntniß der griechischen Tragödie, die zum Muster genommen ist, als eine große Beherrschung der lateinischen Sprache zum Zweck ihrer drama=tischen Verwendung zeigt. Dürfte auch diese Tragödie als poetische Leistung nicht hoch zu stellen sein, so fand sie doch damals große Anerkennung, und lenkte in Rostock zuerst den Blick auf den jungen Lauremberg.

Plattdeutsche nicht nur in allen Classen des Volks, sondern war auch noch nicht als Schriftsprache völlig beseitigt worden, wenngleich das Hochdeutsche schon die plattdeutsche Mundart aus Kirchen und Schulen verdrängt hatte. Vorzugsweise sah zwar das niedersäch=sische Idiom sich auf die Gegenden zwischen Elbe und Ostsee schon damals beschränkt. Dennoch kannten die gebildeten Lebenskreise noch das Plattdeutsche, und liebten es wegen des Reichthums seiner Wortformen und wegen der Kraft und Originalität seines Aus=drucks. So bildet sich damals die niedersächsische Sprache noch fort, und erreicht in der humoristischen Satire eine Vollendung, die sie nie zuvor gehabt hatte. Man erkannte zum Theil auch sehr wohl, daß in der plattdeutschen Mundart ein reicher Quell zur Bereicherung des Hochdeutschen fließe. Obgleich die vergleichende Sprachforschung noch kaum ihren Anfang genommen hatte, fanden sich doch Manche, welche Sinn und Verständniß für die eigenthümlichen Schönheiten der niedersächsischen Mundart hatten, in welcher der deutsche Volks=character einen kräftigen und den concreten Verhältnissen des Volks=lebens durchaus entsprechenden Ausdruck gefunden hatte.

Unter diesen nimmt Lauremberg, dessen Satiren zu den be=deutendsten Leistungen gezählt werden müssen, welche die deutsche Literatur auf diesem Gebiete besitzt, eine hervorragende Stellung ein, der in den Geist der plattdeutschen Sprache völlig eingedrungen war, und sich gleichmäßig auch der Eigenthümlichkeit ihrer Wort=formen, ihrer sprachlichen Flexionen und Wendungen, ihrer reich=haltigen und volltönenden Sprachformen und ihrer specifischen Ver=bindungen und Constructionen in dem Maße bemächtigt hatte, daß er mit Erfolg in der plattdeutschen Mundart dichtete. Seine Ver=pflanzung nach Soroe in Seeland, wo König Christian IV. eine Akademie gegründet hatte, änderte in seiner inneren Stellung zur deutschen Sprache nichts, da diese dort allgemein gesprochen, ge=pflegt und selbst im Vortrage vor der studirenden Jugend ange=wandt wurde. Als Professor der Mathematik schrieb er zwar einige mathematische Schriften[1]), aber immerhin sind es doch vorzugsweise

---

[1]) Unter seinen mathematischen Schriften (vgl. über dieselben: Lappenberg, J. Laurembergs Leben und Schriften, a. a. O. S. 184 f.) möchte die bedeutendste sein: Logarithmus seu Canon Numerorum, Sinuum ac Tangentium Novus: cujus adminiculo operationes Arithmeticae et Geometricae per solam ad-

seine satirischen und humoristischen Schriften, durch welche er eine
eigenthümliche Bedeutung erlangt hat. Seine Schrift: Satyra, qua
rerum bonarum abusus et vitia quaedam seculi perstringuntur,
ist gleich ausgezeichnet durch den Ernst, mit welchem er die Ver=
kehrtheiten seiner Zeit geißelt, als durch den satirischen Ton und
Humor, mit dem er sie zu schildern, und in das Licht zu stellen
weiß. Mitten unter den drückenden Sorgen, welche ihren Grund
in der unzureichenden Stellung an der adlichen Akademie zu Sorce
hatten, dichtete Lauremberg sein berühmtestes satirisches Werk, in
welchem sich die ganze Fülle seines Witzes, seiner Laune und seines
Humors darstellt. „De veer olde berömede Schertz Gedichte"[1]
Laurembergs zeigen sowohl die hohe Bildsamkeit der plattdeutschen
Sprache und ihre Fähigkeit, die concreten Verhältnisse des Lebens
in der anschaulichsten Weise abzubilden, als auch die Virtuosität
Laurembergs, Sitten und Zustände des Volkslebens mit der ganzen
Kraft und Originalität dieser Mundart plastisch darzustellen[2].

Es tritt uns hier ein Talent entgegen, das ausgerüstet mit
leichtem Witz, sprudelnder Laune und entschiedener Darstellungs=

---

ditionem et subtractionem perficiuntur. Explicatus et editus a Joanne
Laurembergio, Matheseos Profess. in Acad. Sorana. Lugduni Batavorum
A. MDCXXVIII.

[1] De veer olde berömede Schertz Gedichte (Als erstlik: Van der Menschen
itzigem verdorvenen Wandel unde Maneeren. II. Van Almodischer Kleder Dracht.
III. Van vermengder Sprake unde Titeln. IV. Van Poësie unde Rym-Gedichten.
Met eenen Anhange van etliken in düssen Typen nyen ingeschlekenen Mißbrücken)
in Nedbere Dütsch gerymet dorch Hans Willmsen (Wilhelms Sohn) L. Rost. (Rostoch.). Gedrücket in dissem itzigem Jahr (1654). Geschichte der Poesie und Be-
redsamkeit seit dem Ende des 13. Jahrhunderts. Von Friedrich Bouterwek. Bd. X.
S. 237 f. In dem Aufsatze: Johann Lauremberg von Jacob Grimm in: Franz
Pfeiffer, Germania. Zweiter Jahrgang (1857), S. 298 ff., 495 ff., scheint derselbe
neben mancher treffenden Bemerkung doch über die Scherzgedichte und deren Anhang
fehlgegriffen zu haben, insofern er die Gedichte des Anhangs und die hochdeutschen
Poetischen Lustgedanken über den sauersüßen Ehestand un dat honnigsöte Frien
Lauremberg zuschreibt. Daß dem nicht so ist, hat Lappenberg überzeugend nachge-
wiesen, a. a. O. S. 204 f.

[2] Nicht geringe ist das Verdienst, welches sich neuerdings Lappenberg durch
seine treffliche Ausgabe erworben hat: Scherzgedichte von Johann Lauremberg,
herausgegeben von J. M. Lappenberg. Stuttgart. Gedruckt auf Kosten des Litterarischen Vereins nach Beschluß des Ausschusses vom November 1859. 1861.
(Bibliothek des Litterarischen Vereins in Stuttgart, LVIII. Stuttgart 1861).

gabe·die plattdeutsche Mundart in seltener Weise zu handhaben und
zur Erhöhung des komischen Eindruckes zu benutzen versteht. Die
einzelnen Schilderungen und Scenen, die vorgeführt werden, sind
oft dem Leben abgelauscht, enthalten neben vielen drolligen und
neckischen Einzelheiten manch derbes Witzwort, und die satirische
Lauge ist nicht gespart, um die Contraste noch schärfer hervortreten
zu lassen. Die Darstellung malt bis in die kleinsten Züge hinein
individuell aus, und überall findet sich der entsprechende plattdeutsche
Ausdruck in seiner Eigenthümlichkeit und drastischen Kraft zur Anwendung gebracht, so daß jene Gedichte auch in Bezug auf die
Vergleichung plattdeutscher Poesie manche Ausbeute gewähren, und
ebenso sehr in sprachgeschichtlicher als in culturgeschichtlicher Beziehung von Wichtigkeit sind. Dennoch aber geht durch die Darstellung hie und da ein frivoler und lasciver Zug hindurch, der
keinesweges der größeren Derbheit der Zeit allein in Rechnung gesetzt werden kann. Von Frankreich her war eine bedenklich leichte,
ja leichtfertige Auffassung geschlechtlicher und allgemein socialer Verhältnisse in Deutschland eingedrungen, und diese macht sich in manchen den Anstand selbst hart verletzenden Schilderungen bemerkbar,
wo das Satirische zurücktritt, und das Gefallen am Obscönen sich
äußert, eine sittliche Krankheitserscheinung, die sich in der Literatur
dieser und der folgenden Periode mehrfach zeigt.

Es sind keinesweges bloß Mißbräuche[1]) die gegeißelt werden,
sondern manche Züge verrathen durch die ganze Art der Ausmalung,
daß der Verfasser zwar die Mode und die Thorheiten der Zeit, die
von Frankreich her sich eingebürgert hatten, persiflirt, daß er ein
Auge hat für die Verkehrtheit, welche den Unterschied der Stände
völlig gering achtet, über den Stand durch Wohlleben und andere
Sitte hinausgeht, und überhaupt dem Neuen nachjagt, daß aber

---

[1]) „Dem Leser" werden diese Scherzgedichte in folgender Weise zugeeignet:
„An dyt gering gedicht fil wolle nemand ergern,
noch van dem hogen stand, noch van ehrsamen börgern.
De autor billich gvfft ein'm jedern syne ehr,
mißbruk gemenet is hiemit, und nichtes mehr."
Vgl. über die Bibliographie der „Veer Scherz Gedichte" die sehr sorgfältige Zu-
sammenstellung sämmtlicher uns bekannter Ausgaben bei Lappenberg, a. a. O.
S. 193—199.

feine Schilderungen, wenn er auch verfichert, bei bem Alten bleiben
zu wollen, ben feften Grund der alten Religiofität und Sittlichkeit
hie und da vermiffen laffen, der nie und nirgends mit dem Unfitt=
lichen fpielt, ober gar in der bis in bas Kleinfte eingehenden Zeich=
nung besfelben fich gefällt. Lauremberg überläßt fich babei dem
ihm eigenen Zuge zum niedrig Komischen, womit fich zugleich der
Hang verband, felbft Unanftändiges zu fagen, wenn in bemfelben
der Wiß feinen Ausbruck findet.   Die Unschicklichkeiten, welche feine
Scherzgedichte enthalten, treten in dem plattbeutschen Ibiom befto
unbefangener und unverhohlener auf, je weniger basfelbe weiteren
Kreifen bekannt war.   Sieht man aber von biefen verkehrten Einzel=
heiten ab, fo haben die Scherzgedichte Wiß, Laune und Humor
in unübertroffener Weife in fich[1]).   Bis zu feinem am 28. Februar
1658 zu Soroe erfolgten Tode ftand Lauremberg mit feiner Bater=
ftadt Roftock in ununterbrochener Beziehung[2]), und hing berfelben
mit warmer Liebe an.

Ausgezeichnet durch poetische und rhetorische Begabung war
Peter Lauremberg, der nach dem Abgange feines Bruders Johann
die ordentliche Profeffur der Poefie erhielt[3]).   Er hatte fich unter

---

[1]) Unter ben philologischen Arbeiten Lauremberges find zu nennen: der An-
tiquarius, welcher die Archaismen der lateinischen Sprache auf Grund der römi-
fchen Komiker, infonderheit des Plautus, erklärt, fowie auch feine Graecia antiqua,
bie jeboch erft nach Lauremberges Tode im Jahre 1660 erfchien.   Was feine auf
Mecklenburg fich beziehenden Schriften anlangt, fo ift insbefondere fein Panegyricus auf Herzog Ulrich von Mecklenburg-Schwerin zu nennen, der am Todestage
besfelben, am 14. März (1603), zum Gebächtniß besfelben im Jahre 1621 gehalten
worden ift.   Seine Karte von Mecklenburg und vom Weichbilde Roftocks kann als
bie erfte bekannte, allgemeinen Eingang findende angefehen werden.   Bgl. Nettel-
blabt, succincta notitia scriptorum ducatus Megapolitani, p. 52, insbefondere
Lappenberg über Lauremberges Bibliographie, a. a. D. S. 183—204.

[2]) Zwar hatte fich Lauremberg in alle Berhältniffe feines neuen Baterlandes
eingelebt, aber die Zuftände der Alabemie zu Soroe, die unter den wiederholten
Kriegen mit Schweden außerordentlich gelitten hatten, brückten ihn in den fpäteren
Jahren feiner Wirkfamkeit außerordentlich nieder.   Das tiefe Leid, bas ihm baraus
erwuchs, fpricht er aus in feiner wahrscheinlich im Jahre 1657 verfaßten Klage:
Daphnorini Querimonia de suo et Academiae Soranae ætatu.   Der König
von Dänemark war jeboch nicht in der Lage, feinen Klagen abhelfen, und feine
Bitten gewähren zu können.

[3]) Peter Lauremberg, beffen Bater, Wilhelm Lauremberg, Med. und Mathem.
Prof. zu Roftock war, wurde bort am 26. Auguft 1585 geboren, und wibmete fich

Paul Tarnov, als dieser noch als Rector der Rostocker Stadtschule vorstand, eine ausgezeichnete classische Bildung erworben. Schon im eilften Jahre soll er sich in griechischen Versen versucht haben. Seine Schriften zeigen rhetorische und poetische Begabung, und nicht mit Unrecht wünschte Tarnov der Universität Glück in dem Einführungs = Programm, in welchem er als damaliger Rector der Universität die Inaugural = Rede seines alten, ihm später befreundeten und in einem doppelten Lehramte verbundenen Schülers ankündigte. Neben seiner eigentlichen Professur hielt er auch medicinische und anatomische Vorlesungen, und in manchen seiner Schriften zeigt sich ein so eigenthümliches Gemisch der verschiedenartigsten Kenntnisse und des mannigfachen Wissens, daß ihm eine seltene universalistische Bildung beigemessen werden muß. Als im J. 1625 die Besorgniß in Rostock entstanden war, daß die Stadt besetzt werden könne, erbot sich Lauremberg als Mathematiker zum Unterrichte in der Befestigungskunst. Auch hatte er sich auf den verschiedensten Gebieten der philosophischen Disciplinen umgesehen, und selbst in der Philosophie im engeren Sinne durch seine Logik etwas zu leisten versucht [1]).

Es hatte bereits Baco von Verulam den großartigen Versuch gemacht, das Gesammtgebiet der menschlichen Wissenschaft begrifflich zu durchmessen, wozu ihn vor Allen seine Universal = Bildung befähigte. Zugleich war Baco bemüht gewesen, die verschiedenen Wissenschaften in ihrem Verhältniß zu einander architektonisch zu

---

in Rostock und in Leiden (1608) den medicinischen und astronomischen Studien. Er machte eine gelehrte Reise durch Frankreich, hielt in Montauban mathematische Vorträge, und erhielt im Jahre 1611 daselbst eine Professur der Philosophie. Als er von dort nach Montpellier zum Professor der Medicin berufen wurde, fast gleichzeitig aber einen Ruf als Professor der Physik und Mathematik an das im Jahre 1612 neugestiftete akademische Gymnasium in Hamburg erhielt, folgte er diesem letzteren Rufe im Jahre 1614. Als sein Bruder Johann seine Professur aufgab, und nach Soroe ging, ward Peter L. als fürstlicher Prof. Poeseos nach Rostock berufen. Am 29. Mai 1624 hielt er unter dem Rectorat von Paul Tarnov seine Inauguralrede: de iis studiis, quae poeta profitetur, in welcher er die weite Ausdehnung des Gebietes der ars poetica aufzuweisen bemüht war. Er starb am 13. Mai 1639. Etwas, J. 1737 S. 877. J. 1740 S. 118. J. 1741 S. 386 ff., 424 ff. Moller, Cimbria literata, II. p. 455. Krey, Andenken, Anhang S. 18 f.

[1]) Cynosura bonae mentis sive Logica. Rost. 1633.

bestimmen. Damit hatte er auch einen Impuls für weitere Kreise gegeben. Da Alles damals auf encyclopädische Erkenntniß und Zusammenfassung hindrängte, betheiligte er sich mit Glück an diesen Bestrebungen, und war in seiner Pansophia bemüht, gleichsam in das Stubium aller Wissenschaften gründlich einzuleiten, und ihren Umfang sorgfältig zu bestimmen [1]). Diesem allgemeinen encyclopäbischen Versuche geht der Entwurf einer medicinischen Encyclopädie und Methobologie zur Seite, die zugleich einigermaßen einen Einblick gewährt in den damaligen Stanb der medicinischen Hülfsmittel [2]). Ist diese Schrift mehr isagogisch gehalten, so ist dagegen die im J. 1630 zu Rostock erschienene Schrift: Porticus Aesculapi seu Generalis Artis Medicae Constitutio bazu bestimmt, die medicinische Wissenschaft selbst nach ihrem Begriffe, Inhalte und Zwecke näher zu bestimmen und festzustellen, die einzelnen barüber erhobenen Controversen zu prüfen, und in das innere Heiligthum der Medicin einzuführen [3]).

Seine rhetorische Begabung, um deretwillen er zu seiner Zeit hoch gefeiert war, tritt uns besonders in benjenigen Reden und Schriften entgegen, welche er bei feierlichen Veranlassungen Namens der Universität als Prof. Poëseos hielt. Die Gebächtnißreden zum Anbenken heimgegangener Glieder des fürstlichen Hauses enthalten neben den schätzenswerthen biographischen und allgemeinen geschichtlichen Datis meist treffende Skizzen ihrer Persönlichkeiten; sie sind freilich nach der Sitte der Zeit überwiegend schwunghaft rhetorisch, zeigen aber zugleich eine große Gewandtheit und Reinheit der Sprache bei rhetorischer Fülle und Eleganz [4]). In einer kleinen

---

[1]) Pansophia sive paedia philosophica: Instructio generalis accurata et solida, ad cognoscendum ambitum omnium disciplinarum, quas humanae mentis industria excogitavit. Ed. 3. Rost. 1638.

[2]) Laurus Delphica seu Consilium, quo describitur methodus perfacilis ad medicinam. Witteb. 1623, in welcher Schrift schon einer Art des Thermometers gebacht wird.

[3]) Unter seinen zahlreichen mebicinischen Schriften mag hier noch angeführt werden: Anatomia corporis humani seu Collegium Anatomicum XII Disputationibus comprehensum et in Rostochiensium Academia propositum. Rost. 1636. 4.

[4]) Castrum doloris, in quo condita repostaque quinque funera Ducum

Schrift, worin er die Verfassung einer Republik schildert, nimmt
er zugleich Rücksicht auf die städtische Verfassung Rostocks, welche
in Anlehnung an diejenige Roms in classischer Form geschildert
wird[1]). Seine geschichtlichen Arbeiten, besonders diejenigen, welche
in Compendienform auftreten, sind zwar vielfach gebraucht, ent=
halten aber keine Forschungen irgend welcher Art, wohl aber führen
sie die geschichtliche Darstellung von der Erschaffung der Welt, wie
damals insgemein üblich war, bis auf die Gegenwart[2]). Ueber=
sichtlichkeit und der leichte und blühende Stil verschafften ihnen
Eingang[3]).

Noch begegnet uns am Schluße dieses Zeitraumes eine eigen=
thümliche Persönlichkeit in Laurentius von Boboď, welcher philoso=
phisches und theologisches Interesse in sich vereinigte[4]). Mehrere
seiner Disputationen handeln über Wesen, Object und Zweck der
Logik, oder erörtern die Grundprincipien der Philosophie, so daß
sich in seinen Untersuchungen einigermaßen der Einfluß der herr=
schenden Zeitphilosophie in dem Bestreben erkennen läßt, den Weg
klar zu machen, auf welchem das denkende Subject zur Erkenntniß
der objectiven Wahrheit gelange. Er war von der katholischen Kirche

---

Megapolensium, funeribusque singulis dicata et publicitus dicta sacra exequalia. Rostochii 1633.

[1]) Epitome prudentiae civilis, quae politica vocatur. Rost. Anno 1638.

[2]) Cronius sive series compendissa rerum illustrium gestarum a mundi
exortu ad usque annum 1639. Rost. 8., vermehrt herausgegeben von M. Joh.
Herbinius 1688 und von D. J. G. Roeser, Rector des Stettiner Gymnasiums, 1696.

[3]) Vgl. über die weiteren Geschicke des in der Literaturgeschichte berühmt ge=
wordenen gelehrten Geschlechts der Lauremberg sowohl den Stammbaum desselben
bei Lappenberg, als auch die von demselben zusammengestellten Data über Johann
Laurembergs Nachkommen, a. a. O. S. 179 ff.

[4]) Laurentius von Boboď, geboren 1607 zu Posen, hatte ein sehr wechselvolles
Leben geführt, war von der katholischen zur lutherischen Confession übergetreten,
und kam, nachdem er eine Zeitlang in Riga Professor am Gymnasium gewesen
war, nach Rostock, wo ihn der damalige Decan der philosophischen Facultät, M.
Petrus Sasse, den 15. August 1639 als Magister in die Facultät recipirte. Am
3. Februar 1641 erhielt er die Berufung zur Professur der Beredtsamkeit vom Herzog
Adolf Friedrich, die er mit der Rede: In laudem eloquentiae antrat. Später
ward er fürstlicher Rath. Er starb als Senior der philosophischen Facultät im
Spätjahre 1661. Zach. Grape, Evangelisches Rostock, S. 511 f. Etwas, J. 1737
S. 851 f. J. 1742 S. 617 ff. Krey, Andenken I. 21, Anhang S. 28.

zur lutherischen übergetreten, was sich auch in seinen Reden und Abhandlungen, die häufig einen theologischen, auf die Heilswahrheiten sich beziehenden Inhalt haben, bemerkbar macht. Unter seinen vielen Programmen erweckte eines, in welchem er den Triumph des auferstehenden Christus schilderte, vorübergehend den Verdacht, als ob er den Limbus Patrum der katholischen Kirche noch festhalte[1]), doch zeigte Bobock in einem anderen Programme in überzeugender Weise, daß er nichts Anderes habe aussprechen wollen, und in oratorischer Form ausgesprochen habe, als daß Alle von Adam·her wegen der Erbsünde des ewigen Todes und der Hölle verfallen seien, woraus sie durch Niemanden als allein durch Christum befreit worden. Auch konnte er sich, wie es scheint, nicht mit Unrecht darauf berufen, daß sein Bekenntniß zur Augsburgischen Confession ihm Verfolgungen von Seiten seiner früheren Glaubensgenossen zugezogen habe.

Mit dem theologischen Interesse verband sich in Bobock eine antik classische Bildung, die auch in seinen Reden vortheilhaft hervortritt, wenngleich dieselben an Ueberladung und rhetorischer Fülle leiden. Als öffentlicher Redner[2]) der Universität zog er zwar auch

---

[1]) Regna Plutonis o quam innumeri ante Redemtorem orbis Christum Jesum accesserunt illustres, doctissimi, sanctissimi, nullus tamen abinde pedem retulit, ne dicam, victoriam adeptus fuit. Dilataverat enim infernus os suum absque ullo termino, et descendebant ad illum fortes ejus populi ejus et sublimes, gloriosique ejus ad eum. Mox etenim, ut Sanctorum aliquis vita hac caduca defungebatur, illico tenebrae inferni illum excipiebant, illo intra intranea claustra sepeliebatur. Nec Daniel, nec Ezechiel, nec aliquis Prophetarum aut Patriarcharum, imo ne Moyses quidem, qui vivens tanto lumine emicuit, noctis illius aeternae tenebras potuit dispellere, aereo si quidem vectae obductae fuerant portae inferorum. Sois, quo aere. Quo debitores miserrimi tenebamur, debito videlicet aeviternum insolubili peccati originarii.

[2]) Als Professor eloquentiae hatte Bobock M. Johann Rave, aus Berlin gebürtig, zum Vorgänger gehabt. Dieser war im Jahre 1635 unter dem Decanat von Joachim Stockmann in die philosophische Facultät recipirt, und darauf am 14. Februar 1637 vom Herzog Adolf Friedrich zum Professor der Beredtsamkeit berufen worden. Er nahm jedoch schon im Jahre 1639 die Professur der Geographie und Chronologie an der Akademie zu Sorö an, und erhielt bald darauf daselbst auch die Professur der Beredtsamkeit und der Logik. Bartholini Liber de scriptis Danorum, p. 87. Etwas, J. 1737 S. 350. J. 1740 S. 372. Krey, Andenken VII. S. 8.

nicht selten geschichtlichen Stoff heran, aber seine Ausführungen gaben die Data nicht exact, und verloren sich häufig in Spielereien. Der seltsame, mitunter barocke Geschmack der Zeit wirkte wie auf den Ausdruck der deutschen Sprache, so auch auf Form und Inhalt der lateinischen Rhetorik ein. Unter seinen Reden tritt noch am meisten seine Rosa Varniaca[1]) hervor, diejenige Rede, in welcher er im J. 1647 am Stiftungstage der Universität, am 12. November, eine Schilderung der Rostocker Universität giebt, indem er dieselbe vom Stiftungsjahre 1419 an bis zum J. 1648 durch alle Wechselfälle hindurch verfolgt, und die Bedeutung ihrer Stiftung und die geschichtliche Entwickelung derselben zugleich mit ihrer segensreichen Wirksamkeit nach allen Seiten hin aufweist. Aber bei aller keinesweges bloß rhetorischen Wärme, mit welcher die Rosarum Academia geschildert wird, finden sich doch zu spielende und tändelnde Vergleichungen, indem die einzelnen dieselbe betreffenden geschichtlichen Begebenheiten bald unter dem Bilde der Rose, bald unter dem Bilde des Dornes dargestellt werden, daß nicht der sonst günstige oratorische Eindruck dadurch abgeschwächt werden sollte. Dennoch sind die einzelnen Züge der Geschichte der Universität gut zusammengestellt und gruppirt, aber die Fortführung des Vergleichs durch Heranziehung der fürstlichen Rectoren und der hervorragenden Gelehrten, welche die Akademie im Laufe der Jahre gehabt, hat etwas Ermüdendes und Schleppendes, und läßt bei aller nicht geringer Kunst der rhetorischen Darstellung im Ganzen wie im Einzelnen und ungeachtet des mannigfachen gelehrten Stoffes, der herangezogen wird, die Unmittelbarkeit und lebendige Frische wahrer Beredtsamkeit vermissen. Aber es theilt Bobocks Rhetorik diese Schwächen und Mängel insgemein mit der Rhetorik überhaupt, welche der Zeit eigen war[2]).

---

[1]) L. Bobocki, Acad. Rostoch. Orator. P. *Rosa Varniaca*, sive Academia Rostochiensis ad Varnum fluvium sita ipso ejus die natali annuo nempe 12. Novembris Anni 1647 ab ipso fundationis tempore anni 1419 in Rosa fragrante expressa, nunc autem ad multorum instantiam publicae luci communicata. Rostochj, Anno MDCXLVIII. fol. (Bibl. der Ritter- und Landschaft.)

[2]) Es darf jedoch hier nicht unbemerkt bleiben, daß in anderer Beziehung die Persönlichkeit des Laurentius von Bobock zweifelhafter Art ist. Die Anschuldigung

Jene classische Eloquenz, wie dieselbe Caselius besessen hatte, in welcher die Tiefe des Inhalts und die Schönheit der Form unauflöslich miteinander verbunden waren, sich gegenseitig trugen und durchdrangen, war überhaupt nicht mehr vorhanden. Die ganze Lebensrichtung der Zeit war eine andere geworden. Wohl fand sich noch immer Gelehrsamkeit und vielseitige Bildung, aber sie war zum Theil mit frembartigen Elementen versetzt, es fehlte der feine Geschmack und die durchsichtige Klarheit, welche die früheren Humanisten auszeichnete. Aber wenn wir zurückblicken auf die Reihe derer, welche in Rostock in diesem Zeitraum die Rhetorik, die Eloquenz und die Poesie vertraten, so spiegelt sich doch in den Einzelnen der Character der Zeit, ihre wissenschaftliche Bildung und Sitte in eigenthümlicher Weise ab. Die Bestrebungen derselben, auf welche wir hinweisen konnten, sind nicht ohne Früchte für die Sprache, die Wissenschaft und die Literatur geblieben. Und bringen wir in Anschlag, daß dieselben in Rostock eine Stätte fanden zu einer Zeit, wo die Drangsale des unheilvollen Krieges fast überall die Strömungen eines frischen und selbstständigen wissenschaftlichen Lebens hemmten, so wird zugegeben werden müssen, daß nichtsdestoweniger sich in Rostock auf jenem Gebiete wissenschaftliche Kräfte und Impulse kundgeben, welche durchaus berufen waren, eine bleibende Anregung und Einwirkung auf weitere Kreise auszuüben, und daß dieselben in der That, wenn auch nicht reformatorisch, so doch erfrischend und selbstständig durch ihre Leistungen eingewirkt, und die spätere Entwickelung der Sprache und Literatur mit vorbereitet haben.

---

wird mehrfach gegen ihn erhoben, daß sein Uebertritt zur lutherischen Kirche nicht ein aufrichtiger, aus inneren Motiven hervorgegangener gewesen sei. Was jedoch dieser Anschuldigung großes Gewicht giebt, sind Vorkommenheiten, welche ihn auch nach einer anderen Seite in sittlicher Beziehung auf das äußerste beschweren. (Vgl. Inquisitions-acta contra D. Laur. Bodock in pto. adulterii. Ao. 1655 im Akademischen Archiv.)

Sechszehnter Abschnitt.

Allgemeine kirchliche Fürbitte um Wiederherstellung des Friedens. Differenzen der Landesherrschaft mit dem Rostocker Ministerium in Betreff des jus circa sacra und des jus liturgicum. Joachim Schröders Wächterrufe und Warnungsschriften. Streitigkeiten über die heidnischen Komödien und ihre Aufführung. Fortgesetzter Kampf gegen den Pennalismus. Schröders spätere Schriften. Beurtheilung seiner Person und seiner Wirksamkeit.

In dem Streben, die kirchlichen Ordnungen, soweit sie bereits in dem Leben der lutherischen Landeskirche sich entwickelt hatten, und nicht durch die eingetretenen Nothstände des dreißigjährigen Krieges beseitigt waren, aufrechtzuhalten oder wiederherzustellen, und sie durch neue kirchliche Maßnahmen, die auf die Förderung und Hebung des Gemeindelebens berechnet waren, zu ergänzen und zu kräftigen, waren die Herzoge Adolf Friedrich und Gustav Adolf mehrfach vorangegangen. Mit tiefem Schmerze sah Adolf Friedrich die Fortdauer des unheilvollen Krieges, welcher das geliebte Vaterland deutscher Nation mit Blutvergießen, Hunger und Pestilenz heimsuchte und strafte, und unerhörte Noth, Jammer und Elend über dasselbe brachte. Bei seiner lebendigen christlichen Frömmigkeit war er zugleich von der Ueberzeugung durchdrungen, daß nicht eher diese gewaltige Heimsuchung, die er als eine wohlverdiente Strafe ansah, die aber nicht die Wirkung gehabt habe, welche sie hätte haben müssen, aufhören werde, als bis man dieselbe sich zur rechtschaffenen Bekehrung und Besserung habe dienen lassen. Als nun im Jahre 1640 der Kaiser einen allgemeinen Reichstag und Versammlung aller Churfürsten und Stände des heiligen römischen Reichs nach Regensburg ausschrieb, um die Friedensberathungen einzuleiten, gab man sich schon damals vorübergehend der Hoffnung hin, als werde der ersehnte Friede bald zu Stande kommen. Das Haus Oestreich hatte sich in den verschiedenen Phasen des Krieges in der That dem Frieden jederzeit geneigt gezeigt, und geben darüber sowohl die Verhandlungen desselben mit den ihm verbündeten Fürsten, als auch die vielfachen an die kaiserlichen Gesandten erlassenen Instructionen so genügenden Anschluß, daß mit

Fug kein Zweifel erhoben werden kann [1]). Auch jetzt hegte der kaiserliche Hof diese Absichten, um dem Jammer des deutschen Vaterlandes, das von den Fremden kläglich verwüstet war, und zum Theil
besetzt gehalten wurde, ein Ende zu machen. Da setzte Herzog
Adolf Friedrich mittelst fürstlichen Ausschreibens einen allgemeinen
monatlichen Bet-, Buß- und Fasttag an [2]), sowohl um die Herzen
seiner Unterthanen mit heiligem Ernste auf die Nothwendigkeit
wahrer Buße und Bekehrung hinzuweisen, wenn nicht der gänzliche
Untergang gewiß sein solle, als auch um ihnen es zur heiligen Pflicht
zu machen, Gott mit Bitten anzugehen, daß er Fürsten und Stände
des Reichs und auswärtiger Potentaten Herz und Sinn dermaßen
lenken und richten wolle, daß seine Gnadenhand aus lauter väter-
lichen Güte und Barmherzigkeit den edlen hochwerthen Frieden dem

---

[1]) Vgl. über die früheren Friedensbestrebungen Kaiser Ferdinands II., die
dieser bis zu seinem am 15. Februar 1637 erfolgten Tode fortsetzte: Friedrich
von Hurter, Friedensbestrebungen Kaiser Ferdinands II. Nebst des apostolischen
Nuntius, Carl Carafa, Bericht über Ferdinands Lebensweise, Familie, Hof, Räthe
und Politik. Wien 1860. Vgl. daselbst die Erklärung des Kaisers an den Churfürsten von Bayern: „daß er keine Eröffnung zum Frieden aus der Hand lassen,
und keine Zögerung verursachen, jedem Vorwurf ausweichen wolle, als hätte er
keine rechte Lust dazu," S. 45.

[2]) Außschreiben vnd Ordnung Eines allgemeinen Monatlichen Bet-, Buß-
vnd Fasttages, welchen der Durchleuchtige, Hochgeborne, Hochwürdige Fürst vnd
Herr, Herr Adolph Friedrich, Hertzog zu Mecklenburg etc., Für sich vnd in Vormundschaft Ihr. Fürstl. Gnaden Jungen Herrn Vettern vnd Pflege Sohns, des
auch Durchleuchtigen, Hochwürdigen, Hochgebornen Fürsten vnd Herrn, Herrn Gu-
staff Adolphen, Hertzogen zu Mecklenburgk etc., In J.J.F.F.G.G. Fürstenthümen
vnd Landen, in allen Kirchen, zu erweckung wahrer Andacht, Buße vnd Bekehrung,
auch abwendung fernern Göttlichen Zorns vnd Straffe, vnd sonderlich von dem
vielgütigen Gott den hochwerthen lieben Frieden vnd glücklichen Success vnd Fortgang aller auff itzigem Reichstage dahin gerichteten heilsamen Rahtschläge demüthigst
zu erbitten vnd zu erlangen, auff den Freytag des 16. Sonntags nach Trinitatis,
ist der 25. September, zu erstmahl vnd dann alle vier Wochen auff selbigen Tag,
den gantzen Tag feierlich zu halten vnd zu begehen, gnädig angeordnet. Rostock,
Druckts Nicolaus Kayl, der Acad. Buchdr. Im Jahr 1640. Dieses fürstliche Ausschreiben ist auch darum merkwürdig vnd beachtenswerth, als es ausdrücklich die
sothanen grausamen unmenschlichen Facta vnd betrübten Spectacula des Krieges
bezeugt, „daß es mit Menschen Zungen nicht außzusprechen, noch gnugsam kan
beklaget noch betrawret werden, Also daß auch dadurch nunmehr Unsere sämptliche
Lande vnd Fürstenthüme leider von Menschen vnd Vieh gantz entblösset, vnd zu
einer betrübten Wüsten vnd Einöde gemacht worden."

armen, burch der eigenen Kinder Thorheit und Sünde zerriſſenen
Vaterlande ſchenke. Und gewiß haben damals viel tauſend hoch-
betrübte und geängſtigte Seelen den Herrn unabläſſig angerufen
und angefleht, ſie und das theure Vaterland mit der ſo lange entbehrten Wohlthat des Friedens zu erfreuen. Thut man einen Blick
hinein in die Aeußerungen der Zeitgenoſſen, ſo erkennt man recht,
wie allgemein das Seufzen der Herzen war nach der Wiederkehr
des Friedens, und wie ſchmerzlich ſie davon bewegt wurden, daß
immer aufs Neue ihre Friedenshoffnungen getäuſcht wurden.

Es iſt aber für dieſe ganze Zeit characteriſtiſch, daß fremb-
ländiſches Weſen auch in Sitte und Kleidertracht überall eindrang.
Insbeſondere iſt es der verberbliche Einfluß Frankreichs, und in-
ſonberheit von Paris, der ſich ſchon lange vor Ludwig XIV. geltend macht[1]), und ſowohl auf die Sitte wie auf die Sittlichkeit in
bedenklichſter Weiſe einzuwirken beginnt. Waren die große Gering-
ſchäzung des göttlichen Wortes und der Sacramente, der Mißbrauch
des göttlichen Namens und die Entheiligung des Sabbaths, die
tiefſten Gebrechen, woran die kirchlichen Zuſtände krankten, und finden
wir, daß daneben grobe und ſchwere Sünden und Laſter im Schwange
gingen, ſo kann dies uns, bei den furchtbaren Drangſalen des Kriegs,
die alle Zucht und Ordnung aufgelöſt hatten, kaum befremden. Dagegen erſcheint es in mehr als einer Hinſicht auffällig, daß die ern-
ſteſte Klage darüber erhoben wird, daß, „ob man ſchon in ſo überaus
großen Nöthen, Armuth und Dürftigkeit ſtecket vnd begriffen iſt, man
bennoch dem verfluchten Stolz und Hoffarts-Teuffel in Kleidung,
mit üppigen newen Trachten vnd Muſtern, dermaſſen hofieret vnd
gebienet, daß ein Muſter über das ander herfür geſuchet, vnd ſo
gar der gemeine Man auch, vnd ſonderlich das Weibervolck wieder
Standt vnd gebüer, ganz ärgerlich vnd dermaſſen leichtfertig ſich
barin erwieſen, vnd bezeiget, als wan alle Erbarkeit vnd Unterſcheid
der Stände vnd Perſonen gehoben vnd ein jeglicher, was er nur

---

[1]) Moſcheroſch in einem Briefe an Harsdörfer aus dem Jahre 1645 äußert
ſich über Paris: cette ville de Paris, ce monde, cet univers, cet paradis
terrestre, où tout vient, où tout va, où tout est; et ce que ni l'Allemagne,
ni l'Espagne, ni l'Italie, ni l'Angleterre, ni les autres royaumes pourront
fournir, ni faire voir, Paris seul vous le présentera, bei A. Tholud, Das
kirchliche Leben des 17. Jahrhunderts. Zweite Abtheilung (1862), S. 14 f.

zu wege bringen können, ober wol gar mit verantwortlicher Uebersetzung seines armen höchst bebrengten Nechstens zusammengekratzet,
bem heiligen Gott zuwieber vnb verbrieß, wieber sein außgebructtes
heiliges klare Wort vnb Warnung für solchen leichtfertigen Verän-
berungen ber Kleibungen vnb frembben Trachten vnb Mustern, nur
hoffertiger, leichtsinniger weise auffs Leib hengen vnb verwenden
muste¹)." Auch hieran knüpfte bas fürstliche Ausschreiben, d. d.
22. August 1640, bie kräftigsten Warnungen ber Unterthanen vor
üppiger Kleibung, Leben und Wandel, forderte bie Abstellung großer
weitläufiger Gastereien bei Kinbtaufen, Hochzeiten unb Begräbnissen,
unb mahnte ernstlich unb landesväterlich, sich von Herzen zu Gott
zu bekehren, bas Leben barnach zu richten, unb sich bessen zu getrösten,
baß ber Herr wie vormals bie Missethat seinem Volke vergeben,
unb ben Grimm seines Zornes wenden werbe. Im Hinblick aber
auf bie große Menge ber burch ben Krieg zerstörten Kirchen unb
Schulen wirb bas freiwillige christliche Gelübbe erwartet, baß, wenn
ber Herr ben lieben Frieden wieber bescheeren werbe, nach bem
Exempel bes Volkes Gottes, zur Aufrichtung unb Erhaltung bes
Hauses bes Herrn ein jeglicher nach seinem Vermögen beitragen wolle.

Die Herzoge sahen sich in allen ihren auf bie Hebung bes kirchlichen Lebens gerichteten Bestrebungen von ber Geistlichkeit kräftig
unterstützt, unb wußten bieses auch ihrerseits anzuerkennen unb zu
rühmen. Dennoch erhoben sich in bieser Zeit zu wieberholten Malen
Irrungen zwischen ber Landesherrschaft unb bem Rostocker Ministerium, ba bieses eine besonders bevorzugte Stellung innerhalb ber
Geistlichkeit bes Landes in Anspruch nahm, unb biese so weit aus-
zubehnen suchte, baß es mit kirchlichen Maßregeln vorging, ohne baß
biese von ben Herzogen kraft ihrer oberbischöflichen Rechte ausgegangen, ja ohne baß jene ben Herzogen vorgelegen unb von ihnen
bestätigt waren. Einen gewissen Anhalt für biese häufiger wieber-

---

¹) Die mannigfachen Verorbnungen, welche nach bieser Seite hin bamals erlassen wurben, bieten nicht selten wohl zu beachtenbe Beiträge für bie kirchliche
Sitte wie für bie allgemeine Sittengeschichte bar. Schon bie Hamburgische Kleiber-
ordnung vom Jahre 1618 weiset auf ben überhanbnehmenben Luxus hin, unb sucht
insbesonbere bem außerorbentlichen Aufwanb ber Frauen unb Jungfrauen in Klei-
bern unb Schmucksachen Schranken zu setzen. Vgl. Zeitschrift bes Vereins für Hamburgische Geschichte, Bb. I. S. 559 ff.

lehrenden Versuche, auch in kirchlicher Beziehung für sich eine Auto-
nomie geltend zu machen, suchte und fand das geistliche Ministerium
in der eigenthümlichen exceptionellen Stellung, welche die Stadt
Rostock den Herzogen und dem Lande gegenüber in staatsrechtlicher
Hinsicht einnahm. Auch behauptete die Stadt bei mehreren Gelegenheiten, die Befugniß wegen des Juris circa sacra zu besitzen,
obwohl die Landesherrschaft allen derartigen Ansprüchen, welche auf
Arrogirung des Jus episcopale entweder ganz oder theilweise gerichtet waren, stets mit großer Entschiedenheit entgegengetreten war,
da man über die Gefahren für die lutherische Landeskirche, die unter
Umständen mit völliger Zersetzung bedroht wäre, sich nicht täuschen
konnte, wenn es einzelnen Magistraten gelang, sich das oberbischöfliche Recht auch nur beziehungsweise anzueignen. Damit hing es
auch zusammen, daß die Revibirte Kirchenordnung vom Jahre 1602
nicht als für Rostock verbindlich damals angesehen, und folgeweise
auch thatsächlich wider sie als ein nicht verbindendes Landesgesetz
gehandelt ward. Diese kirchenrechtlichen Auffassungen hatten zur
weiteren Folge, daß auch die Einrichtung des ganzen äußerlichen
Gottesdienstes, sowie die Anordnung und Verfügung über Festtage,
Buß- und Bettage von dem Rath der Stadt, beziehungsweise von
dem geistlichen Ministerium, in Anspruch genommen ward[1]).

Schon im Jahre 1639 war von Bürgermeister und Rath ohne
Ersuchen und Consens der Landesherrschaft ein Buß- und Bettag angesetzt worden. Das Ministerium, welches denselben abgehalten, hatte sich,
von Herzog Adolf Friedrich deshalb angegangen, damit entschuldigt,
daß wegen Unsicherheit des Weges und wegen schleunig auf den Hals
gekommener Kriegsgefahr es in so geschwinder Eile die gebührende
Ansuchung nicht habe thun können. Hatte nun auch Adolf Friedrich

---

[1]) Alle diese Differenzen und Streitpunkte wurden erst endgültig durch den
„Grundgesetzlichen neuen Erbvertrag des Durchlauchtigsten Herzogs und Herrn
Friedrich Franz mit Jhro Erbunterthänigen Stadt Rostock," vollzogen zu Rostock,
den 13. Mai 1788, dahin erledigt, daß die Stadt von der behaupteten Befugniß
des Jus circa sacra gänzlich zurücktrat, und das Jus liturgicum in den gedachten
Beziehungen der Landesherrschaft ohne alle Mitantheilnahme der Stadt allein ver-
blieb. Vgl. insbesondere: Vierter Articul., Geistliche Sachen, § 55, § 58. Jedoch
blieben die anderweitigen Bestimmungen, welche die Erbverträge vom Jahre 1573
und vom Jahre 1584 über die Rechtsverhältnisse der Kirchen und des geistlichen
Ministeriums Rostocks aufgestellt hatten, in Kraft.

diese Entschuldigung angenommen, so hatte er gleichwohl dem Ministerium ernstlich anbefohlen, in Zukunft bei solchen vom Jus episcopale dependirenden Sachen nicht anders als auf seine und in
Vormundschaft des Herzogs Gustav Adolf gemachte Anordnung und
Befehl etwas zu thun und zu verrichten, auch, so in Zukunft
das Ministerium dergleichen etwa anzuordnen für nützlich und
nöthig befinden würde, seine Gedanken den Landesherren zu eröffnen, und ihre gnädige Erklärung und Anordnung zu erwarten[1]).
Nichtsdestoweniger hatte das Ministerium, solches Verbotes uner-
achtet, im Jahre 1644 abermals drei Buß-, Bet- und Fasttage
ohne Ersuchen der Herzoge angesetzt, und bereits einen davon schon
gehalten und celebrirt. In einem ernsten und entschiedenen Rescript
verwies darauf Adolf Friedrich dem Ministerium sein Verhalten,
daß es seinem Befehle nicht gehorsamliche Folge geleistet, wie es
ihnen als Dienern Gottes in allewegen gebühret habe, daß es seinen
Gemeinden und jedermänniglich ein gutes Exempel christlichen Gehorsams und schuldigen Respects gegen ihre landesfürstliche hohe
Obrigkeit habe geben, nicht aber zu dergleichen unbefugten Eingriffen habe cooperiren, noch dazu mit Rath und That habe helfen
müssen. Bei aller Anerkennung, daß in diesen gefährlich zerrütteten
Zeiten sich jedermann aller Bußbezeigungen zu befleißigen habe,
wird auf Grund, daß Gott ein Gott der Ordnung sei, und sonderlich
in ecclesia Alles ordine et decenter vor sich gehen solle, das
Verhalten der Ministerialen als ein unverantwortliches bezeichnet,
und unter Hinweis darauf, daß ihrer etliche Widerspruch dagegen
erhoben hätten, aber überstimmet seien, wird bestimmt, daß in allen
den Sachen, so dem landesherrlichen Jus episcopale concerniren,
und daher ihrem Votiren nicht unterworfen seien, auch keine plu-
ralitas votorum gelte, somit auch eines einzigen Widerspruch mehr
als der Uebrigen zustimmende Vota zu berücksichtigen, und die Sachen
an die Landesherrschaft zu referiren seien. Adolf Friedrich erklärte,
diesen Eingriffen durchaus nicht nachsehen zu können, so daß es
die folgenden Sonntage bis auf andere Verordnung mit dem Gottesdienste so gehalten werden solle, wie es sonst außerhalb des Buß-
und Bettages geschehe.

---

[1]) Schreiben des Herzogs Adolf Friedrich, datum Schwerin, den 7. Februarij
Anno 1644. Arch. Min. Vol. XII. p. 261 ff.

Man hätte erwarten sollen, daß das Ministerium sich fortan aller solcher Eingriffe werde enthalten haben, besonders da auch Adolf Friedrich sehr gemessen die Erwartung ausgesprochen hatte, daß es seinem erlassenen Befehl forthin gänzlich geleben werde. Dennoch trat ein ähnlicher Zwischenfall schon zwei Jahre nachher ein, als das Ministerium im Jahre 1646 jenen von uns bereits schon ausführlich erörterten Beschluß gefaßt hatte, alle Quartale Catechismuspredigten und Examen in den vier Hauptkirchen der Stadt zu halten.

Adolf Friedrich war weit entfernt, diese Absicht zu mißbilligen, ja er erkannte das Zweckmäßige der gefaßten Beschlüsse zur Hebung des kirchlichen Lebens willig und gern an. Da aber das Rostocker Ministerium in der Angelegenheit vorgegangen war, sich stützend auf jene Ausnahmestellung, welche es sich glaubte von Alters her zueignen zu können, ohne auch nur den oberbischöflichen Consens vorher einzuholen, erließ Adolf Friedrich an dasselbe ein ernstes Bedeutungs-Rescript[1]) des Inhalts, daß, anstatt in doctrinalibus et ceremonialibus zu machen, was weder dem Ministerium, noch Bürgermeister und Rath der erbunterthänigen Stadt Rostock zustehe, es darüber den oberbischöflichen Willen und Meinung vorher hätte einholen sollen, und gebot mit den in den vier Hauptkirchen angestellten Catechismuspredigten bis auf fernere Verordnung, bei Vermeidung der höchsten Ungnade, einzuhalten, indem als Grund noch von ihm hinzugefügt ward, daß er mit Zuziehung der anderen Landessuperintendenten eine desfallsige Landesverordnung habe ausgehen lassen wollen, daß hierin im ganzen Fürstenthum und Landen eine durchgehende Conformität, als welche in dergleichen Sachen das erbaulichste sei, hätte observirt werden mögen, und daß er solches zu thun auch jetzt noch gemeinet sei. Doch wußte das Ministerium den Unwillen des Herzogs Adolf Friedrich zu beschwichtigen, der seinerseits durchaus geneigt war, dem heiligen Ernste und Eifer, den dasselbe in seinen kirchlichen Bestrebungen bethätigte, alle Gerechtigkeit wiederfahren zu lassen[2]), ja Adolf Friedrich gebot bei

---

[1]) Schreiben Herzogs Adolf Friedrich, datum Schwerin, den 21. Septembris Anno 1646. Arch. Min. Vol. XII. p. 283 f.

[2]) Wie großes Gewicht die Landesherrschaft auch später auf die Catechismuslehre legte, zeigen die Verordnungen des Herzogs Christian Ludwig, d. d. 30. Maij

Strafe, die Catechismuspredigten zu halten und zu besuchen, darob
strenge zu halten und Kirchenzucht zu üben.

Zu den Gliedern des Ministeriums gehörte seit dem Jahre
1637 der Pastor zu St. Georg, M. Joachim Schröder[1]), welcher
ebenso sehr durch seinen brennenden Eifer, mit welchem er seinen
hell tönenden Wächterruf von Zions Mauern erschallen ließ, als
durch die Eigenthümlichkeit und Originalität, in welcher er sein
ernstes Zeugniß wider die Unsitten der Zeit ausspricht, in characte-
ristischer Weise hervortritt. Die Schärfe seiner Bußpredigt richtet

Anno 1685 und d. d. 23. Martii 1686. Vgl. Fürstl. Mecklenburgische Verordnungen
wegen der Schulen und Catechismuslehre (Bibl. der Ritter- und Landschaft).

[1]) Joachim Schröder, geboren am 9. März 1613 zu Freudenberg bei Ribnitz,
wo sein Vater, Peter Schröder, Inspector annonae des Herzogs Hans Albrecht
war, und später Rathmann zu Ribnitz wurde. Sein Großvater, Joachim Schröder,
hatte an der Stadtschule längere Zeit mit Joachim Slüter gearbeitet (vgl. Krabbe,
Die Universität Rostock im 15. und 16. Jahrhundert, S. 366 ff.). Er studirte in
Rostock und Copenhagen, und wurde bald nach Beendigung seiner akademischen
Studien am Sonntag Esto mihi im Jahre 1637 zum Prediger an St. Georg
und St. Johannis berufen, und unterschrieb die leges Minist. mit der Bemerkung:
Joachimus Schröderus, Ribbenizio-Megapolitanus ad D. Georg. Ecclesiastes
manu et corde his legibus subscripsi 3 die Martii Anno 1637. Unter dem
Decanat von Joh. Huswedel ward er darauf am 11. Mai 1637 Magister, und wurde
im Jahre 1645 unter dem Decanat von M. Joh. Lütkemann, Archid. Jacob. et
Phys. ac Metaphys. Prof., in die philosophische Facultät recipirt. An der Universität hat er homiletische Collegia gelesen. Im Jahre 1661 wurde er von einer
schweren Kopfkrankheit (dolor capitis punctivus et quidem sinistri lateris circa
regionem bregmatis, qui nervosum totius corporis genus in consensum
trahebat) befallen, so daß er genöthigt ward, sich einen Substituten in der Person
des M. J. M. Polzius zu erbitten, welcher später sein Schwiegersohn ward. Nach
einem bewegten Leben, das reich an mancherlei Kampf und Kreuz gewesen war,
zog er sich ganz in die Stille zurück, in welcher er sich allein gottseligen und er-
baulichen Betrachtungen widmete. Er starb am 1. Junius 1677. Das Leichenprogramm Rect. Acad. D. Jo. Bacmeister, Med. Prof., bezeichnet ihn: Pastorem per XL annos optime meritum et tandem ob morbum chronicum
emeritum. Vgl. Arch. Min. Vol. V. p. 243 sqq. et p. 264 sqq., Vol. XVII.
p. 475 sqq. Etwas, J. 1737 S. 767. J. 1740 S. 372, 377. J. 1742 S. 545 ff.,
586 ff. Zach. Grape, Das evangelische Rostock, S. 459 ff. Krey, Andenken III.
S. 44 ff. Krey, Beiträge zur mecklenburgischen Kirchen- und Gelehrtengeschichte,
S. 78 und 89 ff. J. Wiggers, Zeugnisse von Christo aus der mecklenburgischen
Landeskirche (1847), S. 102 ff. A. Tholuck, Lebenszeugen der lutherischen Kirche
aus allen Ständen vor und während der Zeit des dreißigjährigen Krieges,
S. 392 ff.

sich nicht gegen ein Geschlecht, das im Unglauben dahingehend, von dem Tage der Zukunft des Herrn nichts wissen will, sondern an ein solches, das ungeachtet der schweren Drangsale des Krieges, sich in Eitelkeit des Weltlebens vielfach verloren hatte, daß der Ausländerei der Teutsch=Französischen Mode sich zuwandte, und dem das eitele Gepränge der Kleider und Schmucksachen das Linsengericht war, um das es nur zu oft sein Erstgeburtsrecht an der Hütte Gottes dahingab, und um schmäligen Preis verkaufte. Es ist freilich wahr, daß er in der speciellen und oft karrikirten Schilderung der Dinge, welche er als die eitelen Götzen der Zeit betrachtete, zu weit gegangen ist, ja daß die Einzelheiten, die er hervorhebt, und die er oft ebenso derbe als auffällig ausmalt, mit starken krassen Farben aufgetragen werden. Doch dürfen wir nicht vergessen, daß ungeachtet der furchtbaren Verheerungen der drangsalsvollen Kriegszeit, jene Weltschäden die christliche Sitte und Lebens= weise zu zerstören drohten. Schröder hielt es für seinen durch sein heiliges Amt ihm auferlegten Beruf, von dem tiefen das Glaubens= leben gefährdenden Schaden die Schminke abzuwischen, und von allem eitelen Treiben den verhüllenden Schleier zu heben. Daher die Rücksichtslosigkeit seines Zeugnisses, mit dem er, unbeirrt durch den Widerspruch, das ungöttliche Wesen und die Hoffart aufdeckte, die in diesem sündlichen Treiben ihren Sitz hatte. Er selbst bezeugt, daß aufrichtige Liebe zu der Stadt, in welcher ihm das Amt befohlen war, ihn treibe, ihr einen Buß=Spiegel[1]) vorzuhalten. Mit der scharfen Pflugschaar des göttlichen Wortes wollte er die Wurzeln alles Unkrautes, das ihm das christliche Leben zu überwuchern schien, zerschneiden. Die Mahnung des Apostels: Ihr sollt geschickt sein mit heiligem Wandel und gottseligem Wesen, fand er hintenan gesetzt. So geißelt er die Weibertracht in seinem „Hoffarts=Spiegel"[2]), weil sie die Schnur christlicher Zucht und Gebühr weit über=

---

[1]) Speculum poenitentiae, d. i. Buß=Spiegel der Stadt Rostock, sämmtlichen Bürger vnd Einwohner anno 1639 am andern Weynachts Tage vorgehalten, von M. Joach. Schroedero, Pastorn zu S. Georg daselbst. Rostock 1640.

[2]) Hoffarts=Spiegel, oder Gründlicher Bericht von dem hochschändlichen, gleichwol aber gemeinen Hauptlaster der Hoffart, die mit Kleidungen, deroselbigen Veränderungen vnd Narren Munstern, fürnehmlich von etzlichen vermeyntlichen Studenten, Frauen vnd Jungfrauen in itziger Zeit begangen wird, daß dieselbige sey

schritten¹), und erhebt in freilich derber, aber nicht unberechtigter Weise seine Stimme, um durch den Ernst seines Zeugnisses von böser und verkehrter zu guter und löblicher Sitte, von dem unordentlichen und unsauberen Wesen, das eingerissen, zurückzuführen zu züchtiger Ordnung christlichen Lebens. Man mag seine Sprache hie und da übertrieben finden, aber daß sie stark ist, entsprach dem Geschmack der Zeit, ja noch mehr forderte es recht eigentlich der Nothstand derselben. Er erkannte, daß es hohe Zeit sei, zurückzukehren zu den besseren Sitten der Väter, welche durch das Hängen am frembländischen Wesen gelockert waren. So trat er allem unlauteren und verkehrten Wesen entgegen, in welchem Stande auch immer es sich finden mochte.

Daß sein Vorgehen nicht ein willkürliches, unberechtigtes, wohl

---

vom Teuffel etc., zu Warnung in der 17. Predigt D. J. Schmidts über den Spruch Deut. 32, 29: O daß sie weise waren, fürgehalten, und jetzt sammt einer Vorrede, darin erwiesen, daß, so fern wir Buße thun vnd Gott, daß er zu der bevorstehenden Friedens-Handlung Gnade gebe, bewegen wollen, auch auff die Kleydung müssen acht haben, in Druck gegeben durch M. Joach. Schroederum, Prediger zu S. Georg in Rostock. 1643. 4.

¹) Was für Zucht kan bei den Frauen und Jungfrauen seyn, die fast alle Monat auff neue seltzame Art bald so bald anders den Kopff mit Munstern umbhängen, verbremen und breyen, die mit auffgereckten Hälsern, mit geschminkten Angesichtern einhergehen und schwentzen, und haben köstliche Schuch an ihren Füssen? Was für Zucht kan bei denen seyn, die ihre Schürtzen dermassen einziehen und wickeln, daß auch, was die Natur will verborgen haben, fast offenbar wird? Unsere erste Eltern, wenn sie beede nacket wahren, und nur allein auff der gantzen Welt lebeten, schemeten sich, und machten Schürtzen, sich zu bedecken; und siehe, etliche Frauen, ja noch wol, und zwar zum meistentheil Jungfrauen, nehmen die Schürtzen, damit sie für andern sich bedecken solten, so nicht gar hinweg, so doch so eng zusammen, als weren sie nicht vorhanden. O Schande über Schande! und eine rechte Huren Schande; eine Anzeigung eines leichten Gemüths, dergleichen auch bei den Heiden nit zu finden. Was für Zucht ist bei denen, daß ich anderer Stück vorbey gehe, deren Joppen und Manteln den Manns-Wambsern und Manteln gleich werden, und sie also Manns-Kleider antragen? Sind sie nun, wie erwiesen, ohne Zucht, so sind sie, wann sie gleich Perlen, Goldt, Silber und Seiden anhaben, den Säuen gleich; und weil Stoltz und Leichtfertigkeit diese Trachten außbrüten, wältzen sie sich in Koth und Unflath; in ihnen selbst sind sie Koth, und was in und an ihnen ist, ist auch Koth und solches alles wird durch die Leichtfertigkeit und fast wöchentliche Neuligkeit zu Teuffels-Koth, damit pranget und pralet eine Alamodische Frau und Jungfrau.

gar in eigener Eitelkeit und Ruhmrebigkeit ihren Grund habendes
war, beweiſen die Ausführungen in dem fürſtlichen Ausſchreiben vom
22. Auguſt 1640, beren wir gebachten. Die verſchiedenen Stänbe
waren mehr ober minber von dieſer Thorheit ergriffen, ſich über
Stanbesgebühr zu kleiben. Sein ſarkaſtiſcher Tabel wendet ſich auch
gegen bie Stubenten, beren Tracht in prägnanteſter Weiſe geſchilbert
wirb, unb ber uns zugleich einen Einblick in bie akabemiſchen Sitten
unb Gewohnheiten thun läßt¹), bie offenbar auch mit bem Unweſen
bes Pennalismus, gegen ben er, wie wir ſahen, ebenfalls ein kräf-
tiges Zeugniß ablegte, tiefer zuſammenhängen, als es auf ben erſten
Blick ſcheint, unb jebenfalls nicht wenig bazu beigetragen haben,
bieſen aufrecht zu halten, zu erleichtern unb zu förbern. Ueberall
ſucht Schröber in bieſem thörichten Thun unb Treiben ben Stolz
unb bie Hoffart, bie in ben Herzen iſt, nachzuweiſen, um von ba
aus zu zeigen, wie alle bieſe Verkehrtheiten Gottes Zorn hervorgerufen, unb frembe Völker ins Reich gebracht hätten, unb zum Abthun bes falſchen Schmuckes unb zur wahren Buße aufzuforbern.

Dagegen iſt ſein „Speculum Christianae Patientiae ober Chriſtlicher Gebult-Spiegel" gewiſſermaßen ein Gegenſtück zu ſeinem Speculum poenitentiae, hält ſich auch frei von allem Karrikirten unb
Scurrilen, unb rebet bie einfache Sprache zu Herzen gehenber geiſt-

---

¹) In ber gleichen Zierrath prangen unb pralen auch unſerntheils Stubenten,
ober welcher Titul ihnen beſſer anſteht, bie vermeynten Stubenten, bie ben Namen,
nicht aber bie That haben, beren Köpffe ſinb gleich ben Eulen, weil ſie mit Pe-
rücken ober fremben, weiß nicht weſſen Haaren, ſich behängen, unb auch ihre Stirn
nach Art berer, bie vormaln irer Uebelthaten halber Branbmale hatten, alſo be-
becken, verhüllen unb verbergen, baß, wann ein Kinbt in einem Walbe ſie erſehen
ſolte, erſchüttern würb unb meynen, es ſehe Räuber unb Mörber; bie keinen erbaren Mantel mehr tragen mögen, ſonbern nach Art ber Kriegsknechte, beren Zeichen
ſie auch auff bem Hute haben, benn ba iſt eine große Feber, mit Köllern, offenen
Wambſen einher treten, unb mit vielen Bäubeln nach Art ber Narren, baß man
ihre Favoren bei ben Närrinnen erkennen kan, ſich behenden, bie ihre Hoſen ſo
zuſammengezogen, baß ſie, wenn ſie ſich beugen, brechen, unb alle Leichtfertigkeit
herausſchütten, bie mit bem Eyſen ſich umbgürten, baß ſie wie tapffere Männer
angeſehen werben, unb baher auch ſo einhertretten, als hetten ſie nicht ihresgleichen,
welches benn unſere Kinber, bie Kinber kaum einer Ellen lang, lernen unb mit
Beliebung ber Eltern nachmachen, baß alſo bie großen Gauckler kleine Gauckler
außhecken, unb etliche Narren viel machen, unb enblich bas Häuflein, beebes ber
Jungen unb Alten, ein gemeines Narren-Spiel werbe.

licher Vermahnung[1]). Hatte er in diesem die Gewissen zu schärfen
gesucht, dadurch daß er ihnen ihr weltlich Wesen, ihre thörichte
zeitliche Ergötzung und das daraus erwachsende Aergerniß vor-
hielt, so stellt er hier das Verhalten wahrer Christen und Kinder
Gottes gegen ihre Feinde und Beleidiger vor Augen. Anknüpfend
an die von Luther in der Auslegung von Matth. 5, 43 ausgesproche-
nen Gedankenreihen, daß ein jeder seinen ärgsten Feinden, soviel
seine Person betreffe, herzlich gerne helfen, und alles Gute thun
solle, ob sie uns gleich feind seien, und eitel Böses thäten, daß es
sich aber anders verhalte mit denen, welche im Amte seien, dessen
Werk sei zu strafen und dem Bösen zu wehren, weßhalb Regenten
und Prediger Unrecht thäten, wenn sie wollten in solchem Falle
Barmherzigkeit üben, zeigt er in tief geistlicher Weise, wie ein Christ
in keinerlei Art sich selbst rächen, und seinem Feinde Böses thun,
sondern Gott die Rache überlassen, und das Böse mit Gutem überwinden müsse. So dringt er darauf, daß wir nicht nur unseren
Freunden freundlich und hold seien, sondern auch den Feinden Liebe
beweisen[2]).

Schröders heukflingende und durchbringende Friedensposaune ist
ihrem Hauptinhalte nach ebenfalls gegen die Schoristerei gerichtet,
die er in eindringlicher und kräftiger Weise bekämpft[3]). Er sucht dem

---

[1]) Speculum Christianae Patientiae, ober Christlicher Gebult-Spiegel, das
ist ein in Gottes Wort gegründeter Bericht, daß alle vnb jebe wahre Christen und
Kinder Gottes für ihre Person wie gegen jeden, ter sie beleibiget, also auch gegen
ihre Feinde, die sie auch hart vnb schwer beleibigen, sich christlich, das ist gebultig,
versönlich, friedlich vnb gütig erzeigen müssen. Wie Herr D. Martinus Luthern
in der Auslegung über das 5. Cap. Matth. derselben hat eingeführet, Allen belei-
bigten Christen zum Unterricht, daß sie bey Gott, ben heiligen Engeln, vnb allen
wahren Gläubigen, ben höchsten Ruhm haben, wenn sie für ihre Person sich nicht
selbst rächen, sondern friedlich erzeigen. Vorgestellet vnb dargereicht durch M. Joachimum Schroederum, Pred. zu S. Georg. Rostock 1642.

[2]) Vgl. S. 231 f.

[3]) Heukflingende vnb durchbringende Friedens Posaune, Das ist, Eine Christ-
eyffrige Vermahnung zum Friede. Dem über alles Hochgelobten, Einigen vnb
wahren Friede Fürsten, vnb Könige aller Könige, Gottes vnb Marien Sohn, Jesu
Christo, zu Ehren, vnb allen Christlichen Potentaten, Insonderheit aber dem Allerdurchlauchtigsten, Großmächtigsten Fürsten vnb Herrn, Herrn Ferdinando bem
Dritten, Erwehlten Römischen Kaiser, auch zu Hungarn vnb Böheimb, Dalmatien
vnb Croatien etc. Könige, Ertzhertzogen zu Oesterreich, Hertzogen zu Burgunbien,

Einwand, der sich schon damals gegen sein Auftreten erhoben hatte,
warum grade er sich zu demselben berufen fühlte, dadurch zu begegnen, daß solches nimmer geschehen wäre, wenn er sich hätte mit
Fleisch und Blut besprechen, und demselben hätte folgen wollen, da
er sich und die Seinen darüber in Gefahr Leibes und Lebens setze.
Sehe ein Reisender seinen Nächsten unter die Mörder gefallen und
tödtlich verwundet, so sei er verpflichtet, ihm zu helfen, oder Andere
um Hülfe anzuschreien, wie auch Christus im Evangelio Luc. 10
selber lehre, so müsse auch Jedermann es billigen, daß er, der ein
Wächter sei, und also vielmehr dazu verbunden, daß er, wenn er
sehe wie Akademien in Deutschland zum meisten Theil in heller
Gluth durch die Schoristerei stehen, lösche, und da er nicht löschen
könne, allen und jeder Standesperson, vornämlich den hohen Häup-
tern zurufe, daß sie löschen möchten. Habe man gesagt, warum er

---

Marggraffen zu Mähren, in Schlesien, zu Steyer, Carten, Crain vnd Wartenberg
Hertzog, Marggraffen zu Lausitz etc. Seinem Allergnädigsten Herrn. Zur Ermunterung, daß er dem Könige der Ehren die Thür vnd Thore in seinen Reichen
vnd Academien, sonderlich in Deutschland, daß der Ehrenkönig Christus zu uns
könne einziehen, wolle hoch vnd weit machen. Gehalten in Rostock, Pastorn zu
S. Georg daselbst. In Verlegung Johann Hallerforbs, Buchhändler in Rostock,
Anno 1640 (Univ.-Bibl.). Von dieser Schrift liegt mir eine andere zum Theil
im Inhalt abweichende Ausgabe aus demselben Jahre vor, mit folgendem Titel:
Hellklingende vnd durchbringende Friedens Posaun, Das ist, Eine Christ Eifferige
Vermahnung an alle vnd jede Christen, Insonderheit aber an alle vnd jede Christ-
liche Potentaten, Stände vnd Obrigkeiten, fürnehmlich in Deutschland, daß sie hertz-
lich, vnd ernstlich sich bekehren, vnd zum Anfang vnd Bezeugniß dessen die gemeinen
Stege vnd Wege, die Thore vnd Thüre der Schulen, Insonderheit aber der Hohen
Schulen eröffnen, vnd hoch vnd weit machen wollen, Also: daß sie die mit Haupt
Ursachen gegenwärtigen Krieges vnd Verhindernussen eines gewünschten Friedens,
die Sophisterei vnd Schoristerey, dergestalt in den Evangelischen Academien aus-
reuten vnd bedempfen, daß, so nicht zugleich, doch bald hernach der Grund der Schoristerey, der Verfluchte Pennalismus, möge vollends eingerissen vnd vertilget werden,
damit der König der Ehren, der König aller Könige, Jesus Christus, mit dem Ihm
wolgefälligen, vnd seiner Kirchen dienlichen zeitlichen Frieden zu uns einkehren,
Geistlichem Frieden bleiben, vnd Ewigem Frieden herzunahen könne. Mit gebührendem Christlichem Ernst vnd Eiffer gehalten in Rostock, Anno 1639, durch M.
Joachimum Schroederum, Pastoren zu S. Georg daselbst. Esa. 58: Ruffe getrost,
schone nicht, erhebe deine Stimme wie eine Posaune, vnd verkündige meinem
Volk ihr übertretten, vnd dem Hause Jacob ihre Sünde. Rostock, In Verlegung
Johann Hallervorbs, Buchführern, Anno 1640 (Bibl. der Ritter- und Landschaft).

seiner Gemeinde allhie nicht allein predige, so müsse er erwiedern, daß, nachdem Gott ihn selbst wie einen Brand aus dem Feuer gerettet habe, sich wiederum zu ihm gewendet, und ihn zu Gnaden angenommen, er als ein guter Streiter Christi mit lehren und leben, beten und schreiben, des Teufels Werk, wie denn die Sophisterei und Schoristerei solches sei, verstören, und als ein Kind des Lichts andere auch zum Licht ermahnen müsse. Wird man auch Schröders Argumente, die er für seinen Kampfesberuf vorbringt, vielfach zurückweisen müssen, und nicht gelten lassen können, so ist doch so viel gewiß, daß die Nothstände, die er zu beseitigen sucht, und gegen welche er sein Zeugniß richtet, wirklich vorhanden waren, nicht willkürlich von ihm erdacht sind, und mit heiligem Ernste, fern von allem fleischlichen Eifer trotz mancher Mißgriffe, die er beging, bekämpft wurden. Er ist auch weit entfernt davon, der Menge zu schmeicheln, sondern rückt ihr die Verachtung des göttlichen Wortes, die in allen Ständen stattfinde, auf das ernsteste vor. Da alle und jede Christen hohen und niedrigen Standes sich nach einem gemeinen und beständigen Frieden und dessen rechten Gebrauch sehnen, so mahnt Schröder in dieser Beziehung alle Christen, sonderlich die hohen Häupter, Christo Thür und Thor durch gute Bestellung und Einrichtung der Schulen zu öffnen, wie diese die Wege und Stege seien, durch welche Christus in alle Stände, in den Nährstand und Regierstand, einziehe. Treten nun aber die hohen Schulen ganz besonders bei dieser Aufgabe hervor, so bemüht sich Schröder zu zeigen, daß sie derselben nicht entsprechen können, weil zwei Hindernisse dem Ehrenkönige Christo Jesu Thür und Thor versperren. Das Eine ist ihm die Sophisterei, das Andere die Schoristerei. Unter der ersteren versteht er aber nicht, wogegen Schröder sich ausdrücklich verwahret, den rechten Gebrauch der philosophischen Studien, auch nicht die Uebung im Disputiren, um den Widersachern entgegenzutreten, und ihnen ihr eigenes Schwert zu nehmen, sondern er versteht darunter den Mißbrauch, da man aus Ehrgeiz sich bemühet, mit dem äußerlichen Schein von wahren, doch aber im Grunde falschen Schlußreden etwas zu bestätigen, dessen man im Gewissen überzeuget sei, daß es entweder unrecht oder zweifelhaft, oder der Kirche nicht erbaulich noch dienlich sei. Dahin rechnet er, daß man theils unauflösliche, theils unnöthige, ja wohl theils ärger-

liche und lästerliche Fragen aufwerfe, und die hohen göttlichen Ge=
heimnisse und Glaubensartikel, die über die Vernunft sind, nach
der Vernunft abmessen, und so man sie mit derselben nicht begreifen
kann, auch nicht glauben wolle. Wie er nun darauf bringt, daß
dieser Sophisterei gesteuert und gewehret werde, so auch vor Allem
der Schoristerei, welche den Pennalismus zum Grunde habe, die
das vornehmste und grausamste Hinderniß sei. Schröder schildert
mit lebhaften Farben das Joch der mehr als türkischen Dienstbarkeit,
welche diese Schoristen, diese alten Teufel, den jungen Leuten auf=
erlegen, enthüllt mit sittlichem Unwillen den Unfug, der in den
Nationalconventen getrieben werde, und weiset nach, wie dieses heil=
lose Treiben das Grab aller tüchtigen Studien und aller wahren
Frömmigkeit geworden sei und werden müsse, wenn demselben nicht
Einhalt geschehe, weil jene Schoristen die jungen Leute an Leib,
Gemüth und Seele tödten. Daran knüpft er die dringendste Er=
mahnung an Bürgermeister und Rathsherren, an Doctoren und
Professoren, an Potentaten und Regenten, daß sie die Schoristen
dämpfen, ihre Nationalcollegia auflösen, und dahin wirken möchten,
daß die Academieen Gotteshäuser und die Pforten des Himmels
würden, damit Christus den zeitlichen Frieden bringe, und durch sein
reines Wort und den rechten Gebrauch der Sacramente mit dem
geistlichen Frieden bei ihnen bleibe¹).

---

¹) Alle damals zum Anstoß gereichende Dinge, gegen welche sich Schröber
gedrungen fühlte, aufzutreten, finden wir auch zusammengefaßt in seiner Schrift:
Speculum Disciplinae Ecclesiasticae, oder Kirchenzuchts Spiegel, das
ist: in Gottes Wort gegründeter Bericht, daß Lehrer vnd Prediger, sofern sie
trewlich handeln, vnd nicht sich vnd andere ins zeitliche vnd ewige Verderben stürtzen
wollen, alle vnd jede Halßstarrige Verächter Göttlichen Worts vnd des Heiligen
Predigt-Ambts, vnd also unter andern auch die theils in Kleidung vnd newen ärgerlichen Munstern Leicht- vnd Hoffertige Frawen vnd Jungfrawen, wie denn auch
insonderheit, weil sie andern mit guten Exempeln sollen vorleuchten, Sothane När-
rische Titul-Studenten, deßgleichen auch die Scoristen vnd deren Patronen, dafür
die Seniores vnd Fiscäl, derer vor diesem von der Obrigkeit mündlich vnd schrifftlich verbotenen vnd einmal also zugelassenen National-Collegien, gehalten werden,
Vom Beichtstuel vnd Abendmahl, bis sie sich in der That vnd Wahrheit bessern,
abzuweisen, vnd wie Heyden trostloß zu lassen schuldig seyn; Aus dem Fünfften
Theil der Teutschen Jenischen Schrifften D. Lutheri verfasset, vnd am Anfang des
newen Kirchen-Jahrs als am 1. Advent Anno 1643 in Druck gegeben, durch M.
Joachimum Schroederum. Rostock, gedruckt im Jahr 1643.

Im Jahre 1641 gab Schröder seinen „Friedensbericht"[1]) heraus,
Dominica 12 post Trinitatis, um welche Zeit etwa er, wie von ihm
ausdrücklich bemerkt wird[2]), die „Friedensposaune" hatte erschallen
lassen. In dieser Lehr=, Buß= und Trostpredigt weist er die Kirche
in der gegenwärtigen langwierigen Kriegsunruhe darauf hin, daß
nach der Verheißung die Weissagung noch erfüllt werden solle zu
seiner Zeit, und werde endlich frei an den Tag kommen und nicht
ausbleiben, daß somit solche Verheißung des Herrn im Glauben
müsse gefaßt, und sich fest darauf gegründet werden, währe es gleich
lange, und verzögere sich der allgemeine Friede von einem Tage zum
andern, von einer Woche zur andern, von einem Monat zum an=
dern, von einem Jahr zum andern, ja von einer Versammlung und
Berathschlagung zur andern. Aus dem allgemeinen Harren und

---

[1]) Friedens-Bericht, das ist: eine in Gottes Wort gegründete Lehr=, Buß=
und Trost-Predigt vom Friede in Deutschland, warumb derselbige, und die beßfals
angestellten Tractaten auff dem hochansehnlichen Reichstage zu Regenspurg sich so
lange verzügern, Gott zu Ehren, der Evangelischen Kirchen zum Unterricht, und
der auff dem höchstgedachten Reichs Tage Hoch=Ansehnlicher Reichs=Versammlung
zur Ermunterung, in der wegen des Friedens gefaßeten Hoffnung (dafern wahre
buße geschicht) zu verharren. Anno 1641 in der Wochen-Predigt, war der 6. Sonn=
tag nach Trinitatis, nach Anlaß des 4. 5. V. aus dem 6. Psalm, zu Rostock in
S. Johannis Kirchen gehalten, und etwas vermehrt, in Druck gegeben durch M.
Joachimum Schroederum, Pastorem zu S. Georg daselbst. Rostock, Gedruckt
durch Johann Richel, im Jahr 1641.

[2]) Die Notiz findet sich am Schlusse der Zuschrift, mit welcher er den „Frie=
den-Bericht" dem Hertzog Johann Georgen zu Sachsen, Güllich, Cleve und Berg,
dem Hertzog Friedrich Wilhelm in Preußen, zu Stettin Pommern, dem Hertzog
Adolph Friederichen zu Mecklenburg etc., dem Hertzog Ernsten zu Sachsen, Güllich,
Cleve und Berg, dem Landgraffen Georg zu Hessen, Graffen zu Catzenelbogen etc.
dedicirt hat. Auch ist es characteristisch für Schröder, daß er bemerkt, daß, wie er
„auf Christi Befehl" seine „Friedens Posaune" an die „Potentaten, Stände und
Obrigkeiten" habe „abgehen lassen", so dedicire er diese Schrift „nun S. Chur= und
Fürstl. Gn. ingesampt und sonders, weil Sie mit andern hochansehnlichen Poten=
taten nach dem Frieden sich sehnen." Zugleich spricht er die Hoffnung aus, daß
die Fürsten in dem, was zur Wiederbringung des Friedens diene, geschäftig seyn
würden, und daß sie nebst der hochansehnlichen Reichsversammlung zu Regensburg
hierin gestärket, und ferner die Friedens Tractate freudig fortzusetzen, ermuntert
würden. — Es zeigt sich auch hier bei Schröder die Neigung, über seinen nächsten
Beruf hinauszugehen, wenigstens mit demselben und durch denselben in höhere und
weitere Kreise einzutreten, und auf dieselben einzuwirken, wenngleich er kaum von
diesem seinen Vorgehen einen eigentlichen Erfolg erwarten konnte.

Sehnen heraus ist es gesprochen, wenn er sagt: Euch deucht zuweilen, es lasse sich, einer gewünschten Regenwolke gleich, der Friede
sehen, findet aber, wie sie gleich einer Wolke ohne Wasser mit dem
Winde dahin fähret, demnach eure ruinirte Gassen und Straßen,
eure kümmerliche zerrissene Wohnungen vor euch, aus dem Jerem.
Cap. 14, mit Klagen erfüllet sind: Wir hofften, es sollte Frieden
werden, so kommt nichts Gutes; wir hofften, wir sollten heil werden,
aber siehe, so ist mehr Schaden da. Es klagen viele, unsere Väter
sind über die Hoffnung zufrieden gestorben, wir werden auch wohl
darüber sterben. Und er zeigt dann wieder, wie aus dem Klein-
glauben solche Gedanken kommen, als habe der Herr sich mit Werk-
stücken vermauert, daß kein Gebet hindurch könne, es sei das Beten
vergeblich, die Hoffnung zum Frieden sei vergeblich, der vorige Wohlstand in unserm Lande und in unseren Städten sei vergeblich, so
daß nichts übrig bleibe, als Gott ins Angesicht zu segnen, zu sterben,
zu verzagen und zu verzweifeln. Dem gegenüber macht er dann
geltend, daß Gott der Herr oftmals seine Gläubigen eine geraume
Zeit in schwere Angst, Noth, Verfolgung und Anfechtung gerathen
lasse, daß es vor Menschen Augen scheint, auch ihnen oft selbst so
deucht, sie seien gar von Gottes Augen verstoßen, der Herr habe
sie verlassen. Deshalb sollten wir uns nicht wundern, daß die evangelische Kirche in Deutschland insgemein, und derselbigen Glieder
insonderheit, langwierige Noth leiden müßten, daß sie gleich mit
Wehr und Waffen, mit Spieß und Schwerdt umzäunet und um-
mauret sind, da sie gleich viele Jahre nach einander suchen, ob sie
Wege könnten finden, daß sie dieser Angst entgehen, finden aber
keine. Daß sie ein Feuer umb und umb ihnen brennend haben,
mögen es aber nicht löschen: daß sie gleich auf allen Seiten mit
Stricken belegt, und dermaßen seltsam verwickelt sind, daß, obwohl
Zusammenkünfte, Reichstage und Rathschläge werden vorgenommen,
sie dennoch nicht von ihren Banden mögen aufgelöset und entfreiet
werden. Hat nun Gott der Herr seine wichtigen Ursachen, die uns
heilsam und dienlich sind, warum er mit seiner Hülfe verzögert, so
nennt Schröder als die erste die Aufrückung der Nachlässigkeit in
der Buße und Bekehrung und Ermunterung, daß sie noch damit
eilen sollen.

Der ganze heilige Ernst des Mannes tritt uns hier in seinen

Ausführungen entgegen: Fraget und klaget ihr nun: Ach, wie lange? wie lange verzögert sich der Friede; wie lange wehrts mit den dißfalls angesetzten Tractaten. So fragt diesem entgegen der Herr mein Gott: Ach wie lange? wie lange, O Deutschland, O ihr Länder, O ihr Städte, O ihr Einwohner derselben, wie lange habt ihr in Sünden gelebet? wie lange lebt ihr noch immer fort in Sünden, und wollt euch nicht bekehren? Wie lange soll ich aufs Recht warten und Schinderey finden? wie lange sollen meine Güter, die Kirchen und Schulen, Predigern, Schuldienern, Wittwen und Waisen vermacht sind, in ewren Häusern unter ewern Gütern bleiben? wie lange lasset ihr meine Diener schmachten und hungern? wie lange thut ihr ihnen ihren Sold, ja ihren verdienten Sold enthalten? Wie lange lästert ihr meinen h. Namen, fluchet und schweret?[1]) Die zweite Ursache ist ihm die Bewährung, Prüfung und Offenbarung des Glaubens, die dritte aber die Erweckung eines inbrünstigen und beständigen Gebets, also daß die Gläubigen den Sohn Gottes umfassen, ihn halten und ernstlich anrufen, da es scheint, als wollte er weichen, und mit zeitlichem und ewigem Ach und Wehe uns befallen lassen. Wir seufzen und beten billig im Glauben ohne Aufhören: Herr, wir lassen dich nicht, du segnest uns denn, du segnest diese Reichsversammlung; du lenkest denn der Potentaten Herzen, daß der Friede wie dein Segen über uns komme. Die vierte und letzte Ursache solcher Verzögerung ist ihm, daß Gott hernach seine Hülfe desto herrlicher machen will. Solcher Offenbarung seiner Herrlichkeit sollen sich alle getrösten in der langwierigen Kriegsnoth, daß er sich auch zu rechter Zeit aufmache und helfe, und seine Hülfe desto herrlicher werde, daß jedermann mit Jubel und Freudengeschrei bekennen müsse: das hat Gott gethan! In der That blicken wir in dieser Trostrede in die ganze Tiefe der Noth hinein, welche das deutsche Vaterland zu tragen

---

[1]) Schröder deckt auch hier die herrschende Unzucht auf, das Auskleiden „mit Allmodischen Trachten", die herrschende Rohheit und Entsittlichung auf den Akademieen, den Frevel der Spötter, die Lästerung des göttlichen Namens in allen Landen, die Schwäche der Obrigkeiten, die verordnet sind, daß sie die Bösen strafen sollen; aber überall ist der Ausdruck maßvoll, und entspricht ganz dem tiefen Ernste und der geistlichen Haltung, welche bei aller Rücksichtnahme auf die concreten Verhältnisse durch dieses Glaubenszeugniß hindurchgeht.

hatte, als der heiß ersehnte Friede noch immer nicht eintrat, aber sie weiset auch mit lebendigem glaubensvollen Zeugniß darauf hin, daß der Christ getrost schaue und traue auf des Herrn Wort, daß er der ist, der bald kommen, und die Thränen von unsern Augen abwischen wird. Ob nun die Weissagung gleich verzeucht, sie wird gewißlich kommen und nicht verziehen[1]).

Schon im sechszehnten Jahrhundert tritt in der lutherischen Kirche die Frage nach der Zulässigkeit des Schauspiels hervor[2]), noch mehr aber ziehen sich durch das ganze siebzehnte Jahrhundert die Streitigkeiten in Bezug auf dasselbe, welche, an verschiedenen

---

[1]) Schröder sucht wiederholt die Herzen wegen der langwierigen Kriegsnoth zu beruhigen, und durch Gottes Wort zu trösten. Wie groß das Elend gewesen, zeigt uns folgende Schilderung: — — Denn viel tausend von dem ihrigen fast nackt vnd bloß vertrieben sind; viele, die noch ein wenig davon gebracht haben, müssen es umb ein Hundsbrodt verlauffen, vnd haben nur wenig mehr übrig. Auch in dieser Stadt sind vnd werden auch viel auff den eussersten Grad außgemärgelt, daß hin vnd wieder diese Stimm in großer Kleinmütigkeit gehöret wird: Woher nehmen wir Brodt in der Wüsten des deutschen Reiches; in dem wüsten Lande Mecklenburgk? Woher nehmen wir Brodt in der fast wüsten Stadt Rostock? Vgl. Geistliches Krafftwasser, das ist eine in Gottes Wort gegründete Trost-Predigt wieder die Anfechtung wegen der Kleinmütigkeit im Glauben vnd Vertrauen zu Gott. An Alle vnd Jede bißfals Ohnmächtige hochgeängste vnd bedrengte wahre bußfertige Christen, fürnehmlich in Rostock, das da sie zagen, doch nicht verzagen, weil der HErr Jesus wegen ihres schwachen Glauben sie nicht will verstoßen. In Rostock Anno 1640 am 21. Sontage nach Trinit. nach Anlaß des gewöhnlichen Evangelij, Joh. c. 4, in S. Johannis Kirchen bei Volckreicher Versammlung gehalten vnd itzo vermehret Gott zu Ehren, vnd allen Schwachgläubigen vnd wegen gegenwertigen langwierigen Kriegs, vnd andern Geistlichen vnd Leiblichen Beschwerlichkeiten Hochbetrübten zu Trost, als ein Kraftwasser zum Newen Jahrs-Geschenk in öffentlichen Druck dargereichet durch M. Joachimum Schroederum. Rostock 1641.

[2]) In Rostock bezogen sich die ersten derartigen Differenzen auf die Zeit, wann die Komödien stattfanden. Jam anno 1563 Rev. Ministerium sese opposuerat comoediis, sed incommodo saltem tempore institutis. Sic enim referente B. Dn. D. Luca Backmeistero in Histor. Eccles. et Minist. Rostoch. MS. p. 106. Magistri ac Studiosi quidam circa tempus, cum bacchanalia appropinquarent, ad Comoedias exhibendas se praeparabant, sed Ministerium re cognita duos ad Magnificum Rectorem ablegavit, qui peterent Studiosis ab eo interdici, ne illo tempore actiones illas proponerent, sed differrent in aliud convenientius tempus. Idque impetratum fuit. Nam et Senatus idem petiverat propter praesentis temporis moestitiam.

Orten und zu verschiedenen Zeiten und unter den mannigfachsten
Modificationen ausbrachen, meistens auch je nach den Verhältnissen
einen verschiedenen Verlauf nahmen, immer aber die Gemüther auch
in weiteren Kreisen bedeutend aufregten; und mehr oder minder, je
nachdem der Ausgang dieser Kämpfe war, auf die Gestaltung der
kirchlichen Sitte Einfluß übten[1]). Es war damals herkömmlich und
fast allgemein, daß die Prediger diejenigen Dinge, welche das kirchliche und bürgerliche Leben betrafen, insbesondere wenn sie von
denselben Nachtheile für den Glauben und die Sittlichkeit in irgend
einer Beziehung besorgten, öffentlich auf der Kanzel zur Sprache
brachten, dawider sich erklärten, und nicht selten hart tadelten, um
auf diesem Wege, der ihnen offenbar einen sehr bedeutenden Einfluß gewährte, die Abstellung von Mißbräuchen, die wenigstens von
ihnen für solche gehalten wurden, zu erreichen. Schröder bediente
sich dieser Freiheit nicht selten, und griff ohne Rücksicht auch über-
kommene Institutionen und Gewohnheiten an, wenn sie ihm von
schädlicher Einwirkung zu sein schienen. In Rostock bestand noch
aus alter Zeit her[2]) die Sitte, daß zwei Mal im Jahr eine Comödie

---

[1]) Facultatis Theologicae Rostochiensis „Responsum ad Asmum Warnke
in urbe Hamb. de Operis" in: Liber tertius Facult. Theol. Rostochiensis,
in quo variae literae, responsa, testimonia etc. continentur ejusdem Facultatis ab Anno Christi 1648, quo post tricennale bellum Caesareo-Suevi-
cum Germanis pax reddita est, p. 327 sqq. Asmus Warnke gehörte zu den
Interessenten der Oper, und hatte der Rostocker Facultät speciem fact., ein eine
Zeit her vorgestelltes Singspiel nebst acht angeführten rationibus, warum er ver-
meinet, daß sich an demselben niemand ärgern, oder sie als opera diabolica und
leichtfertige Händel schelten und abzuschaffen begehren sollte, sammt darauf gerichteten
vier Fragen zugefertigt, und darüber information begehret. Vgl. ferner: Vier Bedenken führnehmer Theologischen und Juristischen Facultäten, wie auch Herrn Dr. J. F.
Mayers: Was doch von den sogenannten Operen zu halten, Frankf. a. M. 1693. 4.
Jac. Philipp. Speners Leben, dargestellt von Hoßbach, S. 128, 251. Der erste
Streit über die Zulässigkeit des Schauspiels (1677—1688), von J. Geffcken, Zeitschrift des Vereines für Hamburgische Geschichte, Bd. III. S. 1 ff., wieder abgedruckt in dessen Schrift: Johann Winckler und die Hamburgische Kirche in seiner
Zeit (1684—1705), Hamburg 1861, S. 18 ff.

[2]) Geistliche Schauspiele wurden von Alters her häufig, und mitunter auch
in den Kirchen, aufgeführt. Bei besonderen Gelegenheiten wurden zu Ehren der
Landesherren oder auch wohl fremder in der Stadt anwesenden Fürsten Komödien
auf den öffentlichen Plätzen der Stadt aufgeführt, deren Gegenstände aus der heiligen Schrift entnommen waren, z. B. vom verlorenen Sohn, vom reichen Mann,

des Terentius oder des Plautus von den Zöglingen des Gymnasiums
öffentlich aufgeführt wurden. Es darf dabei aber nicht übersehen
werden, daß überhaupt die Johanniskirche für Universitätsvorlesungen
und Schulacte bestimmt war[1]), was sich genugsam aus der damals
noch vorwaltenden Anschauung erklärt, daß Universität und Schule
kirchliche Institute seien. Als die Vorstadt St. Georg fast ganz
zerstört worden war, und die Bewohner derselben zum größten
Theile in die Stadt geflüchtet waren[2]), war die Johanniskirche dem
Vorgänger Schröders, M. Conrad Huswedel, welcher Prediger am
Georgshospital gewesen war[3]), eingeräumt worden. Schröder, der
nicht mehr in der Vorstadt wie seine Vorgänger wohnte, auch nicht
mehr dort den Gottesdienst abhielt, predigte in der Johanniskirche,
wo jene Comödien, an denen er Anstoß nahm, aufgeführt wurden.

von Holofernes. So ward ein solches Schauspiel auf dem Hopfenmarkt im Jahre
1576 zu Ehren des anwesenden Königs Friedrich von Dänemark gehalten. Etwas,
J. 1738 S. 424. J. 1741 S. 452. In Hamburg wurden geistliche Schauspiele
vor der Reformation unter gemeinsamer Mitwirkung des Domcapitels und des
Raths aufgeführt. J. M. Lappenberg, Von den ältesten Schauspielen zu Hamburg,
in: Zeitschrift des Vereines für Hamburgische Geschichte, Bd. I. S. 135 f., und ist
es bekannt, daß auch nach der Reformation vielfach geistliche Schauspiele, deren
Stoffe aus der Leidensgeschichte Christi entnommen waren, an den verschiedensten
Orten häufig zur Aufführung kamen. Mit der Vorliebe für das Alterthum und
die classischen Studien entstand auch die Neigung zur dramatischen Darstellung
classischer Stücke, so daß diese Vorstellungen selbst in den Schulplan mancher Gymnasien aufgenommen wurden.

[1]) So las Laurentius Panklow, der vom Herzog Ulrich an Joachim Grips-
walds Stelle zum Professor des römischen Rechts berufen war (Krabbe, Die Universität Rostock im 15. und 16. Jahrhundert, S. 686 f.), in der St. Johanniskirche.
Etwas, J. 1737 S. 70. Dasselbe that der Jurist Everhard Lothmann, der in seinem Antrittsprogramm bemerkt: — — et incipiam, Deo volente, hodie hora
secunda, in aede D. Johannis, explicare Tit. de Adoptionibus. Vgl. Scripta
in Academia Rostochiensi publice proposita, p. 56. Krabbe, ebendas. S. 517 f.
Auch Fridericus Heine, Decretalium Professor, erklärte das sechste Buch der
Decretalen im St. Johanniskloster. Etwas, J. 1737 S. 460.

[2]) Vgl. S. 211.

[3]) M. Conrad Huswedel war Prediger zu St. Georg, dann auch zu St. Johannis von 1619—1635. Er ist der letzte Prediger gewesen, der vor der Stadt
gewohnt hat. Später wurde der Gottesdienst zu St. Georg und zu St. Johannis
combinirt. Grape, Das evangelische Rostock, S. 210. Weitere Nachrichten, J. 1743
S. 12, 35. Chronologische Reihe der Rostockschen Prediger seit 1523, in: J. B. Krey,
Beiträge zur Mecklenburgischen Kirchen- und Gelehrtengeschichte, S. 19.

Sein scharfer Tadel, den er von der Kanzel über die lange bestehende Sitte der Aufführung dieser Comödien ausgesprochen hatte, weckte den Unwillen des Rectors der Schule, M. Jeremias Nigrinus[1]), der sich durch dieses Verhalten Schröders persönlich verletzt fand. Bei Gelegenheit einer öffentlich von ihm de anima rationali gehaltenen Disputation hatte er als Corollarium die Aeußerung hinzugefügt, profanas Comoedias posse in Ecclesiis Christianis exhiberi, wogegen Schröder sich glaubte, verwahren zu müssen. Er ließ zu diesem Zweck ein fliegendes Blatt ausgehen, in dem er ein Urtheil des berühmten Caspar Brochmand, Bischofs von Seeland, das dieser über die Streitfrage in seinem Systema universae theologiae abgegeben hatte, veröffentlichte[2]). Als nun Nigrinus die Abhaltung der „Schulcomödie" vertheidigte, die vorgebrachten Gründe zu widerlegen suchte, und seinerseits Argumente aus Meißner, dem damals wegen seiner Frömmigkeit und Milde vielgepriesenen Theologen, pro Comoediis exhibendis beibrachte, glaubte Schröder die Angelegenheit dem Ministerium vorlegen, und dasselbe zum Einsehen in dieselbe auffordern zu müssen. Insbesondere hatte es ihn ver-

---

[1]) Jeremias Nigrinus (Schwarz), zu Slave in Hinterpommern am 2. Februar 1596 geboren, studirte seit 1616 in Rostock, und erhielt unter dem Decanat von M. Johannes Posselius das Magisterium, bei welcher Gelegenheit ihn das Album der philosophischen Facultät als Schlaviensis Pomeranus bezeichnet. Nachdem er anfangs an der Kneiphofischen, später an der Altstädter Schule zu Königsberg als Conrector gestanden, ward er im Jahre 1623 als Rector der Schule in Wismar angestellt. Im Jahre 1639 wurde er Rector der großen Stadtschule zu Rostock, worauf er unter dem Decanat von M. Petrus Sasse am 14. August 1639 in die philosophische Facultät recipirt wurde. Bei dieser Veranlassung wird er im Album Hieronymus Nigrinus Rector Scholae genannt. Von ihm werden folgende kleine Schriften angeführt: Disp. Philos. de ipsius philosophiae definitione et divisione und Δωδέκας Assertionum Philologicarum Miscellanearum. Vgl. Schröders Wißmarische Prediger-Historie, S. 268. Grape, Das evangelische Rostock, S. 459. Etwas, J. 1740 S. 247, 374. J. 1742 S. 213 f. Krey, Andenken III. S. 44 f., Anhang S. 19.

[2]) De Ludis Scenicis sive Comoediis Ethnicorum Postarum Judicium in S. Scriptura fundatum Viri admodum Rev. et Praeclarissimi D. Casp. Erasmi Brochmand ex System. Theol. T. 2 loco de Lege c. 13. qu. 6 desumtum. Vgl. sowohl über Caspar Brochmand, Bischof von Seeland (geb. 1583, gest. 1652), als über den Inhalt und die Tendenz seines Systema universae theologiae: Pontoppidan, Dänische Kirchengeschichte, III. 76. A. Tholuck, Lebenszeugen der lutherischen Kirche aus allen Ständen, S. 302 ff.

droffen, daß Nigrinus jene seine Schrift nicht im eigenen Namen, sondern im Namen seiner Alumnen herausgegeben hatte. Es kam innerhalb des Ministeriums zu eingehenden Verhandlungen über die Frage, da die Ansichten weit auseinander gingen, eine strengere und mildere Auffassung unter den Gliedern des Ministeriums bestand, und man sich anfangs durchaus nicht einigen konnte. Einige erklärten sich nicht sowohl gegen das Lesen der alten heidnischen Comödien als gegen ihre Aufführung, Andere nahmen insbesondere Anstoß an den in den Comödien der Classiker enthaltenen zweideutigen Stellen, und drangen darauf, daß diese getilgt würden, während Andere der Ansicht waren, daß dieses nicht ausreiche, daß man vielmehr an die Stelle des alten Terenz und Plautus einen Terentium Christianum setzen müsse. Andere beschränkten sich darauf, die Aufführung der Comödien in der Kirche für unpassend und anstößig zu erklären. Noch andere endlich, zu denen auch Quistorp gehörte, vertheidigten auf das bestimmteste das Lesen der alten Autoren in den Schulen, und sahen auch darin kein Bedenken, daß die Comödien dem alten Brauch gemäß aufgeführt wurden. Nach längerer Erörterung blieb man bei der Frage stehen, ob die Comödien in der Kirche öffentlich pro more consueto von den Knaben aufgeführt werden könnten. Die weiteren Verhandlungen wurden einer Deputation des Ministeriums überwiesen[1].

---

[1] Zu den Verhandlungen mit Schröder und Nigrinus waren vom Ministerium der Superintendent Constantinus Fibler (zu St. Marien 1609—1644), M. Elias Tabbel (zu St. Petri vom Jahre 1630—1643) und M. Matthias vom Lohe (zu St. Catharinen 1629—1658) deputirt. An Schröder wurden am 23. September 1642 in loco Ministerii folgende Fragen, die er beantworten möchte, gerichtet. Sie lauteten mit seiner Antwort: 1. Anne omnes ethnici Scriptores sint ex Scholis exterminandi? Resp. Nego. 2. An soli Comoediographi Terentius, Plautus etc.? Resp. Nego. 3. An hi possint retineri, sed ita tamen, ut quae in illis leguntur obscoena, demantur? Resp. vel sobrie, sive dextre absque puerorum offensione explicentur. 4. An hi tolli debeant et illis Terentius Christianus substitui? Resp. Nego. 5. An Terentius, Plautus retinendi, ita ut proponantur, discantur, memoriae mandantur, sed non exhibeantur? Resp. omissis scurrilitatibus, obscoenis Deorum gentilium cum Rev. invocatione et habitu comico possunt exhiberi. 6. An exhiberi possint, sed non in templo publico, in quo verbum Dei docetur, et Sacramenta administrantur? Resp. Non in tali loco exhibendas ejusmodi Comoedias esse existimo.

Es ergab sich, daß Schröder keineswegs alle heidnischen Schrift=
steller aus den Schulen wollte verwiesen haben; er wollte nur, daß
das rechte Maß bei ihrem Studium eingehalten würde, und daß
sie, ohne daß es den jugendlichen Gemüthern zum Anstoß gereiche,
in vorsichtiger, verständiger und geschickter Weise erklärt würden.
Er war weit entfernt von der Abgeschmacktheit, die heidnischen Schrift=
steller ihrer Eigenthümlichkeit entkleiden, und etwa an die Stelle der
alten Komiker einen vermeintlichen christlichen Terenz oder Plautus
setzen zu wollen. Aber er forderte, daß christlicher Glaube und
christliche Ueberzeugung sich überall auch in der gelehrten Erziehung
geltend machen und bedingend einwirken sollten. Man fühlt es ihm
an, daß er von der Erkenntniß durchdrungen war, daß das Christen=
thum nicht dürfe den heidnischen Autoren nachgesetzt, sondern vor
Allem zu seinem Rechte kommen müsse[1]), wenn nicht die gelehrte
Bildung eine verkehrte, ihres rechten und ewigen Grundes entbeh=
rende sein solle. Selbst gegen die Aufführung der Comödien er=
klärte er sich nicht durchaus, aber er stellte die Bedingung, daß alle
zweideutige und unzüchtige Possenreißerei, alles Anrufen der heid=
nischen Götter bei solcher Aufführung vermieden werde und weg=
falle. Dagegen blieb er sehr entschieden bei der Ansicht, daß solche
Comödien nicht an einem Orte wie die Kirche, in welcher das Wort
Gottes verkündigt und die Sacramente verwaltet werden, aufzu=
führen seien. Ohne Zweifel vertrat er hierin die protestantische An=
schauung gegen diejenigen Ueberreste der kirchlichen Sitte, welche
sich noch aus der katholischen Zeit erhalten hatten[2]). Zwischen

---

[1]) Vgl. auch Schröders spätere Schrift: Wolmeynende Erinnerung an die
Schulmeister in teutschen Rechen= und Schreib=, sonderlich aber in den Lateinischen
Schulen, 1661. In dieser heißt es: Es lesen ihrer viele, die doch gut evangelisch
seyn wollen, denen Knaben in der Schulen ehe und mehr Ovidium de arte
amandi, denn den lieben Catechismum Lutheri: Ja, die ganzen Wochen haben
die alten heydnischen Hurenjäger und Schandlappen Ovidius, Terentius, Virgilius
etc. Raum in den meisten Schulen, Christus aber auf seinem Esel mit dem H.
Catechismo und gottseliger Kinderzucht muß kaum auf den Sonnabend und Sonn=
tag eine Stunde haben. Nun hat es wohl seine Maaß, daß die Kinder die Latei=
nische Sprache aus den Scribenten lerneten, wenn man auch Christum zu rechter
Zeit mitzuließe, und nicht gar Lateinisch würde u. s. w.

[2]) Es ist im Allgemeinen zur Genüge bekannt, welche Umstände die geistlichen
Schauspiele in der katholischen Kirche hervorgerufen und begünstigt haben. Die

Schröder und Nigrinus erfolgte auch durch Vermittelung der Deputation des Ministeriums eine Verständigung, und wurde ihr gegenseitiges Verhältniß bis zu dem Tode von Nigrinus, welcher am
6. Julius 1646 starb, nicht mehr getrübt.

Dennoch lebte dieser Streit wiederum im Jahre 1651 auf, als
Schröder sich veranlaßt sah, aufs Neue wider die Comödien zu
predigen. Johann Quistorp, der Jüngere, der nach seines Vaters
Tode im Jahre 1649 außerordentlicher Professor der Theologie geworden war, und in demselben Jahre an Joachim Lütkemanns Stelle
zum Archidiaconus an St. Jacobi gewählt wurde[1]), trat die ihm

---

Passionsbrüderschaften, welche die Leidensgeschichte des Heilandes darstellten, gingen
daraus hervor. Man war es gewohnt, daß an den hohen Festen, Weihnacht, Ostern,
Himmelfahrt, besonders auch am Frohnleichnamstage, Schauspiele über das Leiden
und die Verherrlichung Christi aufgeführt wurden. Selbst das französische Theater
ist daraus hervorgegangen, sofern wenigstens der Ursprung des französischen Drama's
auf die Schauspiele der Passionsbrüderschaften zurückgeführt werden dürfte. Vgl.
Flögel, Geschichte der komischen Literatur, Bd. IV. S. 235. Der Gebrauch der
Kirchen zur Aufführung von Schauspielen und geistlichen Singspielen war noch im
16. Jahrhundert allgemein, und erhielt sich noch im 17. Jahrhundert in der protestantischen Kirche. So wurden bei der Taufe des erstgeborenen Prinzen König
Friedrichs von Dänemark und Sophias von Mecklenburg, am zweiten Tage des
Festes, „einige der Hochgelehrten (Professoren an der Universität) mit ihren Studenten aufgefordert, eine Comödie sehen zu lassen, die zu agiren ihnen befohlen
war, und ward die Historie von Susannä Unschuld angenommen und anmuthiglich
agiret. Dienstag Nachmittag sind die vorigmal befohlenen Hochgelehrten wiederum
aufgeführt worden, und haben gespielet den merkwürdigen Sieg, welchen König
David über den mächtigen Riesen und Philister Goliath erfochten.“ Lisch, Jahrbücher IX. S. 143. Die Aufführung der alten Komödien der Römer hängt mit
der ganzen Richtung zusammen, welche damals der Gymnasialunterricht genommen hatte.

[1]) Johann Quistorp jun., Sohn des älteren Johann Quistorp, wurde zu
Rostock am 3. Februar 1624 geboren, studirte zu Greifswald und Rostock, und
erhielt hieselbst am 17. April 1645 durch M. Joach. Lütkemann, Archid. Jacob.
et Phys. ao Metaphys. Prof., dessen Nachfolger im Pfarramte zu St. Jacobi er
wurde, das Magisterium. Ostern 1647 wurde er von demselben in die philosophische Facultät recipirt, und hielt eine Zeit lang mathematische Vorlesungen. Nach
Vollendung seiner gelehrten Reise, auf welcher er auch Holland, wo er in Leyden
Vorlesungen hielt, besuchte, trat er die außerordentliche Professur der Theologie,
die ihm übertragen war, mit der Inauguralrede an: de afflicto ecclesiae statu,
quibus armis perpetuo vulnerata fuerit, quibuscunque remediis sanari vi-
cissim oporteat. Nachdem er im Jahre 1650 die theologische Doctorwürde von

verliehene ordentliche Profeſſur der Theologie am 18. März 1651 mit der Inauguralrede an: An illaesa conscientia Scriptores et Comici gentilium elegantiores et jamdudum in Scholis Christianorum recepti Christianae juventuti proponi et exhiberi possint? Schröder ſah den Inhalt derſelben als indirect gegen ſich gerichtet an, und glaubte nicht, ſich dabei beruhigen zu können, insbeſondere da ſich bei dieſer Gelegenheit der Vorwurf gegen ihn erneuerte, als habe er willkürlich und unberufen ſowohl gegen die Aufführung der Comödien, als auch überhaupt gegen den Gebrauch der heidniſchen Schriftſteller ſich in einer von ihm gehaltenen Catechismusprebigt ausgeſprochen. Da Schröder ſchon früher in einem Schreiben vom 14. Februar 1651 die gegen ihn erhobene Anſchuldigung, als habe er mit jener Predigt in ein frembes Amt gegriffen und die Schule und Scholarchen reformiret, der theologiſchen Facultät mitgetheilt und um ihr Bedenken darüber gebeten, und dieſelbe ihm ſolches ſchon unter dem 20. Februar ertheilt hatte[1]), veröffentlichte er jetzt baſſelbe.

---

der theologiſchen Facultät erhalten hatte, wurde er Ordinarius. Im Jahre 1653 wurde er Paſtor zu St. Jacobi und 1668 Director des geiſtlichen Miniſteriums, ſtarb aber ſchon am 24. December 1669. Etwas, J. 1737 S. 223, 241, 594, 597, 602. J. 1740 S. 377 f., 401 f., 433 f., 465 f. J. 1741 S. 404. J. 1742 S. 793 f., 836 f., 857 f. Erneuerte Ber. von gelehrten Sachen, Roſtock 1767, VIII. Beilage, S. 392 f., IX. Beilage, S. 406, 447 f. Grape, Das evangeliſche Roſtock, S. 462. Walch, Einleitung in die Religionsſtreitigkeiten außer der evangeliſch-lutheriſchen Kirche, V. S. 392. Krey, Andenken VII S. 45 ff.

[1]) Responsum datum Dn. M. Joachimo Schroedero ad quaestionem De Exhibitione Comoediarum a Gentilibus conscriptarum: Et quo loco habenda sint, quae ipse in hanc rem pro Concione Catechetica dixerat; num ea dicta censeantur in praejudicium Scholae et Scholarcharum; in: Liber Tertius Facultatis Theologicae Rostochiensis etc. ab Anno 1648 etc., p. 25 sqq. Dieſes Responsum wurde von Schröber unter folgendem Titel herausgegeben: Bedenken der anſehnlichen und löblichen Theologiſchen Facultät in Roſtock von Heybniſchen Comoebien und Tragoebien. Und zwar 1. wie (in Anſehung der Unflätigen) die Züchtigſten der Jugend in Schulen behutſam vorzuleſen. 2. Zuweilen (außer der Kirchen) ohne Verkleidung, auch zu rechter Zeit, und daß ſie aus Umſtänden keine Aergerniß erregen, beßgleichen ohne abgöttiſche verfinſterter Heyben Sitte, Weiſe und Gewohnheiten als Heydniſche Comoebien in ihren Umſtänden, alſo daß ſie nichts denn nur Colloquia oder actus Oratorii und Exercitia Scholastica werden, propter latinitatem et morum ad communem vitam informationem, und daher allein abusive Heybniſche Comoebien genannt werden,

Es ging dahin, daß das, was etwa die Heiden nach Anleitung
des im menschlichen Herzen, mitten unter der geistlichen Blindheit,
durch gnädige Providenz Gottes erhaltenen Lichtes der Natur den
Nachkommen zum Besten geschrieben, nicht allein nicht verwerflich
sei, sondern auch in christlichen Schulen zur Unterweisung der Jugend in guten Künsten und Sprachen ohne Verletzung des Christenthums wohl und nützlich gelesen, erkläret und getrieben werden
könne. Dabei sieht die Facultät es für selbstverständlich an, daß
der heiligen Schrift der Vorzug gelassen werde, und daß christliche
Präceptoren die Liebe zu derselben und die daraus entstehende Furcht
des HErrn als der Weisheit Anfang in der Jugend zu wecken und
zu pflanzen, nicht aber durch übermäßige Lust und Liebe zu heidnischen Büchern zu wehren und zu hindern hätten. Es sei die Pflicht
gottesfürchtiger Lehrer Alles, was dem geoffenbarten Worte Gottes
zuwiderlaufe, ihren Schülern als heidnische Blindheit und als ein
Greuel vor Gottes Augen abzumalen, sie vor allem Aergerniß und
Entheiligung des göttlichen Namens zu warnen, heilloses heidnisches
Wesen, oder was einen Schein dessen haben möchte, zu imitiren
ihnen keinesweges zu gestatten, und überhaupt das Böse von dem

zu exhibiren. 3. Daß ich dieselbe, sofern als sie anders, wie obhin erwehnet, und
in diesem judicio stehet, exhibiret, und demnach die Mißbräuch rechtmäßig gestraffet
Gott zu Ehren denen, die etwa aus Unbedachtsamkeit oder Boßheit deßfalls übel
von mir reden, und meine Worte anders deuten, Erinnerung etc. Mit ausdrücklichen Consens des Herrn Magnifici und der Theol. Facultat, die sich, wie hie
im Titel gedacht, erkläret haben, und daher auch in specie den Titel selbst gesehen
und beliebet. In Druck gegeben von M. Joachimo Schroedero, Prediger zu
S. Georg. — Auch veröffentlichte Schröder außerdem in dieser Streitsache: Im
Namen des HErrn Jesu. Bericht in Gottes Wort deß H. Lutheri, und anderer
reinen Theologen, insonderheit aber deß Wohlehrwürdigen Predigt Ampts der
Ansehnlichen Stadt Hamburg, wie auch Herrn Joh. Sauberti, weiland volverdienten
Kirchen-Lehrers und Senioren deß R. Min. zu Nürnberg, Schrifften, gegründet von
ärgerlichen heidnischen Comödien und Tragödien, wie weit man sie solle zum Theil
und zwar in Ansehung der andern, die säuberlichsten in Schulen propter latinitatem etc. im Lesen zu toleriren, daß aber keinesweges als Heidnische Comoedien
(wie bißher an manchen Orten oft geschehen) dieselb' zu exhibiren, Gott zu Ehren,
der mir p. t. anvertrawten Jugend in der lat. Lehr zur Erinnerung und Jedermänniglich, der deßfals ein Weltherz hat, Besserung in Druck gegeben von M.
Joachimo Schroedero etc. Vgl. auch Arch. Min. Vol. V. p. 243 sqq. et
p. 264 sqq. Grape, Das evangelische Rostock, S. 463 ff.

Guten zu scheiden. Zugleich erklärt sich die Facultät dahin, daß einige von Heiden gemachte, wiewohl lehrhafte Comödien zur Uebung der Jugend ohne Sünde exhibiret und gehalten werden könnten, wenn solches nicht etwa zur Ergötzung des sündlichen Fleisches, auch nicht schändlichen Genießes und Gewinnes halber, besonders zu dem Ende und allein geschehe, daß die Jugend von undienlicher Blödigkeit ab, und hingegen zu unerschrockenem deutlichen Ausreden in öffentlicher Versammlung und in Gegenwart fremder Personen angewöhnet, theils von groben ungeschickten Sitten zur Höflichkeit und Bescheidenheit angeführet werde. Dabei wird vorausgesetzt, daß alle schandbaren Worte, Narrentheidinge und Scherze, welche den Christen nicht geziemen, und insgesammt dasjenige, was wider die heilsame Lehre des göttlichen Wortes kundbarlich streite, und wodurch die heilsame Lehre Gottes und seines theuren Namens geschmälert, und die ohnedem zum Bösen geneigte Jugend scheinbarlich geärgert werden könne, sofern dasselbe in dieser oder jener Comödie sich ereigne, davon christlicher Vorsichtigkeit abgethan, und dann die heranwachsende Jugend in Erkenntniß des eiteln Wesens, und was von der Nichtigkeit der gegenwärtigen Welt zu halten, und wie dieselbe ernstlich zu verschmähen sei, wohl vorher unterrichtet worden. Schließlich erachtet die Facultät nicht, daß Schröder in der zur Frage stehenden Catechismuspredigt, als welche vornämlich auf die Jugend und deren Prüfung im Christenthum gerichtet sei, die Mißbräuche, so etwa bei Exhibition heidnischer Comödien nach obgenannten und dergleichen verdammlichen Stücken vorfallen möchten, mit heiligem Eifer und Gottes Wort gründlich gestrafet, und davor die Schulknaben zur Vermeidung aller Corruption und Aergerniß der geistlichen Gebühr nach gewarnet, hierin und so gestalteter Sache nach in ein fremdes Amt gegriffen, oder in so weit die Schule und Scholarchen an und für sich selbst reformiret habe. Schröder ging durch die ihm von der Facultät ausgesprochene Zustimmung im Wesentlichen als Sieger aus diesem Streite hervor. Findet sich bei ihm auch keine tiefere Auffassung der Bedeutung der classischen Schriftsteller, in Bezug auf die Alterthumswissenschaft überhaupt, so macht er doch andererseits nicht ohne Umsicht den christlichen Standpunkt in Bezug auf die vorliegende Frage geltend, und tritt zugleich mit voller Entschiedenheit den verkehrten Tendenzen ent-

gegen, welche damals in der Ordnung und Leitung der humanisti=
schen Studien sich zu zeigen begannen[1]).

Bei der großen Rührigkeit und Betriebsamkeit, die ihm eigen
war, und bei dem geistlichen Eifer, der sich damit verband, wandte
sich Schröder nach den verschiedensten Seiten, um geistlich anregend,
berathend und kräftigend einzuwirken. In seinem Geistlichen Nah=
rungszeiger[2]) wendet er sich an „Alle und Jede, vornemblich wegen
der Nahrung bekümmerten Haußväter vnd Mütter in Rostock vnd
Ribbenitz,“ um sie freundlich zu erinnern und zu ermahnen, daß
sie sammt und. sonders Gottes Reich und dessen Gerechtigkeit am
ersten suchen möchten. Es kam ihm wesentlich darauf an in jener
schweren Drangsalszeit, es recht den Herzen in Erinnerung zu brin=
gen, daß es nicht die Sorge thue, viel weniger der Unglaube und
die Verzweiflung, daß aber der Glaube thut's, daß ihr arbeitet und
Gott vertrauet, ihm die Sorge befehlet, und nehmet, was Er euch
bescheret. Ganz insbesondere lag ihm die Bekämpfung des Penna=
lismus am Herzen[3]), da dieser die theologischen Studien untergrub,
und wesentlich die Kirche zerstörte, wenigstens ihren inneren geist=
lichen Bau hinderte. Dies zeigt sich auch deutlich in der Zuschrift,
mit welcher er die Herausgabe der Schrift des Justus Jonas de

---

[1]) Wie ernst damals von der städtischen Obrigkeit alle Dinge, welche das kirch=
liche und sittliche Leben der Gemeinden berührten, betrachtet wurden, zeigt ein Vor=
gang im Jahre 1643, wo einige „Gauckler“ — dies ist der damalige officielle Aus=
druck — eine Supplik eingereicht hatten, daß ihnen erlaubt werden möge, ihr Spiel
in der Fastenzeit noch einige Male fortzusetzen. Der Rath erforderte vor weiterer
Entschließung das Bedenken des geistlichen Ministeriums und der theologischen Fa=
cultät, und da dieselben völlig übereinstimmend sich gegen die Bewilligung erklärt
hatten, wurde dieselbe auch ohne Weiteres abgeschlagen. Arch. Min. Vol. XVII.
p. 469, 473.

[2]) Geistlicher Nahrungs = Zeiger, nach welchem ein jeglicher wahrer Christ, wie
sonst allewege, also auch in diesen gefährlichen vnd beschwerlichen Zeiten ohn Geitzen
vnd vnzeitiges Sorgen, das tägliche Brot kan suchen, vnd nach Nothdurfft finden.
Aus Herrn Doct. Martini Lutheri Hauß=Postillen, in der Andern Predigt über das
Evangelium am 15. Sontage nach Trinit. den nothleybenden Christen zum Unter=
richt, Warnung vnd Trost. Am Anfang des 1644. Jahrs in Druck wieder auff=
gerichtet vnd vorgestellet von M. Joachimo Schrödero, Diener am Wort Gottes
zu St. Georg in Rost. Rostock, Gedruckt im Jahr 1644.

[3]) Vgl. S. 231 f.

studiis theologicis[1]) begleitete, und die er an zwölf Studirende der Theologie, die ihm näher standen, und seine Tischgenossen und dem Pennalismus feind waren, richtete. Vorzugsweise stellte sich seine Schrift „Frieden=Räthe Ehren=Krone"[2]) die Beseitigung desselben ebenfalls zur Aufgabe. Er wendet sich in seiner Zuschrift an die Gesandten zu Münster und Osnabrück, und geht sie dringend an, das großartige dermalige Friedens=Geschäfte wohl auszuführen, und insonderheit die Reformirung hoher Schulen in Deutschland zu be= fördern. Dabei ist er von der Ueberzeugung durchdrungen, daß der Pennalismus das Leben der Akademien vergifte, die studirende Ju= gend verderbe, und dadurch die innere Auflösung der kirchlichen und sittlichen Zustände verschulde[3]). Hatten nun die bisherigen Maß= regeln der Akademien zur Genüge gezeigt, daß sie nicht im Stande gewesen, das Uebel in der Wurzel zu beseitigen, da die erlassenen Verordnungen nicht gleichmäßig gehalten wurden, so richtet Schröder seine Bitte darauf, daß eine allgemeine Maßregel wider den Penna=

---

[1]) Oratio Justi Jonae D. Theol. de studiis theologicis Tomo I. orat. Phil. Melanthonis comprehensa, et nunc in gratiam studiosae juventutis seorsim typis commissa a M. Joach. Schroedero, ad D. Georg. Pastore. Rostoch. 1644.

[2]) Friedens-Räthe Ehren-Kron. 1644. 4. Schröder suchte dieser seiner Schrift die möglichst größte Verbreitung zu geben, denn außerdem, daß er sie, wie oben erwähnt, an die zu Münster und Osnabrück versammelten Gesandten schickte, sandte er sie auch mehreren Churfürsten und Fürsten, Magistraten und Obrigkeiten, ins= besondere auch den meisten theologischen Facultäten Deutschlands zu, um deren Mitwirkung zur Hebung dieses Nothstandes herbeizuführen, ohne doch für sein allerdings singuläres Auftreten sich allgemeiner Zustimmung zu erfreuen. So ent= hält nach Tholuck, Lebenszeugen der lutherischen Kirche aus allen Ständen, S. 394, das Leipziger liber actorum publicorum den Beschluß, der Mann verdiene keine Antwort, denn „der Schuster soll nicht über den Leisten hinausgehen, der Geistliche sich nicht um das bekümmern, was nicht seines Amtes ist."

[3]) Dieses veranlaßte ihn auch zur Herausgabe der Flugschrift: Mordspiegel oder Bericht von unschuldig Blutvergießen, Morden und Beleidigen, das wie sonst, also frevenlich mit Balgen und andern Mördlichen und Rachgierigen Schlägen hin und wider, sonderlich aber auff Hohen-Schulen verübet wird, wie es sei eine schwere grausame Himmelschreyende Sünde, die billich hoch zu verbieten und zu straffen, wie H. D. Johannes Schmit, wolverdienter Professor und Prediger zu Straßburg, solches in eine absonderliche Predigt verfasset, Männiglichen zur war= nung und der Obrigkeit solche Sünd zu wären und zu straffen, zur ermunterung u. s. w. in Druck gegeben durch M. Joachimum Schroedorum etc. Rostod 1644.

lismus ergriffen werde, den er einen Molochsdienst nennt, und von
dem er behauptet, daß auf gewisse Art mehr und größerer Schade
innerhalb dreißig Jahre aus demselben entstanden sei als aus allen
Kriegen in der ganzen Welt; desto dringender hält er es für geboten, dem Unwesen noch jetzt zu steuern, ehe es so heranwachse,
daß es nicht mehr zu bewältigen sein werde. Ohne Zweifel hat
dieses ernste Zeugniß Schröders mit dazu beigetragen, den vorhandenen Nothstand zum allgemeineren Bewußtsein zu bringen, und
seine endliche Beseitigung einzuleiten.

Es war aber auch Schröders Streben darauf gerichtet, an seinem Theile dazu mitzuwirken, daß die rechten Wege innerhalb der
pastoralen Thätigkeit eingeschlagen würden. Ein wichtiger Theil der
geistlichen Amtsthätigkeit waren die Leichenpredigten, da das Bewußtsein auch in den Gemeinden noch allgemein lebendig und kräftig
war, daß das Begräbniß eine kirchliche und priesterliche Handlung
sei. Um nun die geistliche Wirksamkeit nach dieser Seite hin zu
fördern, stellte er seinen Thesaurus ecclesiasticus[1]) zusammen, der
ein außerordentlich reiches Material durch Mittheilung der Texte,
der Themata und der Dispositionen von Leichenpredigten enthielt,
und überdies eine Fülle von Predigtstoffen über andere Texte, welche
den Verlauf des Kirchenjahrs in Bezug nahmen, umfaßte. Abgesehen davon, daß die Uebersetzung ins Lateinische nothwendig die
Wirkung der trefflichen im Auszuge gegebenen Predigten schwächen

---

[1]) Unter seinen späteren Schriften sind zu nennen: Thesaurus Ecclesiasticus
exhibens Conciones funebres praeclarissimorum quorundam virorum ex
idiomate germanico in linguam latinam translatas et ita collectas, ut non
tantum aliquot centum themata funebria ad imitat. ex illis desumi et la-
bore jucundo et facili amplificari, verum etiam uberrima concionandi materia de quibusvis aliis S. S. textibus, tam ordinariis, quam extraordinariis
per totius anni curriculum, praecipue cum in explicatione omnium et sin-
gulorum psalmorum, qui hic magna ex parte dispositi, et respectu dictorum praecipuorum enodati vel ita, ut enodari possint, citati inveniuntur,
tum in enucleatione Loc. et Doctrinarum, Evangeliorum, Epistolarum,
Dictorum Evangelicorum, Catechismi Lutheri, Historiae Passionis et Hepta-
logi Christi, beneficio aliquot indicum adhibenda, depromi possit: quibus
accessit appendicis loco Enchiridion consolatorium D. Gerhardi, variis ten-
tationibus praecipue in agone opponendum, opera et studio M. Joachimi
Schroederi apud Rostochienses ad D. Georg. Verbi Ministri Rostochii,
Sumptibus Joachimi Moltkenii, Bibliop. Haffn. primarij. Anno M.DC.XLIX.

mußte, gab das Buch in homiletischer Beziehung manche treffliche
Fingerzeige. Auch nach der katechetischen Seite wandte sich seine
Thätigkeit. In der Erkenntniß, daß es sich bei der Pflege und War=
tung der evangelischen Kirche hauptsächlich darum handle, die reine,
lautere, göttliche Milch des Evangeliums den Kindern in den Schu=
len darzureichen, gab Schröder seine „Kleine Spruchbibel“[1]) heraus,
die aus der heiligen Schrift entnommen und zu dem Zweck von
ihm zusammengestellt war, damit nach Gottes Befehl Deut. 16 der
Jugend Gottes Gebot immer geschärft würde. Es sollte mit dazu
dienen, das Fundament bei der Jugend zu legen. Dasselbe Ziel
hatte er vor Augen, als er seine „Kleine Kinder und Leyen Postill“[2])
herausgab, um der Gemeinde sonderlich in der Unterweisung der
Jugend und der Einfältigen zu dienen, weshalb er bestrebt gewesen
war, sie auch möglichst kurz, einfältig und deutlich zu verfassen.
Sehr erfreut spricht er sich darüber aus, daß der Rath gerade da=
mals eine Verordnung erlassen hatte, daß alle Schulmeister und
Schulmeisterinnen des Sonntags Mittags die Jugend in die Cate=
chismuspredigt führen sollten. Seine besondere Gabe in praktisch
geistlicher und volksthümlicher Weise die Schrift auszulegen, zeigt
seine in plattdeutscher Sprache abgefaßte, über das Evangelium

---

[1]) Kleine Spruch=Bibel, oder Haupt=Sprüche der gantzen Heiligen Schrifft,
sampt derselben Nutz und Gebrauch. Zur Lehr, Warnung, Trost, durch den Buch=
stab L. W. B. T. bezeichnet und jedem Spruch nach unterscheid des Inhalts vor=
gesetzet, für die Jugend in Häusern und Schulen. In Druck befördert durch M.
Joachimum Schroederum, Predigern in Rostock. Alten Stettin 1658.

[2]) Kleine Kinder und Leyen Postill, das ist, eine kurtze Anführung der Kinder
und Einfältigen, zu dem gemeinen Verstande der Sontags= und Haupt Fest Evan=
gelien durch Frag und Antwort, da bei jedem Sontags=Evangelio fünfferlei zu
betrachten, als der Inhalt, die Haupt=Lehren, die Haupt=Sprüche, der Sitz im
Catechismo und Gebrauch im Lehr und Leben, welche in Häusern, Schulen und
Kirchen gelesen, erkläret und gebrauchet werden kann. Zu Ehren Gottes und der
Seelen Erbarmung, in Druck befördert von M. Joachimo Schrödern. Rostock,
Gedruckt und Verlegt durch Jacobus Richeln, Rahts B. (ohne Jahreszahl). Die
den „Superintendenten, Pastorn und sämptlichen Predigern in Rostock, Stralsund
und Greiffswald“ zugeeignete Dedication trägt Datum Rostock, den 7. December
1667. Die Schrift fällt bereits in die spätere Zeit seines Lebens, als er nicht mehr
wegen seines „langwierigen Haupt=Schadens“ „die Stimme erheben und so münd=
lich (wie bei gesunden Tagen durch Gottes Gnade geschehen) öffentlich lehren durfte.“

Luc. Cap. 2¹) handelnde Schrift: Van der Geborth vnde Beschny=
binge des Kindeleins Jesu Christi, welche kurz und kräftig in den
ganzen Inhalt des christlichen Glaubens von der doppelten Natur des
Gottmenschen und in den seligen darin enthaltenen Trost einführt²).

Werfen wir noch einen Blick auf die späteren Schriften Schrö=
ders, welche, wenngleich ihr Erscheinen nicht in die Zeit fällt, die
unsere Darstellung umfaßt, doch auch nicht unwesentlich zu seiner Cha=
racteristik dienen, so zeigt sich, daß, ungeachtet daß der Krieg, der
ganz Deutschland verheert hatte, ein so gewaltiger und harter Pre=
diger gewesen war, dennoch Vieler Herzen ebenso wenig auf diese
Predigt gehört hatten und hörten, als sie den Mahnruf des
Predigtamts achteten. Dieser innere Nothstand konnte nur allmäh=
lich, und langsamer als der aus den Kriegsjahren zurückgebliebene
äußere Nothstand, beseitigt werden. Es bedurfte fortwährend des
ernsten und entschiedenen Zeugnisses. In allen Verhältnissen des
bürgerlichen Lebens zeigten sich Uebelstände schreiender Art, welche
das kirchliche Leben hemmten und niederdrückten. Vor Allem machte
sich die Entheiligung des Sonntags in Mecklenburg als ein tiefer
Schaden bemerkbar, weil in Folge dessen das Wort Gottes nicht
gehört wurde, und somit auch nicht seine Kraft üben konnte. Gleiche

---

¹) Auer dat Euangelium Luce Capit. ij. Van der Geborth vnde Beschnybinge
des Kindelins JESV CHRISTi, Eine korte vnderrichtinge, In dre Punct edder
Stücke vormdet Tho enem Nyen Jare. Dorch Joachimum Schröder, Prediger tho
Rostock. 1. Petri 2. Weset gyrich na der vornufftigen lutteren Melck, also be nye
gebaren Kinderlen vp dat gy dorch desulue thonemen, So gy anders geschmecket
hebben dat de Here fründlich ys. Gedrücket tho Rostock by Ludowich Dietz. M.D.LVI.
Die Schrift ist zugeeignet seinen „louen Söns Enoch, Adam, Johanni, Chu-
stiano, Joachimo, Zachariæ vnd Dauid Schröder.

²) Daß Schröder bemühet war, auch auf den Stand der Handwerker im christlichen Sinne einzuwirken, zeigt die Herausgabe einer älteren, zum Ruhme des Handwerks geschriebenen Schrift, die er allen gottesfürchtigen Gesellen der löblichen und
hochnöthigen Weberhandwerke der Städte Lübeck, Hamburg, Rostock, Stettin, Lüneburg, Stralsund und Wismar zueignete: Lobspruch und Ehrentittel des erbaren
löblichen Handwerks der Leinwand und Parchent-Weber, sämmtlich und sonderlich,
Meister und Gesellen, keinen ausgeschlossen, darinnen ordentlich verfasset der Ursprunk
und Anfangk, auch was für schöne und künstliche Arbeit darauf gewirket wird. Vor
57 Jahren in den Druck gegeben, nun aber auf Begehren wieder auferleget und
in etwas contrahiret und zum Nachbruck befodert durch M. Joach. Schroeder.
Gedruckt im Jahr 1657.

24

Anzeichen der Unkirchlichkeit traten überall in Deutschland hervor, wenngleich Mecklenburg und Pommern, welche beide Länder durch die Kriegsdrangsale vorzugsweise gelitten hatten, ganz besonders die Schuld der Entheiligung des Sabbats auf sich luden. Dies veranlaßte Schröder, seine kleine Schrift: „Wehe Deutschland, sonderlich aber Pommern, Mecklenburg und anderen Landen zu Sachsen"[1]) ausgehen zu lassen, in welcher er sie der Heuchelei und Epikurerei, hauptsächlich in Verunheiligung des Sabbats und Verachtung des göttlichen Worts anklagte, und ihnen zur Erweckung wahrer Buße die drohenden Strafgerichte ankündigte. Mit Recht sah er in solcher Entheiligung des Sabbats eine gemeinsame Schuld, welche durch Buße und Umkehr gesühnt werden müsse.

Dieselben kirchlichen Nothstände waren es, um welcher willen er seine „Hellklingende und durchdringende Zuchtposaune"[2]) ertönen ließ, welche die Geistlichen mahnen sollte, vermittelst der Kirchen-

---

[1]) Wehe Deutschland, sonderlich aber Pommern, Mecklenburg und andern Landen zu Sachsen, wegen ihrer herschenden Sünden in Heuchelei und Epicurerei, fürnehmlich in Verunheiligung deß Sabbaths, und Verachtung des Worts, und dessen Diener, weil Türcken, Tartarn und Muscowiter sie überfallen müssen zu Erweckung warer Buß und Anbächtigen Gebett, sonderlich bei dem Türcken Geleute bei Jungen und Alten in allen Stänben, nun der Vierten mahl vernewert, weil die Laster zunehmen, und der Türcke sich auffgemachet, und schon viel Schaden gethan, und sich ferner dazu rüstet, auch grausahme Sturm-Winde die Straffen, auch den Jüngsten Tag ankündigen. Auß glaubwürdiger Leute Schrifften in Druck beförbert von M. Joachimo Schroedern, Predigern in Rostock. Im Jahr 1663. Gülstrow, Gedruckt burch Christian Schnippel.

[2]) In Nomine Jesu! Hellklingende und durchdringende Zucht-Posaune, daß ist eine Bewegliche Erinnerung an die Evangelischen H. Geistlichen und H. Weltlichen Kirchen- und Land-Väter, daß sie in Gott vereiniget, vermittelst der Kirchen- und Civil-Zucht vor allen die in der ersten Taffel verbohtenen Sünden-Grewel (deren etliche hie beschrieben werden) Dem Ehren Könige JESU CHRISTO aus dem Wege räumen, zusammengefasset, und mit Approbation der Theol. Fac. zu Greiffswald, sambt einen Anhang in Druck gegeben von M. Joachimo Schroedero. Rostock, Gedruckt bei Johann Keyln, Acab. Buchbr., 1667. Von dieser Schrift erschien eine erweiterte Ausgabe, wesentlich unter demselben Titel, nur daß In Nomine Jesu weggelassen ist, und daß es statt der Erwähnung der „Theol. Fac. zu Greiffswald" heißt: und mit Approbation unterschiedlich Vornehmer Theologorum, sambt einem Exegesi oder Außführung etlicher Puncten voriger Schrifften, in Druck gegeben Von M. Joachimo Schroedern. Franckfurt, In Verlegung Johann Georg Schiele. M.D.C.LXXI.

zucht alle Sündengreuel dem Ehrenkönige Jesu Christo aus dem
Wege zu räumen. Die Schrift selbst war von ihm geschrieben, als
ihn der Herr durch einen unheilbaren Schaden am Haupte in eine
schwere Kreuzesschule genommen hatte. Aber der Schaden Josephs,
bei dem viele geistliche und weltliche Kirchen = und Landeswächter
eingeschlummert waren, ließ ihn nicht schlafen, so daß er zum Zweck
der Einführung der Kirchenzucht sich, wie er selbst bemerkt, der
Feder wie einer Posaune bedient habe. In der von Schröder bei-
gebrachten Approbation der theologischen Facultät zu Greifswald
bezeuget ihm diese, daß seine Zuchtposaune, in der er insonderheit
gar wohl von dem Strafamt und der Uebung des Catechismi gehandelt habe, aus vornehmer Theologen Schriften nach der Richtschnur der heiligen Schrift und der heilsamen Constitutiones christlicher Potentaten nnd Herren vernünftig zusammengetragen sei[1]),
und insgesammt hochnützlich, wenn es nur zu der fleißigen Uebung
der wahren Gottseligkeit möchte gebracht werden[2]). Schröder bringt
auf Kirchenzucht, insbesondere auf die Wiederaufrichtung des Bannes,
da man nirgends, wo eine rechte Kirche und christliche Gemeinde
sein solle, dieser Disciplin entbehren könne. Die Nothwendigkeit,
falsche Lehre oder ärgerliches Leben zu strafen, wird hervorgehoben;
die weltliche Obrigkeit dürfe sich nicht unterwinden, den Predigern
vorzuschreiben, wie sie ihr Amt führen sollten, welches ihnen bereits
vorgeschrieben und befohlen sei, nicht von Menschen, sondern von
Gott. Zugleich wird darauf gedrungen, daß die Seelsorger die Laster

---

[1]) Schröder hatte sowohl in dieser Schrift als in seinem Speculum Disciplinae Ecclesiasticae et Civilis das Scrutinium Conscientiae des D. Arnold
Mengering benutzt und grundleglich gemacht; ebenso ist auch die Schrift des Sar-
cerius von der Disciplin vielfach ausgezogen, und nicht selten sind Censuren der
theologischen Facultät zu Wittenberg benutzt. Vgl. Georgii Dedeken, Thesaurus
Consiliorum et Decisionum, Vol. I. p. 26 sq., p. 206. Vol. II. p. 158 sq.
Vol. III. p. 985 sq.

[2]) In der schon angeführten Ausgabe der „Zucht-Posaune" werden mehr oder
minder zustimmende Erklärungen mitgetheilt, welche Schröder auf sein Ansuchen
und Befragen erhalten, nachdem er sie ihnen zur Censur übersandt hatte, so von
dem Herzog Friedrich von Schleswig, Holstein, Stormarn ec., geben Gottorf, den
22. Januar 1655, von D. S. Glassius, Gotha, den 8. October 1654, von der theologischen Facultät zu Straßburg unter dem 26. August 1653 u. a. Dort findet
sich auch ein von Rector und Concilium der Universität Rostock auf seinen Wunsch
ihm ausgestelltes „Testimonium vitae officiique".

ernstlich strafen, und die Verachtung des Worts und der Sacramente nicht dulden sollen. Dabei wird in nicht ungeschickter Weise
auf diejenigen fürstlich Mecklenburgischen edicta Rücksicht genommen,
welche die Gotteslästerung, das schreckliche Fluchen, die Verachtung
des göttlichen Worts, das leichtfertige Schwören, den Greuel der
Zauberei, die Verunheiligung der Sonntage und anderer hoher Feiertage und Feste bei schwerer Ahndung verbieten. Als Hauptgreuel
werden der Atheismus und die Epicurerei bezeichnet, die sich an
vieler großer Herren Höfe und in großen Städten finden. Als ein
wichtiges Mittel zur Aufnahme und Besserung der Kirchen siehet
er das Halten gemeiner Conventus an, gleichwie die löblichen Vor=
fahren Rev. Ministerii in Rostock wöchentlich am Freitag Morgen
einen bestimmten Ordinar, nach erheischender Noth auch zuweilen
einen Extraordinar Convent gehalten, wozu bei Strafe, so nicht
erhebliche Ursachen angezeiget sind, man habe kommen müssen. Es
habe Rev. Ministerium mit andächtigem Gebet knieend solchen Convent
angefangen, und nachdem der Herr Superintendens, was wegen der
Kirchen= und Schulen=Erbauung nöthig, proponiret, sei darüber
berathen, ein Jeder habe sein Votum nach seinem Gewissen abge=
geben und sei daraus, wohin majora vota gegangen, obwohl man
zuweilen auch argumentorum ponderositatem pluralitati vorgezogen,
ein Conclusum gemacht, das vom Ministerium sei exequiret worben[1]. Ohne Zweifel mußten solche Convente unter den damaligen
Verhältnissen besonderen Segen stiften, und eine bedeutende Rück=
wirkung üben auf die Gemeinden. Jedenfalls trugen sie dazu bei,
das Vertrauen und die Einigkeit unter den Ministerialen zu er-

---

[1] Es wird noch hervorgehoben, daß ein jeglicher Macht gehabt habe, was in
seinem Kirchspiel vorgegangen oder einen Casum conscientiae zu proponiren, der
in derselben Ordnung sei decidirt worden. Man habe sich oft vereinigt, aus einem
Munde von einem offenbaren Laster, da die gradus admonitionum nicht ver-
fangen oder da sie nicht nöthig gewesen, als öffentliche Zauberei, Hurerei, Ehebruch, Todschlag, einhellig, christeifrig und in einem Geiste zu reden. Man sei auf
gemeinen Schluß in dergleichen offenbaren Sünden ad speciem gegangen, und
auf diese Stadt und gewisse Personen ohne respect appliciret. Man habe boß-
hafftige Leute vorgefodert, und zur Belehrung mit großem Nutzen einhellig er-
mahnet. Vor die Halstarrigen habe man öffentlich und zwar mit einerley formalien
von der Cantzel gebeten, die Ambts und Gewissenssachen betreffend, der Gemeine
schrifftlich intimiret.

halten, und die Einmüthigkeit der Beschlüsse in Kirchen= und Schul=
sachen zu bewahren, weshalb denn auch Schröder der Geistlichkeit
solche Convente auf das dringendste empfiehlt.

Schröder bleibt jedoch dabei nicht stehen, sondern fordert sie
auf zu beten und sich zu bemühen, „daß auff Außschreiben der
Evangelischen Fürsten hin und wieder von jedem ein provincial,
folgends in den nieder Sächsischen Kreis ein General, und endlich
durch ihrer Churfürstl. Durchlaucht zu Sachsen und andere Evange=
lische Herren ein National Synodus der reinen Evangelischen Theo=
logen, nicht allein der gelarten, sondern auch Gottseligen, Gewissen=
hafften, auch Warnung und Friede liebenden in Teutschland gehalten
werde, das darauff von restaurirung, Conservirung und propagi=
rung der reinen Evangelischen Lehr der benannten und folgenden
Greuel Abschaffung und Lebens Besserung zu Rathschlagen were.“
Die ganze Entwickelung aber, welche Schröder giebt, ist eine un=
geordnete, hin= und herfahrende, indem er von Einem zum Andern
überspringt. Er tadelt vor Allem die Sicherheit und Unachtsamkeit,
daß viele Christen sich einbilden, daß das bloße Wissen, die äußer=
liche buchstäbliche Erkenntniß christlicher Lehre und Lebens genug sei,
nicht minder die Lauigkeit, da man keine wahre Aufrichtigkeit, keinen
göttlichen Eifer wider das Böse habe, die „Zartlichkeit“, daß viele
Christen sich nicht angreifen, den alten Menschen kreuzigen und
tödten. Ferner bezeichnet er den Geiz und die Bauchsorge, das
eigene Gutdünken und die eingebildete Klugheit, und das Prangen
mit Gottes Gaben und die Verachtung Anderer, so geringere Gaben
haben, als diejenigen Greuel, vor denen sich Prediger und Zuhörer
untereinander zu warnen hätten. Da die Handelsverhältnisse einen
nicht unbedeutenden Verkehr mit katholischen Ländern herbeigeführt
hatten, rügt er es, daß man Kinder nach Spanien sende, weil sie
daselbst entweder die wahre evangelische Lehre gänzlich lassen, und
die falsche Lehre annehmen, oder sie doch vor Menschen wider Christi
Befehl zum Schaden ihrer Seelen, Matth. C. 10, Röm. C. 10,
verleugnen. Dieselbe Rüge erhebt er dagegen, daß junge Leute,
ungegründet in christlicher Lehre, nach Italien und Frankreich ab=
gefertigt würden, weil auch da sie oft heucheln, den Baal küssen,
und das römische Thier anbeten. Auch zieht er alle Verhältnisse
des bürgerlichen und häuslichen Lebens heran, und tadelt die hier

sich findenden Mißstände, die er im Einzelnen aufweiset, und
deren nachtheiligen Einfluß auf die Jugend er hervorhebt. Höchst
beachtenswerth aber ist es, daß er behauptet, es herrsche grobe Ab=
götterei auf dem Lande in dem „Wodangeschrei" an etlichen Orten,
welcher heidnische Gebrauch über alle Maßen entsetzlich sei, weil man
den Teufel anrufe[1]). Daran reiht er die Abgötterei in Nativitäten=
stellen, das Handkucken, daraus man künftige Dinge erkündigt, und
die Zauberei in ihren verschiedensten Formen, nicht allein, da man
Leuten und Vieh Schaden thut, sondern auch von Gott zum Teufel
sich wendet, und zu verschiedenen Jahreszeiten nach heidnischer Art
Dinge vornimmt, die verboten sind. Diese einzelnen Schilderungen
lassen uns einen tieferen Blick thun in die Volkssitte und das Volks=
leben jener Zeit[2]), wie sehr dasselbe von bedenklichen und aber=
gläubischen, ja gotteslästerlichen und heidnischen Elementen durch=
zogen war. Außerdem werden von Schröder eine Reihe anderer
Punkte zur Sprache gebracht[3]). Ganz besonders aber tritt uns der

---

[1]) Ueber die verschiedenen Arten der Zauberei und der Teufelsbeschwörung
siehe auch: Heinrich Bruno Schindler, Der Aberglaube des Mittelalters. Ein Bei=
trag zur Culturgeschichte, (Breslau 1858), S. 268 ff. Adolf Wuttke, Der deutsche
Volksaberglaube der Gegenwart, (Hamburg 1860), S. 61 ff., 115 ff.

[2]) Vgl. auch die Bemerkungen über das Erbtheil des furchtbaren dreißigjäh=
rigen Krieges in: Heinrich Spitta, Praktische Beiträge zur gerichtsärztlichen Psy=
chologie, (Rostock und Schwerin 1855), S. XVII und 111 ff. Drei Responsa
wegen dämonischer Besessenheit auf Befehl Herzog Gustav Adolphs von Mecklen=
burg-Güstrow von der medicinischen Facultät zu Rostock erstattet im Jahre 1681.
Diese Fälle, über welche Herzog Gustav Adolf, dem die geistliche Noth des armen
unwissenden Volks sehr am Herzen lag, jene Responsa erforderte, zeigen, wie all=
gemein der Glaube an das Walten des Teufels im Volk verbreitet, und wie tief
er gewurzelt war.

[3]) So führt Schröder aus, daß überall ärgerliche Händel vorfielen, „sonderlich
in den Städten, bei den Mauren, am Strande, vor allen aber auff dem Marckt,
wie sonst also sonderlich, wan in Jahrmärckten in großen Städten die Quacksalber
mit einigen Narren und den Pickelhering mit grawsahmen Narrenpossen aufftreten,
und an den Oertern, da Gauckler, leichtfertige Comödianten, Ballet Däntzen und
Mascraden anstellen." — Er rügt die Jahrmärkte an den Sonntagen, die fast in
ganz Deutschland stattfänden, obgleich sie hier im Lande verboten, das Saufen
sonderlich unter den Handwerkern und Bauern im Anfang der Fasten, wann die
Betrachtung des bittersten Leidens des Herrn Christi angehe, die in etlichen Län=
dern stattfindende Duldung und Berathfragung der Zigeuner oder Tartaren in
Handkucken u. s. w.

eigenthümliche Character seiner Zeit in der Art und Weise entgegen, wie er sich über die Stellung der Juden und deren Behandlung äußert[1]). Auch spricht er sich gegen die Gemeinschaft mit den Quäkern und Enthusiasten, gegen die Winkelprediger, die das ordentliche Predigtamt verleumden und verlästern, gegen die Aufnahme der Papisten und Calvinisten, wo man sie nicht hat und es ändern kann, sowie gegen den Chiliasmus und gegen jeden Syncretismus in der Lehre und im Leben aus.

Unter allen Rathschlägen, welche Schröder zur Weckung und Kräftigung des kirchlichen Lebens ertheilt, stand ihm keiner höher, als die von ihm empfohlene allgemeine Synode der lutherischen Kirche. Da schon Dorscheus in seiner Schrift, de unione collegiorum, die Fürsten zu einer solchen Zusammenkunft ermuntert hatte, so gab er diese Schrift mit einem Anhange, in welchem er die gleiche Absicht verfolgt, heraus[2]). Er glaubte, daß auf diesem Wege eine „allgemeine Gottgefällige Kirchen und Civil Reformation" herbeigeführt werden könne, und daß er berufen sei, zu derselben mitzuwirken. Dabei bezeuget er von sich, daß er sich nicht große Klug-

---

[1]) So verwirft er „die behausung, beherbergung und befreyung der Juden, bei ihrer Gottesläßterlichen Lehr, umb ihres schändlichen Wuchers willen, da man sie umb ihrer bekehrung, da sie sind, möcht dulden, aber also, das man ihnen 1. ein schweres Joch auflege, daß sie erkennen, sie sind Knecht, und hätte man sie zu Holtzhawen, Cloaken zu reinigen etc., zu gebrauchen, 2. man hat nicht zu gestatten, das Christen (welches Leider gleichwol in grossen Städten, da sie leben, geschicht) ihnen zu ihren Gottesläßterlichen Sabbaths oder Sonnabends Handlungen behülfflich seyn, 3. auch nicht an unsern Sonn und Festtagen ihnen arbeiten, sie spotten daher unserer Religion, und wird also die Göttliche Majestät durch unser Schuld verläßtert, und werden in ihrer Gottesläßterlichen Lehr verhärtet, 4. Alle Gottesläßterliche Worte, Wucher etc. were ihnen bei höhester Straffe zu verbieten, 5. die Synagogen zu verstören, 6. Ihr grawsamste Bete- und läster, oder Fluch Bücher (den die guten könt man nach etzlicher Theol. Revidirung und Corrigierung ihnen lassen, auch selbst gebrauchen) zu verbrennen.

[2]) Jo. Georg. Dorschei, S. S. Theol. D. et P. P. quondam in Acad. Argentorat: postea Rostoch. eminentiss. et c. p. m. brevis ac utilis Historica relatio et informatio de Conciliis et Synodis ex invitatione ad Isagogen Synodologicam Rost. 1652 proponendam desumpta et verbotenus (practer clausulam) hunc in finem, ut illi, qui possunt, Synodum Theol. Evang. Generalem in Dei gloriam et Ecclesiae emolumentum in Germania promovere velint, cum appendice recusa. Opera M. Joachimi Schroederi. Gustrovi Anno 1667.

heit einbilde, noch eigene Ehre suche, daß aber der HErr nahe vor
der Thür sei, beides, mit Lockungen und mit Drohungen, so daß
ein jeder nach seinem Amte alle Hindernisse dem Könige der Ehren,
dem Herrn Christo, aus dem Wege zu räumen habe. Der Eifer,
der ihn beseelte für das Heil der Kirche und der lebendige Wunsch,
die inneren Schäden derselben, welche durch die lange Kriegsnoth in
bedenklichster Weise sich gemehrt hatten, zu heben, ließen ihn die
Hoffnung fassen, daß auf diesem Wege der kirchliche Nothstand beseitigt werden könne. Es läßt sich auch nicht verkennen, daß er in
derselben dadurch bestärkt sein mochte, daß Herzog Gustav Adolf
die Pastoren des Güstrower und Rostocker Kreises zu einer Synode
im Jahre 1659 berufen hatte, welche vom 14. bis 18. Junius
währte, und nicht wenig dazu beigetragen hatte, sowohl viele in der
Kirche herrschenden Nothstände aufzudecken, und das durch die Drangsale des Krieges eingedrungene Verderben vor Augen zu stellen,
als auch die Mittel und Wege anzugeben und näher zu bezeichnen,
auf denen demselben gewehrt, und die Wunden der Kirche geheilt
werden könnten. War nun durch jene Güstrower Synode das Predigtamt in seinen verschiedenen Gliedern durch gemeinsame Berathung und Beschlußnahme gestärkt, und zur Ausführung der von ihm
unter der Leitung und Billigung des Oberbischofs gefaßten Beschlüsse
gekräftigt worden, so mochte Schröder in der segensreichen Einwirkung, welche diese Synode gehabt hatte, eine Bürgschaft dafür sehen,
daß auch eine Generalsynode der lutherischen Kirche von gleichen
segensreichen Folgen begleitet sein werde. Daraus mag sich auch
theilweise sein Bestreben erklären, in weiteren Kreisen die Gemüther
für die Abhaltung einer allgemeinen Synode der lutherischen Kirche
zu gewinnen[1]) und selbst den Versuch zu machen, das Interesse

---

[1]) Seine gleichzeitigen Bestrebungen zur Herstellung der Kirchenzucht zeigen sich
auch darin, daß er zwei ältere diesen Gegenstand betreffende Maßnahmen seiner
Zeit ins Gedächtniß zurückruft. Vgl. Geistlicher Nord-Stern oder Ihrer Kön. May.
zu Dännemark Christiani IV. gl. A. Verordnung vom Amt und Gewalt der
Kirchen wider Unbußfertige, etwa vor 30 Jahren zu Copenhagen publicirt, nun
zum Nachdruck befördert durch M. Joach. Schröbern. Rostock 1660, und: Geistliches
Kirchen Schwerdt, oder kurzer und gründlicher Bericht aus Gottes Wort und Lutheri Schrifften vom christlichen Bann, fast vor 100 Jahren von dem Rostockschen
Predigt-Amt zum Druck, vor 10 Jahren von ihren Successoren mit einem appendice zum Nachdruck befobert, und nun erneuert von M. Joach. Schröbern.

frember lutherischer Höfe für diesen Plan zu wecken. Wie Schröder
aber überhaupt nur die ihm zunächst entgegentretenden Mißstände
ins Auge faßte, und er wesentlich von dem unmittelbar praktischen
Gesichtspunkte ausging, so konnte er auch besto eher die bedeutenden
Schwierigkeiten und Bedenken verkennen, die einem solchen Plane
entgegenstehen mußten, da die Aufgaben einer segensreich wirkenden
Diöcesan-Synode wesentlich ganz andere sind und sein müssen, als
welche einer allgemeinen Synode der lutherischen Kirche, die auch
damals offenbar ganz eigenthümliche Schwierigkeiten würde zu überwinden gehabt haben, vorliegen würden.

Wenden wir uns von hier auch noch zu einer Würdigung der
Thätigkeit Joachim Schröders, die überwiegend im Ganzen und
Großen auf die Abstellung und Besserung kirchlicher und sittlicher
Nothstände gerichtet war, so ist zunächst anzuerkennen, daß er inmitten des kirchlichen Lebens stand, jene Nothstände aus eigener
Anschauung kannte, die Tiefe des Verderbens ebenso schmerzlich
empfand, als von der Nothwendigkeit, an seinem Theile dem vorhandenen Uebel entgegenzutreten, durchdrungen war. Dabei war es
der Eifer um des Herrn Haus, der ihn verzehrte. Er hat rastlos
in seinem Berufe gewirkt, so lange es für ihn noch Tag war, und
selbst, als am Abend seines Lebens er an schwerer unheilbarer Krankheit darniederlag, hat er nicht abgelassen zu zeugen wider alle Zustände, Verhältnisse und Mißbräuche, in denen er das Verderben
sah. Nicht mehr im Stande, durch das mündliche Wort Zeugniß
abzulegen, that er es durch das gedruckte Wort, um seinem Verlangen, für das Reich des Herrn zu wirken, bis zum Schlusse seines
Lebens zu genügen. Dies mag die übergroße Zahl seiner Flug-
schriften, die zum Theil dieselben Gegenstände behandelten, erklären
und beziehungsweise entschuldigen. Dennoch drängt sich der Betrachtung unabweisbar auf, daß er vielfach über seinen nächsten Beruf
hinausgegangen, und den stets wiederkehrenden Versuch gemacht hat,
möglichst auf die weitesten Kreise einzuwirken, an die er zunächst
nicht gewiesen war, und denen er auch durch seine Berufsstellung
wenigstens nicht nahe stand.

Rostock 1660. Vgl. auch über dieses im Jahre 1565 vom Ministerium zuerst herausgegebene und E. E. Rath dedicirte, im Jahre 1649 abermals aufgelegte Büch-
lein: Zach. Grape, Das evangelische Rostock, S. 161 f.

So sehen wir ihn sich wiederholt nicht nur an die gelehrten Corporationen Deutschlands, an die Ministerien und Magistrate der Städte wenden, sondern auch ihn bei den verschiedensten Gelegenheiten die deutschen Fürsten angehen, um sie für die Zwecke, die er vertritt, zu gewinnen und heranzuziehen. Daß er aber dadurch mit seiner Person unmittelbar mehr hervortritt, als es in der Natur der Verhältnisse lag, leuchtet ein. Viele treue Diener der lutherischen Kirche empfanden gleich ihm diese Nothstände, die er in Anspruch nahm, und bekämpften dieselben in treuer Erfüllung ihres Berufes, ohne in gleicher Weise wie er hervorzutreten, und haben unzweifelhaft dadurch auch segensreich auf weitere Kreise eingewirkt. Doch soll damit nicht geleugnet werden, daß in einzelnen Beziehungen, insbesondere bei Bekämpfung des Pennalismus, sein energisches Auftreten wesentlich zur Abstellung dieses Unwesens mitgewirkt hat, daß also insofern sein Bestreben, in den weitesten Kreisen mit seinem Wächterrufe sich Eingang zu verschaffen, nicht erfolglos gewesen ist.

Schröder ist keine hervorragende Persönlichkeit, aber was seinem Zeugniß Bedeutung und Werth verleiht, ist der heilige Ernst, der ihm einwohnt, und die suchende Liebe, die sich auch in der rauhen, oft seltsamen und karrikirten Form ausspricht und bethätigt. Er gehört auch nicht zu denen, die sich bloß tadelnd und anklagend verhalten zu den Schäden und Nothständen der Kirche, sondern denen es am Herzen lag, auch positiv einzuwirken, wahre Umkehr und Losreißung von den Verderbnissen und Greueln, in welche zum Theil das Volksleben gerathen war, herbeizuführen. Er kämpft auch nicht mit weltlichen Waffen gegen die Verirrungen, Verkehrtheiten und Sünden der Zeit, sondern er straft sie mit dem geistlichen Schwerte des Wortes Gottes, und überall fühlt man es ihm an, daß es ihm zu thun ist, wie um die eigene Seligkeit, so auch um die Seligkeit derer, an die er sein Zeugniß und seine Mahnung richtet. Es soll zwar nicht geleugnet werden, daß sich in seinen Schriften, insbesondere in seinem Hoffartsspiegel, viele Scurrilitäten finden, ja es mag selbst zugegeben werden, daß er in jüngeren Jahren diesem Hange zur Karrikirung in sehr bedenklicher Weise nachgegeben hat. Aber das Alles wird bei ihm dadurch aufgewogen, daß er fest auf dem Grunde der heiligen Schrift und des Bekenntnisses der lutherischen Kirche steht. Wie wenig er selbst auch dogmatisch und über-

haupt systematisch angelegt ist, so hält er doch fest an dem Heils=
rathe Gottes zu unserer Seelen Seligkeit. Ueberall bekennt er sich
zu dem Herrn Christus, der für uns das Gesetz erfüllt, für uns
der göttlichen Gerechtigkeit durch sein Leiden und Sterben Genüge
gethan hat, und durch dieses sein gnadenreiches Verdienst uns Heil
und Leben erworben hat. Wenn er die Gebrechen seiner Zeit, welche
mit der durch den langwierigen Krieg hervorgerufenen allgemeinen
Verwilderung zusammenhängen, geißelt, sieht er darin nicht etwa
eine Nahrung eigener Eitelkeit und Ruhmredigkeit, sondern es ist
ihm ein tiefer Schmerz, daß solche Zerstörung und Verwüstung in
der Kirche ist. Er weiß, daß das alte Evangelium nicht mit dem
alten fleischlichen Herzen begriffen und aufgenommen werden kann,
weiß auch, daß die, so geistliche Freiheit lehren, nicht selten in
fleischliche Freiheit fallen. Aber er bringt auf Buße und Glaube,
auf Abthun der alten Sündenwege und auf das gläubige Ergreifen
der uns in dem Herrn Christo gewordenen Gnade.

So steht er mit seinem Zeugniß auf dem Boden gesunder
Orthodoxie, und wenn wir bei ihm auch nicht eigentlicher Lehrent=
wickelung begegnen, so stimmt er doch überall in seinen Lehräuße=
rungen wesentlich mit dem lutherischen Lehrbegriff überein, ja die
Art und Weise, wie er nicht selten Aussprüche Luthers in geist=
licher Anwendung, wenn auch theilweise in trockener oder ab=
stoßender Form, verwerthet hat, zeigt uns, daß er mit seinem Er=
kennen und Leben durchaus im Glauben und Leben der lutherischen
Kirche stand. Darin liegt seine Bedeutung trotz aller großen wissen=
schaftlichen Schwäche, ja theilweisen Beschränktheit, die unverkenn=
bar ihm anhaftet. Selbst die Zerfahrenheit, die sich bei dem Mangel
logischer Schärfe in seinen ziemlich ungeordneten Schriften bemerk=
bar macht, wird einigermaßen aufgewogen und ausgeglichen durch
die Kraft seines gläubigen, vom Worte ausgehenden und unter das
Wort sich stellenden Zeugnisses. Denn so bitter er auch zuweilen
die Thorheiten und Laster der Zeit mit dem rechten Namen nennt,
so herbe Wahrheiten er auch in dieser Beziehung ausspricht, so
wendet er doch stets die rechte Augensalbe an, und weiset auf Wort
und Sacrament als die rechten Heilmittel, weil Gnadenmittel, hin.
Wie viele Mißgriffe auch in seinem Thun und Lassen sich finden,
wie viele Auswüchse sich auch da bei ihm zeigen, wo er nicht auf

der Hut iſt, und im Einzelnen auch an ſich in der Rede Zucht übt,
ſo bleibt es darum doch nicht minder wahr, daß er in dem lau=
terſten Eifer, fern von allen ſelbſtiſchen Zwecken, beſtrebt geweſen
iſt, dem Worte der ewigen Wahrheit Eingang in die Herzen zu
verſchaffen. Darum aber gehört er auch unleugbar und ſelbſt in
hervortretender Weiſe zu denen, durch deren Dienſt die durch den
entſetzlichen Krieg zerſtörte, furchtbar darnieder liegende Kirche wie=
derum ſich herausgearbeitet hat, und zu neuem Glaubensleben ge=
führt iſt. Inmitten der entſetzlichen Noth der Zeit hat er es nicht
an der ernſteſten Mahnung fehlen laſſen gegenüber allem unchriſt=
lichen und unkirchlichen Weſen, aber er hat auch ebenſo ſehr nach
dem Maße der Gabe, die er beſaß, die angefochtenen und beküm=
merten Seelen durch den Troſt des Evangeliums erquickt, und hat
durch beides in ſchwerer Zeit die Kirche Gottes mitbauen helfen.

Siebzehnter Abſchnitt.

Quiſtorps ſpätere Wirkſamkeit als Superintendent. Hugo Grotius Heimgang in
Roſtock. Das Thorner Colloquium, Quiſtorp lehnt die Theilnahme ab. Die
Händel mit den Anabaptiſten. Der Wagnerſche Streit. Die Lütkemannſche Sache
und deren Ausgang.

Haben wir Quiſtorp bereits in einer vielſeitigen gelehrten und
praktiſchen Thätigkeit kennen gelernt, ſo finden wir ihn in den letzten
Jahren des unheilvollen Krieges, auf deſſen Ende er ſehnſuchtsvoll
harrte, noch in einer Stellung, wo er mehr als ſonſt Gelegenheit
hatte, die ihm eigene Umſicht und Energie zu entwickelu. Nach dem
am 20. October 1644 erfolgten Tode des Superintendenten Con=
ſtantin Fibler ward Quiſtorp ſein Nachfolger als Superintendent und
gleichzeitig als Paſtor an St. Marien[1]). Es war ihm freilich nur noch
eine kurze Zeit des Wirkens vergönnt, aber dennoch macht ſich wäh=
rend derſelben ſeine Einwirkung nach den verſchiedenſten Seiten in

----

[1]) Vgl. des Ministerii Judicium von der Wahl des Herrn Dr. Quiſtorp
zum Paſtorat an St. Marien, des Raths und der Vorſteher zu St. Marien Bitt=
ſchrift an die Herzoge um die Confirmation der Wahl, d. d. 25. October 1645,
ſowie die fürſtliche Conſtitution ſelbſt, d. d. 8. November 1645, in: Arch. Min.
Vol. IV. p. 459—465.

den kirchlichen und bürgerlichen Verhältnissen Rostocks bemerkbar. Das allgemeine Vertrauen, das man zu dem Ernste, der Entschiedenheit und der Milde seiner ganzen Persönlichkeit hatte, erleichterte es ihm wesentlich, manche kirchliche Maßnahmen einzuleiten und durchzuführen, ebenso wohl, weil man ihm bei denselben entgegenkam, als auch insbesondere, weil er mit großer Einsicht die Anstöße und Schwierigkeiten, die sich etwa erhoben, wegzuräumen wußte. Der persönliche Einfluß aber, den er auf die Glieder des Ministeriums übte, machte ihn auch besonders geschickt, dogmatische Differenzen, so weit es zulässig, auszugleichen, und überall die Einheit der Gesinnung und des Handelns unter den Ministerialen aufrecht zu erhalten und zu kräftigen. Aber auch Rath und Bürgerschaft Rostocks hingen ihm sehr entschieden an, und waren ihm dankbar dafür, daß er sowohl um Kirchen und Schulen der Stadt eifrig bemüht war, als auch die städtischen Interessen nach Außen kräftig und einsichtsvoll zu vertreten wußte. In dieser Beziehung ist es characteristisch, daß er selbst an den Friedensverhandlungen mit der Krone Schweden im Interesse Rostocks, wie wir sehen werden, wiederholt sich betheiligte. Alles aber weiset uns darauf hin, welche weitgreifende und gesegnete Thätigkeit Quistorp ausgeübt hat.

In diese Zeit fällt auch der Heimgang von Hugo Grotius[1]), der durch ein besonderes Geschick und gnädige Führung Gottes in Rostock statt hatte, der uns, wie er einen Einblick gewährt in das durch schmerzliche Prüfungen hindurchgegangene und geläuterte innere Leben dieses denkwürdigen Mannes, zugleich die Stellung zeigt, welche

---

[1]) Hugo Grotius (de Groot) war im Jahre 1583 zu Delft in Holland geboren, und erhielt von seinem Vater, der selbst eine bedeutende wissenschaftliche Bildung besaß, und der Universität zu Leyden als Curator vorstand, eine ausgezeichnete Erziehung und umfassende gelehrte Bildung, so daß er nicht minder auf dem Gebiete der Theologie und der Rechtswissenschaft, als auch auf philologischem und geschichtlichem Gebiete hervorragt. Durch sein nahes Verhältniß zu Johann Oldenbarnevelb kam er frühe in eine bedeutende Stellung, und konnte seine tüchtigen Rechtskenntnisse und seine geschichtlichen Studien in mehreren Staatsämtern verwerthen, zog aber auch dadurch zugleich den Haß der Gegner Oldenbarnevelds auf sich. Bei dem Sturze und der Hinrichtung desselben ward Grotius zu lebenslänglicher Gefängnißhaft auf der Festung Löwenstein verurtheilt. Bekannt ist es, daß seine Gattin ihn in einer Bücherkiste aus dem Gefängniß befreite.

Quistorp in seelsorgerischer Beziehung einhielt. Hineingeflochten in die Kämpfe der Arminianer, deren Lehrsätze er wiederholt in verschiedenen Schriften vertheidigt hatte[1]), ward er nach dem Siege der Gomaristen auf der Dordrechter Synode ebenfalls von der damals ausbrechenden Verfolgung betroffen. Als er derselben glücklich entronnen war, lebte er meistens in Frankreich, wo er selbst von Ludwig XIII. mehrfach ausgezeichnet wurde. Erst der Einfluß Richelieu's verleidete ihm den Aufenthalt in Paris. Als es ihm durch den Einfluß seiner Gegner nicht gelungen war, in seinem Vaterlande, wohin er sich zurückgewandt hatte, unangefochten zu bleiben, verließ er dasselbe, und ging nach Stockholm, wohin die Königin Christina im Jahre 1634 ihn berief. Die hohe wissenschaftliche Begabung der Königin hatte dieselbe veranlaßt, mit den hervorragendsten Gelehrten Europas in Verbindung zu treten. Bei der Eigenthümlichkeit ihrer confessionellen Stellung trug sie kein Bedenken, auch mit katholischen und reformirten Gelehrten nähere Beziehungen anzuknüpfen. Auch mit Cartesius und Hugo Grotius stand sie im Briefwechsel, und ihre Gunst war es, durch welche er zum Gesandten am französischen Hofe ernannt wurde, so daß er, der Arminianer, Schweden, diese lutherische Großmacht, bei der Krone Frankreich vertrat. Das politische Moment überwog auch hier, und ließ, wie so oft, das confessionelle ganz zurücktreten. Zwar hatte Grotius damals in der Person des Brandanus Daetrius, eines Schülers von Calixt, einen lutherischen Gesandtschaftsprediger, weil er dieses seiner Stellung zur Krone Schweden schuldig zu seyn glaubte, aber er entließ ihn nach kurzer Zeit, um in Paris nicht anzustoßen.

Seit dem Jahre 1635 stand er darauf fast zehn Jahre lang in dieser Eigenschaft in Paris, und hatte die Absicht, den Abend seines Lebens in Holland zu verleben, wo die Verhältnisse sich völlig geändert, und das öffentliche Urtheil zu seinen Gunsten sich umgestellt hatte. Zu diesem Zwecke war er nach Schweden gereist. Als er dort unter Anerkennung seiner der Krone Schweden geleisteten Dienste in der ehrenvollsten Weise den Abschied erhalten

---

[1]) Hieher gehören seine Schriften: Conciliatio Dissidentium de re praedestinaria et gratia opinionum 1613; ferner: Disquisitio an Pelagiana sint ea dogmata, quae nunc sub eo nomine traduntur.

hatte, war er im Begriff über Lübeck nach der Heimath zurückzu=
kehren. Aber ein heftiger Sturm verschlug ihn an die pommersche
Küste. Von dort gelangte er auf kümmerlichem Fuhrwerk nach
Rostock. Die Beschwerden der Seereise, die Schrecken des Schiff=
bruchs und die Mühseligkeiten der Landreise auf ungebahnten Wegen
übten auf seinen ohnehin geschwächten Körper den nachtheiligsten
Einfluß aus. Schwer erkrankt und seiner Auflösung nahe, langte
er in Rostock an, wo der hinzugezogene Arzt Dr. Stockmann sofort
die Gefahr erkannte, und auf das bestimmteste voraussagte, daß
das Ende seines Lebens bevorstehe. Da ließ Grotius Quistorp zu
sich rufen am zweiten Tage seit seiner Ankunft in Rostock, um ihm
beichtväterlich und seelsorgerisch beizustehen[1]).

---

[1]) Quistorp hat in einem Briefe an Taddel den ganzen Hergang erzählt,
Etwas, J. 1742 S. 543 f.: Quistorpii Epist. de obitu Grotii. „Contendis a
me, amicissime Taddeli; ut perscribam, quomodo mundo huic valedicturus
literarum phoenix Hugo Grotius se gesserit. En paucis id habe. Conscen-
derat ille Stockholmiae navim, qua Lubecam ferretur: vehementibus per-
triduum in mari jactatus procellis naufragium patitur, et aeger ad Cassubia
litora adpellit. Inde perquam incommodo curru, pluvia tempestate, per
sexaginta et plura milliaria tandem Rostochium nostrum devehitur. Di-
vertit ad Balemanniam. D. Stocmannum medicum advocari curat, qui
aetate, naufragio, incommodis itineris fractas vires advertens, vitae ter-
minum imminere praesagit. Secundo ab ingressu in hanc urbem die (qui
scilicet veteri erat 18. Augusti) me hora nona vespertina ad se vocat.
Accessi, propemodum in agone virum constitutum offendi: compellaui, et
me nihil maluisse adfirmaui, quam ut mihi cum ipso incolumi sermones
sociare licuisset. Regerit ille: ita Deo visum est. Pergo: ut ad beatam
emigrationem se componat, peccatorem se agnoscat, super commissa do-
leat, moneo; cumque inter loquendum publicani peccatorem se fatentis et
ut Deus sui misereretur precantis, meminissem: respondet, ego ille sum
publicanus, progredior, ad Christum, extra quem nulla est salus, ipsum
remitto. Subjicit ille, in solo Christo omnis spes mea est reposita. Ego
clara voce precationem illam germanicam germanice recitabam, quae in-
cipit: Herr Jesu Christ, wahrer Mensch etc. ille complicatis manibus submissa
voce me insequebatur. Quum finivissem, quaesivi: an me intellexisset?
respondet: probe intellexi. Pergo illa recitare ex verbo Dei, quae jamjam
morituris in memoriam revocari solent. Quaero, an me intelligat? respondet, vocem tuam audio, sed quae singula dicas, difficulter intelligo. Quum
haec dixisset, plane conticuit, et brevi post spiritum exhalauit, in puncto
duo decimae nocturnae. Habes catastrophen vitae a Grotio summo viro
actae. Cadaver medicis post commissum est. Intestina lebeti aheneo im-

Quistorp fand ihn schon fast im Todeskampfe liegend, und
äußerte ihm theilnehmend, daß ihm nichts erwünschter würde ge=
wesen sein, als wenn es ihm vergönnt gewesen wäre, sich mit ihm
in gesunden Tagen zu unterreden. Grotius erwieberte: So will es
der HErr! Quistorp aber erinnerte ihn, sich zu einer seligen Heim=
fahrt zu rüsten, sich als Sünder zu bekennen, und über seine Ver=
gehungen Leib zu tragen. Da er in seiner Rede des Zöllners ge=
dacht hatte, der sich als Sünder bekannt und gesteht hatte, daß Gott
sich seiner erbarme, antwortete Grotius: ich bin jener Zöllner. Als
Quistorp fortfuhr, und ihn auf Christum verwies, außer welchem
kein Heil sei, stimmte er bei: allein auf Christo ruht meine Hoff=
nung. Da betete ihm Quistorp das deutsche Lied in deutscher
Sprache vor: Herr Jesu Christ, wahrer Mensch und Gott. Mit
gefalteten Händen und schwacher Stimme betete er es nach. Als
Quistorp geendigt hatte, fragte er ihn, ob er ihn verstanden hätte,
was Grotius bejahte. Als berselbe darauf fortfuhr, aus dem Worte
Gottes diejenigen Sprüche anzuführen, welche den Sterbenden vor=
gehalten zu werden pflegen, und wiederum fragte, ob er ihn ver=
stehe, antwortete er, daß er wohl seine Stimme höre, aber das Ein=
zelne, was er sage, schwer verstehe. Balb darauf gab er seinen
Geist auf[1]), am 18/28. August 1645. Quistorps Verhalten, wel=
cher die wissenschaftlichen Verdienste von Grotius ebenso hoch schätzte,
als ihm die confessionelle und theologische Richtung desselben wider=
strebte, zeigt uns dem Tobkranken gegenüber die rechte Milde und
den seelsorgerischen Ernst. Er hat nicht nur kein Bedenken, ihm,
dessen Antinomien und Häresien ihm sehr wohl bekannt waren[2]),

---

posita, ut in templi apud nos primarii Mariae virgini sacri locum hono-
ratissimum reponerentur, a templi praefectis facile impetraui. Molliter
cineres cubent. Vale. Dabam Rostochii propridie Michaelis Anno 1645.“

[1]) Anfangs wurde sein Leichnam in der Marienkirche zu Rostod beigesetzt,
später aber nach Delst in Holland gebracht. Die Grabschrift ist von ihm selbst ver=
faßt: Grotius hic Hugo est, Batavus, Captivus et Exul, Legatus Regni,
Suecia magna, tui. Vgl. auch: Lehmann, Manes Grotii vindicati, T. II.
p. 482 sqq. Hugo Grotius von H. Luben, Berlin 1806, S. 338 f.

[2]) In dieser Beziehung findet sich eine beachtenswerthe Aeußerung bei Bayle,
diction., T. II. p. 616: les calomnies, que les ennemis repandirent ma-
lignement touchant sa mort, sont refutées d'une manière invincible par
la relation du Ministre, qui le prépara au dernier passage. In der Nota H.

in casu mortis mit dem Troste des Evangeliums zu dienen, sondern er weiß auch in der zartesten und umsichtigsten Weise ihn darauf hinzuweisen, daß es vor Allem bedürfe, Buße zu thun und sein Heil auf Christum zu gründen. Grotius aber sehen wir jetzt in dieser entscheidenden Stunde von Allem absehen, und reuig und gläubig das in Christo dargebotene Heil ergreifen. Quistorp aber, welcher an der Reinheit der lutherischen Lehre festhielt, und das kirchliche Dogma, wo es galt zu vertheidigen und zu schützen wußte, läßt dem sterbenden Grotius gegenüber alle Differenzen außer Acht, läßt sie fallen, und weiset seine zagende, von der Last der Sünde gedrückte Seele auf die freie Gnade Gottes in Christo hin, auf den Glauben an sein Verdienst und auf die um desselben willen uns zu Theil werdende Rechtfertigung.

Diese Gesinnung war es, welche Quistorp in den weitesten Kreisen Anerkennung verschaffte. Selbst die Aufmerksamkeit des Churfürsten von Brandenburg hatte sich auf ihn gelenkt, so daß dieser den Wunsch hatte, Quistorp möge an dem Religionsgespräch zu Thorn, welches damals vorbereitet wurde, Theil nehmen[1]). Große Hoffnungen knüpften sich an das dort vorzunehmende Friedenswerk. Von König Wladislaus IV. von Polen war die Idee zu diesem Unionsversuche ausgegangen, obwohl bei Weitem die Mehrzahl der Dissidenten demselben abgeneigt war. In dem auf den 28. August 1645 angesetzten Colloquium Charitativum zwischen den Dissidirenden in religione sollte der Versuch gemacht werden, wie nahe die Pontificii mit den protestirenden Evangelischen in einem und dem andern möchten vereinigt und verglichen werden können. Als

---

setzt er hinzu: Ce ministre nommé Jean Quistorpius était Professeur en Theologie à Rostoch. Sa relation est imprimée parmi les Epistolae Ecclesiasticae et Theologicae à la page 828 de l'édition in folio. 1684. Ohne Zweifel ist der Brief Quistorps über den Tod von Grotius nicht an Calov, sondern an Elias Tabbel gerichtet gewesen, den wir als Professor der Theologie kennen gelernt haben (vgl. S. 243 f.). Quistorp blieb mit ihm, nachdem derselbe nach Amsterdam gegangen war, in Beziehung. Etwas, J. 1742 S. 541 ff. David Franck, Altes und Neues Mecklenburg, Lib. XIII. S. 270

[1]) Vgl. Churfürst Friedrich Wilhelms zu Brandenburg Schreiben, Königsberg, d. d. 10. Junii 1645, an D. Joh. Quistorp, daß er nach Berlin kommen, und mit D. Borgio von da nach Thorn reisen und dem Colloquio Charitativo zwischen den Dissidirenden in religione beiwohnen möge. Arch. Min. Vol. IV. p. 301.

nun der Churfürst von Brandenburg Friedrich Wilhelm als Herzog
von Preußen von dem Könige zur Theilnahme am Religionsgespräch
eingeladen war, lag ihm sehr daran, gemäßigte Theologen zu Ver-
tretern in Thorn zu gewinnen, um womöglich auf diesem Colloquium eine Ausgleichung der confessionellen Differenzen herbeizuführen. Es erging daher von dem Churfürsten von Brandenburg
an Quistorp eine Einladung „dem Conventui unserthalben beizuwohnen", und wird als Grund angeführt „in sonderlicher Betrachtung Euer Uns sehr gerühmten guten erudition, Eures friedlieben-
ben gemühts vnd sanftmuths halber." Von Berlin aus sollte er
sich mit dem brandenburgischen Hofprediger und Consistorialrath
D. Johannes Bergius nach Thorn begeben. Dieses Schreiben ging
Quistorp durch Herzog Adolf Friedrich zu[1]), an den sich der Churfürst gewandt hatte[2]). Auch Calixt war zur Theilnahme am Re-
ligionsgespräche zu Thorn eingeladen worden. Während dieser sofort
den Antrag annahm, und freudig begrüßte, glaubte Quistorp den
Antrag des Churfürsten von Brandenburg seinerseits ablehnen zu
müssen[3]). Er beruft sich dabei auf sein Alter, daß er bereits ein
zweiundsechzigjähriger sei, und daß er außer seiner Professur auch
ein Predigtamt bekleide an einer volkreichen auf etliche tausend
Seelen sich erstreckenden Gemeinde, daß er diese um so weniger
verlassen könne, als dieselbe zu dieser Zeit eines ihrer Seelsorger
beraubt sei, dessen Stelle noch nicht besetzt worden. Würde er nun
von dieser Gemeinde abziehen, und sie dem einzigen neben ihm im
Amt sitzenden Collegen und zwar einem jungen angehenden Mann,
der annoch nicht in den schweren Anfechtungen und anderen täglich sich
begebenden schweren Fällen geübet sei, übergeben, so sehe er nicht ein,
mit was Gewissen er die mit des Sohnes Gottes theurem Blute
erkaufte und ihm auf seine Seele anbefohlene Heerde etwa auf ein

---

[1]) Herzog Adolf Friedrichs Schreiben an D. Quistorp, daß Er dem Colloquio beiwohnen solle. Ibid. Vol. IV. p. 307.

[2]) Churfürst Friedrich Wilhelm zu Brandenburg an Herzog Adolf Friederich,
daß derselbe D. Quistorp erlauben möge, dem Colloquio zu Thoren beizuwohnen,
und Antwort Adolf Friederichs an den Churfürsten. Ibid. p. 309 sq.

[3]) D. Quistorps Entschuldigungsschreiben, Rostock, d. d. 27. Junii 1645, an
Churfürst Friedrich Wilhelm zu Brandenburg, warum er die weite Reise nicht vornehmen könne, mit dem Anerbieten, nach Witstock zu kommen, und mit D. Bergio
daselbst in Conferenz zu treten. Ibid. Vol. IV. p. 303.

halbes Jahr oder noch wohl länger verlaſſen könne. Neben einigen
anderen untergeordneten Gründen, die Quiſtorp anführt, verſchweigt
er das Bedenken nicht, das er habe, daß er dem D. Bergius bei=
georbnet werden ſolle, da dieſer von unſerer Kirche in etlichen
Glaubenspunkten diſſentire, weshalb er vielmehr zur Hinderung
als Beförderung der löblichen Intention gereichen würde[1]). Doch
erklärt er ſich bereit zu dem heilſamen Werke, ſoviel als möglich
durch ſchriftliche Communication und Rathspflegung mitzuwirken,
und erbietet ſich ſelbſt gegen den Churfürſten mit dem D. Bergio
auf dem halben Wege zwiſchen der churfürſtlichen Reſidenz und
Roſtock, zu Witſtock, zuſammenzutreten und mit ihm zu berathen.

So gewiß es nun iſt, daß der von ſeiner Gemeinde herge=
nommene Grund der Ablehnung für den treuen Seelſorger ein ent=
ſcheibender war, ſo gewiß läßt ſich annehmen, daß in zweiter Linie
die Bedenken ſtanden, die er in dogmatiſcher Beziehung in Bezug
auf manche Theologen, welche zur Theilnahme am Thorner Col=
loquium berufen waren, hegte. Seinem Scharfblicke entging es auch
nicht, daß ſolche Unionsverſuche die Gefahr größerer und doppelter
Zertrennung in ſich tragen. Der Ausgang des Geſpräches beſtätigte
nur zu ſehr Quiſtorps Beſorgniſſe. Wie ſehr er barüber betrübt
war, erſehen wir aus einem Briefe Quiſtorps an Abraham Calov[2]),

---

[1]) Beachtung verdient, daß die Einlabung an Calixt, als branbenburgiſcher
Abgeordneter nach Thorn zu gehen, von dem Hofprebiger Bergius von Königsberg
aus unter dem 4/14. Juni 1645 unmittelbar an ihn ſelbſt gerichtet warb, E. L.
Th. Henke, Georg Calixtus und ſeine Zeit, Bb. II. Abth. 1. S. 82, während Qui=
ſtorp überhaupt keine Beziehungen zu dieſem hatte, und auch nicht von ihm unmittel=
bar eingeladen war.

[2]) Liber secundus Facultatis Theologicae Rostochiensis, in quo varia
scripta, judicia, responsa, literae, testimonia et alia negotia ejusdem Facultatis continentur ab anno Christi 1592 usque ad annum 1648, p. 363 sq.
Saepissime accidit ut optime cogitata pessime cadant. Non possumus non
arbitrari, Serenissimum Poloniae Regem, quando Thuronicnse colloquium
indixit, id quod charitatis titulus indicat, spectasse, ut dissidentium in
religione animi componerentur et amice conspirarent, sed eventus, quod
dolendum, contrarium probavit. Non solum non coivere in religione dis-
sidentes, sed et pomum eridos projectum esse illis apparet, qui unius ejusdem confessionis audiunt socii. Si, mi Calovi, tu, qui colloquio interfuisti,
a te adferre aliquid potes, ad illud, quod gliscere intelligo, inter Dn. D.
Calixtum et Dnum D. Mislentam aliosque dissidium sopiendum, ego Te

ben er nach Beendigung des Colloquiums unter dem 21. Februar
1646 an diesen richtete, und in welchem er ihn bittet, den zwischen
Calixt und Mislenta ausgebrochenen Streit möglichst zu beschwichtigen und nicht zuzugeben, daß unsere Kirche aufs Neue beunruhigt
werde. Es zeigt sich auch hier der liebenswürdige Character Quistorps, der, soweit es zulässig, gerne vermittelt, und alle Anstände
hinwegzuräumen sucht, damit die Kirche keinen Schaden nehme, im
hellsten Lichte, der aber auch andererseits klares und gesundes Urtheil
genug hatte, um alle unionistischen und synkretistischen Bestrebungen
als solche zu erkennen, welche den wahren Frieden weit mehr geeignet waren zu hindern als zu fördern.

Quistorp war aber auch weit entfernt, dem auf dem Worte
Gottes ruhenden, aus ihm geborenen und bezeugten Bekenntniß der
lutherischen Kirche etwas zu vergeben, so daß er, wo es ihm nothwendig und unerläßlich erscheint, auch mit Entschiedenheit gegen
alle Ausschreitungen in der Lehre einschreitet. Am achten Sonntag
nach Trinitatis 1645 hatte der Magister Friedrich Wagner über
das Evangelium von den falschen Propheten, Matth. 7, V. 15—23,
geprebigt, und hatte in dieser Predigt von den Kennzeichen wahrer
Lehrer gehandelt. Nachdem er in der Einleitung bemerkt, daß mitten
im Sommer und in der Ernte in diesem Evangelio alle Lehrer
selbst gemustert würden, auf daß die Zuhörer erkennen, was dieselben seien und was sie sein sollen, gleichwie man aus den Früchten
der Ernte erkenne, ob es ein gutes, fruchtbares Jahr sei oder nicht,
führte er weiter aus, daß, obschon das Evangelium hochnöthig, es
einem gefährlich vorkommen möchte, es zu erklären. Denn würde einer
das Leben der Lehrer, die da Zeugen sind, aus ihren Früchten etwas
scharf angreifen, so möchte man denselben gar verketzern und ver-

per veterem nostram amicitiam rogo, nihil patere in te desiderari: non
permitte, ut nostrae turbentur ecclesiae et adversarii habeant, quod ri-
deant, quod cavillentur et in quo stylum exerceant suum. Constetur eo
nomine ad Dn. D. Calixtum scribere et omne ab eodem contendere, ne se
eo abripi patiatur, ut calamum arripiat et novum, quo nostrae conflagra-
bant ecclesiae incendium suscitet. Si humani quid hic vel ille patitur
condonetur humanae fragilitati et charitati quae tegit omnia locus conce-
datur. Scribo hoc clarissime serio pacis amore, nec te aliter accepturum
certo scio. Facies pro tua pietate et prudentia, quod turbatissimus ecclesiae status exposcit etc.

dammen. In der Predigt ſelbſt ſucht er zu entwickeln[1]), daß das
heilige, das reine, das tugendhafte, das elende, verachtete, verſchmähte
Leben Jeſu die enge Pforte ſei, durch welche wir nach Chriſti Be=
fehl eingehen müßten. Die Heiligen Gottes ſeien nun von dem
heiligen Geiſte getrieben, alſo daß das Wort in ihrem Munde auch
in ihrem Herzen abgebildet ſei mit lebendigen Buchſtaben, die da
brennten von heißer Liebe gegen Gott und ſein heiliges Wort.
Wagner erkennt nun zwar an, daß es einen Unterſchied gebe zwiſchen
den Propheten Alten Teſtaments und den Lehrern dieſer Zeit, aber
er fordert, daß ſie dem Grunde nach dieſelben Stücke haben, und
nicht allein recht lehren, ſondern auch recht leben müſſen. Es
wird ſodann die Anſchuldigung erhoben, daß mancher Chriſtus mit
ſeiner lieben niedrigen Demuth hinter der Thür und Ofen oder im
Herzen ſtehen laſſe, wenn er nur mit Ehren und Hoheit, auch mit
Untertretung der Niedrigkeit erfüllet werde. Die Lehrer ſollten an
ihren eignen Früchten erkannt werden, das Wort, das ſie predigen,
ſei nicht ihr eigenes Wort, ihre Lehre ſei Chriſti und nicht ihre
eigene Frucht, ſondern daßſelbe, woburch die Früchte ſollen hervor=
gebracht werden, die Kraft der Lehre, ſo ſie predigen, müſſe mit
lebendigen Buchſtaben in ihnen abgebildet ſeyn. Der Lehrer wird
mit einem Baume verglichen, welcher Erkenntniß Gutes und Böſes
fürſtellet, gleichwie überhaupt im relativen Gegenſatze zu der Lehre
das Leben und das Thun des Lehrers betont und nach dem Erempel,
das ſie geben, bemeſſen wird.

Gegen den Inhalt dieſer Predigt glaubte Quiſtorp Verwahrung
einlegen zu müſſen, und fühlte er ſich ſelbſt gedrungen, da ſie großes
Aufſehen erregt hatte, dieſelbe zum Theil in der Nachmittags=
Predigt deßſelben Sonntags zu widerlegen[2]). Wagner reichte ſeine
Predigt dem Miniſterium ein mit einem Schreiben, in dem er ſich
beklagte, daß gegen dieſelbe die ſchimpfliche Anſchuldigung einer be=

---

[1]) Vgl. Wagners Predigt von den Kennzeichen wahrer Lehrer, Arch. Min.
Vol. VIII. p. 739 ff.

[2]) Quiſtorp mag ſich dazu auch noch beſonders dadurch veranlaßt geſehen
haben, daß es gegen den Schluß der Predigt heißt: Das ſoll nun gehalten werden
gegen die Lehrer unſerer Zeit, zu erkennen, ob ſie falſche und untreue oder wahr=
haftige Lehrer wären, das mögen aber die thun, die neben dem Wort die Erfah=
rung haben, inſonderheit aber Superintendentes, welche dazu geſetzet ſeien.

ſonderen Verfehlung erhoben worden ſei, und bat um Prüfung und
um Ueberführung ſeines Irrthums oder um Zurücknahme der ihm
öffentlich zugefügten Unbill[1]), eine Bitte, die er mehrere Wochen
nachher, da keine Antwort vom Miniſterium erfolgt war, wieder=
holte. Quiſtorp[2]) hielt es für göttlich geboten und ſelbſtverſtändlich,
daß die Lehrer der Kirche ihr Amt durch Unſträflichkeit des Lebens
ſchmücken, und ſich in allen Dingen als Vorbild guter Werke dar=
ſtellen, damit ſie nicht anderen predigen und ſelbſt verwerflich werden
(Tit. 2, 7. 1 Cor. 9, 27). Aber er ſtellt es auf das beſtimmteſte
in Abrede, daß jene in die Augen fallende Unſträflichkeit des Lebens
ein Kennzeichen ſeyn könne, aus welchem geſchloſſen werden müſſe,
ob einer ein guter oder ſchlechter Lehrer ſei. Die äußere Unſträf=
lichkeit komme auch falſchen Lehrern und Häretikern zu, ſo daß ſie
einen Schein der Gottſeligkeit haben, ihre Kraft aber verleugnen[3]).
Wer daher behaupte, daß unſer Heiland, welcher ſage, daß die fal=
ſchen Lehrer aus den Früchten müßten erkannt werden, nur oder
hauptſächlich von den Früchten des Lebens, und entweder auf kei=
nerlei Weiſe oder in zweiter Linie von den Früchten der Lehre oder
der Dogmen rede, der begehe ein Unrecht gegen denſelben, als wenn
er an dieſer Stelle geleugnet, daß der, welcher im Leben irre, ein
wahrer Lehrer ſei, und ſich ſelbſt widerlegt habe darin, daß er den
Dieb Judas, der ſo gefehlt, geſandt habe. Zweitens hebt Quiſtorp
hervor, daß derſelbe Luther, Chemniß, Hunnius, Chyträus und
andere lautere Theologen, welche die Stelle bei Matthäus von
den Früchten der Lehre erklären, bei Seite ſeße, daß er drittens in
den Irrthum der Donatiſten falle, und viertens, daß er die Kraft
und die Wirkſamkeit des geprebigten Wortes und der Sacramente

---

[1]) Wagners Schreiben, d. d. 28. Auguſt 1645, aus Roſtocker Miniſterium,
bei Ueberſendung ſeiner Predigt. Ibid. p. 769, und deſſen abermaliges Schreiben,
d. d. 3. October 1645, an daſſelbe, um Beantwortung ſeiner Predigt. Ibid. p. 771 f.
Es war indeſſen gleich anfangs der M. Corſinus beauftragt worden, mit ihm zu
reden, und hatte in dieſer Veranlaſſung Quiſtorp eine Zuſchrift an ihn gerichtet.
Ibid. p. 787.

[2]) Quiſtorps kurzes Bedenken über dieſelbe. Ibid. p. 767 f.

[3]) Beiſpielsweiſe weiſet Quiſtorp hin auf Judas, welcher ein Dieb war
(Joh. 12, 6), und zur Verkündigung des Evangeliums vom Reiche von Chriſto
ſelbſt ausgeſandt wird (Matth. 10, 5), und auch darauf, daß der Teufel ſelbſt in
einen Engel des Lichts ſich verſtellen könne (2. Cor. 11, 14).

von der Rechtschaffenheit oder der Gottlosigkeit derer, welche lehren und die Sacramente verwalten, abhängig mache. Waren besonders auch in dieser letzteren Beziehung manche Glieder der Gemeinde beunruhigt worden, so war es Quistorp, der durch sein klares und umsichtiges Zeugniß dieselben sehr bald beruhigte, und die richtige Einsicht zur Geltung brachte[1].

Bedeutsamer und beachtenswerther in mannigfacher Beziehung treten uns die in demselben Jahre stattgehabten Verhandlungen des Ministeriums mit den Anabaptisten entgegen, welche aus Holstein vertrieben waren, und den Versuch machten, sich in Rostock nieder= zulassen. Die anabaptistische Richtung hatte sich seit den Zwickauer Propheten nie ganz verloren. Je bedenklicher sie in ihren verschie= denen Phasen aufgetreten war, und mit ihrem mystisch = enthusia= stischen Principe destructive Tendenzen jeder Art verbunden hatte, desto energischeren Widerstand hatte sie innerhalb der lutherischen Reformation und der aus ihr hervorgegangenen Landeskirchen ge= funden. Dennoch taucht diese Richtung, welche in der Opposition gegen die Kindertaufe das verknüpfende Band der verschiedenen ihr einwohnenden sectirerischen Elemente hatte, und dadurch im Stande war, nicht nur sich in der Separation zu erhalten, sondern auch eine wiedertäuferische Genossenschaft zu bilden, immer von Neuem auf, ungeachtet, daß die schärfsten Verfolgungen über sie ergingen. Der wiedertäuferische Irrthum war einhellig von allen Kirchen Augsburgischer Confession verdammt, auch auf das bestimmteste aus= gesprochen worden, daß die falschen Lehren der Anabaptisten weder in der Kirche, noch im Staat zu dulden und zu leiden seien. Daher finden wir denn auch, insbesondere nachdem das wieder= täuferische Wesen in fleischlichen Fanatismus und Aufruhr ausge=

---

[1] Als eine Merkwürdigkeit der Marianischen Kirche mag hier bemerkt werden, daß das hinter dem Altar befindliche astronomische Uhrwerk „durch Laurentium Burchardi, der Stadt Rostock Uhr=Macher, Anno 1644 verfertiget und ersetzet ist." Im Jahre 1745 ist die Calenderscheibe, weil die Jahrzahl darin aufgehöret, neu gemalt und bis das Jahr 1877 ausgesetzet worden. Vgl. die Beschreibung „in alten teutschen Versen", Etwas, J. 1748 S. 55 ff. Solche astronomische Uhren er= hielten schon früher das Münster zu Straßburg, die Marienkirche in Lübeck, die Marienkirche zu Danzig und die Klosterkirche zu Heilsbronn. Vgl. Heinrich Otte, Handbuch der kirchlichen Kunst=Archäologie des deutschen Mittelalters, 4. Auflage, Leipzig 1863, S. 263.

artet war, und die Reichsgesetze gegen sie gerichtet waren, daß die Obrigkeiten gegen sie überall einschreiten, und die Niederlassung der Anabaptisten nicht dulden. Selbst als die Wiedertäufer bereits durch Menno Symons, welcher die fanatischen, fleischlichen und destructiven Elemente des Anabaptismus auszuscheiden gewußt hatte, wesentlich reformirt waren, und sich zu der stilleren Gemeinde der Taufgesinnten umgebildet hatten, die sich gerne als Mennoniten oder Mennisten bezeichneten, wurden sie des Landes verwiesen, und meistens an den Orten, wo sie versuchten, eine neue Heimath zu gewinnen, nicht gebuldet[1]).

Auch nach Rostock waren von Holstein aus im Jahre 1645 zwei Anabaptisten gekommen, welche ihren bleibenden Aufenthalt dort zu nehmen wünschten. Bald aber wurde dieses bekannt, und die Rostocker Gemeinden fühlten sich dadurch beunruhigt. Mehrere Glieder wandten sich deshalb an das Ministerium, und dieses sah sich veranlaßt, dieselben am 9. Januar 1646 vor sich zu laden, um sich über ihren Glauben und ihr Bekenntniß zu vergewissern[2]). Bei dieser Verhandlung nahmen sie in Abrede, daß auch um der Kinder willen Gott der heilige Geist gegeben, sowie daß die Taufe an Stelle der Beschneidung (loco circumcisionis) georbnet sei; auch könne keine Stelle der heiligen Schrift nachgewiesen werden, aus welcher der Schluß zu ziehen gestattet sei, daß die Kinder zu taufen (ex quo concludere liceat, quod pueri baptizandi). Während sie leugneten, daß die Kinder Glauben haben, behaupteten sie,

---

[1]) Menno Symons mußte etwa 1555 Wismar, wo er eine Zufluchtsstätte gefunden hatte, verlassen. Als er darauf sich nach Fresenburg wandte, entstand dort eine beträchtliche Gemeinde von Taufgesinnten. Menno Symons starb den 12. Januar 1561 zu Wüstenfelde in der Herrschaft Fresenburg nahe bei Oldesloe. Die Gemeinde selbst bestand bis zum dreißigjährigen Kriege, zerstreute sich aber von Holstein aus in die nahe gelegenen Städte und Länder. Vgl. B. C. Roosen, Kurze Zusammenfassung der Hamburg-Altonaer Mennoniten-Gemeinde, von ihrer Entstehung bis zum Altonaer Brande; Zeitschrift des Vereins für Hamburgische Geschichte, Bd. III. (1851), S. 78 ff.

[2]) Confessio Mennistarum ad locum Rev. Ministerii 9. Januarij anno 1646 tempore pomeridiano vocatorum. Arch. Min. Vol. VIII. p. 791. Zach. Grape, Das evangelische Rostock, S. 466 ff. Tholuck, Das akademische Leben des siebzehnten Jahrhunderts, mit besonderer Beziehung auf die protestantisch-theologischen Facultäten Deutschlands, Zweite Abth., S. 107 f.

daß die Kinder auch vor der Taufe in Gnaden ſeien, und daß das
Sacrament der Taufe ſei loco confirmationis. Endlich leugneten
ſie die substantialem et realem praesentiam Christi in S. Coena.
Im Fortgang der Verhandlungen überreichte Quiſtorp dem Mini=
ſterium eine Schrift, in welcher er ſeine Meinung auf das beſtimm=
teſte ausſprach, mit der Bitte, ſie zu prüfen[1]). Er unterſchied in
der Particularkirche ſieben Klaſſen von Gliedern. Die erſte ſind
ihm die, welche der geſunden Lehre anhangen, und ein der Lehre
entſprechendes Leben führen. Die zweite die, welche zwar die wahre
Lehre bekennen, aber ſie durch ihre Lebensweiſe entſtellen. Die dritte
die, welche in der Lehre irren und im Leben gottlos ſind. Die vierte
die, welche in der Lehre irren, dennoch ein unſträfliches Leben führen
und niemanden durch ihr Leben Anſtoß geben (neminem vivendo
offendunt). Die fünfte, welche nicht allein ſelbſt in der Lehre irren,
ſondern auch bemüht ſind, anderen denſelben Irrthum aufzubringen
(affricare). Die ſechste die, welche außerdem, daß ſie ſelbſt in der
Lehre irren, obendrein die wahre Lehre und ihre Anhänger ver=
läumben und verfolgen. Die ſiebente die, welche in der Lehre ſo
irren, daß ſie durchaus überzeugt ſind, daß ſie die Wahrheit beſitzen
und zwar deßhalb, weil ſie entweder von Kindesbeinen an mit der
Muttermilch ihre irrigen Meinungen eingeſogen haben, oder dieſelben
nachher durch Umgang und Erziehung derer, die in der Lehre irrten,
oder durch das Leſen der von ihnen geſchriebenen Bücher über=
kommen haben.

Quiſtorp will nun, daß der treue Diener der Kirche für alle
dieſe Sorge trage, und deutet kurz den Weg an, der mit ihnen
einzuſchlagen ſei. In Bezug aber auf die vierte und ſiebente Klaſſe
will er, daß mit Einſicht und Umſicht verfahren werde, da gerade
ihnen, denen es feſt eingeprägt ward, das, was ſie für wahr halten,
ſchwer entriſſen wird. Er weiſt unter anderen Beiſpielen vor Allem
auf den HErrn ſelbſt hin, welche Wege derſelbe als der rechte Arzt
für die Seelen gegangen ſei, und wie er die Zöllner und Sünder

---

[1]) Johannis Quistorpii, Th. D., Sententia, quid cum illis duobus, qui
ad nos venerunt Anabaptistis agendum esse censeat, scripta A. 1646 mense
Majo Rostochii, in qua si domini collegae quid habent, quod desiderant,
id velim modeste moneant, meliora docentem audire paratus sum. Arch.
Min. Vol. VIII. p. 795—821.

anders als die Schriftgelehrten und Pharisäer behandelt habe. Aehn=
lich weiset er hin auf die Einsicht, mit welcher Paulus zuerst in
Athen das Evangelium verkündigt habe. Seine ausführliche Er=
örterung des Verhaltens des Apostels hat zum Zweck darzuthun,
wie umsichtig derjenige sein müsse, welcher Irrende belehrt, und
welchen mächtigen Einfluß die durch umsichtige Milde gemäßigte
Rede habe. Nachdem Quistorp dann ausdrücklich erklärt hatte, daß
er nicht von denen rede, welche Häresieen verbreiten und sich be=
streben andere zu verführen, von denen Niemand leugnen werde,
daß sie gebändigt werden müßten, noch von solchen, die den öffent=
lichen Frieden verletzen, noch von denen, die den Vater, Sohn und
heiligen Geist lästern, welche beide von der Obrigkeit zu strafen
seien, sondern allein von jenen, welche zur vierten und siebenten
Klasse gehören, wendet er sich zu der Frage, wie mit diesen zu
verfahren sei, und scheidet sich von denen, welche mit Schwert und
Feuer gegen die in der Religion Irrenden, die wir Häretiker nennen,
verfahren wollen, was sich für die Gläubigen des Neuen Testaments
nicht zieme unter Hinweis auf Matth. 13, 30 und Luc. 9, 54. 55,
und auch von denen, welche die Andersdenkenden durch Schmähungen
und Drohungen und andere Mittel dieser Art zu dem bringen wollen,
daß sie das für Wahrheit halten, wovon sie selbst als den rechten
Inhalt des Glaubens sich überzeugt halten[1]), sowie endlich auch von
denen, welche darauf bringen, daß die zur vierten und siebenten
Klasse gehörenden aus den Reichen, Staaten und Provinzen ver=
trieben werden.

Quistorp stützt sich dabei auf eine Reihe von Aussprüchen der
Kirchenväter, Luthers, Melanthons und Brenz. Dann hebt er her=
vor, daß zur vierten und siebenten Klasse auch jene beiden Ana=
baptisten gehören, und zeigt, daß sie weder mit der äußersten Strafe
zu belegen, noch durch äußere Mittel dahin zu bringen sind, daß

---

[1]) Quistorp bezieht sich dabei auf einen Ausspruch Luthers, Vol. II. p. 179 sq.
(ed. Jenens.): Ueber die Seel kann und will Gott niemand lassen regieren, denn
sich selbst allein zc. — — Weil es denn einem jeglichen auf sein Gewissen liegt,
denn er gläubt oder nicht gläubt, und damit der weltlichen Gewalt kein Abbruch
geschicht, soll sie auch zufrieden seyn, und ihres Dinges warten, und lassen gläuben
sonst oder so, wer man kann und will, und niemand mit Gewalt bringen, denn
es ist ein frey Werck um den Glauben, dazu man niemand kann zwingen.

ſie das, was wir in unſeren Kirchen lehren und glauben, ebenfalls
glauben, noch daß ſie aus dem Staate zu vertreiben ſind. Er fordert
dagegen 1. daß ſie ſchriftlich ihr Bekenntniß ablegen, damit wir es
ſorgfältig erwägen mögen, und wenn wir glauben, daß dieſelben
einiges verborgen oder mit Stillſchweigen übergangen haben, es hin=
zufügen mögen; 2. daß aufs Neue über alle und die einzelnen
Punkte ſorgfältig verhandelt werde, und zwar allein aus dem Worte
Gottes, da ſie kein anderes Princip zulaſſen; 3. wenn ſie zum erſten
und zweiten Mal nicht überwunden werden, ſo werde zum dritten
und vierten Mal die Unterredung wiederholt: des Tages ſind zwölf
Stunden; 4. unterdeſſen ſollen ſie unſere Predigten hören, friedlich
und ruhig leben, ſich der äußeren Ehrbarkeit befleißigen, die Dogmen
unſerer Kirche nicht verhöhnen, keinen der Unſeren beunruhigen, und
wenn einer von den Unſeren, wie denn neugierige Geiſter ſich finden,
dieſelben anreden, ſollen ſie ihnen ſagen, daß es nicht ihres Amtes
ſei, Religion zu lehren, und ſie an die ihnen vorgeſetzten Lehrer
weiſen; 5. richten wir damit nichts aus, ſo mögen wir jene der
weltlichen Obrigkeit übergeben; 6. daß wir vermöge der Predigt
unſere Zuhörer erinnern, daß wir ihren Umgang meiden, die falſchen
Dogmen entkräften und die entgegengeſetzte Wahrheit behaupten.
Endlich weiſt Quiſtorp darauf hin, daß auch die Vorfahren[1]) nicht
ohne Unterſchied die Anabaptiſten aus dem Lande geſtoßen, ſondern
daß diejenigen, gegen welche ſie härtere Maßregeln ausgeführt, ſolche
ſeien, welche die ketzeriſche Lehre der Sacramentirer und Wieder=
täufer geprebigt, gelehrt und verfochten, oder ſonſt unſeren HErrn
und Seligmacher Jeſum Chriſtum an ſeiner göttlichen und menſch=
lichen Natur ſammt ſeinem Leben, Lehre und Verdienſt geſchadet
und geläſtert hätten, und daß die genannten unter Anderem lehrten,
daß alle Güter der Welt gemein ſein ſollen, wodurch ſie auch in

---

[1]) Vgl. über die früheren Vergänge im Jahre 1553 mit den däniſchen Wieder=
täufern und Sacramentirern, welche nach Warnemünde und von da nach Roſtock
gekommen waren: Schröder, Evangeliſches Mecklenburg, II. 48 ff. Zach. Grape,
Das evangeliſche Roſtock, S. 378 ff. J. B. Krey, Beiträge zur Mecklenburgiſchen
Kirchen- und Gelehrtengeſchichte, Bb. I. S. 21 f. J. Wiggers, Kirchengeſchichte
Mecklenburgs, S. 151. Später verſuchten vertriebene Reformirte, die aus Frank=
reich und Belgien in Deutſchland eingewandert waren, ſich in Roſtock niederzu=
laſſen, über deren beabſichtigte Niederlaſſung ſich die Acten im Rathsarchive finden

unnatürliche Irrthümer gefallen, also daß sie nicht allein die ordent=
liche und von Gott geforderte Obrigkeit verfolgen, sondern auch
eheliche Frauen, Kinder und Jungfrauen gemein haben und ge=
brauchen wollen. Quistorp zeigt sich auch hier eben so entschieden
und eifrig als gerecht und milde. Er will unter den Irrenden unter=
schieden wissen und die Unterschiede, die er aufstellt, sind ebenso
sachlich begründet, als sie umsichtig den Thatbestand des Irrthums,
seine Größe und seine Gefährlichkeit festgestellt wissen wollen, ehe
schärfer eingeschritten werden soll, und hält bei seinen Rathschlägen
daran fest, daß den Geistlichen nur das Schwert des Wortes an=
vertraut sei, während im äußersten Falle jene der Obrigkeit zu
übergeben seien.

Vom Ministerium, auf Grund des von Quistorp ertheilten
Rathes, aufgefordert, überreichten sie am 25. Junius 1646 ihre
Confession, worauf am 29. Junius vor dem Ministerium in Gegen=
wart seiner sämmtlichen Glieder und mehrerer geladenen Zeugen von
Quistorp mit ihnen verhandelt ward[1]). Gefragt, ob auch Christus
zwei Naturen habe, erwiederten die Anabaptisten, daß sie aus dem
heiligen Wort von keiner menschlichen und göttlichen Natur wüßten,
und beantworteten die Frage, ob auch drei Personen in der Gottheit,
verneinend. Es tritt uns hier ein gegen das Bekenntniß der Kirche
sich richtender spiritualistischer Zug entgegen, der auch neu=arianische
und neu=antitrinitarische Auffassungen in sich trägt, ohne sich der
vollen Consequenz derselben bewußt zu sein. Die Frage aber, ob
auch die Kinder vor der Taufe in der Gemeinschaft der Heiligen,

---

[1]) Acta colloquii, Arch. Min. Vol. VIII. p. 823 sqq.: Anno 1646 29. Jun.
Colloquium inter Anabaptistas, Mennistas et collegas Rev. Ministerii Rostochiensis institutum in loco Ministerii, cui interfuerunt a parte Ana-
baptistarum tres personae 1. Boye Ovens, 2. Jacob Tatens, 3. Arend Paul-
sen, a parte Ministerii D. Johannes Quistorp, Superint. M. Johannes Steinius
(an St. Nicolai 1616—1663), M. Johannes Käntzler (an St. Petri 1632—1668),
M. Matthias von Lohe (an St. Catharinen 1629—1653), M. Rambertus Sand-
hagen (an St. Nicolai 1636—1683), M. Joach. Schröder (an der St. Georg= und
an der Johanniskirche 1637—1677), M. Johannes Corsinius jun. (an St. Jacobi
1640—1646, an St. Marien 1646—1653), Lic. Th. Nicol. Rübemann (an
St. Marien 1641—1662), Enoch Schwantenius (an St. Jacobi 1646—1674).
Es fehlten M. Joh. Harberding (am H. Geist 1637—1671) und Joach. Lindemann sen. (an Petri 1644—1662, an Marien 1662—1669).

beantworteten sie dahin: So lange sie in dem Bunde bleiben und nicht sündigen, so gehören sie mit zur Gemeinschaft der Heiligen, wenn sie aber sündigen, kommen sie aus dem Bunde. Auf die Frage, ob die Kinder ohne Glauben Glieder der Kirchen, antworteten sie: So lange kein Glaube da ist, sind sie in der Gnade Gottes. In beiden Antworten spricht sich die schon im 12. Artikel der Concordienformel zurückgewiesene irrige Lehre aus, daß die nicht getauften Kinder vor Gott nicht Sünder seien, somit der Taufe nicht bedürfen, vielmehr ohne die Taufe selig werden. Auf die Frage, ob denn die Kinder Glauben hätten, gaben sie die characteristische Antwort: So lange sie die Bekenntniß nicht thun könnten, so lange haben sie auch nicht den Glauben. Sie stimmten demnach auch in diesem Punkte mit der bereits von der lutherischen Kirche verworfenen Lehre überein, daß die Kinder nicht sollen getauft werden, bis sie zu ihrem Verstand kommen, und ihren Glauben selbst bekennen können. Während sie endlich auch die Frage, ob die Kinder auch die Erbsünde hätten, verneinten, bejahten sie ebenso bezeichnend die Frage, ob die Kinder auch vor der Taufe heilig. Mit der Leugnung der Erbsünde und mit der Erklärung, daß die Kinder auch vor der Taufe heilig seien, hatten sie sich principiell ganz und gar auf dem Boden der Wiedertäufer gestellt.

Da das Colloquium nicht zum Ziele geführt hatte, da jene Anabaptisten die Kindertaufe folgeweise auf das entschiedenste verwarfen, wurde dasselbe am 20. Julius 1646 vor dem Ministerium in Gegenwart zweier Glieder des Raths und des Stadtsecretairs erneuert. In diesem Convente wurde unter Zurückgehen auf das frühere Colloquium ausführlich mit den Anabaptisten von der menschlichen Natur Christi gehandelt, da jene dabei verharrten, daß Christus selbige nicht von Marien, sondern vom Himmel habe, ungeachtet daß Duistorp sie mit klaren und hellen Worten der Schrift ihres Irrthums überführt hatte. Es zeigte sich also bei ihnen dieselbe ketzerische Lehre, daß Christus sein Fleisch und Blut nicht von Marien der Jungfrauen angenommen, sondern vom Himmel mit sich gebracht habe. Auch verneinten sie durchaus, daß die Kinder Erbsünde hätten, daß sie zu taufen wären und daß sie glauben könnten, behaupteten aber, daß sie vor der Taufe im Gnadenbunde und zwar nicht wegen der Eltern, sondern weil sie durch das Blut Christi erlöset seien.

Das Mittel aber, wodurch sie die so theure Erlösung erlangten, sei das Gelübbe. Der Sohn solle nicht tragen die Missethat seines Vaters (Ezech. 2), sie erlangten aber die Kraft des Blutes Christi durch das Gelübbe Act. 2: Euer und euer Kinder ist die Verheißung[1]). Da aber auch dieses Colloquium ohne Erfolg blieb, und die Anabaptisten an ihren Irrthümern und Häresien hartnäckig festhielten und jeder Belehrung unzugänglich waren, wurden sie genöthigt, die Stadt zu verlassen, da der Verdacht nahe lag und nicht unbegründet war, daß sie, falls man ihnen den Aufenthalt gestatten würde, den Versuch machen würden, ihre irrigen Lehrmeinungen auszubreiten, die Gemeinden zu verwirren und ihren Frieden zu stören.

Haben wir bereits in unserer Darstellung Joachim Lütkemanns und seiner philosophischen Richtung ausführlicher gedacht[2]), so liegt

---

[1]) Dagegen erklärten sie sich hinsichtlich der anderen obschwebenden Fragen dahin, daß man mit gutem Gewissen das Amt der Obrigkeit bedienen könne, daß die Gemeinsamkeit der Güter in geistlicher Weise zu verstehen sei, daß die Frauen nicht gemein seien, und die Ehe ehrlich solle gehalten werden. In allen diesen Punkten wichen sie von der verderblichen Lehre der älteren Wiedertäufer ab, obwohl ihre Erklärung über das Eigenthum höchst bedenklich ist, indem sie auf Quistorps Frage, ob seine Kühe im Stalle auch seinem Nächsten und Nachbarn gehörten, antworteten: dafern er arm sei, obwohl sie andererseits es für Diebstahl erklärten, wenn einer dem andern etwas nehmen würde. In Bezug auf den Binde- und Löseschlüssel erklärten sie sich mit Bezug auf 1. Cor. 5 und Matth. 18, daß die Macht bei der ganzen Gemeine sei. Das öffentliche Lehramt stellten sie nicht in Frage und wiesen darauf hin, daß sie in Hamburg und in Friedrichsstadt berufene Prediger hätten. Die Gegenwart des Leibes und des Blutes Christi deuteten sie dahin, daß wir es geistlicher Weise empfangen, gleichwie ihnen das Brodt und der Kelch nur Zeichen des Leibes und des Blutes Christi waren. Die Gerechtigkeit werde nicht allein durch den Glauben, sondern auch durch die Werke erlangt. In diesem Hauptartikel findet sich also bei ihnen gleichfalls die Lehre der Wiedertäufer, daß unsere Gerechtigkeit vor Gott sich nicht auf den Gehorsam und das Verdienst Christi gründet, sondern in der Erneuerung und unserer eigenen Frömmigkeit stehet. Der Sonntag würde von ihnen begangen, daß sie die Predigt hören, singen und lesen, ohne Ausschluß der Liebeswerke und nothwendigen Geschäfte.

[2]) Außer den schon angeführten Schriften (vgl. S. 307) schrieb Lütkemann noch in Rostock Diss. de Natura philosophiae, womit er sich bei seinem Eintritt in die philosophische Facultät habilitirte (Etwas, J. 1737 S. 434). Ferner: De Deo naturaliter cognoscibili, und später: De generali et abstractiva ratione satisfaciendi pro peccatis. Rost. 1647, und Programma paschale in rectoratu de pia et devota resurrectionis dominicae laetitia. Rost. 1647.

es nahe, auch die ihn betreffende Katastrophe, wenngleich dieselbe erst unmittelbar nach Beendigung des dreißigjährigen Krieges eintrat, in den Kreis unserer Erörterung zu ziehen, zumal da seine eigentliche Wirksamkeit der voraufgehenden Zeit angehört. Wir erinnern daran, daß Lütkemann in seinen philosophischen Studien zu der damals mehrfach verbreiteten philosophischen Auffassung geführt war, daß jeder geistige Factor von materiellen bedingt werde, beide daher in dem Maße nicht nur an sich, sondern in ihrer Verknüpfung nothwendig seien, wenn überhaupt etwas existent sein solle. Lütkemann hatte im Jahre 1649 seine VII Positiones metaphysicae et physicae drucken lassen, und hatte in der II. Disp. loco corollariorum drei Fragen hinzugefügt[1]):

I. Quid moriente homine corrumpatur? R. Non forma, nec materia sed aliquid a forma et materia realiter distinctum. Ergone praeter animam et corpus aliquid aliud essentialiter requiritur ad constitutionem hominis? Aff. et quidem substantiale aliquid.

II. An Christus tempore mortis fuerit verus homo? Neg. propter absentiam istius entis, quod praeter animam et corpus ad esse hominis requiritur.

III. An resurgente homine, ex mortuis requisitum illud tertium redeat idem numero? Neg.[2])

Das zweite Corollarium war es, auf welches Lütkemann seinerseits Gewicht legte, dessen Inhalt aber großes Aufsehen und bei Vielen Anstoß erregte. Die Haltung der Disputation war auf den

---

[1]) Joachimi Lütkemanni, Theol. Doctoris, et Ecclesiarum in Ducatu Guelphico Generalissimi De vero homine, Dissertatio physico-theologica, in qua praecipue ventilatur Quaestio, an Christus tempore mortis verus homo permanserit. Adduntur ejusdem exercitationes academicae de mundo intelligibili et de paradiso, primi hominis habitaculo primo. Wolferbyti, Typis Johannis Bismarky. Anno M.DC.L. Diese Schrift hat er bald nach seiner Uebersiedelung nach Wolfenbüttel herausgegeben, in welcher er jene drei Quaestiones wiederholte und auf das bestimmteste vertheidigte.

[2]) Herrn Philipp Julii Rehtmeyers, Pastoris zu St. Michaelis und E. E. Ministerii Subsenioris in Braunschweig, Nachricht von den Schicksalen, Schriften und Gaben des — — D. Joach. Lütkemanns etc., mit wichtigen Zusätzen und Anmerkungen vermehret von Heinrich Richard Märtens, S. 28 f., 47 ff.

4. April 1649 angesetzt worden[1]). Da aber Cothmann den Lehrsatz für ebenso irrig und bedenklich, als in den daraus resultirenden Folgerungen für verwirrend und anstößig hielt, suchte er dieselbe zu verhindern, und da Lütkemann nicht zu vermögen war, von derselben abzustehen, wandte er sich an den Rector mit der Bitte, D. Lütkemann anzubefehlen, solche Quästion zu unterlassen[2]). Der Rector hielt es indessen für gut, daß man zuerst in Facultate theologica hierüber mit D. Lütkemann reden möge. Dieses geschah am 2. April in loco concilii ohne Erfolg, da derselbe der Ansicht war, daß die aufgestellte Quästion eine philosophische Frage sei, welche die Theologen nicht angehe. Auf Cothmanns Anhalten forderte am folgenden Tage der Rector das Concilium dieser Sache halben, um über dieselbe zu berathschlagen. Da indessen Lütkemann sich auf den Wittenberger Theologen D. Meisner berief,. der auch über diese Frage geschrieben habe, zugleich aber auch sich erbot, seine Meinung dermaßen zu erklären, daß ein jeder an derselben ein Genüge haben solle, so willigte das Concil auf Lütkemanns bringendes Anhalten ein, daß er die Disputation halten, aber sich also erklären möge, damit andere Leute nicht durch dieselbe beunruhigt würden. Cothmann dissentirte. Die Disputation ging vor sich, Cothmann selbst erschien und opponirte. Hauptsächlich. erhob er Widerspruch gegen den Lehrsatz Lütkemanns, daß Christus im Tode kein wahrer Mensch geblieben sei. Er hob hervor, daß man von unserem einigen Heilande Christo nicht nach der Naturlehre (physica) oder nach der Vernunft urtheilen solle, zumal da er nicht bloßer Mensch, wovon allein die physica handele, sondern Gott und Mensch in einer Person wäre. Es hätte

---

[1]) Positionum Metaphysicarum et Physicarum Disputatio II, quam Deo O. M. Auxilio Praeside Viro Pl. Rev. Clar. Excell. Dn. Joachimo Lutkemanno, S. S. Th. et Ph. D. Eccles. Phys. ac Met. Prof. Praecept. et Promot. suo devorando, publice in Auditorio Majori die 4. Aprilis h. 2 pomerid. Exhibet Thomas Hopmannus, Osnabr. Westph. — — — Rostochii 1649. Arch. Min. Vol. VIII. p. 860.

[2]) Diese Darstellung giebt Cothmann selbst in einem Schreiben an Herzog Adolf Friedrich, Rostock, den 17. April 1649, in welchem er sich gegen den von demselben über ihn verhängten Tadel rechtfertigt, warum er nicht die Disputation verhindert habe. (Vgl. Original-Archiv-Acten aus dem Großh. Geh. und Haupt-Archiv zu Schwerin über die Amtsentlassung des Archibiaconus Lütkemann 1649, in Numeris 1—22).

die menschliche Natur ihre Subsistenz in der Gottheit des eingebo=
renen Sohnes Gottes, wäre also nicht den regulis physicis in vielen
Stücken unterworfen[1]).

Es darf indessen bei der Beurtheilung der Streitfrage nicht
übersehen werden, daß keinesweges die persönliche Vereinigung beider
Naturen in Christo zur Frage stand. Auch war es nicht fraglich,
ob der HErr wahrhaftig gestorben sei. Beides ward auf beiden
Seiten entschieden festgehalten. Lütkemann selbst faßt den Streit=
punkt dahin: An Christus in triduo mortis et sepulturae verus,
essentialiter perfectus, et univoce dictus homo fuerit dicique po=
tuerit? Oder ob das Suppositum λόγου, das ist Christus, sofern
er aus Leib und Seele bestehet, die im Tode natürlich geschieden,
persönlich aber dem λόγω vereiniget gewesen, ein wahrer Mensch
müsse genannt werden oder nicht[2])? Lütkemann leugnete dies. Er
war bemüht, den Unterschied aufzuweisen zwischen Christo, sofern
derselbe θεάνθρωπος sei, und als solcher unendliche Vorzüge habe,
und sofern er ein wahrer Mensch und seinen Brüdern aller Dinge
gleich geworden. Lütkemann behauptete nun, daß in Betreff des
Sohnes Gottes Vieles über die Fassung der menschlichen Vernunft
hinausgehe[3]), daß aber nichtsdestoweniger, so weit er Mensch sei,

---

[1]) Auch Lütkemann selbst führte diese Argumente an, daß Cothmann, den er
̶ ̶ ̶ nicht namentlich nennt, unterschieden habe inter hominem physicum et
̶ ̶ ̶physicum, naturalem et supernaturalem, vero et mero spectatum,
̶ ̶ ̶̶tum ordinariae conditionis est et in quantum infinitis eminentiis,
̶ ̶ personali fluentibus pollet. Vgl. Diss. de vero homine, p. 56—60.
̶ ̶ wollte Christum auch im Tode nicht als einen bloßen Menschen, sondern
̶ ̶ ̶̶ωπον in arctissimo nec per mortem soluto unionis perso-
̶ ̶ ̶esehen wissen.
̶ ̶ ̶co theol. de vero homine, p. 53: Tantum controvertitur:
̶ ̶ ̶̶ω subsistens in carne et anima, a se mutuo separatis,
̶ ̶̶ominari homo?
̶ ̶, p. 59 sq.: Quicunque est homo vere, sed non
̶ s supra conditionem humanam infinitis pollet,
̶ ordinarium, tamen extraordinarium; non in to-
quatenus infinitis gaudet eminentiis, sed in
homo; atque in tantum non recusat examinari
juxta requisita naturae humanae essentialia.
̶to θεανθρώπω, eminentias et naturam humanam.
debent inter se committi. Ita credenda veritas

bie wefentlichen Erforberniffe ber menfchlichen Natur nach ben ge=
meinfamen Gefeßen ber physica beurtheilt werben müßten. Diefe
Auffaffung Lütkemanns aber verkennt, baß ein Menfch, ber Sohn
ber Maria, nimmer Gott unb Gottes Sohn in Wahrheit könnte
genannt werben, noch fein könnte, wenn nicht feine Menfchheit per=
fönlich unb real mit bem Sohne Gottes geeinigt wäre, unb baß
beibe ihrer Natur unb ihrem Wefen nach unvermifchte Naturen, bie
göttliche unb bie angenommene menfchliche Natur, eine einzige
Perfon ausmachen. Es folgt aber auch baraus, baß, wenn es fich
um Ausfagen über bie Perfon bes HErrn hanbelt, nimmer unter
Zurückftellung ber ontologifchen unb metaphyfifchen Momente ber=
felben bie menfchliche Natur in ihrer Trennung von ber göttlichen
an unb für fich in ihrer Vereinzelung herangezogen unb betrachtet
werben barf, ba eine folche Betrachtung unb Erörterung ber Menfch=
heit Chrifti ftets zu einer mehr ober minber inabäquaten Auffaffung
ber Perfon Chrifti führt.

Die bisherige Gefchichtfchreibung hat insgemein wiber ben
D. Cothmann bie Anfchulbigung erhoben, als habe berfelbe Lütke=
mann bei bem Herzog Abolf Friedrich benuncirt, unb einen Bericht
an benfelben über bie Disputation erftattet[1]). Es war vielmehr,
wie aus ben Originalacten zweifellos hervorgeht, ber Güftrowifche
Superintendent M. Samuel Arnolbi, welcher von Rövershagen aus,
wo er fich bamals gerabe zur General=Kirchenvifitation bes Amtes
Ribniß befanb, ben Vorgang bem Kanzler D. Joh. Cothmann mit=
theilte[2]). Schon am 11. April 1649 erging ein Refcript Abolf

---

humanae naturae, ne destruatur eminentia et ita defendenda eminentia,
ne vis inferatur veritati et integritati humanae naturae. In filio Dei multa
sunt, quae superant captum humanae rationis, nihilominus in quantum
homo, vult examinari juxta communes leges et essentialia humanae naturae requisita.

[1]) Rehtmeyers Nachricht 2c., S. 51 f. Tholuck, Das akabemifche Leben bes
17. Jahrhunderts 2c., Abth. II. S. 110 f.

[2]) Schreiben bes Superintenbenten Samuel Arnolbi, Rövershagen, d. d.
5. Aprilis 1649, [1] act. (Geh. unb Hauptarchiv zu Schwerin): Intus mitto
portenta Lütkemanni et non sine lacrymis. Quid enim ista portendant
Academiae et ecclesiae christianae in hac provincia etc. — — Disputatio-
uem accepi a studioso Rostochiensi et nullus dubito, quin Nobiliss. Magn.

Friedrichs[1]), in welchem er sein äußerstes Mißfallen über das Vor=
gefallene ausspricht und befiehlt, dem D. Cothmann einen scharfen
Verweis zu geben, daß er nicht besser auf solche gefährliche Sachen
Achtung gegeben habe. Diesem Rescript war ein anderes an Rector
und Concilium angeschlossen, d. d. 10. April 1649, in welchem die
drei quaestiones Lütkemanns als solche bezeichnet werden, die zwar
alle contra analogiam fidei, die mittlere aber gar diametraliter
dawider laufe. Die Universität, insbesondere die theologische Fa=
cultät, wird getadelt, daß sie solche sectirerische gottlose Lehre öffent=
lich habe proponiren lassen, und wird die Suspension Lütkemanns
von der Katheder, sowie ab assessura in concilio verhängt. Ein
an Bürgermeister und Rath zu Rostock, Schwerin, den 10. April,
gerichtetes, ebenfalls angeschlossenes Rescript, suspendirt ihn unter
Bezugnahme darauf, welche ungereimte, wider unsere Augsburgische
Confession laufenden Sachen M. Joachim Lütkemann in einer öffent=
lichen Disputatione Metaphysica zur Verführung der lieben Jugend
sich habe erkühnen dürfen, auch vom Predigtstuhl.

Da von Adolf Friedrich an Cothmann, als damaligen Decan,
ein ihn beschwerendes Schreiben erlassen war, rechtfertigte er sich
dem Herzoge gegenüber über sein Verhalten, wie wir es bereits
dargelegt haben, und erklärte, daß er daneben publice geklagt habe,
daß solche Fragen nicht baueten, sondern die Gewissen verwirrten,

Tua portenta ista pie sit detestatura. Aufschrift: Nobilissimo et Magnifico
Dn. Cancellario Dn. Johanni Cothmanno etc. dem Herrn Cantzler zu Güstrow.

[1]) Den Ehrenfesten und Hochgelarten, unseren Cantzler, Canzlei Directorn und
Räthen zu Güstrow, Johann Cothmann, D. Laurentio Stephani, Jochim von Nessen
und St. Caspar Kochen etc. Wir haben nimmer glauben können, daß in unser
Universitet Rostock eine solche leichtfertige Arianische und Photinianische Opinion,
do persona salvatoris Nostri Jesu Christi, hette sich hervürblicken lassen können
oder dürfen. Was wir solchen gefährlichen Dingen und offenbaren Secten, in
Zeiten vorzukommen, unser Universitet und dem Rath zu Rostock gnädig ernst
anbefohlen, Solches habt ihr aus dem einschluß zu ersehen, und befremdet uns
nicht wenig, daß unser Professor Theologiae, D. Johannes Cothmann, nicht
besser auf solche gefährliche Sachen achtung giebet, und den Truck verstattet hat.
Befehlen Euch demnach gnädiglich, daß Ihr auf dieses Wesen genaue Achtung habet,
was bei der obgedachten Disputation vorgelaufen, was rechtschaffen Theologi davon
judiciren, und was sonsten weiteres passiret, Euch mit Fleiß erkundiget, D. Cothmanno seines Unfleis halben einen scharfen Verweis gebet, und uns von allem
ausführliche schriftliche Relation einschicket.

welches auch D. Meisner, durch welches Auctorität Lütkemann es beim
Concilio erhalten, daß die disputatio vor sich gegangen, selber gestan=
ben habe[1]). Auch Rector und Concilium verantworten sich in einem
Schreiben an Herzog Adolf Friedrich, vom 17. April 1649, in welchem
sie sich darauf berufen, daß Lütkemann als bestallter Professor bei
der Akademie nicht nöthig gehabt habe, wegen Anschlagung seiner
vorhabenden Disputation Erlaubniß zu erlangen, daß aber, weil
Lütkemann durch ein vorgezeigtes Exemplar eines von D. Balthasar
Meisner edirten Buches, quatuor vexatarum quaestionum, erwiesen,
daß derselbe vorlängst zu Wittenberg dieselbe Quästion ventilirt und
mit vielen rationibus negative decibirt habe, das Concilium ihm
die angeschlagene Disputation zu halten vergönnt habe mit der Ver=
mahnung, in dem bevorstehenden publico disputationis actu klärlich
und deutlich derer quaestionum sanum intellectum den auditoribus

¹) Schreiben Cothmanns an Herzog Adolf Friedrich, Rostock, d. d. 17. April,
a. a. O.: — — — Diese Frage sei von denen, da man sagen könnte: nulli hoc
est bono, quia non ad aedificationem, sed tantum ad exagitationem faciat.
Item: diese Frage sei otiosa, non necessaria, neque fructuosa, sie komme ex
spinis ac tricis scholasticis her, ad rationis speculationes nos abducent.
Darum fenget die Frage in vexatis quaestionibus mit diesen worten an: ob-
lectant et fatigant sese nonnulli hoc problemate, an Christus tempora
mortis et sepulturae verus homo permanserit, quasi multum in illo mo-
menti sit positum, quum tamen non ad aedificandum quam exagitandum
faciat, nec ex limpidis scripturae fontibus, sed ex turbidis scholasticorum
lacunis hauriatur. Und setzet gedachter theologus endlich hinzu, daß diese Frage
auf folgende Art, am füglichsten könne expediret werden mit diesen Worten:
Christus tempore sepulturae fuit omnino homo, sed mortuus, quia ex fide
credimus, filium Dei veram humanitatem assumpsisse, adeoque mediatorem
Dei et hominum esse, et manere non modo verum Deum, sed et verum
hominem 1. Tim. 2, 5, quia Dei filius tempore mortis quae semel assumpsit,
non dimisit vel deposuit. Haec Meissn. Verbleibe man bei solcher theologischen
Simplicitet, werde viel unheils verhütet werden. Sonsten D. Lutkemann anlangend, ist derselbe ein prediger mit großen gaben von Gott begnadet, lebet in seinem
stande also, daß ihm grobe sünde mit warheit nicht könne beigemessen werden.
Diese quaestiones anlangend, wehre es besser geweßt, er hätte sie unterlassen.
Unterdessen erkleret er sich dermaßen, das er mit warheit Ketzerei nicht kann beschuldigt werden, obschon einer oder der andere, der seine erklerung nicht weiß oder
begreifen kann, hiedurch zweifelsohne wird geergert sein. Besser ists, man lasse
solche unnöthige Frage bleiben, als die da keinen nutzen schaffen, besondern die gewissen verwirren, und ist am allersichersten, man rede mit Gottes wort, und reume
seinen speculationibus physicis in diesem geheimniß nicht zu viel ein etc.

also zu expliciren, damit bei Niemanden einiger scrupulus und An=
stoß hinterlassen werden möchte, welchem Lütkemann nachzukommen
sich erboten habe. Zugleich bringen Rector und Concilium darüber,
daß solches geschehen, das zu Protocoll genommene Zeugniß von
Caspar Mauritius und August Barenius bei. In dem Bericht der
theologischen Facultät vom 18. April 1649 äußert dieselbe, nachdem
sie vorher bemerkt, daß nur zwei anitzo in Facultate theologica
übrig seien, sich dahin, daß sie nach dem Zeugniß von Mauritius
und Barenius keine wider Gottes Wort, analogiam fidei und unser
christliches Augspurgisches Glaubensbekenntniß laufende Heterodoxie,
und dannenhero die propositas quaestiones weder pro schismaticis,
noch haereticis halten könne. Auch sie bezieht sich auf den Vor=
gang des D. Balthasar Meisner und des D. Albert Grawerus (in
praelectionibus in Augustanam Confessionem Art. 3), deren ne=
gative Entscheidnng ebenso wie diejenige Lütkemanns nur allein gehe
auf die natürliche Vereinigung Leibes und der Seele, so im Tode
Christi, ohne welchen keine Erlösung des menschlichen Geschlechtes
habe erfolgen können, wahrhaftig von einander getrennt gewesen,
mit nichten aber auf die persönliche Vereinigung der göttlichen und
menschlichen Natur in der einigen unzertrennten Person des Sohnes
Gottes, welche, daß sie auch mitten im Tode unauflöslich, und also
die unendliche Gottheit sowohl der Seelen als dem Leibe nach un=
abgesondert persönlicher Weise gegenwärtig geblieben, D. Lütkemann
vermöge obbenannter seiner Declaration nichts weniger als jene
Theologi öffentlich zugestanden habe[1]).

Adolf Friedrich hatte bei der Suspension Lütkemanns vom Pre=
bigtamte in seinem Rescripte vom 11. April von dem Rostocker Mi=
nisterium ein Gutachten erfordert, was es vermeine, was bei diesem
Werk ferner zu thun sei. In seiner Antwort vom 17. April äußert

---

[1]) Responsum ad literas Illustrissimi Principis Dn. Adolphi Friderici,
Ducis Mecklenburg. etc. super Quaestionibus de statu hominis, in specie
Christi, tempore mortis, a D. Joachimo Lutkemanno, publice, in hac Academia ad disputandum propositis d. d. 18. Aprilis 1649, in: Liber tertius
Facultatis Theologicae Rostochiensis, in quo variae literae etc. continentur
ab Anno Christi 1648 etc. Hier findet sich die Nachschrift: In has literas ego
pure non consensi, sed salva mea contradictione publica, qua illas imprimis improbavi. Joh. Cothmann D. m. p.

das Minifterium, daß es ihm faft lieb gewefen, wenn die Difpu=
tation unterlaffen worden. Da diefes aber nicht zu erhalten gewefen,
habe es mit feiner Abfenß feinen dissensum genugfahm contestiret.
Als nächften Weg, ferner beforgliche Aergerniffe abzufchneiden, be=
zeichnet das Minifterium, wenn Lütkemann in einem eigenen Schrei=
ben in Unterthänigkeit einkommen und fich dabei erklären würde,
daß er die mehrbefagten Theses de partium essentialium unione
et separatione in homine, fonderlich in homine Christo nur Phi-
losophice et Physice, exercitii causa, proponirt: mit nichten aber
Theologice oder dem hohen Glaubensarticul, de Christo nostro
Theanthropo im geringften zu widerfprechen, da wir vermöge der
heiligen göttlichen Schrift, auch der beyden Symbolorum Nicaeni
et Athanasiani, imgleichen der Augsburgifchen Confession, Formulae
Concordiae, unfers heiligen Catechismi wie auch der öffentlichen
Bekenntniß diefes löblichen Fürftenthums, glauben und bekennen,
daß unfer hochgebenedeieter Heiland, Gottes und Marien Sohn,
wahrer Gott und wahrer Menfch kraft der unauflöslichen unzer=
trennlichen perfönlichen Vereinigung zwifchen feiner ewigen Gottheit
und zwifchen feiner angenommenen ganzen wahren Menfchheit, von
feiner Menfchwerdung an bis an den Tod, ja mitten im Tode, da
der Tempel feines Leibes abgebrochen gewefen, ein wahrer Gott, auch
ein wahrer Menfch vnd des Menfchen Sohn, Matth. 12, 40, absque
sui distractione unverrückt in feiner Perfon gewefen, verblieben und
noch bleibe in alle Ewigkeit. Und dann, daß er fich dabei heraus=
laffe, daß er folche und dergleichen spinosas quaestiones, welche
zur Erbauung nicht dienlich, fondern nur Zank und bei den Ein=
feltigen Verwirrung gebähren, hinführo weder in Cathedra, noch
auf dem Predigtftuell, noch privatim, nimmer wiffentlich zu mo-
viren gemeinet. Daran knüpft das Minifterium die Bitte, die gnä=
dige Anordnung zu thun, daß Lütkemann ohne Verkleinerung feiner
Perfon und feines Amts mit feinen feinen Gaben fowohl der ftu=
direnden Jugend alß auch der chriftlichen Gemeine allhier mit fon=
derlichem Nußen unbehindert dienen möge[1]).

---

[1]) Ministerii Responsum ad Illustr. principem in causa D. Lutkemanni,
Roftock, d. d. 17. Aprilis Anno 1649, ift unterzeichnet: Senior, Pastores vnd
fambtliche Prediger der Kirchen dafelbft. Arch. Min. Vol. VIII. p. 867 sqq. Die

Adolf Friedrich hatte die gutachtliche Aeußerung sämmtlicher Landessuperintendenten erfordert[1]). Der Wismarsche Superintendent, M. Joachim Hertzberg, führt aus, daß die Frage schon von den Scholastikern mehrfach erörtert worden, gleicherweise auch von D. Meisner, welcher geäußert habe, daß er von solcher Frage niemals würde disputirt haben, wofern nicht von fürwitzigen Studenten, welche ihre praeceptores damit aufzuziehen sich gelüsten lassen, ihm wäre Ursach gegeben worden. Er räth, den Professoren der theologischen Facultät zu befehlen, fleißig Acht zu geben und nicht zu gestatten, daß jemand öffentlich theologische Sachen berühre, Theses oder Corollaria setze, er habe denn vorhin dieselben ihrer Censur subjicirt, damit auch möge versichert werden, daß unter D. Lütkemanns Frage nicht etwas Heimliches verborgen stecke. Aehnlich äußert sich der Schwerinsche Superintendent Billerbeck auch in Betreff der Censur der theologischen Schriften, meint, daß es Lütkemann bereits von Herzen gereut habe, daß durch seine publice ohne höchste Noth proponirte Quästion manch christliches Herz, hoch und niedrig, gelahrt und ungelahrt, sei geärgert worden, und räth, wenn er solches erkenne, ihm ferner mit Gnaden zugethan zu bleiben. Theologisch eingehender ist das Gutachten des Güstrowschen Superintendenten Arnoldi, das allem Anscheine nach entscheidend auf die Behandlung der Angelegenheit eingewirkt hat. Er zieht die einzelnen Quästionen heran und zeiget, daß er in der Schrift nicht finden könne, was das für ein Essentiale oder Substantiale seyn solle, das zu der Constitution des Menschen als ein Requisitum tertium gehöre. Zwar theilten die Weigelianischen Irrgeister den Menschen ab in drei wesentliche Stücke, aber denen widerspreche Gottes Wort von Anfang bis zu Ende. Der Mensch bestehe nur aus Leib und Seele, wobei es beständig wider alle ärgerlichen Sophisten bleibe.

Superintendentur war durch den bereits am 2. Mai 1648 erfolgten Tod Quistorps erledigt, und war M. Christian Michaelis Senior Min.

[1]) Consilia der Mecklenburgischen Superintendenten ad Serenissimum: aus Wismar d. d. 23. April 1649 von M. Joachim Hertzberg, Superintend.; aus Schwerin d. d. 25. April 1649 von Hinrich Bilerbeck, Superint. des Stifts; aus Güstrow den 23. April 1649 von M. Samuel Arnoldi; aus Parchim d. d. 20. April vom Superintend. M. Henricus Prenger; aus Neu-Brandenburg d. d. 17. April 1649 vom Superintendenten M. Caspar Wagener; in: Arch. Min. Vol. VIII. p. 871 —878.

Indem Arnoldi sodann auf die Erörterung der Frage: An Christus tempore mortis fuerit vere homo? kommt, führt er aus, daß Lütke=mann dem Thomas folge, daß Christus im Tode und Grabe nicht wahrer Mensch gewesen sei, was Lütkemann vertheidige mit seinem Tertio Ente, welches erfordert werden soll zum Wesen des Men=schen, weil dasselbe bei Christo tempore mortis nicht vorhanden gewesen. Dagegen werden von Arnoldi eine Reihe von Schrift=gründen vorgebracht. Es möge sich der Lütkemann entschuldigen, wie er wolle und könne, so seien doch alle diese seine quaestiones in theologia absurd und wider Gottes Wort, und werde ihm als einem Prediger kein orthodoxer Theolog Recht geben. Auf die Frage: An resurgente homine ex mortuis requisitum illud ter-tium redeat idem numero? welche Lütkemann verneine, antwortet er, das müsse seltsam zugehen; D. Lütkemanni requisitum tertium solle ein wesentliches Stück des Menschen sein, und solle doch in dessen Auferstehung idem numero nicht wiederkommen. Solle denn der Mensch nicht vollkommen wieder auferstehen mit seinen wesent=lichen Stücken? oder verstehet er durch dieses requisitum, wie er berichtet werde, unionem corporis et animae, wie nun solle der Leib mit der Seele nicht wieder vereinigt werden zur himmlischen Herrlichkeit? Die Schrift lehre viel anders, und dieselbe sollte D. Lütkemann als ein Prediger seine Zuhörer lehren, und der stu=direnden Jugend gründlich zeigen, daß die Philosophie sich nicht müsse über Gottes Wort erheben, sondern nur dienen. Am Schlusse dankt Arnoldi dem Herzoge, daß er so eifrig über die wahre, allein seligmachende Religion halte, und in dem Fürstenthumb und Lande keine novationes, turbationes, schismata und scandala einreißen lassen wolle.

Das Gutachten des Parchimschen Superintendenten, M. Pren=ger, enthält nichts Characteristisches. Er ist der Meinung, daß Lütkemann als ein D. Theologiae nicht so sehr fürsichtig gethan, daß er also Philosophica cum Theologicis commiscirt, und daß es ihm auch rühmlicher angestanden, daß er andere deswegen reprehen=birt hätte. Schließlich geht seine Meinung dahin, daß Adolf Frie=drich ihn in seiner Professione Philosophica gnädig geruhen lasse, doch ihm ernstlich injungire, daß er mit solchen spinosis Scholasti-corum disputationibus die liebe studirende Jugend, noch jemand anders nicht turbire, noch confundire und daß die Physica und Philosophica den Articulis fidei, als welche allein mit der Schrift der Propheten und Apostel müsse stabilirt werden, nicht applicirt werden. Der Neubranbenburgische Superintendent, M. Caspar Wagner, geht nicht darauf ein, was etwa in Bezug auf Lütkemann zu thun sei, sondern beschränkt sich darauf, die von Lütkemann gegebenen Antworten auf die aufgestellten Quästionen als falsch und unrichtig und wider die Schrift streitend zu bezeichnen, wobei er einen ähnlichen Weg wie Arnoldi einschlägt. Der erste Irrthum dieses Doctoris stimme überein mit den Photinianern, die da fälschlich vorgeben, es werde nicht der Mensch so begraben werden, sondern ein simile quid, etwas dergleichen, auferstehen; der andere sei der Eutychianer und Schwenkfelder irrige Meinung, die da erdichten, als wenn die Menschheit Christi von seiner einwohnenden Gottheit verschlungen werde.

Indessen hatte Lütkemann schon unter dem 14. April 1649 an Herzog Adolf Friedrich ein Schreiben gerichtet, in welchem er sich darüber beklagt, daß er wegen einer Disputation als ein gottloser, abscheulicher Neuling, Sectirer und Verführer unverhört verurtheilt und verdammt worden, was er in christlicher Geduld müsse dahin gestellt sein lassen, bitte aber, ihn in Gnaden zu hören. Ich habe, fährt er fort, in meiner Disputation meiner Profession nach als ein philosophus gelehret, was die wesentlichen Stücke eines jeglichen natürlichen Dinges seien, nämlich Leib und Seele, und wie die Seele nicht allein einen Menschen mache, der Leib auch nicht allein, sondern Leib und Seele in einer natürlichen Vereinigung gebunden, also daß, wo solche Vereinigung aufhört, auch kein wahrer vollkommener Mensch sein könnte. Von dieser Vereinigung wird in der philosophia viel disputirt, was sie seiend und was sie thuet, und wie sie Leib und Seele in einen andern Stand setzet, als sie seien außerhalb der Vereinigung, sintemal dadurch Leib und Seele eine natürliche Gemeinschaft unter einander gewinnen, welches außerhalb der Vereinigung nicht geschieht. Aber hierin weiter zu schreiben sei unnöthig, gehöret eigentlich für die Philosophen. Dieses habe ich nachher auf den Menschen Christum gezogen und gezeuget, weil das natürliche Band zwischen Leib und Seele in dem Tode Christi aufgelöset, er deshalb zur Zeit seines Todes nicht könne ein wahrer vollkommener Mensch, der uns in Allem gleich ist, genannt werden

Sintemal, wie vorgemeldet, zu unferem vollkommen menfchlichen Wefen nicht allein die Seele, auch nicht allein der Leib, fondern die natürliche Vereinigung und Gemeinfchaft des Leibes und der Seele gehört. Es ift zwar im Tode der Leib mit der Perfon des Sohnes Gottes vereinigt geblieben, fogar daß auch der verblichene Leib das recht lebendig machende Fleifch gewefen, darinnen zwar nicht das natürliche, dennoch das unendliche ewige, wahrhaftige Leben gewohnet; fo ift auch die Seele gleichfalls mit der Perfon des Sohnes Gottes vereiniget geblieben, und von derfelben nimmermehr getrennet, doch feien Leib und Seele unter fich von einander gefchieden, da die Seele im Himmel, der Leib im Grabe gewefen, fonften wäre Chriftus nicht wahrhaftig geftorben. Soll der Sohn Gottes ein vollkommener Menfch fein, uns in Allem außerhalb der Sünde gleich, wie wir denn glauben, daß er es ift, Ebr. 2, 17, fo muß ihm auch nichts mangeln, was zu dem Wefen eines vollkommenen, natürlichen Menfchen gehöret; daß aber diefer Menfch auf eine kleine Zeit ift aufgelöfet, da die Seele vom Leibe hatte fcheiden müffen, war zu unferer Seligkeit nothwendig. Denn er mußte ein folcher Priefter fein, der zugleich das Schuldopfer würde, und fich um unferer Sünde willen töbten und aufreiben ließe. Die Schrift redet fo davon: Dan. 9, 26. Chriftus wird ausgerottet werden und nicht mehr fein. Ef. 53, 8. Er ift aus dem Lande der Lebendigen weggeriffen, und in einem zur Sachen fehr bequemlichen Gleichniß fpricht der Erlöfer felbft Joh. 2, 19: Brechet oder löfet auf diefen Tempel meines Leibes, und am dritten Tage will ich ihn aufrichten. Wenn ein Tempel aufgelöfet und zerbrochen wird, fo hat man zwar noch übrig Kalkftein und Holz, aber weil dies nicht zufammen ver= bunden, heißet es kein Tempel. Der aber zuvor gezeuget, daß der Tempel feines Leibes zerbrochen und aufgelöft werden würde, indem durch den Tod die Seele von dem Leibe müßte genommen werden, hat verfprochen, denfelben Tempel wieder aufzurichten, indem Leib und Seele wiederum follten vereinigt werden. Daß in diefer Lehre und Meinung eine abfcheuliche Gottlofigkeit ftecke und etwas wider die Augsburgifche Confeffion enthalten fei, wird mir durch Gottes Gnade kein Menfch beibringen können[1].

---

[1] Lütkemanns Schreiben d. d. 14. April 1649 ad Serenissimum in: Ori= ginal-Acten aus dem Großh. Geh. und Hauptarchiv über die Amtsentlaffung des

Bereits am 7. Mai 1649, nachdem die Gutachten sämmtlicher Landessuperintendenten eingegangen und erwogen waren, erließ Adolf Friedrich ein scharfes Rescript an Rector und Concilium, in welchem er sein Befremden über ihr Verhalten und den Inhalt ihrer Ver= antwortung aussprach[1]). Keinem Professor stehe es zu, seinen Dis= putationibus Theologica und zwar Scandalosa einzumengen, und habe die Censur der theologischen Professoren requirirt werden müssen. Unter Hinweis auf die Bestimmungen des Visitations=Abschiedes vom 24. März 1599[2]) wird das Verhalten des Concils gegen Coth= mann getadelt, der nicht allein Professor Theologiae Primarius, sondern auch praecipuus Assessor Consistorii sei, dem willig ge= bühre, auf solche Sachen genaue Aufsicht zu haben; auch hätten in dieser Sache die vota im Concil nicht ebenso sehr numerirt als ponderirt werden sollen, jene Disputation sei aber ungeachtet seines ausdrücklichen Widerspruchs gehalten. Das Rescript weiset dann die Berufung auf Meisner zurück, sofern dieser selbst diese quaestio als eine solche betrachtet habe, die mehr ad exagitandum, quam ad aedificandum gerichtet sei, über welche viel zu disputiren nicht vom Geiste Gottes, sondern von der petulantia humani ingenii her= komme. Es wird dem D. Lütkemann Ehrgeiz vorgeworfen, daß er

---

Archidiaconus Lütkemann, N. 8 ad [9] act., und Arch. Min. Vol. VIII. p. 884 sq. In seiner Verantwortung beruft er sich dann gleichfalls auf D. Meisner zu Witten= berg, erinnert daran, daß er zehn Jahre in Rostock in öffentlichem Dienst gear= beitet, und bemerkt zum Schlusse: Ich kann mich ohne Ruhm zu melden mit allem Recht unter dieselben zählen, die in verwichenen zehn Jahren E. F. G. Land er= halten haben, wie wohl man es mir nicht zutrauet, und ich auch in der Welt keinen Dank dafür habe, auch nicht zu haben begehre. Die aber gegen E. F. G. mich anders haben abgemalet, und einer grausamen, gottlosen Verführung beschuldigt, denen wünsche ich von Gott einen erleuchteten Sinn, daß sie betrachten, was sie haben angefangen. Denn mein Herz saget mir gewiß, daß, der mich antastet, Gottes Augapfel (!) antastet, und wenn ich das nicht könnte glauben, hätte ich schlecht Vertrauen zu meinem Gott. Ich bitte unterthänig, E. F. G. wolle bei Ihr selbst christlich und fürstlich erwägen, was ich geschrieben habe. Es gehe mir, wie Gott wolle, es soll mir durch Gottes Beistand nichts so schwer fallen. Ich bin versichert, daß ich leide bei freudigem guten Gewissen u. s. w.

[1]) Schreiben Adolf Friedrichs, Schwerin, Datum den 7. May 1649, an Recto= rem et Concilium. (Geh. und Hauptarchiv [9] act. der Amtsentlassung des Archi= diaconus Lütkemann.)

[2]) Krabbe, Die Universität Rostock im 15. und 16. Jahrhundert, S. 753 f.

sich mit Herfürsuchung dieser quaestion habe herfürgethan, und sich
damit eine sonderbare Weisheit eingebildet und hohes Ansehen gleich=
sam machen wollen, während andere gewissenhafte Theologi, auch
derselbe, den er anitzo zu seiner Entschuldigung anziehen wolle, Ab=
scheu davor gehabt, und alle Liebhaber der gottseligen Wahrheit
warne. Selbst auf die theologische Frage wird eingegangen und
hervorgehoben, daß die ganze Person Christi, Gott und Mensch,
nach dem Begräbniß zur Höllen gefahren, den Teufel überwunden,
der Höllen Macht verstöret, und dem Teufel alle Macht genommen.
Es laufe daher auch die bei gehaltener Disputation von D. Lütke=
mann gethane Erklärung contra formulam concordiae Art. 9 de
descensu Christi ad inferos, denn selbige ausdrücklich sage, daß die
Höllenfahrt Christi nach der Begräbniß geschehen, und daß er in
der ganzen Person als wahrer Gott und wahrer Mensch, nicht als
ein todter Mensch, wie D. Lütkemann will, zur Höllen gefahren.
Indem nun Adolf Friedrich sich auf die Gutachten sämmtlicher Su=
perintendenten bezieht, die im Anschluß mitgetheilt werden, erklärt
er, hochbilligste Ursache zu haben, solches Factum an ihm exempla=
riter, und zwar um so mehr zu bestrafen, als er aus dem an ihn
gerichteten Schreiben nicht verspüren könne, daß ihm sein began=
gener Vorwitz leid wäre, daß er aber dennoch in Hoffnung, daß er
sich hierdurch bessern und seine von Gott ihm verliehenen Gaben
hinfüro zur Erbauung und nicht zum Aergerniß und Zerrüttung als
ein getreuer Lehrer und nicht als ein thörichte Fragen liebhabender
Neuling anwenden werde, ihn wiederum zum Predigtstuhl, Katheder
und Assessur in Concilio wolle gnädig kommen lassen, jedoch der=
selbe beigelegten Revers in triplo ausgeben solle[1]).

----

[1]) Rector und Concilium wurden beschligt, solchen Revers ihm vorzuhalten,
und ihm drei Tage Bedenkzeit zu geben. Der Revers aber lautete:
„Ich, Joachimus Lütkemann, theol. D. und philosophiae Prof. in der
Universität Rostock, bezeuge hiemit öffentlich, als in des Durchlauchtigten, Hoch=
würdigen, Hochgebornen Fürsten und Herrn, Herrn Adolph Friedrich, Herzogs
zu Mecklenburg, Fürsten zu Wenden et Administrators des Stifts und Grafen
zu Schwerin, meines gnädigen Fürsten und Herrn, hohe Ungnade ich dadurch ge=
rathen, daß ich von der wahren Menschheit Jesu Christi von Zeit seines Todes
bis zu seiner heiligen Auferstehung disputirt, und dann nicht ohne, daß mir besser
gebühret hätte zu schweigen, als mit Hervorsuchung solcher Schulfrage die Gemeinde
Gottes irre zu machen, und die Jugend von der wahren theologia ab und auf

Gleichzeitig, unter dem 7. Mai 1649, wandten ſich die der
Kirche zu St. Jacob verordneten Proviſoren und die Gemeinde da=
ſelbſt an Bürgermeiſter und Rath, unter Hinweis darauf, daß Lütke=
mann zehn Jahre lang mit ſonderbarem Ruhm, Nutz und Frommen
ſehr emſig und chriſteifrig, wie auch in Lehr und Leben untadelhaft,
dieſer chriſtlichen Gemeinde als Seelſorger vorgeſtanden, mit der
Bitte, bei Adolf Friedrich zu intercediren, daß derſelbe zu ſeinem
gewöhnlichen Kirchenamt hinwieder verſtattet werde. Dieſer ent=
ſprachen Bürgermeiſter und Rath ſchon am 9. Mai unter Anſchluß
der erwähnten Supplik der Vorſteher und eingepfarrten Gemeinde,
bemerken aber in dieſem Schreiben, daß ſie der gänzlichen Hoffnung
gelebet, daß er ſich nach dem fürſtlichen Mandat des Predigtſtuhls
würde enthalten haben, daß ſie aber erfahren, daß er, weil eben
der Bettag eingefallen, und Niemand zu predigen beſtellt ſei, ſolche
Predigt zu verrichten ſolle bewogen ſein[1]), daß er aber weiter nicht
die Kanzel betreten habe. Dieſe Bitte um Reſtitution Lütkemanns
ward von Bürgermeiſter und Rath unter dem 14. Junius 1649,
nachdem auch die Gemeinde unter dem 7. Junius ihre Supplik er=
neuert hatte, dringend wiederholt, da die Gemeinde darunter leide,
daß ſtatt des ordentlichen Seelſorgers ein junger Menſch nach dem
andern aufgeſtellt werde, durch deren Predigten ſie nicht erbaut
werden könne. Auch bitten ſie, Lütkemann zu ſeiner defension ver=
möge des anno 1584 aufgerichteten Erbvertrages gnädig zu verſtellen.

die scholasticas zur Erbauung nichtsdienender quaestiones zu führen, und Ihre
F. G. mir ſolchen meinen Unfug ernſtlich verweiſen laſſen, daß ich mich demnach
hiemit erkläre, daß es mir von Herzen leid ſei, daß ich ſolches gethan, bitte auch
J. F. G. demüthig um Verzeihung und verſpreche hiermit, rufe auch deshalben
Gott zum Zeugen an über meine Seele, daß ich hinfüro nicht allein dieſer Quä=
ſtion mich gänzlich enthalten, weder auf der Katheder, noch Kanzel, noch auch in
privatis collegiis dieſelbe tractiren, beſonders daß ich auch allen andern ſchola=
ſtiſchen theologiſchen Fragen, die nicht zur Erbauung, ſondern mehr zur Zerrüttung
dienen, gänzlich müßig gehen, und mein mir von Gott verliehenes talentum zur
Erbauung anwenden, auch meinen philoſophiſchen disputationibus keine theolo=
gica mit einmiſchen wolle, ich habe denn ſelbige censurae des primarii Profes=
soris theologiae vorher untergeben.“ — Das eine Exemplar des Revers ſollte
das Concilium behalten, das zweite ſollte an Adolf Friedrich, das dritte aber nach
Güſtrow „in unſeres geliebten jungen Vettern und Pflegeſohnes Archivum“ gehen.

[1]) Dieſe am 20. April 1649 gehaltene Predigt handelt: Von dem freudigen
Gott zu Zion. Vgl. Die Roſtocker Theologen ſeit 1523, S. 30.

Unterdessen war schon am 2. Junius von dem Rector der von Herzog Adolf Friedrich geforderte Revers an Lütkemann mitgetheilt worden. Dieser aber lehnte schriftlich[1]) die Abgabe desselben auf das bestimmteste ab, und bat, daß das Concilium sich verwende, daß ihm Vertheidigung verstattet werde. Das Concil ging auf seinen Wunsch ein. In einem Schreiben vom 14. Junius berichtet dasselbe die Ablehnung des mitgetheilten Reverses von Seiten Lütkemanns, erinnert daran, daß schon früher zu Wittenberg und Jena die angeschuldigte Thesis von orthodoxen Theologen gelehrt worden, und weiset darauf hin, daß auch heutigen Tages unterschiedliche orthodoxi theologi an anderen Orten des D. Lütkemanni Proposition Beifall gegeben hätten. Da nun aber diese Proposition nicht in der Kirche auf die Kanzel gebracht, sondern allein ratione officii professorii in academiâ vorgetragen und declarirt worden, so stehe dann, falls er etwa wegen dieser Disputation einiger Scandala könne beschuldigt werden, in hac causa academica die Cognition und Jurisdiction Kraft und Inhalts sowohl bullae fundationis, als auch der Formula Concordiae ratione primae instantiae, der Universität zu, dann aber in Bezug auf die zweite Instanz competire sie allein J. F. G. als Administratori des Stifts Schwerin und Kanzler der Akademie, woran sich die Bitte schloß, Lütkemann zu seiner

---

¹) Schreiben des D. Joach. Lütkemann an M. D. R., Rostock, den 5. Jun. 1649: Was auch unseres gnädigen Landesfürsten und Herrn Schreiben wegen Auslieferung eines revers den 2. Juni in loco Concilii ich vorlesen gehöret, auch nachmals per communicationem einer Abschrift, welche mir gestern eingehändigt, selbst nochmal nachgelesen, Solches habe ich bei mir in der Furcht Gottes erwogen, und befinde, daß ich nach meinem Gewissen auf keine andere Meinung kommen kann, als wie ich damals in loco concilii mich alsfort habe erkläret. Ich erkenne mich schuldig und willig, in reverentiam Illustrissimi Principis Alles zu thun und gebuldig zu leiden, was in meinem Vermögen ist. Es stehet mir aber nicht zu, das Bekenntniß der Wahrheit fahren zu lassen und nicht auf meine Unschuld zu bleiben, Beides mit Herz und Mund, und ist mir also unmöglich einigen revers herauszugeben. Bitte dienstfleißig, dieses nicht allein J. F. G. unterthänig zu hinterbringen, sondern auch im Fall dieselbe auf meine vorige geschehene Declaration ihren wider mich gefaßten Zorn nicht würden fallen lassen, bei derselben, daß ich zu meiner defension gestattet werde, in Unterthänigkeit anzuhalten, welches mir ja nach göttlichem, natürlichem und aller Völker Recht nicht wird können versagt werden. Dieses, wie ich vorhin mündlich in loco concilii vorgebracht, also hab' ich es hiermit schriftlich wiederholen sollen etc.

gebetenen defension in hac causa mere academica zu Gnaden zu
verstatten. Dieser Schritt der Universität ward von Adolf Friedrich
mit großer Mißbilligung aufgenommen, und, da er auf einer Verken=
nung der bestehenden Rechtsverhältnisse beruhte, sehr entschieden zu=
rückgewiesen[1]. Nicht der Universität stehe in theologischen und christ=
lichen Sachen und Controversen die Cognition zu, sondern kraft der
landesfürstlichen Superiorität keinem Menschen anders als dem re=
gierenden Landesfürsten und Herzog zu Mecklenburg, was die pu=
blicirten Erbverträge und Reversalen unwidersprechlich bezeugten,
und mit der der Universität anvertrauten Jurisdiction in civilibus
et criminalibus nichts zu schaffen habe.

Ungeachtet daß die beharrliche Weigerung Lütkemanns von Adolf
Friedrich mißfällig aufgenommen war, verstand er sich dennoch
dazu, den von ihm geforderten Revers in einem oder dem anderen
Passus mildern und mindern zu lassen, um ihm die Annahme zu
erleichtern, da Bürgermeister und Rath und ganze Gemeinde durch
Deputirte ihm die Bitte vorgetragen hatten, Lütkemann ohne Revers
wiederum zu seinem Amt zu admittiren, oder aber den Revers zu
limitiren und zu moderiren, damit er nicht Ursache gewinne, seine
Gemeinde, die ihn herzlich liebe und gerne behalten wolle, zu ver=
lassen, und Herzog Augusts zu Braunschweig Vocation zum Ge=
neralsuperintendenten zu acceptiren. Von dieser Milderung des Re=
verses wurden sowohl Bürgermeister und Rath als auch die Provisoren
der Kirche zu St. Jacob und die ganze Gemeinde durch ein fürst=
liches Schreiben in Kenntniß gesetzt[2], in welchem ausgeführt wird,
daß Lütkemann nicht, wie vorgebracht, seine Meinung explicirt und
limitirt habe, sondern auf derselben, der Meinung des Rostocker
Ministeriums ganz entgegen, mordicus und halsstarrig bestanden,
daß er durch Ventilirung dieser Quästion nicht allein nicht erbauet,

---

[1] Schreiben Herzogs Adolf Friedrich an Rector und Concilium; Datum
Schwerin, den 21. Julius 1649.

[2] Ob zwar wir, heißt es in dem desfallsigen Schreiben an die Provisoren
und Gemeinde, Datum Schwerin, den 21. Julius 1649, höchst billige Ursachen ge=
habt, dieses, des D. Lütkemanns, höchst ärgerliches abermaliges Beginnen, weil dieses
nicht das erste, wie euch nicht unwissend, wie sich schon bevor in Anno 1639 dieser
ehrsüchtige Neulingsgeist bei ihm herfürgethan, und ihm damals von uns pardon=
niret und auf vielfältiges Intercediren die Confirmation über seine Vocation zum
Predigtamt von uns gnädig ertheilet worden, an ihm exemplariter zu strafen etc.

sondern destruirt und Singularitäten wider Gottes Wort und daraus verfaßte libros symbolicos vorgebracht habe, daß er aber aus landesherrlicher Clemenz und Mildigkeit zu seinem Amte solle verstattet werden, weshalb der Revers zu seinem mehreren Glimpf gemindert sei[1]).

Bürgermeister und Rath theilte die erhaltene Recognition, die Lütkemann unterschreiben sollte, demselben mit. Doch verschob dieser seine Erklärung einige Zeit, gab diese aber darauf am 3. August 1649 schriftlich ab[2]). In dem Schreiben, mit welchem der Rath

---

[1]) In dem Schreiben an Bürgermeister und Rath von gleichem Datum findet sich noch die Verwarnung: Und seiet das versichert, dafern er fürder auf seinen eigensinnigen Kopf gleichwohl bestehen und bleiben solle, kein Gott und Sein Wort liebender und unserer wahren Religion von Herzen zugethaner Mensch uns verdenken werde, wenn wir hiebei einen Ernst gebrauchen und unserer Landeskirche und Schulen Wohlfahrt und durch Gottes Gnade darin bisher conservirte Einigkeit mehr und höher als eines Menschen pertinacia in Consideration und Obacht nehmen werden.

[2]) Dieses Schreiben an Bürgermeister und Rath zu Rostock, d. d. 3. August, führt aus, daß das ehrwürdige Concilium, dem in hac causa mere academica quoad instantiam primam die Cognition ohne Zweifel gehöre, sich zur ordentlichen Verhörung angeboten habe, und ginge solches die Kirche gar nicht an, doch ungestanden, daß in der Kirchen etwas straffälliges fürgelaufen, wissen meine großgünstigen Herren ohne meine Erinnerung gar wohl, was alsdann p. des Erbvertrags zu thun. Daher ich mich denn, heißt es weiter, viertens allezeit dergestalt erkläret, wie ich bereit sei, in reverentiam Illustrissimi Principis nach Möglichkeit gerne Alles zu leiden und zu thun, aber einigen Revers oder Recognition herauszugeben mir gar nicht anstehe. Es sei denn, daß nach vorhergehender rechtmäßiger Defension und unparteiischer Cognition ich der aufgebürdeten Bezüchtigung sollte schuldig gefunden werden. Wenn denn diesem Allem ungeachtet die Herren Deputirten mit einer Recognition zurückgesendet, muß ich solches meinem Gotte befohlen sein lassen, befinde aber bei mir in meinem Gewissen, nicht meine vorgefaßte, in göttlichem, natürlichem und in aller Völker Recht begründete Meinung zu ändern, und bin gewiß, daß mit keinem Recht diese meines Gemüths Beständigkeit für eine pertinacia jemand wird ausrufen können.

Anderer Ursachen zu geschweigen, gedenke ich fürs Erste, daß die angeordnete suspensio ab officio tam ecclesiastico quam academico an ihr selbst eine ehrenrührige Bestrafung sei, daher ich nach allem Recht befugt gewesen bin, wenn mir schon von Anfang die restitutio wäre angetragen, mich zwar für den gnädigen Willen unseres gnädigen Fürsten und Herrn in Unterthänigkeit zu bedanken, doch aber, weil ich von keinem Ankläger weiß, viel weniger jemals gehöret worden bin, in effectu zur Verwaltung meines Amtes mich nicht eher zu verstehen, bis daß meine Ankläger mir dargestellet und zu Probirung ihrer Anklage angehalten wurden.

diese seine Erklärung unter dem 10. August originaliter an Herzog Abolf Friedrich originaliter einschickte, beruft er sich auf den im Jahre 1584 aufgerichteten Erbvertrag, nach welchem, wenn ein Prediger unreiner Lehre beschuldigt worden, ihm seine Defension nicht abgeschnitten werden solle, und bittet, Lütkemann zur rechtmäßigen Defension in Gnaden zu verstatten, inmittelst aber denselben, damit die eingepfarrten Gemüther und Gewissen mögen tranquillirt werden, zur Kanzel wiederum gnädig zu admittiren. Denn wiederholt hatte sich die Gemeinde zu St. Jacob, nachdem die Reise der Deputirten ohne Erfolg geblieben war, an den Rath um Intercession gewandt und geltend gemacht, daß ein Mann von so hohen Gaben und christlichem Wandel ihnen schwerlich ersetzt werden könne.

Da erfolgte unter dem 25. August 1649 die schließliche Resolution Abolf Friedrichs. Das an den Rath gerichtete fürstliche Rescript bedeutet denselben dahin, daß der Landesherr sich ebenso wenig mit ihm als mit D. Lütkemann in Disputation darüber ein-

---

Zum Anderen wissen meine großgünstigen Herren gar wohl, was für harte Beschuldigungen mir aufgebürdet werden, wie ich nämlich als ein ehrsüchtiger Neuling und Sectirer abscheuliche, ungereimte, ganz ärgerliche, zuvor ganz unerhörte Neuerungen, grobe Fehler, Unkraut, sectirische, gottlose Lehre und wider unsere erkannte und bekannte seligmachende, christlutherische Religion, Augsburgische Confession und contra fidem ganz diametraliter laufende Meinung zu Verführung der Jugend ganz und höchst ärgerlich proponiret, die studirende Jugend vom seligmachenden Worte abgeführt und verführet, auch des allerhöchsten Gottes Ehre und aller Menschen Seligkeit betreffende Sache mit Menschentand und profanis vermischete, mit unleiblichem, höchst schädlichem detrimento von Kirchen und Schulen, ja auch zuweilen zu tausend Menschen Verführung etliche höchst ärgerliche, falsche Propositiones in die ganze Welt divulgiret. Denn so lautet der klare Buchstab in unterschieblichen Schreiben. Sollte ich nun über dies Alles einige Verschreibung herausgeben, man nenne es Revers oder Recognition, würde ich mich alle der schweren Bezüchtigung schuldig machen und die Unschuld verdammen. Davor mich Gott behüte. Dieses habe ich zur begehrten Resolution nicht allein mündlich wollen fürbringen, sondern auch schriftlich aufsetzen und übergeben, damit ich für Gott und aller Welt unschuldig erfunden werde, es folge auch, was immer kann. Bitte doch daneben dienstfreundlich, wo meine großgünstigen Herren weiter bei der Sache etwas zu thun gesonnen, auf nichts anderes zu gehen, als daß, wenn J. F. G. annoch vermeinen, daß in der angeschlagenen und in der Academie ratione officii professorii gehaltenen Disputation, ich solle etwas ungebührliches gelehrt haben, eine rechtmäßige Verhörung in Gnaden angeordnet, und unterdeß die Kirche in Ruhe gesetzt werde.

zulassen habe, ob und wie er seine Defension und Verantwortung thun könne. Dann geht dasselbe nochmals auf den Thatbestand ein, daß Lütkemann die ärgerliche Quästion nicht ohne großes Aergerniß der allgemeinen Kirche, sonderlich der studirenden Jugend, tractirt habe, während es doch bekannt sei, wie treulich der selige D. Meis=ner, auf welchen D. Lütkemann sonderlich sich berufe, die studirende Jugend von solchen ärgerlichen Fragen abgemahnt habe, sowie es gleichfalls bekannt, wie hoch er bezeuget, daß er wider allen seinen Willen zur Tractirung dieser Fragen gekommen, und dabei beklaget, daß er gleichsam bei den Haaren dazu gezogen sei. Lütkemann wird dann vorgeworfen, daß er jene Frage erstens ohne Noth, zweitens ohne einige ihm gegebene Ursache, drittens vor vielen Jahren aus lauter Ehrgeiz und Ostentation schon einmal hervorgebracht, vier=tens sie überdies so crude ohne einige angefügte Limitation auf die Bahn gebracht habe, und fünftens daß er des dazu bestellten ältesten theologus wohlmeinentliche Erinnerungen voll aufgeblasenen Stolzes gar in den Wind geschlagen, auch sechstens seiner landesfürstlichen Obrigkeit nicht eine einige Recognition herausgeben wolle. Daran schließt sich Adolf Friedrichs Entscheidung, indem er sagt: Wir sind auch nicht gemeint, einen solchen Menschen, der vor lauterem Ehr=geize gleichviel achte, er baue oder ärgere, sei seiner Landesfürst=lichen Obrigkeit gehorsam oder ungehorsam, in unserm Fürstenthum und Landen länger zu gedulden. Wollen ihm aber dennoch noch eine achttägige Bedenkzeit einräumen, ob er sich noch inmittelst zur Herausgebung der Recognition gehorsamlich anschicken, oder innerhalb derselben Zeit unsere Fürstenthümer, Stifter und Länder, maßen widrigenfalls ihm das Geleit hiemit aufgekündigt wird, räumen wolle. Da mancherlei Umtriebe und Versuche zur Agitation statt=gefunden hatten, bemerkt das Rescript am Schlusse, daß die einge=kommenen Supplicationen mehr für eine Rückstärkung des D. Lütke=mann und für eine Widersetzlichkeit geachtet und gehalten werden müßten, und bedeutet den Rath dahin, daß er auf solche Dinge genau Acht haben, und sie der Gebühr nach dergestalt ernstlich ahn=den möge, daß wir selbstens an Euch zu ahnden keine Ursache haben mögen.

Unterdessen hatte Lütkemann die Vocation des Herzogs August zu Braunschweig und Lüneburg zum Amte eines Generalsuperinten=

denten angenommen[1]) und sich zum Aufbruch fertig gemacht, wodurch bei Vielen in der Stadt große Betrübniß entstand. Mehrere
Haufen, besonders von Weibern, rotteten sich am 27. August zusammen, und drangen selbst auf das Rathhaus, und forderten, daß
der Rath Sorge trage, daß sie nicht ihres Seelsorgers beraubt
würden. Der Rath aber beschränkte sich darauf, in einem Schreiben, d. d. 28. August 1649, an Herzog Adolf Friedrich Verwahrung
einzulegen, daß Lütkemann wider den Erbvertrag nicht zur Defension verstattet, und sein Predigtamt und Profession zu beseriren genöthigt worden. Auch wird die Besorgniß ausgesprochen, daß dieser
Proceß leicht andere Leute abschrecken dürfte, die Vocation des
Raths anzunehmen. Dessen ungeachtet wird aber schließlich die
Bitte ausgesprochen, dafern D. Lütkemann sich von der von Herzog
August angenommenen Vocation noch wieder loswirken könne, in
Gnaden zu verstatten, daß er verbleiben, und sein Amt nach wie
vor getreulich ausrichten könne. Kaum konnte dieses erwartet werden,
und ist auch schwerlich vom Rath erwartet worden. Lütkemann hatte
auch bereits die Berufung des Herzogs August angenommen, und
verließ sofort Rostock, um sich nach Wolfenbüttel zu begeben. Eine
große Zahl von Bürgern und Einwohnern gab ihm das Geleite
bis Kessin, einem dreiviertel Stunden von Rostock entfernten Orte[2]).
Auf dem Wege dahin trat er auf einen nicht weit von der Land-
straße liegenden Hügel, und hielt hier seine bekannte und viel ge-
rühmte Valetrede[3]), in welcher er seines Verhältnisses zu seiner

---

[1]) Diese Vocation ist, wie mehrfach vermuthet worden, durch die Herzogin
Sophie Elisabeth, zu welcher Lütkemann in Beziehung stand, vermittelt worden.

[2]) Joh. Georg Wetken, Geschichte der Stadt Rostock, in: J. C. H. Ungnaden,
Amoenitates diplomatico-juridicae, p. 1279. Franck, Altes und Neues
Mecklenburg, Lib. XIV. p. 20. Krey, Andenken II. S. 54 ff.

[3]) Joachim Lütkemann, der heiligen Schrift Doctoris, anfangs Predigers in
Rostock, hernach Superintend. generalissimi zu Wolfenbüttel und Abts zu Rid-
dagshausen, Valetrede an die christliche Gemeine zu St. Jakob in Rostock. Zum
ersten mahl gedruckt zu Wolfenbüttel im Jahre 1656, wegen ihres merkwürdigen
Inhalts wieder aufgeleget zu Rostock im Jahre 1752; auch findet sie sich in den
„Sonderbaren (d. i. bei besonderen Gelegenheiten gehaltenen) Predigten". 1690.
J. B. Krey, Beiträge zur Mecklenburgischen Kirchen- und Gelehrtengeschichte, Bd. I.
S. 59 ff. Eine Uebersicht der sämmtlichen Schriften Lütkemanns giebt Rehtmeyer,
Nachricht von den Schicksalen, Schriften und Gaben D. Joachim Lütkemanns,
S. 103 ff.

Gemeinde, seiner Liebe und ihrer Gegenliebe gedenkt, seine reine
Lehre und seinen unsträflichen Wandel rühmt, auch bezeugt, daß er
in seinen Predigten nicht gesehen habe auf Gunst und Ungunst der
Leute. Er erwähnt seine Widersacher und die Verfolgungen, die er
erlitten, und vergleichet sich und sein Schicksal mit Joseph, der von
seinen Brüdern aus Neid den Ismaeliten verkauft sei, daß er nimmer sollte zu Ehren kommen, den aber Gott aus dem Kerker gezogen, und ihn zum Herrn gesetzet über das Haus Pharao und einen
Fürsten in ganz Egyptenland. Am Schlusse opfert er Gott seine
allerliebsten Rostocker, und befiehlt sie dem Gott aller Gnade, sie
in wahrem Glauben zu erhalten bis auf den Tag Jesu Christi[1]).
Schon am Feste Michaelis 1649 hielt Lütkemann seine Antritts-
predigt als Hofprediger in der Hauptkirche zu Wolfenbüttel, und
wurde am Donnerstag darauf, in Gegenwart des Durchlauchtigsten
Herzogs August selbst, als Superintendens Generalissimus ins Consistorium eingeführt[2]).

---

[1]) Wenn schon überhaupt das Halten dieser Valetrede unter diesen Umständen
vom christlichen Standpunkte aus manchem Bedenken unterliegen möchte, so ist doch
auch der Inhalt, abgesehen von den darin enthaltenen geistlichen Ausführungen,
theilweise durchaus nicht geeignet, dieses Bedenken zu beseitigen. So erinnert er
daran, was er Alles gethan habe, z. B. „Habe bei euch vorlieb genommen und
nicht auf Salarium gedrungen. Da ich nach Gryphswald vociret ward, habe ich
nicht begehret, daß mein Salarium mir vermehret würde." Er gedenkt in diesem
Augenblick seiner Widersacher, die ihm einzige Erklärung seiner Worte nicht gestatten wollen, es soll alles bloß und allein nach ihrem Willen gehen. Dann fährt
er fort: „Und weil ich ihnen hierin nicht folgen will, rufen sie mich aus vor einen
hochmüthigen Mann. Ich muß bekennen, sie sagen recht daran; ich bin hochmüthig
und habe euch, meine allerliebsten Christen, dazu angemahnet, daß ihrs auch seyn
solltet. Mein Hochmuth ruhet aber nicht auf großem Reichthum, Ehr und Ansehen
der Welt, sondern auf den erhabenen Gott, auf welchen ich stets poche und trotze."
Unter Anderem führt er nach jenem Vergleiche mit Joseph aus: „Meiner Widersacher Vornehmen ist E. Chr. L. wol bewußt; sie gedachtens böse mit mir zu machen,
und mich ins äußerste Verderben zu stürzen, ja, wenn es nach ihrem Sinn gangen,
hätten sie mich lebendig verschlungen. Aber gelobet sei der Herr, der Mächtige in
Jacob, der mich nicht gegeben hat zum Raube in ihre Zähne."

[2]) Lütkemann wurde im Jahre 1653 noch zum Abt des Klosters Ribbags-
hausen ernannt. Er starb am 18. October 1655, erst 46 Jahre, 10 Monate und
3 Tage alt. Die Darstellung seiner späteren Wirksamkeit in Wolfenbüttel liegt
außer unserer Aufgabe. Diese ist näher geschildert in: Rehtmeyers Nachricht von

Die neuere Geschichtschreibung hat unbedingt Partei für Lütkemann genommen, und hat nicht selten die ihn betreffende Katastrophe
einseitig dargestellt; ja sie hat zum Theil so sehr die geschichtliche
Wahrheit verschoben und getrübt, daß sie Lütkemann insgemein als
den einzigen Zeugen der evangelischen Wahrheit in Rostock darzustellen, und ihm lebendiges praktisches Christenthum zuzusprechen
pflegt, während sie geneigt ist, den sämmtlichen zu seiner Zeit le-
benden Theologen und Geistlichen Rostocks, hauptsächlich aber den
Gegnern Lütkemanns, dasselbe abzusprechen, und ihnen eben sowohl
Engherzigkeit und Fanatismus, als ein bloßes äußerliches Festhalten
am Buchstaben des Bekenntnisses vorzuwerfen. Unsere ganze Darstellung des kirchlichen Lebens dieser Zeit wird zur Genüge gezeigt
haben, auf wie falschen und einseitigen Voraussetzungen dieses un-
gerechte Urtheil ruht. So bedarf es daher auch hier nicht des
näheren Nachweises, daß die Gegner wahrhaft mit ihrem Herzen
und Leben im Bekenntniß der evangelischen Wahrheit standen, und
dieses aus Ueberzeugung gegen Lütkemann geltend machten. Zur
Beurtheilung aber des ganzen Vorganges dürfen wir zunächst an
das erinnern, was wir über Lütkemanns Stellung zur Philosophie
bereits bemerkt haben[1]. Gerade damals befand sich die wissenschaftliche Entwickelung der Theologie auf dem Punkte, daß von Seiten
der Philosophie aus, die selbst in einem mächtigen Umschwunge begriffen war, die verschiedensten Elemente in sie einbrangen oder
einzudringen suchten. Lütkemann nahm an dieser Bewegung Theil[2],
namentlich scheint er sich mit den formal logischen, psychologischen
und physischen Fragen näher beschäftigt zu haben, trennte aber nicht
klar und entschieden genug das philosophische und theologische Gebiet
von einander, da er philosophische Instanzen auf das theologische
Gebiet übertrug. Schwerlich wird sich leugnen lassen, daß er dadurch zur Aufstellung von singulären Meinungen geführt ward, die

---

den Schicksalen ꝛc. Lütkemanns, vermehrt von H. R. Märtens, Cap. III. S. 63 ff.
A. Tholuck, Lebenszeugen der lutherischen Kirche, S. 382 ff.

[1] Vgl. S. 306 ff.

[2] Dieses zeigen namentlich seine Prolegomena zur Physik und die Art und
Weise, wie er in denselben de Principiis Physices handelt. Es erhellt dies auch
daraus, wie er in dem Abschnitt de natura über die Begriffe materia und forma
handelt.

mit der Schrift und dem Bekenntniß der Kirche ſtreiten. Es mag
ſcheinen, daß jene Singularität der Meinung, welche für Lütkemann
die Kataſtrophe herbeiführte, eine verhältnißmäßig untergeordnete
und unbedeutende ſei, daher auch weniger die gegen ihn verhängte
Maßregel rechtfertige. Aber theils dürfen wir nicht überſehen, daß
jene Frage doch ſehr enge überhaupt mit der Lehre von der Perſon
Chriſti zuſammenhängt, und darum beziehungsweiſe eine mehr cen-
trale Stellung gewinnt, theils und vor Allem muß daran erinnert
werden, daß die Kirche überhaupt in ihrer damaligen Entwickelung
glaubte weit weniger einen ſolchen dissensus im Einzelnen tragen
zu können. Auch wäre es offenbar nicht zu der Kataſtrophe gekommen, wenn Lütkemann ſich dazu hätte verſtehen können, auch nur
eine einigermaßen befriedigende, das Bekenntniß der Kirche in Bezug
auf ſeine ſinguläre Meinung ſicherſtellende Erklärung abzugeben.

    Hier nun können wir Lütkemann nicht davon frei ſprechen, daß
er ſeine ſinguläre Meinung provocirend zur Geltung zu bringen
verſucht hat, und daß er auch ſpäter ſie als eine ſinguläre, nicht
unbedenkliche Meinung anzuerkennen beharrlich verweigert hat. Wir
ſind weit entfernt, ſeine geiſtliche Geſinnung[1] und den Ernſt ſeines
evangeliſchen Zeugniſſes verringern zu wollen. Gerne erkennen wir
an, daß er ein Zeuge der ſeligmachenden Wahrheit geweſen, dem
es darum zu thun geweſen iſt, Herzen und Seelen mit dem Evangelium zu gewinnen, und ihnen aus demſelben Worte des ewigen
Lebens darzureichen[2]. Aber daß er frei von allem Ehrgeiz und

---

[1] Davon legt auch Zeugniß ab ſein Erbauungsbuch: Der Vorſchmack gött-
licher Güte; zuerſt Wolfenbüttel 1653 erſchienen, ſpäter vielfach herausgegeben, und
ſelbſt ins Schwediſche überſetzt: Forſmacken på Guds Godheit. Stockholm 1731.
Mir liegen vor die Ausgaben: Der Vorſchmack göttlicher Güte, durch Gottes
Güte von Joach. L.— vorgetragen, Jetzt ſeiner Würde halben in dieſe geſchmei-
dige Form gebracht. Braunſchweig 1680. 12. Braunſchweig 1712. 8, und die Neue
Auflage, mit dem Lebens-Lauff des ſel. Auctoris vermehret von Philipp Julio
Rehtmeyer. Braunſchweig 1720 und: D. Joachim Lütkemanns, Weyland Superintendentis Generaliſſimi in Wolfenbüttel etc., Vorſchmack göttlicher Güte, mit
nützlichen Schrift-Stellen, Denkſprüchen, Regiſtern und des ſel. Verfaſſers Ver-
mehrtem Lebens-Laufe begleitete Neue Ausgabe von Heinrich Richard Märtens,
Fürſtl. Braunſchw. Lüneb. Hof-Diacono. Braunſchweig 1740.

[2] Zu ſeinen Schriften, auf denen unverkennbar ein geiſtlicher Segen geruht
hat, gehört auch: Harpffe von Zehen Seyten, Das iſt: Gründliche Erklärung zeher
Pſalmen Davids, in unterſchiedene Geiſtliche und herrliche Betrachtungen abgetheilet

selbstlos bei der Ventilirung und Aufrechthaltung dieser Frage ge=
wesen, sich und sein Selbst mehr zurückgestellt als vorangestellt hätte,
dürfte sich kaum sagen lassen. Doch fehlen uns von seiner Seite
manche Data, um seine innere Stellung völlig überblicken und be=
urtheilen zu können[1]). Am wenigsten aber hat man dem Herzog
Adolf Friedrich in dieser Angelegenheit Gerechtigkeit widerfahren
lassen. Und doch ist es keinem Zweifel unterworfen, daß er aus
voller Ueberzeugung, für das Beste der Kirche zu handeln, einschritt,
und daß er von seinem Standpunkte aus, indem er die Wiederein=
setzung Lütkemanns unter der Bedingung des Reverses und endlich
einer bloßen Recognition zugestand, Milde und Nachsicht übte. Ihm
stand es fest, daß Alles in der Kirche zur Erbauung dienen solle,
und er war lebhaft davon durchdrungen, daß die Erörterung jener
scholastischen und singulären Meinung Lütkemanns nimmer die Kirche
bauen könne. So hielt er sich, nachdem Lütkemann Beides verwei=
gert, und jede Concession abgelehnt hatte, als custos utriusque ta=
bulae vor Gott und Menschen verantwortlich, und handelte, wie er
gehandelt hat, allein, um die heilsame Einigkeit und das Bekenntniß
des reinen göttlichen Wortes gegen alle Verkehrung und Trübung
durch scholastische Quästionen aufrecht zu halten.

und aufgesetzet von Herrn Joachimo Lütkemann, der H. Schrifft Doctore, Su=
perintendente Generalissimo zu Wolffenbüttel, Abt zu Ridbagshausen. Und nach
dessen tödtlichen Abgang, auff hoher Personen Begehren, Christlichen Hertzen zur
Aufmunterung, zum wahren Lobe Gottes, in Druck gebracht. Frankfurt und Leipzig,
bey Joachim Wilden. Gryppswald druckts Matthäus Dolscher 1667.

[1]) Erfreulich ist die geistliche Art und Weise, wie er später „diesen Handel"
ansah, und daraus Veranlassung nahm, jene Schrift: Der Vorschmack göttlicher Güte,
zu schreiben. In der Vorrede zur ersten Ausgabe bemerkt er: Nachdem die Güte
Gottes durch einen wunderlichen Zug mich von Rostock anher nach Wolfenbüttel
geführt hatte, und ich leicht merken können, wer der Führer wäre, bin ich bewogen
worden, nicht allein in diesem Handel die verborgene wunderliche Güte meines
Gottes zu loben, sondern habe auch zurückgesehen auf mein voriges Leben, darinnen
ich dieselbe wunderliche Güte mannigfaltig und handgreifflich gespühret habe. Der=
wegen nahm ich mir vor, etwas von der verborgenen Güte zu predigen, und
brauchte dazu den Spruch aus dem 31. Psalm: Wie groß ist deine Güte, die du
verborgen hast denen, die dich fürchten, und erzeigest denen, die für den Leuten auf
dich trauen.

Achtzehnter Abschnitt.

Seit dem Jahre 1643 waren zu Osnabrück und Münster die Friedenscongresse zusammengetreten, welche Deutschland den Frieden wiedergeben sollten[1]). Aber schon der Beginn der eigentlichen Friedensverhandlungen verzögerte sich durch die bekannten Rangstreitigkeiten der Gesandten, welche lähmend einwirkten, und von vorne herein ein eigenthümliches Licht auf die Stellung der pacisirenden Mächte zum Friedenswerk werfen. Der Umstand, daß an verschiedenen Orten verhandelt ward, mußte die Verständigung über schwierige Punkte um so mehr erschweren, als in Münster der Einfluß der Katholiken, in Osnabrück der Einfluß der Evangelischen, abgesehen von den Schwankungen der Parteien und der politischen und kirchlichen Parteiinteressen, überwog und bedingend einwirkte. Der langsame und schleppende Gang der Verhandlungen, der nur von Zeit zu Zeit durch irgend einen von Außen kommenden Impuls unterbrochen wurde, trug nicht wenig dazu bei, diese Verhandlungen stets den Einflüssen auszusetzen, welche nothwendig in dem Gange der Kriegsbegebenheiten, in dem größeren oder geringeren Erfolge der kriegführenden Mächte lagen. Erst im Jahre 1646 werden von der Krone Frankreich und von der Krone Schweden ihre die Satisfactionsfrage vornämlich betreffenden Forderungen eingebracht, mit

---

[1]) Hauptschrift ist über den Frieden zu Osnabrück und Münster: Joh. Gottfried von Meiern, Acta pacis Westphalicae publica, Hannover und Göttingen 1734—36. 6 Voll. fol. Dazu kommen 2 Voll. Acta pacis executionis 1736, 1737, und Joh. L. Walthers Universalregister. Göttingen 1740. fol. (Tobias Pfanner), Historia pacis Westphalicae, Irenop. 1679, unter seinem Namen Ed. III. Gotha 1697. Pütter, Geist des Westphälischen Friedens, Göttingen 1795. R. K. von Senkenberg, Darstellung des Osnabrück- und Münsterischen oder sogenannten Westphälischen Friedens, Frankfurt 1804. K. Rüber, Der westphälische Friede, Nürnberg 1848. A. von Daniels, Handbuch der deutschen Reichs- und Staatenrechtsgeschichte. Zweiter Theil: Deutsche Zeit. Zweiter Band. Tüb. 1861.

benen wiederum zum Theil die Forderungen und Ansprüche der betheiligten Stände zusammenhingen. Auch war es nicht leicht, die
verwickelte pfälzische Angelegenheit zum Austrage zu bringen. Die
außerdeutschen Mächte, welche allein ihre politischen Interessen überwiegend vor Augen hatten, und ihre Vergrößerung und Machterwei-
terung verfolgten, sahen auf die tiefe Zerrissenheit Deutschlands und
auf die furchtbaren Nothstände, welche der Krieg hervorgerufen hatte,
theils gleichgültig hin, theils sahen sie darin für sich keine Veranlassung, das Zustandekommen des Friedenswerkes zu beschleunigen,
weil sie glaubten befürchten zu müssen, daß darunter ihre eigene
Interessen leiden, und die für ihre Staaten in Aussicht genommenen
Entschädigungen irgendwie beschränkt werden könnten. Trotz der
Friedensliebe des Kaisers und der Mehrzahl der deutschen Fürsten
und Stände wurden immer aufs Neue von fremdländischer Seite
Anstände erhoben, die Kriegsoperationen setzten sich fort, und mit
ihm aller Jammer, von dem Deutschland während dieses unheilvollen
Krieges, hauptsächlich seit der Invasion der Fremden, betroffen war.
Den Friedensbestrebungen stellten sich die fortgehenden Kriegsereig-
nisse zur Seite. War es namentlich Schweden, was die Schirm-
herrlichkeit über die evangelischen Stände zu erwerben bemüht war,
und gleiche Tendenzen Frankreichs hervorrief, was schon damals zur
völligen Zerstörung des deutschen Reiches hätte führen müssen, so
galt es, bei Erledigung der Satisfactionsfragen jeden unberechtigten
Einfluß der fremden Mächte für die Zukunft umsichtig abzuwehren
und fern zu halten. Denn ein französisches und schwedisches Pro-
tectorat beziehungsweise über die katholischen und die evangelischen
Stände mußte mit innerer Nothwendigkeit die Zerklüftung Deutschlands zur Folge haben.

So begreift sich, daß durch dies Alles die Berathung und
Feststellung des Friedensinstrumentes den größten Schwierigkeiten
unterliegen mußte. Von anderer Seite her griff der Religionspunkt
tief in die Verhandlungen zwischen den katholischen und evangelischen
Ständen ein, und rief von Seiten beider eine Reihe von Ver-
gleichungsvorschlägen hervor, die oft die vorhandenen Gegensätze
mehr schärften als ausglichen. Insbesondere war es die Forderung
der Evangelischen in Betreff der Religionsfreiheit für die Erbländer
des Kaisers, welche, da sie entschieden verweigert wurde, hemmend

einwirkte. Auch konnten nur langsam die Religionsbeschwerden, welche von einzelnen Ständen erhoben waren, erledigt werden. So erklärt es sich zur Genüge, daß die Friedenserwartungen, welche so allgemein gehegt wurden, wiederholt getäuscht wurden, und der sehnlich gehoffte Friedensschluß erst am 14/24. October 1648 erfolgte. Das deutsche Reich erlitt durch denselben die schwersten Beeinträchtigungen. Frankreich erlangte zum Lohne für seine Einmischung in die innern Angelegenheiten Deutschlands das Ober= und Unterelsaß, Metz, Toul und Verdün, die Stadt Breisach und den Sundgau. Schweden aber, welches ganz Pommern dem Hause Brandenburg, unterstützt von Frankreich, zu entreißen und an sich zu bringen versucht hatte, erhielt Vorpommern mit Rügen, einen Theil von Hinterpommern, das Erzstift Bremen und das Stift Verden als säcularisirte Fürstenthümer. Zugleich hatte Mecklenburg Wismar mit der Festung, dem Walfisch, Poel und Amt Neukloster an die Krone Schweden abtreten müssen. Dadurch entstanden Compensations= oder Vergütungsforderungen von Seiten Brandenburgs, welches die Bisthümer Halberstadt, Minden und Camin als weltliche Fürstenthümer und das Erzbisthum Magdeburg als ein Herzogthum empfing. Auch Mecklenburg erhob eine Compensationsforderung für Wismar, und erhielt als Ersatz die Stifter Schwerin und Ratzeburg als säcularisirte Fürstenthümer, und die Johanniter=Commenden Mirow und Nemerow[1]). Doch war dies erst Resultat langwieriger Verhandlungen, da Adolf Friedrich die Abtretung Wismars anfangs verweigerte, und auch jede Entschädigung für dasselbe ablehnte. Auch die Hoffnung, als Ersatz die Bisthümer Minden und Osnabrück und die Anwartschaft auf das Herzogthum Sachsen=Lauenburg zu erhalten, zerschlug sich. Selbst daß Adolf Friedrich seinen Sohn Carl an den schwedischen Hof sandte, um sich Wismar zu erhalten, war erfolglos, da der Kaiser und die Krone Schweden in diesem Punkte einig waren, und die letztere auch ihre Verdienste um die Wiedereinsetzung der Häuser Güstrow und Schwerin geltend machte. So willigte nach langem Widerstreben Adolf Friedrich ein, und nahm

---

[1]) Pütter, Historische Entwickelung der heutigen Staatsverfassung des Teutschen Reiches, S. 56 f. A. von Daniels, a. a. O. S. 561.

die dargebotene Compensation an[1]). Zu dieser gehörte außer den zu Magdeburg, Halberstadt und Straßburg abgetretenen zwei Dompfründen noch die wichtige Bestätigung der Erhöhung der mecklenburgischen Zölle an der Elbe auf beständig und die Aufhebung einer Forderung von 4000 Thaler, welche der frühere Statthalter Wallensteins, Albrecht Wingiersky, gegen die Herzoge geltend gemacht hatte, da diese sich jenes von ihm in Hamburg deponirten Capitals bemächtigt hatten[2]).

Was die Bestimmungen über das exercitium religionis anlangt, so dürfen dieselben nicht nach dem abstracten Begriff der Religionsfreiheit gewürdigt werden. Katholiken wie Protestanten stimmten darin überein, daß keineswegs beliebigen Bekenntnissen und Religionen staatliche Berechtigung und Religionsfreiheit gewährt werde, vielmehr wurde diese durch die Bestimmungen des Friedensinstruments ausdrücklich fern gehalten[3]). Die Frucht ihres langwierigen blutigen Kampfes wollten auch selbst die Evangelischen nicht mit unberechtigten Confessionen theilen. Bei dem tiefen Zwiespalte, der seit dem böhmischen Kriege durch das ganze Reich deutscher Nation hindurchging, und durch den dreißigjährigen Krieg über alle Theile Deutschlands unendliche Drangsale gebracht hatte, so daß sie verwüstet, entvölkert und mehr oder minder ganz zu Grunde gerichtet waren, war der principielle Riß, den die Glaubensspaltung hervorgerufen hatte, auch factisch immer mehr unausgleichbar und

---

[1]) E. F. C. Brückner, Commentatio ad art. XII inst. pac. Osnabrug. de Compensatione Ducibus Megapol. facta, Gotting. 1793, p. 65 sqq. Pütter, Geist des Westphälischen Friedens, Mecklenburgische Entschädigung, S. 183. Vgl. Hagemeister, Versuch einer Einleitung in das Mecklenburgische Staatsrecht, S. 215.

[2]) Art. XII, 4. Cassatur insuper praetensum debitum Wingierskyanum, utpote ex causa belli ortum, processibus etiam et decretis desuper emanatis penitus annullatis, ita ut neque duces Megapolitani, neque civitas Hamburgensis eo nomine in posterum unquam conveniri possint vel debeant.

[3]) Instrumentum Pacis Osnabrug. Art. VII, § 2: Sed praeter religionis supra nominatas nulla alia in sacro imperio Romano Germanico recipiatur vel toleretur. Es darf indessen nicht übersehen werden, daß durch diese Bestimmung nicht ausgeschlossen war, daß der Landesherr kraft seiner landesherrlichen Prärogativen den Einzelnen Duldung gewähren konnte. Geschah dieses, so wurde folgeweise denselben Gewissensfreiheit und Hausandacht zugestanden. Doch war diese devotio domestica nicht eine qualificata, insofern sie nicht die Berechtigung in sich schloß, einen Hausgeistlichen zu halten.

unheilbar geworden, so daß ausdrücklich davon abgesehen werden mußte, für die Zukunft kirchliche Fragen gemeinsam zu behandeln, und sie durch die Pluralität der Vota zu entscheiden. Man war genöthigt, die Ausgleichung über die Religion selbst als ein nicht zu erreichendes Ziel auf unbestimmte Zeit hinauszuschieben. Dennoch aber wurden die Bestimmungen des Friedensinstruments über Kirchensachen und Kirchengüter ausgedehnt und für alle Theile verbindlich erklärt. Der Passauer Vertrag vom Jahre 1552 und der Religionsfriede vom Jahre 1555 wurden ausdrücklich bestätigt.

Auch wurden die Reformirten in die Bestimmungen des Religionsfriedens eingeschlossen, und erlangten die reformirten Stände eine völlige Gleichstellung mit den lutherischen Ständen des Reichs[1]. Nicht sowohl den Unterthanen als vielmehr den Landesherren wurden diese Rechte zugestanden. Diesen allein stand auch das Reformationsrecht zu, vermöge dessen dieselben das exercitium religionis reformirey, und nach ihrem Ermessen bestimmen durften. Ward in dieser Beziehung das Jahr 1624 als Normaljahr (annus decretorius) festgestellt, so sollte damit nicht irgend ein Princip geltend gemacht werden, sondern jenes landesherrliche Reformationsrecht sollte an dem Jahre 1624 und seinen thatsächlichen Zuständen eine Schranke finden, insofern jenes Entscheidungsjahr die Richtschnur war, nach welcher die kirchlichen Verhältnisse geordnet werden mußten. Auch bildete in Bezug auf die Restitution der geistlichen Güter der erste Januar 1624 die Norm der Entscheidung, insofern dieser Termin den Besitzstand feststellte[2]. Im Uebrigen konnte der Landesherr sein Reformationsrecht, sofern es nicht von jener Beschränkung betroffen ward, im weitesten Umfange ausüben, nur war er gehalten in diesem Falle solchen Unterthanen freien Abzug zu gestatten ohne ungebührliche Abgaben und ohne Beschränkung der Freiheit, ihre liegenden Gründe oder sonstige Habe zu veräußern[3].

---

[1] Art. VII. — — Quidquid juris aut beneficii et ceteris catholicis et A. C. addictis Statibus et Subditis tribuunt, id etiam iis, qui inter illos Reformati vocantur, competere debeat.

[2] Art. II. Terminus a quo restitutionis in ecclesiasticis, et quae intuitu eorum in politicis mutata sunt, sit dies 1. Januar. anni 1624. Fiat itaque restitutio omnium etc.

[3] Art. XII — quum — — Statibus immediatis cum jure territorii et

Die Bedeutung des westphälischen Friedens wird nur dann in ihrem ganzen Umfange richtig gewürdigt werden, wenn man erwägt, welchen heillosen Zuständen derselbe ein Ziel setzte. So mangelhaft zum Theil seine Bestimmungen waren, durch welche factische Verhältnisse legalisirt wurden, die in sich namentlich in kirchlicher Hinsicht den Zwiespalt trugen, so bleibt es doch nicht minder wahr, daß der Friede das heiß ersehnte Rettungsmittel war, ebensowohl dem unheilvollsten Kriege ein Ende zu machen, als im Reiche überall feste geordnete kirchliche und politische Zustände wiederherzustellen. In der That erreichte dieses der Friedensschluß, so daß Deutschland zwei Jahrhunderte hindurch auf dem Grunde seiner Bestimmungen, die selbst für die Gegenwart noch manche feste Anhaltspunkte bieten, gestanden hat. In politischer Beziehung war es ein unberechenbarer Segen, daß durch den Friedensschluß der Zerreißung Deutschlands in zwei Hälften, die eine Zeit lang in Aussicht stand, und von den fremden Mächten, deren Invasion Deutschland an den Rand des Verderbens gebracht hatte, angestrebt wurde, für immer gewehrt ward. Die Unionen, die Ligen, die Sonderbünde, durch welche Deutschland hindurchgegangen, und durch welche es mit Zersetzung bedroht gewesen war, erreichten mit dem Friedensschlusse ihre Endschaft. Die alte Verfassung des Reichs, soweit sie nicht durch die freilich tiefgreifenden Bestimmungen des Friedensinstruments mobificirt war, trat wieder in volle Wirksamkeit. Trotz dem, daß die Landeshoheit der Fürsten mächtig herangewachsen war, und im westphälischen Frieden ihren Ausdruck fand, blieb doch die alte Grundgestalt des deutschen Reiches, und es ward der bedenklichen Gruppirung und Ablösung in Sonderbünde, die stets dem Einfluß des Auslandes

superioritatis ex communi per totum imperium hactenus usitata praxi, etiam jus reformandi exercitium religionis competat, ac dudum in pace religionis talium statuum subditis, si a religione domini territorii dissentiant, beneficium emigrandi concessum etc. — — Placuit porro, ut illi Catholicorum subditi A. C. addicti, ut et Catholicorum A. C. Statuum subditi, qui anno 1624 publicum vel etiam privatum suae Religionis exercitium nulla anni parte habuerunt, nec non, qui post pacem publica tam deinceps futuro tempore diversam a Territorii Domino Religionem profitebantur, patienter tolerentur, et conscientia libera domi devotioni suae, sine inquisitione aut turbatione privatim vacare, in vicinia vero ubi et quoties voluerint, publico Religionis exercitio interesse etc.

zu verfallen drohten, vorgebeugt. Zwar konnte der weftphälifche
Friede die Thatfache der Glaubensfpaltung nicht aufheben, noch die
Kluft fchließen, welche fich durch diefelbe gebildet hatte. Aber der
weftphälifche Friede hat diefe fchärfften aller Gegenfätze — von
einer Ausgleichung und Ausföhnung derfelben an fich konnte nicht
die Rede fein — beziehungsweife gemildert und befchränkt dadurch,
daß eine vollkommene gegenfeitige Gleichheit unter den Ständen
beiderlei Religionen eintrat, und beide Theile mit gleichem Rechte
gemeffen wurden. So hat unzweifelhaft der weftphälifche Friede
der Einigung Deutfchlands gedient, ja fie verhältnißmäßig herbeigeführt und verwirklicht in einem Augenblicke, wo mehr denn je
das Fortbeftehen des deutfchen Reiches durch die fremdartigen Ein-
flüffe des Auslandes gefährdet war.

Nahm nun Mecklenburg und fomit auch Roftock an den Segnungen Theil, welche dem ganzen deutfchen Vaterlande durch den
Friedensfchluß zu Theil wurden, fo war doch Roftock noch in be-
fonderer Weife daran betheiligt, unter welchen Bedingungen der
Abfchluß der Friedenstractate zu Stande kam. Ganz unmittelbar
ward Roftock von der fchwedifchen Satisfactionsfrage berührt. Denn
in den Verhandlungen über die der Krone Schweden für die von
ihr gemachten Aufwendungen, für die geleifteten Dienfte und die
von ihrer Seite gebrachten Opfer zu gewährende Entfchädigung
nahm diefelbe außer den deutfchen Landestheilen auch den Zoll bei
Warnemünde in Anfpruch[1]). Diefe fchwedifche Compenfationsforde-
rung bedrohte Roftock in feinen hauptfächlichften Intereffen, und gab

---

[1]) Urfprünglich hatte die Krone Schweden unter den zu ihrer Genugthuung
begehrten Orten auch Warnemünde gefordert, gedachte aber diefer Forderung weiter
nicht, und was entfcheidend war, das Friedensinftrument führte auch nicht in der
fchwedifchen Satisfaction Warnemünde als einen an Schweden abzutretenden Ort
auf. Aber da der Krone Schweden die erft während des Krieges eingeführten neuen
Zölle an den Küften und Häfen von Pommern und Mecklenburg auf beftändig
zugefichert wurden, war der Ausdruck einigermaßen zweifelhafter Art. Da der
mecklenburgifche Gefandte, D. Kayfer, unglücklicher Weife nicht fich anwefend befand,
als die fchwedifche Satisfaction berichtigt und verlefen ward, da er zeitweilig abgerufen war, fo blieb nichts übrig, als daß derfelbe im Namen der Herzoge bei
der Publication noch eine befondere Verwahrung einlegte. Vgl. von Meiern, Acta,
Vol. VI. p. 621. Pütter, Geift des weftphälifchen Friedens, hiftorifch und fyfte-
matifch dargeftellt, S. 156 f.

ber Befürchtung Raum, daß bie Stadt, welche zu verschiedenen
Zeiten bes Krieges schwer gelitten hatte, unb ihren Handel unb Schifffahrt gänzlich zerstört unb barnieder liegenb sah, sich niemals erholen
unb zu ber alten Blüthe erheben werbe, wenn ber Nerv ihrer Existenz, ber Handel, burch ben Warnemünder Zoll fortwährenb werbe
gelähmt werben. Da Herzog Abolf Friedrich, wie erwähnt, bie ihm
angesonnenen Abtretungen zum Zwecke ber Satisfaction ber Krone
Schweben entschieben ablehnte, unb mehrfache Schritte that, um
Schweben günstig zu stimmen unb bie ihm zugemuthete Compensation
zurückzuweisen, so war in Rostock schon seit bem Jahre 1646 bekannt,
baß Schweben hartnäckig ben Zoll zu Warnemünde festhielt, um
auch an biesem Punkte ber Ostsee seinen bebingenben Einfluß für
bie Zukunft aufrecht zu halten. Allgemein war bie Erkenntniß, baß
es sich hier um eine Lebensfrage für Rostock hanbele. Daraus erklärt es sich, baß auch innerhalb bes geistlichen Ministeriums vielfach bie Frage berathen wurde, was von seiner Seite in bieser
Angelegenheit geschehen könne. Das Ministerium entschieb sich bafür,
an seinem Theile zu hanbeln, unb Alles aufzubieten, beim Friebens-
congreß in Osnabrück bie Abschaffung bes Warnemünder Zolles zu
erlangen. Quistorp war es, ber als Senior ber theologischen Facultät
unb als Superintenbent an ben schwebischen Legaten ein Schreiben richtete, in welchem er bie in Aussicht stehenbe Forterhebung bes Zolls an
ber Münbung ber Warnow auf bas äußerste beklagt, unb baran erinnert, baß schon König Gustav Abolf ruhmvollen Anbenkens, als er
unweit Nürnberg mit seinem Heere lagerte, auf bie Bittschreiben ber
Akabemie unb bes Ministeriums zur Aufhebung bes Zolls[1]) nicht un-
beutlich Hoffnung gegeben habe. Das Schreiben führt ben großen
Nothstanb ber Stabt vor Augen[2]) unb zeigt, wie von ber Aufhebung

---

[1]) Die Herzoge hatten bem Könige Gustav Abolf im Vertrage vom 28. Februar 1632 bie Errichtung bes Zolls zu Warnemünde überlassen, boch hatten schon
am 1. April 1632 Rath unb Hunbertmänner wesentlich mit benselben Grünben
bagegen remonstrirt. Vgl. S. 195 f.

[2]) D. Quistorps Schreiben an ben schwebischen Legaten zu Osnabrück, d. d.
6. Februar 1647, barin er nomine Ministerii um Abschaffung bes Warnemünder
Zolles bittet. Arch. Min. Vol. XIX. p. 333 sqq. — — — Permoveat Te roga-
mus initio miserabilis hujus urbis facies. Exhausta est haec civitas, et vix
amplius spiritum tradit, milites praesidiarii quos hactenus alere coacti sunt
cives, si omne quod ipsis reliquum fecerat, exiens civitate exercitus Cae-

des Zolls ihre Existenz abhänge, wie aber auch durch den Ruin der Stadt die Universität zugleich bedroht werde, deren Untergang, da fast alle orthodoxen Akademien Deutschlands verwüstet worden, schwere Folgen für die Wissenschaft und Kirche haben werde. Das Ministerium blieb aber hierbei nicht stehen. Da die Nachrichten aus Osnabrück nicht günstig lauteten, und man in Erfahrung gebracht hatte, daß auch der mecklenburgische Gesandte, D. Abraham Kayser, mit seinem Widerspruche nicht habe durchdringen können, und daß seine Vorstellungen bisher erfolglos gewesen seien, ging das Ministerium in einem Bittschreiben unmittelbar selbst die Königin von Schweden um Aufhebung des Zolles an, da, wenn diese nicht statt= finde, Alles vergeblich sei, und Rostock nimmer des Glückes genießen werde, dessen es sich vor dem Ausbruch des Krieges erfreut habe. Die Handelsbeziehungen Rostocks von seinem Ursprunge an zu Schweden sind es, welche hauptsächlich als Grund für die Erfüllung dieser Bitte geltend gemacht werden[1]. Gleichzeitig aber wandte sich das Ministerium in einem von Quistorp verfaßten Schreiben an den Kanzler Oxenstierna, dessen große Verdienste um Schweden und um ganz Europa im Eingange gerühmt und dessen Bestrebungen,

---

sareus abstulerunt. Colligere iisdem ex mercimoniis hoc tempore parum licuit, propterea quod exteros telonium a nobis arcuerit, et nautae nostrates soli omnia illa pendere necesse habuerint, quae in thesaurum telonii sunt illata. Meditati et hi saepius sunt a nobis discessum, spe liberationis hacte-nus manserunt: verum si continuabitur illud onus, jurant, se hinc in vi-cinam Daniam concessuros, ibidemque domicilia fixuros. Quodsi fiet, di-midiam nunc partem incolis orbata civitas prorsus desolabitur, et nostratium per tot centum annos cum regno Sueciae commercia exercita cessabunt. O luctuosissima posteritati nostra, quibus haec contigerunt tempora. — Permoveat Te porro Academiae nostrae conditio. Corruere hanc oportet, civitate, a qua dimidia Professorum pars alitur, corruente. Vastatae sunt omnes ferme Germaniae Academiae orthodoxae, nostra hactenus medio-criter stetit, licuit nobis in illa fingere juventutem, quae deinceps linguas scientias, artes et sanam doctrinam in Germania et vicinis regnis doceret et defenderet. Academia haec, si cum reliquis subverteretur, quid aliud quam barbariem, ignorantiam, defectum orthodoxiae defensorum exspectare habemus?

[1] Schreiben des Ministeriums (Rostochii prid. Non. Mart. Anno CIƆIƆCXLVII) an die Königin von Schweden wegen Abschaffung des Zolls zu Warnemünde. Arch. Min. Vol. XIX. p. 345 sqq.

die Flamme des Krieges zu löschen, dankbar anerkannt werden. Die Schilderung aber, die daran sich schließt, wohin es mit der einst so blühenden Stadt Rostock gekommen, ist ergreifend. Die Gehalte der Kirchen- und Schuldiener seien schon seit einigen Jahren nicht mehr gezahlt; auch würden die im Armenhause Aufgenommenen nicht mehr unterhalten. Der nicht von seinem Eigenthum leben könne, müsse entweder vor Kummer oder vor Hunger umkommen, oder müsse nothwendig anderswoher suchen, womit er sich und die Seinigen erhalte, er, der Kanzler, habe früher die Stadt als belebten Körper gesehen, jetzt würde sie ihm, wenn ihr Anblick ihm vergönnt wäre, als ein Leichnam erscheinen. Diejenigen, welche Rostock jetzt sehen, und mit seiner früheren Blüthe vergleichen, würden sich kaum der Thränen enthalten können. Daran knüpft sich[1] schließlich die dringende Bitte, den Zoll zu erlassen. Aber was auch immer von Seiten der Landesherrschaft und des Rathes der Stadt übereinstimmend geschah, um von ihrem Standpunkte aus dieses Resultat zu erreichen, und die Aufhebung des Zolles als in den Verträgen und gegebenen Zusagen begründet darzustellen, so war doch alles dieses vereinigte Bemühen vergeblich. Es gelang nicht, eine ausdrückliche Bestimmung in Betreff des Warnemünder Zolles in das Friedensinstrument zu bringen. In Folge des Friedensschlusses räumten zwar die Schweden die Orte, welche sie noch in Mecklenburg inne hatten, Dömitz, Plau, Bützow und auch Warnemünde, hielten aber dennoch an der Erhebung des dortigen Seezolles fest, indem sie, ohne den Ort besetzt zu halten, ein Kriegsschiff vor Warnemünde legten. Umsonst bat der mecklenburgische Gesandte, Abraham Kayser, die noch zu Münster weilenden kaiserlichen Abgesandten, den Grafen von Lauenburg, Johann Krahne und Isaac Volmar um eine declaratoria der Stelle des Friedensinstruments,

---

[1] Schreiben des Ministeriums ad Dnum Cancellarium Sueciae Axel Oxenstierna, Rostochii, Prid. Non. Martii Ao. CIƆIƆXLVII. Ibid. 347 sq.: Penes te est, Domine Illustrissime, ut nobis paulatim ad amissum nitorem redire liceat. Patere te nostris precibus moveri: fac telonium, quod hactenus Warnemündi exactum est, quiescat, ex quo annos hosce septemdecim cessarunt, cum exteris commercia repetantur. Eo pacto reflorescere incipiet civitas; Academia, quam pene unicam belli injuria in Germania reliquam fecit, servabitur, Ministerium gemere desinet etc.

28

in welcher den Schweden die mecklenburgischen Zölle an der Ostsee abgetreten waren. Der Graf von Trautmannsdorf war bereits abgereist, und es fehlten auch in dem Friedensinstrument am betreffenden Orte die entscheidenden Worte in locis cessis, welche der Rostocksche Gesandte Deichmann vergeblich befürwortet hatte. Dennoch erklärten jene drei kaiserlichen Gesandten für sich unter dem 1. März 1649 demselben schriftlich, daß keine andere Absicht bei jener Bestimmung des Friedensinstruments obgewaltet habe, als daß die Schweden befugt sein sollten, an den ihnen abgetretenen Orten Zölle zu erheben[1]). Jedoch änderte dieses nichts an dem Fortbestande des Zolles. Weder die Absendung eines Rostocker Deputirten an den Kaiser, noch dessen und der Directoren des Niedersächsischen Kreises versuchte Intercession bei der Königin Christina von Schweden führte zum Ziele. Der von Rostock in dieser Angelegenheit unmittelbar nach Stockholm gesandte Secretarius, Andreas Schmalbach, kehrte im September 1652 unverrichteter Sache zurück[2]). Auch der spätere Versuch, durch die Absendung des Procurators Johann Graß auf

---

[1]) Vgl. Acta, Die Warnemündische Zoll-Sache betreffend, Vol. LXXVII . (Bibl. der Ritter- und Landschaft). „Wir Untenbenannte, der Römischen Kayserlichen Majestät Kayserliche Hoff Rähte vnd zu den Friedenstractaten zu Münster vnd Osnabrück Bevolmechtigte Abgesandte, verkünden vnd bezeugen hiemit, daß wir den Paragraphum (Ueber das concediret oder gibt der Römische Kayser die heutigen Zölle, insgemein die Liconten genannt, in Pommern vnd Mecklenburg der Cron Schweden zum ewigen recht zu genießen, aber daß sie dieselben auf solch einen taxt bringen sollen, damit die Handelungen vnd Commercien an denselbigen Öhrten nicht gar untergehen vnd sich verliegen mögen) im Friedens instrument, in dem Articul der genugthung der Cron Schweden, allezeit von den Zöllen oder Licenten verstanden haben, so die Cron Schweden an den Öhrten, so ihnen vermöge des Friedensschlusses abgetreten vnd cediret sein, zu heben vnd zu genießen haben, vnd also unter solcher disposition vnd abhandelung der Warnemünder Zoll nicht mit begriffen haben, auch nicht mit begriffen haben können. Zumahl solche einhebung des Zolls daselbst gahr ein newes, welche durch keine Kayserliche oder Churfürstliche öffentliche Authoritet oder bewilligunge, sondern bloß alleine durch vrsach vnd gelegenheit des Krieges eigenmächtig durch gewalt eingeführt worden u. s. w." — — Die Erklärung ist unterzeichnet: So geschehen zu Münster den ersten Martij des Tausend Sechshundert Neun und Viertzigsten Jahres, Joannes Maximilianus Graffen von Lauenburg, Johann Krahen, Isaac Volmar, D.

[2]) Franck, Altes und Neues Mecklenburg, Lib. XIII. S. 269. Lib. XIV. S. 19, 23 f., 45, 73, 140 ff., 272, 332, 336.

ben Reichstag zu Regensburg Abhülfe zu erlangen, gelang ebenso-
wenig. Selbst nachdem später im Jahre 1660 die Schanze bei
Warnemünde von kaiserlichen Truppen genommen, und von den
Rostockern geschleift war, dauerte die Erhebung der Licenten durch
schwedische Kriegsschiffe fort[1]. Auf lange hinaus wurde dadurch der
Handel Rostocks, das nur langsam sich von den schweren Folgen des
Krieges erholte, auf das empfindlichste bedrückt.

Dennoch war die Freude, als die Kunde des Friedensschlusses,
den Unzählige seit langen Jahren heiß ersehnt, und von Gott erfleht
hatten, nach Rostock gelangte, eine außerordentlich große und allgemeine. Noch in dem fürstlichen Ausschreiben vom 26. Februar
1648[2]), womit der allgemeine monatliche Bet- und Bußtag angeordnet wurde, war mit großem Schmerze als auf eine Strafe
und Züchtigung für den Mangel an wahrer Buße und Bekehrung
darauf hingewiesen, daß auf die langwierigen Friedenstractate durch
göttlich gnädige Verleihung und Vereinigung der hohen Häupter und
Interessenten noch bis auf jetzige Stunde kein glücklicher Succeß
zu einem allgemeinen Gott und Menschen wohlgefälligen christlichen
billigen Frieden habe erfolgen wollen. Als es nun aber gewiß war,
daß nicht abermals die Hoffnungen des deutschen Vaterlandes getäuscht waren, als es feststand, daß wirklich der Friede zu Stande
gekommen, da theilte man auch in Rostock, ungeachtet daß es nicht
gelungen, die Mündung der Warnow von der lähmenden Fessel zu
befreien, welche den Handel der Seestadt noch über die Kriegszeit
hinaus niederdrückte, die gemeinsame Freude, und war von Lob und
Dank durchdrungen gegen den HErrn, dessen Gnade das Friedenswerk hatte gelingen lassen.

Schon am 26. October 1648 ordnete Herzog Adolf Friedrich

---

[1]) Es kann nicht die Absicht sein, diese Angelegenheit hier in ihren verschiedenen Phasen, die sie noch zu durchlaufen hatte, zu verfolgen. Die angeführten
Acten zeigen, wie wenig die kaiserlichen Dehortatorien, die erlassen wurden, in dieser
Sache vermochten, und daß selbst die in Bezug auf die Ausführung des Friedensinstruments eingesetzte Executions-Commission hinsichtlich der Schanze, die von den
Schweden von Wismar aus wiederhergestellt wurde, und des Zolls zu Warnemünde
keinen Wandel zu schaffen vermochte. Im Nimwegschen Frieden, wo Mecklenburg
um die Restitution des Zolls zu Warnemünde sich bemühte, ward er Schweden
ausdrücklich eingeräumt.

[2]) Arch. Min. Vol. XII. S. 295 ff.

einen Danktag an¹), welcher am folgenden Sonntage unter der regsten Betheiligung aller Gemeinden, welche von dem lebendigsten Dankgefühle für den ersehnten und glücklich herbeigeführten Friedensschluß erfüllt waren, begangen ward. Alles war der gnädigen Führung des HErrn, welche Rostock in den schweren Drangsalszeiten des Krieges in so reichem Maße erfahren hatte, eingedenk, und pries aus vollem Herzen ihn für die theure Gabe des so lange entbehrten Friedens. Für den Augenblick trat völlig in den Hintergrund, wie es mit der Befreiung des Warnowstromes werden solle. Das Gefühl, daß nach dreißigjähriger Heimsuchung die bittere Kriegsnoth vorüber und beendigt sei, durchdrang alle Herzen, und vereinigte sie zu Lob und Preis und Dank gegen den HErrn, der in seiner Barmherzigkeit solches gnädig hinausgeführt hatte²).

---

¹) Schreiben Herzogs Adolf Friedrich an das Ministerium, wegen geschlossenen Münster- und Osnabrückschen Friedens einen Danktag zu halten, Datum Schwerin, den 26. Octobris 1648. Arch. Min. Vol. XII. S. 803. Nachdem nunmehr durch des Allerhöchsten Gottes gnedige schick- vnd verleyhung, die zu Osnabrügk vnd Münster vorgewesene langwierige Friedenstractaten sich glücklich geendiget, vnd ein allgemeiner Friede im heiligen Römischen Reich alda geschlossen vnd publiciret worden, vnd dahero höchstbillig, daß Seiner Göttlichen Allmacht dafür lob vnd dank gesaget werde. Alß befehlen wir Euch hiemit gnediglich, daß Ihr deßwegen am künftigen Sonntage in allen Kirchen alda eine öffentliche Danksagung thun, vnd vermittelst einer lieblichen Musio das gewöhnliche Te Deum laudamus solenniter singen lasset, vnd anstath des bishero gebrauchten gebets den 46. vnd 103. Psalm ablesen, auch den bevorstehenden Bet- vnd Fasttag, wie auch die Betstunden ebenmäßig dahin, vnd auf eine Danksagung bis auf Unsere fernere Verordnung richten sollet.

²) Schon mehrere Jahre vorher, als nach Beginn der Friedensunterhandlungen der Friedensschluß in Aussicht stand, nehmen wir wahr, daß Friedenslieder und Danklieder in Deutschland gedichtet werden. Eines der köstlichsten ist das von Martin Rinkart zu Eilenburg in Sachsen schon im Jahre 1644 gedichtete Lied: „Nun danket alle Gott", das in seliger Freude über den baldigen Eintritt des lange gehofften Friedens die tiefste Empfindung des Dankes ausspricht mit Bezug auf alle Erfahrung göttlicher Führung, insbesondere der Errettung aus der schweren Kriegsnoth. Vgl. B. C. Roosen, Das evangelische Trostlied und der Trost evangelischen Liedes, Abschnitt: Der Friede und die Friedenslieder, S. 231 f. J. F. Bachmann, M. Michael Schirmer nach seinem Leben und Dichten. Glückwünschender Gesang auf die bei der Friedens-Verhandlung zu Osnabrück thätig gewesenen Gesandten, S. 125 ff. Danksagendes und jauchzendes Deutschland über langgewünschten Frieden, S. 141 ff.

Die ſchwere Kreuzesſchule, durch welche der HErr die luthe=
riſche Kirche im dreißigjährigen Kriege hatte hindurchgehen laſſen,
war ihr zum Segen geworden. Hatte ſie ſchon, wie wir bereits
ſahen, in den letzten Jahren, wo der unſägliche Kriegsjammer etwas
nachgelaſſen hatte, Alles aufgeboten, um die traurigen kirchlichen
Zuſtände zu heben, dem Verfall der Kirche entgegen zu wirken, und
ſie von Innen heraus zu erneuern, ſo verfolgte ſie, nachdem der
Friede mit ſeinen Segnungen eingetreten war, dieſe Aufgabe mit
verdoppeltem Eifer. Ueberall iſt die Neubelebung der Kirche aus
der Kraft des Wortes durch den Glauben das Ziel, dem ſie nach=
ſtrebt. Die Herzoge Adolf Friedrich und Guſtav Adolf waren ſich
ihrer heiligen Pflichten als custodes utriusque tabulae lebendig
bewußt, und waren unabläſſig bemüht unter der Mitwirkung der
Geiſtlichkeit, deren Organe die Fürſten bei der Ausübung ihres jus
episcopale beriethen, die kirchlichen Nothſtände und Uebelſtände zu
beſeitigen, die reine und unverfälſchte Lehre des Evangeliums nicht
blos äußerlich zu bewahren, ſondern zu einer Macht des Lebens
werden zu laſſen, durch welche die Landeskirche wahrhaft erbaut
werde. Die Geiſtlichkeit verkannte nicht die tiefen Schäden, die
vorhanden waren, und ſich oft ſchmerzlich genug bemerkbar machten,
ſondern war in ihrem treuen Wächter= und Hirtendienſt jetzt unab=
läſſig bemüht, die Verſäumniſſe der Kriegszeit, die ihr nicht zur Laſt
fielen, möglichſt gut zu machen, und die tiefen Wunden zu heilen, welche
die Noth der Zeit im Bunde mit dem Unglauben und der überall ver=
breiteten weltlichen und fleiſchlichen Geſinnung ihr geſchlagen hatte.

Es mußte ſich mit innerer Nothwendigkeit aufdrängen, daß es
zunächſt die Aufgabe ſei, die kirchlichen Ordnungen wiederum in
Kraft und Wirkſamkeit zu ſetzen, um dadurch es zu ermöglichen,
daß das Wort Gottes und die Gnadenmittel der Kirche ihre ſelig=
machende Kraft an den Gemeinden erweiſen konnten. Ward die
lautere Predigt des Evangeliums auch als das einzige Mittel an=
geſehen, durch welches wahrhaft die Gemeinden erneuert werden
konnten, ſo überſah die Geiſtlichkeit doch nicht, daß die Wiederher=
ſtellung der kirchlichen Ordnungen pädagogiſch nothwendig und uner=
läßlich ſei, damit das Glaubensleben überall wieder gepflanzt und
bewahrt werden könne. War ſich dieſelbe bewußt, daß ſie Haus=
halter über Gottes Geheimniſſe ſei, und das Wort des Heils vor

Trübung und Verkehrung zu bewahren habe, so auch nicht minder,
daß ihr die Seelen befohlen seien, und daß sie als treue Hirten sie
mit dem Worte des Lebens zu weiden und durch alle geistlichen
Mittel der Vermahnung und Zucht, soweit ihr solche kraft ihres
Amtes zustanden, zum ewigen Leben zu bewahren verpflichtet sei.
Ueberall ist ihre Arbeit darauf gerichtet, lebendigen Glauben an den
HErrn Jesum und sein gnadenreiches Verdienst zu wecken, damit
in der Kraft dieses Glaubens als lebendige Frucht desselben ein
gottseliger Wandel geführt werde. Um dieses zu erreichen, bedurfte
es, daß die alten Ordnungen der Kirche wieder hergestellt wurden,
um von dieser festen gesicherten Grundlage aus die vielen Hindernisse hinwegzuräumen, die in der Lockerung aller Verhältnisse durch
die furchtbaren Einwirkungen des Krieges lagen, der die kirchliche
Sitte meistens zerstört hatte, und die eigenen Gemeinden durch die
treue Verkündigung des seligmachenden Wortes und durch fortgesetzte
seelsorgerische Thätigkeit wiederum zu lebendigen Gliedmaßen der
Landeskirche zu machen.

Um nun eine Einsicht in die kirchlichen Zustände, in ihre Noth-
burft und Mängel zu gewinnen, verordnete Adolf Friedrich eine
General-Visitation aller Kirchen, um zugleich auf die Mittel und
Wege Bedacht zu nehmen, wie denselben abgeholfen, und Alles nach
Möglichkeit in einen besseren Stand gesetzt werden möge[1]). Diese
Visitation sollte sich auf Kirchen, Schulen und Hospitalien erstrecken,
und sowohl der Prediger- und Schulbiener-Qualitäten, wie sie sich
in ihrem Amte und ihrer Lehre, ihrem Leben und Wandel erwiesen,
ins Auge fassen als auch erkunden, wie sich die Zuhörer und Kirch-
spielskinder in ihrem Christenthum, in der Anhörung des göttlichen
Worts, im Gebrauch der heiligen Sacramente und sonst sowohl
gegen ihre Seelsorger, als insgemein sich bezeigten und verhielten.
Wie der Krieg die Gemeinden aufgelöst, und das Land entvölkert

---

[1]) Vgl. J. F. G. Befehl wegen angeordneter General Visitation aller Kirchen
im Güstrowschen Fürstenthumb. Von Gottes Gnaden Adolph Friederich, Herzog
zu Mecklenburg, Administrator des Stifts Schwerin — — Datum Gustrow,
den 6. Aprilis 1646. Den — — Regierungs Rath, Superintendenti und Hauptmann allhie zu Güstrow, Joachim von Nessen, Ern. M. Samueli Arnoldi und
Jochim Krügern. (Bibl. der Ritter- und Landschaft.)

hatte[1]), so waren auch die Kirchen und Capellen theils durch die
Soldatesla zerstört, theils durch die Länge der Zeit, in welcher nichts
für sie geschehen war, unbrauchbar geworden und verfallen. Auch
waren viele Kirchengüter schlecht verwaltet worden, ja bei dem herrschenden Nothstande in der Kriegszeit, wo es an fortgehender Aufsicht fehlte, ihrem ursprünglichen Zwecke entfremdet worden. So
sollte die Visitation auch die Kirchengebäude, die dazu belegenen
Wedemen, auch die Schulhäuser und Armenhäuser besichtigen[2]) und
in Obacht nehmen, welche Bewandtniß es mit den dazu gehörigen
und der Oekonomeien-Güter und Einkünfte habe, ob dieselben auch
recht administrirt seien, daß Kirchen- und Schulbiener ihren Unterhalt
davon haben könnten, und in Acht genommen würden, daß nichts
davon veräußert, untergeschlagen noch weggebracht worden. Auch
wurde den Visitatoren zur Pflicht gemacht, darauf zu sehen, daß
die dazu bestellten Vorsteher, Oeconomi und Juraten auch genugsam qualificirt und gesessen, treu und fleißig seien. Die Absicht
ging dahin, über alle vorhandenen Mängel und Gebrechen sorgfältige Erkundigungen einzuziehen, um sie möglichst rasch und in
geeigneter Weise abstellen zu können. Zu diesem Zwecke sollten auch
von den Eingepfarreten jedes Ortes die nöthigen Nachrichten eingezogen, und ihnen verstattet werden, ihre etwaigen Beschwerden
vorzubringen, welche zu vernehmen, anzuhören und zu berichten
waren. Zugleich ward es der Visitation zur Pflicht gemacht, von
den an jedem Orte verordneten Oeconomis, Juraten und Vorstehern
ihrer Administration und Verwaltungen halben, gebührliche Rechnung
aufzunehmen, die vacirenden Stellen mit guten, tüchtigen und genugsam gesessenen Personen wieder zu besetzen, und jeden Orts
zum wenigsten zween Juraten oder Vorsteher zu bestellen und zu

---

[1]) Vgl. die von Groth gegebenen Auszüge aus den Kirchenvisitations-Proto-
collen, die in den Jahren 1648 und 1649 aufgenommen wurden, bei Lisch, Jahrbücher VI. S. 132 ff.

[2]) Vgl. Welcher gestalt mit der general-Kirchen und Schulen wie auch armer
Häuser Visitation verfahren werden soll. (Bibl. der Ritter- und Landschaft.) Das
Schriftstück enthält den Wortlaut des unter dem 15. Mai 1646 erlassenen Denun-
ciations-Schreibens, wodurch die Prediger, Patrone und sämmtliche Eingepfarrten
von der angeordneten Visitation in Kenntniß gesetzt wurden. Zugleich wird in demselben genau bestimmt, was bei der angeordneten General Visitation erstlich in
der Kirchen und sodann außerhalb der Kirchen vorgenommen werden soll.

verordnen, überhaupt Alles, was Kirchen und Schulen zum besten
Aufnehmen gereichen möge, zu thun und zu verrichten.

Characteristisch für die Zeit ist es, daß Herzog Adolf Friedrich
ausdrücklich einschärft, sein und seines Pflegesohns Herzog Gustav
Adolfs jus episcopale in gute und genaue Obacht zu nehmen, damit nichts demselben zur Schmälerung vorgehe, oder, da irgend der-
artiges geschehen sein sollte, es gestracks wieder abgeschafft werde.
Schließlich ward den Visitatoren auferlegt, in ihrer über die Visitation abzustattenden umständlichen Relation ihr Bedenken auszusprechen, wie in einem oder dem anderen Punkte den dabei befun-
denen Mängeln und Gebrechen am besten und bequemsten nach
jetziger Zeit und nach Beschaffenheit des verwüsteten Landes möglicher Maßen zu helfen sein möge.

Es waltete nun bei dieser wie bei der späteren Fortsetzung der
General-Visitation durchgängig der Gesichtspunkt vor, nach wieder-
erlangtem Frieden Alles, was zur Erhaltung und Fortpflanzung
christlichen Glaubens und Besserung des Lebens, zur Beförderung
des Gottesdienstes und Anordnung guter Kirchendisciplin gereichen
könne, zu thun und ins Werk zu richten. Wenn gleich diese General-
Visitation nicht nach den Bestimmungen erfolgte, welche in der
Revidirten Kirchenordnung getroffen waren[1]), so geschah dieses, um
nicht die Kosten derselben zu vergrößern, und die ohnehin nicht kurze
Zeit, welche zu dem unter den damaligen Umständen und Verhältnissen doppelt schwierigen Werke nothwendig war, nicht noch weiter
auszudehnen. Im Uebrigen aber schärfte die erlassene Instruction
ausdrücklich ein, daß alle und jede Punkte, die in der Kirchenordnung enthalten, fleißig in Acht genommen werden sollten, namentlich daß die Reinheit der Lehre bei den Pfarrherrn erkundet und
fleißig nachgeforscht werde, ob auch von ihnen das Examen cate-
cheticum sorgfältig angestellt werde. Die von Herzog Gustav Adolf

---

[1]) Die Kirchenordnung hatte in dem Abschnitt: Von der Visitation, fol. 135a,
festgesetzt: Erstlich wollen wir eine gemeine Visitation im gantzen Fürstenthumb
mit Gottes Hülfe fürnehmen. Dazu sollen neben den Gelarten etliche Personen
vom Adel und Land Räthen verordenet werden, und soll dazu die Unkost aus den
Clöster Gütern oder aus den nechsten Emptern genommen werden, wie auch in
der particular Visitation: Damit der armen Leute, so viel müglich ist, verscho-
net werde.

unter dem 17. Junius 1661 erlassene Instruction¹) fordert außer
den erwähnten Punkten auch die Aufsicht über das Leben der Pfarrkinder, über die Beschaffenheit der kirchlichen Disciplin, hauptsächlich
aber, ob die Ceremonien in allen Orten der Kirchenordnung gemäß
und insonderheit bei der heiligen Communion und bei der Taufe gehalten würden. Alle diese Punkte einzuschärfen war um so nöthiger,
als die Nachwirkungen der furchtbaren Kriegsjahre auch auf kirchlichem
Gebiete lange fortdauerten, und oft noch lange nachher sich bemerkbar machten. Die kirchlichen Ceremonien und Observanzen waren
mannigfach durchbrochen, beseitigt oder verändert, und es bedurfte
auch nach dieser Seite hin eines ernsten und umsichtigen Eingreifens,
um auch hier die nothwendige Einheit in dem schriftmäßigen und
bekenntnißmäßigen Gebrauch der Gnadenmittel herzustellen. Wie
das Leben und der Wandel der Pastoren als Gegenstand kirchenregimentlicher Sorge und geistlicher Fürsorge angesehen ward, so
auch das Leben der Pfarrkinder, ob sie fleißig Gottes Wort hörten,
und die heiligen Sacramente oft und mit gebührender Andacht ge-
brauchten²). Der Inspection der Schulen ward besondere Theilnahme
zugewandt und darauf gesehen, daß geschickte und gottselige Lehrer
ihr Amt fleißig und treulich verrichteten.

Auch Herzog Adolf Friedrich ließ die Kirchenvisitation in seinen
Landen fortsetzen, und widmete ihr eine unausgesetzte Aufmerksamkeit.
Im mecklenburgischen Kirchenkreise hatte der Wismarsche Superin-
tendent M. Joachim Hertzberg, der noch in der Angelegenheit Lütke-

---

¹) Instruction, wornach unser von Gottes Gnaden Gustav Adolphen, Herzogen
zu Mecklenburg, Fürsten zu Wenden, Schwerin und Ratzeburg, auch Grafen zu
Schwerin, der Lande Rostock und Stargard Herrn, Commissarii bei angeordneter
General-Kirchen Visitation in Güstrow- und Rostockschen Crayse sich zu richten
haben (Bibl. der Ritter- und Landschaft). Um die lange Dauer der Visitation zu
verhindern, und die schleunigere Verbesserung der gefundenen Mängel herbeizuführen,
wurden die beiden Kreise in vier Theile getheilt, der erste dem Superintendenten
der Diöcese selbst, die drei anderen aber zur Visitation den Subdelegirten und Deputirten überwiesen.

²) Bezeichnend für die Volkszustände ist es, daß in jener Instruction ausdrücklich geboten wird, darüber Inquisition zu thun, „ob jemand Zauberei treibe,
oder mit Wicken, Böten, Planeten lesen und dergleichen abergläubischen teuflischen
Dingen umgehe, Rath oder Hülfe bei denselben suche. Welche nun in solchem teuflischen Wesen angetroffen werden, sollen unsere Visitatores nahmkundig machen
und uns anhero berichten."

manns sein Gutachten abgegeben hatte, die Kirchenvisitation gehalten. Als aber die Abtretung Wismars an Schweden in Ausführung der Bestimmungen des westphälischen Friedens erfolgt war, konnte auch Hertzberg, der übrigens schon im Jahre 1652 starb, nicht länger als mecklenburgischer Superintendent sein Amt führen. Adolf Friedrich berief zu der erledigten Superintendentur, deren Sitz er nach Ratzeburg verlegte, den D. Hector Mithobius[1]), welchem er die Inspection der Kirchen und Schulen von neuem committirte. Als das Stift Ratzeburg säcularisirt, und durch den westphälischen Frieden zur Compensation für Wismar, Poel und das Amt Neukloster ihm angefallen war, hatte das Land alle Ursache, mit diesem Wechsel zufrieden zu sein, da Adolf Friedrich in jeder Beziehung demselben seine Fürsorge zuwandte, und insbesondere seinen neuen von Gott ihm anvertrauten Unterthanen den Schatz der reinen Lehre zu bewahren suchte. Mithobius hatte die hohe Bedeutung des Catechismus erkannt, und wie viel davon abhänge, daß er fleißig getrieben und in die Herzen der Leute gebracht werde. Daher war denn auch seine amtliche Thätigkeit als Superintendent darauf gerichtet, das Verhör aus dem Catechismo in Uebung zu bringen. Zu diesem Zwecke gab er seine Methodus catechizandi simplices heraus[2]), und

---

[1]) Mithobius (Miet-Hof) war gebürtig aus Hannover, später Hofprediger des Herzogs Franz Julius zu Sachsen-Lauenburg, dann General-Superintendent, Kirchenrath und Pastor zu Halberstadt, von wo er als Superintendent nach Ratzeburg kam, wo ihn Herzog Adolf Friedrich „in seinem bis dahero geführten Amte" gnädigst confirmirte. Er starb schon am 7. Junius 1655.

[2]) Methodus Catechizandi Simplices, Das ist Einfältigste vnd kurtze Anleitung, wie die gantz einfältigen Leute in dem H. Catechismo sind zu üben, daß sie dessen Verstand vnd Gebrauch, soviel ihnen dienet zur Seligkeit, ergreiffen mögen. Sampt einer Vorrede, von dem hochnötigen Nutzen des H. Catechismi, vnd wie ein jeder in seinem Beruffe denselben in die Leute zu bringen trewlich helffen, ihn auch selber täglich gebrauchen sol: Welche einem jeden zu lesen vnd zu behalten hoch von nöthen ist, ehe er zu den Fragen kommet. Dabey auch die gemeine Beicht vnd Gebete gedruckt sind, welche im Fürstenthumb Ratzeburg gebraucht werden. Auff begehren seiner Angehörigen auffgesetzet durch Hectorem Mithobium, H. Schrifft Doctorem vnd Superintendenten. Gedruckt zu Rostock durch Nicolaum Keylen, der Universität Buchdrucker, 1653. Die Schrift ist dem Herzog Adolf Friedrich zugeeignet, und ist die Dedication datirt vom 30. August 1650, in welcher er ihm zur glücklichen Antretung dieses seines Regimentes seine christlichen Wünsche und Gebete darbringt.

hatte die Freude, daß die Pastoren seiner Superintendentur, eingedenk der Mahnung Luthers, ja bei einerlei Form zu bleiben, und
dieselbe immerdar zu treiben, ein Jahr wie das andere dieselbe bei-
behielten. Der Catechismus dient nach seiner Meinung zu drei
Stücken: zur reuenden Erkenntniß der Sünde, zur Stärkung des
Glaubens an den Heiland und zum neuen Gehorsam, und so fordert
er, daß man nicht ablasse, bis die Einfältigen diese drei Stücke
gefaßt haben[1]). Adolf Friedrich billigte diese Bestrebungen, und be-
zeugte Mithobius sein besonderes Wohlgefallen über dieselben, da
auch er gewiß war, daß der Grund zu allem christlichen, gottseligen
Leben seiner Unterthanen aus dem Catechismo gelegt werden müsse[2]).

Daneben aber bethätigte Adolf Friedrich seine Fürsorge für
die Kirche auch dadurch, daß er ernstlich darauf bedacht war, den
Predigern einigermaßen ihren Unterhalt zu sichern, wohl wissend,
daß die Kirche Gottes, so lange sie in dieser Welt herberget, der
irdischen Mittel nicht entbehren kann, und daß sie des Schutzes und
Schirmes bedarf, damit ihr solche zu Theil werden. Die entsetzlichen Kriegsjahre 1637 und 1638 hatten, wie wir gesehen, die
noch vorhandene Zahl der Geistlichen außerordentlich verringert, und
die übrig gebliebenen hatten ihren elenden kläglichen Zustand be-
weglich und flehentlich zu erkennen gegeben, auch dabei geklaget,
daß die herzoglichen Beamte und Lehnleute ihnen von den wüsten
Hufen ihre Gebühr nicht allein in langen Zeiten nicht entrichtet, sondern ihnen auch ihre Lebensmittel entzogen hätten, so daß sie ihr
Amt mit Seufzen zu verrichten gemüßiget seien. Schon unter dem
4. October 1641 erließ Adolf Friedrich darauf eine Constitution[3])

---

[1]) In Bezug auf die Einrichtung des Catechismus bemerkt Mithobius: Und
ob schon der H. D. Luther nur fünff Hauptstück des Catechismi setzet, vnd also die
Schlüssel des Himmelreichs zu dem dritten Artikel oder zur Vorbereitung des
H. Abendmahls können gezogen werden, dennoch biemeil dieser Orter das Ampt
von den Schlüsseln, als das sechste Stücke, wird hinzugethan, so ist solches auch
allhie geschehen.

[2]) Vgl. auch Herzogs Adolf Friederichs Mandat an den Superintendenten
Dr. Mithobius, d. d. 24. Mart. 1655, bei Franck, Altes und Neues Mecklenburg,
Lib. XIV. S. 97 f.

[3]) J. F. G. Herrn Adolph Friederichon, Herzogen zu Mecklenburg, Constitution, was im Schwerinschen Antheil den Predigern von den wüsten unbesetzten
Hufen jährlich gegeben werden soll (Bibl. der Ritter- und Landschaft).

des Inhalts, daß zwar von den vorigen Kriegs= und Mißwachs=
jahren von den wüſten Hufen nichts ſolle gefordert werden, daß
gleichwohl aber von dieſen jetzigen und folgenden Jahren den Geiſt=
lichen entweder ihre Gebühr ebenſowohl als wenn ſie bewohnt wären,
gereichet, oder auch die auf den wüſten Hufen befindlichen fructus
naturales ihnen ſollten überlaſſen werden. Dieſe Fürſorge ſetzte
Abolf Friedrich auch in den folgenden Jahren fort[1]), war ſtets be=
reit, den berechtigten Klagen der Geiſtlichkeit in dieſer Beziehung
abzuhelfen, und wies namentlich ſpäter auch die angeordneten Viſi=
tations=Commiſſionen an, dazu mitzuwirken, daß nach Möglichkeit
dem äußeren Nothſtande der Geiſtlichen allmählich ein Ende gemacht
werde[2]).

Unter Schuckmanns Beirath, deſſen nahes Verhältniß zu Her=
zog Guſtav Abolf wir dargeſtellt haben[3]), ſetzte derſelbe ſeine Be=
ſtrebungen zur Hebung der kirchlichen Nothſtände unausgeſetzt mit
der ganzen inneren Betheiligung an dem Wohle der lutheriſchen
Kirche fort, die ihm eigen war. Der tiefe innere Nothſtand der
Kirche lag ihm am Herzen. Unglaube, ſittliche Verwilderung und
Zuchtloſigkeit trat in den durch die Kriegnoth zerrütteten Gemeinden
noch oft in erſchreckender Weiſe hervor. Sollte dieſen Zuſtänden
wahrhaft abgeholfen, und wiederum zu einer geſunden kirchlichen

---

[1]) Dieſes erweiſet auch unter Anderem ein an ſämmtliche Prediger im fürſt=
lichen Amte Güſtrow gerichtetes Reſcript, Datum Güſtrow, den 14. Martii 1644:
I. F. G. Reſpons, was den Ern. Predigern ſowohl von den niedergelegten und
zu Ackerwerk gemachten, als von den durchs Kriegsweſen ganz verwüſteten Pauer=
höfen und Hufen gegeben, und daß gegen die Kirchen Debitores ſchleunig ver=
fahren werden ſoll. Ebendaſ.

[2]) Auch Herzog Guſtav Abolf ertheilte in der Güſtrauſchen verneuerten Su=
perintendenten=Inſtruction die Zuſage: — — „wollen Wir nach eingelangter und
obengemelbter richtigen deſignation der Einkünffte aller und jeder Kirchen in Un=
ſere Lande die zureichende Verordnung machen, daß die Prediger mit guten Sala=
riis und Intraden verſehen, und nicht ſo verkleinerlich, wie bißhero geſchehen, ge=
halten, ſondern wieder die Verächter geſchützet werden ſollen.“

[3]) Vgl. Protocollum wegen des Güſtrowſchen und Roſtocker diſtricts gehal=
tenen General Synodi vom 14. bis den 18. Junii Ao. 1659. Durch Johann
Chriſtoph, Fürſtl. Viſitationis Notarium und der Thumb Kirchen Vorſteher mit
Fleiße gehalten. — und: Puncta. Was einem General Synodo der Evangel.
Lutheriſchen Kirchen zu thun ſeyn möchte. (Beide Schriftſtücke im Superintendentur=
Archiv zu Güſtrow.)

Entwickelung des Gemeindelebens, welches in den Drangsalszeiten des Krieges theils völlig untergraben und zerrissen, theils alterirt und gefährdet war, zurückgeführt werden, so galt es ebenso sehr der Wiederherstellung der alten kirchlichen Sitte, Ordnung und Zucht, als es vor Allem darauf ankam, den Glauben an das Heil in Christo wieder zu pflanzen, und in den Gemeinden geistliches Leben zu wecken und zu erhalten. Je höher Gustav Adolf diese Aufgabe an= schlug, desto klarer erkannte er, daß dieselbe nur von der Geistlichkeit gemeinsam gelöst, und daher auch gemeinsam berathen werden müsse, damit sie einen Einblick in die Beschaffenheit und in die Größe dieses Nothstandes und zugleich in die Mittel und in die Art ihrer Anwendung gewinnen könne, mit denen sie demselben entgegen= treten und ihn bekämpfen sollte. Daß aber auch die Geistlichen selbst in der Lehre und Bekenntniß der Stärkung bedürften, stand ihm fest. Von diesen Gesichtspunkten aus berief Gustav Adolf, da er nicht besser glaubte das ihm von dem Herrn der Kirche zuge= wiesene Amt als Pfleger und Schirmherr der Kirche anwenden zu können, eine Generalsynode des Güstrower und Rostocker Kreises, an welcher hundert und zwei Pastoren sich betheiligten. Der Geh. Rath Andreas Prißbaur, der wenige Monate vorher an Herzog Gustav Adolf sein „Unterthäniges Consilium, wie das Fürstl. Haus, Land und Leute zum Flor und Aufnahmen wieder gebracht werden mögen“, abgestattet, und auch die Abhaltung der Synode befür= wortet hatte, begrüßte im Namen des Landesherrn die von dem Superintendenten Janus, als dem Vorsitzenden, mit Gebet und Rede eröffnete Synode. Die vom 14. bis 18. Junius 1659 dauernden Verhandlungen derselben faßten außer den Fragen, die aus der Glau= benslehre zur eingehenden Erörterung kamen, das Leben und den Wandel der Geistlichen und Gemeinden ins Auge, und beriethen unter näherer gegenseitiger Mittheilung der verschiedenen Zustände ihrer Gemeinden, wie aller Unkirchlichkeit und allem ungeistlichen Leben durch die Mittel der Predigt, der seelsorgerlichen Vermahnung und der kirchlichen Zucht gewehrt werden könne[1]. Der hauptsäch=

---

[1] Da es verstattet worden war, daß der Synode von Kirchenvorstehern, Ju= raten, Schuldienern und selbst einzelnen Gemeindegliedern Mittheilungen, Beschwerden und Bittschriften eingereicht werden durften, kamen auch viele unkirchliche Zustände, manche in den Gemeinden im Schwange gehende Verderbnisse und Uebelstände, ja

lichſte Gewinn aber, den die Synode ihren Gliedern gebracht hatte, war die bewußtere Erkenntniß der Aufgaben, welche die Geiſtlichkeit im Einzelnen zu löſen hatte, und die gemeinſame Stärkung, welche ſie aus dieſer mit heiligem Ernſt geführten Berathung mit ſich in ihre Berufsverhältniſſe heim nahmen.

Die theologiſche Facultät und das geiſtliche Miniſterium ſetzten die wiſſenſchaftlichen und praktiſchen Beſtrebungen, welche ſie ſchon in den letzten Jahren vor dem Friedensſchluſſe mit Eifer verfolgt hatten, auch nach demſelben mit Energie fort. Quiſtorp, der ſtets in ihrer Mitte eine bedeutende praktiſche Thätigkeit entwickelt hatte[1]), war zwar am 2. Mai 1648 aus ſeinem irdiſchen Wirken abgerufen[2]), aber Facultät wie Miniſterium blieben von der gemeinſamen Ueberzeugung durchdrungen, und bethätigten dieſelbe an ihrem Theile, daß es vor Allem noth thue, durch die lautere Predigt des Evangeliums und durch die Spendung der Sacramente geiſtliches Leben in die Herzen der Gemeindeglieder zu pflanzen, und immer aufs Neue durch die Gnadenmittel zu ſtärken und zu kräftigen, um ſo allmählich die Nothſtände zu überwinden, welche die Drangſale des Krieges in

---

ſelbſt vorhandene Aergerniſſe zur Sprache, um deren Abhülfe Herzog Guſtav Adolf von der Synode angegangen ward.

[1]) Dies bezeugt auch der Antheil, den er an der Errichtung der PredigerWittwenKaſſe und der ſogenannten Freihäuſer hatte. Vgl. Mich. Lilienthal, De Meritis Quistorpiorum in Ecclesiam et rem literariam: Ejusdem Quistorpii nisu et directione aerarium ad subveniendum viduis et pupillis Ministrorum Ecclesiae primum fuit constitutum, aedesque gratis inhabitandae illis impetratae. Etwas, J. 1741 S. 402.

[2]) Sein Tod war völlig unerwartet. Quiſtorp war von Herzog Adolf Friedrich, der ſich gerade in Doberan aufhielt, dorthin berufen, war am Freitag, den 28. April Abends dort eingetroffen, und kehrte, nachdem er am Sonnabend bei dem Herzoge Audienz gehabt hatte, nach Roſtock zurück, um am Sonntag ſein Predigtamt auszurichten. Auf den Wunſch des Herzogs kehrte er am Montag nach Doberan zurück, hatte wiederum Audienz bei demſelben, erkrankte aber ſchwer in der Nacht darauf, und ſtarb ſchon am folgenden Tage, den 2. Mai 1648, in Doberan. Die Theilnahme des Hofes an dieſem Todesfalle war eine nicht geringe, ganz allgemein aber war die Trauer um ihn in Roſtock, als die ſchmerzliche Kunde ſeines Todes dorthin kam. Vgl. noch über Quiſtorp: Sebastian Bacmeister, Antiquitates Rostochienses, in: Westphalen, Monumenta inedita rerum Germanicarum, praecipue Cimbricarum et Megapolensium, Vol. III. p. 850. Zach. Grape, Das evangeliſche Roſtock, S. 557. Etwas, J. 1741 S. 403 f. Franck, Altes und Neues Mecklenburg, Lib. XIII. S. 262. Krey, Andenken II. S. 46 f.

dem Gemeindeleben hervorgerufen hatten. Hatte die Facultät schon früher erkannt, daß sie alle ihre Thätigkeit zunächst darauf zu richten habe, daß sie der Kirche treue Lehrer und Hirten heranbilde, welche zur Pflanzung und Ausbreitung der Heilswahrheiten des Evangeliums geschickt seien, so richtete sie auch, als der eingetretene Friedensschluß ihr eine freiere Bewegung gestattete, all ihr Absehen darauf, Geistliche heranzubilden, die im Glauben und Bekenntniß der Kirche mit ihrem Herzen standen, und von ihrem heiligen Berufe durchdrungen waren, Vorbilder der Gemeinden zu sein, und die Tugenden dessen in Wort und That zu verkündigen, der uns von der Finsterniß berufen hat zu seinem wunderbaren Lichte. Sollte das durch den Kriegsjammer verwilderte und entsittlichte Volksleben wiederum erneuert, und mit Kräften des ewigen Lebens durchdrungen werden, so konnte dieses nur auf rein kirchlichem Wege geschehen, daß überall die verlassenen Gottesdienste wieder gehalten, und das Wort den Gemeinden recht geprebigt und getheilt wurde. Und je mehr es allmählig gelang, gläubige und treue Arbeiter an die veröbeten Pfarrsitze zu senden, desto sichtlicher warb nicht nur der ferneren Verwilderung und Entsittlichung gesteuert, sondern es warb auch durchgreifend eingewirkt, und ein fester und sicherer Boden geschaffen, auf dem ebensowohl die noch vorhandenen Keime christlichen Glaubenslebens treu gepflegt, als auf demselben auch neue Saaten gläubiger Gemeinden rastlos gepflanzt wurden[1]).

Das Ministerium aber war eifrig bemüht, durch Predigt und Katechese auf das Gemeindeleben in seinen verschiedenen Stadien einzuwirken. Das Wort Gottes wird reichlich den Gemeinden verkündigt, und die Predigt tritt uns je nach den verschiedenen Predigtstunden, die wiederum auch den verschiedenen Bebürfnissen der

---

[1]) Vgl. auch „Güstrausche verneuerte Superintendenten-Instruction", geschehen von Gustav Adolph, Herzogen zu Mecklenburg, Anno 1681 (Bibl. der Ritter- und Landschaft), in welcher ebenfalls hierauf großes Gewicht gelegt, und zugleich Fürsorge getroffen wird, wie die Examina der Candidaten angestellt werden sollen, damit noch vor der Präsentation explorirt werde, ob sie soviel Fundamenta in dem Studio Theologico geleget, daß ihnen eine Pfarre anvertraut werden könne. Auch sollen die Prediger, ein jeder an seinem Orte, die Eingepfarrten, sonderlich die Vermögenden, ernstlich ermahnen, Gott zu Ehren und zu Beförderung seines Gnadenreichs Stipendia zu stiften und zu vermachen, dadurch wackere Leute zum Kirchen- und Schul-Wesen zu zuziehen.

Gemeindeglieder entsprechen sollen, in mannigfacher Form entgegen, in allen aber wird der Rath Gottes zur Seligkeit verkündigt, unter steter Bezugnahme nicht sowohl auf das äußere praktische Leben, als auf die Heilserfahrungen eines Christenlebens. Das Wort erweist sich auch hier als eine Macht, da die treue Predigtarbeit der Pastoren die Gemeinden erzog, und sie allmählich zur christlichen Erkenntniß und lebendigen Glauben, überhaupt zur geistlichen Reife in vielen ihrer Glieder heranwachsen ließ. Aber auch auf katechetischem Gebiete setzen die Geistlichen ihre Thätigkeit unermüdlich fort, hauptsächlich an den Kindern und an dem Gesinde, aber auch an den erwachsenen Gliedern aller Stände, soweit dieselben noch nicht im Catechismus Lutheri fest gegründet waren. Dabei aber sahen die Ministerialen als Inspectores scholarum vor allen Dingen darauf, daß in den Schulen die Kinder im wahren Glauben gründlich unterwiesen wurden, und gaben nicht zu, daß andere als gläubige und gewissenhafte Lehrer angestellt wurden. So gelang es denn auch, die junge Taufgemeinde in den meisten ihrer Glieder zu einer rechten Abendmahlsgemeinde zu erziehen.

Auch die kirchliche Zucht wurde in allen Gemeinden des Landes von den Geistlichen geübt, soweit ihnen dieselbe durch das Mittel des Worts, durch Vermahnung und Rüge und durch die Excommunication zustand. Es war dieselbe nie ganz durch die zersetzenden Einflüsse des Krieges außer Uebung gekommen und trat, sobald diese aufhörten, sich geltend zu machen, wiederum in Kraft. Doch konnte es nicht fehlen, daß die Nachwirkungen des Krieges sich noch lange in den Gemeinden bemerkbar machten. Es zeigte sich, daß nicht Wenige in äußerlichen Sünden zu leben fortfuhren, und davon nicht ablassen wollten. Mancherlei Laster, Ehebruch, Unzucht, Verachtung christlicher Lehre und der heiligen Sacramente und anderes öffentliches Aergerniß zeigten sich verhältnißmäßig in den Gemeinden nicht selten, wenigstens in der Generation, die unter dem Kriegsjammer aufgewachsen war. Auch das Predigtamt, obwohl im Allgemeinen in hohem Ansehen stehend, erfuhr mitunter herbe Zurückweisung. Dennoch nehmen wir wahr, daß die Geistlichkeit ohne alle Menschenfurcht auch hier ihres Amtes mit heiligem Ernste wartet, und die rechte Zucht übt, wo sie zu üben war. Im Allgemeinen war sie sich dabei wohl bewußt, mochten auch Mißgriffe und Ueberschreitungen der Amtsbefugnisse im Einzelnen vorkommen, daß sie bei der Ausübung der kirchlichen Zucht nicht richterliche Functionen auszuüben habe, daß sie somit auch in den concreten Fällen nicht als Richter auftreten könne, sondern als Seelsorger ihren Beruf an der Gemeinde Gottes zu üben habe. Daher zeigt sich auch überall das ernsteste Bestreben, die Sünder von dem Irrthum ihres Weges zu überzeugen, sie zur rechtschaffenen Buße zu vermahnen, und erst wenn sie hartnäckig in Unbußfertigkeit verharren, sie heimlich von den Sacramenten abzuweisen.

Es lag in diesem beichtväterlichen Verfahren, wenn der Seelsorger es im eigentlichen Sinne wie ein Vater gegen seine Kinder ohne alle Erbitterung übte, eine große heilsame Macht, und unleugbar war es diese, welche in den auf den Krieg folgenden Decennien zur Wiederherstellung des christlichen Gemeindelebens und seiner inneren Kräftigung außerordentlich beigetragen hat. Kamen auch wohl Differenzen vor über die Anwendung der kirchlichen Zuchtmittel, so bestand doch eine völlige Gemeinsamkeit in der Ueberzeugung, daß die kirchliche Zucht vom seelsorgerlichen Standpunkte mit allem Ernste zu handhaben sei, und ist sie auch in den meisten Fällen mit Umsicht in diesem Sinne von treuen Pastoren geübt worden[1]. Der eigentliche Schwerpunkt der kirchlichen Zucht lag in ihnen selbst, und nicht in dem Consistorium und seiner bald erweiterten, bald beschränkten Competenz. Je geistlicher Belehrung, Vermahnung und Zurechtweisung rechtzeitig angewandt ward, desto intensiver war auch der Einfluß, den der Seelsorger übte, und desto klarer und zweifelloser mußte es sich herausstellen, ob hartnäckige Unbußfertigkeit und Halsstarrigkeit des Sünders im gegebenen Falle vorhanden sei oder nicht. Da nun nach der Revidirten Kirchenordnung neben der gemeinen Bußpredigt specielle Vermahnung und

[1] Es wird damit keinesweges übersehen, daß seit der zweiten Hälfte des 17. Jahrhunderts sich über delicta ecclesiastica und mixta auch eine polizeiliche und criminale Competenz des Consistoriums allmählich usuell gebildet hatte. Es lag dies in der treibenden Gewalt, mit welcher sich in der geschichtlichen Entwickelung das territorialistische Princip mehr und mehr geltend machte. Von kirchlichem Standpunkte aus unterliegt dies großen Bedenken, die nicht entfernt verkannt werden sollen. Aber innerhalb unserer obigen Ausführung kommt dieser Punkt weniger in Betracht, da derselbe jedenfalls nur ein untergeordnetes Moment ist, und in keiner Weise als ein die kirchliche Entwickelung bedingendes angesehen werden kann.

Verwarnung und die beichtväterliche geheime Abweisung von den Sacramenten den Pastoren auch rechtlich zustand, so war damit auch Alles in ihre Hand gelegt, was sie zur geistlichen Führung ihres Amtes in Betreff der kirchlichen Zucht nothwendig bedurften, was aber auch für alle diejenigen Fälle völlig ausreichte, deren Schwere es nicht nothwendig machte, den Rath der competirenden Superintendenten zu begehren, oder die Entscheidung des Consistoriums herbeizuführen[1]). Läßt es sich freilich nicht verkennen, daß später alle Kirchenbuße unter dem Gesichtspunkt der Strafe betrachtet ward, und damit auch einen anderen Character annahm, so ist doch andererseits gewiß, daß nicht nur nicht in den ersten Decennien nach dem dreißigjährigen Kriege die Kirchenbuße mit der weltlichen Strafe vermengt, sondern daß jene rein geistlich aufgefaßt ward, und da noch Bewußtsein kirchlichen Gemeindelebens vorhanden war, als Versöhnung mit der geärgerten Gemeinde betrachtet wurde. Die Macht des göttlichen Wortes bewährte auch hier ihre wiedergebärende, erneuernde Kraft.

Und in Allem, was treue Pastoren kraft ihres Amtes und innerhalb der ihnen zustehenden Befugnisse thaten, die Schäden der Kirche zu heilen, und gläubige Gemeinden aufs Neue zu erziehen, fanden sie Schutz und Schirm und jegliche Förderung bei denen, welche als die Hüter beider Tafeln kraft der geschichtlichen Entwickelung die oberbischöfliche Sorge für die Landeskirche überkommen hatten. Adolf Friedrich und Gustav Adolf waren beide von den heiligen Pflichten, die sie in dieser Stellung zu erfüllen hatten, tief durchdrungen. Zwar trat nach dem am 27. Februar 1658 erfolgten Tode Adolf Friedrichs ein schwerer Wechselfall ein, und entbehrte der eine Theil des Landes, nachdem der Herzog Christian Louis I. von Mecklenburg-Schwerin katholisch geworden war, der unmittelbaren Fürsorge des Landesherrn, aber Herzog Gustav Adolf, dessen

---

[1]) So sieht es auch die „Güstrowsche verneuerte Superintendenten-Instruction" Herzogs Gustav Adolfs vom 20. Mai 1681 an, wo es heißt: Was die Christl. Disciplin und Kirchen-Zucht betrifft, haben Wir besage Anschlus Litera G. dem Consistorio gnädigst rescribiret, und lassen es allerdings dabei bewenden, was hierunter die Kirchen-Ordnung disponiret. Ihr habet aber den Predigern modestiam Censurae et Zeli modum zu injungiren, und den Einfältigen zum besten vorzuschreiben.

segensreiche Regierung den bedeutenden Zeitraum von 1654—1695 umfaßt, sah es desto mehr als seine heilige Pflicht an, der Kirche in seinem oberbischöflichen Amt wahrhaft zu dienen. Er war sich bewußt, was er in dieser seiner Stellung der Kirche schuldete, und weit entfernt, ihre Selbstständigkeit zu beschränken, oder sie in der ihr zustehenden freien Bewegung zu hindern, wußte er sich persönlich als ihr geringes und schwaches Glied, dem es nicht zustehe zu herrschen, sondern welcher dem in aller Demuth die Leitung seiner Kirche zu überlassen habe, der ihre Glieder mit seinem theuren kostbaren Blute erkauft, und sie aus der Welt zur Gemeinde der Heiligen gesammelt hatte. Seine ganze Regierung legt davon ein Zeugniß ab, daß ihm nichts mehr am Herzen lag, als sein Kirchenregiment im Aufblicke zu dem HErrn dienend zu führen[1]. War es ihm darum zu thun, feste kirchliche Ordnungen unter dem Schirm der landesherrlichen Auctorität wiederum aufrichten zu lassen, und die überkommenen und noch bestehenden zu bewahren, so geschah dies nur in dem Sinne der rechten Pädagogie, welche das Vertrauen auf die alleinige Kraft des göttlichen Wortes nicht ausschließt, sondern recht eigentlich einschließt, da sie nur dazu dienen sollen, diese in Wirksamkeit zu setzen. Selbst im lebendigen Glauben stehend, und mit Furcht und Zittern seine Seligkeit schaffend[2]), nahm er

---

[1]) Das von uns bereits angeführte Commercium epistolicum, den Briefwechsel Herzog Gustav Adolfs mit Dorscheus, Barenius und besonders Siricius enthaltend, läßt uns einen näheren Einblick thun in das tiefe Glaubensleben des Herzogs. Neben dem sehr bedeutenden theologischen Wissen, das ihn auszeichnet, findet sich bei ihm ein ernstes unablässiges Trachten nach seiner Seelen Seligkeit. Auch die Vicissitudines Gustrovienses enthalten in ihrer Geschichte Güstrows und der Güstrowschen Lande eine Reihe von Datis über Gustav Adolf; so auch die Oratio Funebris in Obitum Beat. Principis Gustavi Adolphi habita a Nicolao Wasmuthio, Gymnasii h. t. Rectore. 1695. Löscher, Verzeichniß Durchlauchtiger Personen, welche sich in theologischen Schriften hervorgethan, p.40. Etwas, J. 1742 S. 261 ff. F. Thomas, Analecta Gustroviensia, p. 189 sq., 211 sq. J. B. Krey, Beiträge zur Mecklenburgischen Kirchen- und Gelehrtengeschichte, Bd. I. S. 293 ff. F. Delitzsch, Aus dem Stammhause der Großherzogin, S. 32 ff.

[2]) Dafür zeugen auch seine Geistliche Reimgedichte, deren Hundert Heroische und Hundert Gesänge. Nebst einem Anhange von allerhand Teutsch und Lateinischen geistlichen Betrachtungen. Gedruckt Güstrow 1699, Lbb. mit Goldschnitt (Bibl. der Ritter- und Landschaft). Vgl. auch A. J. Rambach, Anthologie christlicher Gesänge, Bd. III. S. 377.

29*

ebenso sehr für sein eigenes Leben geistliche Mahnung und War=
nung an, als er sich bei allen Schritten, die er in seinem ober=
bischöflichen Amte zur Hebung und Förderung der Landeskirche that,
sich des geistlichen Rathes und der kräftigen Mitwirkung derer be=
diente, die er in den höchsten Aemtern der Landeskirche unter seinen
Augen in reichem Segen wirken sah. Kirche und Schule waren
ihm die festen Grundlagen des Staats, aber was er für beide un=
ausgesetzt that, floß nicht aus einer selbstischen, mehr oder weniger
eigennützigen politischen Auffassung, sondern aus der tiefsten Ueber=
zeugung der gottgewollten und gottgeordneten Zusammengehörigkeit
der Kirche und des Staats. Er sah es als sein edelstes Vorrecht
an, für die Kirche Sorge tragen zu können, und er that es in
keinem anderen Bewußtsein, als daß durch seinen Dienst den auch
seinem landesväterlichen Herzen befohlenen Seelen die Möglichkeit
zu Theil werde, durch die Predigt des reinen Wortes Gottes aus
dem Glauben bewahret zu werden zur Seligkeit[1]). War in Allem
der HErr seine Stütze und seine Kraft, so vor Allem in der Füh=
rung des Regiments über die Kirche, das er unter steter Selbst=
prüfung und Gebet übte, und von dem er sich überzeugt hielt, daß
er einst dafür dem Erzhirten Jesu Christo Rechenschaft zu geben
habe, wenn durch sein Verschulden die Kirche nicht zu ihrer vollen
heilbringenden Wirksamkeit gelange, und so auch nur eine Seele
mit durch seine Schuld verloren gehe. Der Segen eines solchen
Regimentes konnte nicht ausbleiben und er blieb nicht aus, sondern
wurde im reichsten Maße der Landeskirche zu Theil.

Die Theologie stand mit ihrer Entwickelung auf dem Boden
des Bekenntnisses der Kirche, in dem sie ein lauteres und gewisses
aus dem Worte Gottes geschöpftes Zeugniß der seligmachenden
Wahrheit sah. Fand sie nun in dem Bekenntniß der Kirche das

---

[1]) Auch charakterisirt ihn seine zarte Gewissenhaftigkeit, über welche Frecht in
praefat. ad Comment. Dorschei in IV Evang. bemerkt: Erat singulare huic
Principi quibusdam tenerae conscientiae scrupulis vexari, quos alii, etiam
summo pietatis studii dediti, nunquam sensissent; qui si ei solidis appo-
sitisque argumentis, sive ex s. literarum oraculis, quorum peritior erat,
quam qui omnem in eisdem aetatem terunt, s. ex antiquitatis testimoniis,
cujus et ipsius scrutinio impenso deditus erat, eximerentur, ingenua intra
animum suum voluptate afficiebatur.

Moment, durch welches die Einheit der Kirche bedingt wurde, und ward ihr folgeweise durch dasselbe auch die Glaubensgemeinschaft und die Lehrgemeinschaft der Kirche bestimmt, so lehnte sie zwar solche Forschungen ab, welche sich mit dem schriftgemäßen Bekenntniß in Widerspruch setzten, und statt einzustimmen in das Glaubens- zeugniß der Symbole, dasselbe in Frage stellten und zu untergraben trachteten. Aber es ist eine durchaus falsche, wenn auch hergebrachte Annahme, als ob die reine Lehre des Bekenntnisses, die ja aus dem Worte Gottes geflossen war, sich nicht als eine Macht des Lebens erwiesen hätte. Ebensowenig war sie ein bloß traditionell überkom- menes Erbe. War die Uebereinstimmung mit den im Bekenntniß bezeugten Glaubenswahrheiten die selbstverständliche Voraussetzung für die Lehrgemeinschaft der Kirche, so mußte jene Uebereinstimmung auf dem Wege innerer Entwickelung, oft genug im saueren Kampfe mit negativen Elementen der verschiedensten Art, erworben werden. Sieht man allein nur auf die Gegensätze, welche der Socinianis- mus hervorrief und auf diejenigen, welche durch die verschiedenen Richtungen der Philosophie bedingt wurden, so ergiebt sich, wie mühevoll und schwierig die innere Aneignung des Inhaltes des Be- kenntnisses war, daß aber auch eben darum nicht, wie es so häufig geschieht, von einem überlieferten Besitze, der nur aufgenommen wäre, geredet werden kann. Unbedenklich läßt sich sagen, daß die Theologie jener Zeit in seltenem Maße den Erwerb der Philosophie sich angeeignet hatte, und daß ihr dadurch jene großen dogmatischen Leistungen, durch welche sie hervorragt, möglich geworden sind. Es beruht aber auch auf einem Verkennen der theologischen Entwicke- lung dieser Zeit, wenn die vulgäre Auffassung geneigt ist, derselben bei aller Rechtgläubigkeit die rechte Gläubigkeit, die geistliche Her- zensstellung zu den Objecten des Heils, abzusprechen, als ob es sich um das bloße Wissen und nicht um ein lebendiges Ergreifen der Heilsgüter gehandelt hätte. Dieses ist so wenig der Fall, daß sich dagegen sagen läßt, daß es kaum eine Zeit in der Kirche gegeben hat, wo die Erkenntniß und das Bekenntniß der Heilswahrheiten innerlich so tief vermittelt gewesen, und sowohl durch den Ernst und die Tüch- tigkeit der wissenschaftlichen Arbeit, als auch durch die schwere Kreuzes- schule der Zeit zu einem so lebendigen, in sich gewissen Glaubens- besitz geworden wäre. Wissenschaft und Glauben waren nicht disparate

Elemente, sondern waren in der Orthodoxie dieser Periode zu einer lebendigen Einheit verknüpft.

Zu allen diesen Factoren, welche auf die Erneuerung und Kräftigung der Kirche hinwirkten, kam endlich noch die pastorale Seelsorge, die kein anderes Ziel kannte, als den Sünder zu bekehren von dem Irrthum seines Weges, und seiner Seele vom Tode zu helfen. Sie ging nicht hervor aus dem Mitgefühl für zerrüttete Volkszustände, sondern sie wurzelte in dem lebendigen Bewußtsein des Amtes, dem die unsterblichen Seelen befohlen sind und seiner heiligen Pflichten, Vielen nach dem Beispiel des Apostels allerlei zu werden, um allenthalben ja etliche selig zu machen. Die Geist- lichkeit dieser Zeit war im Ganzen und Großen gedrungen von der Liebe Christi, und so war sie unablässig bemüht, für das Seelen- wohl aller Glieder der ihr anvertrauten Gemeinde Sorge zu tragen. Hie und da mag nach der Art der Zeit der seelsorgerliche Verkehr mit den unteren Volksklassen derbe und geradezu gewesen sein, was bei den allgemeinen Volkszuständen jener Zeit nicht auffallen kann, und durchaus das Normale war, aber bei allem Ernst und bei aller Entschiedenheit der kirchlichen Erziehung, welche die Geistlichkeit an den Gemeinden und an den Einzelnen übte, war der Character ihrer Seelsorge durchaus evangelisch, weil jede priesterliche Vermit- telung fern lag, und sich die Geistlichen bewußt blieben, daß sie nicht über das Volk zu herrschen hätten, sondern Gehülfen der ge- meinsamen Freude seien. Wenn sie nichtsbestoweniger unter Um- ständen sehr bestimmt eingriffen, so geschah es, theils um den Abfall und den Untergang Einzelner zu verhüten, theils um, wo der eine oder der andere sich schon verwirklicht hatte, oder nahe daran war, sich zu vollziehen, die abgefallenen und verlorenen Glieder zurückzuführen. Es lag in der Natur der Verhältnisse, daß das Gesetz häufig vor- angestellt und schärfer gehandhabt, und daß verhältnißmäßig und be- ziehungsweise das Evangelium zurückgestellt werden mußte, ohne daß daraus auf eine überwiegend gesetzliche Richtung der Geistlich- keit geschlossen werden darf. Sie stand durchaus in der entsprechenden bekenntnißmäßigen Auffassung des Verhältnisses des Gesetzes und des Evangeliums zu einander, mußte aber eben deswegen vor Allem durch die Gesetzespredigt rechtschaffene, rückhaltlos sich dem Gerichte Gottes unbedingt unterwerfende Buße herbeizuführen trachten. Das lossprechende und tröstende Wort des Evangeliums konnte immer erst dann verkündigt werden, wenn in den Schäden des Gemeindelebens, welche zu bekämpfen waren, die Gesetzespredigt bewirkt hatte, was sie schaffen sollte.

Diese Seelsorge aber ward zunächst und überwiegend, was nicht übersehen werden kann, durch die Mittel der unmittelbar amtlichen Thätigkeit in Predigt, Katechese und Beichte geübt, erst in zweiter Linie stand und mußte stehen die individuelle Seelsorge, die nur dann einen rechten und festen Boden hat, wenn sie innerhalb des Gemeindelebens von diesen Grundlagen ausgeht, oder sich in irgend einer Weise an diese anschließen kann. Der moderne Begriff der Seelsorge, der sich von dieser Grundlage mehr und mehr abgelöst hat, war der Zeit fremd. Waren aber jene Mittel voraufgegangen und mit aller Treue geübt worden, und hatte namentlich auch der Beichtstuhl Gelegenheit geboten zu eingehender geistlicher Berathung, so waren damit auch die geeigneten und bestimmten Anknüpfungspunkte gegeben, um diese pastorale Seelsorge je nach den Umständen, ohne in vielgeschäftige, wirkungslose und darum doppelt bedenkliche geistliche Thätigkeit zu verfallen, mit gesegnetem Erfolge fortsetzen zu können. In diesem Sinne ist die pastorale Seelsorge in der lutherischen Kirche dieser Zeit geübt worden, und ihre Bestrebungen haben wie auf das einzelne Glied der Gemeinde, so auch auf die ganze Entwickelung und Kräftigung derselben erhaltend und bewahrend eingewirkt.

So ist durch das Zusammenwirken aller dieser Kräfte nicht nur dem weiteren Verfall der durch die langwierigen Kriegsdrangsale so tief geschädigten lutherischen Landeskirche Mecklenburgs gewehrt worden, sondern es ist auch die Neubelebung und Kräftigung derselben durch die Macht des Heilszeugnisses aus dem Glauben angebahnt, und unter des HErrn gnadenreichem Beistande allmählich verwirklicht worden. Wie die Geistlichkeit, nachdem der Friede geschenkt war, unermüdlich Hand anlegte und mit verdoppeltem Eifer bemüht war, den schweren Nothstand der Kirche zu heben und zu beseitigen, so bekannte sich auch der HErr zu ihrer treuen Arbeit, und segnete sie in dem Maße, daß die Heilung der tiefen Schäden und Gebrechen, welche die Landeskirche aus dem furchtbaren Kriegsjammer davon getragen hatte, zum großen Theile gelang. Rostock

nahm von Anfang an schon während der letzten acht Jahre des
verhängnißvollen Krieges, seitdem es nicht mehr unmittelbar von
der Kriegsnoth bedrängt wurde, und ungeachtet der eintretenden
Verarmung und materiellen Bedrängniß eine verhältnißmäßig ruhigere
Zeit eingetreten war, in dieser segensreichen Reaction, wie wir ge=
sehen haben, eine hervorragende Stellung ein, und wirkte in bedin=
gender Weise zur Regeneration der Landeskirche mit. Und diese
Aufgabe verfolgten auch diejenigen Theologen, welche in die Arbeit
der treuen Zeugen dieser schweren Zeit eintraten, und führten sie
weiter in demselben Sinne, wenn auch nach Maßgabe der verän=
derten nicht mehr durch die Einwirkung des Krieges bedingten
Zeitverhältnisse und des Ganges, den die Entwickelung der Theo=
logie und der Kirche genommen hatte. Das Wirken aber dieser in
der Heimsuchung und Kreuzesschule dieser Zeit gereiften und erprobten
Theologen und des aus ihrer Schule hervorgegangenen gesegneten
Geschlechtes jüngerer Theologen ist nicht vergeblich gewesen. Dafür
zeuget laut, daß sie ihre Aufgabe, die sie sich gesetzt, trotz aller
Schwierigkeiten, die sich ihrer Lösung entgegenstellten und trotz aller
Kämpfe, die sie nah und fern zu durchkämpfen hatten, soweit
Menschen sehen können, wirklich gelöst haben. Christliche Erkennt=
niß, lebendiger Glaube und Gesittung war wiederum in die ver=
wilderten Gemeinden gepflanzt, und die Landeskirche von Innen
heraus durch das Wort der Wahrheit erneuert. Und durch die Treue
ihres geistlichen Wirkens haben sie die Saat, die sie gepflanzt, zu
erhalten und zu bewahren gewußt, so daß ungeachtet aller Ver=
wüstung, welche Neologie und Rationalismus später anrichteten,
bis in unsere Tage hinein noch die gesegneten Früchte ihrer treuen
geistlichen Arbeit reichen, welche in ihren Nachwirkungen noch mehr=
fach dem Geschlechte der Gegenwart zu Gute kommt.

Register.

Berlin, Druck von Gustav Schade.
Marienstraße Nr. 10.

www.ingramcontent.com/pod-product-compliance
Lightning Source LLC
Chambersburg PA
CBHW031815270326
41932CB00008B/438